Einmalig ... **Familie.**
Fa... **rt Geld !**

...of

64546 Mörfelden · Gewerbegebiet Ost · Hessenring 4c
Tel.: 0 61 05 / 29 00 - Montag - Samstag von 10 - 20 Uhr
Anfahrt: über A5 (Karlsruhe - Ffm); Ausfahrt Langen/Mörfelden.
Dann auf die B 486 - Richtung Mörfelden, 1. Ampel rechts,
Gewerbegebiet Ost.

Hof/Saale - Oberfranken

95028 Hof/Saale · Graben 5 - 7 · Tel.: 0 92 81 / 14 00 00
Montag - Samstag von 10 - 20 Uhr
Anfahrt: direkt im Stadtzentrum von Hof,
Nähe Michaeliskirche, Media-Markt.

Stuhr/Bremen

28816 Stuhr/Bremen · Henleinstraße 9 · Tel.: 04 21 / 80 95 75
Montag - Samstag von 10 - 20 Uhr
Anfahrt: über A1 - Ausfahrt Brinkum, Pfeil Ikea folgen, links
Henleinstraße.

Altstätten/SG - Schweiz

CH-9450 Altstätten/SG · Industriegebiet Ost · Tiefenackerstr. 49 · Tel.: +41 71/757 79 89;
Mo.-Do. 9 -19 Uhr, Fr. 9 -20 Uhr, Sa. 9 -17 Uhr. **Anfahrt:** Autobahn N13 St. Margrethen -
Richtung Chur, Abf. Kriessern/Altstätten, Richtung Altstätten, i. Ort am Bahnhof n. den Gleisen
rechts "Industriegebiet Ost" abbiegen, bis Kreuzung dann links in "Tiefenackerstr." einbiegen.

INFO-HOTLINE
Telefon 0 61 05 / 29 00
oder im Internet unter
www.fashionoutlet.de

**Fabrikverkauf
« Direkt » AG**
fashion outlet

**50 Firmen unter einem Dach.
Über 30.000 Artikel im Angebot.**

- TOP-Marken
- Aktuelle Mode für Damen, Herren
- Kinderbekleidung (nur in Hof)

**Von den Herstellern generell
bis zu 50%**
reduziert

www. fashionoutlet.de

www.goebel-design.de

ALLES UND IMMER 30-70%

Ich will das Größte

**Über 50 mal Fabrikverkauf in über 50 Designer Shops.
Machen Sie sich einen wunderschönen Shopping-Tag.**

ADIDAS, AIGNER, BOGNER, BURBERRY, BURLINGTON, CHEVIGNON, DIESEL, FALKE,
GOLDPFEIL, HALLHUBER, LACOSTE, MANGO, MUSTANG, NIKE FACTORY STORE,
PLAYTEX/WONDERBRA, POLO RALPH LAUREN, QUIKSILVER, THE BODY SHOP,
TOM TAILOR, UNITED COLORS OF BENETTON, VERSACE...

Öffnungszeiten: Mo. bis Sa. 10 - 19 Uhr
A8 Zweibrücken > Ausfahrt Flugplatz ✈ www.DOZ.com

oci designer outlet Zweibrücken

* Gegenüber unverbindlicher Herstellerpreisempfehlung. Markenware aus der Vorsaison, Musterkollektionen, Produktionsüberschüsse, 1b-Ware.

Süßwaren Direktverkauf

Top Qualität zu Schnäppchenpreisen!

- Über 70 versch. Fruchtgummi-Artikel
- Mehr als 35 Bonbonsorten
- Popcorn, Schokolade, Knuspersnacks

Gummi-Bären-Land®

www.gummibaerenland.de

---

s. S. 138
Aalen-Attenhofen
Knappenstr. 9
(an der alten B 29)
73433 Aalen-Attenhofen

s. S. 139
Heilbronn
Im Neckargarten 4
(im Pflanzen-Kölle)
74078 Heilbronn

s. S. 142
Pforzheim
Karlsruher Str. 87 A
Wilferdinger Höhe
(Einfahrt Mc Donald's)
75179 Pforzheim

s. S. 136
Reutlingen
In Laisen 3/1
(Ecke Stuttgarter Str. B28 / Karlstr. B312)
72764 Reutlingen

s. S. 131
Stuttgart-Feuerbach
Heilbronner Str. 393
(zwischen Media Markt und Mc Donald's)
70469 Stuttgart-Feuerbach

s. S. 133
JUNG - Fabrikverkauf
Vaihingen/Enz +Bonbonmuseum
Industriestraße 9–11
(Industriegebiet Kleinglattbach)
71665 Vaihingen/Enz

**Info-Hotline
0 70 42/907-777**

NIKE FACTORY STORES

NIKE FACTORY STORES bieten ausschließlich ORIGINAL NIKE Produkte wie Sporttextilien, Sportschuhe sowie Ausrüstung und Zubehör aus vorangegangenen Saisons zu attraktiven Outlet-Preisen.

HERZOGENAURACH
Zeppelinstraße 1
91074 Herzogenaurach
Tel. 0 91 32 / 74 52 80

METZINGEN
Reutlinger Strasse 63
72555 Metzingen
Tel. 0 71 23 / 9 68 50

STUHR
Bremer Strasse 107-113
28816 Stuhr
(Brinkum Nord)
Tel. 04 21 / 8 40 07 60

WERTHEIM
Gewerbegebiet Almosenberg
97877 Wertheim
Wertheim Village
Geschäftseinheit 79-81
Tel. 0 93 42 / 8 58 28 10

WUSTERMARK
Alter Spandauer Weg 7
B5 Designer Outlet Center
14641 Wustermark
Tel. 03 32 34 / 2 08 90

ZWEIBRÜCKEN
Londoner Bogen 10 – 90
Designer Outlet Center
66482 Zweibrücken
Tel. 0 63 32 / 47 94 02

Fabrikverkauf

Ersparnis bis zu 60%

2000 qm auf 2 Etagen Fabrikverkauf + 800 qm Lagerverkauf

Kaminverkauf
direkt vom Hersteller

Abverkauf von Sonderposten, Einzel- und Ausstellungsstücken zu sensationellen Preisen!

Besonders preiswert abzugeben: Messegeräte, Ausstellungsgeräte, Sondermodelle, Prototypen, Auslaufmodelle, Lagerüberhänge

Der weiteste Weg lohnt sich!
Weltgrößte Ausstellung für Kamine
- über 600 Geräte ausgestellt!

- ca. 2000 qm Fabrikverkauf mit Sonderausstellung Bäder und Waschtische aus Marmor und Granit
- 800 qm Lagerverkauf • 1000 qm Werksausstellung

GmbH & Co. KG HARK® Die Nr. 1 im Kamin- und Kachelofenbau über 50 x in Deutschland

Hauptverwaltung mit Großausstellung, Werk und Fabrikverkauf
Hark GmbH & Co. KG • Hochstraße 197-215 • 47228 Duisburg-Rheinhausen
Telefon (0 20 65) 997-0 • Fax (0 20 65) 997-199 • Internet www.hark.de

Öffnungszeiten: Mo.-Fr. 9-18.30 Uhr, Sa. 9-18 Uhr
➔ **Autobahn A 40, Abfahrt DU-Rheinhausen / OT. Hochemmerich**

-con-ta-

QUALITÄT ERLEBEN.
JEDEN TAG.

Tag- und Nachtwäsche für Damen, Herren und Kinder, Funktionswäsche und BH's

Dauerhaft günstige Preise

WÄSCHE zum Wohlfühlen

Verkauf in:

72414 *Rangendingen b. Hechingen*, Hechinger Str. 36, Tel: 07471 / 87 13 27
72461 *Albstadt-Tailfingen*, Untere Bachstr. 60, Tel: 07432 / 9795 - 454
72477 *Schwenningen/Heuberg*, Talstr. 10, Tel: 07579 / 93 36 128
74575 *Schrozberg*, Windmühlenstr. 11, Tel: 07935 /14 66
82467 *Garmisch-Partenkirchen*, Hauptstr. 60-64, Tel: 08821 / 96 68 604
88214 *Ravensburg/Weißenau*, Friedrichshafener Str. 6 (ggr Möbel Rundel), Tel: 0751/652339
87561 *Oberstdorf*, Weststr. 20, Tel: 08322 / 98 76 980
94072 *Bad Füssing*, Oberreuthen 7, Tel: 08538 / 91 21 62

Hersteller - Verkauf

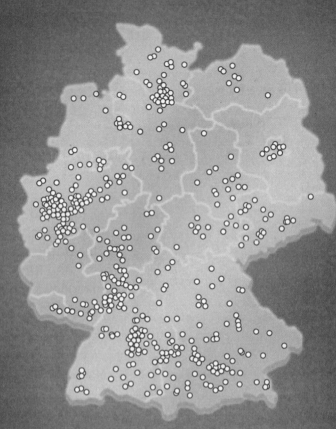

Fürs günstige Tanken sprechen viele Punkte.

*JET Tankstellen finden Sie überall in Deutschland.
Immer öfter auch an Autobahnen.*

www.jet-tankstellen.de

DEN REST KÖNNEN SIE SICH SPAREN

Der große JET Einkaufsführer

Fabrikverkauf

in Deutschland

2005/2006

© **Zeppelin** Verlag

Alle Angaben in diesem Buch wurden vom Autorenteam mit größter Sorgfalt erarbeitet bzw. zusammengestellt. Trotzdem sind Fehler nicht ganz auszuschließen. Der Verlag und das Autorenteam sehen sich deshalb gezwungen darauf hinzuweisen, dass sie weder eine Garantie noch die juristische Verantwortung oder irgendeine Haftung für Folgen, die auf fehlerhafte Angaben zurückgehen, übernehmen können. Für die Mitteilung etwaiger Fehler sind Verlag und Autorenteam jederzeit dankbar.

Alle Angaben stellen den bei Redaktionsschluss verfügbaren Informationsstand dar. Verlag und Autorenteam übernehmen keinerlei Verantwortung oder Haftung für Veränderungen.

Alle Rechte vorbehalten, auch die der fotomechanischen Wiedergabe und der Speicherung in elektronischen Medien. Das Erstellen und Verbreiten von Kopien auf Papier, auf Datenträger oder im Internet, insbesondere als .pdf, auch nur von Auszügen, ist nur mit ausdrücklicher Genehmigung des Verlages gestattet und wird widrigenfalls strafrechtlich verfolgt.

15. Auflage 2005
Copyright © 1992-2005 Zeppelin Verlag GmbH
Postfach 800145, 70501 Stuttgart
Zeichnungen: Peter Bruns, Stuttgart
Datenbanksatz: Schäfer Digital, Stuttgart
Druck und Bindung: Oldenbourg Taschenbuch GmbH

ISBN 3-933411-34-3

www.zeppelin-verlag.de

Inhaltsverzeichnis

Wichtige Hinweise! 12
Einleitung 13
Helfen Sie mit! 16

Lederwaren, Schuhe 17
Nahrungs- und Genussmittel 62
Bekleidung 172
Glas-, Keramik- und Porzellanwaren 366
Möbel 408
Spielwaren, Sportartikel 427
Schmuck, Uhren 449
Haushaltswaren und -geräte 455
Textil- und Bettwaren 477
Kosmetika, Reinigungsmittel 534
Sonstiges 549
- Fabrikverkaufszentren 566

Firmenregister 589
Ortsregister 601
Postleitzahlenregister 615

Firmentestbogen 631
Postleitzahlen - Übersichtskarte der Regionen 640

Wichtige Hinweise!

In diesem Buch befinden sich nicht nur Firmen die Fabrikverkauf im Rechtssinne betreiben. Es sind auch Firmen aufgeführt, die ihre Produkte unter der Bezeichnung Privatverkauf, Direktverkauf, Barverkauf, Kleinverkauf, Werksverkauf, Sonderverkauf, 2. Wahl-Verkauf, Resteverkauf, Lagerverkauf oder im angegliederten Ladengeschäft, Abholmarkt etc. verkaufen. Teilweise werden die hergestellten Waren auch über vorgeschaltete Firmen verkauft.

Nicht alle Firmenbeschreibungen geben Auskunft über die genaue Rechtsform der aufgeführten Unternehmen. Sie geben jedoch an, unter welchen Anschriften die Firmen erreichbar sind.

Ausschlaggebend für eine Aufnahme in dieses Werk war lediglich subjektives Empfinden, dem Leser attraktive Einkaufsquellen zu vermitteln.

Trotz gewissenhafter und sorgfältiger Bearbeitung kann es vorkommen, dass vielleicht eine Firma ihre Waren nicht oder nicht mehr im Umfeld der Produktion auch selbst verkauft. Missverständnisse lassen sich nicht vollständig vermeiden.

Änderungen nach Redaktionsschluss sind nicht auszuschließen. Empfehlenswert ist daher, sich vor dem Besuch einer Firma durch einen Anruf zu informieren, ob die genannten Angaben noch gültig sind. Dies ist auch während Ferienzeiten ratsam, da hier manche Firmen wegen Betriebsurlaubes vorübergehend geschlossen sein könnten.

Redaktionsschluss dieser Auflage: im Oktober 2004

Einleitung

Wir leben in einer Welt der Rabatte, Gutscheine und Coupons, seitdem 2002 das Rabattgesetz aufgehoben wurde. Nach dem Aus für Winter- und Sommerschlussverkauf wirbt der Einzelhandel ganzjährig mit Schnäppchen. Meist handelt es sich dabei - wie sollte es auch anders sein - um Lockangebote. Letztendlich wird damit nur transparent, wie groß die Margen immer noch sind, die der Handel an den Produkten verdient. Wirkliche clevere Konsumenten kaufen daher dort, wo die Gewinnspannen per se minimal sind: beim Hersteller selbst.

Mehr als 1.200 Einkaufsadressen

Welche Firmen Fabrikverkauf anbieten, wo sie sich befinden, was sie im Programm führen und wann sie geöffnet haben - das erfahren Sie in der aktuellen Ausgabe unseres Einkaufsführers "Fabrikverkauf in Deutschland". Auch in diesem Jahr haben wir wieder frische Adressen für Sie recherchiert: Sie haben die Wahl unter mehr als 1.200 Firmen, bei denen Sie bekannte Marken und Qualitätsprodukte zu Fabrikpreisen erhalten. Detailliert haben wir alle wichtigen Angaben für Sie zusammengetragen: genaue Adresse, Warenangebot, Ersparnis, Verkaufszeiten, Anfahrtsweg sowie besondere Hinweise. Sämtliche Informationen wurden komplett überarbeitet und auf den aktuellsten Stand gebracht.

Gegliedert ist der "Einkaufsführer Fabrikverkauf" nach 11 Produktgruppen. Suchen Sie also beispielsweise Bekleidung, Möbel oder Lebensmittel, so werden Sie in der entsprechende Rubrik fündig. Innerhalb einer Branche erfolgt die Auflistung nach Postleitzahlen aufsteigend geordnet. Am Ende des Buches haben wir alle Informationen nochmals in drei verschiedenen Registern (Firma, Postleitzahl oder Orten) aufgelistet.

Erfüllen Sie sich Ihre Träume

Gegenüber den Sonderangeboten im Einzelhandel hat der Fabrikverkauf

Einleitung

viele Vorteile: so sind beispielsweise die günstigen Preise ganzjährig verfügbar. Und bei Rabatten bis zu 50 Prozent, kann man sich auch mal einen Traum vom Nobel-Designer erfüllen ... Bei vielen Unternehmen sind neben Auslaufmodellen auch 1. Wahl-Produkte und aktuelle Artikel erhältlich, die sich zu Testzwecken im Angebot befinden. Waren mit kleinen, vielfach kaum sichtbaren Fehlern sind sogar noch günstiger zu bekommen.

In Zeiten immer kürzerer Produktzyklen nutzen viele Herstellerfirmen den Fabrikverkauf auch, um Überproduktionen und Warenretouren zu vermarkten, die in den Regalen des Handels keinen Platz mehr finden. Häufig unterscheiden sich die Produkte nur durch eine andere Farbe oder ein neues Verpackungsdesign von den Vorläufermodellen - am Inhalt hat sich wenig geändert. Grund genug also für alle, die gut leben und dabei sparen wollen, sich im Direktverkauf ihre Wünsche zu erfüllen. Da nimmt man es doch gerne in Kauf, dass das Einkaufsambiente und die Präsentation der Waren etwas schlichter ausfällt als in den Geschäften im Stadtzentrum oder in den großen Kaufhäusern. Ein weiterer Vorteil, gerade in Zeiten des vielzitierten "Verkehrsinfarkts" der Innenstädte: Parkplätze gibt es in der Regel gratis und direkt vor der Haustür.

Der Siegeszug einer Idee

Als "Erfinder" des Einkaufsführers Fabrikverkauf haben wir mit der ersten Ausgabe 1992 Pionierarbeit geleistet. So etwas hatte es zuvor nicht gegeben. Doch wir trafen den Nerv der Zeit. Er wurde sofort eines der meist gekauften Bücher Deutschlands und hielt sich jahrelang auf der Buchreport-Bestsellerliste. Unzählige Berichte in Presse, Funk und Fernsehen wurden zu diesem Einkaufsführer publiziert. Seither ist aus dem einstigen Geheimtipp ein Einkaufsvergnügen für Viele geworden.

Es hat sich herumgesprochen, dass man auf diesem Wege nicht nur Billig-Schnäppchen sondern auch Top-Marken zu Niedrigpreisen bekommt. Und das ist für breite Käuferschichten attraktiver denn je. Kein Wunder, hat doch die Steuerreform nicht das versprochene Plus auf die Konten der Bürger gebracht. Daher herrscht Skepsis vor, und beim Einkauf wird das Preis-Leistungs-Verhältnis kritischer denn je geprüft. Zumal viele den Euro zweimal umdrehen (müssen), bevor sie ihn ausgeben.

Werden Sie Tester!

Aber es ist nicht nur das liebe Geld, nein, manchen unserer Leser macht

Einleitung

die Entdeckung immer neuer Fabrik-Einkaufsmöglichkeiten richtig Spaß. Sie sind zu passionierten Outlet-Jägern geworden und unterstützen unsere Inspektoren mit wertvollen Geheimtipps. Viele nutzen auch die Möglichkeit, die hier aufgelisteten Firmen zu testen. Dazu finden Sie Bewertungsbögen ab Seite 631. Diese Testberichte tragen dazu bei die Informationen ständig zu aktualisieren. Bei allen Preisfüchsen, die uns mit Zuschriften, e-Mails und Testberichten unterstützt haben, möchten wir uns daher ganz herzlich bedanken.

Smart shoppen leicht gemacht

1. Rufen Sie vor dem Einkauf in der betreffenden Firma an.
So gehen Sie sicher, dass sich die Öffnungszeiten und das Warenangebot nicht kurzfristig verändert haben. Ein kurzer Anruf genügt, um sicherzugehen, dass Ihr Einkaufs-Trip erfolgreich sein wird.

2. Besuchen Sie mehrere Einkaufsquellen auf einer Tour.
Meistens gibt es in einer Region nicht nur einen Fabrikverkauf, sondern gleich mehrere Unternehmen, bei denen Sie shoppen können. Das Orts- und das Postleitzahlenregister dieses Buches helfen Ihnen bei der Planung Ihrer Schnäppchen-Tour. So sparen Sie kostbare Zeit und - bei längeren Anfahrtswegen - Benzinkosten.

3. Kaufen Sie mit Bedacht.
Natürlich ist man geneigt, angesichts der enormen Rabatte Impulskäufe zu tätigen. Damit Sie nichts Überflüssiges kaufen, empfiehlt es sich, beim Einkauf eine kleine Denkpause einzulegen. Fragen Sie sich: "Brauche ich das jetzt wirklich?" Und denken Sie daran, dass es dank unseres Einkaufsführers noch viele Gelegenheiten für Billigeinkäufe geben wird.

4. Wie viel Sie sparen können.
Noch eine Anmerkung zu den Ersparnisangaben: Jeder weiß, dass die Preise für ein Produkt im Einzelhandel erheblichen Schwankungen unterliegen. Wenn wir also Ersparnisangaben machen, handelt es sich dabei um Durchschnittswerte.

Viele preisbewusste Verbraucher sind in den letzten Jahren Fans des Fabrikeinkaufs geworden. Wer erst mal auf den Geschmack gekommen ist, bleibt dieser Einkaufsform treu. Die vielen begeisterten Leserzuschriften bestätigen dies. Wir können deshalb nur jedem empfehlen: Überzeugen Sie sich selbst.

Viel Spaß und Erfolg bei der Schnäppchenjagd wünscht Ihnen
Ihre Redaktion Fabrikverkauf

Helfen Sie mit!

Liebe Leserin, lieber Leser,

Ihr Einkaufswissen ist gefragt. Welche Erfahrungen haben Sie gemacht? Kennen Sie neue Bezugsquellen? Mit Ihrem wertvollen Input können Sie dazu beitragen, dieses Buch für andere Sparfüchse und Verbraucher stets aktuell zu halten. Umgekehrt profitieren auch Sie von den Tests anderer Leser.

Als Dankeschön für Ihre Mithilfe nimmt jeder Firmentest an einer Verlosung teil. Zu gewinnen gibt es 100 Exemplare der nächsten aktualisierten Ausgabe - sozusagen "Ihrer" Ausgabe, in die Ihre Informationen aufgenommen wurden.

So wird's gemacht:

Bitte den vorbereiteten Testbogen (ab Seite 631) nach jedem Einkauf gleich ausfüllen und abschicken - Danke!

Wir freuen uns auf Ihre Zuschriften.

Unsere Anschrift: Zeppelin Verlag
Redaktion "Fabrikverkauf"
Postfach 800145
70501 Stuttgart
Fax: (0711) 733015

Den Testbogen finden Sie auch unter: www.zeppelin-verlag.de

Lederwaren, Schuhe

02681 Wilthen

▶ SÄCHSISCHE LEDERWAREN

**Neue Sächsische Lederwaren Manufactur GmbH / Werkshop
02681 Wilthen / Bahnhofstr. 7
Tel. (03592) 543-00**

Warenangebot: hochwertige Damen- und Herrentaschen aus Leder, breites Sortiment an handgefertigten Täschnerwaren, außerdem zugekauftes Reisegepäck, Rucksäcke, Schulranzen, Kleinlederwaren wie Geldbörsen und Gürtel sowie Schmucketuis und Maniküren

Ersparnis: teilweise 40% und mehr

Verkaufszeiten: Di., Do., Fr. 9.00-12.00 Uhr und 14.00-18.00 Uhr, 1. und 3. Sa. im Monat 9.00-12.00 Uhr

Hinweise: Betriebsführungen für Gruppen sind nach vorhergehender Anmeldung möglich

Anfahrtsweg: Wilthen liegt ca. 10 km südlich von Bautzen, von Bautzen auf der B 96 bis Großpostwitz, hier rechts ab über Rodewitz und Kirschau nach Wilthen, hier befindet sich die Firma in der Nähe vom Bahnhof

02708 Schönbach

▶ JOLLY

**Alsa GmbH
02708 Schönbach / Beiersdorfer Str. 43
Tel. (035872) 47273 / alsa.de**

Alsa ist ein führender Hersteller von Laufsohlen und Fußbettungen. Seit über 50 Jahren werden Kunden auf der gänzen Welt mit kompletten Schuhbodensystemen aus einer Hand beliefert.

07356 Lobenstein

Warenangebot:	Schuhe und Clogs (aus Kunststoff) in unterschiedlichen Farben für Haus, Garten und Camping, unterschiedliche Modelle Marke jolly, für Damen in den Gr. 36-42 und für Herren in den Gr. 39-47 sowie für Kinder in den Gr. 27-35, außerdem Schuhe von Betula, Papillio sowie Badeschlappen
Ersparnis:	2. Wahl ist besonders preiswert
Verkaufszeiten:	Mo. und Di. 14.00-15.00 Uhr, Mi. 16.30-18.30 Uhr, Fr. 14.00-15.00 Uhr
Hinweise:	von Clogs ist größtenteils 2. Wahl erhältlich
Anfahrtsweg:	aus Richtung Dresden auf der A 4 Richtung Görlitz bis Ausfahrt Weißenberg, über Löbau und Lawalde nach Schönbach, hier an der Kreuzung hinter der Kirche rechts Richtung Beiersdorf abbiegen, nach ca. 1 km links über die Buswendeschleife zur Zufahrt zum Werk

07356 Lobenstein

▶ TURM-SCHUH

Turm-Schuh GmbH
07356 Lobenstein / Neustadt 4
Tel. (036651) 6386 / turm-schuh.de

Das Unternehmen wurde im Jahr 1946 gegründet und hat sich auf die Herstellung von Damen- und Herrenschuhen spezialisiert. Es ist ein Spezialbetrieb für Handnahtschuhe und Mokassintechnologie mit einer Tagesproduktion zwischen 500 und 800 Paar Schuhen.

Warenangebot:	Damenbequemschuhe, Damen- und Herrenkomfortschuhe mit auswechselbarem Fußbett, auch für lose Einlagen geeignet, keine junge Mode, außerdem zugekaufte Damen-, Herren- und Kinderschuhe sowie Schuhpflegemittel, Strumpfhosen, Strümpfe und Schirme, für Damen Marken Molaris, Sarah und Turm-Komfort, für Herren Marke Loflex
Ersparnis:	ca. 30% bei 1. Wahl, bei 2. Wahl bis zu 60%
Verkaufszeiten:	Mo. bis Do. 8.00-17.00 Uhr, Fr. 8.00-16.00 Uhr, Sa. 9.00-11.00 Uhr
Hinweise:	der Fabrikverkauf befindet sich auf dem Werksgelände, Prospektmaterial kann angefordert werden, teilweise sind auch zugekaufte Schuhe erhältlich
Anfahrtsweg:	Lobenstein liegt ca. 30 km nordwestlich von Hof an der A 9, Ausfahrt Lobenstein auf die B 90 nach Lobenstein, im Zentrum links ab Richtung Kronach, nach der Kirche die 2. Straße rechts einbiegen

22041 Hamburg

14641 Zeestow

▶ TREBES & HENNING

Trebes u. Henning GmbH & Co. KG
14641 Zeestow / Gewerbering 5
Tel. (033234) 906-0 / trebeshenning.de

1907 wurde in Bernau bei Berlin die Lederhandschuhfabrik Trebes & Henning gegründet und spezialisierte sich damals auf die Fertigung von qualitativ hochwertigen Lederhandschuhen, vor allem auf elegante Wildleder- und Waschlederhandschuhe für den privaten und behördlichen Bedarf. Heute ist die Firma Spezialist für Schutzhandschuhe aus Nappaleder, Baumwolle, Nylon, Vinyl und Nitril. Ebenso für Schweißerschutzhandschuhe und Strickhandschuhe aus verschiedenen Materialien.

Warenangebot: Arbeits-Schutzhandschuhe aus verschiedenen Ledern wie z.B. Schweins- und Nappaleder, gefüttert und ungefüttert, außerdem zugekaufte Arbeitshandschuhe, Arbeitskleidung, Sicherheitsschuhe und Kopfschutz

Ersparnis: ca. 30% bei regulärer Ware, Sonderposten sind noch günstiger

Verkaufszeiten: Mo. bis Do. 7.30-15.30 Uhr, Fr. 7.30-14.00 Uhr

Anfahrtsweg: A 10 Ausfahrt Berlin-Spandau auf die B 5 Richtung Wustermark, die Firma befindet sich direkt an der B 5 zwischen Wustermark und Nauen, nicht direkt in Zeestow

22041 Hamburg

▶ SALAMANDER

Salamander Shoe Outlet
22041 Hamburg / Auf dem Königslande 20
Tel. (040) 687402

Warenangebot: große Auswahl an Damen-, Herren- und Kinderschuhen großer deutscher Schuhhersteller

Ersparnis: ca. 25% bei aktueller Ware, bei Restposten auch über 50% möglich, Preise ab EUR 14,90

Verkaufszeiten: Mo. bis Fr. 10.00-18.00 Uhr

Hinweise: es sind hauptsächlich Überproduktionen, Auslaufmodelle und Restbestände, teilweise auch 2. Wahl erhältlich

Anfahrtsweg: die Firma befindet sich nordöstlich vom Zentrum im Stadtteil Wandsbek, gegenüber Aldi, es ist "SB-Markt" angeschrieben

27232 Sulingen

27232 Sulingen

▶ LLOYD

Lloyd Shoes GmbH & Co. KG
27232 Sulingen / Hans-Hermann-Meyer-Str. 1
Tel. (04271) 940-0 / lloyd-shoes.de

Die 1888 in Bremen gegründete Lloyd-Schuhfabrik siedelte 1942 nach Sulingen um. Inzwischen werden versch. Einzelteile von Tochterunternehmen und Zulieferfirmen bezogen. Das endgültige Produkt entsteht nach wie vor im Sulinger Werk. Heute ist Lloyd der größte Arbeitgeber Sulingens und betreibt die letzte bedeutungsvolle Schuhproduktionsstätte Niedersachsens.

Warenangebot:	große Auswahl an hochwertigen Damen- und Herrenschuhen (2. Wahl und Überproduktionen), außerdem Hemden, Krawatten, Pullover, T-Shirts, Lederwaren, Taschen, Reisegepäck, Leder- und Textiljacken, Strümpfe, Gürtel sowie Serviceartikel wie Absätze, Schuhcreme, Schnürsenkel und Schuhspanner
Ersparnis:	ca. 30-50%
Verkaufszeiten:	Mo. bis Fr. 9.00-19.00 Uhr, Sa. 9.00-16.00 Uhr
Hinweise:	großer Verkaufsraum mit ausreichend Parkmöglichkeiten, Achtung: kein Umtausch/keine Reklamation
Anfahrtsweg:	die Firma befindet sich am westlichen Stadtrand von Sulingen, von Minden auf der B 61 kommend auf die Umgehungsstraße Richtung Diepholz, die 1. Ausfahrt abfahren auf die Diepholzer Str., die 2. Straße links ab ist die H.-H.-Meyer-Str.

29640 Schneverdingen

▶ FISCHER

Fischer Markenschuh GmbH / Schuhfabrik
29640 Schneverdingen / Heidkampsweg 21
Tel. (05193) 98510 / fischer-markenschuh.de

Die Anfänge des Unternehmens gehen zurück bis in das Jahr 1856, als die Firma von Ferdinand Fischer als Filzfabrik in Pegau (Sachsen) gegründet wurde. Heute wird das Familienunternehmen in der 5. Generation geleitet.

Warenangebot:	Hausschuhe für Damen, Herren und Kinder, Freizeitschuhe, Pantoletten, Sandaletten, keine junge Mode
Ersparnis:	ca. 30% im Durchschnitt
Verkaufszeiten:	Mo. bis Fr. 9.30-12.30 Uhr und 14.30-17.30 Uhr, im Sommer auch Sa. 9.00-12.30 Uhr

31749 Auetal

Hinweise:	der Verkauf befindet sich in einem Laden auf dem Werksgelände, es sind hauptsächlich 2. Wahl-Artikel mit kaum sichtbaren Fehlern erhältlich
Anfahrtsweg:	von Soltau auf der B 3 kommend vor den Bahnschienen links einbiegen ins Gewerbegebiet, danach sind es noch ca. 300 m bis zur Firma

30916 Isernhagen

▶ BREE

Bree Collection GmbH & Co. KG
30916 Isernhagen Kirchhorst / Gerberstr. 3
Tel. (05136) 8976-260 / bree.de

Warenangebot:	Koffer, Reisetaschen, Aktentaschen, Damentaschen, Rucksäcke, Shopper, außerdem Accessoires wie Gürtel, Brieftaschen, Geldbeutel etc., aus Leder und Nylon, Marke Bree, alles hochwertige Artikel, teilweise aber eingeschränkte Auswahl
Ersparnis:	ca. 30-50%, unterschiedlich je nach Artikel
Verkaufszeiten:	Mo. bis Fr. 14.00-19.00 Uhr, Sa. 10.00-16.00 Uhr
Hinweise:	es sind nur Muster, Restposten und 2. Wahl-Artikel erhältlich
Anfahrtsweg:	Isernhagen liegt ca. 10 km nordöstlich vom Zentrum Hannover, A 7 Ausfahrt Altwarmbüchen, Richtung Burgdorf bis zur zweiten Ampelkreuzung, links abbiegen in das Gewerbegebiet, ab hier der Ausschilderung folgen

31749 Auetal

▶ S. OLIVER

S. Oliver Shoes & Accessoires / Lagerverkauf
31749 Auetal Rehren / Sandstr. 5
Tel. (05752) 929880

Warenangebot:	Schuhe für Damen, Herren und Kinder, Sportschuhe, Lederwaren wie Taschen, Reisegepäck, Kosmetiktaschen, Portemonnaies, Gürtel, Marke S. Oliver, auch Marc O'Polo-Schuhe
Ersparnis:	ca. 30-60%
Verkaufszeiten:	Mo. bis Fr. 10.00-18.30 Uhr, Sa. 10.00-16.00 Uhr

31840 Hessisch Oldendorf

Hinweise:	es sind auch 2. Wahl, Restposten und Überhänge sowie die Vorjahreskollektion erhältlich
Anfahrtsweg:	A 2 Hannover-Herford Ausfahrt Rehren, der Beschilderung "McDonalds" folgen, die Firma befindet sich auf der linken Seite in einer grauen Halle mit Streifen, kurz vor "McDonalds"

31840 Hessisch Oldendorf

▶ MARC

MSC Germany GmbH
31840 Hessisch Oldendorf Fischbeck / Goldbinnen 1
Tel. (05152) 601-0 / marcshoes.com

Warenangebot:	Damen- und Herrenschuhe aller Art wie z.B. Halbschuhe, Sandalen, Stiefel, GoreTex-Schuhe u.v.m., Marken Marc, Arco, Hugo, Boss, Marc O'Polo, S. Oliver und Mexx, außerdem Strümpfe, Taschen, Gürtel
Ersparnis:	ca. 30% bei regulärer Ware, Restposten und 2. Wahl sind noch günstiger
Verkaufszeiten:	Mo. bis Fr. 10.00-18.30 Uhr, Sa. 9.00-16.00 Uhr
Hinweise:	der Laden ist etwas versteckt, aber ausgeschildert
Anfahrtsweg:	von Hameln kommend auf der B 83 nach Fischbeck, dort befindet sich die Firma beim ehemaligen Bahnhof

34582 Borken

▶ ROHDE

Erich Rohde KG / Schuhfabrik
34582 Borken / Mittelweg 13
Tel. (05682) 2575 / rohde-schuhe.de

Im Laufe von über 50 Jahren entwickelte sich Rohde zu einem der führenden europäischen Markenschuhhersteller. Basis dafür sind umfangreiche Kollektionen für Damen, Herren und Kinder. Internationale Trends tragbar und mit bester Passform umzusetzen ist das Ziel. Jährlich werden in Produktionsstätten in Deutschland, Österreich und Portugal ca. 8 Mio. Paar Schuhe hergestellt.

Warenangebot:	Pantoletten, Sandaletten, Hausschuhe, Straßenschuhe, Sympatex-Stiefel, hauptsächlich für Damen und Herren, Auswahl auch für Kinder, Marken Rohde und Daniel Hechter
Ersparnis:	durchschnittlich ca. 40%, während den Sommer- und Winterschlussverkäufen ist alles nochmals bis zu 40% reduziert

36396 Steinau

Verkaufszeiten:	Mo. bis Fr. 9.00-17.30 Uhr, Sa. 9.00-14.00 Uhr
Hinweise:	es ist hauptsächlich 2. Wahl erhältlich
Anfahrtsweg:	Borken liegt ca. 35 km südwestlich von Kassel, A 49 Ausfahrt Borken, dort befindet sich die Firma im Industriegebiet

34613 Schwalmstadt

▶ ROHDE

Erich Rohde KG / Schuhfabrik
34613 Schwalmstadt Ziegenhain / Ascheröder Str. 22
Tel. (06691) 78-0 / rohde-schuhe.de

Im Laufe von über 50 Jahren entwickelte sich Rohde zu einem der führenden europäischen Markenschuhhersteller. Basis dafür sind umfangreiche Kollektionen für Damen, Herren und Kinder. Internationale Trends tragbar und mit bester Passform umzusetzen ist das Ziel. Jährlich werden in Produktionsstätten in Deutschland, Österreich und Portugal ca. 8 Mio. Paar Schuhe hergestellt.

Warenangebot:	Pantoletten, Sandaletten, Hausschuhe, Straßenschuhe, Sympatex-Stiefel, hauptsächlich für Damen und Herren, Auswahl auch für Kinder, Marken Rohde und Daniel Hechter
Ersparnis:	je nach Artikel unterschiedlich, durchschnittlich ca. 40% und mehr
Verkaufszeiten:	Mo. bis Fr. 9.00-17.30 Uhr, Sa. 9.00-14.00 Uhr
Hinweise:	der Verkauf befindet sich in einer großen Halle auf dem Firmengelände, es ist hauptsächlich 2. Wahl erhältlich
Anfahrtsweg:	A 5 Frankfurt-Kassel Ausfahrt Alsfeld-Ost, auf die B 254 nach Schwalmstadt, Richtung Industriegebiet-Süd

36396 Steinau

▶ JOLLY

Alsa GmbH
36396 Steinau Uerzell / Heideküppel 16
Tel. (06667) 81-0 / alsa.de

Alsa ist ein führender Hersteller von Laufsohlen und Fußbettungen. Seit über 50 Jahren werden Kunden auf der ganzen Welt mit kompletten Schuhbodensystemen aus einer Hand beliefert.

Warenangebot:	Schuhe und Clogs (aus Kunststoff) in unterschiedlichen Farben für Haus, Garten und Camping, unterschiedliche Modelle Marke jolly, für Damen in den Gr. 36-42 und für Herren in den Gr. 39-47 sowie für Kinder in den Gr. 27-35

42929 Wermelskirchen

Ersparnis:	2. Wahl ist besonders preiswert
Verkaufszeiten:	Mo. 9.00-11.00 Uhr, Mi. 14.00-16.00 Uhr, Fr. 12.00-14.00 Uhr
Hinweise:	von Clogs ist größtenteils 2. Wahl erhältlich
Anfahrtsweg:	Steinau liegt ca. 30 km südwestlich von Fulda an der B 40, in Schlüchtern rechts abbiegen nach Uerzell, hier ist die Firma an der Straße Richtung Neustall nicht zu verfehlen

42929 Wermelskirchen

▶ ARA

Ara Shoes AG
42929 Wermelskirchen / Dörpfelstr. 20
Tel. (02196) 888347 / ara-schuhe.de

Warenangebot:	Damenschuhe aller Art, Marke ara und jenny, außerdem einige Herren- und Kinderschuhe, je nach Saison wechselndes Angebot
Ersparnis:	ca. 30-40%
Verkaufszeiten:	Mo. bis Fr. 11.00-18.00 Uhr, Sa. 10.00-14.00 Uhr
Hinweise:	teilweise ist auch 2. Wahl erhältlich
Anfahrtsweg:	A 1 Köln-Dortmund Ausfahrt Schloß Burg/Wermelskirchen, von der Autobahn kommend nach dem Stadtfriedhof gleich die erste Straße rechts einbiegen

44534 Lünen

▶ ARA

Ara Shoes AG
44534 Lünen / In den Hummelknäppen 10
Tel. (02306) 7002-0 / ara-schuhe.de

Warenangebot:	Damenschuhe aller Art, Marke ara und jenny, einige Herren- und Kinderschuhe, je nach Saison wechselndes Angebot, außerdem zugekaufte Oberbekleidung für Herren wie Hemden, Pullover, Krawatten sowie Gürtel
Ersparnis:	ca. 30-40%
Verkaufszeiten:	Mo. bis Fr. 10.00-18.00 Uhr, Sa. 9.00-14.00 Uhr

47533 Kleve

Anfahrtsweg: Lünen liegt ca. 15 km nördlich von Dortmund, die Firma befindet sich nordwestlich vom Zentrum in Alstedde, sie ist hier leicht zu finden

45478 Mülheim

▶ EICHHOLZ

Lederwarenfabrik Heinrich Eichholz
45478 Mülheim a. d. Ruhr / Heerstr. 68
Tel. (0208) 50984

Warenangebot: Ledertaschen, Lederrucksäcke, Herrentaschen, Pilotenkoffer, Collegemappen, Schulranzen etc., keine Damentaschen

Ersparnis: ca. 40% im Durchschnitt

Verkaufszeiten: Mo. bis Fr. 9.00-13.30 Uhr und 15.00-18.00 Uhr

Hinweise: teilweise ist auch 2. Wahl erhältlich

Anfahrtsweg: die Firma befindet sich im Ortsteil Speldorf nahe der Bahnlinie, unweit von Schloß Broich

47533 Kleve

▶ BAUSE

Heinrich Bause GmbH / Schuhfabrik
47533 Kleve Kellen / Heinrich-Bause-Str. 2
Tel. (02821) 9071

Warenangebot: Kinderschuhe aller Art in den Gr. 18-40 wie z.B. Straßenschuhe, Stiefel, Gummistiefel, Sandaletten, Hausschuhe

Ersparnis: bis zu 50% möglich

Verkaufszeiten: Mo. bis Fr. 9.30-13.00 Uhr und 14.00-17.30 Uhr, Sa. 9.00-13.00 Uhr

Hinweise: nur Verkauf von 2. und 3. Wahl sowie Restposten

Anfahrtsweg: A 57 Ausfahrt Goch/Kleve über Goch nach Kleve, dort befindet sich die Firma in Kellen an der B 220 nach Emmerich, von der B 220 abbiegen in die Urenzhofstr. und dann in die Heinrich-Bause-Str.

47533 Kleve

▶ ELEFANTEN

Freudenberg Schuh GmbH
47533 Kleve / Hoffmannallee 41-51
Tel. (02821) 86357 / elefanten.de

Warenangebot: Schuhe und Stiefel aller Art für Kinder ab Gr. 18 wie z.B. Halbschuhe, Sandalen, Hausschuhe, Lauflernschuhe, Sportschuhe, Gummistiefel, Winterschuhe etc., Marke Elefanten und andere, kleines Sortiment auch für Damen und Herren sowie auch etwas Oberbekleidung

Ersparnis: bei Eigenprodukten von Kinderschuhen ca. 20-30%, teilweise auch bis zu 50%, andere Marken sowie Damen- und Herrenschuhe und die Oberbekleidung sind nicht günstiger

Verkaufszeiten: Mo. bis Fr. 9.30-18.00 Uhr, Sa. 9.00-16.00 Uhr

Hinweise: der Verkauf erfolgt im Ladengeschäft in der Siegertstr. 9 unweit der Fabrik, es ist nur 2. Wahl- und Postenware erhältlich

Anfahrtsweg: A 57 Ausfahrt Kleve auf die B 9 über Goch nach Kleve, kurz vor Kleve links ab Richtung Materborn, nach "Aldi" an der 1. Ampel rechts, nach ca. 1 km befindet sich die Firma auf der rechten Seite

▶ JELA

Jela Schuh GmbH & Co. KG
47533 Kleve / Albersallee 122
Tel. (02821) 581954 / jela.com

Warenangebot: Kinder- und Jugendschuhe für Mädchen und Jungen in den Gr. 29-42, z.B. Halbschuhe und Sandalen, außerdem Gummistiefel

Ersparnis: ca. 30-35%

Verkaufszeiten: Mo. bis Fr. 10.00-18.00 Uhr, Sa. 9.00-13.00 Uhr

Hinweise: teilweise ist auch 2. Wahl mit kaum sichtbaren Fehlern erhältlich

Anfahrtsweg: A 2 Ausfahrt Kleve auf die B 9 Richtung Kleve, in Kleve nach dem Krankenhaus links in die Albersallee

47626 Kevelaer

▶ KLEVER SCHUHE

Klever-Sportschuh-Fabrik GmbH.
47533 Kleve / Triftstr. 93
Tel. (02821) 4421

Warenangebot: Sportschuhe wie z.B. Fußballschuhe mit Schraubstollen oder Nocken, Freizeitschuhe

Ersparnis: je nach Artikel unterschiedlich, durchschnittlich ca. 30%

Verkaufszeiten: Mo. bis Fr. 9.00-12.30 Uhr und 14.30-18.00 Uhr

Hinweise: das Ladengeschäft befindet sich auf dem Fabrikgelände, gelegentlich ist auch 2. Wahl erhältlich; die Firma produziert auch für Adidas, Reebok, Lotto und Diadora, diese Artikel sind dann teilweise auch erhältlich

Anfahrtsweg: A 57 Ausfahrt Goch/Kleve auf die B 9 über Goch nach Kleve, dort befindet sich die Firma beim Klever Krankenhaus gegenüber der Aral-Tankstelle

47626 Kevelaer

▶ BERGMANN

Schuhfabrik Theodor Bergmann GmbH
47626 Kevelaer / Schravelener Niersweg 5
Tel. (02832) 8121 / bergmann-schuhe.de

Das Unternehmen wurde 1846 gegründet und ist heute ein Spezialbetrieb, der schweres und stabiles Schuhwerk wie z.B. Militärschuhe, Wanderschuhe und Motorradstiefel herstellt. Die Firma Bergmann ist eine der wenigen Firmen die noch heute original zwiegenähte Schuhe produziert und vertreibt.

Warenangebot: geschlossene Sicherheits- und Berufsschuhe aus Leder, Stahlkappenschuhe und Motorradstiefel, außerdem auch zugekaufte Schuhe anderer Marken

Ersparnis: durchschnittlich ca. 40%, die zugekauften Artikel sind kaum günstiger

Verkaufszeiten: Mo. bis Fr. 10.00-17.00 Uhr, Sa. 10.00-13.00 Uhr

Hinweise: es ist auch 2. Wahl erhältlich

Anfahrtsweg: A 57 Ausfahrt Sonsbeck nach Kevelaer, dort befindet sich die Firma im Ortsteil Schravelen

49152 Bad Essen

49152 Bad Essen

▶ HOFFMANN

Lederhandschuhfabrik Josef Hoffmann
49152 Bad Essen / Wittekindstr. 9
Tel. (05472) 2174

Warenangebot: hochwertige Lederhandschuhe für Damen und Herren, Handschuhe für Motorrad-, Ski- und Radfahrer, unterschiedl. Lederarten

Ersparnis: preisgünstiges Warenangebot, Preise von ca. EUR 20,- bis 50,-

Verkaufszeiten: Mo. bis Do. 7.00-15.00 Uhr, Fr. 7.00-13.00 Uhr

Anfahrtsweg: Bad Essen liegt ca. 25 km nordöstlich von Osnabrück an der B 65 nach Minden, dort befindet sich die Firma im Wohngebiet, nahe der kath. Kirche

52525 Heinsberg

▶ BALTES

Th. Baltes Schuhfabrik GmbH & Co. KG
52525 Heinsberg / Borsigstr. 62
Tel. (02452) 9184-0 oder -45 (Verkauf) / baltes-schuh.de

Warenangebot: Sicherheitsschuhe, Feuerwehrstiefel, Rettungsdienstschuhe, Polizei- und Security-Einsatzstiefel, außerdem Arbeitshosen, Arbeitsjacken und Handschuhe für unterschiedliche Einsatzbereiche

Ersparnis: bis zu 10% bei der aktuellen Kollektion, bei Auslaufmodellen und B-Ware ca. 30%

Verkaufszeiten: Mo. bis Do. 7.30-12.30 Uhr und 13.30-16.00 Uhr, Fr. bis 15.30 Uhr

Hinweise: der Eingang zum Werksverkauf erfolgt über die Rampe

Anfahrtsweg: die A 46 bis zum Ende fahren, dann rechts auf die B 221 Richtung Heinsberg, der B 221 bis zum Ende folgen und nach der Kurve an der Ampel rechts, ca. 300 m auf der Karl-Arnold-Str. geradeaus und an der nächsten Ampel rechts in die Borsigstr., Einfahrt zum Betriebsgelände auf der linken Seite

53604 Bad Honnef

53562 St. Katharinen

▶ BETULA

Betula Schuh GmbH / Betula Fabrikverkauf
53562 St. Katharinen Strödt / Industriestr. 42
Tel. (02645) 99219 / betula.de

Die 1994 gegründete Betula Schuh GmbH greift auf eine 225-jährige Tradition und auf die Erfahrung mehrerer Generationen der Familie Birkenstock zurück. Mit neuen umweltschonenden Technologien und Materialien entstehen, immer auf Basis des gesunden Fußbetts, neue Produkte, die auf die verschiedenen Anforderungen und Wünsche der Kunden abgestimmt sind.

Warenangebot:	große Auswahl an Gesundheitsschuhen mit dem Original Birkenstock Fußbett für Damen, Herren und Kinder wie Sandaletten, Pantoletten und Clogs, auch geschlossene Schuhe und Stiefel, Marke Betula
Ersparnis:	ca. 30-40%
Verkaufszeiten:	Mo. bis Fr. 9.00-18.30 Uhr, Sa. 9.00-13.00 Uhr
Hinweise:	teilweise ist auch 2. Wahl erhältlich
Anfahrtsweg:	St. Katharinen liegt ca. 10 km südöstlich von Bad Honnef, A 3 Ausfahrt Bad Honnef/Linz über Vettelschoß Richtung St. Katharinen, an der T-Kreuzung links und die nächste Möglichkeit rechts in das Industriegebiet, dann sind es noch ca. 500 m bis zur Verkaufsstelle

53604 Bad Honnef

▶ BIRKENSTOCK

Birkenstock Orthopädie GmbH
53604 Bad Honnef / Rheinstr. 2
Tel. (02224) 92380 / schuh-center.de

Warenangebot:	Gesundheitssandalen, Gymnastik- und Massagesandalen, Fußbettschuhe, geschlossene Schuhe, Clogs, Marken Birkenstock, Betula, Tatami, außerdem orthopädische Einlagen und Fußpflegemittel
Ersparnis:	ca. 10% auf den Katalogpreis bei 1. Wahl, ca. 20% bei 2. Wahl-Artikeln, teilweise bis zu 50% bei Auslaufmodellen
Verkaufszeiten:	Mo. bis Fr. 9.00-19.00 Uhr, Sa. 9.00-18.00 Uhr
Hinweise:	2. Wahl-Artikel und Auslaufmodelle sind nur teilweise erhältlich

54292 Trier

Anfahrtsweg: A 3 Köln-Frankfurt Ausfahrt Bad Honnef/Linz nach Bad Honnef, im Ort immer der Vorfahrtsstraße bis zur Ampelanlage folgen, hier rechts ab Richtung Rheinfähre/Industriegebiet Lohfeld, wiederum der Vorfahrtsstraße folgen Richtung Rheinfähre, nach der Brücke nach ca. 300 m links in die Rheinstr.

54292 Trier

▶ ROMIKA

Romika GmbH
54292 Trier / Karl-Benz-Str. 8
Tel. (0651) 2040 / romika.de

Warenangebot: Fußbett-Pantoletten, Pantoletten, Sandaletten, Comfort-Halbschuhe, Freizeitschuhe, Walkingschuhe, Clogs, Badeschuhe, Regenstiefel und Hausschuhe für Damen und Herren, außerdem Lauflernschuhe, Sandalen, Freizeitschuhe, Regenstiefel und Hausschuhe für Kind

Ersparnis: bei Restposten, 2. und 3. Wahl bis zu 50%

Verkaufszeiten: Mo. bis Fr. 9.30-17.30 Uhr, Sa. 9.30-13.00 Uhr

Anfahrtsweg: A 602 Ausfahrt Trier-Verteilerkreis, von dort Richtung Industriegebiet Trier-Nord

55606 Kirn

▶ BRAUN BÜFFEL

Braun GmbH & Co. KG
55606 Kirn / Nahe / Industriestr. 10
Tel. (06752) 9333-0 / braun-bueffel.de

Warenangebot: hochwertige Lederwaren wie Handtaschen, Aktenkoffer, Aktentaschen, Brieftaschen, Geldbörsen, Gürtel, Marke Büffel

Ersparnis: günstige Angebote, 2. Wahl ist besonders preiswert

Verkaufszeiten: Mo. und Mi. 13.30-16.30 Uhr

Hinweise: es ist 1. und 2. Wahl erhältlich

Anfahrtsweg: Kirn liegt ca. 15 km nordöstlich von Idar-Oberstein an der B 41 Richtung Bad Kreuznach, von Hochstetten kommend in Kirn über die Brücke, direkt danach gleich rechts einbiegen

63065 Offenbach

▶ GOLDPFEIL

Goldpfeil AG
63065 Offenbach / Kaiserstr. 39-49
Tel. (069) 8050-212 / goldpfeil.de

Warenangebot: hochwertige Lederwaren wie z.B. Damenhandtaschen, Herrentaschen, Einkaufstaschen, Reisegepäck, Gürtel, Geldbörsen, Maniküreetuis, Kosmetikkoffer, Nylontaschen etc. Marke Gold-Pfeil, teilweise auch Schuhe der Marke Joop und Reisegepäck der Marke Mädler

Ersparnis: ca. 30% auf alle Artikel, bei Sonderangeboten teilweise über 50%

Verkaufszeiten: Mo. bis Do. 9.00-17.30 Uhr, Fr. 9.00-16.30 Uhr, Sa. 9.00-13.00 Uhr

Hinweise: nur Verkauf von 2. Wahl- und Auslaufmodellen im angegliederten Verkaufsshop

Anfahrtsweg: A 3 Offenbacher Kreuz Richtung Offenbach, am Kaiserlei-Kreisel einbiegen in die Berliner Str., von dort rechts in die Kaiserstr.

63067 Offenbach

▶ BOGNER

Unlimited Accessoires GmbH & Co. KG / Bogner Leather
63067 Offenbach / Bettinastr. 35
Tel. (069) 811077 / unlimited-accessoires.com

Warenangebot: hochwertige Accessoires aus Leder und Nylon wie z.B. Reisetaschen, Portemonnaies, Gürtel, Handtaschen, Schlüsselanhänger etc., ausschließlich B-Ware und Auslaufmodelle

Ersparnis: unterschiedlich, aber trotzdem nicht billig

Verkaufszeiten: Mi. 13.00-17.00 Uhr, Fr. 13.00-16.00 Uhr

Anfahrtsweg: die Bettinastr. befindet sich in der Nähe der Messe und dem Volvo-Händler

63073 Offenbach

63073 Offenbach

▶ BARTH & BAUER

Barth & Bauer / Lederwarenfabrik
63073 Offenbach Bieber / Aschaffenburger Str. 11
Tel. (069) 894343 / bb-lederwaren.de

Warenangebot: große Auswahl an hochwertigen Damenhandtaschen aus Leder, Geldbeutel, Mappen, Herrentaschen, Rucksäcke, außerdem Büroartikel wie Stifthüllen und Dokumentenmappen

Ersparnis: ca. 30-40%, unterschiedlich je nach Artikel

Verkaufszeiten: Mo. bis Do. 8.00-12.00 Uhr und 13.00-17.00 Uhr, Fr. 8.00-12.00 Uhr

Hinweise: der Laden befindet sich auf dem Betriebsgelände, gelegentlich ist auch 2. Wahl erhältlich

Anfahrtsweg: von Offenbach kommend auf der Hauptstraße in Bieber nach der 3. Ampel links einbiegen, 2. Haus auf der linken Seite

63150 Heusenstamm

▶ AUGENTHALER & HEBERER

Lederwarenfabrik Augenthaler & Heberer
63150 Heusenstamm / Bgm.-Kämmerer-Str. 32
Tel. (06104) 2389

Warenangebot: große Auswahl an Damen-Ledertaschen aller Art, Shopper, Herrenmappen, Kleinlederwaren

Ersparnis: bei der aktuellen Kollektion ca. 20%, bei Auslaufmodellen ca. 40% und mehr

Verkaufszeiten: Mo. bis Do. 8.00-12.00 Uhr und 13.00-17.00 Uhr, Fr. 8.00-12.00 Uhr

Hinweise: manchmal ist auch 2. Wahl erhältlich

Anfahrtsweg: Heusenstamm liegt ca. 20 km südöstlich von Frankfurt an der A 3, dort befindet sich die Firma in der Nähe vom Heimatmuseum

63179 Obertshausen

63165 Mühlheim

▶ TRAVELLER

Traveller Jean Weipert GmbH
63165 Mühlheim Lämmerspiel / Kolpingstr. 18
Tel. (06108) 904226 / traveller-werkverkauf.de

Das Unternehmen wurde im Jahr 1919 von Jean Weipert in Offenbach gegründet. Heute wird das Unternehmen in der 4. Generation geführt. Das Sortiment war von Anfang an sehr hochwertig, was das Material und die Verarbeitung betrifft. Die Kollektionen wurden immer der Zeit angepasst.

Warenangebot: Original Traveller Aktenkoffer, Flugreisegepäck aus Nylon und Leder, Trolleys, Kleidersäcke, Reisetaschen, Laptop-Taschen, Rucksäcke, College- und Aktenmappen, außerdem Kleinlederwaren der Marken Traveller und Otto Kern sowie Damentaschen von Otto Kern in Nylon und Leder, hochwertiges Warensortiment

Ersparnis: bis zu 40%

Verkaufszeiten: Mo. bis Fr. 10.00-18.00 Uhr, Sa. 10.00-15.00 Uhr

Hinweise: Ladengeschäft, es sind nur Kollektions- und Musterteile, Auslaufmodelle und Restposten erhältlich

Anfahrtsweg: A 3 Ausfahrt Hanau Richtung Hanau, auf der linken Spur in Richtung Steinheim, Ausfahrt Steinheim und dann links Richtung Lämmerspiel, am Ortseingang von Lämmerspiel die zweite Straße rechts in die Stauffenbergstr., dann die zweite links ist die Kolpingstr.

63179 Obertshausen

▶ COMTESSE

Comtesse Accessoires GmbH
63179 Obertshausen Hausen / Friedrich-Ebert Str. 47-49
Tel. (06104) 70020

Warenangebot: hochwertige Lederwaren wie z.B. Damen- und Herrentaschen in unterschiedlichen Lederarten (Kalbleder, Rosshaar und Reptil), außerdem Gürtel, Kleinlederwaren, Damenschals

Ersparnis: günstige Angebote, teilweise über 50%

Verkaufszeiten: Mo. bis Do. 8.00-12.00 Uhr und 13.00-17.00 Uhr, Fr. bis 16.00 Uhr

Hinweise: ausschließlich Verkauf von preisreduzierten Auslaufmodellen und Kollektionsteilen sowie Artikel mit kleinen Fehlern

63628 Bad Soden-Salmünster

Anfahrtsweg: A 3 Ausfahrt Obertshausen, an der Ampel geradeaus, dann links über die A 3 Richtung Hausen, an der nächsten Ampelkreuzung links Richtung Lämmerspiel auf die Seligenstädter Str., diese geht über in die Friedrich-Ebert-Str.

63628 Bad Soden-Salmünster

▶ ATELIER JEANNETTE

Atelier Jeannette Inh. Erich Schmitt
63628 Bad Soden-Salmünster Romsthal / Wahlerter Str. 34
Tel. (06056) 2743 / atelierjeannette.de

Seit über 35 Jahren produziert Atelier Jeannette edle Taschen aus Leder und Stoff. Die Artikel sind in erster Linie praktisch und qualitativ hochwertig, die Linie reicht vom Klassisch bis sportlich Modisch - handmade in Germany.

Warenangebot: hochwertige Lederwaren aller Art wie z.B. Hand- und Reisetaschen, Aktentaschen und -koffer, Briefbörsen, Geldbörsen, Pilotkoffer, Rucksäcke, Kulturtaschen, Schminktaschen, Kosmetikkoffer, Badetaschen, Shopper, Gürtel etc.

Ersparnis: unterschiedlich je nach Artikel, durchschnittlich ca. 25%

Verkaufszeiten: Mo. bis Fr. 14.00-16.00 Uhr

Anfahrtsweg: Bad Soden-Salmünster liegt an der A 66 Hanau-Fulda, Ausfahrt Bad Soden-Salmünster, die Firma befindet sich ca. 5 km nördlich im Ortsteil Romsthal an der Straße Richtung Wahlert

66482 Zweibrücken

▶ DORNDORF

Schuh-Union AG / Dorndorf Schuhfabrik
66482 Zweibrücken / Pirmasenser Str. 97
Tel. (06332) 484-0

Warenangebot: große Auswahl an Damen- und Herrenschuhen wie z.B. Straßenschuhe, Stiefel, Pumps, Boots, Marken Dorndorf, Servas, Remonte und Rieker

Ersparnis: ca. 30-40%, unterschiedlich je nach Artikel

Verkaufszeiten: Mo. bis Fr. 9.00-17.00 Uhr, Sa. 9.00-12.00 Uhr

Hinweise: ab der Pforte ist der Weg zum Ladengeschäft beschildert, gelegentlich ist auch 2. Wahl erhältlich

Anfahrtsweg: A 8 Ausfahrt Zweibrücken, in Zweibrücken Richtung Contwig kommt man direkt an der Firma vorbei

66955 Pirmasens

Leder/Schuhe

66484 Riedelberg

▶ SCHUHWERK

Schwarz Schuhwerk Handelsgesellschaft mbH
66484 Riedelberg / Hauptstr. 18
Tel. (06339) 921333 / schuhwerk.de

Die Firma sucht nach alternativen Möglichkeiten Schuhe herzustellen, ohne unüberlegten Verbrauch von Rohstoffen und ohne umweltbelastende Produktionsverfahren. Wohlfühlschuhe, die das natürliche Gehen unterstützen, bequem in der Form und schön im Design. Für Schuhwerk-Schuhe werden wo immer es möglich ist, natürliche, nachwachsende Rohstoffe verwendet.

Warenangebot: Schuhe für Damen und Herren, Halbschuhe, Sandalen, im Winter auch Stiefel

Ersparnis: 20% und mehr, teilweise bis zu 50%

Verkaufszeiten: Mo. bis Fr. 8.00-18.00 Uhr, Sa. 9.00-12.00 Uhr

Hinweise: separates Ladengeschäft, es werden hauptsächlich 2. Wahl, Restposten und Überhänge verkauft

Anfahrtsweg: A 8 Zweibrücken-Pirmasens Ausfahrt Walshausen, über Kleinsteinhausen und Großsteinhausen nach Riedelberg, im Ort befindet sich die Firma schräg gegenüber der Kirche

66955 Pirmasens

▶ HUMMEL

Heinz Hummel GmbH / Schuhfabrikation
66955 Pirmasens / Charlottenstr. 8
Tel. (06331) 26020 / heinz-hummel.de

Warenangebot: Kinder- und Jugendschuhe bis Gr. 41 wie z.B. Halbschuhe, Sandalen, Stiefel, auch Sympatex-Stiefel

Ersparnis: durchschnittlich ca. 25%

Verkaufszeiten: Mo. bis Do. 8.00-16.30 Uhr, Fr. 8.00-14.45 Uhr

Hinweise: teilweise ist auch günstige 2. Wahl erhältlich

Anfahrtsweg: aus Richtung Landau auf der B10 Richtung Pirmasens, Abfahrt Bitche unmittelbar nach dem Waldfriedhof Pirmasens, an der zweiten Ampel links Richtung Bitche und an der nächsten Ampel links in die Adlerstr., diese geht im Verlauf in die Charlottenstr. über

66955 Pirmasens

▶ K + S SHOES

Kennel & Schmenger Schuhfabrik GmbH
66955 Pirmasens / Im Erlenteich 1-5
Tel. (06331) 71090 / ksshoes.de

K + S Shoes steht seit über 80 Jahren für qualitativ hochwertige, modische Damenschuhe und vertreibt seine Schuhe weltweit.

Warenangebot:	hochwertige Damenschuhe, Pumps, Stiefel
Ersparnis:	ca. 50% und mehr
Verkaufszeiten:	Mo. bis Fr. 9.00-11.45 Uhr und 12.45-16.45 Uhr, Sa. 9.00-13.00 Uhr
Hinweise:	nur 2. Wahl- und Restpostenverkauf
Anfahrtsweg:	von Zweibrücken auf der A 8 kommend Ausfahrt Pirmasens auf die B 10 nach Pirmasens, dort befindet sich die Firma im Industriegebiet-West

▶ SCHAPURO

Afis Schuhe Horst & Schmitt KG
66955 Pirmasens / Blocksbergstr. 151
Tel. (06331) 26300 / afis.de

Warenangebot:	Schuhe aller Art für Damen, Herren und Kinder, immer der Saison entsprechend, außerdem zugekaufte Dockers-Schuhe
Ersparnis:	bis zu 50%, 2. Wahl ist besonders preiswert
Verkaufszeiten:	Mo. bis Fr. 12.00-18.00 Uhr, Sa. 9.00-13.00 Uhr
Hinweise:	teilweise ist auch 2. Wahl erhältlich
Anfahrtsweg:	die Firma befindet sich in Pirmasens im Industriegebiet von Winzeln

▶ TOPSTAR

Topstar Schuhfabrik Adolf Müller KG
66955 Pirmasens / Winzler Str. 205
Tel. (06331) 27260 / topstar-schuh.de

Warenangebot:	Pumps, Ballerinas, Stiefel und Stiefeletten sowie modische Sandaletten für Damen, Marke Topstar, außerdem Landhaus- und Trachtenschuhe für Damen und Herren, Marke Via Mala sowie Hochzeitsschuhe für Damen und Herren
Ersparnis:	bis zu 50% möglich

66976 Rodalben

Verkaufszeiten: Mo. bis Do. 13.30-16.30 Uhr

Anfahrtsweg: von Pirmasens in Richtung Winzeln kommt man automatisch auf die Winzler Str.

66957 Obersimten

▶ DIETZ

Christian Dietz Schuhfabrik GmbH
66957 Obersimten / Am Willerwald 1
Tel. (06331) 2113-0 / christiandietz.com

Warenangebot: Damensportschuhe, Damenschuhe für Einlagen, hauptsächlich junge Mode

Ersparnis: ca. 30% im Durchschnitt

Verkaufszeiten: Mo. bis Fr. 8.00-14.30 Uhr

Hinweise: hauptsächlich 2. Wahl-Verkauf

Anfahrtsweg: von Pirmasens kommend im Ort die erste Straße links einbiegen in "Am Willerwald", an der Sängerhalle vorbei kommt man direkt auf die Firma zu

66976 Rodalben

▶ SERVAS

Wilhelm Servas GmbH / Schuhfabrik
66976 Rodalben / Wilhelm-Servas-Str. 24
Tel. (06331) 17041

Warenangebot: große Auswahl an Schuhen wie z.B. Halbschuhe, Slipper, Stiefel, Pumps etc. für Damen und Herren

Ersparnis: ca. 30%, Artikel mit kleinen Fehlern sind noch preiswerter

Verkaufszeiten: Mo. bis Fr. 9.00-18.00 Uhr, Sa. 9.00-13.00 Uhr

Hinweise: das Verkaufsgebäude befindet sich nach der Toreinfahrt auf der rechten Seite

Anfahrtsweg: Rodalben liegt ca. 5 km nördlich von Pirmasens, am Ortseingang links einbiegen

66981 Münchweiler

▶ MEGA GAGA

EWM Schuhfabrik Edgar Würz GmbH
66981 Münchweiler / Riegelbrunnerhof 12
Tel. (06395) 9223-0 / megagaga.de

Warenangebot: große Auswahl an Kinder- und Jugendschuhen, z.B. Skater, Sneakers, Winterstiefel mit Membrane etc., Marken Mega Gaga (Gr. 24-46) und Delphinos (Gr. 20-26)

Ersparnis: durchschnittlich ca. 30%, bei 2. Wahl bis zu 60%

Verkaufszeiten: Fr. 13.00-17.00 Uhr, Sa. 9.00-13.00 Uhr, wenn Fr. ein Feiertag ist, dann ist Do. zu den gleichen Zeiten geöffnet

Anfahrtsweg: Münchweiler liegt ca. 10 km östlich von Pirmasens an der B 10 Richtung Landau, von der B 10 kommend durch Münchweiler Richtung Rodalben nach Riegelbrunnerhof

66987 Thaleischweiler-Fröschen

▶ WENDEL

Heinrich Wendel GmbH
66987 Thaleischweiler-Fröschen / Talstr. 49
Tel. (06334) 5519

Warenangebot: Tieffußbettsandalen und -sandaletten für Damen, Herren und Kinder

Ersparnis: Preise je Paar ab EUR 17,-

Verkaufszeiten: Mo. bis Fr. 7.00-12.00 Uhr, nachmittags nach Voranmeldung

Anfahrtsweg: Thaleischweiler-Fröschen liegt ca. 5 km nördlich von Pirmasens, die Firma befindet sich mitten im Ort

66994 Dahn

▶ DÄUMLING

Däumling Schuhfabriken Hermann Meyer GmbH
66994 Dahn / Lachbergstr. 25
Tel. (06391) 9233-0 / daeumling.de

Warenangebot: Kinderschuhe in den Größen 18-42 wie Sandalen, Halbschuhe, Stiefelchen und Gummistiefel, außerdem zugekaufte Damen- und Herrenschuhe

69469 Weinheim

Ersparnis: durchschnittlich ca. 30%

Verkaufszeiten: Mo. bis Fr. 8.00-12.00 Uhr und 13.15-18.15 Uhr, Sa. 8.00-13.00 Uhr

Hinweise: es ist ausschließlich 2. Wahl erhältlich

Anfahrtsweg: Dahn liegt ca. 15 km südöstlich von Pirmasens an der B 427 Richtung Bad Bergzabern, in Dahn befindet sich die Firma am Ortsausgang Richtung Erfweiler auf der linken Seite

66996 Ludwigswinkel

▶ ROTT

**Rott Schuhe GmbH / Schuhfabrik
66996 Ludwigswinkel / Wasgaustr. 17
Tel. (06393) 92110 / rott-schuhe.de**

Warenangebot: Hausschuhe, Pantoletten, Clogs und Straßenschuhe für Damen und Herren

Ersparnis: teilweise bis zu 50%

Verkaufszeiten: Mo. bis Do. 7.00-12.00 Uhr und 13.00-16.30 Uhr, Sa. 9.00-11.00 Uhr

Hinweise: Hausverkauf im separaten Verkaufsraum, es ist hauptsächlich Retourenware oder Ware mit kleinen Fehlern erhältlich

Anfahrtsweg: Ludwigswinkel liegt ca. 20 km südlich von Pirmasens, dort am Schöntalweiher vorbei geradeaus, an der Kreuzung links, die Firma befindet sich in der nächsten Kurve

69469 Weinheim

▶ FREUDENBERG

**Freudenberg Service KG
69469 Weinheim / Höhnerweg 2-4
Tel. (06201) 80-0 / freudenberg.de**

Warenangebot: Halbschuhe, Sandalen, Hausschuhe und Gummistiefel für Damen, Herren und Kinder, für Kinder auch Marke Elefanten und für Erwachsene auch Marke Clarks

Ersparnis: durchschnittlich ca. 25%

Verkaufszeiten: Mo. bis Fr. 12.30-15.30 Uhr

70806 Kornwestheim

Hinweise:	oftmals ist nur eine sehr eingeschränkte Auswahl erhältlich
Anfahrtsweg:	A 5 Karlsruhe-Frankfurt Ausfahrt Weinheim, immer geradeaus Richtung Weinheim auf die Viernheimer Str., linker Hand ist die Firma nicht zu verfehlen, Eingang durch Tor 1

70806 Kornwestheim

▶ SALAMANDER

Salamander Fabrikverkauf
70806 Kornwestheim / Stammheimer Str. 10
Tel. (07154) 15-2833 / salamander-stores.de

Salamander Schuhe gibt es schon seit 1904. Im Jahr 1937 erscheint das erste Lurchi-Heft, Lurchis Abenteuer. Dieses Markenzeichen der Firma Salamander ist ein Klassiker der deutschen Werbecomics. Heute zählt Salamander zu den bedeutendsten Anbietern und Herstellern hochwertiger Markenschuhe in Europa.

Warenangebot:	reichhaltiges Angebot an aktuellen Schuhen der Marken Salamander, Betty Barclay, Sioux, Apollo, Yellomiles und Lurchi, außerdem Taschen, Schuhpflegemittel, Socken und Strümpfe für Damen, Herren und Kinder sowie Lurchi-Fanartikel
Ersparnis:	bei aktueller Ware mindestens 20%, bei Restposten, Auslaufmodellen und Überproduktionen mindestens 40%
Verkaufszeiten:	Mo. bis Fr. 10.00-19.00 Uhr, Sa. 10.00-18.00 Uhr
Hinweise:	zur Verfügung stehen ein Schuhreparaturservice, eine Kinderspielecke sowie ein Babywickelraum; auf dem Salamander-Gelände verkaufen auch andere Hersteller
Anfahrtsweg:	Kornwestheim liegt ca. 10 km nördlich von Stuttgart, A 81 Stuttgart-Heilbronn Ausfahrt Ludwigsburg-Süd, Richtung B 27 Kornwestheim, der Fabrikverkauf befindet sich schräg gegenüber vom Bahnhof

72393 Burladingen

▶ KÄSTLE

Athanas Kästle GmbH & Co. KG / Gürtelfabrik
72393 Burladingen Killer / Katharinenstr. 10
Tel. (07477) 9282-0

Warenangebot:	Damen- und Herrengürtel, Hosenträger, Sockenhalter
Ersparnis:	Preise unter vergleichbarer Einzelhandelsware

72555 Metzingen

Verkaufszeiten: Mo. bis Do. 7.30-11.30 Uhr und 13.15-17.00 Uhr, Fr. 7.30-11.30 Uhr

Anfahrtsweg: von Burladingen auf der B 32 nach Hechingen erreicht man nach ca. 6 km Killer, dort befindet sich die Firma nahe der Kirche

72555 Metzingen

▶ BALLY

Bally Deutschland GmbH / Bally Outlet
72555 Metzingen / Reutlinger Str. 49-53
Tel. (07123) 20800 / bally.ch

Bally ist einer der größten Schuhkonzerne der Welt. In Eigenproduktion werden jährlich rund 1,6 Mio. Paar Schuhe hergestellt und weltweit 4,5 Mio. Paar Schuhe verkauft.

Warenangebot: große Auswahl an hochwertigen Damen- und Herrenschuhen, außerdem Handtaschen, Lederjacken für Damen und Herren, Kleinlederwaren, Gürtel, Strümpfe, Foulards

Ersparnis: ca. 30-50%, Auslaufmodelle sind am preiswertesten, im SSV und im WSV wird nochmals reduziert

Verkaufszeiten: Mo. bis Fr. 10.00-20.00 Uhr, Sa. 9.00-18.00 Uhr

Hinweise: es sind hauptsächlich Modelle der letzten Saison sowie Überhänge erhältlich

Anfahrtsweg: Metzingen liegt ca. 40 km südlich von Stuttgart, A 8 Ausfahrt Wendlingen auf die B 313 über Nürtingen nach Metzingen, an der großen Kreuzung in Stadtmitte (Lindenplatz) Richtung Tübingen/Reutlingen/Freizeitgelände abbiegen auf die Reutlinger Str.

▶ BAZLEN

Philipp Bazlen GmbH
72555 Metzingen / Wilhelmstr. 52
Tel. (07123) 41361

Warenangebot: Gürtel für Damen- und Herren, Taschen, Rucksäcke, Reisegepäck, Koffer, Handschuhe, Geldbörsen, Kleinlederwaren

Ersparnis: unterschiedlich, günstige Angebote

Verkaufszeiten: Mo. bis Fr. 9.00-20.00 Uhr, Sa. 9.00-18.00 Uhr

Hinweise: nur die Gürtel werden selbst hergestellt, hier ist teilweise auch 2. Wahl erhältlich

72631 Aichtal

Anfahrtsweg: von Stuttgart auf der B 312 kommend Abfahrt Metzingen Richtung Stadtmitte auf der Stuttgarter Str., diese geht noch vor dem Lindenplatz über in die Wilhelmstr., die Firma befindet sich auf der rechten Seite

72631 Aichtal

▶ WEINMANN

Weinmann Accessories Factories
72631 Aichtal Aich / Robert-Bosch-Str. 6
Tel. (07127) 95690 / afy.de

Warenangebot: Ledergürtel aller Art für Damen, Herren und Kinder, außerdem zugekaufte Schals, Tücher und Accessoires

Ersparnis: bei Gürteln durchschnittlich ca. 25%, die Preise der Gürtel liegen zwischen 10,- und 25,- EUR (auch bei 2. Wahl), die Handelsware ist kaum günstiger

Verkaufszeiten: Mo. bis Fr. 10.00-17.00 Uhr

Anfahrtsweg: B 27 Stuttgart-Tübingen Ausfahrt Aichtal auf die B 312 Richtung Metzingen nach Aich, dort befindet sich die Firma im Industriegebiet Aichholz

73066 Uhingen

▶ L & U

L & U Lederwaren und Uhrband Fabrikation GmbH
73066 Uhingen / Bleichereistr. 6
Tel. (07161) 35051 / l-lewa.de

Warenangebot: Handtaschen, Reisetaschen und -koffer, Aktentaschen und -koffer, Geldbeutel, Uhrenarmbänder etc. aus unterschiedlichen Lederarten

Ersparnis: ca. 30% im Durchschnitt

Verkaufszeiten: Mo. bis Fr. 10.30-12.00 Uhr, Di. und Mi. 13.30-16.00 Uhr

Hinweise: der Verkaufsraum befindet sich im 1. Stock, nicht alles ist aus eigener Herstellung

Anfahrtsweg: Uhingen liegt an der B 10 ca. 5 km nach Göppingen Richtung Esslingen, Richtung Ebersbach am Ortsende einbiegen zum Industriegebiet

74399 Walheim

73779 Deizisau

▶ JCC

JCC Ledermoden Vertriebs GmbH
73779 Deizisau / Sirnauer Str. 52
Tel. (07153) 83290 / jcc.de

Warenangebot: Lederbekleidung aller Art für Damen, Herren und Kinder

Ersparnis: durchschnittlich ca. 30%

Verkaufszeiten: Mo. bis Fr. 10.00-18.00 Uhr, Sa. 9.30-14.30 Uhr

Hinweise: ein weiteres Outlet befindet sich auf dem Gelände der Firma Salamander in 70806 Kornwestheim, Stammheimer Str. 10., geöffnet Mo. bis Fr. 10.30-18.30 Uhr und Sa. 10.00-16.00 Uhr

Anfahrtsweg: Deizisau liegt ca. 20 km südöstlich vom Zentrum Stuttgart direkt an der B 10 Richtung Göppingen, in Deizisau ist die Firma einfach zu finden, in der Nähe vom "Technoland"

74399 Walheim

▶ SIOUX

Sioux GmbH & Co. KG / Schuhfabrik
74399 Walheim / Finkenweg 2-4
Tel. (07143) 371-0 / sioux.de

Warenangebot: hochwertige Schuhe aller Art für Damen und Herren wie Halbschuhe, Mocassins, Sandalen, Marken Sioux, Apollo und Yellomiles

Ersparnis: bis zu 40%

Verkaufszeiten: Mo. bis Fr. 9.00-17.00 Uhr, Sa. 9.00-13.00 Uhr

Hinweise: drei kleinere Verkaufsräume, nur Verkauf von 1b-Ware

Anfahrtsweg: A 81 Stuttgart-Heilbronn Ausfahrt Mundelsheim über Besigheim nach Walheim, von Besigheim auf der B 27 Richtung Heilbronn nach ca. 2 km die 1. Abfahrt links nach Walheim, der Besigheimer Str. folgen und nach der Bahnunterführung 2x links, dann die 2. Straße rechts in den Finkenweg

74575 Schrozberg

74575 Schrozberg

▶ SIOUX

Sioux GmbH & Co. KG / Schuhfabrik
74575 Schrozberg / Windmühlenstr. 11
Tel. (07935) 377 / sioux.de

Warenangebot:	hochwertige Schuhe aller Art für Damen und Herren wie Halbschuhe, Mocassins, Sandalen, Marken Sioux, Apollo und Yellomiles
Ersparnis:	bis zu 40%
Verkaufszeiten:	Mo. bis Fr. 9.30-18.00 Uhr, Sa. 9.30-13.30 Uhr, 1. Sa. im Monat Sa. 9.30-16.00 Uhr
Hinweise:	kleiner Verkaufsraum, es ist hauptsächlich 2. Wahl mit kaum sichtbaren Fehlern erhältlich
Anfahrtsweg:	Schrozberg liegt an der B 290 zwischen Crailsheim und Bad Mergentheim, dort befindet sich die Firma direkt an der Hauptstraße nach Niederstetten

76846 Hauenstein

▶ BERKEMANN

Bauerfeind Shoe Division GmbH & Co. KG /
Berkemann Fabrikverkauf
76846 Hauenstein / Turnstr. 12
Tel. (06392) 993807 / berkemann.com

Die Erfolgsstory der Berkemann Schuhe begann mit der 100er-Original-Sandale, dem Klassiker von Berkemann. Basierend auf einem Patent entwickelte Berkemann eine Sandale, die den Fuß durch den ausgearbeiteten Zehensteg zu kraftvoller Greifbewegung anregt. Die Fuß- und Beinmuskulatur wird dadurch trainiert und gestärkt. Zusätzlich entlastet das anatomisch geformte Fußbett die Füße beim Gehen und Stehen. Bis heute wurden viele Millionen Paare dieser Sandale getragen.

Warenangebot:	Damen- und Herren-Komfortschuhe mit losem Fußbett (für orthopädische Einlagen geeignet), Freizeitpantoletten mit Bequemfußbett, Holzpantoletten aller Art sowie Schuhe für den Work-Bereich
Ersparnis:	ca. 20-40%
Verkaufszeiten:	von April bis Okt. Mo. bis Fr. 9.00-18.00 Uhr, Sa. 9.30-16.00 Uhr und Sonn- und Feiertags 13.00-18.00 Uhr, von Nov. bis März Mo. bis Fr. 9.30-17.30 Uhr und Sa. 9.30-14.00 Uhr

76846 Hauenstein

Hinweise:	es sind nur 2. Wahl-Artikel und die Vorjahreskollektion erhältlich
Anfahrtsweg:	Hauenstein liegt an der B 10 zwischen Landau und Pirmasens, dort befindet sich die Firma direkt gegenüber dem Schuhmuseum

▶ DER KLEINE MUCK

Der kleine Muck Rössler & Scheib GmbH & Co. KG / Schuhfabrik
76846 Hauenstein / Waldenburgerstr. 1
Tel. (06392) 9215-0 / derkleinemuck.de

Warenangebot:	große Auswahl an Kinderschuhen aller Art in den Gr. 19-41 wie z.B. Lauflernschuhe, Sandalen, Halbschuhe und Stiefel
Ersparnis:	ca. 30-60%, 2. Wahl, Auslaufmodelle, Muster- und Einzelpaare sind besonders preiswert
Verkaufszeiten:	Mo. bis Fr. 9.00-18.00 Uhr, Sa. 9.00-15.00 Uhr, von April bis Okt. auch So. 13.00-18.00 Uhr
Hinweise:	zu den Schlussverkaufszeiten wird vieles nochmals reduziert
Anfahrtsweg:	Hauenstein liegt an der B 10 zwischen Landau und Pirmasens, von der B 10 kommend befindet sich die Firma nicht zu übersehen nach ca. 300 m auf der rechten Seite

▶ MOKIMO

Schuhfabrik Heinz Merkel
76846 Hauenstein / Industriestr. 4 a
Tel. (06392) 1423

Warenangebot:	Mokassins für Damen und Herren in versch. Modellen und Farben
Ersparnis:	ca. 30-40%
Verkaufszeiten:	Mo. bis Fr. 9.00-18.00 Uhr, Sa. 9.30-14.00 Uhr
Anfahrtsweg:	Hauenstein liegt an der B 10 zwischen Landau und Pirmasens, dort befindet sich die Firma im Industriegebiet, sie ist auch ausgeschildert

▶ NATEVO

Nobamed GmbH / Natevo Naturschuh
76846 Hauenstein / Industriestr. 1
Tel. (06392) 994090 / natevo.com

Leder/Schuhe

76846 Hauenstein

Die Firma Nobamed wurde im Jahr 1992 als Gesellschaft für Entwicklung, Herstellung und Vertrieb von Massagesohlen gegründet. Im Jahr 1995 enstand der erste Straßenschuh der ohne Klebstoffe und gesundheitsschädliche Chemie hergestellt wurde.

Warenangebot: Schuhe für Damen und Herren wie z.B. Halbschuhe, Sandalen, Stiefeletten, alle ohne Klebstoff hergestellt, d.h. alle Teile sind miteinander vernäht, Marke Bonaterra by Natero

Ersparnis: ca. 30-40%

Verkaufszeiten: Mo. bis Fr. 10.00-18.00 Uhr, Sa. 10.00-16.00 Uhr, von April bis Okt. auch Sonn- und Feiertags von 13.00-18.00 Uhr

Hinweise: eine weitere Verkaufsstelle mit dem gleichen Warenangebot befindet sich in 76887 Bad Bergzabern, Marktstr. 31, Tel. (06343) 931490, geöffnet Mo. bis Fr. 10.00-18.00 Uhr und Sa. 10.00-14.00 Uhr

Anfahrtsweg: Hauenstein liegt an der B 10 zwischen Landau und Pirmasens, auf der B 10 kommend Abfahrt Hauenstein, danach die 2. Straße rechts einbiegen, der Verkauf befindet sich im 2. Geschäft auf der linken Seite

▶ SEIBEL

Josef Seibel Schuhfabrik GmbH
76846 Hauenstein / Weißenburger Str. 3-5
Tel. (06392) 7879

Warenangebot: Damen- und Herrenschuhe aller Art wie Halbschuhe, Stiefel, Sandalen

Ersparnis: bei Restposten bis zu 50%

Verkaufszeiten: Mo. bis Fr. 10.00-12.30 Uhr und 14.30-17.30 Uhr, Sa. 9.00-13.00 Uhr

Hinweise: eine weitere Verkaufsstelle befindet sich in der Industriestr. 4, Tel. (06392) 994345, geöffnet Mo. bis Fr. 9.00-18.00 Uhr, Sa. 9.00-15.00 Uhr, von April bis Okt. auch So. 14.00-18.00 Uhr

Anfahrtsweg: Hauenstein liegt an der B10 zwischen Landau und Pirmasens, die Weißenburger Str. ist die Hauptstraße durch Hauenstein

76870 Kandel

76848 Lug

▶ WALDLÄUFER

Lugina Schuhfabrik GmbH
76848 Lug / Günther-Bauer-Str. 2
Tel. (06392) 92260 / lugina.de

Warenangebot:	hauptsächlich Halbschuhe für Damen, aber auch Damensandaletten und -stiefeletten, Marke Waldläufer, teilweise auch einige wenige Herrenhalbschuhe
Ersparnis:	teilweise sind sehr günstige Angebote erhältlich
Verkaufszeiten:	Mo. bis Do. 8.00-12.00 Uhr und 13.00-16.00 Uhr, Fr. 8.00-12.00 Uhr
Hinweise:	kein offizieller, eingerichteter Privatverkauf; der Verkauf findet im Lager statt
Anfahrtsweg:	von Pirmasens auf der B 10 Richtung Landau, bei Hauenstein abbiegen nach Lug, am Ortseingang gleich links

76848 Wilgartswiesen

▶ WILGARTA

Schuhfabrik Heinz Brödel
76848 Wilgartswiesen / Herrengasse 2
Tel. (06392) 589

Warenangebot:	Damenschuhe mit dazu passenden Accessoires wie z.B. Taschen, einige zugekaufte Herrenschuhe
Ersparnis:	unterschiedlich je nach Artikel, günstige Angebote
Verkaufszeiten:	Mo. bis Fr. 9.00-12.00 Uhr und 14.00-18.00 Uhr, Sa. 9.00-12.00 Uhr
Anfahrtsweg:	Wilgartswiesen liegt ca. 10 km östlich von Pirmasens an der B 10 Richtung Landau, in Wilgartswiesen befindet sich die Firma mitten im Ort an der Hauptstraße, ein Schild weist den Weg

76870 Kandel

▶ WALBER

Schuhfabrik Günter Walber
76870 Kandel / Elsäßer Str. 32a
Tel. (07275) 1262

76891 Wieslautern

Warenangebot:	große Auswahl an Gesundheitsschuhen mit Korkfußbett für Damen, Herren und Kinder wie z.B. Sandaletten, Pantoletten, Gr. 18-50
Ersparnis:	preisgünstiges Warenangebot
Verkaufszeiten:	Mo. bis Fr. 8.30-18.30 Uhr, Sa. 8.30-16.00 Uhr
Hinweise:	Prospektmaterial ist erhältlich, Versand ist möglich, die Firma verkauft nur direkt an Endverbraucher
Anfahrtsweg:	von Karlsruhe auf der A 65 kommend Ausfahrt Kandel-Süd, Richtung Kandel die erste Straße links in die Elsäßer Str. einbiegen

76891 Wieslautern

▶ MUCK

Theresia Muck GmbH / Schuhfabrik
76891 Wieslautern Bruchweiler-Bärenbach / Hohlstr. 4
Tel. (06394) 92140

Warenangebot:	hauptsächlich Damenschuhe, Fußbettsandalen, Straßenschuhe, Pantoletten, Herrensandalen
Ersparnis:	ca. 30% im Durchschnitt
Verkaufszeiten:	Fr. 13.00-16.00 Uhr
Anfahrtsweg:	Wieslautern liegt an der B 427 zwischen Pirmasens und Bad Bergzabern, dort befindet sich die Firma am Ortsausgang bei der Gärtnerei

78166 Donaueschingen

▶ RICOSTA

Ricosta Schuhfabrik GmbH
78166 Donaueschingen / Dürrheimer Str. 43
Tel. (0771) 805-0 / ricosta.com

Warenangebot:	große Auswahl an Baby-, Kinder- und Jugendschuhen in den Gr. 18-42 wie z.B. Lauflernschuhe, Sandalen, Halbschuhe, Stiefel, außerdem ein kleines Angebot an Damen- und Herrenschuhen
Ersparnis:	ca. 30%, 2. Wahl ist besonders preiswert
Verkaufszeiten:	Di. bis Fr. 9.00-12.00 Uhr und 13.30-18.00 Uhr, Sa. 9.00-12.30 Uhr

78532 Tuttlingen

Anfahrtsweg: Donaueschingen liegt ca. 10 km südlich von Villingen-Schwenningen, B 27/33 Abfahrt Donaueschingen-Nord/Flugplatz Richtung Stadtmitte, nach dem Ortsschild im Kreisverkehr die zweite Ausfahrt in die Industriestr. nehmen, nach ca. 50 m sieht man die Firma auf der rechten Seite

78532 Tuttlingen

▶ RIEKER

Rieker-Schuh GmbH
78532 Tuttlingen Möhringen / Gänsäcker 31
Tel. (07462) 2010 / rieker.de

Das Unternehmen wurde 1874 gegründet. Alle Rieker-Produkte sind mit dem Rieker-Antistress-System ausgestattet. Rieker bietet Spezial-Produkte, die durch spezielle Materialien und Bearbeitung ein Minimum an Gewicht, ein Höchstmaß an Flexibilität und mehr Platz bieten.

Warenangebot: Wohlfühl-Schuhe für Damen und Herren, teilweise eingeschränkte Auswahl, Marke Rieker

Ersparnis: bei 2. Wahl ca. 30%

Verkaufszeiten: Mo. bis Fr. 9.00-19.00 Uhr, Sa. 9.00-16.00 Uhr

Hinweise: der Verkauf befindet sich unmittelbar vor der Fabrik im Takko-Modemarkt

Anfahrtsweg: A 81 Ausfahrt Geisingen auf die B 311 Richtung Tuttlingen, dort befindet sich die Firma im Industriegebiet Gänsäcker

▶ SOLIDUS

Solidschuhwerk GmbH
78532 Tuttlingen / Ehrenbergstr. 18
Tel. (07461) 96120 / solidus-schuh.com

Warenangebot: Komfortschuhe für Damen und Herren mit herausnehmbarem Fußbett oder für orthopädische Einlagen, Halbschuhe, Mokassins, Sandalen etc., Marken Solidus und Vivo

Ersparnis: bei 1. Wahl ca. 30%, bei 2. Wahl und Auslaufartikeln bis zu 50%

Verkaufszeiten: Mo. bis Fr. 9.00-12.00 Uhr und 13.00-18.00 Uhr, Mi. bis 16.00 Uhr, Sa. 9.00-13.00 Uhr

Anfahrtsweg: A 81 Ausfahrt Geisingen auf die B 311 Richtung Tuttlingen, am Kreisverkehr Richtung Ulm, dann halblinks auf die Möhringer Str., danach sieht man die Firma schon

79183 Waldkirch

79183 Waldkirch

▶ GANTER

Ganter shoe fashion GmbH
79183 Waldkirch / Rudolf-Blessing-Str. 2
Tel. (07681) 3107 / ganter.de

In den zwanziger Jahren im letzten Jahrhundert wurde der Grundstein für eine erfolgreiche Unternehmensgeschichte gelegt. August Ganter stellte damals Holz-Arbeitsschuhe her und arbeitete gemeinsam mit einem Waldkircher Arzt daran, eine "gesunde" Sandale zu entwickeln. Noch vor Kriegsbeginn wurde sein Fußtrainer mit Gumminoppen - noch heute vielfach kopiert - weltweit patentiert. Seit den fünfziger Jahren führt die zweite Generation das Unternehmen. Heute zeichnet sich Ganter im Komfortschuhmarkt durch seine vielseitigen Kollektionen aus.

Warenangebot:	für Damen und Herren: Sandalen, Pantoletten, Schuhe, Stiefel in versch. Größen und Weiten, Schuhe für lose Einlagen, Über- und Untergrößen, große Auswahl an Musterschuhen in Gr. 37, Marke Ganter
Ersparnis:	ca. 40-70%
Verkaufszeiten:	Mo. bis Fr. 9.00-12.00 Uhr und 14.00-18.00 Uhr, Sa. 9.00-12.00 Uhr
Hinweise:	es sind ausschließlich 2. Wahl und Auslaufmodelle mit kleinen Fehlern erhältlich
Anfahrtsweg:	Waldkirch liegt ca. 15 km nordöstlich von Freiburg, A 5 Karlsruhe-Basel Ausfahrt Freiburg-Nord Richtung Waldkirch, die B 294 an der Ausfahrt Waldkirch-West verlassen, rechts Richtung Stadtmitte, unter der B 294 durchfahren und nach der 1. Ampel sofort wieder rechts

79585 Steinen

▶ STRÖBER

Ströber & Co. GmbH / Schuhfabrik
79585 Steinen / Kanderner Str. 37
Tel. (07627) 9106-0 / stroeber.de

Warenangebot:	Bequemschuhe für Damen und Herren, Marken Ströber, Meissen und Alma
Ersparnis:	preisgünstiges Warenangebot
Verkaufszeiten:	Di. bis Do. 9.00-12.00 Uhr und 13.00-18.00 Uhr, Fr. bis 17.00 Uhr, 1. Sa. im Monat 9.00-12.00 Uhr
Hinweise:	es sind nur 1b-Waren und Restposten erhältlich

85072 Eichstätt

Anfahrtsweg: Steinen liegt an der B 317 zwischen Lörrach und Schopfheim, von Ortsmitte Richtung "Vogelpark" ist man schon auf der Kanderner Str.

83024 Rosenheim

▶ GABOR

Gabor Shoes AG / Damenschuhfabrik
83024 Rosenheim / Marienberger Str. 31
Tel. (08031) 801-0 / gabor.de

Warenangebot: hochwertige Schuhe, für Damen z.B. Pumps, Sandalen, Halbschuhe, Hausschuhe, Stiefel, außerdem Herrenschuhe aller Art, teilweise eingeschränkte Auswahl, u. a. Marke Camel active

Ersparnis: ca. 40%, teilweise mehr möglich, zu den Schlussverkaufszeiten ist nochmals reduziert

Verkaufszeiten: Mo. bis Fr. 9.00-18.30 Uhr, Sa. 8.00-16.00 Uhr

Hinweise: Verkauf im angegliederten Schuhshop, es sind hauptsächlich 2. Wahl und Auslaufmodelle erhältlich

Anfahrtsweg: A 8 München-Salzburg Ausfahrt Rosenheim, die Firma befindet sich etwas außerhalb von Rosenheim an der B 15 Richtung Landshut, gegenüber der Fachhochschule

85072 Eichstätt

▶ HACO

Schuhfabrik Hauf e. K.
85072 Eichstätt / Clara-Staiger-Str. 86
Tel. (00421) 1549 / schuhfabrik-hauf.de

Das Unternehmen wurde 1929 gegründet. Anfangs wurden nur Arbeitsschuhe hergestellt, später wurde das Sortiment um Skistiefel, Wander- und Sicherheitsschuhe, Schuhe mit Autoreifensohle u. a. erweitert.

Warenangebot: Freizeit- und Wanderschuhe, Berufshalbschuhe, Arbeitsstiefel, Schuhe mit Autoreifensohle, Sicherheitshalbschuhe und -stiefel, Winterstiefel etc., Marke Haco

Ersparnis: ca. 30% im Durchschnitt

Verkaufszeiten: Mo. bis Fr. 7.00-12.00 Uhr und 13.00-17.00 Uhr, Sa. 9.00-12.00 Uhr

Hinweise: hauptsächlich Verkauf von Auslaufmodellen, gelegentlich ist auch 2. Wahl erhältlich

85551 Kirchheim

Anfahrtsweg: von Ingolstadt auf der B 13 ca. 25 km in nordwestlicher Richtung nach Eichstätt

85551 Kirchheim

▶ AIGNER

Etienne Aigner AG
85551 Kirchheim Heimstetten / Parsdorfer Weg 10
Tel. (089) 991901-70 / etienneaigner.de

Aigner ist eine exklusive, internationale Marke für Damen und Herren in den Bereichen Leder, Fashion und Accessoires. Das Monogramm aus dem Namen Aigner, umgesetzt in Form eines Hufeisens, ist ein signifikantes Erkennungszeichen. Design, Produktentwicklung und ein Großteil der Fertigung erfolgen in Italien.

Warenangebot: Lederwaren und Accessoires wie Taschen, Gepäck, Gürtel, Geldbörsen, Schuhe, Tücher, Krawatten, Schirme, Modeschmuck, Uhren, Uhrenarmbänder, Brillen, Kosmetika, außerdem Damen- und Herrenbekleidung, komplettes Aigner-Programm

Ersparnis: bei 1. Wahl ca. 30%, bei 2. Wahl 50% und mehr möglich, trotzdem nicht billig

Verkaufszeiten: Mo. bis Fr. 10.00-19.00 Uhr, Sa. 10.00-16.00 Uhr

Hinweise: es sind ausschließlich Artikel der Vorsaison, Musterkollektionen und Artikel mit kleinen Fehlern erhältlich

Anfahrtsweg: Heimstetten liegt ca. 15 km östlich vom Stadtzentrum München, A 94 Ausfahrt Feldkirchen-Ost nach Heimstetten, dort befindet sich die Firma im Industriegebiet, der Beschilderung Aigner-Lagerverkauf folgen, Parsdorfer Weg 10, Seiteneingang rechts 1. Stock

86368 Gersthofen

▶ DEUTER

Deuter Sport und Leder GmbH
86368 Gersthofen / Siemensstr. 1
Tel. (0821) 4987-125 / deuter.com

Das Unternehmen wurde im Jahr 1898 durch Hans Deuter gegründet. Um die Jahrhundertwende wurde die königlich-bayrische Post mit dem Gesamtbedarf an Briefbeuteln und Säcken beliefert. Seit über 100 Jahren gibt es auch Deuter Rucksäcke, mit denen seit vielen Jahren auch Expeditionen statt finden. Zur Entwicklung der Rucksäcke stehen der Firma erfahrene Bergführer zur Seite.

Warenangebot: Deuter-Rucksäcke für Hiking, Trekking, Alpine, Bike, Freizeit und Familie sowie Schlafsäcke, außerdem Koffer,

89150 Laichingen

                Taschen, Brief- und Handtaschen, Reisegepäck, Sporttaschen und Kleinlederwaren, Marken Deuter, Lcredi, Pappilon, Knirps, Birkenstock, Bulaggi, Oxmox u.a.

Ersparnis: ca. 30%, bei zugekauften Artikeln gering

Verkaufszeiten: Di. und Do. 8.00-16.00 Uhr

Hinweise: im sog. "2. Wahl-Shop" sind auch günstige Musterteile erhältlich

Anfahrtsweg: Gersthofen liegt ca. 5 km nördlich von Augsburg, A 8 Ausfahrt Augsburg-West nach Gersthofen, dort befindet sich die Firma im Industriegebiet Nord

86842 Türkheim

▶ SALAMANDER

Salamander Fabrikverkauf
86842 Türkheim / Jakob-Sigle-Str. 56
Tel. (08245) 52123 / salamander-stores.de

Salamander Schuhe gibt es schon seit 1904. Im Jahr 1937 erscheint das erste Lurchi-Heft, Lurchis Abenteuer. Dieses Markenzeichen der Firma Salamander ist ein Klassiker der deutschen Werbecomics. Heute zählt Salamander zu den bedeutendsten Anbietern und Herstellern hochwertiger Markenschuhe in Europa.

Warenangebot: reichhaltiges Angebot an aktuellen Schuhen der Marken Salamander, Betty Barclay, Sioux, Apollo, Yellomiles und Lurchi, außerdem Schuhpflegemittel sowie Lurchi-Fanartikel

Ersparnis: bei aktueller Ware mindestens 20%, bei Restposten, Auslaufmodellen und Überproduktionen mindestens 40%

Verkaufszeiten: Mo. bis Fr. 10.00-17.30 Uhr, Sa. 9.00-13.00 Uhr

Anfahrtsweg: Türkheim liegt zwischen Mindelheim und Landsberg, A 96 Ausfahrt Bad Wörishofen, nach der Abfahrt rechts abbiegen, durch die Bahnunterführung durch und dann der Beschilderung "Salamander Industrie Produkte" folgen, der Verkauf befindet sich auf dem dortigen Firmengelände

89150 Laichingen

▶ AFS

AFS-Freizeitschuhfabrik GmbH
89150 Laichingen Feldstetten / Lange Str. 1
Tel. (07333) 96810 / afs-schuhe.de

89231 Neu-Ulm

Die AFS-Freizeitschuhfabrik ist ein schwäbisches Familienunternehmen mit langjähriger Tradition. Seit über 30 Jahren produziert sie in Feldstetten bei Laichingen, auf den Höhen der Schwäbischen Alb, Schuhe für Freizeit und Beruf.

Warenangebot:	große Auswahl an Sandaletten, Pantoletten und Clogs mit ausgeprägtem Fußbett für Damen, Herren und Kinder, davon ist teilweise auch 2. Wahl erhältlich, außerdem zugekaufte Halb- und Sportschuhe, Freizeitschuhe und Stiefel für die ganze Familie
Ersparnis:	ca. 30%, zugekaufte Ware ist nicht günstiger
Verkaufszeiten:	Mo. bis Fr. 8.00-19.00 Uhr, Sa. 8.00-14.00 Uhr
Hinweise:	großer Verkaufsraum, Prospektmaterial kann angefordert werden, ein Versand ist möglich
Anfahrtsweg:	A 8 Stuttgart-Ulm Ausfahrt Merklingen über Laichingen nach Feldstetten, die Firma befindet sich direkt an der B 28 am Ortsausgang Richtung Bad Urach, im letzten Haus auf der rechten Seite

▶ VITA FORM

Vita Form GmbH
89150 Laichingen Feldstetten / Beim Lager 2
Tel. (07333) 5788

Warenangebot:	Gesundheitsschuhe mit Korkfußbett für Damen, Herren und Kinder, Sandaletten und Pantoletten, einige Wanderschuhe
Ersparnis:	ca. 30% bei regulärer Ware, Restposten und 2. Wahl sind noch günstiger
Verkaufszeiten:	Mo. bis Fr. 8.00-18.00 Uhr, Sa. 8.00-13.00 Uhr
Hinweise:	die Schuhe sind auch im Versand erhältlich
Anfahrtsweg:	A 8 Stuttgart-Ulm Ausfahrt Merklingen, über Laichingen nach Feldstetten, vor Feldstetten links in das Industriegebiet, hier ist die Halle nicht zu übersehen

89231 Neu-Ulm

▶ LEPLAT

Jerome JL Vertriebs- & Handels GmbH
89231 Neu-Ulm / Max-Eyth-Str. 39
Tel. (0731) 7253710 / jl-leplat.de

Warenangebot:	Geschenkartikel, z.B. Seidentücher, Krawatten, Reisetaschen und Shopper, außerdem Kleinlederwaren wie

89343 Jettingen-Scheppach

	Brieftaschen, Geldbörsen, Schlüsselanhänger sowie Collegemappen, Aktenkoffer, Handtaschen, Kosmetik- und Schmuckkoffer, Rucksäcke, Büroartikel und Uhren
Ersparnis:	ca. 20%, preisgünstige Angebote hauptsächlich bei 2. Wahl-Artikeln
Verkaufszeiten:	Mo. 9.00-12.00 Uhr, Di. bis Fr. 9.00-12.00 Uhr und 14.00-18.00 Uhr
Anfahrtsweg:	A 7 Ausfahrt Nersingen auf die B 10 nach Neu-Ulm, dort befindet sich die Firma im Industriegebiet, sie ist auch ausgeschildert

89293 Kellmünz

▶ STEGMANN

Karl Stegmann KG / Filz- und Filzwarenfabrik
89293 Kellmünz / Langer Garten 1
Tel. (08337) 74010 / stegmannkg.de

Warenangebot:	Wollfilzclogs, -pantoffeln, und -sandalen, auch Halbschuhe, Stiefel, Einlegesohlen sowie einige Lederschuhe
Ersparnis:	bei 1. Wahl ca. 30%, bei 2. Wahl- und Auslaufartikeln ca. 50% und mehr; Preisbeispiel: Wollfilzclogs in 2. Wahl für EUR 23,-
Verkaufszeiten:	Mo. bis Do. 7.00-12.00 Uhr und 13.00-15.45 Uhr, Fr. 7.00-12.00 Uhr
Hinweise:	es ist hauptsächlich 2. Wahl erhältlich
Anfahrtsweg:	A 7 Ulm-Kempten Ausfahrt Altenstadt/Kellmünz, rechts Richtung Kellmünz, nach ca. 5 km unter einer Brücke durch und danach sofort rechts in die Marktstr., nach weiteren ca. 200 m rechts in den Rechbergring, die Firma befindet sich in einem grünen Gebäude

89343 Jettingen-Scheppach

▶ GÜNTHER

Günther Lederhandschuhe GmbH
89343 Jettingen-Scheppach / Ulmenweg 13
Tel. (08225) 1520

Warenangebot:	große Auswahl an hochwertigen, modischen Straßenhandschuhen für Damen und Herren aus unterschiedlichen Ledern und Pelz

90475 Nürnberg

Ersparnis:	ca. 30-40%, unterschiedlich je nach Artikel
Verkaufszeiten:	Mo. bis Fr. 8.00-12.00 Uhr
Hinweise:	separater Verkaufsraum, teilweise ist auch 2. Wahl erhältlich
Anfahrtsweg:	A 8 Ulm-Augsburg Ausfahrt Burgau nach Jettingen-Scheppach, die Firma befindet sich dort in der Nähe vom "Best-Hotel"

90475 Nürnberg

▶ WINDROSE

Georg A. Steinmann Lederwarenfabrik GmbH & Co.
90475 Nürnberg Altenfurt / Raudtener Str. 17
Tel. (09122) 7960 / windrose-steinmann.de

Warenangebot:	Schmuckkoffer, Uhrenkoffer und Manicuresets der Marke Windrose, außerdem Schulranzen, Schüleretuis etc. der Marken Scout und 4You sowie Reisegepäck der Marke Hardware
Ersparnis:	preisgünstiges Warenangebot
Verkaufszeiten:	Di. und Do. 10.00-16.00 Uhr
Hinweise:	teilweise ist auch 2. Wahl erhältlich
Anfahrtsweg:	Altenfurt liegt ca. 10 km südöstlich vom Zentrum Nürnberg, erreichbar auch über die A 6 Ausfahrt Nürnberg-Langwasser, in Altenfurt befindet sich die Firma im Industriegebiet

90596 Schwanstetten

▶ CHAMP

Friedrich-Lederwaren Helga Friedrich e.K.
90596 Schwanstetten Schwand / In der Alting 9
Tel. (09170) 9492-0 / champ-collection.de

Warenangebot:	Schmuck-, Uhren- und Kosmetikkoffer in Leder, Manikürsets, Kosmetik- und Kulturtaschen, Taschen und Rucksäcke aus Nylon, Koffer, Trolleys, Schüleretuis und Schülerserien, Schreib- und College-Mappen, Arbeitsmappen, Kleinlederwaren wie Geldbörsen und Schlüsseletuis
Ersparnis:	durchschnittlich 30-40%
Verkaufszeiten:	Di. und Do. 10.00-15.00 Uhr

91310 Gremsdorf

Hinweise: es ist hauptsächlich 1. Wahl erhältlich

Anfahrtsweg: Schwanstetten liegt ca. 20 km südlich von Nürnberg und ca. 8 km südöstlich von Schwabach, dort befindet sich die Firma in Schwand am Ortsausgang Richtung Allersberg auf der linken Seite

91074 Herzogenaurach

▶ MAHR

Mahr GmbH / Schuhfabrik
91074 Herzogenaurach / Gartenstr. 20
Tel. (09132) 4658

Warenangebot: Gesundheitssandalen aus Leder mit Korkfußbett für Damen, Herren und Kinder

Ersparnis: für Selbstabholer sind alle Artikel EUR 5,- preiswerter

Verkaufszeiten: Mo. bis Fr. 8.00-18.00 Uhr, Sa. 9.00-13.00 Uhr

Hinweise: die Schuhe sind auch im Versand erhältlich

Anfahrtsweg: von Erlangen kommend in Herzogenaurach auf der Hauptstraße am Eiscafe vorbei, nach dem Schlüsseldienst rechts einbiegen in die Gartenstr.

91310 Gremsdorf

▶ MANZ

Manz Fortuna Schuhfabrik GmbH
91310 Gremsdorf / Gewerbepark 1
Tel. (09193) 36-0 oder -67 (Fabrikverkauf) /
manz-fortuna.com

Die Schuhfabrik Manz-Fortuna wurde 1898 in Bamberg gegründet. Schon früh erwarb sich die Firma einen Namen als Spezialist für exklusives Schuhmacherhandwerk und gehört noch heute zu den führenden Herstellern qualitativ hochwertiger und eleganter Herrenschuhe. Die entscheidenden Schnitte, Nähte und der Boden werden von Hand und ausschließlich in Deutschland gefertigt.

Warenangebot: klassische Herrenschuhe der Marke Manz, Trendschuhe der Marke Black Dragon, Wellness-und Laufkomfortschuhe, exklusive Business-Schuhe der Marke Mercedes, außerdem Damen- und Herren-Pantoffeln, -Sandalen und -Hausschuhe sowie modische Schuhe der Marke Arabella

Ersparnis: ca. 30-50%, günstige Angebote, besonders bei 2. Wahl und Einzelpaaren

Verkaufszeiten: Mo. bis Fr. 9.00-19.00 Uhr, Sa. 9.00-16.00 Uhr

91550 Dinkelsbühl

Hinweise: großes Angebot an Rest- und Einzelposten, Saisonauslauf-modellen sowie Modellen 2. Wahl

Anfahrtsweg: A 3 Nürnberg-Würzburg, Ausfahrt Höchstadt-Ost Richtung Höchstadt nach Gremsdorf, hier befindet sich die Firma direkt an der Abfahrt bei der BP-Tankstelle

91550 Dinkelsbühl

▶ RSL

R + S Handschuhvertrieb GmbH & Co. KG
91550 Dinkelsbühl / Karlsbader Str. 5
Tel. (09851) 57990 / handschuhmode.de

Warenangebot: große Auswahl an Straßen-, Reit- und Skihandschuhen für Damen und Herren

Ersparnis: ca. 30%

Verkaufszeiten: Mo. bis Do. 7.30-12.00 Uhr und 13.00-16.30 Uhr, Fr. 7.00-13.00 Uhr

Hinweise: der Verkaufsraum befindet sich im 1. Stock

Anfahrtsweg: Dinkelsbühl liegt an der B 25 zwischen Nördlingen und Feuchtwangen, dort befindet sich die Firma im Industrie-gebiet

▶ VOGELSANG

Friedrich Vogelsang GmbH / Schuhfabrik
91550 Dinkelsbühl / Wassertrüdinger Str. 2
Tel. (09851) 2296

Die Firma Vogelsang produziert und verkauft Schuhe seit 1904. Zunächst wurden Arbeitsschuhwerk und Sandalen hergestellt. Heute produziert und vertreibt das Unternehmen Naturkork-Tieffußbettschuhe mit Fersenfederung.

Warenangebot: Gesundheitsschuhe mit Fersenfederung wie Pantoletten, Sandalen und Clogs für Damen, Herren und Kinder

Ersparnis: ca. 20-30%, unterschiedlich je nach Artikel

Verkaufszeiten: Mo. bis Fr. 7.30-17.00 Uhr

Hinweise: gelegentlich ist auch 2. Wahl erhältlich

Anfahrtsweg: von Augsburg/Nördlingen auf der B 25 kommend am Ortseingang von Dinkelsbühl rechts, die Firma befindet sich auf dem Eckgrundstück zwischen der B 25 und der Wassertrüdinger Str.

93138 Lappersdorf

▶ CBS

Reila-Lederwaren GmbH
93138 Lappersdorf / Dr.-Martin-Luther-Str. 10
Tel. (0941) 830840 / cbs-mode.de

Warenangebot: Reisegepäckserie CBS, z.B. Koffer, Reisetaschen mit und ohne Rollen, Flug-Bags, Trollys, Toilettenbeutel, außerdem Sporttaschen sowie Kleinlederwaren wie Geldbeutel, Brieftaschen, Handtaschen, Kulturtaschen, Shopper, City-Rucksäcke, Mappen etc.

Ersparnis: durchschnittlich ca. 35%

Verkaufszeiten: Fr. 13.00-17.00 Uhr

Hinweise: separater Verkaufsraum, teilweise ist auch 2. Wahl erhältlich

Anfahrtsweg: Lappersdorf liegt ca. 5 km nördlich von Regensburg, auf der Umgehungsstraße Ausfahrt Lappersdorf-Mitte bis zum Cafe "Hahn", danach die 1. Str. rechts, dann die nächste links

95152 Selbitz

▶ HELIX

Helix-Schuhfabrik GmbH & Co. KG
95152 Selbitz / Feldstr. 56
Tel. (09280) 50-0 / helix-shoes.de

Warenangebot: Damen- und Herrenschuhe aller Art, z.B. Slipper, Sandaletten, Pantoletten, Clogs, Sabots, Schnürer und Sneaker, teilweise mit Wechseleinlagen und handvernähten Weichschaumsohlen

Ersparnis: ca. 40-50%

Verkaufszeiten: Di. bis Fr. 14.000-18.00 Uhr, Sa. 10.00-14.00 Uhr

Hinweise: eine weitere Verkaufsstelle befindet sich im "Factory In" in 95100 Selb, Vielitzer Str. 26, Tel. (09287) 956147, geöffnet Mo. bis Fr. 10.00-18.00 Uhr, Sa. 10.00-14.00 Uhr und am 1. Sa. im Monat 10.00-16.00 Uhr

Anfahrtsweg: Selbitz liegt ca. 15 km östlich von Hof, A 9 Ausfahrt Naila/Selbitz auf die B 173 Richtung Naila bis Ausfahrt Selbitz/Gewerbegebiet-Nord, nach der Ortseinfahrt der Beschilderung folgen

95355 Presseck

95355 Presseck

▶ BODENSCHATZ

Bodenschatz Lederwarenfabriken GmbH & Co. KG
95355 Presseck / Boschaplatz 3
Tel. (09222) 60-55 / bodenschatz-bags-and-more.de

Die Firma Bodenschatz besteht seit über 75 Jahren und ist ein mittelständisches Familienunternehmen. Bodenschatz erhielt 1992 den vom Bundeswirtschaftsministerium verliehenen deutschen Lederwarenpreis, die höchste Auszeichnung der Branche, und war bereits 20x offizieller Ausrüster der deutschen Olympia-Mannschaften. Seit 2000 ist Bodenschatz Lizenzpartner für Betty Barclay-Lederaccessoires.

Warenangebot:	große Auswahl an Handtaschen, Reisegepäck, Kleinlederwaren, Schul- und Geschenkartikel, Accessoires, Lederbekleidung wie z.B. Mäntel, Jacken, Röcke, Hosen, mit Änderungsservice
Ersparnis:	ca. 30%, bei Saison- und Dispositionsüberhängen sowie 2. Wahl 50% und mehr möglich
Verkaufszeiten:	Mo. bis Fr. 9.00-18.00 Uhr, Sa. 9.00-14.00 Uhr
Hinweise:	Verkauf neben dem Werk im Bodenschatz-Ledershop
Anfahrtsweg:	A 9 Ausfahrt Bad Berneck, auf die B 303 über Untersteinach nach Stadtsteinach, rechts nach Presseck, hier ist der Ledershop ausgeschildert

96052 Bamberg

▶ MANZ

Manz Fortuna Schuhfabrik GmbH
96052 Bamberg / Am Laubanger
Tel. (0951) 62841 / manz-fortuna.com

Warenangebot:	klassische Herrenschuhe der Marke Manz, Trendschuhe der Marke Black Dragon, Wellness-und Laufkomfortschuhe, exklusive Business-Schuhe der Marke Mercedes, außerdem Damen- und Herren-Pantoffeln, -Sandalen und -Hausschuhe sowie modische Schuhe der Marke Arabella
Ersparnis:	ca. 30% im Durchschnitt
Verkaufszeiten:	Mo. bis Fr. 9.00-19.00 Uhr, Sa. 9.00-18.00 Uhr
Hinweise:	hauptsächlich ist 2. Wahl erhältlich
Anfahrtsweg:	Autobahnabfahrt Hallstadt Richtung Bamberg, rechts ab in das Industriegebiet, hier befindet sich die Firma gegenüber dem Baumarkt "Hornbach"

97640 Stockheim

96364 Marktrodach

▶ HUMARO

Harry Ulbrich Kleinlederwarenfabrik
96364 Marktrodach Zeyern / Frankenwaldstr. 16
Tel. (09262) 1336 / lederwarenmanufaktur.de

Warenangebot: Kleinlederwaren aller Art wie z.B. Timer, Schreib- und Collegemappen, Geldbörsen, Schlüssel-, Manikür- und Schreibetuis etc. in unterschiedlichen Ledern

Ersparnis: preisgünstige Angebote

Verkaufszeiten: Mo. bis Fr. 7.00-18.00 Uhr, Sa. 7.00-12.00 Uhr

Hinweise: kleiner Ausstellungsraum

Anfahrtsweg: Marktrodach liegt ca. 5 km nordöstlich von Kronach an der B 173 Richtung Wallenfels, die Firma befindet sich nach Marktrodach im Ortsteil Zeyern

97640 Stockheim

▶ TRABERT

Trabert Schuhfabrik GmbH & Co. Vertriebs KG
97640 Stockheim / Mellrichstädter Str. 33
Tel. (09777) 514 / trabert-schuhe.de

Die Schuhfabrik Trabert wurde im Jahr 1900 gegründet und hat sich darauf spezialisiert, qualitativ hochwertige Schuhe herzustellen.

Warenangebot: hochwertige, teilweise zwiegenähte Wanderschuhe, Trekkingstiefel, Jagdschuhe und -stiefel, Arbeitsschuhe, Springerstiefel und Pantoffeln aus Leder, Marken Trabert und Jakob F. by Trabert, außerdem zugekaufte Schuhe der Marken Lowa, Seibel, Hickersberger und Kleiner Muck

Ersparnis: bei Eigenfabrikaten durchschnittlich ca. 35%

Verkaufszeiten: Mo. bis Fr. 9.00-12.00 Uhr und 13.00-16.00 Uhr, 1. Sa. im Monat 10.00-18.00 Uhr

Hinweise: teilweise ist auch 2. Wahl erhältlich

Anfahrtsweg: Stockheim liegt ca. 5 km nordwestlich von Mellrichstadt an der B 285, in Stockheim befindet sich die Firma direkt an der B 285, beschildertes Gebäude mit orangefarbenen Pfeilern

Nahrungs- und Genussmittel

01139 Dresden

▶ REIMANN

Emil Reimann GmbH
01139 Dresden / Marie-Curie-Str. 11
Tel. (0351) 27288-0 / christstollendresden-reimann.de

Warenangebot: ab August Original Dresdner Stollen in versch. Verpackungen (Folie, Geschenkkarton, Geschenkdosen) und andere Christstollen, außerdem das ganze Jahr über Schaumzuckerwaren, Kaugummis, Backwaren, Kekse, Kuchen und Lebkuchen aller Art

Ersparnis: bei regulärer Ware ca. 20%, bei Bruchware bis zu 50%

Verkaufszeiten: Mo. bis Fr. 7.00-18.00 Uhr, Sa. 7.00-14.00 Uhr

Anfahrtsweg: A 4 Ausfahrt Dresden-Neustadt am Elbepark vorbei Richtung Altstadt auf die Washingtonstr., nach ca. 1,5 km rechts über die Overbeckstr. in die Marie-Curie-Str., die Firma befindet sich im Siemens-Technopark, direkt neben der "Metro"

01896 Pulsnitz

▶ PULSNITZER LEBKUCHEN

Pulsnitzer Lebkuchenfabrik GmbH
01896 Pulsnitz / Feldstr. 15
Tel. (035955) 464-0 / pulsnitzer-lebkuchen.de

Warenangebot: Lebkuchen aller Art, mit Schokolade oder Zuckerglasur oder mit versch. Füllungen, Sortiment auch für Diabetiker, außerdem Spruchherzen, Hexenhäuser, Schaumzuckerwaren und Gebäckspezialitäten, ab September auch Dresdner Stollen und andere Christstollen

04509 Delitzsch

Ersparnis:	bei regulärer Ware ca. 20%, bei Bruchware bis zu 50%
Verkaufszeiten:	Mo. bis Fr. 8.00-16.00 Uhr, in der Weihnachtssaison teilweise auch Sa. und So., dann jedoch sicherheitshalber vorher anrufen
Anfahrtsweg:	A 4 Dresden Richtung Görlitz Ausfahrt Pulsnitz nach Pulsnitz, im Ort auf der Dresdner Str. über den beschrankten Bahnübergang und nach ca. 50 m links in die Bachstr., unter der Eisenbahnbrücke durch und danach rechts in die Feldstr.

02791 Niederoderwitz

▶ KATHLEEN

Kathleen Schokoladenfabrik GmbH
02791 Niederoderwitz / Bahnhofstr. 11
Tel. (035842) 280 / riegelein.de

Warenangebot:	Schokolade, Schokoladenfiguren, hauptsächlich saisonale Artikel, teilweise sind auch Zuckertüten sowie günstige Bruch- und Auslaufartikel erhältlich
Ersparnis:	ca. 30% im Durchschnitt
Verkaufszeiten:	Do. 9.00-18.00 Uhr, vor Ostern und vor Weihnachten verlängerte Öffnungszeiten
Hinweise:	da hauptsächlich saisonale Artikel hergestellt werden ist eigentlich nur vor Ostern und vor Weihnachten geöffnet, aber auch sonst ist immer etwas erhältlich
Anfahrtsweg:	Niederoderwitz liegt ca. 5 km nordwestlich von Zittau an der B 96 Richtung Bautzen, das Ladengeschäft befindet sich in Niederoderwitz direkt am Bahnhof neben dem Werk

04509 Delitzsch

▶ VAN NETTEN

van Netten GmbH / Böhme Schokoladenfabrik
04509 Delitzsch / Dübener Str. 33
Tel. (034202) 6750 / van-netten.de

Die van Netten GmbH mit Standorten in Dortmund und Delitzsch ist Spezialist für Qualitätsprodukte aus dem Süßwarenbereich. Durch den Erwerb der traditionellen Produktionsstätte "Böhme" in Delitzsch/Sachsen ist es der van Netten GmbH im Jahre 2003 gelungen, die bestehende Marktposition zukunftsorientiert auszurichten und zu stärken.

04626 Schmölln

Warenangebot:	Luftschokoladen, gefüllte und massive Tafelschokoladen, Konfekt, Geleefrüchte, Pralinen, Backartikel, Fruchtgummiartikel, Fruchtkaramellen, Bonbons und Schoko-Minz-Dragees, Marken Sonnia, Laroshell de Luxe, Capriccio, Lohmann, Böhme, Candy Fayre und Calypso
Ersparnis:	ca. 30% im Durchschnitt
Verkaufszeiten:	Mo. bis Fr. 11.00-17.00 Uhr, ca. 6-8 Wochen vor Ostern und vor Weihnachten Mo. bis Fr. 9.00-18.00 Uhr, Sa. 9.00-13.00 Uhr
Anfahrtsweg:	A 14 Ausfahrt Leipzig-Mitte auf die B 2 Richtung Delitzsch, nach ca. 2 km auf die B 184 Richtung Delitzsch, in Delitzsch der Leipziger Str./August-Bebel-Str. bis zur Ampelkreuzung Bismarckstr. folgen, rechts in die Bismarckstr. und dieser bis zur Kreuzung Eisenbahnstr. folgen, links in die Eisenbahnstr., dann die 2. Straße links in die Dübener Str., nach ca. 50 m rechts auf den Besucherparkplatz

04626 Schmölln

▶ WOLF

Wolf GmbH
04626 Schmölln / Am Lindenhof 40
Tel. (034491) 31-0 / wurst.tv

Die Firma wurde im Jahr 1925 vom Fleischermeister Alois Wolf im Egerland in der Ortschaft Mies als Metzgerei gegründet. Heute wird das Unternehmen in der vierten Generation geführt, hat 3 Produktionsstandorte und ca. 130 Filialbetriebe. Der Standort Schmölln besteht seit 1990.

Warenangebot:	große Auswahl an Fleisch- und Wurstwaren, Wurstwaren wie z.B. Aufschnitt, Salami, Leberkäse, Sülzen, Orig. Thüringer Produkte wie z.B. Roster, Blut- und Leberwurst, Nürnberger Wurstspezialitäten u.v.m., Fleischwaren siehe aktuelles Angebot, Marken Wolf und Forster
Ersparnis:	ca. 30-40%
Verkaufszeiten:	Mo. bis Fr. 8.30-18.00 Uhr, Sa. 8.00-12.00 Uhr
Hinweise:	Mindestabnahmemenge 1 kg insgesamt
Anfahrtsweg:	A 4 Richtung Dresden Ausfahrt Schmölln, in Schmölln die erste Straße links (Am Kemnitzgrund), dann gleich wieder links in Am Lindenhof

04838 Eilenburg

04720 Döbeln

▶ GÖTZ

Götz-Döbelner Süßwarenmanufaktur GmbH
04720 Döbeln / Burgstr. 36
Tel. (03431) 658150 / doebelner.de

Im Jahr 1886 erfolgte die Gründung der Firma Götz-Gebäck in Kirch-Beerfurth. 1952 erfolgte die Produktionsverlagerung nach Darmstadt und 1990 die Gründung der Döbelner Süßwarenmanufaktur als Subunternehmen der Götz Gebäck GmbH. 1999 erfolgte die Verlagerung der Produktion von Darmstadt nach Döbeln. Die Firma ist heute als Hersteller von interessanten Nischenprodukten bekannt.

Warenangebot: Schokoladen-Saisonartikel wie z.B. Osterhasen, Weihnachtsmänner und Halloween-Artikel, Gebäck wie Amarettini, Stracciatella, Vanille-Kipferl und Biskuit-Anis-Gebäck, außerdem Diät-Gebäck sowie süße handdekorierte Geschenkartikel, Marke Götz

Ersparnis: durchschnittlich ca. 30%

Verkaufszeiten: Mi. 10.00-18.00 Uhr, ca. 4 Wochen vor Ostern und vor Weihnachten Mo. bis Fr. 10.00-18.00 Uhr

Hinweise: teilweise ist auch günstige Bruchware erhältlich

Anfahrtsweg: Döbeln liegt an der A 14 Dresden-Leipzig, die Firma befindet sich im Zentrum von Döbeln in der Nähe vom Arbeitsamt, 4-stöckiges Gebäude mit großer Aufschrift "Götz"

04838 Eilenburg

▶ HENRI

Henri Süßwaren GmbH
04838 Eilenburg / Gustav-Adolf-Ring 7
Tel. (03423) 7007-0 / henri-suesswaren.de

Im Jahr 1899 wurde der erste Schritt zur Produktion von Süßwaren in Eilenburg unternommen, 1903 begann dann in Eilenburg die industrielle Fertigung von Bonbons. Handarbeit in Verbindung mit den traditionell feinen Rezepturen zeichnet die Qualität der Henri Bonbons aus. Ein Teil des Betriebes wurde 1991 privatisiert, um dann 1994 unter altem Namen neu gegründet zu werden. Heute werden mit modernsten Methoden unter hohen Qualitätsansprüchen traditionelle und neue Produkte des Henri-Sortiments nach Kundenwünschen hergestellt.

Warenangebot: Bonbons aller Art (250 g und kiloweise abgepackt), z.B. Hartkaramellen, Kräuter-, Eukalyptus-, Frucht- und Milchbonbons, Colabonbons mit Brausepulver gefüllt, Milch- und Lakritztoffees, Fruchtkaubonbons und Lutscher gefüllt sowie ungefüllt etc., außerdem kleine Schokoladentafeln sowie Bruchpackungen

06112 Halle

Ersparnis:	ca. 30-40%, Preisbeispiel: 1 kg Kaubonbons für EUR 3,- und 100 Lollies für EUR 5,-
Verkaufszeiten:	Mo. bis Fr. 8.00-12.30 Uhr und 13.00-16.00 Uhr
Anfahrtsweg:	Eilenburg liegt ca. 20 km nordöstlich von Leipzig an der B 87 Richtung Torgau, in Eilenburg befindet sich die Firma im Gewerbegebiet Schanzberg

06112 Halle

▶ HALLOREN

Halloren Schokoladenfabrik GmbH
06112 Halle / Delitzscher Str. 70
Tel. (0345) 5642-0 oder -199 (Laden) / halloren.de

Die Geschichte des Unternehmens geht zurück bis auf das Jahr 1804. Damals gründete F. A. Miethe in Halle an der Saale die erste deutsche Schokoladenfabrik. Seit 1952 firmiert das Unternehmen unter dem Namen Halloren Schokoladenfabrik. Damals wurde mit der Herstellung der bekannten "Original Halloren Kugeln" begonnen.

Warenangebot:	Original Hallorenkugeln in unterschiedlichen Geschmacksrichtungen wie z.B. Sahne-Cacao, Joghurt-Erdbeer, Orange-Limette, Apfel-Zimt, Kirsch-Vanille, außerdem Edelmarzipanriegel und -kugeln, Baumkuchenspitzen und -kugeln sowie Vollmilch-, Noisette- und Nougat-Kugeln u.v.m., Marken Halloren und Dreher
Ersparnis:	ca. 20%, bis zu 60% bei losen Pralinen in der Tüte und Artikeln die nahe dem Mindesthaltbarkeitsdatum datieren
Verkaufszeiten:	Mo. bis Fr. 9.00-18.30 Uhr, Sa. 9.00-13.00 Uhr, So. 10.30-17.30 Uhr
Hinweise:	angegliedert auf ca. 300 qm ist ein Halloren Schokoladenmuseum mit Café
Anfahrtsweg:	von der A 14 kommend Abfahrt Halle-Ost und ca. 3 km stadteinwärts, die Firma befindet sich dann nicht zu verfehlen direkt gegenüber dem Verlagsgebäude der "Mitteldeutsche Zeitung"

06712 Zeitz

▶ ZETTI

Goldeck Süßwaren GmbH & Co. KG
06712 Zeitz / Am Güterbahnhof 1
Tel. (03441) 621150 / flocke.de

06847 Dessau

Im Jahr 1926 hieß die Firma noch Schokoladenfabrik "F. O. Richter" und hatte sich auf die Produktion von schokolierten Dragees, Fondant und verschiedenen Geleeartikel spezialisiert. Bis heute hat sich das Sortiment deutlich verändert.

Warenangebot: Schokoladenartikel wie z.B. Knusperflocken, Schokoladenplätzchen, Schokoladentafeln und Schokoriegel, Marke Zetti

Ersparnis: preisgünstiges Warenangebot; Preisbeispiel: 5 Tafeln Schokolade für EUR 2,50; es gibt aber immer auch 500 g Schokolade für EUR 1,50

Verkaufszeiten: Fr. 9.00-12.00 Uhr, meistens ist aber auch Mo. bis Do. von 8.00-15.00 Uhr jemand da

Hinweise: es ist ausschließlich 2. Wahl (Bruch) erhältlich

Anfahrtsweg: Zeitz liegt ca. 20 km nördlich von Gera, A 9 Ausfahrt Naumburg auf die B 180 nach Zeitz, dort befindet sich die Firma nicht zu übersehen beim Güterbahnhof

06780 Zörbig

▶ ZÖRBIGER

Zörbiger Konfitüren GmbH
06780 Zörbig / Thura Mark 14
Tel. (034956) 319-0 / zoerbiger.com

Warenangebot: Konfitüren aller Art, Trink-Sirupe, Diätkonfitüre

Ersparnis: durchschnittlich ca. 30%

Verkaufszeiten: Mo. bis Fr. 8.00-15.30 Uhr

Anfahrtsweg: Zörbig liegt an der A 9 ca. 30 km nördlich von Leipzig, Ausfahrt Zörbig auf die B 183 ca. 4 km in Richtung Zörbig, links in das Gewerbegebiet einbiegen, dann links in die Straße "Thura Mark", man kommt dann direkt auf die Firma zu

06847 Dessau

▶ PAULY

Pauly Knusperlädchen GmbH
06847 Dessau / Seelmannstr. 7
Tel. (0340) 2605170 / pauly-biskuit.de

Das Unternehmen Pauly & Co. wird im Jahr 1894 in Friedrichsdorf gegründet. 1934 ist die Firma Drei Pauly's Keksfabrik entstanden und 1936 wurden die ersten Diätgebäcke produziert. Im Jahr 1997 wurde die Pauly Biskuit AG gegründet und 1998 in Dessau eine neue Produktionsstätte errichtet. Heute konzentriert sich die Firma auf das Zuliefergeschäft.

07318 Saalfeld

Warenangebot:	Diabetiker-Gebäck wie Schoko-Wafflets, Spritzgebäck und Vanillekipferl, Vollkorn-Gebäck wie Schoko-Keks, Butter-Taler und Kokos-Keks sowie glutenfreies Gebäck, außerdem Vollkorn-Nudeln
Ersparnis:	durchschnittlich ca. 35%
Verkaufszeiten:	Mo. bis Fr. 8.30-17.30 Uhr, Sa. 8.00-12.00 Uhr
Hinweise:	das "Knusperlädchen" riecht man schon von weitem, vor Ostern und vor Weihnachten teilweise verlängerte Öffnungszeiten mit besonderen Angeboten
Anfahrtsweg:	A 9 Leipzig-Potsdam Ausfahrt Dessau-Süd auf die B 184 Richtung Dessau, an der nächsten großen Ampelkreuzung links Richtung Bernburg auf die Argenteuiler Str., nach der Bahnbrücke die nächste Straße rechts in die Seelmannstr.

07318 Saalfeld

▶ STOLLWERCK

Thüringer Schokoladenwerk GmbH
07318 Saalfeld / Neumühle 1
Tel. (03671) 8210 / stollwerck.de

Die Geschichte der Stollwerck AG geht zurück bis ins Jahr 1839. Damals eröffnete Franz Stollwerck das erste Werk, in dem Hustenbonbons produziert wurden. Im Jahr 1906 wird Alpia als Markenname eingetragen. 1991 übernimmt Stollwerck die Thüringer Schokoladenwerk GmbH in Saalfeld, die größte Schokoladenfabrik in Ostdeutschland. Heute ist die Stollwerck AG ein internationales Unternehmen und besitzt neben den Kernmarken Alpia, Sarotti und Gubor Stollwerck viele Spezialitätenmarken. Schwarze Herren Schokolade, Eszet-Schnitten, Alprose oder Scho-Ka-Kola stehen für den langjährigen Erfolg, ebenso die internationalen Marken Van Houten und Jacques.

Warenangebot:	Schokoladenerzeugnisse aller Art wie z.B. Pralinen, Riegel, Tafelschokolade, Gebäcke etc., Marken Stollwerck, Sarotti, Sprengel, Alpia, Waldbaur, Delacre und Gubor
Ersparnis:	bei 1. Wahl bis zu ca. 20%, bei Bruch- und b-Ware ca. 30-50%
Verkaufszeiten:	Mo. bis Fr. 8.30-18.00 Uhr, Sa. 8.30-16.00 Uhr
Hinweise:	der Verkaufsraum befindet sich direkt am Werk
Anfahrtsweg:	A 9 Nürnberg-Leipzig Ausfahrt Triptis auf die B 281 über Neustadt und Pößneck nach Saalfeld, dort befindet sich die Firma hinterm Freibad Rechwitz, sie ist aber auch von weitem sichtbar

07381 Pößneck

▶ BERGGOLD

**Schokoladenwerk Berggold GmbH
07381 Pößneck / Raniser Str. 11
Tel. (03647) 530 / berggold.de**

In der mehr als 125-jährigen Tradition spezialisierte sich die Firma als Hersteller hochwertiger Pralinenspezialitäten mit Alkohol- und Nougat-Füllungen sowie Gelee mit Schokoladenüberzug oder Zuckerkristallen. Hauptabnehmer der aus eigenen Rezepturen hergestellten Produkte ist der Deutsche Lebensmittelhandel sowie der Süßwarenfachhandel. Außerdem werden die Produkte in ca. 30 Länder exportiert.

Warenangebot: Pralinen mit Alkohol- und Nougat-Füllungen, Schokoperlen und Gelee-Spezialitäten in versch. Geschmacksrichtungen, außerdem Kinderartikel wie Schokolollies und Knusperreis, Süß- und Spielwaren-Kombinationen, Babyflaschen mit Liebesperlen sowie Überraschungen (Wundertüten)

Ersparnis: bei 2. Wahl ca. 50%

Verkaufszeiten: Mo. bis Fr. 9.00-17.00 Uhr

Anfahrtsweg: A 9 Ausfahrt Triptis auf die B 281 über Neustadt a. d. Orla nach Pößneck, im Ortszentrum an der Post auf der Bahnhofstr. den Berg hochfahren Richtung Ranis, dann befindet sich die Firma auf der linken Seite

07768 Kahla

▶ GRIESSON-DE BEUKELAER

**Griesson-de Beukelaer GmbH & Co. KG
07768 Kahla / Im Camisch 1
Tel. (036424) 800 / griesson-debeukelaer.de**

Griesson-de Beukelaer ist einer der bedeutensten Süß- und Salzgebäckhersteller Europas. Als Hersteller eines Sortiments von Süßgebäck bis hin zu knusprig salzigen Snacks bietet Griesson-de Beukelaer eine breite Vielfalt für den deutschen und internationalen Gebäckmarkt. Bekannte Markenartikel wie die Prinzen Rolle, TUC und Soft Cake stehen für gleichbleibende Qualität und Anspruch.

Warenangebot: süße und salzige Produkte wie Prinzen Rolle, Granola, Soft Cake, Waffelgebäcke, TUC Cracker, Knusperbrot Leicht & Cross, je nach Saison Weihnachtsgebäck, Schweizer Schokolade, Pralinen usw. sowie Gebäck von Tekrum wie Mandelhörnchen oder Florentiner

Ersparnis: bei Restposten und Bruchware bis zu 50%, Pfundbeutel mit 2. Wahl sind besonders preiswert

08112 Wilkau-Haßlau

Verkaufszeiten:	Mo. bis Fr. 9.00-18.30 Uhr, Sa. 8.00-13.00 Uhr
Hinweise:	es ist überwiegend 2. Wahl erhältlich, Gebäck kann kostenlos probiert werden
Anfahrtsweg:	A 4 Ausfahrt Jena Göschwitz auf die B 88 Richtung Rudolstadt, nach ca. 5 km an der Ampelkreuzung rechts in das Industriegebiet Camisch abbiegen, der Fabrikverkauf liegt auf der linken Seite, ist auch beschildert

08112 Wilkau-Haßlau

▶ HARIBO

Haribo-Wesa GmbH
08112 Wilkau-Haßlau / Haaraer Str. 7-13
Tel. (0375) 692290 / haribo.de

Warenangebot:	komplettes Haribo-Sortiment wie Gummibärchen, Weingummi, Lakritz, Maoam etc., außerdem Kekse, Lebkuchenartikel, Spruchherzen
Ersparnis:	so gut wie keine, günstiger ist eigentlich nur Bruchware
Verkaufszeiten:	Mo. bis Mi. 9.00-13.00 Uhr und 13.30-17.00 Uhr, Do. und Fr. bis 18.00 Uhr, Sa. 9.00-12.00 Uhr
Anfahrtsweg:	Wilkau-Haßlau liegt ca. 5 km südlich vom Zentrum Zwickau, von der B 93 abbiegen Richtung Kirchberg, ca. 200 m nach der Brücke links in die Haaraer Str., kleines Industriegebiet, die Firma ist auch ausgeschildert

12099 Berlin

▶ BAHLSEN

Bahlsen GmbH & Co. KG
12099 Berlin Tempelhof / Oberlandstr. 52-65
Tel. (030) 75950 / bahlsen.de

Das Familienunternehmen mit Stammsitz Hannover ist seit über 100 Jahren für seine süßen Backwaren bekannt. Heute produziert das Unternehmen an 8 Standorten in Europa, gehört zu den führenden Herstellern von süßen Backwaren und exportiert seine Artikel in 80 Länder.

Warenangebot:	Feinbackwaren, Biskuits, Kekse, Lebkuchen, Waffeln, Chips, Erdnüsse etc., viel Bruchware in Tüten oder in 2-kg-Kartons
Ersparnis:	Bruchware ist ca. 30-50% günstiger
Verkaufszeiten:	Mo. bis Fr. 9.00-18.00 Uhr, Sa. 9.00-14.00 Uhr

12277 Berlin

Hinweise:	eine weitere Verkaufsstelle befindet sich in der Coppistr. 11 im Stadtteil Lichtenberg, gleiche Öffnungszeiten
Anfahrtsweg:	A 100 Ausfahrt Oberlandstr. auf die Oberlandstr., an der 1. Ampel und gleich wieder rechts rechts auf den Hof, der Fabrikladen befindet sich in einem roten Backsteinhaus, der Eingang an der Rückseite des Gebäudes

12105 Berlin

▶ RAUSCH

Rausch GmbH / Schokoladenspezialitäten
12105 Berlin Tempelhof / Wolframstr. 95-96
Tel. (030) 757880 / rausch-schokolade.de

Warenangebot:	feine Pralinen, Pralinenmischungen, Schokoladen aller Art, Trüffel, Gebäck, Lebkuchen, Marzipan, auch einige Diabetikerartikel
Ersparnis:	ca. 20-30%, teilweise auch bis zu 50%
Verkaufszeiten:	Mo. bis Fr. 9.00-18.00 Uhr, Sa. 9.00-14.00 Uhr
Hinweise:	der Verkauf befindet sich auf dem Werksgelände, es ist nur Bruch und Ware mit kleinen optischen Fehlern erhältlich
Anfahrtsweg:	die Firma befindet sich südlich vom Zentrum im Stadtteil Tempelhof

12277 Berlin

▶ STOLLWERCK

Stollwerck Werksverkauf
12277 Berlin Marienfelde / Motzener Str. 32
Tel. (030) 7209010 oder 72018290 (Laden) / stollwerck.de

Die Geschichte der Stollwerck AG geht zurück bis ins Jahr 1839. Damals eröffnete Franz Stollwerck sein erstes Werk, in dem er Hustenbonbons produzierte. Im Jahr 1906 wird Alpia als Markenname eingetragen. Heute ist die Stollwerck AG ein internationales Unternehmen und besitzt neben den Kernmarken Alpia, Sarotti und Gubor Stollwerck viele Spezialitätenmarken. Schwarze Herren Schokolade, Eszet-Schnitten, Alprose oder Scho-Ka-Kola stehen für den langjährigen Erfolg, ebenso die internationalen Marken Van Houten und Jacques.

Warenangebot:	Schokoladenerzeugnisse aller Art wie z.B. Pralinen, Riegel, Tafelschokolade, Gebäcke etc., Marken Stollwerck, Sarotti, Sprengel, Alpia, Waldbaur, Delacre und Gubor
Ersparnis:	bei 1. Wahl bis zu ca. 20%, bei Bruch- und b-Ware ca. 30-50%

12359 Berlin

Verkaufszeiten:	Mo. bis Fr. 9.30-17.30 Uhr
Hinweise:	separates Ladengeschäft an der Ecke Sperenberger Str.
Anfahrtsweg:	die Firma befindet sich zwischen den Ortsteilen Marienfelde und Lichtenrade im Industriegebiet, sie ist dort nicht zu verfehlen

12359 Berlin

▶ LEMKE

Georg Lemke & Co. Vertriebs GmbH
12359 Berlin / Späthstr. 31/32
Tel. (030) 665813 / lemke.de

Die Firma Georg Lemke GmbH & Co. KG wurde im Jahr 1902 gegründet und kann somit auf eine jahrzehntelange Tradition in der Herstellung von Marzipan- und Persipanrohmassen sowie Nougat und Präparateartikeln zurückblicken. Heute werden sowohl die Süßwaren- und Speiseeis-Industrie als auch der Konditorei- und Bäckerei-Handel in Europa beliefert.

Warenangebot:	Marzipanmasse, Persipan, Nussnougat, Nougatcreme, Mandel- und Haselnussartikel, außerdem zugekaufte Pralinen, Bonbons, Kekse und Diätartikel
Ersparnis:	günstige Angebote, teilweise bis zu 50%
Verkaufszeiten:	Mo. bis Fr. 9.30-18.00 Uhr, Sa. 9.30-13.00 Uhr, vor Ostern und vor Weihnachten Sa. 9.30-16.00 Uhr
Anfahrtsweg:	A 102 Ausfahrt Gradestraße, links abbiegen Richtung Stadtteil Britz auf der Gradestr., diese geht über in die Blaschkoallee, welche wiederum in die Späthstr. übergeht

13409 Berlin

▶ ASELI

Aseli Alfred u. Heinz Seliger
13409 Berlin / Granatenstr. 22-24
Tel. (030) 499889913 / aseli.de

Der Familienbetrieb wurde 1921 von Alfred Seliger gegründet und wird heute in der 3. Generation geführt. Die heute produzierten Schaumzuckermassen werden nach wie vor nach "Alfred-Tradition" gefertigt. Jeder Figur werden in Handarbeit die Augen aufgespritzt.

Warenangebot:	Schaumzuckerfiguren wie z.B. weiße Mäuse mit Augen, Bären, Kätzchen, Zitronen- und Apfelgesichter, Schweine sowie Weihnachtsartikel, Angebot je nach Produktion
Ersparnis:	ca. 50%, 2. Wahl ist besonders preiswert

13507 Berlin

Verkaufszeiten: Mo. bis Fr. 7.00-12.15 Uhr und 13.00-16.00 Uhr

Anfahrtsweg: die Firma befindet sich im Stadtteil Reinickendorf, S-Bahnstation Schönholz, die Granatenstr. geht von der Provinzstr. ab

▶ KÜHNE

Carl Kühne KG
13409 Berlin / Provinzstr. 39
Tel. (030) 49007-0 / kuehne.de

Warenangebot: Essige, Dressings, Senf, Meerrettich, Würzpasten, Saucen, Mayonaisen, Gurken und Feinsaures, Kohl und Kraut, Desserts wie z.B. Rote Grütze, Marke Kühne, fast komplettes Sortiment

Ersparnis: bei 1. Wahl ca. 15%, bei Beuldosen etc. ca. 30-40%

Verkaufszeiten: Mi. 13.00-18.00 Uhr, während der Grillsaison auch Fr. 13.00-18.00 Uhr

Hinweise: es sind auch viele Beuldosen, Artikel mit Etikettenfehlern sowie Ware die nahe dem Haltbarkeitsdatum datiert erhältlich

Anfahrtsweg: die Firma befindet sich im Stadtteil Reinickendorf, unweit der S-Bahnstation Schönholz

13507 Berlin

▶ DICKMANN'S

August Storck KG
13507 Berlin Reinickendorf / Flohrstr. 1-9
Tel. (030) 41773-7750 / storck.de

Warenangebot: nur 2. Wahl-Negerküsse (die normalen dunklen), Marke Dickmann's

Ersparnis: Karton à 40 Stück zu EUR 3,-

Verkaufszeiten: Mo. bis Fr. 8.00-12.00 Uhr und 12.30-15.00 Uhr

Anfahrtsweg: die Firma befindet sich nordwestlich vom Stadtzentrum im Ortsteil Reinickendorf, gegenüber der Justizvollzugsanstalt Tegel

13509 Berlin

13509 Berlin

▶ **SAWADE**

Confiserie Sawade
13509 Berlin Tegel / Wittestr. 26e
Tel. (030) 43006-0 / sawade-berlin.de

Sawade wurde im Jahr 1880 gegründet und aufgrund exzellenter Confiserie-Kunst bereits nach kurzer Zeit zum Hoflieferanten Seiner Königlichen Hoheit Prinz Wilhelm von Preußen erkoren. Bis heute haben moderne Technologien in der Fertigung und bei der Verpackung Einzug gehalten, aber die traditionell überlieferten Rezepturen wurden nie verändert. Die Spezialitäten sind im oberen Preissegment angesiedelt und werden ausschließlich an den national ansässigen Süßwarenfachhandel wie Konditoreien, Delikatessen- und Feinkostgeschäfte verkauft.

Warenangebot: hochwertige Pralinen und Marzipanwaren aller Art, es ist nur 2. Wahl erhältlich, teilweise eingeschränkte Auswahl

Ersparnis: ca. 30-40%, je nach Artikel

Verkaufszeiten: Di. und Do. 12.00-16.00 Uhr

Hinweise: der Verkaufsraum befindet sich im 1. Stock des Firmengebäudes, der Eingang an der Rückseite

Anfahrtsweg: die Firma befindet sich im Stadtteil Tegel, nahe der U-Bahn-Haltestelle Borsigwerke

16816 Neuruppin

▶ **DREISTERN**

Dreistern Konserven GmbH & Co. KG
16816 Neuruppin / Philipp-Oehmigke-Str. 4
Tel. (03391) 59570 / dreistern-konserven.de

Warenangebot: Aspik- und Wurstspezialitäten wie Sülzen, Mettwurst, Leberwurst, Zwiebelwurst etc., außerdem Fleischkonserven mit Geflügel-, Rind- und Schweinefleisch sowie Convenience-Produkte wie Gulasch, Rouladen, Ragouts, Klöpse etc.

Ersparnis: ca. 40-50%

Verkaufszeiten: Do. 9.00-15.30 Uhr, Fr. 9.00-13.00 Uhr

Hinweise: besonders günstig sind 2. Wahl-Artikel, Beuldosen sowie Artikel die nur noch ca. ein halbes Jahr haltbar sind

Anfahrtsweg: Neuruppin liegt nordwestlich von Berlin an der A 24, Ausfahrt Neuruppin Richtung Neuruppin, kurz nach Ortsanfang rechts Richtung Ortsteil Treskow auf der Heinrich-

19230 Hagenow

Rau-Str. die später in die Fehrbelliner Str. übergeht, die Firma befindet sich im Gewerbegebiet "Treskow 1"

19230 Hagenow

▶ GUMMI BEAR FACTORY

Gummi Bear Factory Süßwaren GmbH & Co. KG
19230 Hagenow / Steegener Chaussee 13
Tel. (03883) 61090 / trolli.de

Warenangebot: große Auswahl an Fruchtgummis in unterschiedlichen Formen und Geschmacksrichtungen, Marke Trolli, außerdem Schokolade, Pralinen, Marzipan, Schokorosinen und -nüsse sowie Weihnachts- und Osterartikel der Marke van Houten

Ersparnis: ca. 30-60%, 2. Wahl ist besonders preiswert; Preisbeispiel: 2. Wahl-Fruchtgummi für EUR 1,85/kg

Verkaufszeiten: Mo. bis Do. 8.00-16.00 Uhr, Fr. 8.00-15.00 Uhr

Hinweise: Fruchtgummis sind in Sonderabpackungen erhältlich

Anfahrtsweg: Hagenow liegt ca. 50 km südöstlich von Hamburg an der A 24 Hamburg-Berlin, in Hagenow befindet sich die Firma im Gewerbegebiet Steegener Str. auf der rechten Seite

▶ KÜHNE

Carl Kühne KG
19230 Hagenow / Sudenhofer Str. 5
Tel. (03883) 638-0 / kuehne.de

Warenangebot: Essige, Dressings, Senf, Meerrettich, Würzpasten, Saucen, Mayonaisen, Gurken und Feinsaures, Kohl und Kraut, Desserts wie z.B. Rote Grütze, Marke Kühne, fast komplettes Sortiment

Ersparnis: bei 1. Wahl ca. 15%, bei Beuldosen etc. ca. 30-40%

Verkaufszeiten: Do. 15.00-18.00 Uhr

Hinweise: es sind auch viele Beuldosen, Artikel mit Etikettenfehlern sowie Ware die nahe dem Haltbarkeitsdatum datiert erhältlich

Anfahrtsweg: Hagenow liegt ca. 50 km südöstlich von Hamburg an der A 24 Hamburg-Berlin, Ausfahrt Hagenow Richtung Hagenow, noch vor Ortsanfang bei der Shell-Tankstelle links einbiegen in die Sudenhofer Str.

19258 Boizenburg

19258 Boizenburg

▶ GUMMI BEAR FACTORY

Gummi Bear Factory Süßwaren GmbH & Co. KG
19258 Boizenburg / Ringstr. 3
Tel. (038847) 382-0 / trolli.de

Warenangebot: große Auswahl an Fruchtgummis in unterschiedlichen Formen und Geschmacksrichtungen, Marke Trolli, außerdem Schokolade, Pralinen, Marzipan, Schokorosinen und -nüsse sowie Weihnachts- und Osterartikel der Marke van Houten

Ersparnis: ca. 30-60%, 2. Wahl ist besonders preiswert; Preisbeispiel: 2. Wahl-Fruchtgummi für EUR 1,85/kg

Verkaufszeiten: Mo. bis Do. 8.00-16.00 Uhr, Fr. 8.00-15.00 Uhr

Hinweise: Fruchtgummis sind in Sonderabpackungen erhältlich

Anfahrtsweg: Boizenburg liegt ca. 50 km südöstlich von Hamburg nahe der A 24, die Fabrik befindet sich im Ortsteil Boizenburg-Bahnhof unmittelbar hinter dem Ortsausgang Richtung Berlin

19300 Grabow

▶ GRABOWER

Grabower Süßwaren GmbH
19300 Grabow / Kiebitzweg
Tel. (038756) 37-0 / grabower.de

Grabower wurde im Jahr 1837 gegründet. Ab 1950 wurde das Unternehmen als Volkseigener Betrieb strukturiert. 1978 begann in der ehemaligen DDR der Aufstieg zu einem bedeutenden Backwarenhersteller. Die Grabower Küsschen wurden berühmt. Heute gehören zur Grabower Süßwaren GmbH die Schwesterfirmen Ruhrkrone in Herten, Tomala in Kühren bei Leipzig und Wolf-Süßwaren in Prichsenstadt-Altenschönbach.

Warenangebot: Schaumküsse in unterschiedlichen Größen, Creme- und Schaumwaffeln in versch. Geschmacksrichtungen, Waffelblätter, Gebäck, Waffelschnitten und sonstige Waffelspezialitäten, Marken Grabower, Wolf-der süße Wolf und Tomala

Ersparnis: Preisbeispiel: 60 Stück Negerküsse für EUR 3,50 sowie Bruch für EUR 3,-

Verkaufszeiten: Mo. bis Fr. 8.00-18.00 Uhr

21493 Schwarzenbek

Hinweise:	der Verkauf erfolgt in der Werksküche, es ist immer auch günstige Bruchware erhältlich; eine weitere Verkaufsstelle befindet sich ein paar Häuser weiter im Direkt-Markt, geöffnet Mo. bis Fr. 8.00-20.00 Uhr und Sa. 8.00-12.30 Uhr
Anfahrtsweg:	Grabow liegt ca. 35 km südlich von Schwerin, A 24 Ausfahrt Ludwigslust auf die B 106 nach Ludwigslust, durch die Stadt bis zur 3. Kreuzung, links ab Richtung Perleberg, in Grabow links Richtung Groß Laasch/Neustadt-Glewe, ca. 500 m nach dem Bahnübergang befindet sich die Firma auf der linken Seite

21423 Winsen

▶ MASSA

Wilhelm Massa KG / Winsener Fleischwarenfabrik
21423 Winsen / Dieselstr. 12
Tel. (04171) 4066 / massa-winsen.de

Im Jahr 1835 wurde die Schlachterei Massa in Winsen/Luhe gegründet. Die heutige "Wilhelm Massa KG - Winsener Fleischwarenfabrik" fertigt nach handwerklichen Traditionen Qualitäts-Wurstwaren aus den Bereichen Rohwurst, Brühwurst und Kochwurst. Die Produkte werden im gesamten norddeutschen Raum an den Lebensmittelhandel, Feinkostgeschäfte und Fleischereien geliefert.

Warenangebot:	Fleisch- und Wurstwaren aller Art, Brühwurst, Kochwurst, zahlreiche Mettwurst-Sorten, "Hamburger Gekochte", "Winsener Landleberwurst"
Ersparnis:	preisgünstiges Warenangebot
Verkaufszeiten:	Di. und Fr. 8.00-18.00 Uhr, Sa. 7.30-12.00 Uhr
Hinweise:	separater Verkaufsraum beim Werk
Anfahrtsweg:	Winsen liegt ca. 25 km südlich von Hamburg an der A 250 Richtung Lüneburg, in Winsen befindet sich die Firma im Industriegebiet am Ortsausgang Richtung Drage

21493 Schwarzenbek

▶ LEMBCKE

Gebr. Lembcke GmbH & Co.
21493 Schwarzenbek / Meiereistr. 8-10
Tel. (04151) 8339-0 / lembcke.de

Warenangebot:	sehr große Auswahl an hochwertigen Keksen aller Art mit und ohne Schokolade, z.B. Bärentatzen, Mandelberge, Krokanttaler, Baumkuchenspitzen, Pistazienzungen, Butter-

22459 Hamburg

öhrchen, Heidesand, gefülltes Mürbeteiggebäck u.v.m., außerdem Saisonartikel für Ostern und Weihnachten

Ersparnis:	bis zu 50% möglich
Verkaufszeiten:	Mo. bis Do. 9.00-16.00 Uhr, Fr. 9.00-13.00 Uhr
Hinweise:	es wird Bruchware verkauft, auf Wunsch kann die Produktion besichtigt werden
Anfahrtsweg:	von Hamburg auf der A 24 kommend Ausfahrt Schwarzenbek/Grande auf die B 404 nach Schwarzenbek, vom Zentrum Richtung Lauenburg, nach der Feuerwehr auf der rechten Seite links abbiegen in die Meiereistr.

22459 Hamburg

▶ WELA

Wela-Trognitz Fritz Busch GmbH & Co. KG
22459 Hamburg Schnelsen / Sellhopsweg 3-11
Tel. (040) 559900 / wela-suppen.de

Die Firma Wela-Werke wurde 1925 in Hamburg gegründet und stellte zunächst Fleisch- und Hühnerbrühe in Würfelform her. Heute werden in drei Werken über 600 versch. Produkte hergestellt.

Warenangebot:	Feinkostsuppen, Dosensuppen, Soßen, Brüherzeugnisse, Suppenwürzen und sonstige Würzmittel sowie Feinkost und Desserts, Marke Wela
Ersparnis:	durchschnittlich ca. 25%
Verkaufszeiten:	Mo. bis Do. 9.00-12.00 Uhr und 13.00-15.00 Uhr, Fr. 9.00-12.00 Uhr
Anfahrtsweg:	A 7 Ausfahrt Schnelsen auf die B 447 Richtung Niendorf, erste Abfahrt rechts auf die Frohmestr., danach sofort wieder links in den Sellhopsweg

22525 Hamburg

▶ OPPERMANN

E. F. Oppermann GmbH & Co. / Fleischwarenfabrik
22525 Hamburg Stellingen / Schnackenburgallee 28
Tel. (040) 8515000 / e-f-oppermann.de

Es begann 1907 mit einem kleinen Fleischer-Fachgeschäft in Hamburg-Rothenburgsort. Dann folgte die Weiterentwicklung zu einer leistungsstarken Fleischwarenfabrik. 1987 errichtete die Firma Oppermann ein mit neuester Technologie ausgestattetes Firmengebäude in der Schnackenburgallee. Seitdem gehört sie mit zu den modernsten Fleisch verarbeitenden Betrieben in Norddeutschland.

23556 Lübeck

Warenangebot:	große Auswahl an Wurst- und Fleischwaren aller Art, Aufschnitt, Frischfleisch, Geflügel, Konserven, Schinken etc., auch Tiefkühlkost, außerdem Käse und Feinkostsalate
Ersparnis:	ca. 30% im Durchschnitt
Verkaufszeiten:	Mo. bis Mi. 7.00-14.30 Uhr, Do. und Fr. 7.00-16.00 Uhr
Anfahrtsweg:	die Firma befindet sich nahe der A 7, Ausfahrt Hamburg-Volkspark auf die Schnackenburgallee, die Firma befindet sich im Industriegebiet

22844 Norderstedt

▶ VAN HOUTEN

**Van Houten International GmbH & Co. KG /
Schokoladenfabrik
22844 Norderstedt / Am Stammgleis 9
Tel. (040) 52602-0**

Warenangebot:	Schokolade, Pralinen, Marzipan, Schokorosinen und -nüsse, Weihnachts- und Osterartikel, Fruchtgummis in allen Sorten, Marke van Houten
Ersparnis:	ca. 30-60%, 2. Wahl ist besonders preiswert
Verkaufszeiten:	Mo. bis Fr. 9.00-11.30 Uhr und 12.00-17.00 Uhr
Hinweise:	kein festes Sortiment, je nach Anfall sind auch Bruchschokolade und Fruchtgummi in Sonderabpackungen erhältlich
Anfahrtsweg:	Norderstedt liegt an der B 433 nördlich von Hamburg, dort befindet sich die Firma im Gewerbegebiet Hackshörn an der Schleswig-Holstein-Str., nahe dem Rewe-Zentrallager, am Ende der Straße "Am Stammgleis"

23556 Lübeck

▶ LEU

**Leu's Marzipanland
23556 Lübeck / Drechslerstr. 6
Tel. (0451) 8973939 / marzipanland.de**

Warenangebot:	Lübecker und Königsberger Marzipan, Marzipanfiguren, Marzipan-Würstchen und -Burger, saisonale Artikel für z.B. Ostern und Weihnachten, Marzipan-Honig
Ersparnis:	ca. 20-30%, Marzipanbruch ab 1,- EUR für 100 g

23560 Lübeck

Verkaufszeiten: Januar und Februar ist immer geschlossen, sonst Mo. bis Fr. 9.30-16.00 Uhr

Anfahrtsweg: A 1 Ausfahrt Lübeck-Moisling auf die Kieler Str. Richtung Roggenhorst, die zweite Straße links einbiegen (Reepschlägerstr.) bis die Drechslerstr. kreuzt (Gewerbegebiet)

▶ **MEST**

Mest-Marzipan GmbH
23556 Lübeck / Taschenmacher Str. 37
Tel. (0451) 35939 / mest.de

Bereits seit den 50er Jahren gibt es Marzipan von Mest. Die Firma ist über die Jahre zu einer der ersten Adressen für Marzipan aus der Hansestadt Lübeck geworden. Das liegt auch daran, dass nur auserlesene Zutaten verarbeitet werden. Damals wie heute garantieren aromatische Mittelmeermandeln, eine schonende Herstellung nach altem Rezept und der sehr geringe Zuckergehalt den saftigen und besonders frischen Geschmack des Marzipans.

Warenangebot: Marzipanartikel aller Art, z.B. Marzipan-Brote, Marzipan-Herzen, Marzipan-Pralinen, Marzipan-Figuren, Marzipan-Eier, Marzipan-Kartoffeln, Diabetiker-Marzipan, Präsente, Oster- und Weihnachtssortiment und Bruchbeutel

Ersparnis: günstige Angebote, Bruchware ist besonders preiswert

Verkaufszeiten: Mitte Sept. bis Mitte April Mo. bis Fr. 10.00-18.00 Uhr und Sa. 10.00-14.00 Uhr, Mitte April bis Mitte Sept. Mo. bis Fr. 10.00-16.00 Uhr

Hinweise: Mo. bis Fr. findet um 11.00 Uhr eine Betriebsführung statt

Anfahrtsweg: A 1 Ausfahrt Lübeck-Moisling Richtung Lübeck-Schönböcken, vorbei am ersten Gewerbegebiet Roggenhorst, geradeaus bis zum Gewerbegebiet Roggenhorst-Nord, hier links eingebogen in die Taschenmacherstr., die Firma befindet sich nach ca. 800 m auf der linken Seite

23560 Lübeck

▶ **ERASCO**

Campbell's Germany GmbH
23560 Lübeck St. Jürgen / Geniner Str. 102
Tel. (0451) 5306-0 / erasco.de

Warenangebot: Fertiggerichte, Vollwertmenüs, Tiefkühlmenüs, Suppen, Marke Erasco, außerdem asiatische Feinschmecker-Nudeln, Torten, Eis etc., auch Artikel der Firma Jokisch Schnellgerichte

23568 Lübeck

Ersparnis:	durchschnittlich ca. 30%, bei Beul- und Knickdosen sowie Dosen ohne Etikett bis zu 50%
Verkaufszeiten:	Do. 7.00-18.00 Uhr, Fr. 7.00-16.00 Uhr
Hinweise:	separates Ladengeschäft an Tor 3
Anfahrtsweg:	A 1 Ausfahrt Moisling, rechts abbiegen und immer geradeaus, an der 5. Ampel einbiegen in die Geniner Str. (Industriegebiet)

▶ NIEDEREGGER

J. G. Niederegger GmbH & Co. KG
23560 Lübeck / Zeißstr. 1-7
Tel. (0451) 53010 / niederegger.de

Die Geschichte der Firma Niederegger geht zurück bis in das Jahr 1806. Damals hat sich Johann Georg Niederegger in Lübeck etabliert. Sieben Generationen Niederegger haben bis heute Marzipangeschichte geschrieben. Einst nur erlauchten Fürstenhäusern vorbehalten, werden die Kompositionen aus dem Hause Niederegger heute weltweit geschätzt. Wertvolle Originalrezepte und strenge Qualitätsmaßstäbe garantieren Genuss auf höchstem Niveau.

Warenangebot:	große Auswahl an Marzipan aller Art, Marzipan mit und ohne Schokolade, Nougat, Pralinen mit und ohne Alkohol, außerdem Gebäck sowie Saisonartikel zu Ostern und Weihnachten
Ersparnis:	nur bei beschädigter Ware und Saisonrestanten bis zu 50%
Verkaufszeiten:	Mo. bis Fr. 8.00-17.00 Uhr, Sa. 9.00-14.00 Uhr
Hinweise:	der Verkauf befindet sich beim Pförtner
Anfahrtsweg:	A 1 Ausfahrt Moisling auf den Padellüger Weg, immer geradeaus und an der 5. Ampel rechts einbiegen in das Industriegebiet, die Firma befindet sich nahe der Firma "Erasco"

23568 Lübeck

▶ HAWESTA

Hawesta-Feinkost Hans Westphal GmbH & Co. KG
23568 Lübeck Schlutup / Mecklenburger Str. 140-142
Tel. (0451) 6935-0 / hawesta.de

Das Unternehmen wurde im Jahr 1909 durch Hans und Maria Westphal gegründet. Bis heute ist Hawesta bei Fischdauerkonserven eine der bekanntesten Marken in Deutschland.

Warenangebot:	Fischdauerkonserven auf Herings- und Makrelenbasis in versch. Cremes oder Saucen, z.T. mit diversen Beilagen

24937 Flensburg

oder geräuchert bzw. gebraten, in ca. 40 Geschmacks-
varianten, außerdem Fisch-Cocktails und Lachs-Snacks
sowie Muschelspezialitäten, Marke Hawesta

Ersparnis:	durchschnittlich ca. 30%
Verkaufszeiten:	Mo. bis Do. 7.30-15.30 Uhr, Fr. 7.30-11.30 Uhr
Hinweise:	der Verkauf erfolgt beim Pförtner, es sind hauptsächlich sog. Knickdosen erhältlich, am besten morgens kommen da die Ware schnell vergriffen ist
Anfahrtsweg:	Schlutup liegt nordöstlich von Lübeck, die Firma befindet sich an der Straße die früher zur Grenze führte auf der linken Seite, sie ist nicht zu übersehen

▶ LUBS

Lubs GmbH
23568 Lübeck / Glashüttenweg 40
Tel. (0451) 34061 / lubs.de

Die Lubs GmbH wurde 1982 gegründet und ist heute eine kleine Manufaktur, die sich auf hochwertige biologische Süßwaren spezialisiert hat. Fruchtriegel, Marzipan, Konfekt und Pralinen werden aus sorgfältig ausgesuchten Zutaten und in Handwerkskunst hergestellt. Es werden nur Zutaten aus kontrolliert biologischem Anbau verarbeitet.

Warenangebot:	große Auswahl an Fruchtriegeln (ohne Zucker und Honig) aller Art, außerdem Marzipanartikel (ohne Zucker), Konfekt und Pralinen, alle Artikel bestehen nur aus Zutaten aus kontrolliert biologischem Anbau
Ersparnis:	ca. 20-25%; Preisbeispiele: Fruchtriegel 75 g für 1,15 Euro und Fruchtriegel 40 g für -,80 Euro
Verkaufszeiten:	Mo. bis Fr. 8.00-16.00 Uhr
Hinweise:	der Verkauf befindet sich direkt am Werk
Anfahrtsweg:	von Hamburg auf der A 1 kommend Ausfahrt Rostock, über die Klappbrücke Richtung Zentrum, weiter auf der Travemünder Allee und nach der Sandbergbrücke die erste Abfahrt rechts, nach dem Friedhof wieder rechts und danach immer geradeaus bis der Glashüttenweg kreuzt

24937 Flensburg

▶ AGILUS DRAGEES

FDF Flensburger Dragee-Fabrik GmbH & Co. KG
24937 Flensburg / Harnishof 1
Tel. (0461) 14470-0 / agilus-dragees.de

25337 Elmshorn

Das Unternehmen wurde im Jahr 1963 gegründet und bis heute als Familienunternehmen fortgeführt. Es begann in angemieteten Räumen einer Flensburger Schokoladefabrik mit einer Belegschaft von 5 Mitarbeitern, die damals das kleine agilus dragees Sortiment produzierten. Aufgrund langjähriger Erfahrungen ist die Flensburger Dragee-Fabrik zu einem der wenigen deutschen Drageespezialisten gewachsen. Heute werden rund 450 versch. agilus dragees Artikel hergestellt.

Warenangebot:	sehr große Auswahl an Dragees aller Art wie Schoko-Dragees, flüssig gefüllte Alkohol-Dragees, Weihnachts-Dragees, Zucker-Dragees, Vitamin-Dragees, Oster-Dragees, Diabetiker-Dragees, Marzipan-Dragees, Kieselstein Sortiment, Joghurt-Dragees u.v.m., Marke agilus dragees
Ersparnis:	durchschnittlich ca. 35%
Verkaufszeiten:	Fr. 14.00-18.00 Uhr
Hinweise:	es ist hauptsächlich Bruchware erhältlich
Anfahrtsweg:	die Firma befindet sich in der Nähe des Hafens, Zugang zum Barverkauf über den Mitarbeitereingang "Ballastbrücke"

25335 Elmshorn

▶ DÖLLING HAREICO

**Dölling-hareico GmbH & Co. KG /
Wurst- und Fleischwarenfabrik
25335 Elmshorn / Fuchsberger Damm 2-4
Tel. (04121) 8009-0 / doellinghareico.de**

Warenangebot:	Wurstwaren aller Art, geräucherte Wurst, Mettwurst, Leberwurst, Würstchen, Bratwürste etc.
Ersparnis:	ca. 50%
Verkaufszeiten:	Mi. bis Fr. 9.30-18.00 Uhr
Hinweise:	der Fabrikladen befindet sich beim Pförtner, sämtliche Artikel haben kleine "Fehler" in Form oder Gewicht
Anfahrtsweg:	Elmshorn liegt ca. 35 km nordwestlich von Hamburg, A 23 Ausfahrt Elmshorn auf die B 431, Abfahrt Sibirien links einbiegen, nach ca. 600 m befindet sich das Fabrikgelände auf der rechten Seite

25337 Elmshorn

▶ WIEBOLD

**Wiebold Confiserie
25337 Elmshorn / Ernst-Abbe-Str. 2
Tel. (04121) 4771-0 / wiebold.de**

25469 Halstenbek

Seit über 30 Jahren produziert die Confiserie Wiebold handgefertigte Trüffel- und Pralinenspezialitäten hoher Qualität und Frische. Beliefert wird ausschließlich der fachorientierte Handel sowie führende Süßwarenfilialisten und Fachabteilungen der Kaufhäuser. Auch heute noch werden viele Sorten von Hand dressiert, gegossen, geschnitten oder ausgestochen und mit edler Couvertüre überzogen, deren optische Finesse durch aufwendige Handdekore erzielt wird.

Warenangebot: Pralinen in reichlicher Auswahl wie Konfekt, Trüffel und versch. Schokoladenartikel sowie Mischungen, Beutel und Präsentpackungen, Marke Wiebold

Ersparnis: ca. 30%, teilweise auch bis 70%

Verkaufszeiten: Mo. bis Fr. 8.00-18.00 Uhr, Sa. 8.00-13.00 Uhr

Hinweise: der Verkauf erfolgt im Eingangsbereich der Firma, es ist nur Bruchware und Ware mit kleinen Fehlern erhältlich

Anfahrtsweg: Elmshorn liegt nordöstlich von Hamburg an der A 23, Ausfahrt Elmshorn-Süd, danach die 1. Straße links einbiegen, dann die nächste rechts

25469 Halstenbek

▶ WIEBOLD

Wiebold Confiserie / Fabrikladen
25469 Halstenbek / Poststr. 10
Tel. (04101) 44360 / wiebold.de

Seit über 30 Jahren produziert die Confiserie Wiebold handgefertigte Trüffel- und Pralinenspezialitäten hoher Qualität und Frische. Beliefert wird ausschließlich der fachorientierte Handel sowie führende Süßwarenfilialisten und Fachabteilungen der Kaufhäuser. Auch heute noch werden viele Sorten von Hand dressiert, gegossen, geschnitten oder ausgestochen und mit edler Couvertüre überzogen, deren optische Finesse durch aufwendige Handdekore erzielt wird.

Warenangebot: Pralinen in reichlicher Auswahl wie Konfekt, Trüffel und versch. Schokoladenartikel sowie Mischungen, Beutel und Präsentpackungen, Marke Wiebold

Ersparnis: ca. 30-70%

Verkaufszeiten: Mo. bis Fr. 9.00-18.00 Uhr, Sa. 9.00-13.00 Uhr

Hinweise: es ist hauptsächlich Bruchware und Ware mit kleinen Fehlern erhältlich

Anfahrtsweg: Halstenbek liegt ca. 15 km nordwestlich vom Stadtzentrum von Hamburg, A 23 Ausfahrt Halstenbek/Rellingen

26135 Oldenburg

25899 Niebüll

▶ NORDFRIESLAND FLEISCH

Nordfriesland Fleisch GmbH
25899 Niebüll / Zum Stellwerk 3
Tel. (04661) 6060

Warenangebot: große Auswahl an Fleisch- und Wurstwaren aller Art, immer wechselndes Angebot

Ersparnis: durchschnittlich ca. 25%

Verkaufszeiten: Mo. bis Fr. 7.00-16.00 Uhr

Anfahrtsweg: Niebüll liegt im äußersten Nordwesten von Schleswig-Holstein, ca. 35 km westlich von Flensburg, von der B 5 abbiegen nach Niebüll auf der Bäderstr., diese geht über in den Peter-Schmidts-Weg, dann rechts ab in die Bahnhofstr. in das Gewerbegebiet Süd, die Firma befindet sich gegenüber vom "Penny-Markt"

26135 Oldenburg

▶ BAHLSEN

Bahlsen GmbH & Co. KG / Keksfabrik
26135 Oldenburg / Emsstr.
Tel. (0441) 92350 / bahlsen.de

Bahlsen ist als europäisches Familienunternehmen mit Stammsitz in Hannover seit über 100 Jahren für seine süßen Backwaren bekannt. Neue Ideen und innovative Produktkonzepte sind immer ein Markenzeichen von Bahlsen gewesen, schon seit der Erfindung des "Keks" anno 1891. Das Unternehmen produziert heute an 8 Standorten in Europa und exportiert seine Artikel in 80 Länder. In Deutschland ist Bahlsen ein Marktführer für Dauerbackwaren und in Europa gehört das Unternehmen zu den führenden Herstellern von süßen Backwaren.

Warenangebot: Knabbersachen und Süßigkeiten wie z.B. Feinbackwaren, Biskuits, Kekse, Kuchen, Lebkuchen, Waffeln, Chips, Erdnüsse, Salzstangen etc., Pralinen von Gubor

Ersparnis: bis zu 30% bei regulärer Ware, Bruch ist noch günstiger

Verkaufszeiten: Mo. bis Fr. 9.00-19.00 Uhr, Sa. 9.00-14.00 Uhr

Anfahrtsweg: Oldenburg liegt westlich von Bremen an der A 28/29, dort befindet sich die Firma im Stadtteil Osternburg, auf dem Maco-Möbel-Gelände in Halle 4

26188 Edewecht

26188 Edewecht

▶ MEICA

**Meica Fritz Meinen GmbH & Co. /
Ammerländer Fleischwarenfabrik
26188 Edewecht / Meicastr. 6
Tel. (04405) 999-0 oder -159 (Verkauf) / meica.de**

Das Ammerländer Unternehmen Meica, das bis heute seine Unabhängigkeit bewahrt hat, wurde im Jahre 1908 vom Landwirt und Metzgermeister Fritz Meinen in Edewecht gegründet. Tradition spielt bei Meica in der modernen Würstchen-Produktion eine große Rolle. So werden die Würstchen noch heute in natürlichem Buchenholzrauch geräuchert. Das erfordert viel Erfahrung und ist neben frischen und hochwertigen Zutaten ein wichtiger Baustein für die hohe Qualität und den typischen Geschmack.

Warenangebot: große Auswahl an Fleisch-, Wurst-, Feinkost-, Suppenkonserven wie z.B. Hühner-, Gulasch- und Erbsensuppe, Würstchen in Gläsern und Dosen, Bratwürste, Fertiggerichte, Marken Deutschländer, Trueman's, Mini Wini, Bratmaxe, CurryKing

Ersparnis: ca. 30-40% im Durchschnitt

Verkaufszeiten: Fr. 7.00-15.00 Uhr

Hinweise: kleiner Verkaufsraum auf dem Werksgelände, es ist hauptsächlich 2. Wahl (z.B. Beuldosen) erhältlich, eine Probiermöglichkeit ist gegeben

Anfahrtsweg: A 28 Ausfahrt Neuenkruge über Bad Zwischenahn nach Edewecht, hier ist die Firma ab dem Marktplatz beschildert

26316 Varel

▶ BAHLSEN

**Bahlsen GmbH & Co. KG / Keksfabrik
26316 Varel / Hafenstr. 66
Tel. (04451) 1230 / bahlsen.de**

Bahlsen ist als europäisches Familienunternehmen mit Stammsitz in Hannover seit über 100 Jahren für seine süßen Backwaren bekannt. Neue Ideen und innovative Produktkonzepte sind immer ein Markenzeichen von Bahlsen gewesen, schon seit der Erfindung des "Keks" anno 1891. Das Unternehmen produziert heute an 8 Standorten in Europa und exportiert seine Artikel in 80 Länder. In Deutschland ist Bahlsen ein Marktführer für Dauerbackwaren und in Europa gehört das Unternehmen zu den führenden Herstellern von süßen Backwaren.

Warenangebot: Feinbackwaren, Biskuits, Kekse, Kuchen, Topfkuchen, Stollen, Lebkuchen, Waffeln, Chips, Erdnussflips, Erdnüsse, Salzstangen, Studentenfutter etc., außerdem Schokolade und Pralinen

27283 Verden

Ersparnis: ca. 30% bei regulärer Ware, bei Bruchware bis zu 50%

Verkaufszeiten: Mo. bis Fr. 9.00-18.00 Uhr, Sa. 9.00-13.00 Uhr

Anfahrtsweg: A 29 Oldenburg-Wilhelmshaven Ausfahrt Varel über Stadtmitte Richtung Hafen, der Fabrikverkauf ist am Hafenbecken nicht zu übersehen

26939 Ovelgönne

▶ BOTTERBLOOM

Nordmilch eG
26939 Ovelgönne Strückhausen / Strückhauser Str. 64-68
Tel. (04480) 81-0 / nordmilch.de

Warenangebot: große Auswahl an Eiskrem-Spezialitäten, Kindereis-Variationen, auch im Multipack, Marke Botterbloom, außerdem H-Milch sowie Voll- und Magermilchpulver

Ersparnis: ca. 20% im Durchschnitt

Verkaufszeiten: Mo. bis Fr. 9.00-16.00 Uhr, Sa. 8.00-12.00 Uhr

Anfahrtsweg: Ovelgönne liegt ca. 25 km nordöstlich von Oldenburg, das Ladengeschäft befindet sich in Strückhausen neben dem Werk, ist dort nicht zu übersehen

27283 Verden

▶ FREITAG

Hans Freitag GmbH & Co. KG /
Verdener Keks- und Waffelfabrik
27283 Verden / Siemensstr. 11
Tel. (04231) 91400 / keks-freitag.de

Die Anfänge des Unternehmens gehen zurück in das Jahr 1946, als Hans Freitag eine Bäckerei und Konditorei in Verden an der Aller gründete. Heute fertigt das Unternehmen rund 100 versch. Artikel in den Produktgruppen Kekse und Waffeln. Diese werden unter der Marke "Hans Freitag" und unter den Marken bedeutender Handelsunternehmen vertrieben.

Warenangebot: sehr große Auswahl an Gebäckartikeln aller Art, z.B. Sandgebäck, Kekse, Butter-Teegebäck, Waffeln aller Art, Mozart-Stäbchen, Schoko-Röllchen, Schoko-Tatzen, Haselnuss-Schnitten, Lebkuchen u.v.m., auch Gebäckmischungen

Ersparnis: unterschiedlich, durchschnittlich ca. 30% und mehr

Verkaufszeiten: Do. und Fr. 8.00-13.00 Uhr und 13.30-17.00 Uhr, ab Oktober bis Weihnachten täglicher Verkauf außer Sa. und So.

27793 Wildeshausen

Hinweise: kleiner Verkaufscontainer neben dem Haupteingang

Anfahrtsweg: A 27 Ausfahrt Verden-Ost Richtung Stadtmitte auf der Lindhooper Str., an der 2. Ampelkreuzung bei der Aral-Tankstelle links in den Berliner Ring, weiter über eine Ampelkreuzung, einen Fußgängerüberweg mit Ampel und eine unbeschrankte Kleinbahnlinie, danach gleich rechts in die Siemensstr.

27793 Wildeshausen

▶ STÖVER

Stöver Produktion GmbH & Co. KG
27793 Wildeshausen Aldrup
Tel. (04434) 87-208 / stoever.de

Das Unternehmen wurde 1967 vom Landwirt Reinhold Stöver gegründet. Mit einer gebrauchten Pommes frites Maschine wurde der Grundstein gelegt. Nach und nach wurde die Produktion um Saucen, Fleisch- und Wurstwaren erweitert. Heute werden mehr als 1,5 Mio. Portionen Pommes frites täglich hergestellt. Stöver führt an frischen, gekühlten und tiefgekühlten Produkten alles was die Gastronomie benötigt.

Warenangebot: Kartoffelprodukte wie z.B. Pommes Frites und Kroketten, außerdem Feinkost, Fleisch, Geflügel, Tiefkühlprodukte, Saucen, Fisch, Wild, Salate, Marinaden, Desserts, Eiskrem etc.

Ersparnis: ca. 20% im Durchschnitt

Verkaufszeiten: Mo. bis Fr. 9.00-18.00 Uhr, Sa. 9.00-12.00 Uhr

Hinweise: der Verkauf erfolgt im Abholshop auf dem Werksgelände

Anfahrtsweg: A 1 Ausfahrt Wildeshausen-Nord, die Firma befindet sich ca. 7 km südlich von Wildeshausen, Richtung Goldenstedt, direkt an der Landstraße Aldrup

29386 Hankensbüttel

▶ BAHLSEN

The Lorenz Bahlsen Snacks-World GmbH & Co. KG
29386 Hankensbüttel / Am Thorenkamp 5
Tel. (05832) 970605 / lorenz-snackworld.de

Hermann Bahlsen übernimmt 1889 das "Fabrikgeschäft engl. Cakes und Biscuits" von H. Schmuckler in Hannover. 1935 werden die ersten Salzstangen - Salzletten - auf dem deutschen Markt eingeführt. Alle Artikel sind im wahrsten Sinne des Wortes in aller Munde. Jeder der schon mal ins Snack-Regal gegriffen hat ist Marken wie z.B. Crunchips, NicNac's, Erdnuss Locken etc. begegnet

30419 Hannover

Warenangebot: Lorenz-Produkte wie Crunchips, Chipsletten, Salzletten, Nic Nac's, Erdnusslocken, Peppies, Monster Munch etc. sowie eine Auswahl an Bahlsen Kuchen und Gebäck

Ersparnis: Bruchware ist ca. 30-50% günstiger

Verkaufszeiten: Mo. bis Fr. 9.00-18.00 Uhr, Sa. 9.00-13.00 Uhr

Anfahrtsweg: B 4 Gifhorn-Uelzen Abfahrt Großer Kain auf die B 244 nach Hankensbüttel, im Ort die erste Straße links einbiegen, der Fabrikladen ist auch ausgeschildert

29640 Schneverdingen

▶ GOTTENA

Gottena Keks- und Waffelfabrik GmbH & Co. KG
29640 Schneverdingen / Am Bahnhof 8-22
Tel. (05193) 88-0 oder -54 (Laden) / gottena.de

Die Annalen der Firma Gottena gehen auf das Jahr 1901 zurück. Im Herbst 1989 verkaufte Georg-Wilhelm Gott das Unternehmen an die Brandt-Gruppe aus Hagen, die es dann mitsamt der eigenen Süßwarensparte 1995 an die Bahlsen KG, Hannover weiterverkaufte. Heute werden ca. 20.000 to Kekse und Waffeln jährlich produziert.

Warenangebot: Gebäcke, Waffeln und Dauerbackwaren aller Art, z.B. Schoko-Tatzen, Citronetten, Orangen-Sticks, Waffel- und Schoko-Röllchen, Mozart-Stäbchen, Schoko-Waffeln, Waffelmischungen, Madeleines, Saisonartikel wie Lebkuchen, Schoko-Pfeffernüsse, Früchte-Lebkuchen, Glocken etc.

Ersparnis: durchschnittlich ca. 35%

Verkaufszeiten: Mo. bis Fr. 9.00-12.30 Uhr und 14.00-16.30 Uhr

Hinweise: separates Ladengeschäft, teilweise ist auch günstige lose und Bruchware erhältlich

Anfahrtsweg: A 7 Ausfahrt Bispingen, über Behringen und Heber nach Schneverdingen, hier befindet sich die Firma beim Bahnhof, der Werksverkauf ist ab dem Bahnhof ausgeschildert

30419 Hannover

▶ SPRENGEL

Sprengel GmbH / Stollwerck AG
30419 Hannover / Rudolf-Diesel-Weg 10-12
Tel. (0511) 6794-0 / stollwerck.de

30453 Hannover

Im Jahre 1851 wurde die Firma Sprengel von Bernhard Sprengel mit Firmensitz in Harburg gegründet. Als Markenzeichen dient bereits seit der Firmengründung der Bienenkorb und die Farbe Orange. Zwei Jahre später wird der Firmensitz von Harburg nach Hannover verlegt. 1862 erfolgt die Verleihung des Hof-Titels, und im Jahr 1893 der Titel „Königlicher Hof-Lieferant". Im Jahr 1967 übernimmt der US-Konzern Nabisco eine Beteiligung. Seit 1979 gehört Sprengel zur Stollwerck AG.

Warenangebot: Schokoladenerzeugnisse aller Art wie z.B. Pralinen, Riegel, Tafelschokolade, Kekse etc., Marke Sprengel, außerdem Artikel der Marken Stollwerck, Alpia, Sarotti, Waldbaur, Delacre und Gubor

Ersparnis: bei 1. Wahl bis zu ca. 20%, bei Bruch- und b-Ware ca. 30-50%; Preisbeispiel: Kilo-Pralinenbeutel für EUR 5,09

Verkaufszeiten: Mo. bis Fr. 10.00-17.00 Uhr

Hinweise: kleines Ladengeschäft auf dem Werksgelände

Anfahrtsweg: die Firma befindet sich im nördlichen Stadtteil Vinnhorst, in der Nähe vom Mittellandkanal, sie ist dort nicht zu übersehen

30453 Hannover

▶ HARRY

Harry-Brot GmbH
30453 Hannover / Harryweg 1
Tel. (0511) 4606-0 / harry.de

Die Geschichte der Harry-Bäcker ist weit über 300 Jahre alt und lückenlos dokumentiert. Am 9. Mai 1688 ließ sich Johan Hinrich Harry in das Protokollbuch des Bäckeramtes zu Altona eintragen, und genau von dem Tag an gibt es Harry-Brot.

Warenangebot: große Auswahl an Broten aller Art, Schnittbrot, Vollkornbrot, Leinsamenbrot, Steinofenbrot, Kommißbrot, Baguette, Toastbrot, Sandwich-Brot, Brot zum Aufbacken, Croissants, Wiener Zopf, versch. Kuchen

Ersparnis: durchschnittlich ca. 40%

Verkaufszeiten: Mo. bis Fr. 6.00-19.00 Uhr, Sa. 6.00-11.30 Uhr

Hinweise: der Verkauf befindet sich direkt beim Pförtner

Anfahrtsweg: die Firma befindet sich südwestlich vom Zentrum Hannover im Stadtteil Bornum, hier im Industriegebiet, erreichbar auch mit der Buslinie 500, Haltestelle Bornum-Nord

30853 Langenhagen

30659 Hannover

▶ BAHLSEN

Bahlsen GmbH & Co. KG
30659 Hannover Bothfeld / Sutelstr. 54
Tel. (0511) 9600 / bahlsen.de

Bahlsen ist als europäisches Familienunternehmen mit Stammsitz in Hannover seit über 100 Jahren für seine süßen Backwaren bekannt. Neue Ideen und innovative Produktkonzepte sind immer ein Markenzeichen von Bahlsen gewesen, schon seit der Erfindung des "Keks" anno 1891. Das Unternehmen produziert heute an 8 Standorten in Europa und exportiert seine Artikel in 80 Länder. In Deutschland ist Bahlsen ein Marktführer für Dauerbackwaren und in Europa gehört das Unternehmen zu den führenden Herstellern von süßen Backwaren.

Warenangebot:	Feinbackwaren, Biskuits, Kekse, Lebkuchen, Waffeln, Chips, Erdnüsse, Salzstangen und -brezeln, Pralinen, Kuchen, Stollen etc.
Ersparnis:	bei 1. Wahl kaum, bei Bruch ca. 40%
Verkaufszeiten:	Mo. bis Fr. 9.00-18.00 Uhr, Sa. 9.00-13.00 Uhr, vor Ostern und Weihnachten teilweise verlängerte Öffnungszeiten
Hinweise:	gelegentlich auch Verkauf von Bruchware sowie von Ware die nahe dem Verfallsdatum steht
Anfahrtsweg:	A 2 Ausfahrt Hannover-Bothfeld, in Bothfeld befindet sich die Firma im Zentrum gegenüber der Kirche, erreichbar auch mit der Straßenbahn Linie 7 Richtung Fasanenkrug, Haltestelle Bothfeld Kirche

30853 Langenhagen

▶ BAHLSEN

Bahlsen GmbH & Co. KG / Keksfabrik
30853 Langenhagen / Walsroder Str. 194
Tel. (0511) 771910 / bahlsen.de

Bahlsen ist als europäisches Familienunternehmen mit Stammsitz in Hannover seit über 100 Jahren für seine süßen Backwaren bekannt. Neue Ideen und innovative Produktkonzepte sind immer ein Markenzeichen von Bahlsen gewesen, schon seit der Erfindung des "Keks" anno 1891. Das Unternehmen produziert heute an 8 Standorten in Europa und exportiert seine Artikel in 80 Länder. In Deutschland ist Bahlsen ein Marktführer für Dauerbackwaren und in Europa gehört das Unternehmen zu den führenden Herstellern von süßen Backwaren.

Warenangebot:	Feinbackwaren, Biskuits, Keks, Lebkuchen, Waffeln, Chips, Erdnüsse
Ersparnis:	ca. 30%, unterschiedlich je nach Artikel
Verkaufszeiten:	Mo. bis Fr. 9.00-18.00 Uhr, Sa. 9.00-13.00 Uhr

30890 Barsinghausen

Hinweise: es ist auch 2. Wahl erhältlich, ständig wechselndes Sortiment

Anfahrtsweg: Langenhagen liegt ca. 10 km nördlich von Hannover, A 2 Ausfahrt Hannover/Langenhagen Richtung Langenhagen auf die Walsroder Str.

30890 Barsinghausen

▶ BAHLSEN

Bahlsen GmbH & Co. KG
30890 Barsinghausen / Hermann-Bahlsen-Str. 2
Tel. (05105) 78-0 / bahlsen.de

Bahlsen ist als europäisches Familienunternehmen mit Stammsitz in Hannover seit über 100 Jahren für seine süßen Backwaren bekannt. Neue Ideen und innovative Produktkonzepte sind immer ein Markenzeichen von Bahlsen gewesen, schon seit der Erfindung des "Keks" anno 1891. Das Unternehmen produziert heute an 8 Standorten in Europa und exportiert seine Artikel in 80 Länder. In Deutschland ist Bahlsen ein Marktführer für Dauerbackwaren und in Europa gehört das Unternehmen zu den führenden Herstellern von süßen Backwaren.

Warenangebot: Feinbackwaren, Biskuits, Kekse, Kuchen, Lebkuchen, Waffeln, Chips, Erdnüsse, Salzstangen u.v.m.

Ersparnis: ca. 30% bei regulärer Ware, bei Bruchware ca. 50%

Verkaufszeiten: Mo. bis Fr. 9.00-18.00 Uhr, Sa. 9.00-13.00 Uhr

Anfahrtsweg: Barsinghausen liegt ca. 20 km südwestlich von Hannover, A 2 Ausfahrt Bad Nenndorf nach Barsinghausen, hier befindet sich die Firma im Industriegebiet, Einfahrt vor dem BMW-Autohaus

31008 Elze

▶ ELZER BACKWAREN

Elzer Backwaren GmbH Fabrikationsgesellschaft KG
31008 Elze Mehle / Altenbekener Str. 2
Tel. (05068) 910-0

Die Firma wurde 1972 gegründet und ist heute Hersteller feiner Backwaren.

Warenangebot: Kekse, Knabbergebäck, Pralinen, Schokolade, Tortenböden, Kuchen, Linzer Torten, Weihnachtsstollen etc., auch Diabetiker-Auswahl, teilweise auch einige Bahlsen-Artikel

Ersparnis: ca. 20-40%, Bruchware ist besonders preiswert

Verkaufszeiten: Di., Do., Fr. 12.30-15.00 Uhr und 16.00-18.30 Uhr

Hinweise: 1. und 2. Wahl-Verkauf, die Firma produziert für versch. Hersteller unter deren Namen

31515 Wunstorf

Anfahrtsweg: Elze liegt südlich von Hannover, ca. 20 km westlich von Hildesheim in Richtung Hameln, die Firma befindet sich in Elze im Ortsteil Mehle, sie ist von der Hauptstraße aus gut ausgeschildert

31228 Peine

▶ RAUSCH

Rausch Schokoladen GmbH / SchokoLaden
31228 Peine / Wilhelm-Rausch-Str. 4
Tel. (05171) 9901-0 oder -58 (SchokoLaden) /
rausch-schokolade.de

Warenangebot: feine Pralinen, Pralinenmischungen, Schokolade aller Art, Trüffel, Gebäckmischungen, Diabetikerartikel, Saisonartikel

Ersparnis: besondere Angebote, keine Bruchware

Verkaufszeiten: Mo. bis Fr. 10.00-17.00 Uhr, Sa. 10.00-16.00 Uhr, So. und Feiertags 12.00-17.00 Uhr

Hinweise: großes Ladengeschäft auf dem Werksgelände (Schoko-Land) mit angegliedertem Museum und Schauproduktion

Anfahrtsweg: A 2 Hannover-Braunschweig Ausfahrt Peine Richtung Gewerbegebiet Stederdorf, über die Dieselstr. und die Daimlerstr. in die Wilhelm-Rausch-Str., der Weg ist auch ausgeschildert

31515 Wunstorf

▶ RANCH MASTER

Ranch Master GmbH
31515 Wunstorf / Jenaer Str.
Tel. (05031) 701-0 / ranchmaster.de

Warenangebot: Tiefkühlkost aller Art, z.B. Cevapcici, Hamburger, Hackfleisch, Pfannen-Spezialitäten, Klößchen, Snacks, Steaks und Fleischprodukte, Fertiggerichte und Pasta, Suppen, versch. Gemüse, Brötchen, Baguette, Pizzen, Eis etc.

Ersparnis: ca. 10-40%, unterschiedlich je nach Artikel

Verkaufszeiten: Mo. bis Fr. 9.00-12.30 Uhr und 13.30-19.00 Uhr, Sa. 9.00-13.00 Uhr

Hinweise: es sind Groß- und Kleinmengen sowie Artikel mit und ohne Verpackung erhältlich

32051 Herford

| Anfahrtsweg: | A 2 aus Richtung Hannover Abfahrt Wunstorf/Luthe auf die B 441 Richtung Wunstorf, in Wunstorf beim Bahnhof kurz vor Überqueren der Bahngleise rechts in die Blumenauer Str., danach links in den Luther Weg und sofort wieder links in die Jenaer Str. |

32051 Herford

▶ WEINRICH

**Ludwig Weinrich GmbH & Co. KG /
Schokolade- und Pralinenfabrik
32051 Herford / Zimmerstr. 1
Tel. (05221) 910-0 / weinrich-schokolade.de**

Warenangebot:	Schokolade und Schokoladenspezialitäten wie massive und gefüllte Schokoladentafeln, Katzenzungen, Schokobärchen, gefüllte Pralinen und Kuvertüre
Ersparnis:	bei 1. Wahl kaum, bei Saisonartikel und Angeboten 20-30%
Verkaufszeiten:	Fr. 7.00-15.00 Uhr
Hinweise:	separater Verkaufsraum, teilweise ist auch Bruchware im Angebot
Anfahrtsweg:	A 2 Bielefeld-Hannover Ausfahrt Herford/Bad Salzuflen auf die B 239 nach Herford, in Herford vom Bahnhof kommend durch die Bahnunterführung und die nächste Straße rechts, dann die nächste nochmal rechts und danach die zweite Straße links ist die Zimmerstr.

32657 Lemgo

▶ PAHNA

**Pahna GmbH / Waffel-, Keks- und Lebkuchenfabrik
32657 Lemgo / Schuhstr. 48-50
Tel. (05261) 94001-0 / pahna.de**

Im Jahre 1920 gründeten die Brüder Otto und Karl Pahn in Blomberg einen Bäckereibetrieb, in dem Lebkuchen-Gebäcke hergestellt wurden. Heute hat sich Pahna vornehmlich auf die Produktion von verzierten Lebkuchenherzen und -figuren spezialisiert, und gehört damit in diesem Bereich zu den führenden Herstellern. Kaum ein Volksfest in Deutschland ist ohne die bunten, mit netten Zuckerguss-Sprüchen verzierten Herzen denkbar.

| Warenangebot: | hauptsächlich verzierte Lebkuchenherzen und -figuren (auch individuelle Formen- und Werbewünsche aus Lebkuchen sind möglich), außerdem Printen, Magenbrot, Schaumwaffeln, Gebäck etc. |

33154 Salzkotten

Ersparnis: preisgünstiges Warenangebot

Verkaufszeiten: Mo. bis Do. 8.00-16.30 Uhr, Fr. 8.00-14.00 Uhr, Sa. nur von Sept. bis Weihnachten

Hinweise: kleines angegliedertes Ladengeschäft, der Verkauf erfolgt hauptsächlich an Schausteller; größere Auswahl, auch von Bruchware ist meist erst ab September erhältlich

Anfahrtsweg: von Bielefeld auf der B 66 nach Lemgo, dort vom Bahnhof aus Richtung Johannisstr., 2. Straße rechts in die Stiftstr., diese geht über in die Schuhstr.

33129 Delbrück

▶ HANNA

Hanna-Feinkost GmbH
33129 Delbrück / Bokerstr. 41
Tel. (05250) 51070 / hanna.de

Gegründet wurde die HANNA Feinkost GmbH, Spezialist in Tiefkühl-Geflügel-Convenienceprodukten, im Jahr 1971 von Heinz und Hanna Schnittker. Das Familienunternehmen gehört zu den marktführenden Unternehmen der Branche und ist für seine ausgezeichnete Qualität und ein hervorragendes Preis-/Leistungsverhältnis international bekannt.

Warenangebot: alles vom Hähnchen, z.B. Brustfilets natur und paniert, gefüllt und ungefüllt, verschiedene Putenprodukte, alles tiefgefroren, sehr große Auswahl

Ersparnis: unterschiedlich je nach Artikel, günstige Angebote

Verkaufszeiten: Mo. bis Fr. 8.00-18.00 Uhr

Anfahrtsweg: Delbrück liegt an der B 64 zwischen Paderborn und Rheda-Wiedenbrück, von Delbrück Richtung Boke liegt die Firma auf der linken Seite, großes weißes Gebäude

33154 Salzkotten

▶ WENDELN

Wendeln Bakeries International GmbH & Co. KG
33154 Salzkotten Thüle / Thüler Str. 102
Tel. (05258) 501-0

Warenangebot: Brote, Tortenböden, Gebäck, Dauerbackwaren wie Rollen, Rührkuchen, Kuchenbällchen, Creme- und Fruchtrollen, Fruchttorten, Sweet Biskuit Kuchen etc.

Ersparnis: durchschnittlich ca. 50%

33330 Gütersloh

Verkaufszeiten: Mo. bis Fr. 11.00-15.30 Uhr

Hinweise: teilweise ist auch günstige Bruchware erhältlich

Anfahrtsweg: Salzkotten liegt ca. 10 km südwestlich vom Zentrum Paderborn an der B 1 Richtung Geseke, erreichbar auch über die A 33 Ausfahrt Paderborn-Zentrum, in Salzkotten befindet sich die Firma nicht zu verfehlen direkt an der Hauptstraße, einfach dem Geruch folgen

33330 Gütersloh

▶ VOGT & WOLF

Vogt & Wolf GmbH / Westf. Fleischwaren
33330 Gütersloh / Herzebroker Str. 43
Tel. (05241) 878-02 / marten.de

Warenangebot: große Auswahl an Wurst- und Fleischwaren aller Art

Ersparnis: preisgünstige Angebote, 1b-Ware ist besonders preiswert

Verkaufszeiten: Di. bis Fr. 9.00-18.00 Uhr, Sa. 8.00-12.00 Uhr

Hinweise: der Verkauf befindet sich im Ladengeschäft am Fabrikeingang

Anfahrtsweg: die Firma befindet sich in Gütersloh südlich vom Bahnhof, von der Innenstadt an der Straße Richtung Herzebrok auf der linken Seite

33378 Rheda-Wiedenbrück

▶ DAUT

Paul Daut GmbH & Co. KG /
Wurst- und Fleischwarenfabrik
33378 Rheda-Wiedenbrück / Schmeerplatzweg 11
Tel. (05242) 59040 / sprehe.de

Warenangebot: Fleisch- und Wurstwaren, Rostbratwürstchen, Spezialitäten: hausgemachte Salate und Eintöpfe, auch tiefgefroren

Ersparnis: durchschnittlich ca. 25%, unsortierte Würstchen sind besonders preiswert

Verkaufszeiten: Di. bis Fr. 8.00-18.00 Uhr, Sa. 8.00-12.00 Uhr

Hinweise: von Mai bis Sept. zusätzlich Mo. 8.00-18.00 Uhr Verkauf von hauptsächlich Grillartikeln

33415 Verl

Anfahrtsweg: die Firma befindet sich direkt an der A 2 Ausfahrt Wiedenbrück, im Industriegebiet in der Nähe vom TÜV, sie ist ab dem Wasserturm ausgeschildert

33397 Rietberg

▶ SCHULTE

Conrad Schulte GmbH & Co. KG / Feingebäckfabrik
33397 Rietberg Mastholte / Bentelerstr. 9
Tel. (02944) 9820 / schulte-feingebaeck.de

Warenangebot: Dauerbackwaren wie Biskuitzungen, gefüllte Cremewaffeln, Belgische Butterwaffeln, Schweinsöhrchen, Blätterteiggebäck, Gebäckmischungen, Kaffeegebäcke, Saisonartikel wie gefüllte und ungefüllte Lebkuchen, Spekulatius, Dominosteine, Kokosmakronen und Weihnachtsmischungen

Ersparnis: ca. 30% im Durchschnitt

Verkaufszeiten: Mo. bis Fr. 8.00-12.30 Uhr und 14.30-18.00 Uhr, 4 Wochen vor Weihnachten auch Sa. 8.00-12.00 Uhr

Hinweise: der Verkauf befindet sich im Fabrikladen neben dem Werk, es ist auch günstige Bruchware erhältlich

Anfahrtsweg: Rietberg liegt ca. 10 km östlich von Rheda-Wiedenbrück an der B 64 Richtung Paderborn, von Rietberg ca. 5 km in südlicher Richtung nach Mastholte, durch Mastholte durchfahren, in Mastholte-Süd bei der Volksbank links einbiegen in die Bentelerstr.

33415 Verl

▶ ASTRO

August Strothlücke GmbH & Co. KG /
Fleischwarenfabrik
33415 Verl Sürenheide / Berensweg 22
Tel. (05246) 5090 / astro-verl.de

Warenangebot: Wurst- und Fleischwaren aller Art, frisch aufgeschnittene Dauerwurst, Schinkenspezialitäten und versch. Fleischsorten, auch in SB-Verpackungen

Ersparnis: durchschnittlich ca. 25%, günstige Angebote

Verkaufszeiten: Do. 8.00-17.00 Uhr, Fr. 8.00-12.00 Uhr

Anfahrtsweg: A 2 Ausfahrt Gütersloh Richtung Verl, nach ca. 1,5 km links abbiegen nach Sürenheide

33775 Versmold

▶ KLEINEMAS

**Kleinemas Fleischwaren GmbH & Co. KG /
Westf. Fleischwarenfabrik
33415 Verl Sürenheide / Industriestr. 35
Tel. (05246) 9211-0 / kleinemas.de**

Warenangebot: westf. Wurstspezialitäten wie Schinken-Mettenden, Specksortiment, Bratwurst Thüringer Art, Schinkengriller und Snack-Sortiment wie Original-Bierbeißer, Snackinis und Mini-Cabanossi

Ersparnis: günstige Angebote, besonders bei 2. Wahl

Verkaufszeiten: Mo. bis Fr. 8.00-18.00 Uhr, Sa. 8.00-13.00 Uhr

Hinweise: teilweise ist auch günstige B-Sortierung erhältlich

Anfahrtsweg: A 2 Dortmund-Hannover, Abfahrt Gütersloh nach Verl, an der 2. Ampel links Richtung Gewerbegebiet

33775 Versmold

▶ NÖLKE

**Heinrich Nölke GmbH & Co. KG / Fleischwarenfabrik
33775 Versmold / Ziegeleistr. 5
Tel. (05423) 969-0 / noelke.de**

Das Unternehmen Nölke wird als Familienbetrieb im Jahr 1924 in Versmold/ Westfalen gegründet. In den 50er Jahren etabliert Nölke immer weitere Produkte und ist Pionier für Wurstwaren in der Selbstbedienungs-Verpackung. Die Geflügelwurst wird in Deutschland eingeführt und der Markenname Gutfried beginnt sich auf dem deutschen Lebensmittelmarkt zu etablieren. Nach und nach entwickelt sich Nölke zum Spezialisten für Nahrungsmittel aus Truthahnfleisch und expandiert durch Zukäufe und Beteiligungen.

Warenangebot: Fleisch- und Wurstwaren aller Art, Wurst wie Salami, Bierschinken und Teewurst, auch Aufschnitt sowie Bratwurstsortiment, außerdem Fleisch, auch vom Geflügel, Marken Gutfried, Menzefricke, Müritzer, Stastnik und Landwirt Nölke

Ersparnis: bis zu 50% möglich, z.T. ist auch 2. Wahl erhältlich

Verkaufszeiten: Mo. 8.00-13.00 Uhr, Di. 8.00-15.00 Uhr, Mi. 8.00-17.00 Uhr, Do. und Fr. 7.00-17.00 Uhr, Sa. 7.00-11.30 Uhr

Anfahrtsweg: Versmold liegt an der B 476 zwischen Warendorf und Borgholzhausen, dort befindet sich die Firma im Industriegebiet

34414 Warburg

▶ WILTMANN

**Franz Wiltmann GmbH & Co. / Fleischwarenfabrik
33775 Versmold Peckeloh / Wilhelm-Kleine-Str. 16
Tel. (05423) 170 / wiltmann.de**

Warenangebot: Fleisch- und Wurstwaren aller Art, frisch und in Konserven

Ersparnis: preisgünstige Angebote, bei 2. Wahl ca. 50% und mehr

Verkaufszeiten: Fr. 6.30-12.00 Uhr, Sa. 8.00-11.00 Uhr

Hinweise: Ladengeschäft, es ist hauptsächlich 2. Wahl erhältlich

Anfahrtsweg: Peckeloh liegt an der B 476 von Versmold nach Sassenberg, dort ist die Firma ausgeschildert

34233 Fuldatal

▶ EDSCH

**Kurt Schmalz GmbH / Edsch Schaumzuckerwaren
34233 Fuldatal Ihringshausen / Niedervellmarsche Str. 25
Tel. (0561) 811941 / schaumkuss.de**

Das Unternehmen Kurt Schmalz GmbH ist seit 70 Jahren Hersteller von Schaumzuckerprodukten und wurde bekannt unter dem Markennamen Edsch. Seit 1992 gehört die Firma zu der saarländischen Juchem-Gruppe und hat die Produktion ins Saarland verlagert.

Warenangebot: Schaumküsse (Classic, Kokos, Schwarz/Weiß, Mocca, Krokant, Jumbo etc.), Schaumzuckerwaffeln, Spezialitäten wie Törtchen, Schaummuscheln, Kasseler-Zöpfe, Hörnchen etc., außerdem zuckerfreie Schaumzuckerwaren, Marken Edsch und Jumi

Ersparnis: bei Bruchware 50% und mehr; Preisbeispiel: 25 Schaumküsse für EUR 3,80 und 60 Schaumküsse für EUR 8,50

Verkaufszeiten: Mo. bis Fr. 8.30-18.00 Uhr, Sa 8.00-12.00 Uhr

Anfahrtsweg: Ihringshausen liegt ca. 5 km nördlich von Kassel, von Kassel auf der B 3 kommend befindet sich die Firma in Ihringshausen an der Straße Richtung Vollmar, in einem Nebengebäude des Rewe-Marktes

34414 Warburg

▶ VALFRUTTA

**Kurt Hollbach GmbH / Warburger Nahrungsmittelwerke
34414 Warburg / Oberer Hilgenstock 2
Tel. (05641) 9040**

35085 Ebsdorfergrund

Warenangebot: Obst- und Tomatenkonserven in Gläsern und Dosen, Nektare, Marke Valfrutta

Ersparnis: preisgünstiges Warenangebot

Verkaufszeiten: Do. 15.00-18.00 Uhr

Hinweise: es sind auch günstige 2. Wahl sowie Beuldosen im Angebot

Anfahrtsweg: Warburg liegt ca. 35 km nordwestlich von Kassel an der B 7, die Straße Oberer Hilgenstock befindet sich in der Nähe des Bahnhofs

35085 Ebsdorfergrund

▶ PAULY

Pauly Knusper-Lädchen GmbH
35085 Ebsdorfergrund Dreihausen / Drei-Pauly-Weg 12
Tel. (06424) 303-0 oder -147 (Verkauf) /
knusperlaedchen.de

Warenangebot: Diabetiker-Gebäck wie Schoko-Wafflets, Spritzgebäck und Vanillekipferl, Vollkorn-Gebäck wie Schoko-Keks, Butter-Taler und Kokos-Keks sowie glutenfreies Gebäck, außerdem Vollkorn-Nudeln

Ersparnis: durchschnittlich ca. 35%

Verkaufszeiten: Mo. bis Fr. 9.30-17.00 Uhr, Sa. 9.00-13.00 Uhr

Hinweise: Verkauf von Originalware und Bruchtüten im "Knusper-Lädchen" am Firmengebäude

Anfahrtsweg: Ebsdorfergrund liegt ca. 20 km südöstlich von Marburg, die Firma befindet sich im Gewerbegebiet in Dreihausen, hier nach den Tennisplätzen rechts abbiegen, dem Hinweisschild "Knusper-Lädchen" folgen

37139 Adelebsen

▶ INDONESIA

Barteroder Feinkost GmbH
37139 Adelebsen Barterode / An der Auschnippe 1
Tel. (05506) 8900-0 / indonesia.de

Seit über 30 Jahren produziert die Firma in Barterode nahe Göttingen Qualitätssuppen und Fertiggerichte der deutschen und asiatischen Küche. Mit der Marke "Indonesia" zählt die Barteroder Feinkost heute zu den führenden deutschen Herstellern für asiatische Suppenspezialitäten und Fertiggerichte.

38162 Cremlingen

Warenangebot: feine deutsche Suppen und Fertiggerichte, asiatische Suppen und Fertiggerichte, Original Bihunsuppe, Magic Soup, vegetarische Suppen, Marken Indonesia, Barteroder Feinkost und NoWonder-Products

Ersparnis: preisgünstiges Warenangebot, 2. Wahl ist besonders preiswert

Verkaufszeiten: Di. bis Fr. 10.00-18.00 Uhr

Hinweise: sämtliche Produkte können auch für einen geringen Unkostenbeitrag im Factory-Restaurant verkostet werden

Anfahrtsweg: von Kassel auf der A 7 kommend, Ausfahrt Göttingen-Nord nach Barterode, die Firma befindet sich ca. 1 km nach Barterode an der Kreuzung

37235 Hessisch Lichtenau

▶ STÜSS

Nordhessische Schaumwaffelfabrik Stüss & Co. KG
37235 Hessisch Lichtenau Quentel / Akazienweg 17
Tel. (05602) 919204

Warenangebot: Schaumwaffeln aller Art wie z.B. Negerküsse, Kokosbälle, Törtchen, Kokosschnitten, Hörnchen etc.

Ersparnis: unterschiedlich, ca. 50% bei Bruchware; Preisbeispiel: Negerküsse 60 Stück für EUR 8,10 und 100 Stück für EUR 12,25

Verkaufszeiten: Mo. bis Fr. 8.00-18.00 Uhr, Sa. 8.00-12.00 Uhr

Hinweise: es sind hauptsächlich Großpackungen im Karton erhältlich, gelegentlich ist auch günstige Bruchware vorhanden

Anfahrtsweg: Hessisch Lichtenau liegt ca. 20 km südöstlich von Kassel, von dort über Fürstenhagen nach Quentel, die Firma ist dort ausgeschildert

38162 Cremlingen

▶ WEIBLER

Weibler Confiserie Chocolaterie GmbH
38162 Cremlingen / Im Rübenkamp 17
Tel. (05306) 911033 / confiserie-weibler.de

Warenangebot: Hohlfiguren aus Schokolade wie Autos, Bären, Geige, Tennisschläger, Handy, Weihnachtsmann, Osterhasen,

38723 Seesen

Schaukelpferd, Engel, Enten u.v.m., außerdem Trüffelpralinen in vielen Geschmacksrichtungen, Minitrüffel, Trüffeleier, Trüffelhalbeier, Trüffelsterne, Sortiment auch für Diabetiker

Ersparnis: durchschnittlich ca. 30%

Verkaufszeiten: Mo., Mi., Fr. 8.00-16.00 Uhr, Do. 8.00-18.00 Uhr, vor Weihnachten bis Ostern auch Sa. 8.00-14.00 Uhr

Anfahrtsweg: Cremlingen liegt ca. 10 km östlich von Braunschweig an der B 1 Richtung Königslutter, von Braunschweig kommend am Ortseingang die erste Straße rechts runter, die Firma befindet sich dann am Ende der Straße auf der rechten Seite

38723 Seesen

▶ HEINZ-KETCHUP

H. J. Heinz GmbH
38723 Seesen / Feldstr.
Tel. (05381) 71-0

Das Traditionsunternehmen Sonnen-Bassermann begann 1886 mit der Herstellung von Gemüse-Konserven. 1952 ist die Firma Pionier in der Fertiggerichteproduktion. 1978 kam die Produktion von tafelfertigen Suppen hinzu. Seit 1999 ist die Firma Teil der weltweit operierenden Heinz-Gruppe.

Warenangebot: Sonnen-Bassermann Fertiggerichte, Suppen, Menüschalen, Ravioli, Gemüsekonserven, Apfelmus, Heinz-Ketchup, Heinz-Grillsaucen, Portions-Konfitüren

Ersparnis: durchschnittlich ca. 40%, Angebote sind noch günstiger

Verkaufszeiten: Fr. 11.00-16.00 Uhr

Hinweise: der Verkauf befindet sich beim Werk, Parkplätze sind reichlich vorhanden

Anfahrtsweg: A 7 Göttingen-Hildesheim Ausfahrt Seesen, in Seesen an der 2. Ampel rechts Richtung Münchehof/Osterode, nach der Eisenbahnbrücke links und dann wieder rechts

39345 Vahldorf

▶ BÖRDE

Börde Käse GmbH
39345 Vahldorf / Bahnhofstr. 34
Tel. (039202) 6398 / boerde-kaese.de

41199 Mönchengladbach

Warenangebot: Käseprodukte wie z.B. Käsescheiben und Portionen vom Edamer, Gouda, Tilsiter, Butterkäse und Leerdammer, außerdem Räucher- und Schmelzkäsespezialitäten sowie Präsentkörbe und Bio-Produkte, auch Käse-Dip

Ersparnis: durchschnittlich ca. 25%

Verkaufszeiten: Mo. bis Fr. 7.00-15.00 Uhr

Anfahrtsweg: Vahldorf liegt ca. 20 km nordwestlich von Magdeburg, A 2 Ausfahrt Magdeburg-Olvenstedt auf die B 71 Richtung Haldensleben nach Vahldorf, hier befindet sich die Firma in der Nähe vom Bahnhof

40721 Hilden

▶ HESCO

Hessler & Co. / Hesco Nährmittelfabrik
40721 Hilden / Düsseldorfer Str. 40-50
Tel. (02103) 51075 / hesco-suppen.de

Warenangebot: konzentrierte und tafelfertige Suppenkonserven aller Art, außerdem Saucenfonds, Fleischkonserven, Suppeneinlagen, maritime Spezialitäten sowie Feinwürzmittel

Ersparnis: durchschnittlich ca. 25%, je nach Menge

Verkaufszeiten: Mo. bis Fr. 9.00-12.00 Uhr und 13.00-16.00 Uhr

Hinweise: kein eingerichteter Privatverkauf, teilweise sind auch günstige sog. Beuldosen erhältlich

Anfahrtsweg: Hilden liegt ca. 15 km südöstlich von Düsseldorf, die Firma befindet sich in Hilden in der Nähe vom Bahnhof und dem BMW-Autohaus

41199 Mönchengladbach

▶ SCHULTE

Schulte Fleischwaren KG
41199 Mönchengladbach Güdderath /
Marie-Bernays-Ring 40
Tel. (02166) 96860 / schulte-sohn.com

Warenangebot: Fleisch- und Wurstwaren aller Art wie Ribs, Kasseler, Steaks, Geflügelsteaks, Würstchen etc.

Ersparnis: preisgünstiges Warenangebot

Verkaufszeiten: Do. 13.00-19.30 Uhr, Fr. 13.00-18.30 Uhr

42653 Solingen

Anfahrtsweg: die Firma befindet sich direkt an der A 61, Ausfahrt Mönchengladbach-Wickrathberg/Güdderath Richtung Otzenrath, danach links in das Gewerbegebiet Güdderath auf den Marie-Bernays-Ring

42653 Solingen

▶ HARIBO

Haribo GmbH & Co. KG
42653 Solingen Gräfrath / Wuppertaler Str. 76
Tel. (0212) 25020 / haribo.de

Warenangebot: Gummibärchen, Weingummi, Lakritz, Maoam, salzige Heringe etc., komplettes Haribo-Sortiment

Ersparnis: so gut wie keine, günstiger ist eigentlich nur Bruchware

Verkaufszeiten: Mo. bis Fr. 12.00-17.00 Uhr

Hinweise: separates Ladengeschäft beim Werk

Anfahrtsweg: von Wuppertal auf der A 46 kommend Ausfahrt Haan-Ost Richtung Solingen, dann kommt man direkt auf die Wuppertaler Str. (B 224), die Firma befindet sich an der Stadtgrenze von Gräfrath, sie ist dort ausgeschildert

45701 Herten

▶ HERTA

Herta GmbH / Fleisch- und Wurstfabrik
45701 Herten / Westerholter Str. 750
Tel. (02366) 301-0 / herta.de

Warenangebot: große Auswahl an Fleisch- und Wurstwaren aller Art, außerdem einige Nestlé-Artikel

Ersparnis: durchschnittlich ca. 30%, 2. Wahl ist besonders preiswert

Verkaufszeiten: Mo. 10.30-18.00 Uhr, Di. bis Fr. 8.00-18.00 Uhr, Sa. 8.00-13.00 Uhr

Hinweise: separater Werksladen

Anfahrtsweg: Herten liegt ca. 10 km nordöstlich von Gelsenkirchen, dort befindet sich die Firma nicht zu verfehlen an der Straße Richtung Westerholt

45883 Gelsenkirchen

45739 Oer-Erkenschwick

▶ BARFUSS

**Bernhard Barfuss GmbH & Co. KG /
Westf. Fleischwarenfabrik
45739 Oer-Erkenschwick / Industriestr. 8-14
Tel. (02368) 610 / barfuss.de**

Warenangebot: große Auswahl an Fleisch- und Wurstwaren wie frisches Rind- und Schweinefleisch, Frischwurst, geräucherter Schinken, Schinkenspeck, gekochter Schinken, Spare-Ribs, Bacon, frittiertes Fleisch, marinierte Nackensteaks, Grillhaxen, Gyros, wechselndes Angebot

Ersparnis: ca. 30% im Durchschnitt

Verkaufszeiten: Mo. bis Fr. 10.00-18.00 Uhr, Sa. 9.00-13.00 Uhr

Hinweise: es sind auch günstige Restposten sowie Wurstwaren mit Über- und Untergewichten erhältlich

Anfahrtsweg: A 43 Ausfahrt Recklinghausen/Herten nach Oer-Erkenschwick, dort befindet sich die Firma im Industriegebiet

45883 Gelsenkirchen

▶ ALDENHOVEN

**Aldenhoven GmbH & Co. KG / Fleischwarenfabrik
45883 Gelsenkirchen / Moorkampstr. 12
Tel. (0209) 408070 / aldenhoven.com**

Warenangebot: große Auswahl an Wurst- und Fleischwaren aller Art, Frisch-, Dauer- und SB-verpackte Wurst, z.B. Rohwurst, Dauerwurst, Roh- und Kochpökelware, Brühwurst, Kochwurst und Sülzen

Ersparnis: regelmäßige Angebote, bei 2. Wahl ca. 50% und mehr

Verkaufszeiten: Fr. 13.00-15.00 Uhr, Sa. 7.30-10.00 Uhr

Hinweise: der Verkauf erfolgt im angegliederten Fabrikladen

Anfahrtsweg: A 42 Ausfahrt Gelsenkirchen-Schalke auf die Hans-Böckler-Allee Richtung Feldmark, vor der Bahnlinie rechts in die Moorkampstr.

46325 Borken

46325 Borken

▶ DRAGEES AUS WESEKE

Dragees aus Weseke GmbH
46325 Borken / Benningsweg 26
Tel. (02862) 3009-0 / dragees.com

Warenangebot: Schokobonbons gefüllt mit Nüssen, Mandeln, Rosinen oder Marzipan, außerdem Marzipaneier, gebrannte Mandeln, Likörkugeln etc., Oster- und Weihnachtsartikel

Ersparnis: preisgünstiges Warenangebot

Verkaufszeiten: Mo. und Di. 9.00-12.00 Uhr und 13.00-17.00 Uhr, Mi. bis Fr. bis 15.00 Uhr

Anfahrtsweg: A 31 Ausfahrt Borken auf die B 67 nach Borken, hier rechts ab auf die B 70 Richtung Stadtlohn nach Weseke, hier befindet sich die Firma im Industriegebiet

▶ ROTTERDAM

Rotterdam Süsswaren GmbH
46325 Borken / Siemensstr. 25
Tel. (02861) 2774 / rotterdam-sweets.com

Das Unternehmen wurde 1927 durch Johann Rotterdam gegründet, damals erst als Bäckerei. 1949 wurde die Produktion um Kokos und Pfefferminzartikel erweitert. Heute umfasst die Produktion ein breites Spektrum an Süßwaren aller Art.

Warenangebot: Süßwaren aller Art wie Nougat-, Marzipan- und Fruchtcreme-Artikel, Schoko-Artikel, Frucht- und Weingummi, Fruchtgummi-Tiere, Pfefferminz- und Kokosartikel

Ersparnis: durchschnittlich 30-40%

Verkaufszeiten: Mo. bis Fr. 8.00-12.00 Uhr und 13.30-17.00 Uhr

Hinweise: der Direktverkauf erfolgt im "Süßen Lädchen" direkt am Werk

Anfahrtsweg: Borken liegt ca. 20 km östlich von Bocholt, dort befindet sich die Firma im Industriegebiet-Nord beim Finanzamt

46414 Rhede

▶ SCHOKO DRAGEES

Schoko-Dragee GmbH
46414 Rhede / Am Böwing 12
Tel. (02872) 980880 / schoko-dragees.de

47623 Kevelaer

Warenangebot: Schokodragees aller Art wie z.B. Schokonüsse, -mandeln, -rosinen, -kugeln etc., auch "Hausmischung"

Ersparnis: preisgünstiges Warenangebot, z.B. 600 g Hausmischung für EUR 3,-

Verkaufszeiten: Mo. bis Do. 8.00-17.00 Uhr, Fr. 8.00-16.00 Uhr

Hinweise: separater Verkaufsraum, es ist auch 2. Wahl erhältlich, eine Probiermöglichkeit ist vorhanden

Anfahrtsweg: Rhede liegt östlich von Bocholt an der B 67 nach Borken, am Ortsausgang links in die Münsterstr., beim Autohändler wieder links

46446 Emmerich

▶ KATJES

Katjes Fassin GmbH & Co. KG
46446 Emmerich / Wassenbergstr. 15-25
Tel. (02822) 601-0 / katjes.de

Das Unternehmen wurde 1950 von Klaus Fassin in Emmerich gegründet. Er stellte Lakritz in Form einer kleinen schwarzen Katze her und nannte dieses Produkt "Katjes", was im holländischen "kleine Kätzchen" bedeutet. Das Familienunternehmen mit über 400 Mitarbeitern genießt heute mit seinen Produkten beim Verbraucher einen hohen Zuspruch.

Warenangebot: große Auswahl an Süßigkeiten wie Lakritz, Fruchtgummi und Mischungen, alles in unterschiedlichen Formen und Geschmacksrichtungen, komplettes Katjes-Programm, außerdem Bonbons und Pfefferminz, Ahoj-Brause, Brause-Bonbons, Loolys und Knusper-Puffreis, Marken Katjes, Sallos, Villosa, Frigeo, Dr. Hillers

Ersparnis: ca. 20-30%

Verkaufszeiten: Do. 9.30-15.00 Uhr

Hinweise: es ist ausschließlich 1. Wahl erhältlich

Anfahrtsweg: Emmerich liegt nahe der holländischen Grenze, erreichbar über die A 3 Ausfahrt Emmerich, der Verkauf befindet sich auf dem alten Katjes-Gelände

47623 Kevelaer

▶ DOLHAIN & GOLDKUHLE

Dolhain & Goldkuhle GmbH
47623 Kevelaer / Venloer Str. 16
Tel. (02832) 5756 / der-honigkuchenmann.de

47638 Straelen

Es gibt nur noch ganz wenige Betriebe in Deutschland, die sich auf Honigkuchen spezialisiert haben. Die Firma existiert bereits über 80 Jahre. Im Jahr 1993 wurde die Aachener Printenfirma Dolhain übernommen. Seitdem gibt es die Firma "Dolhain und Goldkuhle".

Warenangebot: 12 verschiedene Sorten Honigkuchen (Spezialität), auch Diabetiker Honigkuchen, außerdem Honig-Früchtebrot, Honig-Kokos-Makronen, Printen, Spekulatius, Zwieback, Spitzkuchen sowie Präsentpackungen

Ersparnis: ca. 25% im Durchschnitt

Verkaufszeiten: Mo. bis Fr. 8.00-13.00 Uhr

Hinweise: der Eingang zum Fabrikverkauf befindet sich an der Neustr. 28

Anfahrtsweg: A 57 Ausfahrt Sonsbeck nach Kevelaer, dort befindet sich die Firma im Ortszentrum in der Nähe vom Kapellenplatz

47638 Straelen

▶ KÜHNE

Carl Kühne KG
47638 Straelen Herongen / Niederdorfer Str. 57
Tel. (02839) 910-0 / kuehne.de

Warenangebot: Essige, Dressings, Senf, Meerrettich, Würzpasten, Saucen, Mayonaisen, Gurken und Feinsaures, Kohl und Kraut, Desserts wie z.B. Rote Grütze, Marke Kühne

Ersparnis: bei 1. Wahl ca. 15%, bei Beuldosen etc. ca. 30-40%

Verkaufszeiten: Sa. 9.00-13.00 Uhr

Hinweise: es sind auch viele Beuldosen, Artikel mit Etikettenfehlern sowie Ware die nahe dem Haltbarkeitsdatum datiert erhältlich

Anfahrtsweg: A 40 Ausfahrt Straelen nach Herongen-Ortsmitte, hier Richtung Venlo halten, die Firma befindet sich dann nicht zu übersehen direkt an der Hauptstraße

47661 Issum

▶ FRONHOFFS

Mathias Fronhoffs GmbH & Co. KG
47661 Issum Sevelen / Vorster Heidweg 12
Tel. (02835) 95400 / fronhoffs.de

47799 Krefeld

Warenangebot:	tiefgekühlte Backwaren wie flache und hohe Torten, Schnittchen, Biskuits, Sahnerollen
Ersparnis:	ca. 30-40%, unterschiedlich je nach Artikel
Verkaufszeiten:	Mo. bis Do. 9.00-16.00 Uhr, Fr. 9.00-18.00 Uhr
Hinweise:	es ist hauptsächlich 2. Wahl-Ware erhältlich
Anfahrtsweg:	A 57 Ausfahrt Alpen, auf die B 58 Richtung Geldern, bei Issum links abbiegen nach Sevelen, die Firma befindet sich noch vor Ortsbeginn, sie ist gut ausgeschildert mit Tortenshop, Eingang Hellentalstr. 17

47798 Krefeld

▶ GRUYTERS

Wilhelm Gruyters GmbH & Co. KG
47798 Krefeld / Tannenstr. 106 - 112
Tel. (02151) 97799-0 / gruyters.de

Warenangebot:	über 150 versch. Gebäckspezialitäten, Dauerbackwaren wie Jahresgebäck, Weihnachtsgebäck, Vollkorngebäck, Käsegebäck, Haferflockentaler, gefüllte Butter-Cookies und Diabetiker-Gebäck
Ersparnis:	ausschließlich Verkauf von Bruchware in 250 g-Beuteln zu -,50 Euro
Verkaufszeiten:	Di. 8.00-17.00 Uhr, Fr. 8.00-15.00 Uhr
Hinweise:	es ist ausschließlich das erhältlich was gerade an Bruch angefallen ist, da oftmals alles schnell ausverkauft ist lohnt es sich frühzeitig zu kommen
Anfahrtsweg:	vom Hauptbahnhof parallel zur Bahnlinie auf den "Deutschen Ring", dann kreuzt nach ca. 750 m die Tannenstr.

47799 Krefeld

▶ NAPPO

Nappo Dr. Helle GmbH & Co. KG / Zuckerwarenfabrik
47799 Krefeld / Hardenbergstr. 41-47
Tel. (02151) 80710 / nappo.de

Warenangebot:	Süßwaren wie Nappos, Pfefferminz, holländ. Nougat, Müsliriegel, Speckartikel, Eiskonfekt, Lutscher
Ersparnis:	durchschnittlich ca. 50%

47906 Kempen

Verkaufszeiten: Di. und Do. 9.15-12.00 Uhr und 12.15-17.00 Uhr

Hinweise: kleiner Verkaufsraum an der Rückseite des Firmengebäudes, es ist ausschließlich Bruchware erhältlich

Anfahrtsweg: A 57 Ausfahrt Krefeld auf die Berliner Str. Richtung Stadtmitte Krefeld, immer geradeaus bis auf die Oppumer Str., nach dem Sportplatz die dritte Straße rechts, die nächste gleich wieder rechts ist die Hardenbergstr.

47906 Kempen

▶ GRIESSON-DE BEUKELAER

Griesson-de Beukelaer GmbH & Co. KG
47906 Kempen / Arnoldstr. 62
Tel. (02152) 1410 / griesson-debeukelaer.de

Griesson-de Beukelaer ist einer der bedeutensten Süß- und Salzgebäckhersteller Europas. Als Hersteller eines Sortiments von Süßgebäck bis hin zu knusprig salzigen Snacks bietet Griesson-de Beukelaer eine breite Vielfalt für den deutschen und internationalen Gebäckmarkt. Bekannte Markenartikel wie die Prinzen Rolle, TUC und Soft Cake stehen für gleichbleibende Qualität und Anspruch.

Warenangebot: süße und salzige Produkte wie Prinzen Rolle, Soft Cake, Waffelgebäcke, TUC Cracker, Knusperbrot Leicht & Cross, je nach Saison Weihnachtsgebäck, Schweizer Schokolade, Pralinen usw. sowie Gebäck von Tekrum wie Mandelhörnchen oder Florentiner

Ersparnis: bei Restposten und Bruchware bis zu 50%, Pfundbeutel mit 2. Wahl sind besonders preiswert

Verkaufszeiten: Mo. bis Fr. 9.00-18.00 Uhr, Sa. 9.00-13.00 Uhr

Hinweise: es ist überwiegend 2. Wahl erhältlich, Gebäck kann kostenlos probiert werden, dazu gibt es auch gratis Kaffee

Anfahrtsweg: A 40 Ausfahrt Kempen Richtung Kempen, an der 1. Ampel links abbiegen, an der nächsten Ampel rechts und dann wieder die 2. Straße rechts einbiegen, der Werksverkauf befindet sich dann nach ca. 200 m auf der linken Seite

▶ HELLESIA

Hellesia Süßwarenfabrik GmbH & Co. KG
47906 Kempen / Heinrich-Horten-Str. 26-32
Tel. (02152) 554711

Warenangebot: Müsliriegel, Nappos, Eiskonfekt, Süßer Speck, Marshmellows, Puffreis, Kaugummi, Lutscher

48734 Reken

Ersparnis:	40% und mehr, 2. Wahl ist besonders preiswert; Preisbeispiel: 50 Bruchnappos für EUR 1,-
Verkaufszeiten:	Di. und Do. 9.00-17.00 Uhr
Anfahrtsweg:	von Duisburg auf der A 2 Abfahrt Kempen, am Ortsbeginn von Kempen linker Hand ins Industriegebiet, hier befindet sich die Firma nahe dem Wasserturm

48629 Metelen

▶ SULA

Sula-Werk Suwelack GmbH & Co. KG / Bonbonfabrik
48629 Metelen / Düwelshok 8
Tel. (02556) 93940

Warenangebot:	Süßwaren aller Art wie z.B. Fruchtbonbons, Gummibärchen, Drops, Toffees, auch Süßwaren ohne Zucker, alles hauptsächlich abgepackt zu 500 g, immer wechselndes Sortiment
Ersparnis:	ca. 30% im Durchschnitt
Verkaufszeiten:	Mo. 15.00-17.30 Uhr, Di. bis Fr. 10.00-12.30 Uhr und 15.00-17.30 Uhr, Sa. 10.00-12.30 Uhr
Hinweise:	kleines Ladengeschäft, es sind auch günstige Bruch- und 2. Wahl-Waren erhältlich
Anfahrtsweg:	von Rheine auf der B 70 kommend Richtung Ortsmitte, kurz vor dem Rathaus links einbiegen

48734 Reken

▶ LANGNESE-IGLO

Langnese-Iglo GmbH
48734 Reken / Aeckern 1
Tel. (02864) 820 / iglo-fabrikverkauf.de

Warenangebot:	Tiefkühlprodukte wie Gemüse, Baguettes, Pizzen, Fertiggerichte, Fisch, Eis (Magnum, Solero Shots, Viennetta, Cornetto, Capri), jedoch immer wechselndes Angebot
Ersparnis:	30% und mehr, 2. Wahl ist besonders preiswert
Verkaufszeiten:	Mi. und Do. 10.30-18.00 Uhr
Hinweise:	der Verkauf der Ware erfolgt nur in Originalkartons bzw. Großgebinden

49076 Osnabrück

Anfahrtsweg: A 31 Ausfahrt Reken nach Reken auf die Bahnhofstr., am Ende der Bahnhofstr. ist die Firma ausgeschildert, Schild "Parkplatz Werksverkauf"

49076 Osnabrück

▶ COPPENRATH & WIESE

Conditorei Coppenrath & Wiese GmbH & Co. KG
49076 Osnabrück / Zum Attersee 2
Tel. (0541) 9162-0 / coppenrath-wiese.de

1975 gründeten die Vettern Aloys Coppenrath und Josef Wiese die Conditorei. Den Anfang machte die "Wiener Platte" mit sechs kleinen Törtchen. Schon bald folgten die klassischen Sahnetorten. Aufgrund der starken Nachfrage wurde in den 80er Jahren das Sortiment um Backkuchen und Strudel erweitert. 1997 wurden die "Goldstücke" - Deutschlands erste fertiggebackene Brötchen aus der Tiefkühltruhe kreiert.

Warenangebot: große, reichhaltige Auswahl an tiefgefrorenen Torten und Kuchen, Sahneschnitten, traditionelle Backkuchen, Strudel, Biskuitrollen, Windbeutel u.v.m., auch Diabetiker-Sortiment

Ersparnis: ca. 30%, bei 2. Wahl bis zu 50%

Verkaufszeiten: Mo. bis Fr. 9.30-18.00 Uhr, Sa. 8.00-12.00 Uhr

Anfahrtsweg: die Firma befindet sich im Industriegebiet direkt an der A 1, Ausfahrt Osnabrück-Hafen Richtung Osnabrück, Richtung TÜV, beim Ratio-Markt rechts, Firma ist dann ausgeschildert

49080 Osnabrück

▶ RONCADIN

Roncadin GmbH
49080 Osnabrück / Eduard-Pestel-Str. 15
Tel. (0541) 9999-0 / roncadin.de

Warenangebot: Speiseeise aller Art, Marken Dr. Oetker, Landliebe, Käfer, Bofrost etc., außerdem Pizzen, Baguette-Brötchen, ständig wechselndes Sortiment

Ersparnis: durchschnittlich 30%, bei Bruchware 50% und mehr möglich

Verkaufszeiten: Di. bis Fr. 11.00-17.00 Uhr, Sa. 9.00-13.00 Uhr

Anfahrtsweg: A 30 Ausfahrt Osnabrück-Sutthausen, geradeaus über die Ampelkreuzung in das Gewerbegebiet Burenkamp, nach ca. 500 m kommt man direkt auf die Firma zu, der Eis-Shop befindet sich direkt am Haupteingang, Besucherparkpatz vorhanden

49124 Georgsmarienhütte

▶ BERNING

Gustav Berning GmbH & Co. KG / Schokoladenfabrik
49124 Georgsmarienhütte / Alte Heerstr. 1
Tel. (05401) 86400

Warenangebot: Schokopralinen, Weinbrandpralinen, Mintplätzchen, Jamaika Rumkugeln, Trüffel, Fondantpralinen, Marzipan-Spezialitäten

Ersparnis: preisgünstiges Warenangebot

Verkaufszeiten: Mi. 10.30-12.00 Uhr

Hinweise: kein eingerichteter Privatverkauf, der Verkauf ist eigentlich nur für Betriebsangehörige, zu o.g. Zeiten aber auch für Besucher möglich, sehr kleiner Verkaufsraum, gelegentlich ist auch günstige Bruchware erhältlich

Anfahrtsweg: Georgsmarienhütte liegt ca. 10 km südlich von Osnabrück, dort befindet sich die Firma im Stadtteil Harderberg im Industriegebiet gegenüber der Total-Tankstelle

49176 Hilter

▶ HANSA

Hansa Tiefkühlmenü GmbH & Co.
49176 Hilter / Münsterstr. 9-15
Tel. (05424) 236-0 / hansa-food.de

Warenangebot: Tiefkühlkost wie z.B. Fertigmenüs, Pizzen, Lasagne, Knuspertaschen, Suppen, Eis etc., außerdem Margarine, Schmalz und Bratfett

Ersparnis: bis zu 40%

Verkaufszeiten: Mo. 10.00-17.00 Uhr, Fr. 9.00-16.00 Uhr, Sa. 10.00-12.00 Uhr

Hinweise: es ist ausschließlich 2. Wahl mit z.B. Untergewicht oder leichten Verpackungsmängeln wie z.B. verrutschtem Etikett erhältlich, die Ware selbst ist aber einwandfrei

Anfahrtsweg: Hilter liegt im Teutoburger Wald, ca. 20 km südlich von Osnabrück, die Firma befindet sich in Hilter an der Straße Richtung Bad Iburg auf der linken Seite, der Verkauf erfolgt im Container vor der Schranke

49179 Ostercappeln

49179 Ostercappeln

▶ **WAFFEL MEYER**

Meyer zu Venne GmbH & Co. KG / Waffelfabrik
49179 Ostercappeln / Hauptstr. 1-5
Tel. (05476) 9202-0 / waffel-meyer.com

Das Unternehmen wurde im Jahr 1949 gegründet. Heute werden in der größten Eishörnchenfabrik Europas auf über 50 Backanlagen mehr als 100 Waffel- und Gebäcksorten gebacken. Das angegliederte Waffelbackmuseum zeigt die Anfänge des Waffelbackens vom Jahr 1600 bis heute. Über eine Aussichtsfreibühne kann die Waffelproduktion direkt besichtigt werden.

Warenangebot:	große Auswahl an Waffeln, Keksen und saisonalen Gebäcken aller Art, Waffelbecher, Waffellöffel, Waffeltüten, Eishörnchenwaffeln, Schokokekse etc.
Ersparnis:	bis zu 50%, Preisbeispiel: 1 kg Waffelhörnchen für EUR 3,10
Verkaufszeiten:	Mo. bis Fr. 9.00-12.00 Uhr und 14.00-17.00 Uhr, Sa. 10.00-12.00 Uhr
Hinweise:	ein angegliedertes Waffelbackmuseum kann während der Verkaufszeiten besichtigt werden
Anfahrtsweg:	Ostercappeln liegt ca. 15 km nordöstlich von Osnabrück an der B 51, links ab auf die B 218 Richtung Bramsche in den Ortsteil Venne, in Venne befindet sich die Firma nicht zu übersehen direkt an der Ortsdurchgangsstraße

49205 Hasbergen

▶ **HEIN**

EG-Fleischwarenfabrik Dieter Hein GmbH & Co. KG
49205 Hasbergen / Berliner Str.
Tel. (05405) 69910 / dieter-hein.com

Warenangebot:	große Auswahl an Wurst-, Schinken-, Fleisch- und Feinkostwaren aller Art wie Frischwurst, Dauerwurst, Bratwurst u.v.m., außerdem Tiefkühlware, auch Eis
Ersparnis:	bei Frischfleisch keine, ansonsten bis zu ca. 30%
Verkaufszeiten:	Mo. bis Fr. 8.00-18.00 Uhr, Sa. 8.00-13.00 Uhr
Hinweise:	separate Verkaufsstelle (Hein C + C Frischemarkt), es ist auch viel 2. Wahl erhältlich

49429 Visbek

Anfahrtsweg: Hasbergen liegt ca. 10 km südwestlich von Osnabrück Richtung Lengerich, dort ist die Firma an den Hauptstraßen ausgeschildert

49424 Goldenstedt

▶ BAHLSEN

The Lorenz Bahlsen Snacks-World GmbH & Co. KG
49424 Goldenstedt / Barnstorfer Str. 1-3
Tel. (04444) 96330 / lorenz-snackworld.de

Hermann Bahlsen übernimmt 1889 das "Fabrikgeschäft engl. Cakes und Biscuits" von H. Schmuckler in Hannover. 1935 werden die ersten Salzstangen - Salzletten - auf dem deutschen Markt eingeführt. Alle Artikel sind im wahrsten Sinne des Wortes in aller Munde. Jeder der schon mal ins Snack-Regal gegriffen hat ist Marken wie z.B. Crunchips, NicNac's, Erdnuss Locken etc. begegnet.

Warenangebot: Lorenz-Produkte wie Crunchips, Chipsletten, Salzletten, Nic Nac's, Erdnusslocken, Peppies, Monster Munch etc. sowie eine Auswahl an Bahlsen Kuchen und Gebäck

Ersparnis: teilweise bis zu 50%

Verkaufszeiten: Mo bis Fr. 10.00-18.00 Uhr, Sa. 9.00-13.00 Uhr

Hinweise: separater Fabrikladen, es ist ausschließlich 2. Wahl erhältlich

Anfahrtsweg: Goldenstedt liegt ca. 10 km südlich von Wildeshausen, A 1 Bremen-Osnabrück Ausfahrt Wildeshausen, auf die Umgehungsstraße von Wildeshausen nach Goldenstedt, durch Goldenstedt südlich in Richtung Barnstorf, am Ortsausgang ist die Firma nicht zu übersehen

49429 Visbek

▶ HASKAMP

Haskamp Geflügelvertrieb GmbH
49429 Visbek Rechterfeld / Heide 60
Tel. (04445) 9627-0

Warenangebot: frisches Putenfleisch als Teilstücke, küchenfertige Fleischzubereitungen aus Putenfleisch, geräucherte Truthahnbrust und -keulen, Truthahnwurstsortiment, gebratene Convenience-Artikel wie panierte Putenschnitzel, Truthahn-Nuggets, Frikadellen etc.

Ersparnis: ca. 20-30%, unterschiedlich je nach Artikel

Verkaufszeiten: Fr. 9.00-18.00 Uhr

49497 Mettingen

Hinweise: der Verkauf erfolgt im Truthahnshop direkt an der Produktionsstätte

Anfahrtsweg: Visbek liegt zwischen Wildeshausen und Vechta, die Firma befindet sich im Ortsteil Rechterfeld, dort an der Volksbank links einbiegen, geradeaus bis über die Bahnschienen, gleich auf der linken Seite befindet sich die Firma

49497 Mettingen

▶ COPPENRATH & WIESE

Conditorei Coppenrath & Wiese
49497 Mettingen / Woorteweg 25
Tel. (05452) 9100 / coppenrath-wiese.de

1975 gründeten die Vettern Aloys Coppenrath und Josef Wiese die Conditorei. Den Anfang machte die "Wiener Platte" mit sechs kleinen Törtchen. Schon bald folgten die klassischen Sahnetorten. Aufgrund der starken Nachfrage wurde in den 80er Jahren das Sortiment um Backkuchen und Strudel erweitert. 1997 wurden die "Goldstücke" - Deutschlands erste fertiggebackene Brötchen aus der Tiefkühltruhe kreiert.

Warenangebot: große, reichhaltige Auswahl an tiefgefrorenen Torten und Kuchen, Sahneschnitten, traditionelle Backkuchen, Strudel, Biskuitrollen, Windbeutel u.v.m., auch Diabetiker-Sortiment

Ersparnis: ca. 30%, bei 2. Wahl bis zu 50%

Verkaufszeiten: Mo. bis Fr. 9.00-18.00 Uhr, Sa. 8.00-12.00 Uhr

Hinweise: es ist hauptsächlich 2. Wahl erhältlich, oftmals sind nur kleine Fehler in der Verzierung zu finden

Anfahrtsweg: Mettingen liegt ca. 20 km westlich von Osnabrück, A 30 Ausfahrt Ibbenbüren/Laggenbeck über Laggenbeck nach Mettingen, dort befindet sich die Firma am Ortsausgang Richtung Westerkappeln

49549 Ladbergen

▶ HEEMANN

Heemann Lebkuchen- und Süßwaren GmbH
49549 Ladbergen / Im Sande 3
Tel. (05485) 840

Warenangebot: Schokodominosteine, Waffelröllchen, Lebkuchen- und feine Gebäckspezialitäten, Weingummi aller Art

Ersparnis: ca. 30% im Durchschnitt, 2. Wahl ist besonders preiswert

Verkaufszeiten: Mo. bis Fr. 9.00-18.00 Uhr, Sa. 9.00-12.00 Uhr

49744 Geeste

Anfahrtsweg: A 1 Osnabrück-Münster Ausfahrt Ladbergen, dort befindet sich die Firma im Gewerbegebiet "Im Sande"

49638 Nortrup

▶ KEMPER

H. Kemper GmbH & Co. KG / Fleischwarenfabrik
49638 Nortrup / Hauptstr. 2
Tel. (05436) 520 / kemper-nortrup.de

Warenangebot: große Auswahl an Dauerwurst und Schinkenspezialitäten, Rohwurst, Brühwurst, Kochwurst, Aspik, Schinken, teilweise auch etwas Fleisch

Ersparnis: unterschiedlich, günstige Angebote

Verkaufszeiten: Mo. bis Fr. 8.30-18.00 Uhr, Sa. 8.30-12.00 Uhr

Hinweise: angegliedertes Ladengeschäft, gelegentlich ist auch günstige Bruchware erhältlich

Anfahrtsweg: Nortrup liegt ca. 40 km nördlich von Osnabrück, dort befindet sich die Firma im Industriegebiet Richtung Bahnlinie, vor dem Übergang auf der rechten Seite

49744 Geeste

▶ COPPENRATH & WIESE

Coppenrath & Wiese / Coppenrath's Knusperlädchen
49744 Geeste Groß-Hesepe / Meppener Str. 115
Tel. (05937) 2257 / coppenrath-wiese.de

1975 gründeten die Vettern Aloys Coppenrath und Josef Wiese die Conditorei. Den Anfang machte die "Wiener Platte" mit sechs kleinen Törtchen. Schon bald folgten die klassischen Sahnetorten. Aufgrund der starken Nachfrage wurde in den 80er Jahren das Sortiment um Backkuchen und Strudel erweitert. 1997 wurden die "Goldstücke" Deutschlands erste fertiggebackene Brötchen aus der Tiefkühltruhe kreiert.

Warenangebot: große, reichhaltige Auswahl an tiefgefrorenen Torten und Kuchen, Sahneschnitten, traditionelle Backkuchen, Strudel, Biskuitrollen, Windbeutel u.v.m., auch Diabetiker-Sortiment

Ersparnis: ca. 30%, bei 2. Wahl bis zu 50%

Verkaufszeiten: Mo. bis Fr. 9.00-11.00 Uhr und 15.00-18.00 Uhr, Sa. 9.00-12.00 Uhr und 15.00-18.00 Uhr, So. 10.30-11.30 Uhr und 15.00-18.00 Uhr

Hinweise: Ladengeschäft mit angegliedertem Café

51149 Köln

| Anfahrtsweg: | Geeste liegt an der B 70 zwischen Meppen und Lingen, die Firma befindet sich in Groß-Hesepe in der Ortsmitte, schräg gegenüber der Kirche |

51149 Köln

▶ STOLLWERCK

Stollwerck Werksverkauf
51149 Köln Porz / Claudiastr.
Tel. (02203) 43-337 / stollwerck.de

Die Geschichte der Stollwerck AG geht zurück bis ins Jahr 1839. Damals eröffnete Franz Stollwerck sein erstes Werk, in dem er Hustenbonbons produzierte. Im Jahr 1906 wird Alpia als Markenname eingetragen. Heute ist die Stollwerck AG ein internationales Unternehmen und besitzt neben den Kernmarken Alpia, Sarotti und Gubor Stollwerck viele Spezialitätenmarken. Schwarze Herren Schokolade, Eszet-Schnitten, Alprose oder Scho-Ka-Kola stehen für den langjährigen Erfolg, ebenso die internationalen Marken Van Houten und Jacques.

Warenangebot: Schokoladenerzeugnisse aller Art wie z.B. Pralinen, Riegel, Tafelschokolade etc., Marken Stollwerck, Sarotti, Sprengel, Alpia, Van Houten, Alprose, Jacques, Schwarze Herren und Gubor

Ersparnis: bei 1. Wahl bis zu ca. 20%, bei Bruch- und b-Ware ca. 30-50%

Verkaufszeiten: Mo. bis Fr. 10.00-17.00 Uhr

Hinweise: der Verkauf ist auf dem Werksgelände gut beschildert

Anfahrtsweg: A 4 Ausfahrt Köln-Poll, links auf die Kölner Str. Richtung Köln-Porz, an der 2. Kreuzung links in die Stollwerckstr., dann die nächste links in die Claudiastr., auf dem Werksgelände links bis zum Werksverkauf

52070 Aachen

▶ ZENTIS

Franz Zentis GmbH & Co.
52070 Aachen / Jülicher Str. 177
Tel. (0241) 47600 / zentis.de

Warenangebot: Brotaufstriche wie Konfitüren aller Art, auch für Diabetiker, sowie Nuss-Nougat-Creme und Pflaumenmus, außerdem Süßwaren wie z.B. Marzipanartikel, die Artikel sind meist nur in Gebinden (z.B. 6er-Packs) erhältlich

Ersparnis: preisgünstiges Warenangebot

Verkaufszeiten: Mo. bis Fr. 9.00-11.45 Uhr und 12.30-16.30 Uhr

52072 Aachen

Hinweise:	der Verkauf ist eigentlich nur als Personalverkauf gedacht, Einkäufe unsererseits waren jedoch bei unseren Besuchen stets möglich
Anfahrtsweg:	bis Autobahnende A 544, am Kreisverkehr Europaplatz die erste Ausfahrt in die Joseph-von-Görres-Str., am Ende dieser Straße rechts auf die Jülicher Str. abbiegen, nach ca. 200 m befindet sich auf der linken Seite die Einfahrt zum Kundenparkplatz, der Verkauf befindet sich direkt beim Pförtner

52072 Aachen

▶ LAMBERTZ

**Henry Lambertz GmbH & Co. KG /
Aachener Printen- u. Schokoladenfabrik
52072 Aachen / Borchersstr. 18
Tel. (0241) 8905-0 / lambertz.de**

Warenangebot:	Aachener Printen, Spritzgebäck, Dominosteine, Spekulatius, Spitzkuchen, Lebkuchen, Plätzchen etc., auch Gebäckmischungen
Ersparnis:	ca. 25% bei regulärer Ware, 2. Wahl ist noch etwas günstiger
Verkaufszeiten:	von Jan. bis Aug. Mo. bis Fr. 9.00-17.00 Uhr, Sa. 10.00-13.00 Uhr, von Sept. bis Dez. Mo. bis Fr. 8.30-18.30 Uhr, Sa. 8.30-16.00 Uhr
Hinweise:	der Werksladen befindet sich neben dem Verwaltungsgebäude
Anfahrtsweg:	auf der A 4 bis Stadtmitte/Europaplatz fahren, von dort über den Aachener Ring ins Gewerbegebiet fahren

▶ LINDT & SPRÜNGLI

**Lindt & Sprüngli Chocoladefabriken GmbH
52072 Aachen / Süsterfeldstr. 130
Tel. (0241) 88810 / lindt.de**

Warenangebot:	große Auswahl an Schokoladen, Pralinen, gefüllte Schokostäbchen, Marzipan, Oster- und Weihnachtsartikel etc., alle Lindt-Artikel
Ersparnis:	durchschnittlich ca. 30%
Verkaufszeiten:	Mo. bis Fr. 9.00-16.30 Uhr, vor Ostern und Weihnachten Mo. bis Fr. 9.00-19.00 Uhr, Sa. 9.00-15.00 Uhr

52146 Würselen

Hinweise:	der Verkauf befindet sich direkt neben dem Eingang, teilweise ist auch günstige Bruchware erhältlich
Anfahrtsweg:	A 4 Ausfahrt Aachen-Laurensberg, rechts Richtung Innenstadt, nach ca. 400 m rechts Richtung Klinikum Melaten, nach ca. 200 m die 1. Ausfahrt rechts, am Ende links, im Kreisverkehr die 1. rechts in die Süsterfeldstr., nach ca. 800 m befindet sich die Firma auf der linken Seite

52146 Würselen

▶ KINKARTZ

Wilhelm Kinkartz GmbH & Co. KG
52146 Würselen Broichweiden / Nassauer Str. 31-33
Tel. (02405) 709-0 / kinkartz.de

Warenangebot:	Aachener Printen, Honigprinten, Dominosteine, Lebkuchen, Spitzkuchen, Kaffeegebäck, Weihnachtsgebäck, auch Gebäckmischungen, es sind auch Artikel der Firma Lambertz erhältlich
Ersparnis:	ca. 25% bei regulärer Ware, 2. Wahl ist noch etwas günstiger
Verkaufszeiten:	von Jan. bis Aug. Mo. bis Fr. 9.00-17.00 Uhr, Sa. 10.00-13.00 Uhr, von Sept. bis Dez. Mo. bis Fr. 8.30-18.30 Uhr, Sa. 8.30-16.00 Uhr
Hinweise:	kleiner Werksladen, teilweise ist auch günstige Rest- und Bruchware erhältlich
Anfahrtsweg:	Würselen liegt ca. 10 km nordöstlich von Aachen, von Aachen auf der B 264 nach Broichweiden

52249 Eschweiler

▶ BAWAG

Bawag GmbH
52249 Eschweiler Weisweiler / Ernst-Abbe-Str. 32
Tel. (02403) 9451-0

Warenangebot:	Frischeiwaffeln, von Oktober bis Weihnachten zusätzlich Honig- und Nussprinten, Printenmänner, Spitz- und Gewürzkuchen, Spekulatius, Hexenhäuschen, Dominos, Stollen, Geschenkkartons
Ersparnis:	es sind sehr günstige Angebote erhältlich
Verkaufszeiten:	Mo. bis Fr. 13.30-16.30 Uhr

53340 Meckenheim

Anfahrtsweg: Eschweiler liegt ca. 15 km östlich von Aachen an der A 4, Ausfahrt Weisweiler nach Weisweiler, hier befindet sich die Firma im IGP-Park (Industriegebiet)

53175 Bonn

▶ HARIBO

Haribo GmbH & Co. KG
53175 Bonn Friesdorf / Friesdorfer Str. 121
Tel. (0228) 9092930 / haribo.de

Warenangebot: große Auswahl an Süßwaren wie Gummibärchen, Weingummi, Lakritz, Maoam etc., komplettes Haribo-Sortiment

Ersparnis: reguläre Ware ist kaum günstiger, nur Sonderangebote und lose Ware sind etwas günstiger

Verkaufszeiten: Mo. bis Fr. 10.00-18.00 Uhr, Sa. 10.00-14.00 Uhr

Hinweise: großes Ladenlokal, es ist auch lose Ware nach Gewicht sowie Ware mit kleinen Verpackungsfehlern erhältlich

Anfahrtsweg: vom Zentrum Bonn in südöstlicher Richtung nach Friesdorf, hier befindet sich die Firma an der Hauptstraße am alten Haribo-Werk, gegenüber "SB Möbel Boss"

53340 Meckenheim

▶ GRAFSCHAFTER

Grafschafter Krautfabrik Josef Schmitz KG
53340 Meckenheim / Wormersdorfer Str. 22-26
Tel. (02225) 9190-0 / grafschafter.de

Warenangebot: Brotaufstriche wie Grafschafter Goldsaft, Apfelkraut, Winterzauber, Birnenschmaus, Lütticher Delikatesse, Karamel Sirup, Heller Sirup und Pflaumenmus

Ersparnis: ca. 30% im Durchschnitt

Verkaufszeiten: Mo. bis Do. 7.30-12.00 Uhr und 13.00-16.30 Uhr, Fr. 7.30-14.30 Uhr

Hinweise: kein eingerichteter Privatverkauf, der Verkauf erfolgt am Verwaltungseingang, Abgabe nur in 12-er Kartons

Anfahrtsweg: A 565 Ausfahrt Meckenheim-Nord, durch Meckenheim Richtung Wormersdorf befindet sich die Firma am Ortsausgang auf der rechten Seite, ca. 200 m nach "Aldi"

56072 Koblenz

56072 Koblenz

▶ STIEFFENHOFER

Stieffenhofer GmbH / Backwarenspezialitäten
56072 Koblenz Güls / Moselweinstr. 50
Tel. (0261) 94154-20 / stieffenhofer.de

Warenangebot:	Gebäckspezialitäten wie Spritzgebäck aller Art, Waffelröllchen, Mürbestäbchen, Buttergebäck und Fruchtherzen mit Füllung, außerdem Tortenböden sowie Weihnachtsgebäck wie Lebkuchen mit Füllung, Lebkuchen-Sterne, -Herzen und -Brezeln sowie runde, glasierte Lebkuchen
Ersparnis:	durchschnittlich ca. 30%
Verkaufszeiten:	Mo. bis Fr. 10.00-18.00 Uhr
Hinweise:	es ist hauptsächlich Bruchware erhältlich
Anfahrtsweg:	die Firma befindet sich südwestlich vom Zentrum Koblenz direkt an der B 416, zwischen dem Stadtteil Güls und Winningen, im Moselbogen

56751 Polch

▶ GRIESSON-DE BEUKELAER

Griesson-de Beukelaer GmbH & Co. KG
56751 Polch / Nette Straße
Tel. (02654) 401-0 oder -1721 (Verkaufsladen) /
griesson-debeukelaer.de

Griesson-de Beukelaer ist einer der bedeutensten Süß- und Salzgebäckhersteller Europas. Als Hersteller eines Sortiments von Süßgebäck bis hin zu knusprig salzigen Snacks bietet Griesson-de Beukelaer eine breite Vielfalt für den deutschen und internationalen Gebäckmarkt. Bekannte Markenartikel wie die Prinzen Rolle, TUC und Soft Cake stehen für gleichbleibende Qualität und Anspruch.

Warenangebot:	süße und salzige Produkte wie Prinzen Rolle, Soft Cake, Waffelgebäcke, TUC Cracker, Knusperbrot Leicht & Cross, je nach Saison Weihnachtsgebäck, Schweizer Schokolade, Pralinen usw. sowie Gebäck von Tekrum wie Mandelhörnchen oder Florentiner
Ersparnis:	bei Restposten und Bruchware bis zu 50%, Pfundbeutel mit 2. Wahl sind besonders preiswert
Verkaufszeiten:	Mo. bis Fr. 9.00-18.00 Uhr, Sa. 9.00-13.00 Uhr
Hinweise:	es ist überwiegend 2. Wahl erhältlich, Gebäck kann kostenlos probiert werden

59457 Werl

Anfahrtsweg: A 48 Ausfahrt Polch Richtung Polch, im 1. Kreisverkehr der Hauptrichtung folgen, hinter dem 2. Kreisverkehr gegenüber der Tankstelle links einbiegen, die Straße ca. 500 m weiterfahren, dann gegenüber der Kartbahn rechts in die Nettestr. einbiegen

58135 Hagen

▶ BRANDT

Brandt Zwieback-Schokoladen GmbH + Co. KG
58135 Hagen Haspe / Enneper Str. 140a
Tel. (02331) 477-0 / brandt-zwieback.de

Im Jahr 1912 gründete Carl Brandt die "Märkische Zwieback- und Keksfabrik" in Hagen. 1929 wird die Zwieback-Herstellung mechanisiert und es kommt die erste selbstentwickelte und patentierte Zwieback-Schneidemaschine zum Einsatz. "Brandt Markenzwieback" wurde schon damals in der bis heute bewährten "Frischbleibe-Packung" verkauft. Bis heute hat sich die Brandt-Gruppe zu einem bedeutenden Anbieter im deutschen Trockenflachbrot- und Süßwarenbereich entwickelt und produziert an sechs Standorten in Deutschland.

Warenangebot: Zwieback in allen Varianten, Brödli, Kekse, Waffeln, Knusper Kugeln, Kuchen, Knabberartikel, Schokoladenartikel, Oster- und Weihnachtsartikel

Ersparnis: es sind sehr günstige Angebote erhältlich, Bruchware ist besonders günstig

Verkaufszeiten: Di. bis Fr. 13.00-17.15 Uhr

Hinweise: kleiner Verkaufsladen neben dem Werk, Parken auf dem Besucherparkplatz und beim Pförtner melden

Anfahrtsweg: A 1 Ausfahrt Volmarstein/Haspe Richtung Haspe bis zur großen Ampelkreuzung Enneper Str./Kölner Str., hier rechts ab auf die B 7 Richtung Gevelsberg, das Firmengebäude liegt direkt an der B 7, vor der Werksbrücke über die B 7 rechts in die Nordstr. und dann links in die Westerbauer Str.

59457 Werl

▶ DREIMEISTER

Hans Schröder GmbH / Dreimeister Spezialitäten
59457 Werl Westönnen / Weststr. 47-49
Tel. (02922) 87730 / dreimeister.de

Warenangebot: Pralinen aller Art, auch handgemacht, Trüffel, Geschenkpackungen, außerdem Teegebäck, Käsestangen

59494 Soest

Ersparnis:	ca. 20%
Verkaufszeiten:	Mo. bis Fr. 9.00-17.00 Uhr
Anfahrtsweg:	Werl liegt östlich von Dortmund an der A 44 Richtung Kassel, die Firma befindet sich im Ortsteil Westönnen im Industriegebiet

59494 Soest

▶ KUCHENMEISTER

Kuchenmeister GmbH
59494 Soest / Coesterweg 31
Tel. (02921) 7808-0 / kuchenmeister.de

Kuchenmeister hat eine der modernsten Produktionsstätten Europas für Konditoreiwaren. Die Fertigungsanlagen im Soester Stammhaus ermöglichen eine tägliche Produktion von über 500.000 Stück frischer Produkte. Das gesamte Produktionsprogramm umfasst mehr als 200 Artikel, die Verbrauchern in über 50 Ländern der Erde schmecken.

Warenangebot:	Tortenböden, Baumkuchen, Baumkuchen-Spitzen und -Tiere, Butter-Röllchen, Cakes, Folienkuchen, Kinderhörnchen, Kinderspass, Koala, Muffins, Soft- und Vicelli-Riegel, Kuchenscheiben, Edel-Torten, Linzer-Torten, Schokoladen-Torten, Stollen, Platenkuchen, Milchbrötchen, Croissants, Waffeln u.v.m.
Ersparnis:	ca. 25% bei regulärer Ware, 2. Wahl ist erheblich günstiger
Verkaufszeiten:	Mo. bis Fr. 9.00-17.00 Uhr
Hinweise:	separates Ladengeschäft am Werk, es ist auch 2. Wahl erhältlich
Anfahrtsweg:	A 44 Dortmund-Kassel Ausfahrt Soest-Ost, von dort Richtung Industriegebiet Südost, die Firma befindet sich nahe der Autobahn

63263 Neu-Isenburg

▶ BAHLSEN

The Lorenz Bahlsen Snacks-World GmbH & Co. KG
63263 Neu-Isenburg / Hermannstr. 34a
Tel. (06102) 816693 / lorenz-snackworld.de

Hermann Bahlsen übernimmt 1889 das "Fabrikgeschäft engl. Cakes und Biscuits" von H. Schmuckler in Hannover. 1935 werden die ersten Salzstangen - Salzletten - auf dem deutschen Markt eingeführt. Alle Artikel sind im wahrsten Sinne des Wortes in aller Munde. Jeder der schon mal ins Snack-Regal gegriffen hat ist Marken wie z.B. Crunchips, NicNac's, Erdnuss Locken etc. begegnet.

64319 Pfungstadt

Warenangebot: Lorenz-Produkte wie Crunchips, Chipsletten, Salzletten, Nic Nac's, Erdnusslocken, Peppies, Monster Munch etc. sowie eine Auswahl an Bahlsen Kuchen und Gebäck

Ersparnis: Bruchware ist ca. 30-50% günstiger

Verkaufszeiten: Mo. bis Fr. 10.00-18.00 Uhr, Sa. 9.00-13.00 Uhr

Anfahrtsweg: Neu-Isenburg liegt ca. 10 km südlich von Frankfurt a. M., A 661 Ausfahrt Neu-Isenburg, durch Neu-Isenburg durch fahren, dann links in das Gewerbegebiet Süd

63512 Hainburg

▶ KÖHLER

Philipp A. N. Köhler
63512 Hainburg / Herder Str. 31-33
Tel. (06182) 4116 / koehlerkuesse.de

Warenangebot: hauptsächlich Negerküsse aller Art in versch. Größen und Geschmacksrichtungen (ca. 14 Sorten) sowie Mohrentüten, Schaumwaffeln und Schoko-Schalen, außerdem Liköre aus dem Hause Verpoorten sowie Eierlikör-Waffelbecher, zudem Süßwaren aller Art wie z.B. Puffreis, Marzipan-stangen u.a.m.

Ersparnis: preisgünstiges Warenangebot, Bruchware (falls vorhanden) ist besonders preiswert; Preisbeispiel: 25 normale Negerküsse für EUR 2,90

Verkaufszeiten: Mo. bis Mi. 8.00-17.00 Uhr, Do. 8.00-18.30 Uhr, Fr. 8.00-16.00 Uhr, Sa. 9.00-13.00 Uhr

Hinweise: kleiner Verkaufsraum beim Eingang, teilweise ist auch günstige Bruchware erhältlich

Anfahrtsweg: Hainburg liegt ca. 20 km südöstlich von Frankfurt, von Seligenstadt kommend befindet sich die Firma direkt an der Hauptstr. nach Hainburg

64319 Pfungstadt

▶ KAMPS

Kamps Brot Süd-West GmbH & Co. KG
64319 Pfungstadt / Ostendstr. 8
Tel. (06157) 14-0 / kamps.de

Warenangebot: Schnitt- und Laibbrot, Knäckebrot, Vollkornbrot, Kuchen, Toastbrot, Baguette zum Fertigbacken, Hamburger Brötchen

64358 Reichelsheim

Ersparnis: ca. 50%

Verkaufszeiten: Mo. 13.00-17.00 Uhr, Di. bis Fr. 9.00-17.00 Uhr, Sa. 8.00-12.00 Uhr

Hinweise: teilweise ist auch günstige fehlerhaft verpackte Ware erhältlich

Anfahrtsweg: A 5 Frankfurt-Heidelberg, Ausfahrt Pfungstadt, die Firma befindet sich am Ortsrand im Industriegebiet

64358 Reichelsheim

▶ EBERHARDT

Wilhelm Eberhardt oHG
64358 Reichelsheim Beerfurth / Schwimmbadstr. 3
Tel. (06164) 2231

Warenangebot: Back- und Schokoladenwaren wie z.B. Kokosmakronen, Magenbrot, Lebkuchen, Schokohohlfiguren wie Osterhasen und Weihnachtsmänner

Ersparnis: preisgünstiges Warenangebot

Verkaufszeiten: Mo. bis Fr. 8.00-12.00 Uhr und 13.30-18.00 Uhr, Sa. 8.30-15.00 Uhr

Hinweise: die größte Auswahl gibt es von Anfang Oktober bis Ostern

Anfahrtsweg: Reichelsheim liegt im Odenwald an der B 38 zwischen Reinheim und Lindenfels, die Firma befindet sich im Ortsteil Beerfurth

64521 Groß-Gerau

▶ ERLENBACHER

Erlenbacher Backwaren GmbH
64521 Groß-Gerau / Wasserweg 39
Tel. (06152) 803-0 oder -357 (Fabrikverkauf) /
erlenbacher.de

Warenangebot: tiefgefrorene Kuchen und Torten aller Art wie z.B. Käse-, Apfel- und Kirschkuchen, Schwarzwälder Kirschtorte, außerdem Sahne- und Cremeschnitten, Croissants, Laugengebäck etc., teilweise eingeschränkte Auswahl

Ersparnis: durchschnittlich ca. 50% und mehr

Verkaufszeiten: Mo. bis Fr. 9.00-18.30 Uhr

64646 Heppenheim

Hinweise: nur 2. Wahl-Verkauf

Anfahrtsweg: Groß-Gerau liegt ca. 20 km südöstlich von Mainz, dort befindet sich die Firma im Industriegebiet-Nord, nahe der A 67 Ausfahrt Groß-Gerau

64589 Stockstadt

▶ KAMPS

Kamps Brot Süd-West GmbH & Co. KG
64589 Stockstadt / Odenwaldring 6-12
Tel. (06158) 993-0 / kamps.de

Warenangebot: Schnitt- und Laibbrot, Knäckebrot, Vollkornbrot, Baguette, Brötchen, Kuchen, Süße Stückchen, Toastbrot, Hamburger Brötchen

Ersparnis: ca. 50%, Brot vom Vortag ist noch preiswerter

Verkaufszeiten: Mo. bis Fr. 9.00-17.00 Uhr, Sa. 8.00-12.00 Uhr

Anfahrtsweg: Stockstadt liegt ca. 15 km südwestlich von Darmstadt an der B 44, in Stockstadt befindet sich die Firma im Industriegebiet

64646 Heppenheim

▶ LANGNESE-IGLO

Langnese-Iglo GmbH
64646 Heppenheim / Mozartstr. 82
Tel. (06252) 707-01 / langnese-fabrikverkauf.de

Warenangebot: Tiefkühlprodukte wie Gemüse, Baguettes, Pizzen, Fertiggerichte, Fisch, Eis (Magnum, Solero Shots, Viennetta, Capri, Cornetto), jedoch immer wechselndes Angebot, aktuelles Angebot unter www.langnese-fabrikverkauf.de

Ersparnis: 30% und mehr, 2. Wahl ist besonders preiswert

Verkaufszeiten: im Frühjahr und Sommer Mi. und Do. 9.00-18.00 Uhr, im Herbst und Winter nur Do. 9.00-18.00 Uhr

Hinweise: es sind nur feste Verkaufseinheiten erhältlich

Anfahrtsweg: A 5 Heidelberg-Darmstadt Ausfahrt Heppenheim, Richtung Heppenheim auf die Lorscher Str., rechts ab auf die Tiergartenstr., vorbei an Obi und dem Toom-Markt, dann kreuzt die Mozartstr.

65582 Diez

65582 Diez

▶ DITTMANN

Feinkost Dittmann Reichold Feinkost GmbH
65582 Diez / Industriestr.
Tel. (06432) 955-0 / feinkost-dittmann.de

Die Reichold Feinkost GmbH kann auf eine hundertjährige Erfahrung im Bereich der Feinkost zurückgreifen. Neben der Dachmarke Feinkost Dittmann gliedert sich das Sortiment in die Marken La Española, Ajolix, La Taparia, Casa Deliziosa, Rossini und Piquaño's. Die Produkte werden im In- und Ausland vertrieben.

Warenangebot:	Feinkostartikel wie Antipasti, Fisch-Spezialitäten, Sardellen-Produkte, Sauerkonserven, Pepperoni, Oliven, eingelegter Knoblauch, Tomaten, Champignons, Kapern, Schafskäse, Öle, Essige, Saucen, ausländische Weine etc.
Ersparnis:	bis zu 50%, besonders günstig sind Artikel mit bald ablaufendem Mindesthaltbarkeitsdatum oder mit kleinen Verpackungsfehlern
Verkaufszeiten:	ca. 3-5x jährl. finden jeweils einen Tag lang sog. Schnäppchentage statt, die Termine werden auf der Internetseite veröffentlicht oder können telefonisch erfragt werden
Anfahrtsweg:	A 3 Ausfahrt Limburg-Süd Richtung Limburg Innenstadt, nach der Aral-Tankstelle rechts abbiegen, die erste Straße hinter dem Bahnhof ist die Industriestr., nach ca. 2 km befindet sich die Firma auf der linken Seite

66571 Eppelborn

▶ JUMI

Franz Juchem GmbH & Co. KG
66571 Eppelborn / Juchemstr. 25
Tel. (06881) 800-333 / schaumkuss.de

Die Firma Franz Juchem, Eppelborn wurde 1921 gegründet und betrieb einen Großhandel mit Lebensmittel-, Mehl-, Kohle- und Landesprodukten sowie einen Einzelhandel mit Baumaterialien und eine Mühle. Heute ist Juchem eine Unternehmensgruppe mit mehreren Geschäftsbereichen, zu denen auch die Herstellung von Süßwaren gehört.

Warenangebot:	Schaumküsse (Classic, Kokos, Schwarz/Weiß, Mocca, Krokant, Jumbo etc.), Schaumzuckerwaffeln, Spezialitäten wie Törtchen, Schaummuscheln, Kasseler-Zöpfe, Hörnchen etc., außerdem zuckerfreie Schaumzuckerwaren, Marken Jumi und Edsch

66953 Pirmasens

Ersparnis:	bei Bruchware 50% und mehr; Preisbeispiel Schaumküsse: 60 Stück von 1. Wahl für EUR 5,60 und von B-Ware für EUR 4,35
Verkaufszeiten:	Mo. bis Fr. 9.00-18.00 Uhr, Sa. 9.00-14.00 Uhr
Anfahrtsweg:	A 1 Trier-Saarbrücken Ausfahrt Eppelborn, Richtung Eppelborn bis zur Ampelkreuzung, rechts Richtung Industriegelände, nach den Bahngleisen ist die erste Straße links die Juchemstr., diese bis zum Ende durchfahren, der Fabrikverkauf befindet sich linker Hand auf dem Firmengelände

66620 Nonnweiler

▶ WAGNER

Wagner Tiefkühlprodukte GmbH
66620 Nonnweiler Otzenhausen / In den Schemeln
Tel. (06873) 6650

Warenangebot:	tiefgekühlte Pizzen aller Art, Flammkuchen
Ersparnis:	durchschnittlich ca. 50%
Verkaufszeiten:	Mo. und Mi. 15.00-17.00 Uhr
Hinweise:	Verkauf nur von Bruchware in 10er-Kartons (gleiche Sorte, jedoch nicht erkennbar welche) für EUR 12,- (Mini-Pizzen im 60er Karton auch für EUR 12,-), pro Person sind max. fünf 10er-Kartons erhältlich
Anfahrtsweg:	Nonnweiler liegt an der A 1 Saarbrücken-Trier, Ausfahrt Nonnweiler, die Firma befindet sich im Industriegebiet in Otzenhausen, ist gut ausgeschildert

66953 Pirmasens

▶ WAWI

Wawi-Süßwarensaisonspezialitäten GmbH /
Schokoladenfabrik
66953 Pirmasens / Unterer Sommerwaldweg 19-20
Tel. (06331) 63061 / wawi-euro.de

Die Anfänge des Unternehmens gehen zurück bis in das Jahr 1957, in dem Walter Müller ein Süßwarenfachgeschäft in Zweibrücken eröffnete, dem weitere Filialen in der Pfalz folgten. Im Jahr 1959 wurde mit der Produktion von Osterhasen begonnen. Heute ist Wawi weltweit vertreten. Das Stammwerk befindet sich in Pirmasens. Produziert wird auch in Australien, China, Kanada, Russland und Tschechien.

67069 Ludwigshafen

Warenangebot:	Schoko-Reis, Frischnuss-Schokolade, Confiserie-Artikel, Pralinen, Diät-Artikel, Mohrenköpfe, Adventskalender sowie Oster- und Weihnachtsartikel wie z.B. Schokohasen und Weihnachtsmänner, Marke Wawi
Ersparnis:	ca. 30%, Bruchware ist besonders preiswert
Verkaufszeiten:	Mo. bis Fr. 9.00-12.00 Uhr und 13.30-18.00 Uhr, vor Ostern und Weihnachten ist morgens bereits ab 8.00 Uhr geöffnet, dann ist ebenso Sa. vormittags geöffnet
Hinweise:	eine weitere Fabrikverkaufsstelle mit dem gleichen Warenangebot befindet sich in 66450 Bexbach/Saar, Am Zollstock 3, Tel. (06826) 933930, geöffnet Mo. bis Fr. 10.00-16.00 Uhr
Anfahrtsweg:	nordöstlich vom Zentrum immer der Beschilderung "Kreisverwaltung" folgen, die Firma befindet sich vor der Kreisverwaltung, in der Nähe vom Wasserturm

67069 Ludwigshafen

▶ KAMPS

Kamps Brot Süd-West GmbH & Co. KG
67069 Ludwigshafen / Ruthengewannstr. 7
Tel. (0621) 66944-0 / kamps.de

Warenangebot:	Schnitt- und Laibbrot, Knäckebrot, Vollkornbrot, Baguette, Brötchen, Kuchen, Süße Stückchen, Toastbrot, Hamburger Brötchen
Ersparnis:	30%, Brot vom Vortag ist noch preiswerter
Verkaufszeiten:	Mo. bis Sa. 5.00-9.00 Uhr
Hinweise:	hauptächlich Verkauf von Über- und Ausschussware, keine Garantie auf Sortimentsvollständigkeit
Anfahrtsweg:	die Firma befindet sich im Industriegebiet Nachtweide

67346 Speyer

▶ KEIM

Schokoladenfabrik Karl Keim
67346 Speyer / Im Neudeck 24
Tel. (06232) 43513

70469 Stuttgart

Warenangebot: Schokoladen, Puffreis, Magenbrot, Schokoküsse, Osterhasen und Nikoläuse, Pralinen, Schokoladenbruch, die Produkte werden von Hand geschminkt und dekoriert

Ersparnis: ca. 30%, Bruchware ist besonders preiswert

Verkaufszeiten: Mo. bis Fr. 8.00-12.00 Uhr und 13.00-18.30 Uhr, vor Ostern und Weihnachten zusätzl. auch Sa. 9.00-14.00 Uhr

Hinweise: separater Verkaufsraum

Anfahrtsweg: A 61 Abfahrt Speyer, an der zweiten Ampel links, dann an der nächsten Ampel rechts einbiegen, ab hier ist die Firma groß ausgeschildert

70469 Stuttgart

▶ GUMMI-BÄREN-LAND

**Gummi-Bären-Land Stuttgart / Süßwaren-Direktverkauf der Jung Bonbonfabrik Vaihingen/
70469 Stuttgart Feuerbach / Heilbronner Str. 393
(zwischen MediaMarkt und McDonald's)
Tel. (0711) 8069158 / gummibaerenland.de**

In der Jung Bonbonfabrik (Vaihingen/Enz) werden seit 1828 leckere Bonbonspezialitäten produziert, welche höchsten Qualitätsansprüchen entsprechen. Heute ist das Unternehmen in den Segmenten "Werbe-Süßigkeiten" und " Geschmackvolle Werbe-Ideen" Marktführer in Europa. Am Standort Vaihingen/ Enz befindet sich außerdem das einzige Bonbonmuseum Deutschlands.

Warenangebot: über 70 versch. Fruchtgummi-Artikel, über 35 Bonbonsorten, Popcorn in bis zu 1,5 Kilo Packs, Zimt-Popcorn, Schokoladenartikel und -Spezialitäten, Pfefferminzartikel, Diabetikerartikel, Saisonartikel wie Osterhasen und Nikoläuse etc.

Ersparnis: durchschnittlich ca. 35%

Verkaufszeiten: Mo. bis Fr. 10.00-20.00 Uhr, Sa. 10.00-18.00 Uhr

Hinweise: auch Verkauf von Bruchware, es sind laufend Aktionsangebote erhältlich; weitere Verkaufsstellen befinden sich in Aalen, Heilbronn, Pforzheim, Reutlingen und Vaihingen/ Enz (siehe auch Anzeige Seite 3)

Anfahrtsweg: A 81 Ausfahrt Stuttgart-Zuffenhausen auf die B 10 Richtung Stuttgart, weiter B 10/B 27, ca. 100 m nach Ortseingang Stuttgart-Feuerbach rechts, direkt zwischen "McDonald's" und "MediaMarkt"

70806 Kornwestheim

70806 Kornwestheim

▶ SCHWABENFLEISCH

Schwabenfleisch Adolf Schmid
70806 Kornwestheim / Solitudeallee 95
Tel. (07154) 8210-0

Warenangebot: Fleisch- und Wurstwaren aller Art in kleinen und großen Einheiten

Ersparnis: teilweise bis zu 50%

Verkaufszeiten: Fr. 9.00-18.00 Uhr, Sa. 8.00-13.00 Uhr

Anfahrtsweg: Kornwestheim liegt ca. 10 km nördlich vom Zentrum Stuttgart, die Firma befindet sich in Kornwestheim im Industriegebiet-Nord in der Nähe vom Autokino

71111 Waldenbuch

▶ RITTER SPORT

Alfred Ritter GmbH & Co. KG / Schokoladenfabrik
71111 Waldenbuch / Alfred-Ritter-Str. 25
Tel. (07157) 97-0 / ritter-sport.de

Die Idee zum Format hatte - mal wieder - eine praktisch denkende Frau. "Machen wir doch eine Schokolade die in jede Jackentasche passt ohne dass sie bricht, und die das gleiche Gewicht hat wie die normale dünne Langtafel". Das soll Clara Ritter 1932 zu ihrem Mann Alfred gesagt haben. Alle in der Familie waren begeistert und schon war das "Quadratisch. Praktisch. Gut." erfunden.

Warenangebot: alles was Ritter produziert, Ritter Sport 100 g, 40 g, XXL, 150 g, Mini, Junior, Mint, Rum Knusperstücke, Diät 100 g, Quadretties, außerdem Kekse der Marke Loacker

Ersparnis: bei 1. Wahl kaum, bei Bruchschokolade und Mischungen ca. 20-30%

Verkaufszeiten: Mo. bis Fr. 8.00-18.30 Uhr, Sa. 8.00-12.30 Uhr

Hinweise: großes Verkaufsgebäude (Schokoladen) rechts neben dem Verwaltungsgebäude

Anfahrtsweg: Waldenbuch liegt ca. 20 km südlich von Stuttgart, dort in Ortsmitte Richtung Böblingen abbiegen, die Firma ist ab hier bereits ausgeschildert

71665 Vaihingen/Enz

71364 Winnenden

▶ SADEX

Sadex Zuckerwarenfabrik GmbH
71364 Winnenden Hertmannsweiler / Lise-Meitner-Str. 14
Tel. (07195) 92680 / sadex.de

Warenangebot: Süßwaren wie Brause-Stäbchen, Brause-Fläschchen, Brause-Bären, Brause-Colafläschchen, vieles in unterschiedlichen Geschmacksrichtungen, außerdem Bonbons, Weingummi, Gummibären, Geleefrüchte, Geleebananen, Schokoladenartikel etc.

Ersparnis: ca. 30-40%, Bruch ist besonders preiswert

Verkaufszeiten: Mo. bis Fr. 8.00-17.00 Uhr, Sa. 9.30-12.30 Uhr

Hinweise: separater Verkaufsraum direkt neben der Fabrik beim Büro

Anfahrtsweg: Winnenden liegt ca. 15 km nordöstlich von Stuttgart an der B 14 Richtung Schwäbisch Hall, die Fabrik befindet sich im Ortsteil Hertmannsweiler direkt an der B 14, im neuen Industriegebiet, die Firma ist von der B 14 aus gut ausgeschildert

71665 Vaihingen/Enz

▶ GUMMI-BÄREN-LAND

Gummi-Bären-Land /
Fabrikverkauf der Jung Bonbonfabrik GmbH & Co. KG
71665 Vaihingen/Enz / Industriestr. 9-11
(Industriegebiet Vaih./Enz-Kleinglattbach)
Tel. (07042) 959440 / gummibaerenland.de

In der Jung Bonbonfabrik (Vaihingen/Enz) werden seit 1828 leckere Bonbonspezialitäten produziert, welche höchsten Qualitätsansprüchen entsprechen. Heute ist das Unternehmen in den Segmenten "Werbe-Süßigkeiten" und "Geschmackvolle Werbe-Ideen" Marktführer in Europa. Am Standort Vaihingen/ Enz befindet sich außerdem das einzige Bonbonmuseum Deutschlands.

Warenangebot: über 70 versch. Fruchtgummi-Artikel, über 35 Bonbonsorten, Popcorn in bis zu 1,5 Kilo Packs, Zimt-Popcorn, Schokoladenartikel und -Spezialitäten, Pfefferminzartikel, Diabetikerartikel, Saisonartikel wie Osterhasen und Nikoläuse etc.

Ersparnis: durchschnittlich ca. 35%

Verkaufszeiten: Mo. bis Mi. 8.00-18.00 Uhr, Do. und Fr. 8.00-19.00 Uhr, Sa. 9.00-14.00 Uhr

71729 Erdmannhausen

Hinweise:	auch Verkauf von Bruchware, es sind laufend Aktionsangebote erhältlich; weitere Verkaufsstellen befinden sich in Aalen, Heilbronn, Pforzheim, Reutlingen und Stuttgart (siehe auch Anzeige Seite 3); Besonderheit: im 1. OG des Fabrikverkaufsgebäudes befindet sich auf über 300 qm das einzige Bonbonmuseum Deutschlands, geöffnet Mo. bis Fr. 10.00-17.30 Uhr und Sa. 10.00-12.30 Uhr, Eintritt frei, Führungen nach Vereinbarung unter (07042) 9070
Anfahrtsweg:	A 81 Ausfahrt Stgt.-Zuffenhausen auf die B 10 Richtung Vaihingen/Enz bis Enzweihingen, durch Vaihingen/Enz nach Kleinglattbach, in Kleinglattbach der Durchgangsstraße folgen, vor der Bahnbrücke rechts Richtung Ortsmitte und nach 20 m wieder rechts ins Industriegebiet, nach ca. 30 m befindet sich der Fabrikverkauf auf der linken Seite

71729 Erdmannhausen

▶ HUOBER

Huober Brezel GmbH & Co. / 1. Württ. Brezelfabrik
71729 Erdmannhausen / Riedstr. 1
Tel. (07144) 338-0 / huoberbrezel.de

1950 schloss der Bäckermeister Emil Huober seine Bäckerei in Marbach am Neckar, um im benachbarten Erdmannhausen die ersten schwäbischen Dauerbrezeln herzustellen. In den 50er Jahren war die Huober-Brezel vor allem ein Renner in Ausflugsgaststätten und Freibädern. Seit 1997 geht die Firma konsequent den Weg zu biologischen Nahrungsmitteln. Heute ist Huober-Brezel weit über Baden-Württemberg hinaus bekannt für lecker-knusprige Knabberspezialitäten.

Warenangebot:	große Auswahl an Dauer-Salzbrezeln in unterschiedlichen Größen, Sticks, Kräcker, Käse-Stangen, Bierstengel, Dinkel Grissini, Mandel Cantuccini etc. in unterschiedlichen Verpackungsgrößen und in Bio-Qualität
Ersparnis:	durchschnittlich ca. 35%
Verkaufszeiten:	Mo. bis Fr. 8.15-12.15 Uhr und 14.00-17.00 Uhr, Sa. 8.30-12.30 Uhr
Hinweise:	kleines Verkaufshäuschen, hauptsächlich Verkauf des Gesamtsortiments, Neuentwicklungen sowie von Produkten von Partnerfirmen
Anfahrtsweg:	A 8 Ausfahrt Pleidelsheim über Marbach Richtung Rielingshausen, die Firma befindet sich ca. 1,5 km nach der Ortsgrenze Marbach, der Verkauf erfolgt in einem Blockhaus auf dem Parkplatz

72186 Empfingen

72147 Nehren

▶ KLETT

Walter Klett Schokoladenfabrik
72147 Nehren / Reutlinger Str. 7
Tel. (07473) 9541-0 / klett-schoko.de

Das Unternehmen wurde im Jahr 1953 gegründet und begann mit der Herstellung von Mohrenköpfen, Pralinen und Zuckerhasen. Die hergestellten Produkte und andere Süsswaren wurden an viele kleine Fachgeschäfte und Bäckereien verkauft. Im Jahr 1958 wurde mit der Herstellung von Hohlkörperfiguren begonnen. Heute beliefert das Unternehmen den deutschen und europäischen Süßwaren- und Lebensmittelhandel. Außerdem sind Klett-Produkte u.a. in Neuseeland, Australien, Amerika und Asien vertreten.

Warenangebot: Schokoladenhohlfiguren wie Osterhasen und Weihnachtsmänner, Hohleier und Baumbehang, Schoko-Weihnachtstafel, Schoko-Bärchen sowie Bruchschokolade, außerdem Pralinen, Waffeln, Bonbons, Fruchtsaftbären und andere Fruchtgummiartikel, Marke Klett

Ersparnis: durchschnittlich ca. 30-40%

Verkaufszeiten: Mo. bis Fr. 9.00-11.30 Uhr und 14.00-17.30 Uhr, ca. 6 Wochen vor Ostern und vor Weihnachten auch Sa. 9.30-13.00 Uhr

Anfahrtsweg: Nehren liegt ca. 10 km südlich von Tübingen an der B 27 Richtung Hechingen, in Nehren befindet sich die Firma an der Ortsausgangsstraße Richtung Gomaringen, im Industriegebiet Nehren-Süd

72186 Empfingen

▶ BRÄNDLE

P. Brändle GmbH / Ölmühle
72186 Empfingen / Robert-Bosch-Str. 10
Tel. (07485) 9779-0 / braendle.de

Seit über 150 Jahren betreibt die Familie Brändle eine Ölmühle und handelt mit Ölfrüchten und Ölen. In Süddeutschland, Baden-Württemberg, Bayern und Hessen sind Brändle-Öle fast überall im Lebensmittelhandel vertreten.

Warenangebot: ca. 30 versch. Speiseöle, z.B. Walnussöl, Distelöl, Sonnenblumenöl, Rapsöl, Olivenöl, Erdnussöl u.v.a., auch Ölspezialitäten wie z.B. kaltgepresste Öle und gewürzte Kräuteröle, in Gebinden von 0,1 bis 5 ltr. Inhalt, Marke Vita-Öl

Ersparnis: preisgünstiges Warenangebot

Verkaufszeiten: Mo. bis Fr. 8.00-12.00 Uhr und 13.00-17.30 Uhr, Sa. 9.00-11.00 Uhr

72764 Reutlingen

Anfahrtsweg: A 81 Stuttgart-Singen Ausfahrt Empfingen ins Gewerbegebiet, die Firma ist auch von der Autobahn aus sichtbar

72764 Reutlingen

▶ GUMMI-BÄREN-LAND

**Gummi-Bären-Land Reutlingen / Süßwaren-Direktverkauf der Jung Bonbonfabrik Vaihingen/
72764 Reutlingen / In Laisen 3/1
(Ecke Stuttgarter Str. B 28/Karlstr. B 312)
Tel. (07121) 161307 / gummibaerenland.de**

In der Jung Bonbonfabrik (Vaihingen/Enz) werden seit 1828 leckere Bonbonspezialitäten produziert, welche höchsten Qualitätsansprüchen entsprechen. Heute ist das Unternehmen in den Segmenten "Werbe-Süßigkeiten" und "Geschmackvolle Werbe-Ideen" Marktführer in Europa. Am Standort Vaihingen/Enz befindet sich außerdem das einzige Bonbonmuseum Deutschlands.

Warenangebot: über 70 versch. Fruchtgummi-Artikel, über 35 Bonbonsorten, Popcorn in bis zu 1,5 Kilo Packs, Zimt-Popcorn, Schokoladenartikel und -Spezialitäten, Pfefferminzartikel, Diabetikerartikel, Saisonartikel wie Osterhasen und Nikoläuse etc.

Ersparnis: durchschnittlich ca. 35%

Verkaufszeiten: Mo. bis Fr. 9.00-19.00 Uhr, Sa. 9.00-14.00 Uhr

Hinweise: auch Verkauf von Bruchware, es sind laufend Aktionsangebote erhältlich; weitere Verkaufsstellen befinden sich in Aalen, Heilbronn, Pforzheim, Stuttgart und Vaihingen/Enz (siehe auch Anzeige Seite 3)

Anfahrtsweg: B 28 (B 312) von Metzingen nach Reutlingen, die Firma befindet sich direkt am Verkehrsknotenpunkt Stuttgarter Str. B 28/Karlstr. B 312

73066 Uhingen

▶ BOSCH CONFISERIE

**Adolf Bosch KG / Confiserie
73066 Uhingen / Bahnhofstr. 11
Tel. (07161) 37117**

Warenangebot: Wibele, Geleefrüchte, Dragees, Früchtebrote, Weinbrandbohnenpralinen, Marzipan- und Nougatpralinen, Mandelsplitter, Mandelkrokant-Eier, kleine gegossene Karamelhäschen etc.

Ersparnis: ca. 30% im Durchschnitt, bei Bruchware bis zu 50%

73265 Dettingen

Verkaufszeiten: Di. und Mi. 9.00-11.00 Uhr und 14.00-17.00 Uhr, Do. 9.00-11.00 Uhr und 14.00-18.00 Uhr

Hinweise: separater Verkaufsraum, an der Eingangstüre läuten, es ist auch 2. Wahl erhältlich

Anfahrtsweg: Uhingen liegt an der B 10 ca. 5 km nach Göppingen in Richtung Esslingen, dort befindet sich die Firma beim Bahnhof, gegenüber der Post

73230 Kirchheim-Teck

▶ HERRMANN

Herrmann GmbH
73230 Kirchheim-Teck Ötlingen / Wielandstr. 16
Tel. (07021) 7277-0 / herrmann-spaetzle.de

Im Jahre 1923 wurde mit der "Herrmann Teigwarenfabrik" der Grundstein für die heutige Herrmann GmbH gelegt. Zunächst auf die Herstellung von Eier-Spätzle konzentriert, wurde mit der Backerbsen-Produktion ab 1932 das zweite Standbein des Unternehmens geschaffen. Im Jahre 1948 gelang die Entwicklung der ersten maschinellen Eierspätzle-Produktion in Deutschland. Seit Firmengründung wuchs das schwäbische Unternehmen zum weltgrößten Hersteller von Eierspätzle heran. Auch im Bereich Backerbsen nimmt die Herrmann GmbH weltweit die zweite Marktposition ein. Das Traditionsprodukt sind die "Echt schwäbische Eierspätzle".

Warenangebot: Teigwarenspezialitäten wie Spätzle, frische geschabte Spätzle, Backerbsen, Nudeln in allen möglichen Ausformungen, frische gefüllte Pasta, Rotweinnudeln, Emmernudeln, Roy Kieferle's Energienudeln, außerdem zugekaufte Soßen und Öle, Marken Herrmann und Riehle

Ersparnis: ca. 30%

Verkaufszeiten: jeden 1. Mo. im Monat 8.30-13.00 Uhr und 17.30-19.30 Uhr, jeden 3. Fr. im Monat 9.00-13.00 Uhr

Hinweise: kleines "Verkaufslädle"

Anfahrtsweg: Kirchheim/Teck liegt an der A 8 Stuttgart-Ulm, Ausfahrt Kirchheim/Teck-West, in Kirchheim/Teck befindet sich die Firma im Industriegebiet Heimenwiesen

73265 Dettingen

▶ RK-SCHOKO

Rübezahl Schokoladen GmbH
73265 Dettingen /Teck / Kirchheimer Str. 189
Tel. (07021) 8088-0 / rk-schoko.de

73433 Aalen

Die Firmengründung erfolgte im Jahr 1949 in Plochingen am Neckar unter dem Namen Plochinger Süßwaren-Erzeugung. Später erfolgte die Umbenennung in Rübezahl und ein Umzug nach Stuttgart. Seit 1967 ist der Standort Dettingen/Teck. 1988 wurde mit dem Saisonartikelhersteller Koch in Balingen fusioniert zu Rübezahl Koch Schokoladen, die Spezialisierung erfolgt auf die Herstellung von Schokoladen-Saisonartikeln und seit 1994 auch von Puffreisschokoladen. Die Schokolade wird im Haus nach eigenen Rezepten hergestellt.

Warenangebot: Puffreisschokolade, Pralinenmischungen, Eierlikörpralinen, Geleebananen, Saisonartikel wie Osterhasen und Weihnachtsmänner, Baumschmuck, Schokoladeneier, mit Pralinen gefüllte Schokoladenpräsente, Geschenkpackungen, Überraschungsartikel, Marken Sunrice, Wonder Teddy, Friedel

Ersparnis: ca. 30%, teilweise bis zu 50%

Verkaufszeiten: nur ca. 6-8 Wochen lang jeweils vor Ostern und vor Weihnachten, genaue Termine erfragen (dann meist Mo. bis Fr. 10.00-12.00 Uhr und 14.00-18.00 Uhr, Sa. 9.00-13.00 Uhr)

Anfahrtsweg: A 8 Stuttgart-Ulm Ausfahrt Kirchheim/Teck-Ost auf die B 465 nach Dettingen, hier befindet sich die Firma im Industriegebiet direkt gegenüber vom Mercedes-Autohaus

73433 Aalen

▶ GUMMI-BÄREN-LAND

Gummi-Bären-Land Aalen / Süßwaren-Direktverkauf der Jung Bonbonfabrik Vaihingen/
73433 Aalen Attenhofen / Knappenstr. 9
(an der alten B 29)
Tel. (07361) 760430 / gummibaerenland.de

In der Jung Bonbonfabrik (Vaihingen/Enz) werden seit 1828 leckere Bonbonspezialitäten produziert, welche höchsten Qualitätsansprüchen entsprechen. Heute ist das Unternehmen in den Segmenten "Werbe-Süßigkeiten" und "Geschmackvolle Werbe-Ideen" Marktführer in Europa. Am Standort Vaihingen/Enz befindet sich außerdem das einzige Bonbonmuseum Deutschlands.

Warenangebot: über 70 versch. Fruchtgummi-Artikel, über 35 Bonbonsorten, Popcorn in bis zu 1,5 Kilo Packs, Zimt-Popcorn, Schokoladenartikel und -Spezialitäten, Pfefferminzartikel, Diabetikerartikel, Saisonartikel wie Osterhasen und Nikoläuse etc.

Ersparnis: durchschnittlich ca. 35%

Verkaufszeiten: Mo. bis Fr. 8.30-19.00 Uhr, Sa. 9.00-16.00 Uhr

Hinweise: auch Verkauf von Bruchware, es sind laufend Aktionsangebote erhältlich; weitere Verkaufsstellen befinden sich in Heilbronn, Pforzheim, Reutlingen, Stuttgart und Vaihingen/Enz (siehe auch Anzeige Seite 3)

74538 Rosengarten

Anfahrtsweg: A 7 Würzburg-Ulm Ausfahrt Westhausen auf die B 29 Richtung Aalen, Stadtteil Aalen-Attenhofen, ca. 150 m vor Ortseingang Attenhofen bzw. Bahnbrücke links in die Knappenstr. einbiegen

74078 Heilbronn

▶ GUMMI-BÄREN-LAND

Gummi-Bären-Land Heilbronn / Süßwaren-Direktverkauf der Jung Bonbonfabrik Vaihingen/
74078 Heilbronn / Im Neckargarten 4
(im Pflanzen-Kölle)
Tel. (07131) 399330 / gummibaerenland.de

In der Jung Bonbonfabrik (Vaihingen/Enz) werden seit 1828 leckere Bonbonspezialitäten produziert, welche höchsten Qualitätsansprüchen entsprechen. Heute ist das Unternehmen in den Segmenten "Werbe-Süßigkeiten" und "Geschmackvolle Werbe-Ideen" Marktführer in Europa. Am Standort Vaihingen/ Enz befindet sich außerdem das einzige Bonbonmuseum Deutschlands.

Warenangebot: über 70 versch. Fruchtgummi-Artikel, über 35 Bonbonsorten, Popcorn in bis zu 1,5 Kilo Packs, Zimt-Popcorn, Schokoladenartikel und -Spezialitäten, Pfefferminzartikel, Diabetikerartikel, Saisonartikel wie Osterhasen und Nikoläuse etc.

Ersparnis: durchschnittlich ca. 35%

Verkaufszeiten: Mo. bis Fr. 9.00-20.00 Uhr, Sa. 8.00-18.00 Uhr

Hinweise: auch Verkauf von Bruchware, es sind laufend Aktionsangebote erhältlich; weitere Verkaufsstellen befinden sich in Aalen, Pforzheim, Reutlingen, Stuttgart und Vaihingen/ Enz (siehe auch Anzeige Seite 3)

Anfahrtsweg: A 6 Ausfahrt Heilbronn/Untereisesheim, Neckartalstr. Richtung Böckingen, links Neckargarten/Pflanzen-Kölle; B 27 von Lauffen/Sontheim Neckartalstr. Richtung Neckargartach, rechts Neckargarten/Pflanzen-Kölle

74538 Rosengarten

▶ REUTTER

Reutter GmbH / Zuckerwarenfabrik
74538 Rosengarten Westheim / Neue Str. 25
Tel. (0791) 95066-0 / reuttersweets.com

Die Firma Reutter wurde im Jahr 1913 von Eugen Reutter gegründet. Im Jahr 1928 wurde die Produktion von Bonbons aufgenommen. Seitdem nimmt die Nachfrage und Herstellung von Husten- und Kräuterbonbons beständig zu und die Reutter GmbH entwickelte sich, mittlerweile in der dritten Generation, zu

74597 Stimpfach

einem bedeutenden Produzenten in der Süßwarenwirtschaft. Der bekannteste Artikel seit über 30 Jahren sind die Dragee-Mürb-Eier mit Traubenzucker, die aus dem Osterangebot nicht mehr wegzudenken sind.

Warenangebot:	gewickelt oder kandierte Bonbons in zahlreichen Geschmacksrichtungen, Lutscher mit Frucht-Cola- und Vollmilchgeschmack, zuckerfreie Bonbons und Lutscher, Pfefferminztaler und -dragees, kandierte Geleefrüchte, Creme-Fondant und Gelee-Artikel mit und ohne Schokoladenüberzug, Dragee-Mürbeier, Weihnachts- und Osterartikel
Ersparnis:	preisgünstige Angebote, 2. Wahl und Bruch sind besonders preiswert
Verkaufszeiten:	Mo. bis Fr. 8.00-12.00 Uhr und 13.00-16.00 Uhr
Anfahrtsweg:	Rosengarten liegt an der B 19 zwischen Schwäbisch Hall und Gaildorf, die Firma befindet sich in Westheim direkt an der B 19, ziemlich großes Gebäude, ist nicht zu verfehlen

74597 Stimpfach

▶ HOSTA

Hosta-Werk für Schokoladespezialitäten GmbH & Co.
74597 Stimpfach / Greutstr. 9
Tel. (07967) 153-0 / hosta-group.com

Warenangebot:	Nippon Puffreis, Mr. Tom Erdnussriegel, Romy Kokosschokolade, Mr. Jim Erdnuss-Pralinen, Choco Nippon etc.
Ersparnis:	ca. 30-40%, unterschiedlich je nach Artikel, Bruchware zu EUR 2,50/kg
Verkaufszeiten:	Mo. bis Fr. 11.00-16.00 Uhr
Hinweise:	der Verkauf befindet sich im Werksladen beim Pförtner
Anfahrtsweg:	A 6 Heilbronn-Nürnberg Ausfahrt Crailsheim auf die B 290, die Firma befindet sich nach Crailsheim Richtung Ellwangen an der B 290 in Randenweiler

74831 Gundelsheim

▶ GUNDELSHEIM KONSERVEN

Gundelsheim Conserven
74831 Gundelsheim / Wörthstr. 1
Tel. (06269) 1744

75038 Oberderdingen

Warenangebot: große Auswahl an Konserven aller Art wie z.B. Sauerkonserven, Obstkonserven, Gurken, Paprika, Rote Beete, Silberzwiebeln, Mixed Pickles, Weinkraut bis 10 kg-Dose etc., laufend wechselndes Angebot

Ersparnis: es sind sehr günstige Angebote erhältlich

Verkaufszeiten: Mo. bis Fr. 14.00-17.00 Uhr

Hinweise: der Eingang zum Barverkauf befindet sich rechts neben der Rampe, teilweise sind auch günstige Beuldosen vorhanden

Anfahrtsweg: auf der B 27 von Heilbronn kommend am Ortsanfang über die Bahngleise, die Firma befindet sich gleich am Bahnübergang

74889 Sinsheim

▶ EXCELLENT

Excellent Confiserie Spezialitäten GmbH
74889 Sinsheim Dühren / Am Leitzelbach 20
Tel. (07261) 978230 / excellent-confiserie.de

Warenangebot: Original Königsberger Marzipan, Torten, feines Gebäck, Pralinen, Trüffel sowie Spezialitäten der Oster- und Weihnachtsbäckerei, Bruchware ist in 500 g-Beuteln erhältlich, die größere Auswahl hat man hauptsächlich in den Wintermonaten

Ersparnis: ca. 25-30%, Bruchware ist noch preiswerter

Verkaufszeiten: Mo. bis Do. 8.00-17.00 Uhr, Fr. 8.00-15.00 Uhr, 1. Sa. im Monat 8.00-12.00 Uhr

Anfahrtsweg: Sinsheim liegt ca. 30 km westlich von Heilbronn an der A 6 Richtung Heidelberg, Ausfahrt Sinsheim, die Firma befindet sich in Dühren im Industriegebiet hinter der Mühle

75038 Oberderdingen

▶ HIRSCH

Zuckerwarenfabrik Egon Hirsch GmbH & Co. KG
75038 Oberderdingen Flehingen / Hirschstr. 4-10
Tel. (07258) 9304-0 / hirsch-lolly.de

Die Zuckerwarenfabrik Egon Hirsch wurde im Jahre 1969 gegründet. Aus kleinen, handwerklich orientierten Anfängen hat sich ein mittelständisches Unternehmen entwickelt, dessen Produkte heute in über 42 Ländern gekauft werden können.

75179 Pforzheim

Warenangebot:	Bonbons mit Frucht-, Eis-, Lakritz-, Eukalyptus-, Kräuter-, Sahne-, Milch- oder Cappuccinogeschmack, außerdem Kaubonbons in verschiedenen Fruchtsorten und Lollies massiv oder gefüllt mit Kaugummi, Kaubonbonmasse oder Brausepulver sowie Weich- und Harttoffees
Ersparnis:	ca. 30-40%, Bruchware ist besonders preiswert
Verkaufszeiten:	Mo. bis Fr. 10.00-12.30 Uhr und 13.00-16.30 Uhr
Hinweise:	es ist laufend ein wechselndes Angebot an kg-Bruchbeuteln erhältlich
Anfahrtsweg:	von Bretten auf der B 293 Richtung Eppingen, Ausfahrt Oberderdingen-Flehingen Richtung Flehingen, beim Kreisverkehr Richtung Kraichtal und beim nächsten Kreisverkehr rechts ab, dann die erste Straße links ist die Hirschstr., die Firma befindet sich auf der rechten Seite

75179 Pforzheim

▶ GUMMI-BÄREN-LAND

**Gummi-Bären-Land Pforzheim / Süßwaren-Direktverkauf der Jung Bonbonfabrik Vaihingen/
75179 Pforzheim / Karlsruher Str. 87 A
(Wilferdinger Höhe, hinter McDonald's)
Tel. (07231) 352287 / gummibaerenland.de**

In der Jung Bonbonfabrik (Vaihingen/Enz) werden seit 1828 leckere Bonbonspezialitäten produziert, welche höchsten Qualitätsansprüchen entsprechen. Heute ist das Unternehmen in den Segmenten "Werbe-Süßigkeiten" und "Geschmackvolle Werbe-Ideen" Marktführer in Europa. Am Standort Vaihingen/Enz befindet sich außerdem das einzige Bonbonmuseum Deutschlands.

Warenangebot:	über 70 versch. Fruchtgummi-Artikel, über 35 Bonbonsorten, Popcorn in bis zu 1,5 Kilo Packs, Zimt-Popcorn, Schokoladenartikel und -Spezialitäten, Pfefferminzartikel, Diabetikerartikel, Saisonartikel wie Osterhasen und Nikoläuse etc.
Ersparnis:	durchschnittlich ca. 35%
Verkaufszeiten:	Mo. bis Fr. 9.00-19.00 Uhr, Sa. 9.00-14.00 Uhr
Hinweise:	auch Verkauf von Bruchware, es sind laufend Aktionsangebote erhältlich; weitere Verkaufsstellen befinden sich in Aalen, Heilbronn, Reutlingen, Stuttgart und Vaihingen/Enz (siehe auch Anzeige Seite 3)
Anfahrtsweg:	A 8 Ausfahrt Pforzheim-West - 1 km, das Gummi-Bären-Land befindet sich auf der Wilferdinger Höhe, Einfahrt "McDonald's"-Parkplatz nach hinten in Richtung "Büroland", zahlreiche Parkplätze sind vorhanden

76863 Herxheim

▶ TRAUTH

Eugen Trauth & Söhne KG / Backwarenfabrik
76863 Herxheim / Oberhohlstr. 21
Tel. (07276) 8543 / trauth-herxheim.de

Warenangebot: Neger-, Rum- und Mokkaküsse, Kokosbälle, Magenbrot, Schokowaffeln, Cremewaffeln, Saisonartikel wie z.B. Osterhasen und Weihnachtsmänner

Ersparnis: ca. 30-40%

Verkaufszeiten: Mo. bis Fr. 9.00-12.30 Uhr und 13.30-18.00 Uhr, Sa. 9.00-12.00 Uhr

Hinweise: meist ist auch günstige Bruchware im Angebot

Anfahrtsweg: A 65 Ausfahrt Rohrbach nach Herxheim, im Ort links ab Richtung Offenbach, nach ca. 300 m erreicht man die Firma

78315 Radolfzell

▶ HÜGLI

Hügli Nahrungsmittel GmbH
78315 Radolfzell / Herrenlandstr. 76
Tel. (07732) 807-490 (Werksverkauf) / huegli.de

Die Firmengeschichte beginnt mit dem ersten von Hügli industriell gefertigten Bouillonwürfel "Brodox". Das Stammhaus der Hügli-Gruppe wurde 1935 durch Beat Stoffel gegründet. Der Anstoß dazu kam vom Namensgeber Otto Hügli, der über ausgezeichnetes Fachwissen und innovative Rezepturen verfügte. Die erste Tochtergesellschaft entstand 1959 in Bregenz. 1964 kam das Werk in Radolfzell hinzu, welches heute den deutschen Markt und die EU-Staaten beliefert. Hügli-Produkte werden in über 20 Länder exportiert und wegen ihrer hervorragenden Schweizer Qualität geschätzt.

Warenangebot: Saucen, Suppen, Bouillons, Desserts, Gemüsebrühe, Fertig-Schnellgerichte wie Reis- und Nudelgerichte sowie Fixgerichte und Süßspeisen, außerdem Speisewürze und Würzmischungen, getrockneter und geschnittener Schnittlauch sowie Petersilie etc., Marken Radolf und Heirler Cenovis (Bio-Reformfachhandel)

Ersparnis: durchschnittlich ca. 30%

Verkaufszeiten: Di. und Do. 10.00-17.00 Uhr, Mi. und Fr. 10.00-15.00 Uhr

Hinweise: kleiner Verkaufsladen

Anfahrtsweg: Radolfzell liegt am Bodensee, auf der A 81 kommend am Autobahnkreuz Singen auf die B 33 nach Radolfzell, hier

78532 Tuttlingen

befindet sich die Firma im Gewerbegebiet, etwas abseits und nicht ausgeschildert, gegenüber "Reifen Michelin"

78532 Tuttlingen

▶ STORZ

Chr. Storz GmbH & Co. KG / Schokoladenfabrik
78532 Tuttlingen / Föhrenstr. 15
Tel. (07461) 9282-0 / storz-schokolade.de

Das Unternehmen wurde 1884 vom Konditor Christian Storz gegründet und konzentriert sich heute auf kleinere massive Schokoladen- und Nougatprodukte zum Schmücken (etwa des Weihnachtsbaums, Osternestes oder eines Geschenkes), zum Werben, zum Spielen u.v.a. Viele kennen z.B. den "Glückskäfer". Storz-Schokolade findet man nicht nur im deutschen Fachhandel, sondern weltweit in rund 40 Ländern.

Warenangebot: Schokoladenartikel wie z.B. Herzen, Glückskäfer, süße Mäuse, Schoko-Igel, Glücksschweine, Täfelchen, Weihnachts-, Oster- und Halloweenartikel u.v.m., außerdem Nougatartikel wie Riegel, Stangen, Kugeln, Spiel- und Glückswürfel u.v.m.

Ersparnis: bis zu 50% möglich

Verkaufszeiten: Mo. bis Mi. 14.00-16.30 Uhr, Do. 9.30-11.30 Uhr und 14.00-16.30 Uhr

Hinweise: kleines Ladengeschäft beim Werk

Anfahrtsweg: A 81 Stuttgart-Singen Ausfahrt Tuningen auf die B 523 nach Tuttlingen, dort Richtung Stockach links einbiegen

79244 Münstertal

▶ GUBOR

Gubor Schokoladen GmbH
79244 Münstertal / Dietzelbachstr. 1
Tel. (07636) 70090 / gubor.de

Gegründet wurde Gubor 1940 in der Schweiz, dem Land der Schokoladenkunst. Gubor präsentierte sich von Anfang an als Premium-Marke alkoholischer Praliné-Spezialitäten. 1953 gründete Gubor in Münstertal im Schwarzwald die erste Niederlassung in Deutschland. In den folgenden Jahren baute Gubor sein Sortiment aus, nicht-alkoholische Pralinés und feinste Schokoladen runden heute das Programm ab. Seit 1999 gehört Gubor zur Stollwerck AG.

Warenangebot: große Auswahl an hochwertigen Pralinen, Trüffel, Schokoladen und Gebäcke, Marke Gubor, außerdem Artikel der Marken Stollwerck, Sarotti, Sprengel, Waldbaur, Delacre

79379 Müllheim

Ersparnis: bei 1. Wahl bis zu ca. 20%, bei Bruch- und b-Ware ca. 30-50%

Verkaufszeiten: Mo., Mi., Fr. 10.00-17.00 Uhr

Hinweise: separater Verkaufsraum

Anfahrtsweg: A 5 Ausfahrt Bad Krozingen, über Staufen nach Münstertal, am Ortseingang links einbiegen, die Firma ist dort ausgeschildert

79336 Herbolzheim

▶ SÜSSE WERBUNG

Süße Werbung GmbH
79336 Herbolzheim / Holzmattenstr. 22
Tel. (07643) 801-0 / suesse-werbung.de

Seit über 25 Jahren ist Süße Werbung Partner der Werbewirtschaft. In der ursprünglichen Konditorei entstanden die ersten Ideen für süße Werbemittel. Heute gießt das Unternehmen Fruchtgummis und Schokolade in individuelle Formen und verpackt diese in werbewirksam bedruckte Tüten, Dosen und Werbewickel.

Warenangebot: Süßigkeiten wie Fruchtgummis, Fruchtbonbons, Traubenzucker, Pfefferminz, Schoko-Dragees, Toffees, Schokoherzen, Erdnüsse, Saisonartikel, Geschenkartikel etc.

Ersparnis: durchschnittlich ca. 40%

Verkaufszeiten: Mo. bis Fr. 8.30-18.00 Uhr, Sa. 8.30-16.00 Uhr

Hinweise: nur Verkauf von Überproduktionen und Artikeln mit Verpackungsmängeln, z.T. nur als Kiloware erhältlich

Anfahrtsweg: Herbolzheim liegt an der A 5 Karlsruhe-Basel zwischen Offenburg und Freiburg, Ausfahrt Herbolzheim, die Firma befindet sich im Industriegebiet West

79379 Müllheim

▶ GUBOR

Gubor Schokoladenfabrik GmbH
79379 Müllheim / Neuenburger Str. 15
Tel. (07631) 804-367 / gubor.de

Gegründet wurde Gubor 1940 in der Schweiz, dem Land der Schokoladenkunst. Gubor präsentierte sich von Anfang an als Premium-Marke alkoholischer Praliné-Spezialitäten. 1953 gründete Gubor in Münstertal im Schwarzwald die erste Niederlassung in Deutschland. In den folgenden Jahren baute Gubor sein Sortiment aus, nicht-alkoholische Pralinés und feinste Schokoladen runden heute das Programm ab. Seit 1999 gehört Gubor zur Stollwerck AG.

79418 Schliengen

Warenangebot: große Auswahl an hochwertigen Pralinen, Trüffel, Schokoladen und Gebäcke, Marke Gubor, außerdem Artikel der Marken Stollwerck, Sarotti, Sprengel, Waldbaur, Delacre

Ersparnis: bei 1. Wahl bis zu ca. 20%, bei Bruch- und b-Ware ca. 30-50%

Verkaufszeiten: Mo. bis Fr. 10.00-17.00 Uhr

Anfahrtsweg: Müllheim liegt ca. 30 km südwestlich von Freiburg, A 5 Ausfahrt Müllheim, in Müllheim befindet sich die Firma im Industriegebiet-West am Ortsausgang Richtung Neuenburg

79418 Schliengen

▶ MAYKA

Mayka Naturbackwaren GmbH
79418 Schliengen / Brezelstr. 17
Tel. (07635) 82090 / mayka.de

Warenangebot: Brezeln aller Art und Salzstangen, beides auch aus Vollkorn und in Mixdosen, außerdem Popcorn mit Salz oder mit Honig sowie Kartoffel-Chips

Ersparnis: preisgünstiges Warenangebot

Verkaufszeiten: Di. und Do. 8.00-12.00 Uhr

Hinweise: Verkauf nur von ganzen Kartons, es ist auch günstige Bruchware erhältlich

Anfahrtsweg: Schliengen liegt an der B 3 ca. 20 km nördlich von Lörrach in Richtung Freiburg, dort befindet sich die Firma am Ende von Schliengen Richtung Freiburg im Gewerbegebiet

79848 Bonndorf

▶ ADLER

Hans Adler OHG / Schwarzwälder Fleischwaren
79848 Bonndorf / Am Lindenbuck 3
Tel. (07703) 8320 / adler-schinken.de

Warenangebot: Echt Schwarzwälder Schinken und Speck, luftgereifter Alemannenschinken, Schäufele, Rollschinken und Burehäxle sowie Schwarzwälder Wurstspezialitäten

Ersparnis: durchschnittlich ca. 25%

Verkaufszeiten: Mo. bis Fr. 8.00-18.00 Uhr, Sa. 7.30-12.30 Uhr

84030 Landshut

Anfahrtsweg: A 81 Stuttgart-Singen, am Autobahndreieck Bad Dürrheim auf die A 864 Richtung Donaueschingen, dann auf die B 27/31 Richtung Schaffhausen, ab der Abfahrt Hüfingen ist Bonndorf ausgeschildert, die Firma befindet sich am Ortseingang von Bonndorf auf der linken Seite

84030 Landshut

▶ BRANDT

Brandt Zwieback Schokoladen GmbH & Co. KG
84030 Landshut / Altdorfer Str. 10
Tel. (0871) 708-1 / brandt-zwieback.de

Warenangebot: Zwieback in allen Varianten, Brödli, Kekse, Waffeln, Knusper Kugeln, Kuchen, Knabberartikel, Schokoladenartikel, Oster- und Weihnachtsartikel

Ersparnis: ca. 40%, Bruchware ist besonders günstig

Verkaufszeiten: Mo. bis Do. 8.15-9.30 Uhr, 9.40-13.00 Uhr und 13.30-16.25 Uhr, Fr. bis 14.55 Uhr

Anfahrtsweg: vom Bahnhof in Landshut Richtung Altdorf befindet sich die Firma ca. 200 m nach der Bahnbrücke auf der rechten Seite, gut erreichbar auch über die A 92 Ausfahrt Altdorf

▶ BUCHNER

Buchner GmbH
84030 Landshut / Wankelwog 4
Tel. (0871) 74051

Warenangebot: Wurst- und Fleischwaren aller Art, Wild, Geflügel, Fisch, Meeresfrüchte, jedoch ist nicht immer alles in kleinen Mengen vorrätig

Ersparnis: ca. 30% im Durchschnitt

Verkaufszeiten: Mo. bis Fr. 7.00-15.00 Uhr

Hinweise: Ladenverkauf auf dem Werksgelände

Anfahrtsweg: A 92 Ausfahrt Landshut-Nord, die Firma befindet sich hinter der BMW-Fabrik im Gewerbegebiet

86609 Donauwörth

86609 Donauwörth

▶ EDEL

Bonbonfabrik Eduard Edel
86609 Donauwörth Berg / Am Zollfeld 3
Tel. (0906) 3451 / edel-bonbon.de

Die Firma Eduard Edel Bonbonfabrik ist ein traditionelles Unternehmen, das als Hersteller feinster Bonbonspezialitäten bekannt ist.

Warenangebot:	Bonbons aller Art wie z.B. Fruchtbonbons gefüllt und ungefüllt, saure Bonbons, Milchbonbons, Husten- und Eukalyptusbonbons, zuckerfreie Bonbons, je nach Saison Faschingsbonbons und Weihnachtsspezialitäten
Ersparnis:	ca. 20-30%, unterschiedlich je nach Artikel
Verkaufszeiten:	Mo. bis Do. 8.00-12.00 Uhr und 13.00-16.00 Uhr, Fr. 8.00-12.00 Uhr
Hinweise:	der Verkauf befindet sich im Bürogebäude, es ist ausschließlich 1. Wahl als Kiloware erhältlich
Anfahrtsweg:	Donauwörth liegt an der B 16 zwischen Ingolstadt und Ulm, dort befindet sich die Firma im Ortsteil Berg

86690 Mertingen

▶ ZOTT

Zott GmbH & Co. KG
86690 Mertingen / Dr.-Steichele-Str. 1-4
Tel. (09078) 801-0 / zott.de

Alles begann 1926 mit dem Erwerb einer bescheidenen Landmolkerei. Heute verfügt die Firma Zott über eine umfangreiche Palette hochwertiger Milchprodukte. Das Einhalten strengster Qualitätsnormen ist für die Firma selbstverständlich. Es hat zum großen Erfolg des Unternehmens beigetragen, an dem auch Geschäftspartner weltweit partizipieren.

Warenangebot:	Butter, Sahne, Buttermilch, Joghurt in vielen Geschmacksrichtungen, Molkedrinks, Desserts, Speisequark, H-Milch, außerdem Hart- und Schmelzkäse sowie eine umfangreiche Käsetheke, Marken Monte, Jogolé, Starfrucht, Sahne-Joghurt, Allgäutaler und Zottarella
Ersparnis:	ca. 30-50%, fehlerhaft verpackte Ware ist besonders günstig
Verkaufszeiten:	Mo. bis Fr. 8.00-18.00 Uhr, Sa. 8.00-12.00 Uhr
Hinweise:	Abgabe meist nur in Kartons (z.B. 20 Becher Joghurt oder 6x4 Becher Monte)

86850 Fischach

Anfahrtsweg: von der B 2 Donauwörth-Augsburg abbiegen nach Mertingen, am Kreisverkehr rechts auf die Bäumenheimer Str., der Beschilderung Richtung Werk 1/Verwaltung folgen, nicht Richtung Werk 2

86825 Bad Wörishofen

▶ SCHWERMER

Schwermer Dietrich Stiel GmbH
86825 Bad Wörishofen / Königsberger Str. 30
Tel. (08247) 3508-0 / schwermer.de

Warenangebot: Baumkuchen, Beethoven-Pralinés, Chocoretten, Königsberger Marzipan, Pralinés, Oster- und Weihnachtsartikel sowie Diät-Spezialitäten

Ersparnis: ca. 10-20% bei Bruchware, 420 g-Tüte für EUR 5,50

Verkaufszeiten: Mo. und Di. 7.30-12.30 Uhr und 13.00-16.00 Uhr, Mi. und Do. bis 15.45 Uhr

Hinweise: hier nur Verkauf von Bruchware, das komplette Sortiment ist im Laden in der Kneipstr. erhältlich, im Zentrum beim Kurhaus

Anfahrtsweg: Bad Wörishofen liegt ca. 10 km südöstlich von Mindelheim, dort befindet sich die Firma im Ortsteil Gartenstadt

86850 Fischach

▶ MÜLLER MILCH

Molkerei Alois Müller GmbH & Co.
86850 Fischach Aretsried / Zollerstr. 7
Tel. (08236) 999-0 / muellermilch.de

Den Grundstein für die Marke Müller legt Ludwig Müller 1896 mit der Gründung einer kleinen Dorfmolkerei in Aretsried. 1938 führt Alois Müller als gelernter Käser die Molkerei weiter. Der Wandel vom kleinen Dorfbetrieb zur Großmolkerei beginnt 1971 mit der Übernahme der Molkerei durch Theo Müller. Heute gehören zur Unternehmensgruppe Müller neben der Molkerei Alois Müller mehrere Tochterunternehmen, die an mehreren Produktionsstandorten im In- und Ausland produzieren.

Warenangebot: große Auswahl an Milchprodukten wie H-Milch, Frischmilch, Butter, Müllermilch, Buttermilch, Trinkjoghurt, Kefir, Dickmilch, Milchreis, Joghurt, Grießbrei, Puddingcreme etc., Marken Müller, Sachsenmilch, Loose und Weihenstephan

Ersparnis: bei Ware die nahe dem Mindesthaltbarkeitsdatum datiert ca. 50% und mehr

87471 Durach

Verkaufszeiten: Mo. 14.00-18.00 Uhr, Mi. bis Fr. 14.00-17.00 Uhr

Hinweise: es sind hauptsächlich Artikel erhältlich die nahe dem Mindesthaltbarkeitsdatum datieren

Anfahrtsweg: von Augsburg auf der B 300 kommend, abbiegen nach Aretsried, dort ist die Firma gut ausgeschildert

87471 Durach

▶ SINZ

Teigwaren Sinz GmbH
87471 Durach Weidach / Weidachsiedlung 18
Tel. (0831) 61677 / nudel-sinz.de

Warenangebot: große Auswahl an Frischei- und Vollkornnudeln sowie Nudeln ohne Ei, z.B. Bandnudeln in versch. Breiten, Spaghetti, Gabelspaghetti, Makkaroni, Penne, Rigatoni, Hörnle, Muscheln, Buchstaben, Spiralen und Spätzle

Ersparnis: ca. 30-40% im Durchschnitt

Verkaufszeiten: Mo. bis Fr. 7.00-16.00 Uhr

Anfahrtsweg: Durach-Weidach liegt ca. 5 km südlich von Kempten im Allgäu, A 980 Ausfahrt Durach Richtung Kempten, an der Abzweigung nach Durach rechts, die Firma ist auch ausgeschildert

87493 Lauben

▶ CHAMPIGNON

Käserei Champignon Hofmeister GmbH & Co. KG
87493 Lauben Heising / Kemptener Str. 17-24
Tel. (08374) 92-0 / kaeserei-champignon.de

Warenangebot: Käsespezialitäten wie z.B. Champignon Camembert, Cambozola, Rougette, Mirabo und Montagnolo

Ersparnis: durchschnittlich ca. 25%

Verkaufszeiten: Mo. bis Fr. 7.30-13.00 Uhr

Hinweise: angegliedertes Ladengeschäft linker Hand nach der Pforte, es ist auch 2. Wahl erhältlich

Anfahrtsweg: Lauben liegt ca. 5 km nördlich von Kempten, A 7 Ausfahrt Leubas nach Heising, dort ist die Käserei nicht zu übersehen

87770 Oberschönegg

87754 Kammlach

▶ MANG

Mang Käsewerk GmbH & Co. KG
87754 Kammlach / Untere Hauptstr. 2
Tel. (08261) 609-0 / mang-kaesewerk.de

Warenangebot: Limburger, Romadur, Münsterkäse, Feta, Weißkäse, Camembert etc., Marken Fetaki, St. Mang und Medirano

Ersparnis: ca. 30% im Durchschnitt

Verkaufszeiten: Mo. bis Do. 8.00-12.00 Uhr und 13.30-16.00 Uhr, Fr. 8.00-12.00 Uhr

Hinweise: der Verkaufsraum befindet sich im Keller, er ist auf dem Gelände ausgeschildert, teilweise ist auch günstige untergewichtige Ware erhältlich

Anfahrtsweg: von Mindelheim auf der B 18 nach Kammlach, die Firma befindet sich am Ortsbeginn von Unterkammlach, sie ist auch beschildert

87770 Oberschönegg

▶ EHRMANN

Ehrmann AG Oberschönegg im Allgäu
87770 Oberschönegg / Hauptstr. 19
Tel. (08333) 301-0 / ehrmann.de

Die Molkerei wurde 1920 von Alois Ehrmann gegründet. 1953 brachte Ehrmann als erste Firma Quark appetitlich verpackt auf den Markt. 1964 wurde "Almighurt", das erste Fruchtjoghurt eingeführt. Inzwischen gibt es über 30 Almighurt-Sorten. Ehrmann ist ein Marktführer im Bereich Fruchtjoghurt.

Warenangebot: große Auswahl an Molkereiprodukten wie Joghurt, Quark und Desserts in vielen unterschiedlichen Geschmacksrichtungen, auch Diät-Artikel und Sahne, Marken Almighurt, Cremighurt, Bighurt, Früchte-Traum, Vanille-Traum, Grieß-Traum und Genuss Diät

Ersparnis: ca. 30% im Durchschnitt, 2. Wahl ist besonders preiswert

Verkaufszeiten: Di. und Do. 8.00-10.00 Uhr, Fr. 8.00-10.00 Uhr und 15.00-17.00 Uhr

Hinweise: der Verkauf erfolgt im angegliederten Ladengeschäft

Anfahrtsweg: von Memmingen auf der B 18 bei Westerheim links einbiegen, nach ca. 12 km erreicht man Oberschönegg

88131 Lindau

▶ BAHLSEN

The Lorenz Bahlsen Snacks-World GmbH & Co. KG
88131 Lindau / Bregenzer Str. 115
Tel. (08382) 7057-60 / lorenz-snackworld.de

Hermann Bahlsen übernimmt 1889 das "Fabrikgeschäft engl. Cakes und Biscuits" von H. Schmuckler in Hannover. 1935 werden die ersten Salzstangen - Salzletten - auf dem deutschen Markt eingeführt. Alle Artikel sind im wahrsten Sinne des Wortes in aller Munde. Jeder der schon mal ins Snack-Regal gegriffen hat ist Marken wie z.B. Crunchips, NicNac's, Erdnuss Locken etc. begegnet.

Warenangebot:	Lorenz-Produkte wie Crunchips, Chipsletten, Salzletten, Nic Nac's, Erdnusslocken, Peppies, Monster Munch etc. sowie eine Auswahl an Bahlsen Kuchen und Gebäck
Ersparnis:	durchschnittlich ca. 30%
Verkaufszeiten:	Mo. bis Fr. 9.00-18.00 Uhr, Sa. 9.00-13.00 Uhr
Hinweise:	der Eingang befindet sich an der Rückseite des Gebäudes, er ist nicht über die Werkseinfahrt erreichbar
Anfahrtsweg:	A 96 Ausfahrt Lindau, zwischen McDonalds und der Tankstelle geradeaus, dann die 2. Einfahrt rechts

88214 Ravensburg

▶ TEKRUM

Tekrum-Werk Theodor Krumm GmbH & Co. KG
88214 Ravensburg / Schwanenstr. 94
Tel. (0751) 376-0

Warenangebot:	Dauerbackwaren, Buttergebäck, Florentiner, Gebäckmischungen, Kokosstäbchen, Makronen, Eiswaffeln, Eierlikörwaffeln, Diätartikel, hauptsächlich Bruch, Retouren und Restposten
Ersparnis:	bei Bruchware bis zu 50%; Preisbeispiele: große Tüte von Waffelbruch EUR 3,50 und von Gebäckbruch EUR 3,80 und von Konditorenbruch EUR 4,80
Verkaufszeiten:	Mo. bis Fr. 8.00-19.00 Uhr, Sa. 9.00-14.00 Uhr
Hinweise:	eine weitere Verkaufsstelle befindet sich in Ravensburg am Marienplatz 25, geöffnet Mo. bis Mi., Fr. 8.00-19.00 Uhr, Do. 8.00-20.00 Uhr, Sa. 8.00-14.00 Uhr
Anfahrtsweg:	die Firma befindet sich in der Nähe vom Ravensburger Spieleverlag, aber auf der anderen Seite der Bahnlinie

88353 Kißlegg

▶ ALLGÄULAND

Allgäuland Käsereien GmbH
88353 Kißlegg Zaisenhofen
Tel. (07563) 91280 / allgaeuland.de

Warenangebot:	Emmentaler Hartkäse, Hartkäse Parmesan, Schnittkäse, geriebener Käse sowie Milchprodukte Marke Allgäuland, außerdem Käse sowie Milchprodukte Marke Bergbauern, zudem Hartkäse, Schnittkäse, Milchprodukte und Tofu Marke Allgäuland Bio
Ersparnis:	ca. 25% im Durchschnitt
Verkaufszeiten:	Mo. bis Fr. 8.00-12.00 Uhr und 14.00-17.30 Uhr, Sa. 8.00-12.00 Uhr
Hinweise:	größere Mengen sind auch im Versand erhältlich
Anfahrtsweg:	Kißlegg liegt im Allgäu an der B 18 zwischen Wangen und Leutkirch, dort befindet sich die Firma in Zaisenhofen direkt an der Hauptstraße

89231 Neu-Ulm

▶ WEISSELLA

Max Weiss GmbH & Co. / Lebkuchenfabrik
89231 Neu-Ulm / Junkersstr. 4-6
Tel. (0731) 7291-252

Warenangebot:	Weissella Oblatenlebkuchen, Elisen, Nürnberger Lebkuchen, Vollkorn- und Kokosgebäck, Umhängeherzen, Magenbrot, Dominosteine, Waffeln etc.
Ersparnis:	ca. 25%, bei Bruchware bis zu 50%
Verkaufszeiten:	Mo. bis Fr. 6.45-17.00 Uhr, in der Vorweihnachtszeit ist auch Sa. vormittags geöffnet
Hinweise:	eine weitere Einkaufsmöglichkeit besteht in der Krankenhausstr. 3, Tel. 0731/7291-0, geöffnet Mo. bis Fr. 8.00-17.30 Uhr, Sa. 8.00-12.00 Uhr, So. 11.00-14.00 Uhr
Anfahrtsweg:	A 7 Ausfahrt Nersingen auf die B 10 nach Neu-Ulm, dort befindet sich die Firma im Ortsteil Schwaighofen im Industriegebiet

89257 Illertissen

89257 Illertissen

▶ LANWEHR

Lanwehr GmbH
89257 Illertissen / Rudolf-Diesel-Str. 8-10
Tel. (07303) 179-40 / lanwehr-pralinen.de

Die Firmengründung erfolgte 1927 in Königsberg (Preußen) durch Georg Schulze und wurde nach Kriegsende in Illertissen neu aufgebaut. 1961 wurde die Firma durch Konditormeister Alexander Lanwehr übernommen und als Confiseriebetrieb für Spitzenqualität weiter geführt.

Warenangebot: Konditoren-Pralinen (über 120 Sorten) und Marzipanartikel (handmodellierte und geschminkte Marzipanfiguren), Trüffel, Konfekt, Diabetikerprodukte (Präsentpackungen, Beutelware, Schokoblättchen und Tafelware, figürliche Marzipanartikel, Saisonware zu Weihnachten und Ostern, lose Artikel), Biospezialitäten, Geschenkverpackungen

Ersparnis: beim Normalsortiment ca. 10-20%, bei 2. Wahl bis zu 40%

Verkaufszeiten: Mo. bis Fr. 9.00-12.30 Uhr und 14.00-18.00 Uhr

Hinweise: der Verkauf erfolgt im angegliederten Ladengeschäft beim Werk, Bruchware ist nur in geringem Umfang erhältlich

Anfahrtsweg: A 7 Ulm-Memmingen Ausfahrt Illertissen, dort befindet sich die Firma im Industriegebiet Nord-West, über die Auer Str. in die Rudolf-Diesel-Str.

89312 Günzburg

▶ KÜCHLE

W. u. H. Küchle GmbH & Co. KG
89312 Günzburg / Bahnhofstr. 12
Tel. (08221) 3645-0 / kuechle.de

Warenangebot: Back-Obladen aller Art, Backhilfsmittel, Knabber-Oblaten, Pfefferminz-Oblaten, Cocktail-Gebäck

Ersparnis: durchschnittlich ca. 40%, Preisbeispiele: 500 g Obladen für 1,50 Euro und 500 g Picantini für 2,- Euro

Verkaufszeiten: Mo. bis Do. 7.30-12.00 Uhr und 12.45-16.15 Uhr, Fr. 7.30-12.00 Uhr

Hinweise: es ist ausschließlich Bruchware erhältlich

Anfahrtsweg: A 8 Ausfahrt Günzburg Richtung Günzburg, nach ca. 3 km die zweite Abzweigung links Richtung Bahnhof, dann die erste rechts in die Siemensstr. Richtung Bahnhof, danach

89423 Gundelfingen

die erste links in die Bahnhofstr. Richtung Stadtmitte, die zweite, obere Hofeinfahrt links führt auf den Besucherparkplatz

Nahrung/Genuss

▶ LUTZ

Lutz Fleischwaren AG
89312 Günzburg / Violastr. 14
Tel. (08221) 399930 / lutz-fleischwaren.de

Warenangebot: große Auswahl an Wurst- und Fleischwaren aller Art, z.B. Schwarzwälder-, Bayerische-, Fränkische- und Sächsische-Spezialitäten, außerdem Konserven, Convenience-Artikel, Geflügelwurst, Joghurtwurst, Joghurtbratwurst u.v.m.

Ersparnis: durchschnittlich ca. 30%

Verkaufszeiten: Mo. bis Fr. 6.00-15.00 Uhr, Sa. 8.00-12.00 Uhr

Hinweise: Mindestabnahme für EUR 50,- + Mwst.

Anfahrtsweg: A 8 Ausfahrt Leipheim, die Firma befindet sich im Industriegebiet an der Ulmer Str.

89423 Gundelfingen

▶ SCHWARZ

Xaver Schwarz GmbH & Co. KG /
Fleisch- und Wurstwarenfabrik
89423 Gundelfingen / Xaver-Schwarz-Str. 7-9
Tel. (09073) 920354 / schwarzwurst.de

Warenangebot: große Auswahl an Fleisch- und Wurstwaren aller Art in SB-Verpackungen, alle 2 Wochen wechselndes Angebot

Ersparnis: bis zu 50%, je nach Artikel

Verkaufszeiten: Mo. 8.30-12.30 Uhr, Di. bis Do. 8.30-12.30 Uhr und 14.00-18.00 Uhr, Fr. 8.30-18.00 Uhr, Sa. 8.00-12.00 Uhr

Hinweise: eine weitere Verkaufsstelle befindet sich in 88699 Frickingen (Bodensee), Lippertsreuter Str. 16, Tel. (07554) 990587, gleiche Öffnungszeiten

Anfahrtsweg: Gundelfingen liegt ca. 15 km nordöstlich von Günzburg, A 8 Ulm-Augsburg Ausfahrt Günzburg auf die B 16 über Günzburg nach Gundelfingen, Richtung Zentrum auf die Günzburger Str. und im Industriegebiet über die Industriestr. in die Xaver-Schwarz-Str.

90411 Nürnberg

90411 Nürnberg

▶ FORSTER

Forster Nürnberger Bratwurst GmbH & Co KG
90411 Nürnberg / Andernacher Straße 29
Tel. (0911) 52018-0 / forster.de

Der 1885 im Nürnberger Stadtzentrum gegründete Familienbetrieb begann zunächst mit einer Produktpalette traditioneller Wurstwaren wie Brüh-, Koch- und Rohwürste. Seitdem werden auch die "Original Nürnberger Rostbratwürste" hergestellt, die inzwischen in Österreich, Benelux, Holland, Italien, Frankreich, Spanien, Griechenland, Argentinien, Russland und Fernost vertreten sind. Seit 1999 gehört das Unternehmen zur Wolf Firmengruppe mit Hauptsitz in Schwandorf.

Warenangebot:	große Auswahl an Fleisch- und Wurstwaren aller Art, Wurstwaren wie z.B. Original Nürnberger Rostbratwürste in vielen Variationen, Aufschnitt, Salami, Leberkäse, Sülzen, Thüringer-Wurstspezialitäten u.v.m., Fleischwaren siehe aktuelles Angebot, Marken Forster und Wolf
Ersparnis:	ca. 30-40%
Verkaufszeiten:	Mo. bis Fr. 7.00-17.00 Uhr, Sa. 8.00-12.00 Uhr
Anfahrtsweg:	A 3 Richtung Nürnberg Ausfahrt Nürnberg Nord/Flughafen, rechts Richtung Zentrum, an der ersten Ampel rechts in den Bierweg, dann an der zweiten Ampel rechts in die Ziegelsteinstr., dann die dritte Seitenstraße links ist die Andernachstr.

90419 Nürnberg

▶ SCHÖLLER

Nestlé Schöller Lebensmittel GmbH & Co. KG
90419 Nürnberg / Bucher Str. 137
Tel. (0911) 938-1290 / schoeller.de

Warenangebot:	große Auswahl an Eiskrem aller Art, außerdem zugekaufte Backwaren, Nürnberger Oblatenlebkuchen, Lebkuchen aller Art
Ersparnis:	Einzeleis und Backwaren sind nicht günstiger, nur Eis-Großpackungen sind ca. 10% günstiger
Verkaufszeiten:	Mo. bis Fr. 8.00-18.00 Uhr, Sa. 9.00-18.00 Uhr, Sonn- und Feiertage 10.00-18.00 Uhr
Hinweise:	kioskähnliche Verkaufsstelle

90471 Nürnberg

Anfahrtsweg: von Erlangen auf der B 4 kommend Richtung Stadtmitte ist die Firma eigentlich nicht zu übersehen, sie ist auch ausgeschildert

90427 Nürnberg

▶ PFANN

Pfann-Nürnberger Lebkuchen
90427 Nürnberg / Raiffeisenstr. 65
Tel. (0911) 327692 / lebkuchen-pfann.de

Warenangebot: Nürnberger Elisen-Lebkuchen, Gebäck, Geschenkdosen und -kartons

Ersparnis: ca. 20-30%, besonders preiswert ist Bruchware

Verkaufszeiten: Mo. bis Fr. 9.00-18.00 Uhr, Sa. 9.00-14.00 Uhr

Hinweise: eine weiteres Ladengeschäft befindet sich in Nürnberg am Hauptmarkt 1, geöffnet Mo. bis Fr. 10.00-18.00 Uhr, ab Sept. bis Weihnachten Mo. bis Fr. 10.00-18.00 Uhr und Sa. 10.00-16.00 Uhr

Anfahrtsweg: A 73 Ausfahrt Poppenreuth auf die Poppenreuther Str., nach ca. 2 km links in die Raiffeisenstr.

90471 Nürnberg

▶ SCHUHMANN

Schuhmann GmbH & Co. KG /
Nürnberger Lebkuchenfabrik
90471 Nürnberg Langwasser / Kreuzburgerstr. 12
Tel. (0911) 998020 / schuhmann-lebkuchen.de

Warenangebot: Nürnberger Oblatenlebkuchen, Nürnberger Braune Lebkuchen, Nürnberger Elisenlebkuchen, Lebkuchen aller Art

Ersparnis: preisgünstige Angebote, Bruch ist besonders preiswert

Verkaufszeiten: Mo. bis Do. 8.00-16.00 Uhr und Fr. 8.00-14.30 Uhr in der Fabrik, im Sommer ist jedoch nicht geöffnet

Hinweise: Verkauf während der Weihnachtssaison (ab Sept.) im "Hexenhäuschen" vor der Fabrik, Mo. bis Fr. 9.00-18.00 Uhr

Anfahrtsweg: die Firma befindet sich im südöstlichen Stadtteil Langwasser in der Nähe vom Messegelände, gegenüber vom Hallenbad

90556 Cadolzburg

90556 Cadolzburg

▶ RIEGELEIN

Hans Riegelein u. Sohn GmbH & Co.
90556 Cadolzburg / Danziger Str.
Tel. (09103) 505-0 / riegelein.de

Warenangebot: große Auswahl an Schokolade und Schokoladenhohlfiguren aller Art, außerdem Pralinen und Confiseriepräsente

Ersparnis: preisgünstige Angebote, besonders bei 2. Wahl

Verkaufszeiten: ab Okt. bis ca. Mai Mo. bis Fr. 9.00-12.00 Uhr und 14.30-18.00 Uhr, Sa. 9.00-12.00 Uhr, während der anderen Monate findet gelegentlich für jeweils ca. 1 Woche lang ein Sonderverkauf statt, genaue Termine erfragen

Hinweise: der Verkauf befindet sich in einem Ladengeschäft an der Fabrik, es ist auch Schokoladenbruch erhältlich

Anfahrtsweg: von Nürnberg kommend auf der B 8 abbiegen nach Cadolzburg, am Ortsanfang 1. Straße rechts einbiegen in die Tiembacher Str., das Ladengeschäft ist bei der Firma um die Ecke

90571 Schwaig

▶ WACHTER

Wachter AG / Nahrungsmittelwerke
90571 Schwaig / Haimendorfer Str. 52
Tel. (0911) 9538377 oder (0800) 9538300 (gebührenfrei) /
wachter-nahrungsmittel.de

Warenangebot: Soßen, Brühen, Suppen, Würzmittel und Desserts, außerdem Fixprodukte, Fitness- und Diabetikerprodukte sowie Beilagen

Ersparnis: ca. 30-40%

Verkaufszeiten: Mo. bis Do. 8.00-15.30 Uhr, Fr. 8.00-14.30 Uhr

Anfahrtsweg: Schwaig liegt ca. 10 km nordöstlich vom Zentrum Nürnberg, erreichbar über die A 3 Ausfahrt Nürnberg-Mögeldorf, in Schwaig befindet sich die Firma im Industriegebiet nahe der Autobahn

91522 Ansbach

90763 Fürth

▶ TROLLI

Mederer Süßwarenvertriebs GmbH / Trolli-Shop
90763 Fürth / Hans-Bornkessel-Str. 3
Tel. (0911) 709098 / trolli.de

Warenangebot:	große Auswahl an Fruchtgummis in versch. Geschmacksrichtungen, Marke Trolli, z.B. Gummibärchen, Colafläschchen, Lakritzen, außerdem Gummischaumartikel, Pralinen, Rumkugeln, Schokoriegel, Tafelschokolade etc.
Ersparnis:	durchschnittlich ca. 30-40%; Preisbeispiel: 1 kg von 1. Wahl für EUR 2,60 und von 2. Wahl für EUR 1,85
Verkaufszeiten:	Mo. bis Fr. 9.00-18.00 Uhr
Hinweise:	es sind hauptsächlich 1- und 2-kg-Packungen erhältlich
Anfahrtsweg:	Fürth liegt ca. 10 km nordwestlich von Nürnberg, dort befindet sich die Firma in der Südstadt

91325 Adelsdorf

▶ EM-EUKAL

Em-Eukal Soldan GmbH / Bonbonfabrik
91325 Adelsdorf / Höchstadter Str. 33
Tel. (09195) 8080

Warenangebot:	Husten- und Fruchtbonbons, Gummibären
Ersparnis:	ca. 30% im Durchschnitt
Verkaufszeiten:	Mo. bis Do. 7.00-16.00 Uhr, Fr. 7.00-13.00 Uhr
Hinweise:	günstig sind auch Packungen die das Sollgewicht nicht genau erfüllen
Anfahrtsweg:	A 3 Nürnberg-Würzburg, Ausfahrt Höchstadt-Ost nach Adelsdorf, dann kommt man direkt an der Firma vorbei

91522 Ansbach

▶ SCHAFFT

Schafft Ansbach / Unilever Bestfoods Deutschland GmbH
91522 Ansbach / Eyber Str. 81
Tel. (0981) 1801-0 / schafft.de

Das Unternehmen wurde im Jahr 1868 durch Emil Schafft in Nürnberg gegründet. Heute ist die Firma Schafft Teil der internationalen Unternehmensgruppe

92421 Schwandorf

Unilever und stellt qualitativ hochwertige Lebensmittel unter bekannten Markennamen wie z.B. "Bifi" und "Du darfst" her. "Bifi" ist der Snack für zwischendurch und "Du darfst"-Wurstwaren zeichnen sich durch einen geringen Fettgehalt aus.

Warenangebot:	Fleisch- und Wurstwaren aller Art der Marken Bifi, Bifi Roll, Carazza, Ranger, Becel, Du Darfst und Schafft
Ersparnis:	bis zu 50%, günstige Angebote
Verkaufszeiten:	Fr. 15.00-18.00 Uhr, Sa. 9.00-14.00 Uhr
Anfahrtsweg:	Ansbach liegt ca. 40 km südwestlich von Nürnberg an der A 6, Ausfahrt Ansbach auf die B 13, den Berg runter sieht man schon den großen Schlot, der Verkauf befindet sich neben der Fabrik, bei der Feuerwehr, die Anfahrt über die Eyber Str. ist ausgeschildert

92421 Schwandorf

▶ WOLF

Wolf GmbH
92421 Schwandorf / Am Ahornhof 2
Tel. (09431) 384-194 / wurst.tv

Die Firma wurde im Jahr 1925 vom Fleischermeister Alois Wolf im Egerland in der Ortschaft Mies als Metzgerei gegründet. Heute wird das Unternehmen in der vierten Generation geführt, hat 3 Produktionsstandorte und ca. 130 Filialbetriebe.

Warenangebot:	große Auswahl an Fleisch- und Wurstwaren aller Art, Wurstwaren wie z.B. Aufschnitt, Salami, Leberkäse, Sülzen, Thüringer- und Nürnberger Wurstspezialitäten u.v.m., Fleischwaren siehe aktuelles Angebot, Marken Wolf und Forster
Ersparnis:	ca. 30-40%
Verkaufszeiten:	Mo. bis Fr. 8.00-18.00 Uhr, Sa. 8.00-12.00 Uhr
Hinweise:	ab einer Abnahmemenge von 5 kg insgesamt erhält man nochmal 10% Rabatt
Anfahrtsweg:	A 93 Ausfahrt Schwandorf-Wackersdorf, rechts Richtung Schwandorf, die Firma befindet sich gleich auf der rechten Seite unweit der Autobahnausfahrt

92431 Neunburg

▶ BAHLSEN

The Lorenz Bahlsen Snacks-World GmbH & Co. KG
92431 Neunburg vorm Wald / Industriestr. 11
Tel. (09672) 46-0 / lorenz-snackworld.de

93164 Laaber

Hermann Bahlsen übernimmt 1889 das "Fabrikgeschäft engl. Cakes und Biscuits" von H. Schmuckler in Hannover. 1935 werden die ersten Salzstangen - Salzletten - auf dem deutschen Markt eingeführt. Alle Artikel sind im wahrsten Sinne des Wortes in aller Munde. Jeder der schon mal ins Snack-Regal gegriffen hat ist Marken wie z.B. Crunchips, NicNac's, Erdnuss Locken etc. begegnet

Warenangebot:	Lorenz-Produkte wie Crunchips, Chipsletten, Salzletten, Nic Nac's, Erdnusslocken, Peppies, Monster Munch etc. sowie eine Auswahl an Bahlsen Kuchen und Gebäck
Ersparnis:	Bruchware ist ca. 30-50% günstiger
Verkaufszeiten:	Mo. bis Fr. 9.00-17.00 Uhr, Sa. 9.00-12.00 Uhr
Anfahrtsweg:	Neunburg liegt nordöstlich von Regensburg, A 93 Ausfahrt Schwarzenfeld nach Neunburg, bei der Kaserne Richtung Rötz, die Firma befindet sich im Industriegebiet beim Werk Lorenz

▶ EFRUTI

Efruti GmbH & Co. KG
92431 Neunburg vorm Wald / Industriestr. 1-3
Tel. (09672) 9218-0 oder -30 (Fabrikverkauf)

Warenangebot:	große Auswahl an Fruchtgummis unterschiedlicher Art und Formen, Bonbons
Ersparnis:	ca. 30-40%, unterschiedlich je nach Artikel
Verkaufszeiten:	Mo. bis Fr. 9.00-12.00 Uhr und 13.00-17.00 Uhr
Hinweise:	es ist hauptsächlich Kiloware erhältlich
Anfahrtsweg:	Neunburg liegt nordöstlich von Regensburg, A 93 Ausfahrt Schwarzenfeld nach Neunburg, dort befindet sich die Firma im Industriegebiet an der Umgehungsstraße

93164 Laaber

▶ SEIDL

Seidl Confiserie GmbH
93164 Laaber / Reiserweg 2
Tel. (09498) 90005 / seidl-confiserie.de

Warenangebot:	feine Pralinen- und Schokoladenspezialitäten wie Macadamia-Trüffel und -Splitter, Marzipan-, Kakao- und Cognac-Trüffel, Nussspezialitäten u.v.m., Hohlfiguren
Ersparnis:	preiswert sind vor allem Bruchartikel, trotzdem sind die Artikel nicht billig

93468 Miltach

Verkaufszeiten: Mo. bis Fr. 8.00-18.30 Uhr, Sa. 8.00-16.00 Uhr, So. und Feiertage 10.00-17.00 Uhr

Hinweise: bei rechtzeitiger Anmeldung ist eine Besichtigung der Produktionsräume möglich

Anfahrtsweg: Laaber liegt ca. 15 km nordwestlich von Regensburg, A 3 Regensburg-Nürnberg Ausfahrt Laaber, die Firma befindet sich ca. 200 m nach der Ausfahrt direkt an der Straße

93468 Miltach

▶ BEIER

Otto Beier KG / Waffel- und Gebäckfabrik
93468 Miltach / Bahnhofstr. 31
Tel. (09944) 34140 / beier-waffeln.de

Warenangebot: großes Waffelsortiment wie z.B. Schaum-, Eis-, Creme- und Diätwaffeln, essbares Waffelgeschirr, außerdem großes Gebäcksortiment wie Plätzchen, Lebkuchen, Teegebäck, Weihnachtsbäckereien sowie Kuchenglasuren, Nussnougat, Marzipan und Geschenkartikel auch viele Diätprodukte

Ersparnis: durchschnittlich ca. 35%

Verkaufszeiten: Mo. bis Fr. 7.30-12.00 Uhr und 13.00-17.30 Uhr, Sa. 8.30-12.00 Uhr

Hinweise: meist ist auch günstige Bruchware erhältlich

Anfahrtsweg: Miltach liegt an der B 85 zwischen Cham und Regen, in Miltach befindet sich die Firma genau gegenüber vom Bahnhof

94032 Passau

▶ KEUPP

Georg Keupp / Back- und Süßwarenherstellung
94032 Passau / Bahnhofstr. 2
Tel. (0851) 35227

Die Firma wurde im Jahr 1858 in Passau als Konditorei-Café gegründet und ist seit 1963 als Versandkonditorei ohne Café und Ladengeschäft tätig.

Warenangebot: Baumkuchen, Baumkuchen-Pasteten, Baumkuchen-Spitzen, feines Teegebäck, Florentiner, Käsegebäck und Käsestangen aus Blätterteig, Zwiebelbonbons und andere Confiserie-Spezialitäten

94439 Roßbach

Ersparnis:	nur bei Angeboten günstiger; Preisbeispiele: 250 g Baumkuchen für 5,- EUR, ein Marzipantaler für 1,- EUR und eine Nougatstange für 1,- EUR
Verkaufszeiten:	Mo. bis Fr. 8.00-12.00 Uhr und 13.00-17.00 Uhr, Okt. bis Dez. auch Sa. 9.00-13.00 Uhr
Hinweise:	im Büro ist ein Ausstellungskasten vorhanden aus dem die Ware ausgewählt werden kann, teils begrenzte Auswahl, gelegentlich sind auch günstige Bruchartikel im Angebot
Anfahrtsweg:	die Firma befindet sich nahe dem Ludwigsplatz, der Eingang befindet sich auf der Rückseite des Gebäudes neben "McDonalds", ein Schaukasten weist auf den Verkauf hin

94437 Mamming

▶ MAMMINGER

Mamminger Konserven eG
94437 Mamming / Prangstr. 19
Tel. (09955) 9314-0 / mamminger-konserven.de

Warenangebot:	große Auswahl an Sauerkonserven aller Art wie z.B. Sauerkraut, Essiggurken, Puszta-Salat, Sellerie, Paprika, Blumenkohl, Karotten, Pepperoni, Silberzwiebeln, Mixed Pickles, Rote Beete etc., alles in Gläsern oder Dosen
Ersparnis:	ca. 30-40%, unterschiedlich je nach Artikel
Verkaufszeiten:	Di. 13.00-16.00 Uhr, Mi. und Fr. 8.30-11.00 Uhr
Hinweise:	Abgabe nur in ganzen Kartons (mind. 12 Stück), teilweise sind auch günstige Beuldosen sowie sog. Mischkartons mit 9 oder 12 Gläsern erhältlich
Anfahrtsweg:	Mamming liegt ca. 8 km westlich von Landau Richtung Dingolfing, die Firma befindet sich mitten in Mamming, sie ist gut ausgeschildert

94439 Roßbach

▶ WASTA

Wasta-Konserven Stadler u. Fischl GmbH & Co. KG
94439 Roßbach / Münchsdorfer Str. 24
Tel. (08547) 96010

Warenangebot:	Sauerkonserven, Gurkentopf, Karotten-, Kraut-, Paprika- und Pusztasalat, Mixed Pickles, Sauerkraut, in Dosen à 5

95478 Kemnath

und 10 Liter Inhalt oder in Gläsern à 1/2, 1 und 2 Litern Inhalt erhältlich

Ersparnis: ca. 30% im Durchschnitt

Verkaufszeiten: Mo. bis Fr. 7.30-11.00 Uhr und 12.00-16.30 Uhr

Hinweise: die Gläser sind nur kartonweise (à 6 oder 12 Stück) erhältlich

Anfahrtsweg: B 8 von Passau nach Vilshofen, über Aldersbach nach Roßbach, dort befindet sich die Firma am Ortsende an der Hauptstr. neben der Sparkasse

95478 Kemnath

▶ FISCHER

Fischer Textil GmbH
95478 Kemnath / Alte Amberger Str. 8
Tel. (09642) 461

Warenangebot: Stoffe, Wirkstoffe, Strickstoffe und Wäschestoffe

Ersparnis: preisgünstiges Warenangebot

Verkaufszeiten: Do. 13.00-17.00 Uhr

Anfahrtsweg: Kemnath liegt ca. 25 km östlich von Bayreuth, A 9 Ausfahrt Bayreuth-Süd auf die B 22 über Speichersdorf nach Kemnath, nach dem Ortseingang die zweite Straße rechts einbiegen (Amberger Str.)

▶ PONNATH

Ponnath GmbH & Co. KG
95478 Kemnath / Bayreuther Str. 40
Tel. (09642) 30-148 (Werksverkauf) / ponnath.de

Warenangebot: große Auswahl an Fleisch- und Wurstwaren aller Art

Ersparnis: preisgünstiges Warenangebot

Verkaufszeiten: Mo. bis Fr. 8.00-18.00 Uhr, Sa. 8.00-12.30 Uhr

Anfahrtsweg: Kemnath liegt ca. 25 km östlich von Bayreuth, A 9 Ausfahrt Bayreuth-Süd auf die B 22 über Speichersdorf nach Kemnath, dort befindet sich die Firma am Ortseingang im Industriegebiet, sie ist nicht zu übersehen

96337 Ludwigsstadt

96152 Burghaslach

▶ JE-KÜ

Je-Kü GmbH
96152 Burghaslach / Laubanger 2
Tel. (09552) 92002-0

Warenangebot: große Auswahl an Fränkischen Lebkuchenspezialitäten

Ersparnis: preisgünstiges Warenangebot

Verkaufszeiten: nur Sept. bis Dez. Mo. bis Fr. 9.00-12.00 Uhr und 13.00-17.00 Uhr, Sa. 9.00-12.00 Uhr

Anfahrtsweg: Burghaslach liegt an der A 3 Nürnberg-Würzburg, Ausfahrt Schlüsselfeld nach Burghaslach, die Firma befindet sich von der Autobahn kommend direkt am Ortseingang

96337 Ludwigsstadt

▶ LAUENSTEIN CONFISERIE

Confiserie Burg Lauenstein GmbH
96337 Ludwigsstadt / Fischbachsmühle
Tel. (09263) 945-0 / lauensteiner.de

Warenangebot: reichhaltige Auswahl an hochwertigen, handgefertigten Pralinen aller Art, auch Diabetikerpralinen sowie Geschenkpackungen

Ersparnis: bei Bruchware bis zu 50%

Verkaufszeiten: Mo. bis Fr. 8.00-18.00 Uhr, Sa. 9.00-14.00 Uhr, von Mai bis Dez. zusätzlich So. 10.30-17.00 Uhr

Hinweise: eine Besichtigung der Produktion ist möglich

Anfahrtsweg: Ludwigstadt liegt nördlich von Kronach an der B 85, durch Ludwigsstadt durchfahren Richtung Probstzella, ca. 2 km nach Lauenstein befindet sich die Fischbachsmühle auf der rechten Seite, sie ist auch ausgeschildert

▶ WELA

Wela-Trognitz Fritz Busch GmbH & Co. KG
96337 Ludwigsstadt / Alte Poststr. 12-13
Tel. (09263) 942-0 oder -421 (Direktverkauf) /
wela-suppen.de

96450 Coburg

Warenangebot:	Feinkostsuppen, Dosensuppen, Soßen, Brüherzeugnisse, Suppenwürzen und sonstige Würzmittel sowie Feinkost und Desserts, Marke Wela
Ersparnis:	durchschnittlich ca. 25%
Verkaufszeiten:	Mo. bis Do. 8.00-15.30 Uhr, Fr. 8.00-12.00 Uhr
Hinweise:	separater Verkaufsraum im Obergeschoss
Anfahrtsweg:	Ludwigstadt liegt an der B 85 von Kronach in Richtung Saalfeld, am Ortseingang links einbiegen, die Firma ist auch ausgeschildert

96450 Coburg

▶ FEYLER

**Wilhelm Feyler /
Bayer. Lebkuchen- und Feingebäck-Manufaktur
96450 Coburg / Rosengasse 6/8
Tel. (09561) 80480 / feyler-lebkuchen.de**

Wilhelm Feyler gründete 1892 in der Rosengasse in Coburg eine Spezial- und Feinbäckerei. Bereits 5 Jahre später überzeugte er das Coburger Herzoghaus mit seinen Erzeugnissen und bekam von Herzog Alfred von Sachsen-Coburg und Gotha die Auszeichnung "Hofbäcker" verliehen. 1907 erfolgte die Ernennung zum Hoflieferanten durch Ihre Kaiserliche Hoheit Herzogin Marie von Coburg, Großfürstin von Rußland. Heute nach über 100 Jahren und in der 4. Meistergeneration werden noch immer jene Spezialitäten nach überlieferten Rezepturen hergestellt, die schon in allen Kontinenten der Welt Freunde und Genießer gefunden haben.

Warenangebot:	feine Lebkuchenspezialitäten, auch in historischen Blechdosen, Coburger Schmätzchen und Goldschmätzchen, Geschenkpackungen und lose Ware, Butter-Kaiserstollen
Ersparnis:	lose abgepackte Ware ist besonders preiswert
Verkaufszeiten:	Mo. bis Fr. 8.00-18.00 Uhr, Sa. 7.30-13.30 Uhr
Hinweise:	Verkauf im angegliederten Ladengeschäft, teilweise ist auch günstige Bruchware erhältlich
Anfahrtsweg:	in Coburg geht die Rosengasse in der Nähe vom Rathaus vom Marktplatzweg

97209 Veitshöchheim

▶ FRANKONIA

**Frankonia Schokoladenwerke GmbH
97209 Veitshöchheim / Daimlerstr. 9
Tel. (0931) 970460**

97350 Mainbernheim

Seit 1869 stellt die Firma Frankonia Süßwaren und Schokolade her. Heute werden Schokoladen für Diabetiker hergestellt, für die nur beste Rohstoffe und erlesene Zutaten verwendet werden.

Warenangebot: große Auswahl an Diät-Schokoladen mit Fruchtzucker in vielen Geschmacksrichtungen, z.B. Tafelschokoladen, Pralinen, Riegel und Gebäck, Marken Frankonia, Pea und Holex

Ersparnis: ca. 30-40%, unterschiedlich je nach Artikel

Verkaufszeiten: Di. und Do. 14.00-17.00 Uhr

Hinweise: teilweise ist auch günstige Bruchware erhältlich

Anfahrtsweg: Veitshöchheim liegt ca. 10 km nordwestlich von Würzburg, dort an der Balthasar-Neumann-Kaserne vorbei ins Industriegebiet, die nächste rechts und dann die nächste wieder rechts einbiegen

97350 Mainbernheim

▶ BÄREN SCHMIDT

Gebr. Schmidt GmbH & Co. KG
97350 Mainbernheim / Gebr.-Schmidt-Str. 14
Tel. (09323) 8711-0 / baeren-schmidt.de

Warenangebot: Lebkuchenherzen mit versch. Sprüchen, Gewürz- und Anisplätzchen, Biskuits, Honigkuchen, Spritzgebäck, Spruch- und gefüllte Herzen, Dominosteine, Magenbrot, Christbaumschmuck aus Lebkuchen und viele andere leckere Spezialitäten

Ersparnis: ca. 25%

Verkaufszeiten: Jan. bis Aug. Mo. bis Do. 7.00-16.00 Uhr, Fr. 7.00-12.00 Uhr, Sept. bis Dez. Mo. bis Fr. 7.00-18.00 Uhr, Sa. 8.00-12.00 Uhr, ab Okt. zusätzl. auch Sa. 8.00-14.00 Uhr

Hinweise: der Verkauf erfolgt im Ladengeschäft auf dem Betriebsgelände, es sind auch viele günstige Bruchartikel im Angebot

Anfahrtsweg: von Würzburg auf der B 8 über Kitzingen nach Mainbernheim, dort am Ortsende rechts einbiegen ins Industriegebiet, ist auch ausgeschildert

97357 Prichsenstadt

▶ WOLF

Paul Wolf Dauerbackwarenfabrik
97357 Prichsenstadt Altenschönbach / Hauptstr. 2
Tel. (09383) 9724-0 oder -28 (Laden)

Warenangebot: Mohrenköpfe, Schaumzuckerprodukte, Waffeln, Gebäck, Bonbons, Saisonartikel wie z.B. Dominosteine, Lebkuchen, Osterhasen, Weihnachtsmänner

Ersparnis: ca. 25%, bei Bruchware bis zu 50%

Verkaufszeiten: Mo. bis Fr. 9.00-18.00 Uhr

Hinweise: größere Mengen vorher telefonisch anmelden

Anfahrtsweg: Prichsenstadt liegt ca. 35 km östlich von Würzburg, erreichbar über die A 3 Ausfahrt Schweinfurt/Wiesentheid, die Firma befindet sich in Altenschönbach

97440 Werneck

▶ EICHETTI

Eichetti Confect-Spezialitäten
A. Eichelmann GmbH & Co. KG / Eichetti Candy-Land
97440 Werneck / Robert-Bosch-Str. 1 / Mittlerer Weg
Tel. (09722) 91220 / eichetti.de

Im Jahr 1897 gründet Adam Eichelmann im unterfränkischen Werneck eine Firma zur Teigwarenproduktion. Im Jahr 1900 erfolgt die Einführung der Produktlinie Brausepulver und im Jahr 1927 die Geburtsstunde des "Eichelmann-Eistörtchen", die bis heute produziert werden. Seit 1962 Konzentration auf die Produktion von Süßwaren-Artikeln und die Ausweitung des Vertriebs nach Europa und Übersee.

Warenangebot: Eiskonfect, Geschenkpackungen in vielen Geschmacksrichtungen, außerdem Brausebonbons, Brausetaler, Traubenzucker, Waffeln, Waffelröllchen, Lebkuchen, Gummibären, Popcorn u.v.m.

Ersparnis: durchschnittlich ca. 30%

Verkaufszeiten: Mi. und Fr. 10.00-18.00 Uhr, Sa. 10.00-13.00 Uhr

Hinweise: der Fabrikverkauf befindet sich in einem Nebengebäude, teilweise ist auch 2. Wahl erhältlich

Anfahrtsweg: Werneck liegt ca. 10 km südwestlich von Schweinfurt, dort befindet sich die Firma am Ortsausgang im Gewerbegebiet

97447 Gerolzhofen

▶ HIESTAND

Hiestand Backwaren GmbH
97447 Gerolzhofen / Kolpingstr. 1
Tel. (09382) 97110 / hiestand.de

Die Firma wurde 1967 durch Alfred Hiestand in Zürich gegründet. Eine bahnbrechende Innovation war die Entwicklung der vorgegarten, backbereiten Teiglinge. Daraufhin erfolgte die Konzentration auf das Geschäft mit tiefgekühlten Backwaren.

Warenangebot:	große Auswahl an tiefgefrorenen Backwaren aller Art wie z.B. Brötchen, Kipferl mit versch. Füllungen, Strudel, Lasagne (auch vegetarisch), Fleischtaschen, Snacks u.v.m.
Ersparnis:	ca. 50% bei 2. Wahl-Artikeln
Verkaufszeiten:	Fr. 10.00-17.00 Uhr
Hinweise:	der Verkauf erfolgt in Werk 1
Anfahrtsweg:	Gerolzhofen liegt ca. 20 km südlich von Schweinfurt an der B 286, im Ort befindet sich die Firma gegenüber vom alten Bahnhof, der Fabrikverkauf befindet sich gegenüber vom Rewe-Eingang, beim Rewe-Parkplatz

97688 Bad Kissingen

▶ LAY

Lay Gewürzo GmbH
97688 Bad Kissingen Reiterswiesen / Minnesängerstr. 3
Tel. (0971) 7251-0 / lay-gewuerze.de

Warenangebot:	große Auswahl an Gewürzmischungen aller Art, außerdem Gewürzöle und Marinaden
Ersparnis:	günstige Angebote
Verkaufszeiten:	Di. bis Do. 7.45-12.00 Uhr und 12.30-16.00 Uhr
Hinweise:	Mindestabnahmemenge 1 kg je Sorte
Anfahrtsweg:	Bad Kissingen liegt an der A 7 Würzburg-Fulda, in Bad Kissingen befindet sich die Firma im Ortsteil Reiterswiesen

97906 Faulbach

97906 Faulbach

▶ VEELMANN

Veelmann Produktionsgesellschaft mbH
97906 Faulbach / Triebweg 5
Tel. (09392) 809-47 (Verkaufsshop)

Der Verkaufsshop der Firma Veelmann besteht seit 1990. Das Sortiment umfasst mittlerweile rund 500 Produkte.

Warenangebot:	Diätprodukte von Schneekoppe und Veelmann, Süßstoffe, Instantprodukte, Teesortiment der Marken Meßmer, Milford, Onno Behrends, Fruchtschnitten und Cerealienriegel u.v.m., jeden Monat wechselndes Angebot
Ersparnis:	durchschnittlich ca. 30%, es sind immer günstige Angebote erhältlich
Verkaufszeiten:	Mo. bis Fr. 9.00-12.30 Uhr und 14.00-18.00 Uhr
Anfahrtsweg:	Faulbach liegt ca. 10 km nordwestlich von Wertheim, A 3 Ausfahrt Wertheim/Lengfurt über Wertheim nach Faulbach, dort befindet sich die Firma im Industriegebiet

98593 Floh-Seligenthal

▶ VIBA

Viba Sweets GmbH
98593 Floh-Seligenthal / Die Aue 7
Tel. (03683) 6921-0 / viba-sweets.de

Viba ist ein 1893 gegründeter kleiner und sehr moderner Industriebetrieb. Nougat, Marzipan, Dragees und Fruchtschnitten prägen das Sortiment, das seit 1992 unter der Marke Viba erhältlich ist. Neben den traditionellen Süßwaren arbeitet Viba in den Bereichen Sporternährung und Diätprodukte. Diese Produkte sind in Apotheken, Sportfachgeschäften, Drogerien und Fitnesseinrichtungen erhältlich. Viba-Produkte werden ausschließlich aus natürlichen Rohstoffen ohne Verwendung von Konservierungsstoffen gefertigt. So ist die Nougatstange, seit 1920 in unveränderter Rezeptur, einer der ältesten Markenartikel in der süßen Branche.

Warenangebot:	Nougat in unterschiedlichen Veredelungen, Nougatstange, Marzipanstange, Dragees, Fruchtschnitten, Mint-Kissen, picknick-Schnitte, gebrannte Erdnüsse, Pralinen, Diätartikel, Marke Viba, auch Saisonartikel für Ostern und Weihnachten in speziellen Verpackungen
Ersparnis:	durchschnittlich ca. 10-25%
Verkaufszeiten:	Mo. bis Fr. 9.00-18.00 Uhr, Sa. 9.00-12.00 Uhr
Hinweise:	kleiner Verkaufsraum im Empfangsbereich, eine Produktionsbesichtigung auch für kleine Gruppen ist nach

99428 Nohra

Voranmeldung möglich, auch ist eine telefonische Bestellung und der Versand der Ware möglich

Anfahrtsweg: A 4 Ausfahrt Waltershausen über Tabarz und Friedrichroda in Richtung Schmalkalden, durch die Orte Kleinschmalkalden, Hohleborn und Seligenthal, am Ortsausgang von Seligenthal bei "Norma" links abbiegen

99310 Arnstadt

▶ WOLF

Wolf Süßwaren GmbH
99310 Arnstadt / August-Rost-Str. 1
Tel. (03628) 5838-0

Warenangebot: Mohrenköpfe, Schaumzuckerprodukte, Waffeln, Kekse, Salzgebäck, Plätzchen, Waffelmischungen, Saisongebäck und Knäckebrot

Ersparnis: ca. 30%, bei Bruchware bis zu 50%

Verkaufszeiten: Mo. bis Fr. 10.00-18.00 Uhr

Anfahrtsweg: Arnstadt liegt ca. 20 km südlich von Erfurt, A 4 Ausfahrt Erfurt-West auf die B 4 nach Arnstadt, an der 1. Ampelkreuzung rechts in das Gewerbegebiet Arnstadt-Nord

99428 Nohra

▶ WEIMARER WURST

Weimarer Wurstwaren GmbH
99428 Nohra / Am Troistedter Weg 1
Tel. (03643) 5630 / weimarer-wurstwaren.de

Warenangebot: Fleisch- und Wurstwaren, z.B. Thüringer Wurstspezialitäten, Schinken, Bauch, Kassler, Würstchen etc., außerdem Frischfleisch vom Rind und Schwein

Ersparnis: durchschnittlich ca. 25%

Verkaufszeiten: Mi. bis Fr. 9.00-18.00 Uhr, Sa. 8.00-12.00 Uhr

Hinweise: der "Frische Markt", befindet sich rechter Hand an der Stirnseite des Gebäudes, der Pförtner weist den Weg

Anfahrtsweg: Nohra liegt an der B 7 zwischen Weimar und Erfurt, erreichbar auch über die A 4 Ausfahrt Nohra, von hier kommend nach ca. 2 km an der Ampelkreuzung links abbiegen und der Beschilderung "Schlachthof" folgen

Bekleidung

01900 Bretnig-Hauswalde

▶ SEMPER

Semper Mode GmbH
01900 Bretnig-Hauswalde / Adolf-Zschiedrich-Str. 3
Tel. (035952) 3560 / wellington-of-bilmore.com

Die Marke Wellington of Bilmore wurde 1982 eingetragen und steht für den anglo-amerikanischen Sportswear-Stil. Am Anfang wurden Sportswear und Mäntel für Männer entwickelt. Bald folgten auch Lederjacken. 1995 wurde die erste Damen-Outdoorkollektion entwickelt. Heute umfasst die Herrenlinie ein komplettes Lifestyle-Programm für Kunden in ganz Europa.

Warenangebot:	hauptsächlich Jacken, Westen und Mäntel für Herren sowie Röcke, Westen, Hosen und Blazer für Damen, außerdem einige T-Shirts und Sweat-Shirts, Marke Wellington of Bilmore
Ersparnis:	preisgünstiges Warenangebot, 2. Wahl ist besonders preiswert
Verkaufszeiten:	Do. und Fr. 15.00-18.00 Uhr, Sa. 9.00-12.00 Uhr
Hinweise:	separates Ladengeschäft
Anfahrtsweg:	A 4 Dresden-Bautzen Ausfahrt Ohorn nach Bretnig, dort befindet sich die Firma direkt in der Ortsmitte Richtung Pulsnitz, große blaue Halle gegenüber dem "Penny-Markt"

06796 Brehna

▶ MUSTANG

Jeans Depot
06796 Brehna / Otto-Lilienthal-Str. 7
Tel. (034954) 41824 / mustang.de

Warenangebot:	große Auswahl an Jeans und Freizeitbekleidung wie z.B. Hosen, Hemden, Blusen, Jacken, Anoracks, T-Shirts,

07937 Zeulenroda

	Sweat-Shirts, Pullover, Gürtel, Rucksäcke, Mützen etc., Marke Mustang
Ersparnis:	bei Restposten und 2. Wahl 50% und mehr gegenüber normaler 1. Wahl-Ware
Verkaufszeiten:	Mo. bis Fr. 9.30-19.00 Uhr, Sa. 9.30-16.00 Uhr
Hinweise:	es sind nur 2. Wahl und Restposten erhältlich, kein direkter Fabrikverkauf des Herstellers
Anfahrtsweg:	Brehna liegt ca. 20 km nordöstlich von Halle/Saale an der A 9, Ausfahrt Halle auf die B 100 Richtung Brehna, bei der Aral-Tankstelle rechts ab Richtung "McDonalds" zum Jeans-Shop

07580 Braunichswalde

▶ PALM BEACH

Palm Beach Bademoden GmbH
07580 Braunichswalde / Bahnhofstr. 31
Tel. (036608) 2350

Das Unternehmen wurde im Jahr 1971 gegründet und wurde als Ausrüster bei Miss- und Mister-Wahlen in ganz Europa bekannt.

Warenangebot:	Bademoden für Damen, Herren und Kinder wie Badehosen, Badeanzüge, Bikinis und Bademäntel, Marken Palm Beach und Bahama Beach, außerdem zugekaufte T-Shirts und Bademäntel
Ersparnis:	bis zu 40% möglich
Verkaufszeiten:	März bis August Mo. bis Fr. 9.00-18.00 Uhr, Sa. 9.00-12.00 Uhr, außerhalb der Saison Mo. bis Do. 9.00-15.00 Uhr, Fr. 9.00-14.00 Uhr
Hinweise:	der Verkaufsraum befindet sich im Erdgeschoss des Gebäudes
Anfahrtsweg:	A 4 Chemnitz-Gera Ausfahrt Ronneburg, in Ronneburg links ab Richtung Werdau nach Braunichswalde, hier befindet sich die Firma etwas außerhalb, sie ist auch ausgeschildert

07937 Zeulenroda

▶ EXCELLENT

Excellent Intimates GmbH
07937 Zeulenroda / Greizer Str. 95
Tel. (036628) 810 / excellent.de

08107 Kirchberg

Die Geschichte des Unternehmens geht zurück bis in das Jahr 1871. Damals erfolgte in Erfurt die Gründung einer Gummiwarenfabrikation. Nach verschiedenen Übernahmen war die Firma 1928 weltgrößter Hersteller von Gummistrümpfen und Gummiwirkwaren. Heute ist die Firma eine Tochtergesellschaft der Gerhard Rösch GmbH.

Warenangebot:	hauptsächlich Miederwaren und Dessous aller Art sowie Badebekleidung für Damen, außerdem etwas Unter- und Nachtwäsche für Herren, Marken Cheek, Bernd Berger Body und Bernd Berger Nights
Ersparnis:	ca. 30% im Durchschnitt, bei Sonderverkäufen bis zu 50%
Verkaufszeiten:	Mo. bis Fr. 10.00-18.00 Uhr, Sa. 9.00-12.00 Uhr
Hinweise:	Ladengeschäft auf dem Firmengelände, zusätzlich findet ca. 4x jährl. jeweils 1 Woche lang ein Sonderverkauf von 2. Wahl etc. statt, genaue Zeiten und Termine erfragen
Anfahrtsweg:	A 9 Bayreuth-Leipzig Ausfahrt Schleiz, durch Schleiz auf die B 94 nach Zeulenroda, dort befindet sich die Firma mitten im Ort nahe der Post

08107 Kirchberg

▶ SOLIDWEAR

Solidwear Strickwaren GmbH
08107 Kirchberg Stangengrün / Am Eisenberg 18a
Tel. (037606) 306-0 / solidwear.de

Über 70 Jahre Maschenerfahrung macht solidwear zu einem der führenden Strickmodeunternehmen in der Branche. Wo heute "Qualitätsstrickwaren aus Sachsen" hergestellt werden wurde im Jahr 1929 begonnen Textilwaren zu produzieren. Aus dem früheren Firmenname "PGH Solide" und dem englischen Begriff für Strickwaren "Knitwear" entstand der heutige Firmenname solidwear, der inzwischen für solide Strickbekleidung steht.

Warenangebot:	klassische und modische Strickmode für Damen ab 40 wie Pullover, Jacken, Westen, Röcke, Hosen und Shirts in den Gr. 36-52
Ersparnis:	bei der Vorjahreskollektion durchschnittlich ca. 30%, die aktuelle Kollektion ist nicht günstiger
Verkaufszeiten:	Mo. bis Fr. 9.00-18.00 Uhr, 1. Sa. im Monat 9.00-12.00 Uhr
Hinweise:	es sind 2. Wahl-Artikel, Musterteile, Restbestände sowie Artikel der abgelaufenen Saison erhältlich
Anfahrtsweg:	A 72 Ausfahrt Zwickau-West Richtung Lengenfeld, im Ortsteil Irfersgrün links nach Stangengrün, in Stangengrün geradeaus vorbei an Friedhof und Kirche, an der folgenden Gabelung links, geradeaus über die nächste Kreuzung (Am Eisenberg), nach ca. 200 m befindet sich links die Firma

08606 Oelsnitz

08451 Crimmitschau

▶ FERUS

Tricota-Ferus Textilgesellschaft mbH / Ferus Shop
08451 Crimmitschau / Gewerbering 1
Tel. (03762) 9578-0 oder 942753 (Shop) / ferus-shop.de

Warenangebot: Feinstrick-Unterwäsche für Damen, Herren und Kinder, hauptsächlich Standardsortiment in 100% Baumwolle weiß, teilweise aber auch farbig, außerdem auch etwas Wellnessbekleidung für Sport und Freizeit

Ersparnis: durchschnittlich ca. 40%

Verkaufszeiten: Mo. bis Fr. 9.30-18.30 Uhr

Hinweise: großer Verkaufsraum, teilweise ist auch 2. Wahl erhältlich

Anfahrtsweg: Crimmitschau liegt ca. 15 km nordwestlich von Zwickau, A 4 Ausfahrt Meerane über Gablenz nach Crimmitschau, in Crimmitschau an der 1. Ampelkreuzung rechts, nach ca. 20 m an der nächsten Kreuzung links, die Firma befindet sich dann im 2. Fabrikgebäude

08606 Oelsnitz

▶ FORMAT

Format Mieder GmbH / Miederwarenfabrik
08606 Oelsnitz / Schillerstr. 8
Tel. (037421) 599-24 / formatmieder.de

Das Unternehmen wurde im Jahr 1865 im vogtländischen Oelsnitz gegründet. Es gilt als Wegbereiter der sächsischen Korsetterieindustrie. 1993 wurde die Firma reprivatisiert. Unter der Marke Format werden heute funktionelle und modische Mieder angeboten. Die Firma fungiert als Vertriebsgesellschaft, die den Facheinzelhandel und den Großhandel mit Miederwaren beliefert.

Warenangebot: große Auswahl an Miederwaren aller Art für Damen, außerdem eine kleine Auswahl an zugekaufter Nachtwäsche für Damen und Unterwäsche für Herren

Ersparnis: durchschnittlich ca. 30%

Verkaufszeiten: Mo. bis Fr. 10.00-12.30 Uhr und 13.00-18.00 Uhr

Hinweise: separates Ladengeschäft

Anfahrtsweg: Oelsnitz liegt ca. 10 km südlich von Plauen, A 72 Ausfahrt Plauen-Süd auf die B 92 nach Oelsnitz, dort befindet sich die Firma in der Nähe vom Bahnhof, die Schillerstr. ist eine Querstraße zur Bahnhofstr.

09111 Chemnitz

09111 Chemnitz

▶ BRUNO BANANI

Bruno Banani Factory Store
09111 Chemnitz / Schloßstr. 12
Tel. (0371) 8449621 / brunobanani.de

Bruno Banani wurde 1993 gegründet - Marktnische Designer-Unterwäsche für Damen und Herren sowie Bademoden. Das Unternehmen wurde durch außergewöhnliches Marketing schnell bekannt.

Warenangebot: hochwertige Unterwäsche hauptsächlich für Herren, teilweise auch für Damen sowie Herrenoberbekleidung, außerdem Uhren, Schmuck und Parfüm, Marke Bruno Banani

Ersparnis: ca. 30-70%, Uhren, Schmuck und Parfüm sind jedoch zum Originalpreis erhältlich und somit nicht günstiger

Verkaufszeiten: Mo. bis Fr. 10.00-19.00 Uhr, Sa. 10.00-14.00 Uhr

Anfahrtsweg: A 4 Ausfahrt Chemnitz-Nord auf die B 95 (Leipziger Str.) Richtung Stadtmitte, die 5. Straße nach dem Leipziger Platz links in die Hartmannstr., dann die 3. Straße links in die Schloßstr.

09224 Grüna

▶ DRETEX

dretex Textil GmbH & Co. KG
09224 Grüna / An der Wiesenmühle 5
Tel. (0371) 850002 / dre-tex.de

Das Unternehmen wurde im Jahr 1951 gegründet. 1993 wurde in Grüna neu gebaut. Die gesamte Produktion erfolgt unter verschiedenen Öko-Anforderungen wie Naturaline, ECO und Öko-Tex Standard 100.

Warenangebot: Unterwäsche hauptsächlich aus Baumwolle für Damen, Herren und Kinder, außerdem Kinderoberbekleidung

Ersparnis: durchschnittlich ca. 30-40%

Verkaufszeiten: Mo. bis Fr. 9.00-18.00 Uhr, Sa. 9.00-12.00 Uhr

Hinweise: teilweise ist auch 2. Wahl erhältlich

Anfahrtsweg: Grüna liegt ca. 10 km westlich vom Zentrum Chemnitz, A 72 Ausfahrt Chemnitz-Süd auf die B 173 Richtung Mittelbach/Oberlungwitz nach Grüna, in Grüna an der 1. Ampel links ab ins Gewerbegebiet, hier befindet sich die Firma gegenüber der Firma "Coca-Cola"

09380 Thalheim

09228 Wittgensdorf

▶ SCHIESSER

Schiesser AG
09228 Wittgensdorf / Chemnitzer Str. 55
Tel. (037200) 87497 / schiesser.de

Im Jahr 1875 begann Jacques Schiesser in einem ehemaligen Tanzsaal in Radolfzell mit der Produktion von Trikotwäsche. Heute ist Schiesser ein Marktführer der deutschen Wäschespezialisten und entwickelt sich immer stärker vom Produktions- zum internationalen Marketing- und Vertriebsunternehmen.

Warenangebot: Tag- und Nachtwäsche für Damen, Herren und Kinder wie z.B. Unterwäsche und Schlafanzüge, außerdem Freizeitbekleidung wie T-Shirts

Ersparnis: durchschnittlich 25%, Musterteile, 2. Wahl und Auslaufmodelle sind besonders günstig

Verkaufszeiten: Mo. bis Fr. 10.00-17.30 Uhr, Sa. 9.00-12.00 Uhr

Hinweise: großer Verkaufsraum mit Umkleidekabinen

Anfahrtsweg: Wittgensdorf liegt ca. 5 km nordwestlich von Chemnitz, A 4 Ausfahrt Chemnitz-Nord auf die B 95 Richtung Leipzig bis Abzweigung Wittgensdorf, bis zum Rathaus in Wittgensdorf, dann am Rathaus rechts abbiegen in die Chemnitzer Str.

09380 Thalheim

▶ ESDA

Esda Feinstrumpffabrik GmbH
09380 Thalheim / Helenenstr. 9
Tel. (03721) 54-770 / esda.com

Esda hat Produktionsstätten in Auerbach, Thalheim und Tschechien. Die Firma liefert Feinstrümpfe weltweit in über 20 Länder. Hohe Qualität, gutes Design und aktuelle Muster tragen zum Markterfolg bei.

Warenangebot: für Damen Feinstrumpfhosen aller Art, auch halterlos, Netz- und Stützstrumpfhosen, außerdem Damenbodies, Kniestrümpfe, Söckchen und Füßlinge sowie Kniestrümpfe, für Kinder Microfaser-, Baumwoll- und Feinstrumpfhosen in modischen Farben, Marke Esda

Ersparnis: ca. 30-70%

Verkaufszeiten: Mo. bis Mi., Fr. 9.00-15.00 Uhr, Do. 10.00-18.00 Uhr

Hinweise: eine weitere Verkaufsstelle befindet sich ca. 5 km entfernt in 09392 Auerbach, Hauptstr. 76 (mitten im Ort), geöffnet

09429 Hopfgarten

Mo. bis Mi., Fr. 10.00-15.00 Uhr und Do. 10.00-18.00 Uhr, gegenüber dem Werkseingang

Anfahrtsweg: Thalheim liegt ca. 15 km südlich von Chemnitz, A 72 Ausfahrt Stollberg über Stollberg nach Thalheim, dort ist die Firma ausgeschildert, großes gelbes Fabrikgebäude

09429 Hopfgarten

▶ SIEBER

Sieber-Sport Strumpffabrik GmbH
09429 Hopfgarten / Dorfstr. 9
Tel. (037369) 9279 / sieber-sport.de

Die heutige Firma Sieber-Sport wurde im Jahre 1855 als Familienbetrieb durch Karl-Gottlieb Fleischer gegründet. Die Ausrüstung bestand aus einem Handwebstuhl. Heute wird auf modernsten vollelektronischen Strickmaschinen ein umfassendes Sortiment produziert. Sieber fertigt unter anderem für weltbekannte Sportfirmen Sportstrümpfe aller Art. Auch die Fußballer der Bundesliga spielen, ohne es zu wissen, in "Sieber-Stutzen" aus dem Erzgebirge.

Warenangebot: Strumpfwaren wie Sportsocken, Tennissocken, Fußballstrumpf-Stutzen, Spezial-Skistrümpfe, Baumwoll-, Schurwoll- und Schafwollsocken, Wander- und Kniestrümpfe

Ersparnis: bis zu 50%, 2. Wahl ist besonders preiswert

Verkaufszeiten: Mo. bis Fr. 6.00-18.00 Uhr

Anfahrtsweg: Hopfgarten liegt ca. 20 km südlich von Chemnitz, über Zschopau und Scharfenstein nach Hopfgarten, hier befindet sich die Firma nicht zu übersehen am Ortsausgang

10367 Berlin

▶ BECON

Becon Berliner Confektion GmbH
10367 Berlin Lichtenberg / Normannenstr. 1-2
Tel. (030) 55491215 / becon-menswear.de

Warenangebot: Herrenoberbekleidung wie z.B. Anzüge, Sakkos, Mäntel, Blazer, Westen, Hemden, Hosen, Pullover, Sweat-Shirts, Socken und Krawatten, kleines Sortiment auch für Damen, von sportiv über klassisch bis elegant, für jedes Alter

Ersparnis: bei 1. Wahl ca. 30%, bei 2. Wahl und Restposten bis 50%

Verkaufszeiten: Mo. bis Fr. 10.00-19.00 Uhr, Sa. 10.00-16.00 Uhr

Anfahrtsweg: die Firma befindet sich östlich vom Zentrum im Stadtteil Lichtenberg, dort in der Nähe vom Rathaus

10709 Berlin

▶ UMLAUF & KLEIN

Umlauf u. Klein GmbH & Co.
10709 Berlin Wilmersdorf / Seesener Str. 10/13
Tel. (030) 896004-0 / umlaufundklein.de

Warenangebot: Damenoberbekleidung wie Mäntel, Jacken, Blazer, Kleider, Röcke und Hosen

Ersparnis: ca. 30% im Durchschnitt

Verkaufszeiten: Mi. 15.00-18.00 Uhr, Fr. 13.00-16.00 Uhr

Hinweise: die Sommermode wird ab ca. Ende Febr./Anfang März bis Mitte Mai verkauft, die Wintermode ab ca. Ende Aug./Anfang Sept. bis Ende Dez., sicherheitshalber vorher anrufen

Anfahrtsweg: die Seesener Str. liegt südwestlich vom Zentrum im Stadtteil Wilmersdorf, vom Kurfürstendamm am Henrietten-Platz links in die Seesener Str.

13347 Berlin

▶ MARC CAIN

Marc Cain Second Season
13347 Berlin / Oudenarderstr. 16
Tel. (030) 4550090 / marc-cain.com

Warenangebot: hochwertige Damenoberbekleidung wie z.B. Jacken, Mäntel, Blazer, Blousons, Röcke, Kleider, Kostüme, Pullover, Blusen, T-Shirts, Hosen, Leggins, Sportswear, Accessoires wie z.B. Strumpfhosen, Gürtel und Hüte, Marke Marc Cain

Ersparnis: durchschnittlich ca. 40%, 2. Wahl ist noch preiswerter

Verkaufszeiten: Mo. bis Fr. 10.00-19.00 Uhr, Sa. 10.00-16.00 Uhr

Hinweise: es sind nur Artikel der Vorjahreskollektion sowie 2. Wahl erhältlich

Anfahrtsweg: die Firma befindet sich nordwestlich vom Stadtzentrum im Ortsteil Wedding, auch erreichbar über die A 100 Ausfahrt Seestr., auf dem ehemaligen Osram-Gelände

14057 Berlin

14057 Berlin

▶ MARC O'POLO

Marc O'Polo Factory Outlet
14057 Berlin Charlottenburg / Kaiserdamm 7
Tel. (030) 3256160 / marc-o-polo.de

Als die Schweden Rolf Lind, Göte Huss und der Amerikaner Jerry O'Sheets 1967 in Stockholm das Modelabel Marc O'Polo aus der Taufe hoben, wollten sie jungen Leuten eine unkomplizierte Mode bieten. Marc O'Polo entwickelte sich zum Vorreiter der Casualwear in Europa. Das Baumwoll-Sweatshirt mit dem Marc O'Polo-Logo wurde ihr Markenzeichen und gleichzeitig ein großer Erfolg.

Warenangebot:	Damen-, Herren- und Kinderbekleidung von sportiv bis modern casual wie z.B. Hemden, Hosen, Pullover, Jacken, Jeans, T-Shirts, Sweat-Shirts, Leggins, Gürtel, Schuhe und Accessoires
Ersparnis:	ca. 30-50%
Verkaufszeiten:	Mo. bis Fr. 10.00-20.00 Uhr, Sa. 10.00-18.00 Uhr
Hinweise:	zeitweise wenig Auswahl, es sind nur Artikel der Vorjahreskollektionen sowie Restposten, 2. Wahl-Ware, Produktionsüberhänge und Musterkollektionen erhältlich
Anfahrtsweg:	das kleine Ladenlokal befindet sich westlich vom Zentrum im Stadtteil Charlottenburg, beim Lietzensee an der Ecke Danckelmannstr., erreichbar mit der U-Bahn Sophie-Charlotte-Platz

21337 Lüneburg

▶ LUCIA

Lucia Strickwarenfabrik AG
21337 Lüneburg / Pulverweg 6
Tel. (04131) 957-0 / lucia.de

Das Unternehmen wurde Anfang der 50er Jahre als "Lüneburger mechanische Strickerei" gegründet. Heute ist die Lucia AG ein international operierendes Unternehmen und gehört zu den führenden deutschen Strick- und Coordinatesanbietern von Damenoberbekleidung.

Warenangebot:	Damenoberbekleidung aller Art in den Gr. 36-48 wie z.B. Röcke, Hosen, Blusen, Kleider, T-Shirts, Polo-Shirts, Pullover, Jacken, Strickmäntel und Tücher, außerdem zugekaufte Hemden und Pullover für Herren, Marken Lucia, Lucia Sports und Lecomte
Ersparnis:	durchschnittlich ca. 30%, bei 2. Wahl, Musterteilen oder Artikeln der Vorjahreskollektion bis zu 50%

22525 Hamburg

Verkaufszeiten: Mo. bis Fr. 10.00-18.00 Uhr, Sa. 10.00-16.00 Uhr

Anfahrtsweg: die Firma befindet sich im Zentrum von Lüneburg, in der Nähe vom Bahnhof

▶ ROY ROBSON

Roy Robson Fashion GmbH
21337 Lüneburg / Bleckeder Landstr. 24
Tel. (04131) 887-202 / royrobson.com

Die Mode von Roy Robson ist präsent in den Metropolen Europas wie London, Paris, Zürich, Amsterdam, Wien, Kopenhagen, Barcelona und auch in allen Großstädten Deutschlands.

Warenangebot: Herrenoberbekleidung wie z.B. Anzüge, Mäntel, Sakkos, Westen, Jacken, Lederjacken, Hosen, Hemden, Strick, Krawatten etc., Marke Roy Robson

Ersparnis: bis zu 50%

Verkaufszeiten: Mi. bis Fr. 14.00-18.00 Uhr, Sa. 9.30-16.00 Uhr

Hinweise: es sind immer auch günstige 2. Wahl und Sonderangebote erhältlich

Anfahrtsweg: von Hamburg auf der A 250 nach Maschen/Lüneburg, die A 250 mündet in eine Ortsumgehung der Stadt Lüneburg, auf dieser Umgehungsstraße bleiben und die Abfahrt Stadtkoppel nehmen, in Richtung Innenstadt erreicht man die Firma nach ca. 800 m auf der linken Seite

22525 Hamburg

▶ TOM TAILOR

Tom Tailor Sportswear Handelsgesellschaft mbH
22525 Hamburg Fidelstedt / Schnackenburgallee 149
Tel. (040) 589569 / tom-tailor.com

Warenangebot: hauptsächlich sportlich junge Herrenbekleidung wie z.B. Jacken, Hosen, Sakkos, Pullover, Jeans, Anoraks, Shorts, Sweat-Shirts, T-Shirts, Hemden, Krawatten etc., Accessoires, Sortiment auch für Damen und Kinder, Marke Tom Tailor

Ersparnis: ca. 30%, 2. Wahl ist noch etwas preiswerter

Verkaufszeiten: Di. bis Fr. 10.00-18.00 Uhr, Sa. 10.00-16.00 Uhr

Hinweise: weitere Verkaufsstellen befinden sich in: Hamburg-Niendorf, Garstedter Weg 14, Tel. (040) 589560, geöffnet Di. bis Fr. 11.00-20.00 Uhr, Sa. 10.00-16.00 Uhr und in

22527 Hamburg

22113 Oststeinbek, Im Hegen 1, Tel. (040) 8197570,
geöffnet Mo. bis Fr. 9.00-20.00 Uhr, Sa. 10.00-18.00 Uhr

Anfahrtsweg: die Firma befindet sich nordwestlich vom Zentrum im Stadtteil Eidelstedt, dort gegenüber vom Volksparkstadion im Gewerbegebiet, auch erreichbar über die A 7 Ausfahrt Volkspark

22527 Hamburg

▶ ROTH

Werner Roth KG / Lederbekleidungsfabrik
22527 Hamburg Stellingen / Jaguarstieg 25
Tel. (040) 408038 / leder-roth.de

Seit der Gründung im Jahr 1934 entwickelte sich der Betrieb vom Lederwarenhersteller zum Lederbekleidungsfabrikanten für Großunternehmen. 1977 begann Leder-Roth den Direktverkauf mit Lederbekleidung aus eigener Herstellung sowie zugekaufter Ware. Mit Maßanfertigungen hat Leder-Roth über Jahrzehnte hinweg Erfahrung sammeln können, wird doch die Polizei Hamburg seit 1955 bei Leder-Roth eingekleidet. In dem Familienbetrieb erhält man noch die original Erdmann- bzw. Isarjacken sowie die alte Tourenkombi aus den 70igern nach Maß, ebenso wie normale Leder-Jeans ganz ohne Quernähte.

Warenangebot: Lederbekleidung, z.B. Jacken und Hosen für Damen und Herren, außerdem zugekaufte Motorradbekleidung

Ersparnis: unterschiedlich, günstige Angebote

Verkaufszeiten: Mo. bis Fr. 9.00-17.00 Uhr, Sa. 9.00-13.00 Uhr

Hinweise: Maßanfertigung und Änderungen sind möglich, nicht alles ist aus eigener Herstellung

Anfahrtsweg: die Firma befindet sich in Hamburg nordwestlich vom Zentrum im Stadtteil Stellingen, über die Müggenkampstr., den Langenfelder Damm und Steenwisch in den Jaguarstieg

22959 Linau

▶ SUWAJ

Suwaj-Moden / Strickwarenfabrik
22959 Linau / Wentorfer Str. 1
Tel. (04154) 98770 / suwaj.de

Die Firma wurde 1977 gegründet und ist als Hersteller hochwertiger Strickwaren bekannt. Seit 1991 werden die in Linau hergestellten Produkte auch im Fabrikverkauf dem Endverbraucher angeboten.

Warenangebot: Strickwaren für Damen und Herren aus Wolle aller Art, auch aus Kaschmir, z.B. Strickjacken und -kleider, Pullover,

25479 Ellerau

Kapuzenpullover, Röcke und Strickhosen, außerdem zugekaufte Hemden, Blusen, Jeans und Accessoires, keine junge Mode

Ersparnis: durchschnittlich ca. 30%

Verkaufszeiten: Mo. bis Fr. 10.00-18.00 Uhr, Sa. 10.00-14.00 Uhr, in den Wintermonaten Sa. 10.00-16.00 Uhr

Hinweise: teilweise ist auch 2. Wahl erhältlich

Anfahrtsweg: A 24 Hamburg-Berlin Ausfahrt Schwarzenbek/Grande auf die B 404 bis Grönwohld, dort rechts ab nach Linau

23795 Mielsdorf

▶ HOLSTEIN FLACHS

Holstein Flachs Flachsveredlungsgesellschaft mbH
23795 Mielsdorf / Alte Ziegelei
Tel. (04551) 2042 / holstein-flachs.de

Die Holstein Flachs ist ein junges Unternehmen und betreibt die einzige Flachsschwinge in Deutschland. In der Flachsschwinge werden aus dem rösterifen Flachsstroh die Flachsfasern gewonnen. Daraus werden in einer Leinenspinnerei Leinengarne hergestellt. Aus diesen Garnen werden die Stoffe produziert, die für die Kollektionen der Firma verwendet werden.

Warenangebot: Leinenbekleidung, Leinenpullover, speziell für Damen Hosen, Röcke, lange und kurze Kleider, Blusen, Shirts und Jacken, für Herren ein hochwertiges Hemden- und Shirt-Programm, außerdem Bademäntel und Handtücher sowie Bettwäsche, Stoffe und Garne, Marken Linowoman, Linoman, Linotex

Ersparnis: bis zu 30%

Verkaufszeiten: Mo. bis Fr. 14.00-17.00 Uhr

Hinweise: eine Betriebsbesichtigung ist Do. und Fr. jeweils ab 15.00 Uhr möglich

Anfahrtsweg: Mielsdorf liegt ca. 5 km südöstlich von Bad Segeberg an der B 206 Richtung Lübeck, in Mielsdorf befindet sich die Firma direkt an der Hauptstraße

25479 Ellerau

▶ JIL SANDER

Jil Sander AG
25479 Ellerau / Berliner Damm 5-11
Tel. (040) 55302-0 / jilsander.de

26382 Wilhelmshaven

Warenangebot:	exclusive Damenoberbekleidung wie z.B. Pullover, Hosenanzüge, Abendkleider, Blusen, Blazer, Anzüge, Schuhe, Gürtel, Taschen etc., für Herren Anzüge, Hosen, Hemden, Krawatten
Ersparnis:	ca. 50-70%, trotzdem nicht billig
Verkaufszeiten:	Mo. bis Fr. 10.00-19.00 Uhr, Sa. 10.00-16.00 Uhr
Hinweise:	es sind ausschließlich die Vorjahreskollektion und Warenretouren erhältlich
Anfahrtsweg:	Ellerau liegt ca. 20 km nördlich von Hamburg an der A 7, Ausfahrt Quickborn Richtung Ellerau, dort befindet sich die Firma nicht zu übersehen am Ortseingang

26382 Wilhelmshaven

▶ MASTERHAND

Masterhand Bekleidungswerke GmbH
26382 Wilhelmshaven / Ebertstr. 58 b
Tel. (04421) 484-229 / masterhand.de

Warenangebot:	klassische Hochzeits- und Gesellschaftsmode für Herren wie z.B. Anzüge, Sakkos, Westen, Smokings, Hosen, Hemden, Gürtel, Krawatten und Fliegen, auch Stoffe
Ersparnis:	durchschnittlich ca. 30-40%
Verkaufszeiten:	Mo. bis Fr. 10.00-13.00 Uhr und 14.00-18.00 Uhr, Sa. 10.00-13.00 Uhr
Hinweise:	separates Ladengeschäft, es ist hauptsächlich 2. Wahl erhältlich
Anfahrtsweg:	in Wilhelmshaven befindet sich die Firma südlich vom Zentrum in der Nähe vom Bahnhof, vor dem Bahnhof stehend links davon entlang

26689 Apen

▶ GARDEUR

gardeur AG
26689 Apen Augustfehn / Hauptstr. 400
Tel. (04489) 3090 / gardeur.com

Warenangebot:	Hosen für Damen und Herren, dazu passend auch Oberteile wie Sakkos, Hemden, Strick, Krawatten, T-Shirts und

28279 Bremen

      Ledergürtel für Herren sowie Jacken/Blazer, Strick und T-Shirts für Damen, außerdem Röcke

Ersparnis: ca. 30-40%, unterschiedlich je nach Artikel

Verkaufszeiten: Mo. bis Fr. 10.00-16.30 Uhr, Sa. 9.00-16.00 Uhr

Hinweise: hauptsächlich Verkauf von 2. Wahl-Waren und Überproduktionen, das kleine Verkaufsgebäude befindet sich auf dem Werksgelände hinter der Fabrik

Anfahrtsweg: A 28 von Oldenburg Richtung Emden, Ausfahrt Apen nach Augustfehn, dort befindet sich die Firma am Ortsrand, ist nicht zu verfehlen

27753 Delmenhorst

▶ DELMOD

delmod international Bekleidungs GmbH & Co. Hanse-Kleidung KG
27753 Delmenhorst / Moorweg 5
Tel. (04221) 854-0 oder -270 (Lagerverkauf) / delmod.de

Warenangebot: Damenoberbekleidung wie Röcke, Hosen, T-Shirts, Blusen, Pullover, Kleider, Kostüme, Westen, Hosenanzüge, Blazer, Jacken, Mäntel, Kombi-Mode, Abendmode, Größen 36-50, 18-25

Ersparnis: ca. 30-50%, unterschiedlich je nach Artikel, Muster- und Kollektionsteile zu Sonderpreisen

Verkaufszeiten: Mo. bis Mi., Fr. 12.00-17.00 Uhr, Do. 12.00-20.00 Uhr, Sa. 9.00-13.00 Uhr

Hinweise: großer Verkaufsraum mit vielen Umkleidekabinen, teilweise ist auch 2. Wahl erhältlich

Anfahrtsweg: Delmenhorst liegt ca. 15 km westlich von Bremen, A 28 Ausfahrt Delmenhorst-Deichhorst Richtung Stadtmitte, die 1. Straße rechts einbiegen, danach der Beschilderung folgen

28279 Bremen

▶ PADDOCK'S

OSPIG Textilgesellschaft W. Ahlers GmbH & Co.
28279 Bremen / Carsten-Dressler-Str. 17
Tel. (0421) 8401-0 / paddocks.de

28816 Stuhr

Bekleidung

Warenangebot:	große Auswahl an Jeansbekleidung für Damen, Herren und Kinder wie Hosen und Jacken in vielen Farben und Formen, außerdem Hemden, Pullover und T-Shirts, Marken Paddock's und Racing Horse
Ersparnis:	ca. 30%, bei 2. Wahl- und Auslaufartikeln ca. 50%, teilweise auch bis zu 70%
Verkaufszeiten:	Mo. bis Fr. 10.00-18.00 Uhr, Sa. 10.00-14.00 Uhr
Hinweise:	der Verkauf befindet sich an der Rückseite des Firmengebäudes
Anfahrtsweg:	A 1 Ausfahrt Bremen-Arsten auf die B 6 Richtung Flughafen, erste Abfahrt links auf die Habenhausener Brückenstr., danach die nächste links auf den Arsterdamm, am Ende vom Arsterdamm wenn die Straße einen Knick nach rechts macht links in die Carsten-Dressler-Str.

▶ ZERO

zero Modehandel GmbH & Co. KG
28279 Bremen / Scipiostr. 10
Tel. (0421) 831834 / zero.de

Warenangebot:	junge Damenoberbekleidung wie Hosen, Jeans, Röcke, Kleider, Mäntel, Jacken, Blazer, Westen, Blusen und Pullover in den Größen 34-42, außerdem Accessoires wie Taschen, Gürtel etc.
Ersparnis:	ca. 40-60%
Verkaufszeiten:	Mo. bis Fr. 10.00-20.00 Uhr, Sa. 9.30-18.00 Uhr
Hinweise:	es sind hauptächlich Artikel der Vorsaison und 2. Wahl-Ware erhältlich, weitere Preisreduzierungen zu Sommer- und Winterschlussverkaufszeiten
Anfahrtsweg:	A 1 Ausfahrt Bremen-Arsten auf die B 6 Richtung Flughafen, erste Abfahrt rechts auf die Habenhausener Brückenstr., danach die nächste links in die Borgwardstr., dann die zweite Straße rechts ist die Scipiostr.

28816 Stuhr

▶ FASHION OUTLET

fashion outlet GmbH
28816 Stuhr / Henleinstr. 9
Tel. (0421) 809575 / fashionoutlet.de

28816 Stuhr

Die fashion outlet GmbH organisiert seit nunmehr acht Jahren für internationale Textilhersteller den Direktverkauf von aktuellen Kollektionen, Überproduktionen, Ware aus der Vorsaison sowie aktuellen Musterteilen.

Warenangebot: sehr große Auswahl an Markenmode für Damen und Herren wie Oberbekleidung, Schuhe, Accessoires und Heimtextilien, ständig wechselndes großes Warenangebot

Ersparnis: je nach Artikel und Marke unterschiedlich, teilweise bis zu 70%

Verkaufszeiten: Mo. bis Fr. 10.00-20.00 Uhr, Sa. 10.00-18.00 Uhr

Hinweise: gemeinsamer Fabrikverkauf von ca. 50 internationalen Herstellerfirmen wie MCM, Hirsch, Alba Moda, Hämmerle, Mona Lisa, Enzo Lorenzo, Alpenland, Zimmerli, Erbelle

Anfahrtsweg: Stuhr liegt ca. 5 km südwestlich vom Zentrum Bremen, A 1 Abfahrt Brinkum, rechts an Ikea vorbei, dann zweimal links

Bekleidung

▶ MARC O'POLO

Marc O'Polo Factory Outlet
28816 Stuhr Brinkum / Bremer Str. 113
Tel. (0421) 8784580 / marc-o-polo.de

Als die Schweden Rolf Lind und Göte Huss und der Amerikaner Jerry O'Sheets 1967 in Stockholm das Modelabel Marc O'Polo aus der Taufe hoben, wollten sie jungen Leuten eine unkomplizierte Mode bieten. Marc O'Polo entwickelte sich zum Vorreiter der Casualwear in Europa. Das Baumwoll-Sweatshirt mit dem Marc O'Polo-Logo wurde ihr Markenzeichen und gleichzeitig ein großer Erfolg.

Warenangebot: Damen-, Herren- und Kinderbekleidung von sportiv bis modern casual wie z.B. Hemden, Hosen, Pullover, Jacken, Jeans, T-Shirts, Sweat-Shirts, Leggins und Gürtel, Marke Marc O'Polo

Ersparnis: ca. 30-50%

Verkaufszeiten: Mo. bis Fr. 10.00-20.00 Uhr, Sa. 10.00-18.00 Uhr

Hinweise: es sind nur Artikel der Vorjahreskollektionen sowie Restposten, 2. Wahl-Ware, Produktionsüberhänge und Musterkollektionen erhältlich

Anfahrtsweg: in Brinkum befindet sich die Firma schräg gegenüber von "Ikea" im großen Industriegebiet

▶ NIKE

Nike Factory Store
28816 Stuhr Brinkum / Bremer Str. 107-113
Tel. (0421) 8400760

29227 Celle

Warenangebot:	große Auswahl an Sportschuhen sowie Sport- und Freizeitmode aller Art für Damen, Herren und Kinder, außerdem Accessoires wie Taschen, Caps, Socken, Fußbälle, Marke Nike
Ersparnis:	mindestens 30%, teilweise auch mehr
Verkaufszeiten:	Mo. bis Fr. 10.00-19.00 Uhr, Sa. 10.00-18.00 Uhr
Hinweise:	es sind ausschließlich Artikel aus vorangegangenen Saisons sowie 2. Wahl-Artikel und Musterteile erhältlich
Anfahrtsweg:	A 1 Ausfahrt Bremen-Brinkum Richtung Bremen auf die Bremer Str. (B 6), diese geht über in die Kattenturmer Heerstr., vorbei an "Ikea", nach "McDonalds" links einbiegen

29227 Celle

▶ STREET ONE

**CBR-Logistik GmbH
29227 Celle / Wernerusstr. 39
Tel. (05141) 9710 / street-one.de**

Warenangebot:	sportliche junge Mode für Damen wie Jacken, Blazer, Blusen, Kleider, Röcke, Hosen, Pullover, T-Shirts, Sweat-Shirts, Unterwäsche, Bodies etc., alles hauptsächlich in den Gr. 36-40, Marken Street One und Cecil
Ersparnis:	teilweise bis zu 50%, bei 2. Wahl bis zu 70%
Verkaufszeiten:	Mo. bis Fr. 10.00-18.00 Uhr, Sa. 9.00-14.00 Uhr
Hinweise:	großer Verkaufsraum mit vielen Umkleidekabinen, es sind ausschließlich Auslaufmodelle und 2. Wahl erhältlich
Anfahrtsweg:	vom Zentrum Celle auf der B 3 Richtung Hannover, beim BMW-Autohaus rechts ab in "An der Koppel", von dieser Straße geht die Wernerusstr. rechts ab

31135 Hildesheim

▶ RINGELLA

**Ringella Bekleidungswerk GmbH
31135 Hildesheim / Daimlerring 3
Tel. (05121) 7649-0 / ringella.com**

Die Firma Ringella wurde 1924 in Hildesheim gegründet und begann mit der Produktion von Miedern und Unterwäsche. Anfang der 50er Jahre wurde die Produktionspalette auf Mieder, Wäsche, Petticoats und Morgenmäntel erweitert. Heute reicht die Angebotspalette von Damen-, Herren- und Kindernachtwäsche über Homewear bis zu attraktiven Freizeitmodellen. Mit über 3 Mio. verkauften

32049 Herford

Bekleidungsstücken im Nachtwäsche- und Homewearbereich gehört Ringella heute zu den marktführenden Unternehmen dieser Branche in Europa.

Warenangebot: Nachtwäsche für Damen, Herren und Kinder wie Schlafanzüge und Nachthemden, außerdem Bademäntel und Homewear sowie Bettwäsche, Handtücher und Unterwäsche, Marken Ringella und Two by Ringella

Ersparnis: ca. 30% bei regulärer Ware, bei 1b-Ware ca. 50%

Verkaufszeiten: Di. bis. Fr. 12.00-17.00 Uhr

Hinweise: separater Verkaufsladen auf dem Fabrikgelände

Anfahrtsweg: Hildesheim liegt 30 km südöstlich von Hannover an der A 7, Ausfahrt Hildesheim auf die B 1 Richtung Braunschweig/ Hoheneggelsen, die Firma befindet sich direkt an der B 1 hinter der Autobahnausfahrt, die Zufahrt ist jedoch nur über den Daimlerring möglich

31535 Neustadt

▶ SIEMER

**Siemer Strickmoden GmbH
31535 Neustadt Bordenau / Steinweg 44
Tel. (05032) 2201**

Warenangebot: Strickjacken, Pullover, Strickblazer und Westen für Damen und Herren, außerdem Jeans

Ersparnis: bei Auslaufmodellen bis zu 50%

Verkaufszeiten: Mo. bis Fr. 9.00-15.00 Uhr

Hinweise: kein eingerichteter Fabrikverkauf, gelegentlich ist auch 2. Wahl erhältlich

Anfahrtsweg: Neustadt liegt ca. 20 km nordwestlich von Hannover, auf der B 6 kommend vor Frielingen links nach Bordenau, dort bei der Kirche in den Steinweg einbiegen

32049 Herford

▶ BUGATTI

**F. W. Brinkmann GmbH / Bugatti-Fabrikverkauf
32049 Herford / Wehmühlenstr. 9
Tel. (05221) 884-292 / bugatti.de**

Warenangebot: Herrenoberbekleidung wie Woll- und Baumwollmäntel, Jacken und Blousons, auch in Leder, Sport- und Freizeit-

32051 Herford

bekleidung, Anzüge, Sakkos, Hosen, Hemden, Krawatten, auch Gesellschaftskleidung und etwas Damenoberbekleidung, Marke Bugatti

Ersparnis: ca. 30-40%, bei 2. Wahl teilweise über 50%

Verkaufszeiten: Mo. bis Fr. 13.00-18.00 Uhr, Sa. 9.00-14.00 Uhr

Hinweise: teilweise ist auch 2. Wahl erhältlich

Anfahrtsweg: A 2 Bielefeld-Hannover Ausfahrt Herford/Bad Salzuflen auf die B 239 nach Herford, die B 239 geht über in die B 61, an der Ampelkreuzung Werrestr. rechts Richtung Arbeitsamt, nach ca. 500 m rechts in die Wehmühlenstr.

32051 Herford

▶ BRAX

Brax Leineweber
32051 Herford / Im Kleinen Felde 4
Tel. (05221) 592-125 / brax-fashion.com

Warenangebot: hochwertige Hosen (lang und kurz) in Wolle, Leinen und Jeans hauptsächlich für Herren, aber auch für Damen, Marken Brax, Brax Golf, Raphaela by Brax, Eurex by Brax, auch Pullover, T-Shirts, Gürtel etc., alles hauptsächlich klassisch hochwertig aber auch sportlich

Ersparnis: ca. 30-40%, je nach Artikel

Verkaufszeiten: Mo. bis Fr. 11.00-18.00 Uhr, Sa. 9.00-14.00 Uhr

Hinweise: erweiterter Personalverkauf

Anfahrtsweg: A 2 Ausfahrt Herford/Bad Salzuflen auf die B 239 Richtung Herford, ca. 3 km geradeaus, an der Ampelkreuzung rechts Richtung Bielefeld (B 61) und sofort links Richtung Herford auf die Bielefelder Str., nach ca. 1 km links in die Wittekindstr., dann links in Deichkamp, unter der Bahnlinie durch, an der Kreuzung links

▶ VABOND

Grobecker Bekleidung GmbH
32051 Herford / Heidestr. 13
Tel. (05221) 177100 / vabond.de

Unter der Marke "Vabond - Die Hose" produziert die Grobecker GmbH mit Sitz in Herford/Westfalen seit 30 Jahren Hosen. Vertrieben werden diese außer im Internet ausschließlich in eigenen Direktverkaufsläden in Herford, Paderborn, Münster-Nienberge und Frechen.

32052 Herford

Warenangebot:	hauptsächlich hochwertige Hosen (in 3 Längen: kurz, lang, extralang) aller Art für Damen und Herren mittleren Alters, Marke Vabond, außerdem zugekaufte Pullover, Shirts, Hemden, Blusen, Blazer, Westen und Accessoires
Ersparnis:	ca. 10-20% bei Hosen
Verkaufszeiten:	Mo. bis Fr. 14.00-18.00 Uhr, Sa. 9.00-13.00 Uhr
Hinweise:	nur die Hosen sind aus eigener Herstellung
Anfahrtsweg:	von Bielefeld auf der A 2 kommend Ausfahrt Herford/Bad Salzuflen, von Bad Salzuflen auf der B 239 bis Ausfahrt Engerstr., an der Ampel rechts, nach dem VW-Autohaus rechts einbiegen in die Heidestr.

Bekleidung

32052 Herford

▶ AHLERS

Adolf Ahlers AG
32052 Herford / Elverdisser Str. 313
Tel. (05221) 979-0 oder -671 (Fabrikverkauf) /
ahlers-ag.com

Die Ahlers AG geht auf die im Jahr 1919 von Adolf Ahlers in Jever gegründete Tuchgroßhandlung zurück. Im Jahr 1932 wurde ein Produktionsbetrieb in Herford-Elverdissen eröffnet und der Sitz nach Herford-Elverdissen verlegt. Seit 1992 ist die Ahlers AG Lizenznehmer von Pierre Cardin. Im Jahre 1996 wurde die eterna Beteiligungs-AG erworben. eterna ist Marktführer für bügelfreie Hemden in Deutschland. Drei Jahre später wurden mit der Gin Tonic Special Mode GmbH und der Brandt Sportive Mode GmbH zwei weitere Unternehmen akquiriert. Im Jahr 2000 wurden die weltweiten Rechte an der Marke Otto Kern erworben.

Warenangebot:	Herren-Sportswearbekleidung wie Jacken, Hosen, Jeans, Pullover, Hemden, T- und Sweat-Shirts, außerdem Sakkos, Anzüge und Mäntel, Damen-Sportswearbekleidung wie Jacken, Mäntel, Hosen, Jeans, Pullover, Blusen, T- und Sweat-Shirts, Marken Pierre Cardin, Otto Kern, Pioneer Jeanswear, Pionier Sportive, Gin Tonic u.a.
Ersparnis:	ca. 30-40%, bei 2. Wahl ca. 50%
Verkaufszeiten:	Mo. bis Fr. 10.00-18.00 Uhr, Sa. 9.00-14.00 Uhr
Hinweise:	teilweise ist auch 2. Wahl erhältlich
Anfahrtsweg:	von Osnabrück auf der A 30 kommend Ausfahrt Kirchlengern, auf die B 239 nach Herford, die Elverdisser Str. kreuzt die B 239

32312 Lübbecke

32312 Lübbecke

▶ HUCKE

Factory Outlet Hucke AG
32312 Lübbecke / Strubbergstr. 1
Tel. (05741) 324-102 / hucke.com

Als international ausgerichtete Gesellschaft gehört die Hucke AG zu den großen Unternehmen der deutschen Modebranche. Der Konzern ist weltweit in über 30 Ländern präsent und beliefert rund 17.000 Facheinzelgeschäfte im In- und Ausland.

Warenangebot: Oberbekleidung aller Art wie Hosen, Jacken, Röcke, Kleider, Hemden, T-Shirts, Sweat-Shirts, Krawatten u.v.m., meist komplettes Sortiment entsprechend der Jahreszeit, für Damen Marke Hucke, für Herren Marken John Slim und Bush, für Kinder Marken Whoopi, Venice Beach und Steiff

Ersparnis: ca. 30% bei Saisonware aus Überproduktionen und Lagerüberhängen, bei 2. Wahl und Kollektionsteilen bis 50%

Verkaufszeiten: Mo. bis Fr. 9.30-18.30 Uhr, Sa. 9.30-14.00 Uhr

Hinweise: großer Verkaufsraum mit vielen Umkleidekabinen und Spielecke für Kinder

Anfahrtsweg: A 30 Ausfahrt Kirchlengern auf die B 239 Richtung Lübbecke, in Lübbecke befindet sich die Firma an der Straße Richtung Osnabrück, gegenüber von "Marktkauf"

33330 Gütersloh

▶ DINOMODA

Dinomoda-Ekkehard Dreyer GmbH & Co. KG
33330 Gütersloh / Bäckerkamp 19
Tel. (05241) 3008-0 / dinomoda.de

Warenangebot: Damenoberbekleidung wie z. B. Mäntel, Jacken, Outdoor-Jacken, Blazer, Hosen, Kostüme, Hosenanzüge, Blusen etc.

Ersparnis: durchschnittlich ca. 35%

Verkaufszeiten: Mi. bis Fr. 13.00-18.00 Uhr, jeden 1. Sa. im Monat 10.00-14.00 Uhr

Hinweise: es ist immer die aktuelle Kollektion erhältlich

Anfahrtsweg: A 2 Ausfahrt Rheda-Wiedenbrück auf die B 61 Richtung Gütersloh/Bielefeld, Gütersloh auf dem West- und Nordring umfahren, auf die Berliner Str. Richtung Bielefeld, dann geht "Bäckerkamp" links ab

33378 Rheda-Wiedenbrück

33332 Gütersloh

▶ MARC AUREL

Marc Aurel Textil GmbH
33332 Gütersloh / Wilhelmstr. 9
Tel. (05241) 945-0 / marc-aurel.com

Warenangebot: Damenoberbekleidung wie Röcke, Hosen, Mäntel, Blazer etc., Stoffreste

Ersparnis: ca. 30-40%

Verkaufszeiten: 2x jährl. Sonderverkauf (Frühj./Herbst), genaue Termine erfragen; wird auch in der lokalen Presse bekanntgegeben

Hinweise: Verkauf von Musterkollektionen, Restmengen und Fehlerteilen

Anfahrtsweg: Gütersloh liegt an der A 2 Dortmund-Hannover, Ausfahrt Gütersloh/Verl und rechts auf die Verler Str., dann links auf die Bruder-Konrad-Str., danach rechts auf die Neuenkirchner Str., von hier geht die Wilhelmstr. rechts ab

▶ ZUMBANSEN

Strickerei Zumbansen & Co. oHG
33332 Gütersloh / Carl-Bertelsmann-Str. 129
Tel. (05241) 13687

Warenangebot: Strickwaren für Damen und Herren wie z.B. Jacken, Westen, Pullover, Pullunder, für Herren jedoch nicht ganz so viel

Ersparnis: teilweise sind sehr günstige Angebote erhältlich

Verkaufszeiten: Di. und Mi. 9.00-17.00 Uhr

Hinweise: separater Vorkaufsraum im Untergeschoss, teilweise ist auch 2. Wahl erhältlich

Anfahrtsweg: in Gütersloh Richtung Bertelsmann-Konzern fahren, die Firma befindet sich dort nahe dem Bahnübergang, neben dem Hotel Busch

33378 Rheda-Wiedenbrück

▶ BAUMHÜTER

P. Baumhüter GmbH / Strumpf- und Trikotagenfabrik
33378 Rheda-Wiedenbrück / Freigerichtstr. 10
Tel. (05242) 596-0 / baumhueter.de

33415 Verl

Warenangebot:	Tag- und Nachtwäsche für Damen, Herren, Kinder und Babys, außerdem Leggins, T-Shirts und sportliche Bekleidung
Ersparnis:	ca. 30% im Durchschnitt
Verkaufszeiten:	Mo. bis Fr. 9.00-17.30 Uhr, Sa. 9.00-12.00 Uhr
Hinweise:	separates Ladengeschäft, teilweise sind auch 1b-Ware sowie zugekaufte Artikel im Angebot
Anfahrtsweg:	Rheda-Wiedenbrück liegt an der A 2 Dortmund-Hannover, zwischen Rheda und Wiedenbrück von der Hauptstraße in die Freigerichtstr. einbiegen

33415 Verl

▶ MARC AUREL

TDV Textil-Direkt-Vertriebs GmbH
33415 Verl / Hülshorstweg 30
Tel. (05246) 934833

Warenangebot:	Damenoberbekleidung wie Röcke, Hosen, Mäntel, Blazer etc., Stoffreste
Ersparnis:	ca. 30-40%
Verkaufszeiten:	Di. bis Fr. 10.30-18.00 Uhr, Sa. 10.00-13.00 Uhr
Hinweise:	Verkauf von Musterkollektionen, Restmengen und Fehlerteilen
Anfahrtsweg:	A 2 Dortmund-Hannover Abfahrt Gütersloh/Verl, links auf die Verler Str., von hier geht der Hülshorstweg links ab (Industriegebiet)

33609 Bielefeld

▶ BOTTHOF

Botthof-Moden GmbH & Co. KG
33609 Bielefeld / Kammerratsheide 43
Tel. (0521) 71445 / botthofmoden.de

Botthof ist eine der ältesten Hemdenfirmen Bielefeld's und wurde im Jahr 1919 gegründet! Mit dem Tageshemd wurde schon bald das Gesellschaftshemd gefertigt, das mit dem Frackhemd in den 50iger Jahren seinen Höhepunkt erreichte. Heute hat sich die Firma auf Gesellschaftshemden spezialisiert und beliefert den gehobenen Fachhandel im In- und Ausland. Zweimal jährlich wird eine neue Kollektion in Partyhemden, Smokinghemden, Frackhemd und Frackweste, Kummerbund und Schleifen erstellt.

33611 Bielefeld

Warenangebot: Frackhemden und Gesellschaftshemden für Herren, Party- und Smokinghemden, Frackwesten

Ersparnis: preisgünstiges Warenangebot, alle Hemden kosten ca. EUR 25,-

Verkaufszeiten: Mo. bis Mi. 8.00-17.00 Uhr, Do. 8.00-16.00 Uhr, Fr. 8.00-13.00 Uhr, gelegentlich auch Sa. 9.00-13.00 Uhr

Anfahrtsweg: A 2 Dortmund-Hannover Ausfahrt Bielefeld, dort befindet sich die Firma im Industriegebiet beim TÜV

▶ SEIDENSTICKER

Seidensticker GmbH / Verkaufs-Shop
33609 Bielefeld / Herforder Str. 194
Tel. (0521) 306-347 / seidensticker.de

Das Unternehmen wurde 1919 von Walter Seidensticker in Bielefeld gegründet. Ab 1935 wurden neben der Hemdenproduktion auch Nachtwäsche und ab den 50er Jahren auch Blusen hergestellt. Heute ist Seidensticker Europas zweitgrößter Hersteller für Nachtwäsche und bei den klassischen Schlafanzügen aus Webware Marktführer, Seidensticker Bluse ist eine der bekanntesten deutschen Blusenmarken.

Warenangebot: sehr große Auswahl an Herrenhemden, Blusen, Damen- oberbekleidung, Nachtwäsche für Damen und Herren, T-Shirts, Krawatten und Frotteewaren, Marken Seiden- sticker, Jacques Britt, Dornbusch, Jobis, Otto Kern, Camel Active und Joop

Ersparnis: durchschnittlich ca. 30%

Verkaufszeiten: Mo. bis Fr. 10.00-18.00 Uhr, Sa. 9.00-14.00 Uhr

Hinweise: separater Verkaufsshop in der Nähe vom Werk, es werden hauptsächlich 2. Wahl und Warenüberhänge verkauft

Anfahrtsweg: die Firma befindet sich an der Straße Richtung Herford (B 61) auf der rechten Seite

33611 Bielefeld

▶ VERSE

Verse Wiebe GmbH & Co. KG
33611 Bielefeld / Apfelstr. 245
Tel. (0521) 800501 / verse.de

Das Unternehmen wurde von Fritz Verse im Jahr 1925 gegründet. Bereits vor ca. 25 Jahren erfolgte die Produktionsverlagerung nach Weißrußland, Griechen- land und Tunesien. In Bielefeld, dem Hauptsitz des Konzerns, wird jedes Teil wird in die Hand genommen und überprüft bevor es vertrieben wird.

33649 Bielefeld

Warenangebot:	hauptsächlich Blusen, aber auch Röcke, Hosen, Jacken, Kleider und Kombinationen für Damen, Marke Verse
Ersparnis:	bei Restposten und 2. Wahl bis zu 50%
Verkaufszeiten:	Sa. 8.30-12.00 Uhr
Hinweise:	der Verkaufsraum befindet sich im Erdgeschoss der Fabrik, es sind hauptsächlich 2. Wahl und Restposten erhältlich
Anfahrtsweg:	A 2 Dortmund-Hannover Ausfahrt Bielefeld auf die B 66 nach Bielefeld, dort befindet sich die Firma nördlich vom Zentrum im Stadtteil Schildesche, an der Ecke Westerfeldstr.

33649 Bielefeld

▶ WINDSOR

Windsor Damen- und Herrenbekleidung GmbH
33649 Bielefeld Brackwede / Aachener Str. 23
Tel. (0521) 41737-45 oder 1453-0 / windsor.de

Die Windsor GmbH hat ihren Ursprung 1889 als Hersteller hochwertiger Businesskleidung für Herren. 1960 spezialisiert sich das Unternehmen erstmalig unter heutigem Namen auf die Herstellung von Herrenanzügen und -mänteln. 1977 wird die windsor-Damenkollektion ins Leben gerufen. 1991 wird das Designerlabel JOOP! in Lizenz genommen sowie das Label clothcraft eingeführt. Die Kollektion windsor steht für einen klassisch zeitlosen Stil mit höchstem Anspruch an Material und Verarbeitung.

Warenangebot:	hochwertige Oberbekleidung, für Damen Anzüge, Kostüme, Blazer, Röcke, Hosen, Strickwaren, Jacken und Mäntel, Marken Windsor und Clothcraft (Junge Mode), für Herren Anzüge, Sakkos, Hosen, Mäntel, Jacken, Hemden und Krawatten, Marken Windsor, Clothcraft und Joop
Ersparnis:	bei aktueller Ware ca. 20-30%, bei herabgesetzter Ware bis zu 50%
Verkaufszeiten:	Mo. bis Fr. 10.30-18.00 Uhr, Sa. 9.00-16.00 Uhr
Hinweise:	2x jährlich finden zusätzliche Sonderverkäufe zu nochmals reduzierten Preisen statt, die Termine dürfen jedoch jeweils nur 2 Wochen vorher bekanntgegeben werden
Anfahrtsweg:	A 2 Dortmund-Hannover Ausfahrt Bielefeld-Sennestadt auf die B 68 nach Brackwede, nach ca. 7 km hinter "McDonalds" rechts abbiegen in das Gewerbegebiet "Im Brokke", die 1. Straße wieder rechts ist die Archimedes Str., diese geht über in die Aachener Str.

33758 Schloß Holte-Stukenbrock

▶ SYLBO

Sylbo-Röcke Fertigungs GmbH
33758 Schloß Holte-Stukenbrock / Oerlinghauser Str. 67
Tel. (05207) 3832

Warenangebot: für Damen große Auswahl an Röcken, Hosen und Pullovern aller Art, vorwiegend klassisch für die Dame ab ca. 35 Jahre

Ersparnis: preisgünstige Angebote

Verkaufszeiten: jeden 1. Fr. und Sa. im Monat und zwar Fr. 14.00-17.00 Uhr, Sa. 10.00-12.00 Uhr

Hinweise: es ist auch 2. Wahl erhältlich

Anfahrtsweg: A 2 Dortmund-Hannover Ausfahrt Bielefeld auf die B 66 nach Oerlinghausen, dort Richtung Schloß Holte

33803 Steinhagen

▶ GERRY WEBER

Gerry Weber Retail GmbH
33803 Steinhagen Brockhagen / Horststr. 2
Tel. (05204) 1002-10 oder -28 / gerryweber.de

Warenangebot: Damenoberbekleidung wie z.B. Blusen, T-Shirts, Röcke, Blazer, Hosen, Jeans, Jacken, Westen, Pullover, Kostüme etc., Marken Samoon (große Größen), Taifun (junge Mode), Court One (sportive Mode) und Gerry Weber (mittleres Alter)

Ersparnis: ca. 30%, teilweise bis zu 50%

Verkaufszeiten: Mo. bis Fr. 11.00-18.00 Uhr, Sa. 9.00-16.00 Uhr

Hinweise: es sind hauptsächlich 2. Wahl-Artikel und Restposten der letzten Kollektion erhältlich

Anfahrtsweg: Brockhagen liegt ca. 10 km nördlich von Gütersloh zwischen Harsewinkel und Steinhagen, in Brockhagen befindet sich die Firma im Industriegebiet

▶ S. OLIVER

S. Oliver Outlet
33803 Steinhagen Brockhagen / Horststr. 2
Tel. (05204) 924780 / s.oliver.de

Angefangen hat alles 1969 in einem kleinen Ladenlokal in Würzburg. Bis heute entstand daraus ein international erfolgreiches Marken-Unternehmen.

34560 Fritzlar

Warenangebot: junge Mode für Sie und Ihn Marke S. Oliver wie z.B. T-Shirts, Sweat-Shirts, Jeans, Hemden, Blusen, Hosen, Röcke, Pullover, Blazer, Jacken, Westen, Schuhe, Gürtel u.v.m., kleine Auswahl an Kindermode Marke Oliver Twist

Ersparnis: bei Restposten und 2. Wahl bis zu 50%

Verkaufszeiten: Mo. bis Fr. 11.00-18.00 Uhr, Sa. 9.00-16.00 Uhr

Hinweise: es sind auch viel Retourenware und 2. Wahl-Artikel mit kleinen Fehlern erhältlich

Anfahrtsweg: Brockhagen liegt ca. 10 km nördlich von Gütersloh zwischen Harsewinkel und Steinhagen, in Brockhagen befindet sich die Firma im Industriegebiet

34560 Fritzlar

▶ LEMMI FASHION

Lemmi-Fashion Vertriebsgesellschaft mbH & Co. Bekleidungs KG
34560 Fritzlar / Gewerbering 1
Tel. (05622) 988-0 / lemmi-fashion.de

Die Firma Lehmann Hosen wurde im Jahr 1959 in Kassel gegründet. Heute ist Lemmi-Fashion ein führender Hersteller von Kinderoberbekleidung. Zur Produktpalette gehören Jacken sowie Sweat- und T-Shirts. Die Wurzeln liegen jedoch bei der Produktion von Hosen.

Warenangebot: Jeanshosen und -röcke, Jacken, Kleider, Röcke, Hemden, T-Shirts, Sweat-Shirts und Funktionsjacken für Kinder, teilweise auch Hosen und Jacken für Erwachsene, Marken Lemmi-fashion und LF 59

Ersparnis: ca. 30%, bei Restposten und 1b-Ware bis zu 50%

Verkaufszeiten: Mo. bis Fr. 9.00-19.00 Uhr, Sa. 9.00-14.00 Uhr

Anfahrtsweg: Fritzlar liegt ca. 25 km südwestlich von Kassel an der A 49, Ausfahrt Fritzlar Richtung Bundeswehr Bad Wildungen, nach ca. 5 min Fahrt befindet sich die Firma auf der linken Seite, neben dem Möbelhaus

34613 Schwalmstadt

▶ AZ MODELL

AZ Modell Kleiderfabrik Bekleidungswerke Schwalmstadt GmbH
34613 Schwalmstadt Allendorf / Industrieweg 7
Tel. (06691) 96110 / azmodell.de

35274 Kirchhain

Warenangebot: Damenoberbekleidung wie Mäntel, Jacken, Kostüme, Blazer, Leichtblazer, Röcke, Hosen, Blusen, Shirts, Kombinationen

Ersparnis: ca. 30-50%

Verkaufszeiten: Mo. 14.00-18.00 Uhr, Sa. 9.00-13.00 Uhr

Hinweise: gelegentlich ist auch günstige 2. Wahl erhältlich

Anfahrtsweg: A 5 Frankfurt-Kassel, Ausfahrt Alsfeld-Ost, auf die B 254 nach Schwalmstadt, dort befindet sich die Firma in Allendorf, hier nicht schwer zu finden, da einzige größere Firma

35096 Weimar

▶ HOWANA

Howana Strumpffabrik A. W. Mehner KG
35096 Weimar Niederweimar / Wilhelm-Gerlach-Str. 20
Tel. (06421) 7056

Warenangebot: Herrenstrümpfe aller Art, Damensöckchen, alles uni, außerdem Wanderstrümpfe

Ersparnis: bei Restposten und 2. Wahl bis zu 50%

Verkaufszeiten: Mo. bis Fr. 8.00-11.30 Uhr und 13.00-15.00 Uhr

Hinweise: teilweise ist auch 2. Wahl erhältlich

Anfahrtsweg: Niederweimar liegt ca. 8 km südlich von Marburg an der B 255 in Richtung Weimar, dort ist die Firma von der Hauptstraße aus am Weinberg zu sehen

35274 Kirchhain

▶ KIRCHHAINER BLUSEN

Kirchhainer Blusen- u. Kleiderfabrik GmbH
35274 Kirchhain / Erfurterstr. 28
Tel. (06422) 2266 / kirchhainer-blusenfabrik.de

Warenangebot: große Auswahl an modischen und aktuellen Blusen in den Gr. 36-56, außerdem Hosen, Tops, T-Shirts und Westen

Ersparnis: preisgünstiges Warenangebot

Verkaufszeiten: Di. und Fr. 10.00-18.00 Uhr

Hinweise: teilweise ist auch 2. Wahl erhältlich

35279 Neustadt

Anfahrtsweg: von Gießen auf der A 5 kommend Ausfahrt Alsfeld-West auf die B 62 nach Kirchhain, hier Richtung Langenstein auf der Langensteiner Str., links ab auf die Erfurter Str., die Firma befindet sich in der Nähe des Freibads

35279 Neustadt

▶ ELATEX

Elatex GmbH
35279 Neustadt / Hessen / Emil-Rössler-Str. 44
Tel. (06692) 4417

Warenangebot: große Auswahl an Strumpfwaren aller Art für Damen, Herren und Kinder, außerdem zugekaufte Mützen, Schals, Handschuhe sowie Kleinkinderoberbekleidung bis Gr. 116

Ersparnis: durchschnittlich ca. 30%

Verkaufszeiten: Mo. bis Fr. 9.00-18.00 Uhr, Sa. 9.00-13.00 Uhr

Hinweise: der Verkauf befindet sich an der Rückseite des Pförtnergebäudes, teilweise ist auch 2. Wahl erhältlich

Anfahrtsweg: Neustadt liegt ca. 30 km östlich von Marburg an der B 454 Richtung Schwalmstadt, von Marburg kommend befindet sich die Firma direkt am Ortseingang auf der rechten Seite

36093 Künzell

▶ SCHNEIDER

Theo Schneider Fashion GmbH
36093 Künzell / Justus-Liebig-Str. 8
Tel. (0661) 93404-0

Warenangebot: Damenbekleidung wie z.B. Kostüme, Hosenanzüge, Hosen, Röcke, Blusen, Jacken, Mäntel etc., Herrenoberbekleidung

Ersparnis: ca. 40% im Durchschnitt, 2. Wahl ist besonders preiswert

Verkaufszeiten: Mi. bis Fr. 10.00-18.00 Uhr, Sa. 10.00-13.00 Uhr

Anfahrtsweg: Künzell liegt östlich vom Zentrum Fulda, B 27 Abfahrt Tann/Meiningen, rechts auf die Petersburger Str., nach ca. 3 km vor dem Möbelhaus rechts einbiegen

36304 Alsfeld

36142 Tann

▶ LEUBECHER

Rhöner-Strickwarenfabrik J. Leubecher
36142 Tann Wendershausen / Tannfeldstr. 6
Tel. (06682) 207

Bekleidung

Warenangebot: Strickwarenoberbekleidung für Damen und Herren, Hemden, Blusen, T-Shirts, Pullover, Jacken

Ersparnis: durchschnittlich ca. 35%

Verkaufszeiten: Mo. bis Fr. 9.00-12.00 Uhr und 13.00-16.30 Uhr, Sa. nur im Sommer (ab Ostern) 9.00-12.00 Uhr

Hinweise: gelegentlich ist auch 2. Wahl erhältlich, nur die Strickwaren werden selbst hergestellt

Anfahrtsweg: Tann liegt ca. 35 km nordöstlich von Fulda an der B 278, die Firma befindet sich in Wendershausen am Ortsausgang in Richtung Tann, ist auch ausgeschildert

36199 Rotenburg

▶ BRÜHL

C. Brühl GmbH & Co. KG / Hosenspezialfabrik
36199 Rotenburg / Bürgerstr. 12
Tel. (06623) 814-0 / c-bruehl.de

Warenangebot: Damen- und Herrenhosen, auch Jeans-Hosen, außerdem eine kleine Auswahl an Hemden und Outdoor-Jacken

Ersparnis: durchschnittlich ca. 35%

Verkaufszeiten: Mo. bis Fr. 9.00-18.00 Uhr, Sa. 9.00-15.00 Uhr

Hinweise: es ist auch 2. Wahl erhältlich

Anfahrtsweg: A 4 Ausfahrt Bad Hersfeld auf die B 27, über Bebra nach Rotenburg, in Rotenburg am Delta-Markt rechts abbiegen

36304 Alsfeld

▶ ARABELLA

Grünewald GmbH / Nachtwäsche und Stofffabriken
36304 Alsfeld / Theodor-Heuss-Str. 10
Tel. (06631) 2071 / gruenewald-alsfeld.de

Die Firma Grünewald wurde vor 100 Jahren gegründet und ist seitdem als Spezialist für die Herstellung und den Vertrieb von Damennachtwäsche tätig.

36341 Lauterbach

Es werden Großkunden (Konzerne und Versender) in Deutschland und in den westeuropäischen Nachbarstaaten beliefert. Mit einer eigenen Produktion im Inland (ca. 70%) und Produktionspartnern im angrenzenden Ausland wird den Marktanforderungen entsprochen.

Warenangebot:	für Damen Nachthemden, Schlafanzüge, Big-Shirts, Shorties, Morgenmäntel, Freizeit- und Strandbekleidung, in unterschiedlichen Materialien, Marke Arabella
Ersparnis:	bis zu 50%, besonders preiswert ist 2. Wahl
Verkaufszeiten:	Mo. bis Do. 7.00-16.00 Uhr, Fr. 7.00-13.00 Uhr
Anfahrtsweg:	Alsfeld liegt an der A 5 Frankfurt-Kassel, in Alsfeld gegenüber der Brauerei einbiegen und der Beschilderung folgen

36341 Lauterbach

▶ WEGENER

R. u. M. Wegener GmbH & Co. KG / Hut- und Mützenfabrik
36341 Lauterbach / Vogelsbergstr. 157
Tel. (06641) 96930 / wegener-headwear.de

Warenangebot:	für Damen Sommerhüte, Ballonmützen, Baskenmützen, Fuggerhüte und Sportmützen, für Herren Stoffhüte und Sportmützen mit Schal, Sommerhüte, Haarfilzhüte, Baseballcaps und Westernhüte, für Kinder Rappermützen, Baseballcaps, Schlupfstrickmützen und Strickzipfelmützen
Ersparnis:	ca. 10-20%
Verkaufszeiten:	Mo. bis Fr. 10.00-12.00 Uhr und 15.00-17.00 Uhr
Hinweise:	Verkauf in der Hutique, teilweise ist auch 2. Wahl erhältlich
Anfahrtsweg:	Lauterbach liegt ca. 25 km nordwestlich von Fulda an der B 254, dort Richtung Friedberg fahren

37154 Northeim

▶ WILVORST

Wilvorst Herrenmoden GmbH
37154 Northeim / Breslauer Str. 7
Tel. (05551) 701-295 (Fabrikverkauf) / wilvorst.de

Im Jahr 1916 übernahm der Firmengründer Wilhelm Vordemfelde die Herren- und Knabenkleiderfabrik Graf & Teuchert in Stettin. Der Firmenname wurde bald in "Wilvorst" geändert, nach seinem Namen und der Heimatstadt - WILhelm VORdemfelde STettin. Seit 1993 gehört Wilvorst zur Brinkmann Gruppe. Heute verkauft Wilvorst seine Produkte in Deutschland und allen westeuropäischen Ländern an den Bekleidungsfachhandel und an speziell auf das Thema Hochzeit ausgerichtete Brautausstattungsgeschäfte.

38112 Braunschweig

Warenangebot:	festliche Gesellschaftskleidung für Herren wie Smoking, Dinnersakko, Cut, Frack sowie festliche und klassische Accessoires, außerdem Hochzeitsmodenprogramm mit junger, modischer Hochzeitsbekleidung sowie trendige Partykleidung, Marken Wilvorst und Bugatti
Ersparnis:	durchschnittlich ca. 30%
Verkaufszeiten:	Mi. und Fr. 15.00-18.00 Uhr, Sa. 9.30-13.00 Uhr
Hinweise:	der Verkauf befindet sich auf der Rückseite des Gebäudes, es ist teilweise auch 2. Wahl erhältlich
Anfahrtsweg:	A 7 Kassel-Braunschweig Ausfahrt Northeim-West nach Northeim, dort auf die B 3 Richtung Göttingen, der Ausschilderung Conti, Thimm und Verkaufslager Wilvorst folgen

37351 Dingelstädt

▶ MB-MODE

MB Modeproduktion und Design GmbH
37351 Dingelstädt / Steinstr. 12
Tel. (036075) 506-0

Warenangebot:	Strickwaren hauptsächlich für Damen aber auch für Herren wie z.B. Pullover, Jacken, Westen, T-Shirts, Sweat-Shirts, Schals, Mützen etc., vorwiegend hochwertige, junge Mode, teilweise ist auch zugekaufte Ware erhältlich
Ersparnis:	bei Restposten und 2. Wahl bis zu 50%
Verkaufszeiten:	Mo. bis Fr. 10.00-18.00 Uhr, Sa. 9.00-12.00 Uhr
Hinweise:	die Verkaufsstelle befindet sich auf dem Firmengelände, es wird immer nur das verkauft was gerade produziert wurde, davon ist hauptsächlich 2. Wahl erhältlich
Anfahrtsweg:	Dingelstädt liegt ca. 30 km nordwestlich von Mühlhausen an der B 247 in Richtung Leinefelde, dort an der Hauptstraße vor der Post einbiegen in die Steinstr.

38112 Braunschweig

▶ SIGNUM

Dittmar GmbH & Co. KG
38112 Braunschweig / Grotrian-Steinweg-Str. 4b
Tel. (0531) 210800 / signum-fashion.com

Bekleidung

38640 Goslar

Warenangebot: hauptsächlich Freizeithemden für Herren, außerdem einige wenige Pullover, T-Shirts, Sweat-Shirts, Hosen, Jacken und Gürtel, Marke Signum

Ersparnis: mindestens 40%

Verkaufszeiten: Mo. bis Do. 7.30-15.30 Uhr, Fr. 7.30-12.00 Uhr

Hinweise: es ist fast nur 1. Wahl erhältlich, vereinzelt aber auch 2. Wahl, die ganz aktuelle Kollektion ist nicht erhältlich

Anfahrtsweg: die Firma befindet sich nördlich vom Zentrum im Industriegebiet Veltenhof, erreichbar auch über die A 2 Ausfahrt Braunschweig-Hafen, Richtung Veltenhof auf die Hansestr., über den Mittellandkanal und die nächste Straße links ab ist die Grotrian-Steinweg-Str.

38640 Goslar

▶ ODERMARK

Odermark Bekleidungswerke Brinkmann GmbH & Co. KG
38640 Goslar / Odermarkplatz 1
Tel. (05321) 708-0 / odermark.de

Die Odermark Bekleidungswerke Brinkmann in Goslar sind ein bedeutendes europäischen Unternehmen für Herrenoberbekleidung. Odermark produziert Anzüge, Sakkos, Hosen, Mäntel und Sportswear, die in europäische und arabische Länder exportiert werden. Odermark-Produkte werden in vielen bedeutenden Fachgeschäften Europas geführt.

Warenangebot: hochwertige Herrenoberbekleidung wie Woll- und Baumwollmäntel, Sakkos, Anzüge, Hosen, Jacken, Blousons, Hemden, Pullover, T-Shirts, Krawatten, Unterwäsche, Marken Odermark und Bugatti

Ersparnis: durchschnittlich ca. 30%, 2. Wahl ist besonders preiswert

Verkaufszeiten: Mo. bis Fr. 13.00-18.00 Uhr, Sa. 9.00-13.00 Uhr

Hinweise: im gleichen Gebäude befinden sich auch die Firmen "von Daniels" (Damenbekleidung) und "Mahler" (Kinderbekleidung)

Anfahrtsweg: A 7 Kassel Hannover Ausfahrt Rhüden auf die B 82 nach Goslar, dort Richtung Zentrum halten, der Verkauf befindet sich in einem großen blaugrauen Gebäude, Zugang zum Eingang über den Hof der AOK, Parken direkt vor dem Gebäude

38707 Altenau

▶ MAUZ

**Basil Mauz GmbH & Co. KG /
Strick- und Wirkwarenfabrik
38707 Altenau / Breite Str. 7
Tel. (05328) 911888 / mauz.de**

Warenangebot: für Damen, Herren, Kinder und Babys Nachtwäsche wie Strampler, Schlafanzüge, Shortys, Overalls, Nachthemden, Schlafsäckchen und Oberbekleidung wie T-Shirts, Sweat-Shirts, Rollis, Nicky-Pullis, Jogging-Anzüge, Radlerhosen, Bermudas, Leggings, Jogginghosen

Ersparnis: durchschnittlich ca. 20-30%

Verkaufszeiten: Mo. bis Fr. 9.30-12.30 Uhr und 13.30-18.00 Uhr, Sa. 9.00-13.00 Uhr, Mi. nachmittag geschlossen

Hinweise: vereinzelt ist auch 2. Wahl erhältlich

Anfahrtsweg: Altenau liegt ca. 20 km südlich von Goslar, in Altenau befindet sich die Firma direkt an der Hauptstraße in der Nähe der Kreissparkasse, sie ist leicht zu finden

40472 Düsseldorf

▶ DIESEL

**Outlet store Anja Friedrichs GmbH
40472 Düsseldorf Lichtenbroich / Volkardeyer Weg 68
Tel. (0211) 4792243**

Warenangebot: Jeans und Sportswear, z.B. Hosen, Shorts, Socken, Pullover, Jacken, T-Shirts, Sweat-Shirts, junge Mode, Gürtel, Marken Diesel, Replay und Unlimited, Hemden Marke Verte Vallee

Ersparnis: bei Restposten und 2. Wahl bis zu 50%

Verkaufszeiten: Mo. bis Fr. 11.00-19.00 Uhr, Sa. 10.00-16.00 Uhr

Hinweise: Lagerverkauf von 2. Wahl und Überproduktionen

Anfahrtsweg: vom Flughafen Düsseldorf Richtung Ratingen nach Lichtenbroich immer geradeaus fahren, das Geschäft befindet sich nicht zu übersehen auf der linken Seite

40880 Ratingen

40880 Ratingen

▶ ESPRIT

Esprit de Corp. GmbH / Esprit Factory Store
40880 Ratingen Tiefenbroich / Am Rosenkothen 2
Tel. (02102) 74370 / esprit.com

Warenangebot:	Oberbekleidung für Damen, Herren und Kinder wie T-Shirts, Sweat-Shirts, Polo-Shirts, Hemden, Blusen, Strickjacken, Pullover, Kleider, Röcke, Hosen, Jeans, Damenunterwäsche sowie Schuhe, Strümpfe, Taschen, Gürtel, Geldbörsen
Ersparnis:	durchschnittlich ca. 30-40%
Verkaufszeiten:	Mo. bis Fr. 11.00-18.30 Uhr, Sa. 9.00-16.00 Uhr
Hinweise:	großes Ladengeschäft mit wenig Umkleidekabinen, es sind hauptsächlich 1b- und Fehlerware, Retourenware und Artikel der Vorjahreskollektion erhältlich
Anfahrtsweg:	Ratingen liegt ca. 10 km nördlich von Düsseldorf, A 52 Ausfahrt Ratingen-Tiefenbroich, an der Abfahrt links Richtung Ratingen ca. 1 km geradeaus, links über die Brücke, danach gleich rechts einbiegen

41061 Mönchengladbach

▶ CINQUE

Cinque Lagerverkaufs GmbH
41061 Mönchengladbach / Am Kämpchen 9-13
Tel. (02161) 180709 / cinque.de

Warenangebot:	Oberbekleidung für Damen und Herren wie z.B. Anzüge, Sakkos, Jacken, Hosen, Pullover, Hemden, Lederjacken, Mäntel
Ersparnis:	teilweise bis zu 50%
Verkaufszeiten:	Mo. bis Fr. 10.00-19.00 Uhr, Sa. 9.00-18.00 Uhr
Hinweise:	es ist nur Ware der abgelaufenen Saison und 2. Wahl erhältlich
Anfahrtsweg:	das Outlet befindet sich im Zentrum von Mönchengladbach, am Berliner Platz

41065 Mönchengladbach

▶ PRIESS

Priess-Modelle Bekleidungs GmbH & Co. KG
41061 Mönchengladbach / Erzbergerstr. 33
Tel. (02161) 494910 / priess.de

Das Unternehmen wurde im Jahr 1903 von Heinrich Priess gegründet. Seit 1950 ist die Firma spezialisiert auf Herrenhosen und seit 1957 zusätzlich auch auf Damenhosen. Heute werden Damen- und Herrenhosen in vielen Passformvarianten in allen Größen angeboten.

Warenangebot: nur Hosen für Damen und Herren, Marken Priess Hommes et Femmes und Vivre by Priess

Ersparnis: durchschnittlich ca. 30-40%, 2. Wahl ist besonders preiswert

Verkaufszeiten: Mo. und Fr. 14.00-17.00 Uhr

Hinweise: der Eingang ist ein Durchgang zwischen Erzbergerstr. 31 und 33, unter dem Torbogen steht Lagerverkauf

Anfahrtsweg: die Firma befindet sich im Zentrum von Mönchengladbach beim Bahnhof

▶ VAN LAACK

van Laack GmbH
41061 Mönchengladbach / Windhorststr. 9
Tel. (02161) 357-0 oder -492 / vanlaack.de

Warenangebot: hochwertige Herrenhemden, Röcke und Blusen für Damen, Kostüme, Kleider, Nachtwäsche, Krawatten, Gürtel

Ersparnis: bei 1. Wahl kaum, bei Restware bis zu 50% möglich

Verkaufszeiten: Mo. bis Fr. 10.00-13.00 Uhr und 14.00-18.30 Uhr, Sa. 10.00-16.00 Uhr

Anfahrtsweg: A 61 Ausfahrt Mönchengladbach-West Richtung Stadtmitte, links einbiegen in die Etornstr., dann die 4. Straße rechts ist die Windhorststr.

41065 Mönchengladbach

▶ MEXX

Mexx Kollektionsverkauf
41065 Mönchengladbach /
Reyer Str. / Ecke Reyerhütterstr.
Tel. (02161) 6140 / mexx.de

Warenangebot: Lagerverkauf von Oberbekleidung für Damen, Herren und Kinder wie z.B. Jeans, Hemden, Pullover, Sakkos, T-Shirts,

41239 Mönchengladbach

Gürtel etc., nur Einzelteile, Damen Gr. 38-40, Herren Gr. 48-50, Kinder Gr. 74-152

Ersparnis:	ca. 30-40%, unterschiedlich je nach Artikel
Verkaufszeiten:	Mo. bis Fr. 10.30-19.00 Uhr, Sa. 9.00-14.00 Uhr
Hinweise:	es werden nur Kollektionsteile/Einzelstücke verkauft, deshalb ist die Auswahl nicht sehr groß, separater Verkaufsraum im Erdgeschoss
Anfahrtsweg:	A 52 Ausfahrt Mönchengladbach-Neuwerk über Neuwerk in den Stadtteil Lürrip, hier befindet sich die Firma beim Gota-Tapetenmarkt, auf dem Gewerbehof Langen

41239 Mönchengladbach

▶ BEINES

Wilhelm Beines Söhne GmbH & Co. KG / Textilveredlung
41239 Mönchengladbach Rheydt / Bachstr. 218
Tel. (02166) 12683-0 oder -96 (Modeshop) / beines.de

Warenangebot:	Damenoberbekleidung wie Hosen bis Gr. 46, Blusen, Hosenanzüge, T-Shirts, Pullover, Strickjacken, lange und kurze Röcke, außerdem eine große Auswahl an Seidentüchern, Seidenkissen, Schals, Krawatten und Stoffen
Ersparnis:	ca. 30-40%, viele Sonderangebote
Verkaufszeiten:	Mo. bis Fr. 10.00-12.00 Uhr und 14.00-17.00 Uhr
Hinweise:	teilweise ist auch 2. Wahl erhältlich
Anfahrtsweg:	Rheydt ist südlicher Stadtteil von Mönchengladbach, erreichbar vom Marienplatz Richtung A 61

41468 Neuss

▶ VANILIA

Vanilia-Fashion GmbH
41468 Neuss Grimlinghausen / Im Taubental 41
Tel. (02131) 3406-0 / vanilia.de

Warenangebot:	junge Mode für Damen wie Kleider, Blusen, Röcke, Jacken und Hosen, für Herren einige Hemden und Jeans, T-Shirts, Sweat-Shirts, Pullover
Ersparnis:	bis zu 50% möglich

41812 Erkelenz

Verkaufszeiten: Mi. bis Fr. 11.00-18.30 Uhr, jeden 1. Sa. im Monat 9.00-14.00 Uhr

Hinweise: es sind ausschließlich 1b-Ware, Überproduktionen, Musterteile sowie Retourenware erhältlich

Anfahrtsweg: aus Richtung Wuppertal auf der A 46 kommend Abfahrt Neuss-Uedesheim, rechts abbiegen und an der 1. Ampel links, dann die 1. Straße rechts einbiegen und der Straße bis zum Ende folgen

41748 Viersen

▶ ZASPEL

Eberhard Zaspel GmbH & Co. KG
41748 Viersen / Schiefbahner Str. 11-13
Tel. (02162) 9305-0 / zaspel.com

Warenangebot: große Auswahl an Baby-, Kinder- und Jugendoberbekleidung in den Gr. 68-164 wie z.B. T-Shirts, Sweat-Shirts, Blusen, Overalls, Kleidchen, Röckchen, Hosen, Jacken, Anoraks, Mützen, Stirnbänder, außerdem Stoffe

Ersparnis: ca. 20%, 2. Wahl ist noch etwas günstiger

Verkaufszeiten: Mo. bis Fr. 9.30-18.30 Uhr, Sa. 9.30-14.00 Uhr

Hinweise: separater Verkaufsraum mit Kinderspielecke

Anfahrtsweg: A 61 Ausfahrt Viersen-Dülken auf die B 7 nach Viersen, nach ca. 2,5 km links in die Gerberstr. (Industriegebiet Rahser), dann die dritte Straße links in die Vorster Str., die nächste Straße rechts ist dann die Schiefbahner Str.

41812 Erkelenz

▶ STATZ

Statz Bekleidungswerke Brinkmann GmbH & Co.
41812 Erkelenz / Kölner Str. 100
Tel. (02431) 805341 / statz.de

Die Firma Statz wurde 1937 gegründet und gehört heute zu den wenigen großen Anbietern im Segment Herrenhosen. Sie wurde im Jahr 2001 von der Unternehmensgruppe Brinkmann erworben.

Warenangebot: Herrenhosen, Hemden, Jacken und Gürtel sowie Stoffe für Hosen und Anzüge, außerdem einige Damenhosen

Ersparnis: bei Restposten und 2. Wahl bis zu 50%

41836 Hückelhoven

Verkaufszeiten:	Do. 16.00-19.00 Uhr, Fr. 14.00-19.00 Uhr, Sa. 10.00-14.00 Uhr
Hinweise:	es ist auch 2. Wahl erhältlich
Anfahrtsweg:	A 61 Mönchengladbach-Köln Ausfahrt Jackerath Richtung Erkelenz, nach dem Bahnhof die 2. Straße links einbiegen

41836 Hückelhoven

▶ WIDAX

Heinrich Wirtz GmbH & Co. KG
41836 Hückelhoven Baal / Ottostr. 25
Tel. (02433) 9790-0 / widax.de

Warenangebot:	Herrenhosen, einige wenige Damenhosen, außerdem zugekaufte Anzüge, Sakkos, Hemden, Krawatten
Ersparnis:	ca. 30-40%, unterschiedlich je nach Artikel
Verkaufszeiten:	Fr. 15.00-18.00 Uhr, Sa. 10.00-13.00 Uhr
Hinweise:	hauptsächlich 2. Wahl-Verkauf
Anfahrtsweg:	Baal liegt ca. 20 km südwestlich von Mönchengladbach, A 46 Ausfahrt Erkelenz-Granterath auf die B 57 nach Baal

44628 Herne

▶ STEILMANN

Fashion Factory-Store GmbH
44628 Herne / Friedrich der Große 60
Tel. (02323) 939294 / steilmann.de

Warenangebot:	Damen- und Herrenoberbekleidung aller Art, vom T-Shirt bis zum Mantel, alles aus der Steilmann-Gruppe
Ersparnis:	40% und mehr möglich
Verkaufszeiten:	Di., Mi., Fr. 11.00-18.00 Uhr, Sa. 9.00-13.00 Uhr
Hinweise:	es sind ausschließlich 1b-Ware und Überproduktionen erhältlich
Anfahrtsweg:	A 42 Herne Richtung Castrop-Rauxel Ausfahrt Herne-Börnig, Richtung Rhein-Herne-Kanal auf der Sodinger Str., diese führt direkt auf die Straße Friedrich der Große zu

45659 Recklinghausen

44867 Bochum

▶ STEILMANN

**Fashion Factory-Store GmbH
44867 Bochum Wattenscheid / Friedrich-Lueg-Str. 2-8
Tel. (02327) 940666 / steilmann.de**

Warenangebot: Damen- und Herrenoberbekleidung aller Art, vom T-Shirt bis zum Mantel, alles aus der Steilmann-Gruppe

Ersparnis: 40% und mehr möglich

Verkaufszeiten: Di., Mi., Fr. 11.00-18.00 Uhr, Sa. 9.00-13.00 Uhr

Hinweise: es sind nur 1b-Ware und Überproduktionen erhältlich

Anfahrtsweg: A 40 Bochum-Essen Ausfahrt Bochum-Wattenscheid-West, auf die Berliner Str., rechts ab auf die Friedrich-Lueg-Str.

45659 Recklinghausen

▶ PERO

**Pero Modelle Bekleidungs GmbH
45659 Recklinghausen / Blitzkuhlenstr. 127
Tel. (02361) 35545 / pero-umstandsmoden.de**

Warenangebot: Umstandsmoden wie z.B. Hosen, Blusen, Kleider, Blazer, Röcke, Pullover, Shirts

Ersparnis: preisgünstiges Warenangebot, teilweise bis zu 40%

Verkaufszeiten: mittlerweile nur noch nach Vereinbarung

Hinweise: es ist auch 2. Wahl erhältlich

Anfahrtsweg: A 2 Duisburg-Dortmund Ausfahrt Recklinghausen-Süd, die Firma befindet sich in Recklinghausen-Süd nahe der Trabrennbahn

▶ TURF

**Turf Herrenwäschefabrik GmbH
45659 Recklinghausen / Tiroler Str. 1
Tel. (02361) 30208-0**

Warenangebot: Herrenhemden, etwas zugekaufte Damenoberbekleidung, Damenblusen und Kinderhemden

Ersparnis: preisgünstige Angebote, 2. Wahl ist besonders preiswert

Verkaufszeiten: Mi. 14.00-17.00 Uhr, Sa. 10.00-13.00 Uhr

45879 Gelsenkirchen

Hinweise:	teilweise ist auch 2. Wahl erhältlich
Anfahrtsweg:	A 2 Abfahrt Recklinghausen-Süd, nach der Abfahrt rechts, an der 2. Ampel links, durch das Wohngebiet, die 2. Straße rechts, die nächste links und die nächste wieder links, die Firma befindet sich im Gewerbegebiet Tiroler Straße

45879 Gelsenkirchen

▶ MARCONA

Marcona-Kleidung Heinz Ostermann GmbH & Co. KG
45879 Gelsenkirchen / Dickampstr. 8
Tel. (0209) 15800-984 / marcona.de

Marcona ist seit über 50 Jahren auf Damenoberbekleidung im gehobenen Genre spezialisiert und spricht Frauen an, die sich gerne edel-sportiv kleiden.

Warenangebot:	Damenoberbekleidung aller Art wie z.B. Coordinates, Röcke, Hosen, Blusen, Mäntel, Blazer, Kostüme, Hosenanzüge, Strick, T-Shirts
Ersparnis:	durchschnittlich ca. 30-40%
Verkaufszeiten:	Di. bis Fr. 15.00-18.30 Uhr, Sa. 10.00-14.00 Uhr
Hinweise:	separater Verkaufsraum im Produktionsgebäude
Anfahrtsweg:	A 42 Ausfahrt Gelsenkirchen-Schalke Richtung Gelsenkirchen-Zentrum, am Stadtbad und am Theater vorbei bis links ein großes gelbes Gebäude kommt, an der Ampel rechts in die Rotthauser Str., dann die 1. Straße links ist die Dickampstr., nach ca. 300 m befindet sich die Firma auf der linken Seite

45891 Gelsenkirchen

▶ STEILMANN

Fashion Factory-Store GmbH
45891 Gelsenkirchen / Daimlerstr. 14
Tel. (0209) 36135-0 / steilmann.de

Warenangebot:	Damen- und Herrenoberbekleidung aller Art, vom T-Shirt bis zum Mantel, alles aus der Steilmann-Gruppe
Ersparnis:	40% und mehr möglich
Verkaufszeiten:	Di., Mi., Fr. 11.00-18.00 Uhr, Sa. 9.00-13.00 Uhr
Hinweise:	es sind nur 1b-Ware und Überproduktionen erhältlich

46499 Hamminkeln

Anfahrtsweg: A 2 Herten-Bottrop Ausfahrt Gelsenkirchen-Buer, am Kreisverkehr Richtung Buer, an der nächsten Ampel links auf die Kurt-Schumacher-Str., nach ca. 3 km links auf die Willy-Brandt-Allee, die nächste Straße rechts ist die Daimlerstr.

46395 Bocholt

▶ GINA B

Heidemann GmbH
46395 Bocholt / Franzstr. 115
Tel. (02871) 956-0 oder -234 (Factory Store) /
heidemann.com

1961 gründeten Wilhelm und Waltraut Heidemann in Bocholt die Hosenfabrik W. Heidemann KG. Das Familienunternehmen baut heute auf die Kernkompetenz im Bereich Hosen und bietet aktuelle Damenmode von Röcken und Oberteilen bis hin zu kompletten Outfits. Die Kollektionen stehen für sportive Mode mit eigener Markenhandschrift.

Warenangebot: Damenoberbekleidung aller Art wie z.B. Hosen, Röcke, Blusen, Shirts, Westen, Mäntel, Jacken etc., Marke Gina B

Ersparnis: bei Restposten und 2. Wahl bis zu 50%

Verkaufszeiten: Mi. 10.00-18.00 Uhr, Sa. 9.00-13.00 Uhr

Anfahrtsweg: A 3 Ausfahrt Abfahrt Hamminkeln/Bocholt, rechts Richtung Bocholt auf die B 473, Abfahrt Bocholt-Süd und am Ende an der Ampel rechts, an der 5. Ampel (incl. Fußgängerampel) wieder rechts abbiegen auf die Franzstr., dann befindet sich die Firma nach ca. 500 m auf der rechten Seite

46499 Hamminkeln

▶ BONITA / NICOLAS SCHOLZ

Bonita GmbH & Co. KG / Nicolas Scholz GmbH & Co. KG
46499 Hamminkeln / Daßhorst 16
Tel. (02852) 950-0 / bonita.de + nicolas-scholz.de

Das Unternehmen wurde im Jahr 1969 in Bocholt unter dem Namen "Moha" gegründet. 1986 erfolgte die Umbenennung in "Bonita" und 1987 die Eröffnung der ersten Filiale in Kleve. Heute besitzt Bonita über 350 Filialen in Deutschland und 10 Filialen in Österreich. Unter dem Namen "Nicolas Scholz" wurde 1977 die erste Filiale des Unternehmens eröffnet. Heute ist "Nicolas Scholz" ein Unternehmen der Bonita-Unternehmensgruppe und befindet sich an über 40 Standorten in Deutschland.

Warenangebot: Damenmode in den Gr. 36-48 wie Jacken, Blazer, Westen, Hosen, Röcke, Kleider, Blusen, Shirts, Strick sowie Tücher, Taschen und Ketten, Marke Bonita, außerdem Herrenmode

47057 Duisburg

wie Socken, Pullover, Hemden, Hosen, Freizeitjacken, Lederjacken und Anzüge, Marke Nicolas Scholz

Ersparnis: bis zu 50%

Verkaufszeiten: Mo. 17.00-20.00 Uhr, Sa. 9.00-13.00 Uhr

Hinweise: Lagerverkauf, es sind ausschließlich Musterteile, Artikel der Vorsaison sowie 2. Wahl erhältlich

Anfahrtsweg: A 3 Oberhausen-Arnheim Ausfahrt Hamminkeln auf die B 473 Richtung Wesel nach Hamminkeln, ca. 800 m nach der Ausfahrt vor der DEA-Tankstelle rechts ins Industriegebiet Hamminkeln, dann wieder die nächste Straße rechts in den Daßhorst einbiegen

47057 Duisburg

▶ DIESEL

Outlet Store
47057 Duisburg Neudorf / Bürgerstr. 15
Tel. (0203) 3631466

Warenangebot: Jeans und Sportswear, z.B. Hosen, Shorts, Socken, Pullover, Jacken, T-Shirts, Sweat-Shirts, junge Mode, Gürtel, Marken Diesel, Replay und Unlimited, Hemden Marke Verte Vallee

Ersparnis: bei Restposten und 2. Wahl bis zu 50%

Verkaufszeiten: Mo. bis Fr. 11.00-19.00 Uhr, Sa. 10.00-16.00 Uhr

Hinweise: Lagerverkauf von 2. Wahl und Überproduktionen

Anfahrtsweg: die Firma befindet sich östlich vom Zentrum im Ortsteil Neudorf-Nord, vom Hautbahnhof auf der Kammerstr. in östlicher Richtung bis der Sternbuschweg (B 8) kreuzt, hier links und dann die 5. Straße rechts ist die Bürgerstr.

47802 Krefeld

▶ FELD

Rosemarie Feld
47802 Krefeld / Kemmerhofstr. 222
Tel. (02151) 44463-0 / feld.de

Warenangebot: Krawatten und Damentücher aus reiner Seide oder Polyester, Schals für Damen und Herren aus Wolle, Seide und Polyester

47906 Kempen

Ersparnis:	bis zu 50% möglich
Verkaufszeiten:	Mo. bis Do. 9.00-12.00 Uhr und 13.00-17.00 Uhr, Fr. 9.00-13.00 Uhr
Hinweise:	es werden Produktionsüberhänge, Restposten und die Vorjahreskollektion verkauft
Anfahrtsweg:	A 57 Ausfahrt Krefeld-Gartenstadt, an der 1. Kreuzung rechts und am Ende der Straße links, danach die nächste Straße rechts ist die Kemmerhofstr.

47805 Krefeld

▶ KEMPER

Féraud GmbH
47805 Krefeld / Obergath 60
Tel. (02151) 37800 / kemper-online.de

Warenangebot:	hochwertige Oberbekleidung für Damen wie z.B. Jacken, Mäntel, Kostüme, Kleider, Blazer, Hosen, Röcke, Jeans, Westen, Pullover, Blusen etc., Marken Kemper, Anna K. und Féraud
Ersparnis:	durchschnittlich ca. 35%
Verkaufszeiten:	Do. und Fr. 15.00-20.00 Uhr, Sa. 10.00-16.00 Uhr
Hinweise:	es ist die aktuelle Kollektion, aber auch 2. Wahl und Auslaufmodelle erhältlich
Anfahrtsweg:	A 57 Ausfahrt Krefeld-Oppum, immer geradeaus nach Krefeld, die Straße geht von "Alte Untergath" und "Untergath" über in "Obergath", die Firma befindet sich dort neben der Brauerei Rhenania

47906 Kempen

▶ BERND LÜBBENJANS

Tendenz Modelle GmbH
47906 Kempen / Am Wasserturm 3
Tel. (02152) 516780 / bernd-luebbenjans.de

Die Firma verarbeitet hochwertige Tuche weltbekannter Weber in Verbindung mit modernen Maschinen und traditionellem Schneiderhandwerk zu anspruchsvoller Designermode.

Warenangebot:	hochwertige, klassische Damenoberbekleidung wie Röcke, Hosen, Blusen, Kostüme, Westen, Blazer, Jacken, Mäntel, Marke Bernd Lübbenjans

47929 Grefrath

Ersparnis:	günstige Angebote, trotzdem nicht billig
Verkaufszeiten:	Di. bis Fr. 9.00-18.00 Uhr, Sa. 10.00-13.00 Uhr
Anfahrtsweg:	Kempen liegt ca. 15 km nordwestlich von Krefeld, A 40 Ausfahrt Kempen nach Kempen, hier befindet sich die Firma im Industriegebiet Selder

47929 Grefrath

▶ SCHÄFER

Albert Schäfer Strumpffabrik GmbH & Co. KG
47929 Grefrath / Bleichweg
Tel. (02158) 95980 / strumpffabrik-schaefer.de

Warenangebot:	Strümpfe für Damen, Herren und Kinder wie Sport-, City- und Smokingsocken, Kinderstrumpfhosen, sportliche Damensocken und Damenkniestrümpfe, Marke AS, außerdem Damen-Feinstrumpfhosen, Marken Bonyour und Melodie
Ersparnis:	durchschnittlich ca. 35%
Verkaufszeiten:	Mi. bis Fr. 9.00-13.00 Uhr und 14.30-18.00 Uhr
Hinweise:	der Verkauf erfolgt im angegliederten Ladengeschäft, teilweise ist auch 2. Wahl erhältlich
Anfahrtsweg:	A 40 Duisburg-Venlo Ausfahrt Wachtendonk-Wankum nach Grefrath, die Firma befindet sich dort im Gewerbegebiet, der Bleicheweg beginnt gegenüber der Shell-Tankstelle

48163 Münster

▶ PRIMERA

Primera AG
48163 Münster / Harkortstr. 24
Tel. (0251) 7135-0 / apriori-fashion.de

Die Primera AG zählt als Tochterunternehmen des internationalen Modekonzerns Escada zu den führenden Herstellern von Damenoberbekleidung. Sie beschäftigt sich am Standort Münster mit der Entwicklung und der Produktion, der Vermarktung und dem Vertrieb anspruchsvoller Modekollektionen.

Warenangebot:	Damenoberbekleidung aller Art, Marken Apriori, Biba und Cavita
Ersparnis:	bei der aktuellen Ware aus der laufenden Kollektion bis zu 40%

48429 Rheine

Verkaufszeiten: Mo. bis Fr. 10.00-20.00 Uhr, Sa. 10.00-18.00 Uhr

Hinweise: 2x jährlich finden jeweils 2 Tage lang zusätzliche Sonderverkäufe mit 2. Wahl-Ware und Musterteilen in Gr. 38 zu nochmals reduzierten Preisen statt, genaue Termine erfragen

Anfahrtsweg: auf der A 1 kommend am Autobahnkreuz Münster-Süd Richtung Zentrum Münster, wenn die B 51 kreuzt links ab auf die Weseler Str. Richtung Dülmen, noch vor der Autobahnunterführung links in die Harkortstr.

48301 Nottuln

▶ FORMAT

Horst Nitsche GmbH & Co. KG / Format Strumpffabrik
48301 Nottuln / Liebigstr. 14
Tel. (02502) 7545

Warenangebot: Herren- und Damensocken, Feinstrumpfhosen, Kinderstrümpfe, Tennis-, Wander- und Arbeitssocken, Schafwollsocken, Kinderstrumpfhosen aus Baumwolle und Wolle

Ersparnis: je nach Artikel unterschiedlich, durchschnittlich ca. 30%

Verkaufszeiten: Mo. bis Do. 9.00-13.00 Uhr, Fr. 9.00-11.00 Uhr (Fr. ist jedoch nicht immer geöffnet)

Hinweise: es ist auch 2. Wahl erhältlich, Betriebsbesichtigung für größere Gruppen ist möglich

Anfahrtsweg: Nottuln liegt westlich von Münster an der A 43, Ausfahrt Nottuln, dort befindet sich die Firma im Industriegebiet, gegenüber vom "DRK"

48429 Rheine

▶ NUR DIE

Sara Lee Personal Products GmbH
48429 Rheine / Birkenallee 110-134
Tel. (05971) 993-0 / nurdie.de

Warenangebot: Damenwäsche wie Slips, BH's und Hemdchen, Herrenwäsche wie Slips, Hemden und T-Shirts, außerdem Socken und Kniestrümpfe für Damen, Herren und Kinder sowie Feinstrumpfhosen, Feinkniestrümpfe und Feinsöckchen für Damen, Marken Nur Die, Bellinda, Elbeo, Playtex und Wonderbra

48455 Bad Bentheim

Ersparnis: 50% und mehr möglich, 2. Wahl ist besonders preiswert; Preisbeispiele: BH'S zu EUR 2,-, Unterhosen zu EUR 1,- und Strumpfhosen zu EUR -,25

Verkaufszeiten: Mo. bis Do. 9.30-16.30 Uhr, Fr. 9.30-14.30 Uhr

Anfahrtsweg: von Osnabrück auf der A 30 kommend Ausfahrt Rheine-Nord, an der Ampel geradeaus auf dem Venhauser Damm Richtung Rheine, nach ca. 2 km links ab in das Industriegebiet-Nord, dann die 2. Straße rechts ist die Birkenallee, die Einfahrt zur Firma befindet sich nach ca. 500 m auf der linken Seite

48455 Bad Bentheim

▶ LOUIS

Louis Fashion GmbH
48455 Bad Bentheim Gildehaus / Bundesstraße West 1-3
Tel. (05924) 6717

Warenangebot: Strickwaren für Damen und Herren, wenig für Kinder, Pullover, Westen mit halbem und ganzem Arm, T-Shirts, Nachtwäsche, Bettwäsche

Ersparnis: durchschnittlich ca. 40%

Verkaufszeiten: Mo. bis Fr. 9.00-12.00 Uhr und 14.00-18.00 Uhr, Sa. 10.00-13.00 Uhr

Hinweise: separater Verkaufsraum, teilweise ist auch 2. Wahl erhältlich

Anfahrtsweg: von Osnabrück auf der A 30 Richtung Holland, letzte Ausfahrt vor der Grenze, Ausfahrt Gildehaus nach Gildehaus, dort befindet sich die Firma mitten im Ort, gegenüber der Freien Tankstelle

48493 Wettringen

▶ CRUSE

Cruse Leather-Sportswear
48493 Wettringen / Industrieweg 2
Tel. (02557) 93850 / cruse-online.de

Im Jahr 1925 gründete Wilhelm Cruse in Wettringen eine Kleiderfabrik. Zunächst wurde mit vier Nähmaschinen Kinder- und Arbeitsbekleidung produziert. Nach dem 2. Weltkrieg wurden Herrenbekleidung, Anzüge, Mäntel und Freizeitbekleidung gefertigt. Im Jahr 1977 gründete der Sohn Georg Cruse eine eigenständige Firma. Das neue Unternehmen spezialisierte sich auf Lederbekleidung. Heute fertigt Cruse leather-sportswear nicht nur für seine eigene Marke, sondern auch für namhafte Bekleidungsunternehmen und Versandhäuser.

48599 Gronau

Warenangebot:	Lederbekleidung für Damen und Herren, z.B. Lederjacken, Ledermäntel, Lederwesten, Lederhosen, Lederhemden etc., Marken Pierre Cardin, she, Max und Harder
Ersparnis:	durchschnittlich ca. 30%
Verkaufszeiten:	Mo. bis Mi. 10.00-18.00 Uhr, Do. und Fr. 10.00-20.00 Uhr, Sa. 10.00-18.00 Uhr, im Sommer Sa. 10.00-16.00 Uhr
Anfahrtsweg:	Wettringen liegt ca. 10 km südwestlich von Rheine an der B 70 Richtung Ahaus, in Wettringen befindet sich die Firma im Gewerbegebiet, sie ist auch ausgeschildert

Bekleidung

48529 Nordhorn

▶ ERFO

Erfo Bekleidungswerk GmbH & Co. KG
48529 Nordhorn / Gildehauser Weg 132
Tel. (05921) 170-0 / erfo.com

Das 1937 gegründete Familienunternehmen ist einer der führenden Hersteller von Damenblusen in Deutschland. Erfo produziert jährlich über 2 Mio. Damenblusen und vertreibt diese vornehmlich über den Bekleidungsfachhandel. Der Exportanteil liegt bei 40 %. Die typische Erfo-Kundin ist die gepflegte Dame mit modischem Anspruchsdenken, die sich je nach Anlass sowohl sportlich als auch elegant kleidet.

Warenangebot:	große Auswahl an Damenblusen aller Art, außerdem Kleider, Röcke, Kittel, Blazer, Nachthemden, Spitzen und Bänder
Ersparnis:	durchschnittlich ca. 35%, 2. Wahl ist noch günstiger
Verkaufszeiten:	Mo. bis Fr. 9.30-18.00 Uhr, 1. Sa. im Monat 9.30-12.30 Uhr
Hinweise:	Verkaufsraum mit Umkleidekabinen, nur die Blusen, Kleider und Röcke sind aus eigener Herstellung, davon ist auch 2. Wahl erhältlich
Anfahrtsweg:	von Osnabrück auf der A 30 kommend, Ausfahrt Nordhorn/ Bad Bentheim auf die B 403 nach Nordhorn, dort befindet sich die Firma im Stadtteil Blanke

48599 Gronau

▶ STENAU

SE-Blusen Stenau GmbH
48599 Gronau / Ahauser Str. 79
Tel. (02565) 706-0

Warenangebot:	hauptsächlich Blusen, aber auch einige wenige Westen

48607 Ochtrup

Ersparnis:	durchschnittlich ca. 30%, 2. Wahl ist besonders preiswert
Verkaufszeiten:	Mo., Mi., Fr. 15.00-18.00 Uhr, Sa. 10.00-12.00 Uhr
Anfahrtsweg:	Gronau liegt direkt an der holländischen Grenze, ca. 30 km südwestlich von Rheine, die Firma befindet sich südlich von Gronau im Ortsteil Epe, hier an der Ortsausgangsstraße Richtung Ahaus

48607 Ochtrup

▶ SPORTIVO

Sportivo Moden Hammes GmbH
48607 Ochtrup / Gausebrink 29
Tel. (02553) 3094

Warenangebot:	große Auswahl an hochwertigen Hemden aller Art, außerdem Anzüge, Jacken, Jeans, Hosen, Blousons, Mäntel, Lederjacken, Pullover, Krawatten und Sportswear für Herren, Marke Otto Hoffmann und Marke Pierre Cardin in Lizenz
Ersparnis:	durchschnittlich ca. 30%
Verkaufszeiten:	Sa. 9.00-14.00 Uhr
Hinweise:	Hemden sind teilweise auch in 2. Wahl erhältlich, nicht alle Artikel sind aus eigener Herstellung
Anfahrtsweg:	A 31 Ausfahrt Gronau/Ochtrup nach Ochtrup, von dort Richtung Metelen, an der Kreuzung vor dem Bahnübergang rechts einbiegen

48712 Gescher

▶ WEIDEMANN

Weidemann Fashion Group
48712 Gescher / Schlesierring 35
Tel. (02542) 912-0 oder -160 (Fabrikverkauf) /
weidemann-fashion-group.de

Warenangebot:	Damenoberbekleidung, Kleider, Röcke, Blusen, Blazer, Hosen, Jeansbekleidung
Ersparnis:	preisgünstige Angebote, besonders bei 2. Wahl
Verkaufszeiten:	Di. bis Do. 13.30-18.00 Uhr, 1. und 3. Sa. im Monat 9.00-12.00 Uhr

49078 Osnabrück

Hinweise:	kleines Ladengeschäft auf der Rückseite des Werks, Zugang über die Werner-von-Siemens-Str.
Anfahrtsweg:	Gescher liegt an der A 31, von Duisburg kommend Ausfahrt Gescher/Coesfeld Richtung Gescher, in Gescher am Kreisverkehr dem Schild "G.A.T. Versand" folgen

48720 Rosendahl

▶ PRÜMER

Franz Prümer KG / Strumpf- und Wäschefabrik
48720 Rosendahl Darfeld / Höpinger Str. 12-14
Tel. (02545) 93060

Warenangebot:	Damen- und Herrenwäsche aus Angora, Wolle und Baumwolle wie z.B. T-Shirts, Sweat-Shirts, Nachtwäsche, Unterwäsche, Leggins sowie Fein- und Stützstrumpfhosen für Damen, außerdem Strümpfe und Socken für Herren und Kinder, Marken PR-Collection und Promed-Gesundheitswäsche
Ersparnis:	ca. 30% bei regulärer Ware, 2. Wahl ist noch günstiger
Verkaufszeiten:	Mo. bis Fr. 9.00-17.00 Uhr
Hinweise:	der Verkauf erfolgt im angegliederten Ladengeschäft, teilweise ist auch 2. Wahl erhältlich
Anfahrtsweg:	A 1 Dortmund-Osnabrück Ausfahrt Münster-Nord auf die B 54 über Altenberge und Laer nach Darfeld, die Firma befindet sich dort am Ortsbeginn auf der linken Seite

49078 Osnabrück

▶ DK BERUFSMODEN

DK Berufsmoden Dieter Staperfeld GmbH & Co. KG /
DK-Schnäppchenmarktmarkt
49078 Osnabrück Hellern / Averdiekstr. 7
Tel. (0541) 441044 / berufsmode.de

DK Berufsmoden ist ein international agierendes mittelständisches Unternehmen und befasst sich seit mehr als 20 Jahren mit der Herstellung und dem Versand modischer und hochwertiger Berufskleidung. Der überwiegende Teil der Artikel wird in eigenen Produktionsstätten gefertigt. DK-Berufsmoden gehört zu den größten europäischen Versandhäusern für Berufsmoden.

Warenangebot:	Berufsbekleidung für alle Branchen, außerdem Freizeitmode aus der Sports & Fashion-Kollektion sowie Schuhe für Beruf und Freizeit

Bekleidung

49770 Herzlake

Ersparnis:	ca. 30-50%
Verkaufszeiten:	Mo. bis Fr. 9.00-18.00 Uhr, Sa. 9.00-13.00 Uhr
Hinweise:	teilweise ist auch 1b-Ware erhältlich, nicht alle Artikel sind aus eigener Herstellung
Anfahrtsweg:	A 30 Rheine-Hannover Ausfahrt Hellern, in Hellern-Nord befindet sich die Firma im Gewerbegebiet

49770 Herzlake

▶ HERZLAKER

Herzlaker Bekleidungswerk GmbH & Co. KG
49770 Herzlake / Schützenstr. 6
Tel. (05962) 639

Warenangebot:	für Damen Jacken und Blazer
Ersparnis:	ca. 30-40%, unterschiedlich je nach Artikel
Verkaufszeiten:	Mo. bis Fr. 9.00-17.00 Uhr, Sa. 9.00-12.00 Uhr
Hinweise:	separater Verkaufsraum, es ist gelegentlich auch 2. Wahl erhältlich
Anfahrtsweg:	Herzlake liegt ca. 10 km östlich von Haselünne an der B 213 Richtung Cloppenburg, dort befindet sich die Firma im Industriegebiet

51063 Köln

▶ REPLAY

Replay Outlet Lagerverkauf
51063 Köln / Schanzenstr. 35
Tel. (0221) 962521-0 / replay.it

Warenangebot:	Jeans- und Freizeitbekleidung für Damen, Herren und Kinder, z.B. Hosen, Pullover, T-Shirts sowie Accessoires, Marke Replay
Ersparnis:	durchschnittlich ca. 50%
Verkaufszeiten:	Mo. bis Fr. 11.00-19.30 Uhr, Sa. 11.00-16.00 Uhr
Anfahrtsweg:	die Firma befindet sich im Ortsteil Mülheim, dort in der Nähe vom Bahnhof

52066 Aachen

51766 Engelskirchen

▶ KARIN GLASMACHER

Strickerei Kilian Konrad GmbH & Co. KG
51766 Engelskirchen Hardt / Talweg 49
Tel. (02263) 2421 / glasmacher-online.de

Die Collection Karin Glasmacher bietet das Komplettsortiment in Strickwaren für Damen in den Größen 38 bis 58 und zusätzlich die Möglichkeit der Einzelanfertigung für ganz starke Kundinnen.

Bekleidung

Warenangebot: Strickwaren hauptsächlich für Damen wie Röcke, Jacken, T-Shirts, Tops, aber auch für Herren wie z.B. Pullover, eher klassische, keine junge Mode, Collection Karin Glasmacher

Ersparnis: bis zu 40%, 2. Wahl und Produktionsüberhänge sind besonders preiswert

Verkaufszeiten: Mo. bis Fr. 9.00-18.00 Uhr

Hinweise: eine weitere Verkaufsstelle befindet sich in 51674 Wiehl-Drabenderhöhe, Am Höher Berg 21, Tel. (02262) 7224-12, geöffnet Mo. bis Fr. 14.00-18.00 Uhr

Anfahrtsweg: A 4 Köln-Olpe Ausfahrt Engelskirchen nach Engelskirchen-Hardt, talwärts auf der Olpener Straße, nach ca. 500 m Schild beachten, rechts durch die kleine Bahnunterführung in den Talweg, der Verkauf erfolgt in der Fabrik

52066 Aachen

▶ MONTANUS

Ludw. Montanus GmbH
52066 Aachen / Kurbrunnenstr. 18
Tel. (0241) 65087

Warenangebot: Anzüge, Sportsakkos und Hosen für Herren, speziell Über- und Zwischengrößen, Hemden, Pullover

Ersparnis: ca. 25% im Durchschnitt

Verkaufszeiten: Mo. bis Fr. 9.30-13.00 Uhr und 14.00-18.00 Uhr, Sa. 9.30-13.00 Uhr

Hinweise: der Verkauf befindet sich im 1. Stock, es ist auch 2. Wahl erhältlich

Anfahrtsweg: A 544 bis Autobahnende Europaplatz, Richtung Stadtmitte, am Hansemann-Platz links, über die Heinrichsallee und die Wilhelmstr. in die Kurbrunnenstr., die Firma befindet sich gegenüber der Rosenquelle, in einem roten Backsteinbau

52072 Aachen

52072 Aachen

▶ CAVALLO

Cavallo GmbH / Motex-Laden
52072 Aachen / Ritterstr. 16
Tel. (0241) 889250

Warenangebot:	Herrenoberhemden, Blazer, Hosen, Jeans, T-Shirts, Sweat-Shirts, Pullover, Socken, Nachtwäsche, Unterwäsche, Krawatten, Schuhe
Ersparnis:	preisgünstige Angebote, 2. Wahl ist besonders preiswert
Verkaufszeiten:	Mo. bis Fr. 11.00-18.30 Uhr, Sa. 10.00-14.00 Uhr, 6 Wochen vor Weihnachten langer Sa. 10.00-16.00 Uhr
Hinweise:	es sind auch 2. Wahl und Auslaufmodelle erhältlich
Anfahrtsweg:	von Köln auf der A 4 kommend Ausfahrt Aachen-Laurensberg, in Laurensberg befindet sich die Firma im Industriegebiet

53332 Bornheim

▶ DANIELS

Daniels & Co. Herrenmoden GmbH
53332 Bornheim Hersel / Simon-Arzt-Str. 1
Tel. (02222) 83060 / daniels-mode.de

Warenangebot:	Herrenbekleidung wie z.B. Jeans, Sakkos, Anzüge, Hemden, Hosen, Jeans, Jacken, T-Shirts, Sweat-Shirts, Pullover, Westen, Socken, Krawatten etc., gelegentlich sind auch Einzelteile für Damen erhältlich
Ersparnis:	ca. 30% im Durchschnitt
Verkaufszeiten:	Mo. bis Fr. 11.00-19.00 Uhr, Sa. 9.00-17.00 Uhr
Hinweise:	Verkauf in einem separaten Lagerraum, oftmals sind auch günstige Auslaufmodelle erhältlich, nicht alle Artikel sind aus eigener Herstellung
Anfahrtsweg:	von Bonn auf der B 9 ca. 5 km nach Hersel, dort befindet sich die Firma in der Nähe vom Bahnhof, über die Roisdorfer Str. in die Simon-Arzt-Str.

55543 Bad Kreuznach

55232 Alzey

▶ AHORN

Ahorn Sportswear Textilien GmbH
55232 Alzey / Otto-Lilienthal-Str. 2a
Tel. (06731) 948927 / ahornsport.de

Im Jahr 1876 gründete Balthasar Blickle in Albstadt eine Lohnwirkerei die Damenunterröcke produzierte. 1887 wurde das Sortiment durch Herrenunterhosen, Kinderanzüge, Herren- und Damenjacken sowie Hemden ergänzt. Im Jahr 1964 wurde dann die Marke Ahorn gegründet. Unter diesem Markennamen gelangten Polohemden, Tennisbekleidung und Hockeyröcke an Sportmannschaften und an Freizeitsportler. Seit 1990 ist Ahorn Sportswear im Segment Übergrößen aktiv und ergänzt laufend das Größenangebot.

Warenangebot: Sport- und Freizeitbekleidung (von Gr. S bis zu Übergrößen in 10XL) wie Jogginghosen, T-Shirts, Sweat-Shirts, Polo-Shirts, Shorts, Trainingsanzüge, Kur-/Freizeitanzüge für Senioren, Fleece- und Regenjacken, außerdem Tag- und Nachtwäsche in Übergrößen sowie Bademäntel und Hemden in Übergrößen

Ersparnis: bis zu 50%

Verkaufszeiten: Mo. bis Fr. 9.00-18.00 Uhr, Sa. 9.00-13.00 Uhr

Hinweise: es sind auch günstige Auslaufmodelle und 2. Wahl-Artikel erhältlich

Anfahrtsweg: von Ludwigshafen auf der A 61 kommend Ausfahrt Alzey, die Firma befindet sich im Industriegebiet beim "Real-Markt"

55543 Bad Kreuznach

▶ GLÄSER

Gläser GmbH & Co. KG
55543 Bad Kreuznach / Rosenheimer Str. 286
Tel. (0671) 701-0 / glaeser.com

Das Unternehmens wurde im Jahr 1955 durch die Familie Gläser in Berlin gegründet und 1989 durch die italienische Konzerngruppe Miroglio übernommen. Deutsche Mannschaften wurden zu versch. sportlichen Anlässen wie Weltmeisterschaften und Olympiaden ausgestattet.

Warenangebot: Damenoberbekleidung, hauptsächlich Blusen und Kombiteile, Marken Gläser und versch. andere

Ersparnis: ca. 30-40% bei 2. Wahl-Teilen

Verkaufszeiten: Mo. und Fr. 10.30-17.30 Uhr, Sa. 9.00-13.00 Uhr

56220 Bassenheim

Hinweise: der Fabrikverkauf befindet sich auf der gegenüber liegenden Straßenseite der Firma Gläser, Riegelgrube 23, es ist hauptsächlich 2. Wahl erhältlich

Anfahrtsweg: A 61 am Nahetaldreieck Ausfahrt Bad Kreuznach auf die B 41, dann auf die B 428 Richtung Bad Kreuznach/Industriegebiet-Süd, im Kreisverkehr Richtung Industriegebiet Süd 1, danach gleich die nächste Straße links, dann befindet sich der Werksverkauf nach ca. 50 m auf der rechten Seite

56220 Bassenheim

▶ BORGELT

Studio Borgelt GmbH
56220 Bassenheim / Am Gülser Weg 2-6
Tel. (02625) 93050 / studio-borgelt.de

Warenangebot: Tag- und Nachtwäsche, Blusen, Strickwaren und Sweat-Shirts für Damen, Kollektionen Studio Borgelt, Upper Class, Donna Lisa und Samara

Ersparnis: ca. 30% im Durchschnitt

Verkaufszeiten: Mi. und Fr. 12.00-18.00 Uhr

Hinweise: es sind auch 2. Wahl und Auslaufmodelle erhältlich, nicht alles ist aus eigener Herstellung

Anfahrtsweg: Bassenheim liegt ca. 10 km westlich von Koblenz an der B 258 Richtung Mayen, dort befindet sich die Firma beim Bahnhof im Industriegebiet, ist auch ausgeschildert

56244 Maxsain

▶ WEISS

Arnold Weiss KG / Fabrik für Lederbekleidung
56244 Maxsain / Hüttenweg 7
Tel. (02626) 5271 / arnoldweiss.de

Warenangebot: Lederbekleidung aller Art wie z.B. Jacken, Lederhosen, Janker, Mäntel, Trachtenhosen, Bundhosen, auch Motorradbekleidung

Ersparnis: ca. 20% im Durchschnitt

Verkaufszeiten: Mo. bis Fr. 9.00-12.00 Uhr und 13.00-18.00 Uhr, Sa. 9.00-14.00 Uhr

56457 Halbs

Hinweise:	der Verkaufsraum befindet sich im Erdgeschoss, nicht alle Artikel sind aus eigener Herstellung
Anfahrtsweg:	A 3 Ausfahrt Ransbach-Baumbach, über Mogendorf und Selters nach Maxsain, dort 1. Str. links, die Firma ist ab hier ausgeschildert

56410 Montabaur

▶ BRAUN

R. Braun & Co. KG / Textilfabrik
56410 Montabaur / Hohe Str. 21
Tel. (02602) 4519

Warenangebot:	Schlafanzüge, Nachthemden, Bettjacken, Bettschals, Haus- und Morgenmäntel etc., alles nur für Damen
Ersparnis:	bis zu 50%
Verkaufszeiten:	Mo. und Do. 13.00-17.00 Uhr, vor Ostern und vor Weihnachten ist teilweise auch schon ab 10.00 Uhr geöffnet
Hinweise:	es ist nur 2. Wahl erhältlich
Anfahrtsweg:	A 3 Frankfurt-Köln Ausfahrt Montabaur, Richtung Stadtmitte, dort befindet sich die Firma in der Nähe vom Bahnhof

56457 Halbs

▶ MISS ULRIKE

Miss Ulrike Textilvertriebs-GmbH
56457 Halbs / Industriestr. 1
Tel. (02663) 98090 / miss-ulrike.de

Warenangebot:	Damenwäsche, Hausanzüge und Morgenmäntel nur für Damen, außerdem etwas Herrenunterwäsche
Ersparnis:	unterschiedlich, durchschnittlich ca. 30%
Verkaufszeiten:	Mo. bis Do. 10.00-12.00 Uhr und 13.00-17.00 Uhr, Fr. 10.00-14.00 Uhr
Hinweise:	gelegentlich ist auch 2. Wahl vorhanden
Anfahrtsweg:	A 3 Frankfurt-Köln Ausfahrt Montabaur auf die B 255 über Hahn nach Ailertchen, hier rechts ab nach Halbs, die Firma befindet sich außerhalb von Halbs im Industriegebiet

56470 Bad Marienberg

56470 Bad Marienberg

▶ LEBEK

Lebek International Fashion GmbH & Co.
56470 Bad Marienberg / Kirburger Str. 1
Tel. (02661) 919-0 / lebek.de

Warenangebot: Mäntel, Jacken, Kostüme, Hosenanzüge, Sommersportswear für Damen, Hemden, Blusen, T-Shirts

Ersparnis: ca. 30-40%, unterschiedlich je nach Artikel

Verkaufszeiten: Mo. bis Do. 10.00-13.30 Uhr und 14.30-17.00 Uhr

Hinweise: der Verkauf von Sommermode erfolgt bis ca. Ende Mai, von Wintermode ab ca. Anfang Sept. bis Ende Dez. (Juni-Aug. geschl.), teilweise ist auch 2. Wahl erhältlich

Anfahrtsweg: Bad Marienberg liegt südlich von Siegen, A 45 Ausfahrt Haiger/Burbach auf die B 54, bei Salzburg auf die B 414 nach Bad Marienberg, die Firma befindet sich dort an der Hauptstraße

56566 Neuwied

▶ EURESS

Heinrich Reussner Wäschefabrik GmbH
56566 Neuwied Engers / Im Schützengrund 3
Tel. (02622) 9259-0

Das Unternehmen ist seit 1950 am Rhein angesiedelt und begann mit der Produktion von Unterkleidern und Petticoats. Seit Mitte der 60er Jahre wurde Damen-Nachtwäsche, Homewear und Strandbekleidung hergestellt. Eine ganz neue Linie ist ein Spezialprogramm für große Größen.

Warenangebot: Nachtwäsche, Mäntel, Strand- und Freizeitbekleidung für Damen, außerdem Stoffe, Marke Euress

Ersparnis: ca. 30-50%, unterschiedlich je nach Artikel

Verkaufszeiten: ab Mai jeden 1. Mi. im Monat von 9.00-12.00 Uhr und 13.00-16.00 Uhr, außerdem im Frühjahr und im Herbst jeweils 2-3 Tage lang, genaue Termine erfragen

Hinweise: teilweise wird auch günstige 2. Wahl angeboten

Anfahrtsweg: Neuwied liegt ca. 15 km nordwestlich von Koblenz, A 48 Ausfahrt Bendorf Richtung Neuwied nach Engers, dort an der 2. Ampel rechts, dann 5. Straße rechts

57392 Schmallenberg

▶ FALKE

Falke Fashion
57392 Schmallenberg / Ohlgasse 5
Tel. (02972) 3080 / falke.de

Die Falke Gruppe ist ein international tätiges Bekleidungs- und Lifestyle-Unternehmen mit Sitz im sauerländischen Schmallenberg. Gegründet im Jahr 1895 wird das Familienunternehmen mittlerweile von der 4. Generation geleitet. Das Unternehmen beschäftigt zur Zeit über 3.000 Mitarbeiter, davon rund 1.800 in Deutschland. Falke Produkte werden in insgesamt rund 40 Länder exportiert.

Warenangebot:	Socken und Strümpfe für Damen, Herren und Kinder, Feinstrumpfhosen, Kniestrümpfe, Oberbekleidung für Herren wie Westen, Jacken, Hosen, Pullover, Sweat-Shirts, Polo-Shirts, Marke Falke, teilweise auch Marken Joop und Esprit, teils eingeschränkte Auswahl
Ersparnis:	durchschnittlich 30%, bei 2. Wahl teilweise bis zu 50%
Verkaufszeiten:	Mo. bis Fr. 10.00-18.00 Uhr, Sa. 9.00-16.00 Uhr
Hinweise:	separater Verkaufsraum
Anfahrtsweg:	A 45 Dortmund-Frankfurt Ausfahrt Olpe auf die B 55 nach Lennestadt, von dort auf die B 236 nach Schmallenberg, in Schmallenberg an der 1. Ampel rechts Richtung Grafschaft, die nächste Straße wieder rechts einbiegen

58135 Hagen

▶ WEISSBACH

Strumpffabrik Weissbach GmbH
58135 Hagen Haspe / Hochofenstr. 5
Tel. (02331) 949494 / weissbach-sockon.de

Warenangebot:	große Auswahl an Socken und Strümpfen aller Art, außerdem zugekaufte Hemden, Pullover, Sakkos, Krawatten und Schuhe
Ersparnis:	ca. 30%, zugekaufte Artikel sind kaum günstiger
Verkaufszeiten:	Mo. bis Fr. 8.00-17.00 Uhr
Hinweise:	nur die Strumpfwaren sind aus eigener Herstellung, davon ist teilweise auch 2. Wahl erhältlich,
Anfahrtsweg:	A 1 Köln-Dortmund Ausfahrt Volmarstein Richtung Ortsteil Haspe, immer geradeaus, über die 3. Ampel in den Gewerbepark Haspe

59065 Hamm

59065 Hamm

▶ BENVENUTO

Leithäuser GmbH & Co.
59065 Hamm / Heessener Str. 22-28
Tel. (02381) 686-290 / benvenuto.de

Warenangebot: hochwertige Herrenoberbekleidung wie Anzüge, Sakkos, Mäntel, Jeans, Hemden, Krawatten, Strickwaren, Gürtel, Marke Benvenuto

Ersparnis: bei 1. Wahl ca. 30%, bei 2. Wahl bis 60%

Verkaufszeiten: Di. bis Do. 14.00-18.00 Uhr, Fr. 10.00-18.00 Uhr, Sa. 10.00-14.00 Uhr

Hinweise: großer separater Verkaufsraum, es sind hauptsächlich Artikel der Vorsaison, Musterstücke sowie Überproduktionen und 2. Wahl-Artikel erhältlich

Anfahrtsweg: A 2 Dortmund-Bielefeld Ausfahrt Hamm-Uentrop Richtung Heessen, in diesem Stadtteil befindet sich die Firma nicht zu übersehen direkt an der Hauptstraße, Parkmöglichkeit vor dem Outlet am Flugplatz, Seeburger Str.

59269 Beckum

▶ MODEKA

Beckumer Lederbekleidungswerk GmbH
59269 Beckum / Ahlener Str. 74-76
Tel. (02521) 8503-0 / modeka.de

Warenangebot: Motorradlederbekleidung wie Kombinationen, Jacken, Hosen, Handschuhe, Marke Modeka, außerdem zugekaufte Helme und Stiefel sowie modische Lederbekleidung und Jeanshosen

Ersparnis: ca. 30%, die zugekauften Artikel sind nicht preiswerter

Verkaufszeiten: Mo. bis Fr. 9.30-13.00 und 14.30-19.00 Uhr, Sa. 9.30-14.00 Uhr, langer Sa. 9.30-16.00 Uhr

Hinweise: angegliedertes Ladengeschäft, Fr. nachmittag und Sa. vormittag zusätzlicher Sonderpostenverkauf

Anfahrtsweg: A 2 Dortmund-Hannover Ausfahrt Beckum, Richtung Stadtmitte, dort befindet sich die Firma nahe dem Jahnstadion

59555 Lippstadt

59379 Selm

▶ ERTELT

E. B. S. Ertelt-Bekleidung-Selm GmbH / Kleiderfabrik
59379 Selm / Werner Str. 111a
Tel. (02592) 3085

Bekleidung

Warenangebot: hochwertige Damenbekleidung bis Gr. 46 wie z.B. Röcke, Jacken, Hosenanzüge, Hosen, Blazer, Blusen sowie Stoffreste, keine junge Mode

Ersparnis: teilweise bis zu 50%

Verkaufszeiten: Mo. bis Fr. 8.00-18.00 Uhr, jeden 2. und 4. Sa. 9.00-13.00 Uhr

Anfahrtsweg: Selm liegt ca. 20 km nördlich von Dortmund, von Lünen auf der B 236 nach Selm, dort in Ortsmitte rechts ab Richtung Werne auf der Werner Str., die Firma befindet sich nach dem Mercedes-Autohaus auf der linken Seite

59555 Lippstadt

▶ FALKE

Falke KG
59555 Lippstadt Cappel / Am Tiergarten 9-11
Tel. (02941) 744-0 oder -186 (Verkauf) / falke.de

Die Falke Gruppe ist ein international tätiges Bekleidungs- und Lifestyle-Unternehmen mit Sitz im sauerländischen Schmallenberg. Gegründet im Jahr 1895 wird das Familienunternehmen mittlerweile von der 4. Generation geleitet. Das Unternehmen beschäftigt zur Zeit über 3.000 Mitarbeiter, davon rund 1.800 in Deutschland. Falke Produkte werden in insgesamt rund 40 Länder exportiert.

Warenangebot: Socken und Strümpfe für Damen, Herren und Kinder, Feinstrumpfhosen, Kniestrümpfe, Oberbekleidung für Herren wie Westen, Jacken, Hosen, Pullover, Sweat-Shirts, Polo-Shirts, Marke Falke, teilweise auch Marken Joop und Esprit, teils eingeschränkte Auswahl

Ersparnis: durchschnittlich 30%, bei 2. Wahl teilweise bis zu 50%

Verkaufszeiten: Mo. bis Fr. 10.00-17.30 Uhr, Sa. 9.00-13.00 Uhr

Hinweise: nicht immer ist das komplette Sortiment erhältlich

Anfahrtsweg: Lippstadt liegt ca. 35 km westlich von Paderborn, A 44 Ausfahrt Erwitte auf die B 55 über Erwitte nach Lippstadt, die Firma befindet sich im Ortsteil Cappel, an der Straße Richtung Beckum

59964 Medebach

59964 Medebach

▶ EWERS

Malerba Strümpfe Deutschland GmbH
59964 Medebach / Landwehr 9
Tel. (02982) 409-0 / malerba.de

Warenangebot: Strumpfwaren für Babys und Kinder wie Söckchen, Kniestrümpfe, Strumpfhosen und Feinstrumpfhosen, alles uni und gemustert sowie Erstlings- und ABS-Söckchen, außerdem Baby- und Kinderunterwäsche wie Bodys, Slips und Unterhemden, Marke Ewers

Ersparnis: preisgünstiges Warenangebot

Verkaufszeiten: Mo. bis Do. 9.00-16.45 Uhr, Fr. 9.00-14.30 Uhr

Hinweise: Kleinverkauf, es ist jedoch nicht immer das komplette Sortiment erhältlich, teilweise ist auch 2. Wahl vohanden

Anfahrtsweg: A 44 Kassel-Dortmund Ausfahrt Diemelstadt auf die B 252 über Arolsen und Korbach nach Medebach, dort befindet sich die Firma im Gewerbegebiet Richtung Frankenberg

▶ GOLDEN LADY

Golden Lady Strümpfe GmbH
59964 Medebach / Landwehr 11
Tel. (02982) 408-0

Warenangebot: Feinstrumpfhosen für Damen, Socken für Damen, Herren und Kinder

Ersparnis: ca. 30% im Durchschnitt

Verkaufszeiten: Mo. bis Do. 8.00-16.00 Uhr, Fr. 8.00-12.00 Uhr

Anfahrtsweg: Medebach liegt ca. 15 km südwestlich von Korbach, dort befindet sich die Firma im Gewerbegebiet Richtung Frankenberg

▶ STUHLMANN

Wilhelm Stuhlmann KG / Lederbekleidungsfabrik
59964 Medebach / Weddelstr. 14a
Tel. (02982) 8303 / leder-stuhlmann.de

Die Firma Stuhlmann wurde vor ca. 100 Jahren als Schneiderei gegründet. Im Jahr 1958 wurde mit der Herstellung von Lederbekleidung begonnen. Seit 1962 bis heute wird ausschließlich Bekleidung aus Leder hergestellt und Verarbeitung mit Pelz.

63150 Heusenstamm

Warenangebot: Lederbekleidung in allen Lederarten die sich zu Bekleidung verarbeiten lassen, z.B. Hosen, Jacken, Mäntel, Westen, Röcke, Jagdhosen sowie Rucksackgewehrriemen, ausschließlich Einzelteile und Kleinserien, insbesondere Jagdfunktionsbekleidung, keine Motorrad-Bekleidung

Ersparnis: preisgünstiges Warenangebot

Verkaufszeiten: Mo. bis Fr. 8.00-18.00 Uhr, Sa. 9.00-13.00 Uhr

Hinweise: Maßanfertigung sowie Reparaturen und Änderungen sind möglich, dauert ca. 2 Wochen

Anfahrtsweg: von Kassel auf der B 251 in westlicher Richtung nach Korbach, dort im Ort abbiegen nach Medebach, hier gleich nach dem Ortsschild rechts einbiegen, dann 2. Str. links, die Firma befindet sich in der Halle an der Ecke

59969 Hallenberg

▶ WILENSKI

Textilfabrik Peter Wilenski
59969 Hallenberg Hesborn / Hauptstr. 3
Tel. (02984) 574

Warenangebot: Unterwäsche, Schlafanzüge und Nachthemden für Damen, Herren und Kinder, gelegentlich auch einige Sweat-Shirts

Ersparnis: ca. 30-40%, unterschiedlich je nach Artikel

Verkaufszeiten: Mo. bis Fr. 8.00-12.00 Uhr

Hinweise: teilweise ist auch 2. Wahl erhältlich

Anfahrtsweg: Hallenberg liegt nördlich von Marburg an der B 236 zwischen Battenberg und Winterberg, dort rechts ab nach Hesborn, die Firma befindet sich am Ortseingang auf der linken Seite

63150 Heusenstamm

▶ LEVI'S

Levi Strauss Germany GmbH
63150 Heusenstamm / Levi-Strauss-Allee 18-20
Tel. (06104) 601-0 / levis.com

Warenangebot: Jeansbekleidung aller Art für Damen und Herren wie z.B. Hosen, Jacken, Westen, viele unterschiedliche Formen

63454 Hanau

und Auswaschungen, außerdem Hemden, T-Shirts und Sweat-Shirts, Marken Levis und Dockers

Ersparnis: bis zu 50%

Verkaufszeiten: Mo. bis Do. 15.00-19.00 Uhr, Fr. 12.00-19.00 Uhr, Sa. 10.00-16.00 Uhr

Hinweise: Lagerverkauf von 2. Wahl, Musterteilen und Überhängen, keine ganz aktuelle Ware

Anfahrtsweg: Heusenstamm liegt ca. 20 km südöstlich von Frankfurt an der A 3, die Firma befindet sich im Gewerbegebiet Ost, Richtung Rembrücken

63454 Hanau

▶ PHILIPP

J. Philipp & Co. GmbH / Herrenkleiderfabrik
63454 Hanau Wilhelmsbad / Hochstädter Landstr. 29-39
Tel. (06181) 985-0 oder -147 (Verkauf) / j-philipp.de

Warenangebot: Herrenoberbekleidung wie z.B. Anzüge, Sakkos, Jacken, Westen, Mäntel, Smokings, Hosen, Sportswear etc.

Ersparnis: ca. 30-40%, unterschiedlich je nach Artikel, besonders günstige Angebote gibt es zu Schlussverkaufszeiten

Verkaufszeiten: Mo. bis Fr. 14.00-19.00 Uhr, Sa. 10.00-16.00 Uhr

Hinweise: Verkaufsräume gegenüber der Grundstückseinfahrt, gelegentlich ist auch 2. Wahl erhältlich

Anfahrtsweg: Hanau liegt ca. 20 km östlich von Frankfurt, von Frankfurt auf der A 66 kommend Ausfahrt Hanau-Nord, die 1. Straße rechts einbiegen Richtung Wilhelmsbad, an der Kreuzung gleich wieder rechts

63741 Aschaffenburg

▶ DE KALB

Kalb Fabrikverkauf GmbH
63741 Aschaffenburg / Schwalbenrainweg 36
Tel. (06021) 412201 / kalb-fabrikverkauf.de

In der dritten Generation steht der Name Kalb für individuelle Mode aus Aschaffenburg.

Warenangebot: für Herren Hemden, zwei- und dreiteilige Anzüge, Jacketts, Strick, Jerseys, Krawatten, Underwear, für Damen Strick,

63741 Aschaffenburg

	Hosen, Blusen, Jacketts, Jerseys, Kostüme sowie Accessoires wie Taschen, Schals etc., Marken DeKalb und Kalb
Ersparnis:	bis zu 40%, im hausinternen Schnäppchenmarkt noch mehr
Verkaufszeiten:	Mo. bis Sa. 10.00-18.00 Uhr
Hinweise:	ein Änderungsservice ist vorhanden
Anfahrtsweg:	von der A 3 Frankfurt-Würzburg über die Ausfahrt Aschaffenburg-West auf die Bundesstraße in Richtung Aschaffenburg-Zentrum, nach ca. 1 km Ausfahrt Strietwald, an der Ampel links abbiegen in die Linkstr., nach ca. 300 m rechts auf den Firmenparkplatz

▶ FUCHS & SCHMITT

Fuchs u. Schmitt GmbH & Co.
63741 Aschaffenburg / Lilienthalstr. 2
Tel. (06021) 3603 / fs-mode.de

Warenangebot:	große Auswahl an Mäntel, Jacken bis Gr. 52, Sympatexjacken und -mäntel, Kostüme, Hosenanzüge, Blazer bis Gr. 46, alles nur für Damen
Ersparnis:	durchschnittlich ca. 50%
Verkaufszeiten:	großer Hallenverkauf nur 2x jährl. (ca. März/Sept.) jeweils 4 Tage lang, genaue Termine erfragen
Hinweise:	es sind auch viel günstige Musterteile, Auslaufmodelle sowie 2. Wahl erhältlich
Anfahrtsweg:	A 3 Frankfurt-Würzburg Ausfahrt Aschaffenburg-West Richtung Stadtmitte, vor der Esso-Tankstelle abbiegen Richtung Industriegebiet Strietwald, hier befindet sich die Firma

▶ WEIS

Gebr. Weis GmbH / Herrenkleiderfabrik
63741 Aschaffenburg / Aufeldstr. 9
Tel. (06021) 3482-7

Warenangebot:	Herrenanzüge, Sportsakkos, Freizeitjacken, Wintermäntel
Ersparnis:	ca. 30-40%, unterschiedlich je nach Artikel
Verkaufszeiten:	Mo. bis Do. 8.00-12.00 Uhr und 13.00-17.00 Uhr, Fr. 8.00-14.00 Uhr

63762 Großostheim

Hinweise:	teilweise ist auch 2. Wahl erhältlich, nicht alles ist aus eigener Herstellung
Anfahrtsweg:	Aschaffenburg liegt südöstlich von Frankfurt an der A 3 Richtung Würzburg, Ausfahrt Aschaffenburg-Ost Richtung Stadtmitte, die Firma befindet sich an der ersten Ampel auf der linken Seite, das Firmenlogo ist nicht zu übersehen

63762 Großostheim

▶ DRESSLER

Herrenkleiderfabrik Eduard Dressler GmbH / VIP Clothing Store
63762 Großostheim / Babenhäuser Str. 16
Tel. (06026) 995290 / eduard-dressler.com

Warenangebot:	Herrenoberbekleidung wie Anzüge, Sakkos, Hosen, Jeans, Boxer-Shorts, Pullover, Hemden, T-Shirts, Krawatten, Socken etc., alles jedoch ohne Dressler-Etikett, außerdem Lederwaren von Aigner
Ersparnis:	durchschnittlich ca. 35%
Verkaufszeiten:	Di. bis Fr. 10.00-18.00 Uhr, Sa. 10.00-14.00 Uhr
Anfahrtsweg:	A 3 Ausfahrt Stockstadt auf die B 469 Richtung Großostheim, abfahren auf die B 26 Richtung Babenhausen, nach ca. 100 m links auf die Babenhäuser Str.

▶ PESÖ

Petermann Hemdenfabrik GmbH
63762 Großostheim / Aschaffenburger Str. 28
Tel. (06026) 50020 / hemdenfabrik.de

Warenangebot:	für Herren Designerhemden, bügelfreie Hemden, klassische Hemden, Hemden mit extra langem Arm, sportive Hemden, Maßhemden, auch Übergrößen, außerdem zugekaufte Pullover, Strickjacken, T-Shirts, Socken, Krawatten sowie Damenblusen
Ersparnis:	ca. 30%, laufend Sonderangebote
Verkaufszeiten:	Mo. bis Fr. 9.00-18.00 Uhr, Sa. 9.00-15.00 Uhr
Hinweise:	Änderungsservice ist möglich, einzelne Stücke sind gelegentlich auch in 2. Wahl erhältlich, teilweise sind auch günstige Auslaufmodelle vorhanden

63762 Großostheim

Anfahrtsweg: A 3 Frankfurt-Würzburg Ausfahrt Stockstadt auf die B 469 Richtung Obernburg/Miltenberg, die 2. Abfahrt Großostheim nehmen und dann die 1. Möglichkeit links in den Ort einbiegen, dann befindet sich die Firma nach ca. 300 m auf der linken Seite nach der Tankstelle

▶ SAN SIRO

San Siro Modevertriebs- und Verkaufs- GmbH & Co. Handels KG
63762 Großostheim / Babenhäuser Str. 45
Tel. (06026) 5007-0 oder -42 (Fabrikverkauf) / sansiro.de

Die Firma ist seit 1970 mit San Siro am Markt. Sie ist Spezialist für Herrenhosen mit sportlichem Charakter. Spezialität: Performer, die bügelfreie Baumwollhose.

Warenangebot: Herrenoberbekleidung wie Anzüge, Sakkos, Hosen, Hemden, Pullover, Socken, Krawatten, kleines Sortiment an Damenoberbekleidung Anzüge, Röcke, Blazer, Hosen, außerdem Jeans, Marken San Siro, Discovery u.a.

Ersparnis: durchschnittlich ca. 30%

Verkaufszeiten: Mo. bis Fr. 11.00-18.00 Uhr, Sa. 9.30-15.00 Uhr

Hinweise: Änderungsservice vorhanden

Anfahrtsweg: Großostheim liegt ca. 15 km südwestlich von Aschaffenburg, dort befindet sich die Firma an der Umgehungsstraße im Industriegebiet Richtung Ringheim/Flugplatz

▶ SCHULER

Otto Schuler Herrenkleiderfabrik GmbH
63762 Großostheim / Aschaffenburger Str. 35
Tel. (06026) 9724-0 / otto-schuler.de

Warenangebot: hochwertige Herrenbekleidung wie z.B. Anzüge, Sakkos, Blazer, Mäntel, Hosen, außerdem zugekaufte Hemden, Socken, Gürtel und Krawatten

Ersparnis: ca. 40-50%

Verkaufszeiten: Mo. bis Fr. 9.00-18.00 Uhr, Sa. 10.00-16.00 Uhr

Anfahrtsweg: Großostheim liegt ca. 15 km südwestlich von Aschaffenburg, dort befindet sich die Firma gleich am Ortsbeginn auf der rechten Seite, gegenüber "Lidl" und "Norma"

63773 Goldbach

63773 Goldbach

▶ BASLER

Basler Bekleidungswerke GmbH
63773 Goldbach / Dammer Weg 51
Tel. (06021) 504-0 oder -322 (Fabrikverkauf) /
basler-fashion.de

Basler ist ein bekannter und renommierter Name für hochwertige Damenmode und in über 50 Ländern vertreten. Basler bietet für jeden Anlass von Gala über City- und Businesswear bis hin zu sportiven Outfits für die Themen Golf und Wellness alles, was die moderne Frau mit gehobenem Anspruch sucht.

Warenangebot:	hochwertige Damenoberbekleidung wie z.B. Blazer, Blusen, Pullover, Shirts, Coordinates, Outdoorjacken, Westen, Hosen etc., Marke B/A/S/L/E/R
Ersparnis:	bei 1. Wahl bis zu 30%, bei 2. Wahl je nach Fehler bis zu 50% und bei Kollektions- und Musterteilen 50%, bei Sonderaktionen gibt es außerordentliche Preisreduzierungen
Verkaufszeiten:	Mo. bis Fr. 10.00-18.00 Uhr, Sa. 10.00-14.00 Uhr
Hinweise:	übersichtlicher Verkaufsraum
Anfahrtsweg:	Goldbach liegt ca. 3 km nordöstlich von Aschaffenburg, A 3 Ausfahrt Aschaffenburg-Ost auf die Aschaffenburger Str. (B 26) Richtung Goldbach, am Ortseingang die erste Straße links in den Eulenweg und nach ca. 100 m wieder links in den Dammer Weg, der Beschilderung folgen

▶ DESCH FOR MEN

DESCH. for men. GmbH / Herrenkleiderwerke
63773 Goldbach / Aschaffenburger Str. 10
Tel. (06021) 5979-0 oder -49 (Factory-Shop) / desch.com

Das Unternehmen wurde 1868 von Johann Desch gegründet und wird heute in der 4. Generation geleitet. Mit den Produkten Anzug, Sakko, Hose und Weste werden Fachhandelskunden im In- und Ausland beliefert. Im Stammhaus in Goldbach bei Aschaffenburg werden zudem Maßanzüge in hochwertigen Stoffen und Ausstattungen für den anspruchsvollen Herrn gefertigt.

Warenangebot:	hochwertige, klassische Anzüge, Sakkos, Blazer, Hosen, Hemden, Krawatten und Gürtel für Herren, Marke Desch
Ersparnis:	ca. 30-50%, unterschiedlich je nach Artikel
Verkaufszeiten:	Mo. bis Fr. 10.00-19.00 Uhr, Sa. 9.00-14.00 Uhr
Hinweise:	auf dem Werksgelände befindet sich ein weiterer Shop (Shopping Hall, Durchwahl -19), hier ist das gleiche Warenangebot wie im Factory-Shop erhältlich, zusätzlich

63814 Mainaschaff

	noch Oberbekleidung aller Art für Damen und Herren anderer Hersteller
Anfahrtsweg:	Goldbach liegt ca. 3 km nordöstlich von Aschaffenburg, erreichbar über die A 3 Ausfahrt Aschaffenburg-Ost, die Firma befindet sich ca. 200 m von der Autobahnausfahrt entfernt, am Ortsanfang im 1. Gebäude auf der rechten Seite

▶ KASTELL

Kastell Otto Hugo GmbH & Co. KG / Herrenkleiderfabrik
63773 Goldbach / Borngasse 12
Tel. (06021) 53041-0 / kastell.com

Die Firma Kastell wurde im Jahr 1948 gegründet und beschäftigt heute ca. 200 Mitarbeiter. Absatzmärkte sind Deutschland, Holland, Belgien, Luxemburg, Skandinavien, England, Österreich, Schweiz, Frankreich und der nahe Osten. Die Kollektionen werden durch selbständige Agenturen und auf internationalen Modemessen verkauft. Auch Maßkonfektion für individuelle Wünsche ist möglich.

Warenangebot:	hochwertige Herrenoberbekleidung wie Anzüge, Sakkos, Hosen, Mäntel, Westen und Gesellschaftskleidung, außerdem Accessoires wie Hemden, Krawatten und Gürtel, Marken Toyner tailormade und Guy Laroche
Ersparnis:	ca. 25% im Durchschnitt
Verkaufszeiten:	Mo. bis Fr. 8.30-18.00 Uhr, Sa. 8.30-15.00 Uhr
Hinweise:	der Verkaufsraum befindet sich im Untergeschoss, teilweise ist auch 2. Wahl erhältlich, Änderungsservice mit anschließender Zusendung ist möglich
Anfahrtsweg:	Goldbach liegt ca. 3 km nordöstlich von Aschaffenburg, auch erreichbar über die A 3 Ausfahrt Aschaffenburg-Ost Richtung Ortsmitte, an der Hauptstr. links, die Firma ist auch ausgeschildert

63814 Mainaschaff

▶ ASCAFA

Aschaffenburger Wäschefabrik Ascafa A. Hock & Co.
63814 Mainaschaff / Bahnhofstr. 62
Tel. (06021) 79990

Warenangebot:	Damennachthemden und -pyjamas, Morgenmäntel, Hausanzüge, hauptsächlich für die Dame ab 40, gelegentlich sind auch einige Herrenposten im Angebot
Ersparnis:	ca. 30-50%, unterschiedlich je nach Artikel
Verkaufszeiten:	Mi. bis Fr. 14.30-17.00 Uhr, Sa. 9.00-12.00 Uhr

63839 Kleinwallstadt

Hinweise: kleiner Verkaufsraum

Anfahrtsweg: von Frankfurt auf der A 3 kommend Ausfahrt Aschaffenburg-West nach Mainaschaff, dort befindet sich die Firma am Bahnhof

63839 Kleinwallstadt

▶ ST. EMILE

Josef Reis GmbH & Co. KG
63839 Kleinwallstadt / Wallstr. 6
Tel. (06022) 66240 / st-emile.de

Im Jahr 1924 begann der Familienbetrieb Josef Reis GmbH & Co. KG in Kleinwallstadt mit der Produktion von Herrenkonfektion. 1979 macht ein neues Lizenzkonzept St. Emile durch hochwertige Ware wie klassische Blazer, Hosen und Mäntel bekannt. Seit 1996 wurde das Sortiment um feine Lederwaren, Strick-Innovationen und Trend-Accessoires erweitert.

Warenangebot: Damenoberbekleidung aller Art wie z.B. Röcke, Hosen, Blusen, Blazer etc., Marke St. Emile

Ersparnis: bei Restbeständen der aktuellen Kollektion ca. 35%, bei Musterteilen und Retouren bis zu 50%, bei Schlussverkäufen wird alles nochmals ca. 30% reduziert

Verkaufszeiten: Mo. bis Fr. 10.00-18.00 Uhr, Sa. 10.00-16.00 Uhr

Anfahrtsweg: Kleinwallstadt liegt ca. 10 km südlich von Aschaffenburg, in Kleinwallstadt befindet sich die Firma direkt gegenüber vom Bahnhof

63843 Niedernberg

▶ S. OLIVER

S. Oliver Bernd Freier GmbH & Co. KG
63843 Niedernberg / Großostheimer Str. 6
Tel. (06028) 997794 / s.oliver.de

Angefangen hat alles 1969 in einem kleinen Ladenlokal in Würzburg. Bis heute entstand daraus ein international erfolgreiches Marken-Unternehmen.

Warenangebot: junge Mode für Sie und Ihn Marke S. Oliver wie z.B. T-Shirts, Sweat-Shirts, Jeans, Hemden, Blusen, Hosen, Röcke, Pullover, Blazer, Jacken, Westen, Schuhe, Gürtel u.v.m., kleine Auswahl an Kindermode Marke Oliver Twist

Ersparnis: bei Restposten und 2. Wahl bis zu 50%

Verkaufszeiten: Mo. bis Fr. 10.00-19.00 Uhr, Sa. 10.00-15.00 Uhr

63868 Großwallstadt

Hinweise:	große Verkaufsräume mit Einkaufswagen, es sind ausschließlich Retourenware und 2. Wahl-Artikel mit kleinen Fehlern erhältlich
Anfahrtsweg:	Niedernberg liegt ca. 5 km südlich von Aschaffenburg, dort befindet sich die Firma an der Straße Richtung Großostheim am Ortsausgang an der linken Seite

63853 Mömlingen

▶ KLOTZ

Friedrich Klotz GmbH & Co. KG / Herrenkleiderwerk
63853 Mömlingen / Odenwaldstr. 24
Tel. (06022) 68420 / klotz-herrenkleiderwerk.de

Warenangebot:	Herrenoberbekleidung wie Anzüge, Sakkos und Hosen der Kollektion Klotz, Anzüge, Sakkos, Hosen und Westen der Kollektion Riccardo, Sakkos der Kollektion Aldorro sowie Trachtenanzüge, Janker, Westen, Hosen und Landhausmode der Kollektion Rofan
Ersparnis:	ca. 25% im Durchschnitt
Verkaufszeiten:	Mo. bis Fr. 9.00-12.30 Uhr und 14.00-18.00 Uhr, Sa. 9.00-13.00 Uhr
Hinweise:	Maßkonfektion ist möglich, große Stoffauswahl
Anfahrtsweg:	Mömlingen liegt ca. 25 km südlich von Aschaffenburg, A 3 Ausfahrt Stockstadt auf die B 469 bis Obernburg, dort auf die B 426 nach Mömlingen und am Kreisel Richtung Höchst, die Firma befindet sich rechter Hand am Ortsausgang

63868 Großwallstadt

▶ GEIS

Josef Geis GmbH / Herrenkleiderfabrik
63868 Großwallstadt / Großostheimer Str. 14
Tel. (06022) 66040 / josefgeis.de

Warenangebot:	Anzüge, Sakkos, Hosen, Mäntel, Jacken, Hemden und Krawatten für Herren
Ersparnis:	durchschnittlich ca. 40%
Verkaufszeiten:	Mo. bis Do. 8.00-17.30 Uhr, Fr. 8.00-16.30 Uhr, Sa. 9.00-13.00 Uhr

63897 Miltenberg

Hinweise:	der Verkauf befindet sich im Untergeschoss; Maßkonfektion für Anzüge, Sakkos und Hosen ist möglich, Änderungen können Mo. bis Do. bis 16.00 Uhr und Fr. bis 11.30 Uhr sofort durchgeführt werden
Anfahrtsweg:	Großwallstadt liegt ca. 25 km südlich von Aschaffenburg an der B 469, dort befindet sich die Firma in Ortsmitte an der Hauptstraße, ist nicht zu verfehlen

63897 Miltenberg

▶ DANIEL HECHTER

Miltenberger Otto Aulbach GmbH
63897 Miltenberg / Frühlingstr. 17
Tel. (09371) 4000-0 / daniel-hechter.com

Warenangebot:	hochwertige Herrenbekleidung wie z.B. Anzüge, Sakkos, Hemden, Hosen, Lederjacken, Blousons, Mäntel, Sportswear, T-Shirts, Polo-Shirts, Boxershorts, Socken, Gürtel, Krawatten, Schals etc. Marke Daniel Hechter, kleine Auswahl an Damenoberbekleidung
Ersparnis:	ca. 30% bei regulärer Ware, bei Restposten teilweise über 50%
Verkaufszeiten:	Do. 16.00-19.00 Uhr, Fr. 12.00-18.00 Uhr, Sa. 9.00-14.00 Uhr
Hinweise:	teilweise ist auch 2. Wahl erhältlich
Anfahrtsweg:	von Tauberbischofsheim über Waldürn und Amorbach nach Miltenberg, nach Ortsbeginn die 3. Straße rechts einbiegen, Eingang über die Fabrikstr.

63920 Großheubach

▶ KREMER

Erwin Kremer GmbH / Strickwarenfabrik
63920 Großheubach / Industriestr. 31
Tel. (09371) 3407 / kremer-fashion.de

Warenangebot:	Damenstrickwaren wie Pullover, Westen, Strickjacken etc., hauptsächlich moderne, junge Mode
Ersparnis:	preisgünstiges Warenangebot, 2. Wahl ist besonders preiswert
Verkaufszeiten:	Mo. bis Fr. 9.00-12.00 Uhr und 13.00-18.00 Uhr, Sa. 9.30-13.00 Uhr

64546 Mörfelden-Walldorf

Anfahrtsweg: Großheubach liegt ca. 5 km nördlich von Miltenberg an der B 469 Richtung Aschaffenburg, die Firma befindet sich zwischen Großheubach und Miltenberg im Industriegebiet-Süd II

64295 Darmstadt

▶ GLUMANN

Glumann GmbH
64295 Darmstadt / Wittichstr. 4
Tel. (06151) 81940

Warenangebot: Bademoden für Damen, Herren und Mädchen, Badeanzüge und Bikinis Marke Glumann, Freizeitkleidung, Dessous wie BH's, Bodies und Slips Marke Dacapo

Ersparnis: durchschnittlich ca. 25%

Verkaufszeiten: Mo. bis Fr. 9.00-18.00 Uhr, Sa. 9.00-14.00 Uhr

Hinweise: es werden nur Auslaufmodelle, Musterteile und 1b-Ware verkauft

Anfahrtsweg: A 5 Ausfahrt Darmstadt-West Richtung Stadtmitte, rechts einbiegen ins Industriegebiet, die nächste wieder rechts in die Wittichstr.

64546 Mörfelden-Walldorf

▶ FASHION OUTLET

fashion outlet GmbH
64546 Mörfelden-Walldorf / Hessenring 4c
Tel. (06105) 2900 / fashionoutlet.de

Die fashion outlet GmbH organisiert seit nunmehr acht Jahren für internationale Textilhersteller den Direktverkauf von aktuellen Kollektionen, Überproduktionen, Ware aus der Vorsaison sowie aktuellen Musterteilen.

Warenangebot: sehr große Auswahl an Markenmode für Damen und Herren wie Oberbekleidung, Schuhe, Accessoires und Heimtextilien, ständig wechselndes großes Warenangebot

Ersparnis: je nach Artikel und Marke unterschiedlich, teilweise bis zu 70%

Verkaufszeiten: Mo. bis Fr. 10.00-20.00 Uhr, Sa. 9.00-18.00 Uhr

Hinweise: gemeinsamer Fabrikverkauf von ca. 50 internationalen Herstellerfirmen wie MCM, Hirsch, Alba Moda, Hämmerle, Mona Lisa, Enzo Lorenzo, Alpenland, Zimmerli, Erbelle

64646 Heppenheim

Anfahrtsweg: Mörfelden-Walldorf liegt ca. 10 km südwestlich von Frankfurt, A 5 Ausfahrt Langen/Mörfelden auf die B 486 Richtung Mörfelden, an der 1. Ampel rechts einbiegen, im Gewerbegebiet-Ost

64646 Heppenheim

▶ HANNINGER

Hanninger Creation GmbH & Co.
64646 Heppenheim / Breslauer Str. 25
Tel. (06252) 7906-0 / creation-de-hanninger.de

Das Unternehmen wurde im Jahr 1932 gegründet und hat sich heute auf den Versand-, den Groß- und den Einzelhandel spezialisiert. In verschiedenen Betrieben in Fernost, Osteuropa und in Deutschland werden pro Jahr bis zu hunderttausend Teile gefertigt. .

Warenangebot: Damenoberbekleidung wie Röcke, Hosen, Blusen, Jacken und Mäntel sowie klassische Herrenbekleidung wie Hosen, Hemden, Jacken und Strümpfe, Accessoires wie Krawatten, Socken und Schals

Ersparnis: bei regulärer Ware ca. 20%, bei Musterware, Kollektionsüberhängen und Einzelteilen sind teilweise 50% und mehr möglich

Verkaufszeiten: Mo. bis Do. 8.00-16.30 Uhr, Fr. 8.00-13.00 Uhr

Hinweise: nicht alle Artikel sind aus eigener Herstellung

Anfahrtsweg: A 5 Heidelberg-Darmstadt Ausfahrt Heppenheim, am Ortseingang an der Ampel links auf die Bgm.-Kunz-Str., nach dem Kreisel weiter geradeaus über die Bahnschienen, danach rechts einbiegen in Im Schlüssel, dann links in die Breslauer Str.

64823 Groß-Umstadt

▶ RAETZ

Raetz Textilien GmbH
64823 Groß-Umstadt Heubach / Forsthausstr. 1-4
Tel. (06078) 2045

Warenangebot: Damenoberbekleidung wie z.B. Mäntel und Jacken aus Wolle und Popeline, Blazer, Kostüme, Röcke, Hosen und Blusen, Stoffreste

Ersparnis: ca. 30-50%, unterschiedlich je nach Artikel

Verkaufszeiten: Mo. bis Do. 9.00-17.00 Uhr, Fr. 9.00-12.30 Uhr

65843 Sulzbach (Taunus)

Hinweise:	separater Verkaufsraum, gelegentlich sind auch günstige 2. Wahl und Sonderposten erhältlich, nicht alles ist aus eigener Herstellung
Anfahrtsweg:	Groß-Umstadt liegt ca. 25 km östlich von Darmstadt an der B 45 Dieburg-Michelstadt, dort befindet sich die Firma mitten im Ortsteil Heubach, ist nicht zu verfehlen

65599 Dornburg

▶ STERNTALER

Sterntaler GmbH & Co. KG
65599 Dornburg Dorndorf / Hauptstr. 33
Tel. (06436) 5090 / sterntaler.com

Warenangebot:	Spielwaren und Textilien für Babys und Kinder, Socken für Kinder bis Gr. 24, Strumpfhosen bis Gr. 146, Kindermützen und -hüte, Handschuhe, Schals, Stirnbänder, Holzspielzeug, Spieluhren, Krabbeldecken, Handtücher, Schlafsäcke, Lätzchen, Taufkleidung etc.
Ersparnis:	durchschnittlich ca. 50%
Verkaufszeiten:	Mi. 9.30-12.30 Uhr, Do. 13.30-17.00 Uhr
Hinweise:	Verkauf von 2. Wahl, Musterteilen und Artikeln der Vorjahreskollektion, teilweise eingeschränkte Auswahl
Anfahrtsweg:	Dornburg liegt ca. 15 km nördlich von Limburg, A 3 Frankfurt-Köln Ausfahrt Limburg-Nord auf die B 49 Richtung Weilburg, nach ca. 4 km links ab auf die B 54 Richtung Siegen nach Dornburg, die Firma befindet sich im Ortsteil Dorndorf gegenüber der Kreissparkasse

65843 Sulzbach (Taunus)

▶ FABRIKVERKAUF SULZBACH

Magic Team Sport-Handelsges. mbH
65843 Sulzbach (Taunus) /
Wiesenstr. 17 (Gewerbegebiet Süd)
Tel. (06196) 5070-50 / fabrikverkauf-sulzbach.de

Warenangebot:	große Auswahl an T-Shirts, Sweat-Shirts, Polo-Hemden, Hemden, Jacken, Shorts, Herrenslips, Caps etc., Marken: Hanes, B & C, Fruit of the Loom, Outer Banks und Stedman, teilweise auch sehr günstige Aktionsartikel wie Kaffee, Kosmetika, Elektro-Kleingeräte und aktuelle Damenmode

66119 Saarbrücken

Ersparnis: 60% und mehr möglich, je nach Artikel

Verkaufszeiten: Do. und Fr. 10.00-19.00 Uhr, Sa. 10.00-16.00 Uhr

Anfahrtsweg: A 66 Ausfahrt Frankfurt-Höchst, von der B 8 rechts abbiegen Richtung Bad Soden, an der 1. Ampel rechts abbiegen in die Bahnstr. nach Sulzbach/Ts., danach wieder rechts abbiegen in die Wiesenstr. (Gewerbegebiet Süd)

66119 Saarbrücken

▶ TAILOR HOFF

Tailor Hoff Herbert Hoff GmbH
66119 Saarbrücken Güdingen / Theodor-Heuss-Str. 7
Tel. (0681) 98710 / tailor-hoff.de

Warenangebot: Anzüge, Sakkos und Hosen für Herren, teilweise auch Damenoberbekleidung wie z.B. Hosen, Röcke, Sakkos

Ersparnis: ca. 30% im Durchschnitt

Verkaufszeiten: Mi. 17.00-19.00 Uhr, Fr. 14.00-17.00 Uhr, Sa. 9.00-12.00 Uhr

Anfahrtsweg: Güdingen liegt ca. 5 km südlich vom Zentrum an der B 51, dort befindet sich die Firma im Industriegebiet

66130 Saarbrücken

▶ SAINT JOHN

Saint John Volkmar Prell Mode GmbH
66130 Saarbrücken Güdingen / Daimlerstr. 1
Tel. (0681) 9875-289 / saintjohn.de

Das Unternehmen bietet dem Kunden ständig ein großes Angebot in nahezu allen Größen an Anzügen, Sakkos und Hosen an. In eigener Fertigung wird für diesen Fabrikverkauf produziert und nur erste Wahl angeboten. Seit 50 Jahren ist die Firma auch Spezialist für Übergrößen.

Warenangebot: Sakkos, Anzüge, Hosen für Herren, Marke Saint John, vorwiegend aktuelle, klassische Mode, außerdem zugekaufte Artikel wie Hemden, Krawatten, Gürtel, Jeans etc.

Ersparnis: ca. 30% bei selbst hergestellten Artikeln

Verkaufszeiten: Mo. bis Do. 9.00-18.00 Uhr, Fr. 9.00-12.00 Uhr, Sa. 9.00-13.00 Uhr

Anfahrtsweg: der Stadtteil Güdingen liegt südöstlich vom Saarbrücker Zentrum, in Güdingen befindet sich die Firma im Industriegebiet, der Ausschilderung Friedhof folgen

67363 Lustadt

66693 Mettlach

▶ LAND'S END

Land's End GmbH
66693 Mettlach / Marktplatz 7
Tel. (06864) 270452 / landsend.de

Land's End ist ein Versandhändler hochwertiger, klassischer Freizeitbekleidung, die weltweit durch regelmäßig erscheinende Kataloge sowie im Internet angeboten wird. In Deutschland erreichte das Unternehmen seit 1996 eine hohen Bekanntheitsgrad durch seine uneingeschränkte Garantie auf alle Produkte.

Warenangebot: hochwertige, klassische Freizeit- und Business-Mode für Damen und Herren, z.B. Polos, Sweats und T-Shirts, Pullover, Hosen, Shorts, Blusen und Hemden, Kleider und Röcke, Outdoor- und Badebekleidung, Homewear, Schuhe, außerdem Accessoires wie Hüte, Handschuhe und Schals

Ersparnis: bis zu 50% bei Einzelstücken und Artikeln aus älteren Katalogen, die aktuelle Ware ist zum Katalogpreis erhältlich

Verkaufszeiten: Mo. bis Fr. 9.30-18.30 Uhr, Sa. 9.30-16.00 Uhr

Hinweise: Ladengeschäft in dem Artikel der vorigen Saison oder Produkte in einzelnen Farben und Größen preiswerter erhältlich sind, im oberen Stock ist ein Katalog-Showroom mit Musterteilen aus dem aktuellen Katalog zum Anschauen und Anprobieren eingerichtet

Anfahrtsweg: Mettlach liegt an der B 51 zwischen Saarburg und Merzig, nordwestlich von Saarbrücken, aus Richtung Merzig auf der B 51 kommend vor der Überquerung der Saar rechts in die Eichenlaubstr., danach gleich wieder rechts

67363 Lustadt

▶ HUMBERT

Hemdenfabrik Hermann Humbert
67363 Lustadt / Schillerstr. 14
Tel. (06347) 1534

Warenangebot: hochwertige Herrenhemden aller Art, hauptsächlich Business-Hemden, aber auch Freizeithemden, Flanellhemden und Krawatten

Ersparnis: durchschnittlich ca. 40%, teilweise sind auch günstige 2. Wahl und Sonderangebote erhältlich

Verkaufszeiten: Mo. bis Fr. 8.00-18.00 Uhr, Sa. 9.00-14.00 Uhr

68167 Mannheim

Anfahrtsweg: A 65 Karlsruhe-Ludwigshafen Ausfahrt Dammheim, auf die B 272 Richtung Speyer nach Lustadt, gleich die 1. Straße rechts einbiegen und danach gleich wieder rechts, die Firma befindet sich im Neubaugebiet, sie ist auch ausgeschildert

68167 Mannheim

▶ FELINA

Felina GmbH
68167 Mannheim / Lange Rötterstr. 11-17
Tel. (0621) 385-0 / felina.de

Warenangebot: für Damen Miederwaren, Dessous und Korsetts, außerdem Bademoden, Nachtwäsche, Blusen etc., Marke Felina

Ersparnis: bei aktueller 1. Wahl keine, bei 2. Wahl, Auslaufartikeln und Musterteilen teilweise bis zu 70%

Verkaufszeiten: Mo. und Fr. 8.45-12.00 Uhr, Di. bis Do. 9.00-13.00 Uhr und 14.00-18.00 Uhr, Mitte Dez. bis Mitte Jan. geschlossen

Hinweise: der Eingang erfolgt über den Verwaltungseingang in der Melchiorstr., gegenüber der Post

Anfahrtsweg: A 6 Ausfahrt Viernheimer Kreuz auf die B 38 in Richtung Mannheim-Stadtmitte, nach ca. 5 km geht die Schnellstraße in eine 4-spurige Stadtstraße über, weiter über 5 Ampeln geradeaus bis auf der linken Seite zwei Tankstellen hintereinander folgen, dann an der Ampel rechts in die Lange Rötterstr.

68642 Bürstadt

▶ KIDCAP ‹

Hut- und Mützenfabrik Herbert Bauer
68642 Bürstadt / Beinestr. 11-13
Tel. (06206) 70610 / kidcap.de

Warenangebot: Hüte, Mützen, auch Sonderanfertigungen, teilweise auch Schals und Handschuhe

Ersparnis: ca. 30% im Durchschnitt

Verkaufszeiten: Mo. bis Fr. 9.00-12.00 Uhr und 14.00-18.00 Uhr, Sa. 9.00-12.00 Uhr

Hinweise: Verkauf im Ladengeschäft neben der Fabrikation, teilweise ist auch 2. Wahl erhältlich

69226 Nußloch

Anfahrtsweg: Bürstadt liegt an der B 47 zwischen Worms und Bensheim, dort befindet sich die Firma in der Stadtmitte bei der evang. Kirche

69123 Heidelberg

▶ ART-TO-BE

trendTrading Fashion AG
69123 Heidelberg Wieblingen / Maaßstr. 24
Tel. (06221) 8321-0 oder -26 (Factory-Store) / art-to-be.de

Warenangebot: Damenoberbekleidung der Marken art-to-be und Joop! für Business und Freizeit wie Hosenanzüge, Kostüme, Kleider, Blazer, Röcke, Hosen, Shirts, Strickwaren, Jacken und Mäntel

Ersparnis: bei aktueller Ware ca. 20%, bei Artikeln aus der letzten Saison ca. 30%, bei Musterteilen und 2. Wahl ca. 50%

Verkaufszeiten: Mo. bis Fr. 13.00-19.00 Uhr, Sa. 10.00-16.00 Uhr

Hinweise: jeden Monat eine ständig wechselnde Sonderaktion

Anfahrtsweg: am Autobahnkreuz Heidelberg auf die A 656 Richtung Heidelberg, gleich die erste Abfahrt Heidelberg-Wieblingen nehmen und der Ausschilderung Gewerbegebiet Wieblingen folgen, über die Autobahnbrücke und an der Ampel links, dann an der nächsten Ampel rechts in die Maaßstr.

69226 Nußloch

▶ BETTY BARCLAY

Betty Barclay Kleiderfabrik GmbH
69226 Nußloch / Max-Berk-Str.
Tel. (06224) 900-0 oder -207 (Outlet) / bettybarclay.de

Warenangebot: Oberbekleidung für Damen, Marke Betty Barclay, gesamte Kollektion von sportiv bis Business

Ersparnis: bis zu 40% möglich

Verkaufszeiten: Mo. bis Fr. 11.00-18.00 Uhr, Sa. 10.00-16.00 Uhr

Anfahrtsweg: Nußloch liegt ca. 10 km südlich von Heidelberg, A 5 aus Richtung Karlsruhe kommend Abfahrt Walldorf/Wiesloch, Richtung Wiesloch auf die B 39 bis zur B 3 Richtung Heidelberg, dann auf der B 3 bis zur Abfahrt Industriegebiet Nußloch, abbiegen Richtung Nußloch, dann die erste Straße links ist die Max-Berk-Str.

70565 Stuttgart

70565 Stuttgart

▶ GIN TONIC

Gin Tonic Special Mode GmbH
70565 Stuttgart Vaihingen / Breitwiesenstr. 12
Tel. (0711) 7811-0 / gintonic.de

Warenangebot: junge Mode für Sie und Ihn Marke Gin Tonic wie z.B. T-Shirts, Sweat-Shirts, Polo-Shirts, Jeans, Hemden, Blusen, Hosen, Röcke, Pullover, Jacken, Westen u.v.m., außerdem etwas Damenmode der Marke Sisignora

Ersparnis: ca. 30%, bei 2. Wahl und Artikel der Vorjahreskollektion bis zu 60%

Verkaufszeiten: Mo. bis Mi. 11.00-17.00 Uhr, Do. und Fr. 11.00-18.00 Uhr, Sa. 9.00-13.30 Uhr

Anfahrtsweg: die Firma befindet sich im Industriegebiet zwischen den Stadtteilen Vaihingen und Möhringen, A 8 Ausfahrt Stuttgart-Möhringen auf die Nord-Süd-Str., an der Ampelkreuzung links auf die Industriestr. und sofort wieder links auf die Handwerkstr., die nächste rechts ist die Breitwiesenstr.

71088 Holzgerlingen

▶ MAC KEE-JEANS

Mac Kee Jeans GmbH
71088 Holzgerlingen / Gartenstr. 67
Tel. (07031) 603598

Die Firma wurde vor 20 Jahren gegründet. Die Herstellung der Jeans erfolgt in Italien. Diese werden nur in eigenen Läden vertrieben.

Warenangebot: Jeansbekleidung aller Art wie z.B. Hosen, Jacken, Hemden, auch zugekaufte Hemden, T-Shirts, Sweat-Shirts und Pullover, es ist nur 1. Wahl erhältlich

Ersparnis: durchschnittlich ca. 30%

Verkaufszeiten: Mo., Di., Do. 10.00-19.30 Uhr, Mi. 10.00-13.00 Uhr, Fr. 10.00-13.00 Uhr und 14.00-19.30 Uhr, Sa. 9.00-13.00 Uhr

Anfahrtsweg: Holzgerlingen liegt südlich von Böblingen an der B 464, von dort kommend an der 2. Ampel links einbiegen

71665 Vaihingen

▶ HARDY

**Hardy Strickmodelle Hessenthaler GmbH & Co.
71665 Vaihingen / Enz / Löbertstr. 12
Tel. (07042) 2885-0 / hardy-mode.de**

Im Februar 1924 begannen Emma und Adolf Hessenthaler mit der Herstellung von Damen-, Herren- und Kinderstrümpfen auf Handstrickmaschinen. Die kleine Manufaktur traf den Geschmack und die Bedürfnisse der Zeit und entwickelte sich kontinuierlich zu einem voll-technisierten Industrieunternehmen. 1968 wurde erstmals das Label HARDY lanciert.

Warenangebot:	hochwertige Oberbekleidung vorwiegend für Damen wie z.B. Hosen, Röcke, Pullover, Blazer, Westen, Hemden, Blusen, T-Shirts, für Herren einige Pullover und Westen, Marken Hardy, Hardy's, Hardy for Men
Ersparnis:	bei Restposten und 2. Wahl bis zu 50%
Verkaufszeiten:	Mo. bis Fr. 8.30-12.00 Uhr und 13.30-17.00 Uhr, Sa. 8.30-12.00 Uhr
Anfahrtsweg:	Vaihingen/Enz liegt an der B 10 zwischen Stuttgart und Pforzheim, dort befindet sich die Firma in der Nähe vom großen WLZ-Turm, ist auch ausgeschildert

72070 Tübingen

▶ RAITH

**Gebr. Raith / Strumpffabrik
72070 Tübingen Unterjesingen / Jesinger Hauptstr. 124
Tel. (07073) 6315**

Warenangebot:	Socken, Söckchen und Kniestrümpfe für Damen, Herren und Kinder, Koch-, Tennis-, Ski- und Trekkingsocken, Socken ohne Gummi, Strumpfhosen und Leggins für Damen und Kinder, Bundhosenstrümpfe, viele Artikel auch in Übergrößen
Ersparnis:	durchschnittlich ca. 20-25%
Verkaufszeiten:	Mo. bis Fr. 9.00-12.00 Uhr und 13.00-18.00 Uhr, Sa. 9.00-12.00 Uhr
Anfahrtsweg:	A 81 Stuttgart-Singen Ausfahrt Herrenberg, auf die B 28 Richtung Tübingen, Unterjesingen liegt ca. 3 km vor Tübingen, dort die Einfahrt bei der Aral-Tankstelle nehmen

72072 Tübingen

72072 Tübingen

▶ ACKEL

Ackel GmbH / Hemdenfabrik
72072 Tübingen / Schaffhausenstr. 113
Tel. (07071) 32025 / ackel.de

Warenangebot: große Auswahl an hochwertigen City-, Business-, Freizeit- und Sportswear-Hemden für Herren, klassisch und modisch, auch einige Damenblusen, außerdem T-Shirts, Sweat-Shirts, Polo-Shirts, Pullover, Lederjacken und -hosen, Krawatten etc.

Ersparnis: bei Restposten und 2. Wahl bis zu 50%

Verkaufszeiten: Mo. bis Fr. 9.00-18.00 Uhr, Sa. 9.00-13.00 Uhr

Hinweise: in 2. Wahl sind nur T-Shirts und Sweat-Shirts erhältlich

Anfahrtsweg: von Stuttgart auf der B 27 nach Tübingen, hier befindet sich die Firma am Ortsanfang im Industriegebiet "Unterer Wert", vorbei am "Frottierlädle" und über den Neckar, danach rechts und gleich wieder links

▶ RÖSCH

Gerhard Rösch GmbH
72072 Tübingen / Schaffhausenstr. 101
Tel. (07071) 153-0 / gerhard-roesch.de

Gerhard Rösch begann 1949 in Tübingen mit der Produktion von Polo- und Herrenhemden sowie Perlon-Unterkleidern. Mitte der 50er Jahre wurde das heutige Stammwerk in Tübingen gegründet. 1970 brachte die Firma Rösch eine eigene Bade- und Freizeit-Kollektion heraus. 1976 wurde ein Lizenzvertrag mit Louis Féraud (Paris) für die Produktion und Vermarktung von Lingerie, Corseterie und Bademoden abgeschlossen. Eine weitere Lizenz wurde im Jahre 1995 mit Daniel Hechter (Paris) begründet. Die Unter- und Nachtwäschekollektion für Herren wurde im Folgejahr lanciert. Der junge, profilierte Stil wird seit dem Jahr 2000 auch für Damen produziert.

Warenangebot: große Auswahl an hochwertiger Tag- und Nachtwäsche für Damen und Herren wie z.B. Unterwäsche, Schlafanzüge, Nachtkleider, Hausanzüge, Morgenmäntel, außerdem Bikinis, Badeanzüge, Strandbekleidung sowie Freizeitbekleidung, Marken Rösch CreativeCulture, Louis Féraud, Daniel Hechter, Excellent, Cheek, Bernd Berger

Ersparnis: ca. 30% bei regulärer Ware, 1b-Ware, Restposten, Musterware und Sonderangebote bis zu 50%

Verkaufszeiten: Mo. bis Fr. 9.00-18.00 Uhr, Sa. 9.30-13.00 Uhr

72116 Mössingen

Hinweise:	großer Verkaufsraum, es finden auch zusätzliche Sonderverkäufe zu nochmals reduzierten Preisen statt, genaue Termine erfragen
Anfahrtsweg:	Tübingen liegt südlich von Stuttgart an der B 27, dort befindet sich die Firma am Ortsanfang im Industriegebiet Unterer Wert beim TÜV

72108 Rottenburg

▶ KUMPF

Kumpf Fashion GmbH
72108 Rottenburg Wendelsheim / Schwalbenstr. 16
Tel. (07472) 3007 / kumpf-fashion.de

Warenangebot:	Unter- und Nachtwäsche für Herren und Jungen, Schlaf-anzüge und Damenunterwäsche, Marken Kumpf Body Fashion, Kumpf Body Line, Bugatti underwear und Kumpf Kuki Fashion
Ersparnis:	durchschnittlich ca. 35%
Verkaufszeiten:	Mo. bis Fr. 9.00-12.00 Uhr und 14.00-17.30 Uhr
Hinweise:	separates Ladengeschäft nahe der Fabrik, es sind auch 2. und 3. Wahl, Musterteile und Sonderposten erhältlich
Anfahrtsweg:	A 81 Stuttgart-Singen Ausfahrt Rottenburg auf die B 28a Richtung Rottenburg, die Firma befindet sich von Rottenburg kommend gleich an der Straße vor Wendelsheim

72116 Mössingen

▶ MERK

Wilhelm Merk GmbH & Co. KG /
Hemden- und Berufskleiderfabrik
72116 Mössingen Öcchingen / Reutlinger Str. 58
Tel. (07473) 70150 oder 8057 (Fabrikverkauf) /
merk-berufskleidung.de

Warenangebot:	Berufsbekleidung wie z.B. Overalls, Arbeitsmäntel und -hosen sowie Jeans, dazu passende Herrenhemden, T-Shirts, Polo-Shirts und Sweatshirts
Ersparnis:	ca. 30-40%, unterschiedlich je nach Artikel
Verkaufszeiten:	Mo. bis Fr. 14.00-18.00 Uhr, Sa. 9.00-12.00 Uhr
Hinweise:	es ist auch 2. Wahl erhältlich

72124 Pliezhausen

Anfahrtsweg: von Tübingen auf der B 27 Richtung Hechingen, links ab durch Mössingen nach Öschingen, dort befindet sich die Firma an der Hauptstraße

▶ VIANIA

Viania Dessous GmbH
72116 Mössingen / Christophstr. 20
Tel. (07473) 9435-0 / viania.com

Warenangebot: große Auswahl an Dessous aller Art für Damen, auch etwas Herrenwäsche

Ersparnis: ca. 30-40%

Verkaufszeiten: Mo. bis Fr. 10.00-18.00 Uhr, jeden 1. Sa. im Monat 10.00-14.00 Uhr

Anfahrtsweg: Mössingen liegt ca. 15 km südlich von Tübingen an der B 27 Richtung Hechingen, in Mössingen befindet sich die Firma im Industriegebiet Schlattwiesen

72124 Pliezhausen

▶ BRAVOUR

Bravour Textil Gebr. Ammann GmbH & Co.
72124 Pliezhausen Gniebel / Wilhelm-Schickard-Str. 3
Tel. (07127) 9774-60 / bravour.de

Bravour Textil wurde 1976 als Zweitmarke der Firma Isco gegründet. 1983 fand die Loslösung von Isco statt. 1987 erfolgte mit der Marke "Life Style", heute "Bravour Men's Underwear", eine Positionierung im modischen Herrenwäschebereich. 1994 wurde mit Marc O'Polo ein Lizenzvertrag für Marc O'Polo Underwear geschlossen. 2000 kam die Lizenz für Marc O'Polo Beachwear hinzu.

Warenangebot: Unterwäsche, Nachtwäsche, Bademoden, Bademäntel und T-Shirts für Damen und Herren, Marken Bravour, Marc O'Polo, Strellson

Ersparnis: durchschnittlich ca. 25%, teilweise auch bis 50%

Verkaufszeiten: Mo. bis Fr. 14.00-18.00 Uhr, Sa. 10.00-13.00 Uhr

Hinweise: große übersichtliche Verkaufsfläche

Anfahrtsweg: Pliezhausen liegt an der B 27 Stuttgart-Tübingen, die Firma befindet sich in Gniebel im Industriegebiet, in der Nähe vom Sportplatz

72127 Kusterdingen

▶ DELFINA

Delfina Martin Heusel GmbH
72127 Kusterdingen / Raiffeisenstr. 12
Tel. (07071) 93920 / delfina.de

Warenangebot: Frottierwaren wie z.B. Bademäntel, Saunamäntel, Bade- und Liegetücher, Frottierwäsche, Marke Delfina, außerdem Schlafdecken, etwas Tag- und Nachtwäsche aus naturbelassener Baumwolle und Frottee, ungebleicht und ungefärbt sowie Stoffreste

Ersparnis: bei Restposten und 2. Wahl 50% und mehr möglich

Verkaufszeiten: Mo. bis Mi. 14.00-17.00 Uhr

Hinweise: separater Verkaufsraum neben der Produktion, es werden nur 2. Wahl, Restposten und Retourenware verkauft

Anfahrtsweg: von Stuttgart auf der B 27 kommend Richtung Tübingen, bei Kirchentellinsfurt abbiegen nach Kusterdingen, dort Richtung Gewerbegebiet, am Wasserturm orientieren

▶ WILL

Karl Will Strickwarenfabrik
72127 Kusterdingen / Gartenstr. 44
Tel. (07071) 32460

Warenangebot: Strickwaren für Damen und Herren wie z.B. Röcke, Jacken, Westen, Pullover, Pullunder

Ersparnis: preisgünstige Angebote, 2. Wahl ist besonders preiswert

Verkaufszeiten: Di. bis Do. 8.00-18.00 Uhr

Hinweise: gelegentlich sind auch 2. Wahl und Restposten erhältlich

Anfahrtsweg: von Stuttgart auf der B 27 kommend Richtung Tübingen, bei Kirchentellinsfurt abbiegen nach Kusterdingen, dort befindet sich die Firma in Ortsmitte bei der Kirche, in der selben Straße wie die Post

72202 Nagold

▶ DIGEL

Gustav Digel GmbH & Co. KG
72202 Nagold / Calwer Str. 81
Tel. (07452) 604-0 / digel.de

72229 Rohrdorf

Warenangebot:	große Auswahl an Oberbekleidung für Herren wie z.B. Anzüge, Sakkos, Hosen, Hemden, Jeans, Polos, Jacken, Mäntel und Accessoires, auch große Größen
Ersparnis:	unterschiedlich, ca. 30-60%
Verkaufszeiten:	Mo. bis Fr. 12.00-19.00 Uhr, Sa. 9.00-16.00 Uhr
Hinweise:	es sind auch 2. Wahl und Sonderposten erhältlich
Anfahrtsweg:	A 81 Stuttgart-Singen Ausfahrt Rottenburg, über Bondorf und Mötzingen nach Nagold, vom Zentrum Nagold Richtung Calw, nach ca. 500 m befindet sich die Firma auf der linken Seite, vor dem Sportstadion

72229 Rohrdorf

▶ HARRO

**Harro Ernst Harr GmbH & Co. KG /
Fabrik für Motorradbekleidung
72229 Rohrdorf / Aispach 16
Tel. (07452) 8386-0 / harro.de**

Harro verhalf der Motorradlederbekleidung der 30er und 40er Jahre sich in eine schicke und funktionelle Ledermode für Motorradfahrer zu entwickeln. Die erstmals durch einen Rundumreißverschluss teilbare Tourenkombi und der legendäre Tankrucksack "Elefantenboy" sind die herausragenden Produkte, die Harro Anfang der 60er Jahre auf den Markt brachte und die Firma bekannt machten. Heute ist Harro ein mittelständiges Unternehmen mit weltweiten Verbindungen.

Warenangebot:	große Auswahl an Motorrad-Leder- und Textilbekleidung aller Art Marke Harro, Zubehör wie z.B. Tankrucksäcke, Stiefel, Handschuhe, Nierengurte, Gürtel, Helme
Ersparnis:	im Ladengeschäft ca. 10%, bei Sonderangeboten bis zu 50%
Verkaufszeiten:	Mo. bis Fr. 9.00-18.30 Uhr, Sa. 9.00-14.00 Uhr, 1. Sa. im Monat Sa. 9.00-16.00 Uhr
Hinweise:	Ladengeschäft, ab März bis Ende Juni findet auch ein Sonderverkauf von 2. Wahl, Überproduktionen und Warenretouren in einem separaten Gebäude statt, genaue Termine erfragen
Anfahrtsweg:	A 81 Stuttgart-Singen Ausfahrt Herrenberg auf die B 28 über Nagold nach Rohrdorf, dort nicht zu verfehlen direkt an der B 28

72275 Alpirsbach

▶ HARTER

Harter GmbH / Strickwarenfabrik
72275 Alpirsbach / Gutleutweg 17
Tel. (07444) 2276 / harter.de

Gegründet wurde der Betrieb 1968. Anfangs wurde ein konventionelles Strumpfprogramm gefertigt. Seit 1982 besteht das umfangreiche Strumpfangebot aus unbehandelten Naturfasergarnen. Seit 1989 ergänzen sorgfältig gefertigte Pullover, Strickjacken und Strickröcke das vielfältige Angebot. Bei der Produktion, die bis auf wenige Arbeitsschritte ausschließlich vor Ort in Alpirsbach erfolgt, werden ausschließlich naturbelassene, unbehandelte Garne verwendet.

Warenangebot: Naturtextilien wie Strumpfwaren aus Wolle und Baumwolle für Damen, Herren und Kinder sowie Hosen, Pullover, Troyer und Strickjacken aus Wolle und Baumwolle, außerdem zugekaufte Schlafanzüge und Unterwäsche für Kinder

Ersparnis: durchschnittlich 30%

Verkaufszeiten: Di. und Do. 9.00-11.30 Uhr und 13.30-17.00 Uhr, Mo., Mi., Fr. 9.00-11.30 Uhr

Hinweise: es werden hauptsächlich Rest- und Sonderposten verkauft

Anfahrtsweg: Alpirsbach liegt südlich von Freudenstadt im Schwarzwald, an der B 294 Richtung Schiltach, in Alpirsbach befindet sich die Firma leicht zu finden im Zentrum

72336 Balingen

▶ BITZER

Bitzer & Co. / Wirk- und Strickwarenfabrik
72336 Balingen Zillhausen / Hailanderstr. 7
Tel. (07435) 284

Warenangebot: Damen- und Herrenunterwäsche, T-Shirts

Ersparnis: Preise unter vergleichbarer Einzelhandelsware

Verkaufszeiten: Mo. bis Do. 7.30-12.00 Uhr und 13.30-18.00 Uhr, Fr. 7.30-12.00 Uhr

Hinweise: nur die Unterwäsche ist aus eigener Herstellung, davon ist auch 2. Wahl erhältlich

Anfahrtsweg: von Tübingen auf der B 27 nach Balingen, über Stockenhausen nach Zillhausen, dort zwischen Kreissparkasse und Volksbank hochfahren

72336 Balingen

▶ CECEBA

Schäfer Textil GmbH / Ceceba Shop
72336 Balingen / Hopfstr. 3
Tel. (07433) 2603-44 / ceceba.com

Die Gründung des Unternehmens erfolgte im Jahr 1893 durch Carl Christian Schäfer in Ebingen. Im Jahr 1897 erfolgte der Umzug nach Balingen. Bis heute ist das Unternehmen Hersteller von Tag- und Nachtwäsche für Herren.

Warenangebot:	Tag- und Nachtwäsche sowie Funktionswäsche wie Schlafanzüge, Unterwäsche, Sportanzüge, Hemden, Pullis, T-Shirts, Sweat-Shirts etc. für Damen, Herren und Kinder, Marken Ceceba und Xotox
Ersparnis:	unterschiedlich je nach Artikel, günstige Angebote vor allem bei 1b-Ware
Verkaufszeiten:	Mo. bis Fr. 9.00-12.00 Uhr und 13.30-18.00 Uhr, Sa. 9.00-12.00 Uhr
Hinweise:	separates Ladengeschäft bei der Verwaltung
Anfahrtsweg:	Balingen liegt an der B 27 zwischen Tübingen und Rottweil, dort befindet sich die Firma im Industriegebiet-West, am Einkaufscenter vorbei, ist auch beschildert

▶ DORIS STREICH

Streich Bekleidungswerk GmbH & Co.
72336 Balingen Engstlatt / Jurastr. 3
Tel. (07433) 90090 / dorisstreich.de

Warenangebot:	Damenoberbekleidung wie z.B. Blusen, Röcke, Hosen, Blazer, Marke Doris Streich
Ersparnis:	unterschiedlich, günstige Angebote
Verkaufszeiten:	Mo. bis Fr. 14.00-18.00 Uhr
Hinweise:	es sind hauptsächlich 2. Wahl-Waren, Sonderposten und Warenretouren erhältlich
Anfahrtsweg:	aus Richtung Stuttgart auf der B 27 kommend Richtung Tübingen/Balingen, Ausfahrt Engstlatt-Süd und rechts in das Industriegebiet Lehenmorgen, noch zweimal rechts abbiegen und man kommt in die Jurastr.

▶ STAUTZ

Konrad Stautz GmbH & Co. KG
72336 Balingen / Rohrlochstr. 10
Tel. (07433) 90310 / stautz.com

72379 Hechingen

Warenangebot:	Sport- und Freizeitanzüge für Damen für Herren, aber auch einige T-Shirts, Unterwäsche etc.
Ersparnis:	ca. 30% im Durchschnitt
Verkaufszeiten:	Mo. bis Fr. 14.00-18.00 Uhr
Hinweise:	es wird hauptsächlich 1b-Ware verkauft
Anfahrtsweg:	Balingen liegt an der B 27 zwischen Hechingen und Rottweil, dort befindet sich die Firma im Gebiet Steinenbühl

72355 Schömberg

▶ STRIEBLING

E. & M. Striebling GmbH / Strumpffabrik
72355 Schömberg Schörzingen / Wilfinger Str. 60
Tel. (07427) 94870

Warenangebot:	Socken und Strümpfe aller Art für Damen, Herren und Kinder, manchmal auch zugekaufte T-Shirts, Sweat-Shirts und Jogginganzüge
Ersparnis:	durchschnittlich ca. 35%
Verkaufszeiten:	Do. und Fr. 10.00-18.00 Uhr
Hinweise:	teilweise ist auch 1b- und 2. Wahl erhältlich
Anfahrtsweg:	von Rottweil auf der B 27 Richtung Balingen vor Schömberg rechts ab nach Schörzingen, die Firma befindet sich dort im letzten Haus am Ortsausgang

72379 Hechingen

▶ EFIXELLE

efix tricot GmbH
72379 Hechingen / Max-Eyth-Str. 2
Tel. (07471) 93170 / efixelle.de

Warenangebot:	bedruckte und bestickte Damenshirts, Kombiartikel im Jerseybereich, gelegentlich auch einige Tops, Hosen und Röcke
Ersparnis:	preisgünstige Angebote, besonders bei 2. Wahl
Verkaufszeiten:	Mo. bis Fr. 10.00-18.00 Uhr, Sa. 9.00-13.00 Uhr
Hinweise:	eine weitere Verkaufsstelle befindet sich in 72393 Burladingen, Hirschaustr. 46, geöffnet Mo. bis Fr. 9.00-18.30 Uhr und Sa. 9.00-13.00 Uhr

72379 Hechingen

Anfahrtsweg: B 27 Abfahrt Hechingen-Mitte Richtung Hechingen-Unterstadt, der links abbiegenden Vorfahrtsstraße in die Hofgartenstr. folgen, nach ca. 400 m an der Ampel rechts in die Haigerlocher Str., nach ca. 300 m befindet sich die Firma auf der rechten Seite, Ecke Haigerlocher Str./ Max-Eyth-Str.

▶ JOCKEY

Jockey GmbH
72379 Hechingen / Neustr. 12
Tel. (07471) 1890 / jockey.de

Warenangebot: T-Shirts, Sweat-Shirts, Hemden, Schlafanzüge, Unterwäsche, Badehosen und -mäntel, Pullover und Socken für Herren, auch etwas Damenunterwäsche, Marken Jockey und Moonday

Ersparnis: ca. 30% bei regulärer Ware, 2. Wahl, Musterstücke und Auslaufmodelle sind noch günstiger

Verkaufszeiten: Mo. bis Fr. 9.00-19.00 Uhr, Sa. 9.00-16.00 Uhr

Anfahrtsweg: A 81 Stuttgart-Singen Ausfahrt Empfingen über Haigerloch nach Hechingen, dort Richtung Stadtmitte und Kreiskrankenhaus halten, so kommt man direkt an der Firma vorbei

▶ RUFF

Ruff-Sport GmbH & Co. KG / Sportbekleidungsfabrik
72379 Hechingen Bechtoldsweiler / Zu den Linden 1-3
Tel. (07471) 6021

Warenangebot: Sportanzüge, sog. Kuranzüge, aus in Velours für Damen und Herren ab ca. 40 Jahre, auch antiallergisch, auch in Zwischengrößen

Ersparnis: bis zu 50% möglich

Verkaufszeiten: Mo. bis Fr. 8.00-12.00 Uhr

Hinweise: gelegentlich ist auch 2. Wahl vorhanden

Anfahrtsweg: von Tübingen auf der B 27 Richtung Hechingen, rechts ab über Bodelshausen nach Bechtoldsweiler, dort befindet sich die Firma im Industriegebiet

72393 Burladingen

72393 Burladingen

▶ BOGI

J. M. Pfister Baby- und Kindermoden
72393 Burladingen / Schaltenberg 8
Tel. (07475) 517 / bogibypfister.de

Familienbetrieb seit 1968. Die Produktion von Kinderbekleidung in guter Qualität erfolgt in Deutschland. Die benötigten Stoffe werden in Frankreich, Italien und Deutschland eingekauft.

Warenangebot: Baby- und Kindermoden in den Gr. 56-176 wie T-Shirts, Sweat-Shirts, Hosen, Leggins, Kleider, Jacken, Schlafanzüge, Jogginganzüge, Pullover, Mützen, Overalls u.v.m.

Ersparnis: durchschnittlich ca. 30%, 2. Wahl und Musterteile pauschal EUR 1,90/Artikel

Verkaufszeiten: Mo. bis Fr. 8.00-17.00 Uhr, Sa. 9.00-12.00 Uhr

Hinweise: es sind immer auch 2. Wahl und Musterteile erhältlich

Anfahrtsweg: Burladingen liegt an der B 32 zwischen Hechingen und Gammertingen, von Hechingen kommend in Ortsmitte beim Autohaus Mercedes-Benz rechts einbiegen, dann sofort links und gleich wieder rechts in Schaltenberg

▶ HEIM CHIC

Leopold Heim GmbH & Co. KG /
Wirk- und Strickwarenfabrik
72393 Burladingen / Jahnstr. 1
Tel. (07475) 1024

Die heute älteste Strickwarenfabrik in Burladingen wurde im Jahr 1924 von Leopold Heim gegründet. Die Firma hat sich auf hochwertige und modische Strickwaren konzentriert.

Warenangebot: Pullover, Westen, Röcke, Twinsets und T-Shirts für Damen sowie Pullover, Westen, Pullunder, ärmellose Westen und T-Shirts für Herren, Marken Heim Chic, mascotte und HC-Boutique

Ersparnis: ca. 40-50%

Verkaufszeiten: Mo. bis Do. 9.00-17.30 Uhr, Fr. 9.00-17.00 Uhr, Sa. 9.00-12.00 Uhr

Hinweise: gelegentlich ist auch 2. Wahl erhältlich

Anfahrtsweg: von Tübingen auf der B 32 nach Burladingen, dort befindet sich die Firma an der Hauptstraße direkt neben dem Mercedes-Autohaus, Richtung Ortsausgang nach der Firma Trigema auf der rechten Seite

72393 Burladingen

▶ KELLER

Strickerei Ernst Keller
72393 Burladingen / Hirschaustr. 50
Tel. (07475) 1315

Warenangebot:	Strickwaren wie Pullover, Strickwesten, zugekaufte Kleider, Röcke, Hosen, Blazer, T-Shirts etc.
Ersparnis:	unterschiedlich je nach Artikel, günstige Angebote
Verkaufszeiten:	Mo. bis Fr. 10.00-12.00 Uhr und 13.30-18.00 Uhr, Sa. 9.00-13.00 Uhr
Hinweise:	nur Pullover und Strickwesten sind aus eigener Herstellung, davon ist teilweise auch 2. Wahl erhältlich
Anfahrtsweg:	Burladingen liegt an der B 32 von Tübingen in Richtung Sigmaringen, dort befindet sich die Firma mitten im Ort gegenüber der Firma Trigema, im Gebäude der Firma Trocadero

▶ MAUZ

Basil Mauz GmbH & Co. KG / Strick- und Wirkwarenfabrik
72393 Burladingen / Blumenstetterstr. 3
Tel. (07475) 9540-0 / mauz.de

Warenangebot:	Nachtwäsche für Damen, Herren, Kinder und Babys, z.B. Strampler, Schlafanzüge, Shortys, Overalls, Nachthemden, Schlafsäckchen und Oberbekleidung wie T-Shirts, Sweat-Shirts, Rollis, Nicky-Pullis, Jogging-Anzüge, Radlerhosen, Bermudas, Leggings, Jogginghosen
Ersparnis:	durchschnittlich ca. 30%
Verkaufszeiten:	Mo. bis Fr. 9.00-12.00 Uhr und 13.30-18.00 Uhr, Sa. 9.00-13.00 Uhr
Hinweise:	ca. 2x jährl. (meist Frühjahr/Herbst) finden jeweils ca. 2 Tage lang zusätzliche Sonderverkäufe mit nochmals reduzierten Preisen statt, genaue Termine erfragen
Anfahrtsweg:	Burladingen liegt zwischen Hechingen und Gammertingen, von Hechingen kommend ca. 200 m nach der Firma Trigema links in die Gartenstr. einbiegen, von dort ist die Firma ausgeschildert

72393 Burladingen

▶ MAYER F.

Friedrich Mayer GmbH & Co. KG
72393 Burladingen Melchingen / Josef-Deuber-Str. 12
Tel. (07126) 324

Warenangebot: Baby- und Kinderbekleidung bis Gr. 164/176, T-Shirts, Sweat-Shirts, Hemden, Blusen, Jacken, Unterwäsche, Socken, Strumpfhosen

Ersparnis: günstige Angebote, besonders bei 2. Wahl

Verkaufszeiten: Mo. bis Do. 9.00-12.00 Uhr und 14.00-18.00 Uhr, Fr. 9.00-12.00 Uhr

Hinweise: ca. 2x jährl. (meist im Mai und November) finden jeweils ca. 2 Wochen lang zusätzliche Sonderverkäufe mit nochmals reduzierten Preisen statt, genaue Termine erfragen

Anfahrtsweg: von Tübingen auf der B 27 Richtung Hechingen, bei Ofterdingen links ab durch Mössingen und Talheim nach Melchingen, hier befindet sich die Firma am Ortseingang hinter der BP-Tankstelle

▶ RITTER

Strickwarenfabrik Johann Ritter GmbH
72393 Burladingen / Gammertinger Str. 27
Tel. (07475) 95280

Warenangebot: Baby- und Kinderbekleidung wie z.B. Schlafanzüge, Nachthemden, Strampler, Jäckchen, Strümpfe, Jogginganzüge, Sweat- und T-Shirts, Pullover, Hosen, Anoraks, Unterwäsche

Ersparnis: ca. 30% im Durchschnitt

Verkaufszeiten: Mo. bis Fr. 9.00-12.00 Uhr und 13.00-17.30 Uhr, Sa. 9.00-12.30 Uhr

Hinweise: der Verkauf befindet sich gegenüber vom Werk

Anfahrtsweg: die Firma befindet sich in Burladingen Richtung Gauselfingen direkt an der B 32 neben der Spedition Barth

▶ TRIGEMA

Trigema GmbH & Co. KG
72393 Burladingen / Josef-Mayer-Str. 94
Tel. (07475) 88-0 oder -229 (Testgeschäft) / trigema.de

Trigema ist seit 1975 Deutschlands größter T-Shirt und Tennis-Bekleidungs-Hersteller. Die Herstellung vom Garn bis zum Fertigprodukt erfolgt ausschließlich in eigenen Werken in Baden-Württemberg.

72393 Burladingen

Warenangebot:	T-Shirts, Sweat-Shirts, Sport- und Freizeitanzüge, Tennisbekleidung, Nacht- und Unterwäsche für Damen, Herren und Kinder, Marke Trigema
Ersparnis:	Verkaufspreis = Händlereinkaufspreis + Mehrwertsteuer
Verkaufszeiten:	Mo. bis Fr. 9.30-18.30 Uhr, Sa. 9.30-15.00 Uhr
Hinweise:	der Eingang befindet sich direkt an der Hauptstraße bei der Trigema-Tankstelle, im selben Gebäude verkaufen auch die Firmen Einhorn (Hemden und Blusen), Birkenstock (Gesundheitsschuhe), Allegra (Bett- und Tischwäsche) und Jaedicke-Schokoparadies (Süßwaren)
Anfahrtsweg:	von Hechingen auf der B 32 Richtung Sigmaringen nach Burladingen, die Firma befindet sich am Ortseingang auf der linken Seite

-weitere Trigema-Testgeschäfte

mit gleichem Warenangebot, gleicher Ersparnis und größtenteils gleichen Verkaufszeiten befinden sich in:

14641 Wustermark, Alter Spandauer Weg 1, Tel. (033234) 21750
23730 Neustadt i. H., Eutinerstr. 49, Tel. (04561) 714711
25761 Büsum, Hafentörn 2, Tel. (04834) 962860
33609 Bielefeld, Eckendorfer Str. 64, Tel. (0521) 3059050
34537 Bad Wildungen, Brunnenallee 32-34, Tel. (05621) 965263
36286 Neuenstein Aua, Weyerswiesenstr. 14, Tel. (06677) 919005
37441 Bad Sachsa-Tettenborn, Steinlohstr. 1-7, Tel. (05523) 303488
50226 Frechen, Kölner Str. 195-197, Tel. (02234) 274004
53489 Sinzig, Entenweiherweg 12, Tel. (02642) 906589
53604 Bad Honnef, Lohfelderstr. 33, Tel. (02224) 911005
55546 Volxheim, Im Veltensgarten 4, Tel. (06703) 960255
57392 Bad Fredeburg, Wehrscheid 24, Tel. (02974) 833399
61191 Rosbach v. d. H., Raiffeisenstr. 8, Tel. (06003) 930290
63814 Mainaschaff, Industriestr. 1-3, Tel. (06021) 458926
66693 Mettlach, Marktplatz 6, Tel. (06864) 270334
70806 Kornwestheim, Stammheimer Str. 10, Tel. (07154) 801779
72414 Rangendingen, Hechinger Str. 56, Tel. (07471) 83020
73084 Salach, Karl-Laible-Str. 8, Tel. (07162) 7277
76275 Ettlingen - Albtal, Pforzheimer Str. 202, Tel. (07243) 537705
77736 Zell am Harmersbach, Hauptstr. 2, Tel. (07835) 631186
79189 Bad Krozingen, Im Unteren Stollen 5, Tel. (07633) 13936
79664 Wehr, Im Hemmet 12, Tel. (07762) 805084
82490 Farchant, Ettaler Str. 4, Tel. (08821) 6787
83324 Ruhpolding, Otto-Filitz-Str. 1, Tel. (08663) 5010
83451 Piding, Lattenbergstr. 7, Tel. (08651) 715500
83734 Hausham, Obere Tiefenbachstr. 15a, Tel. (08026) 38529
87480 Weitnau, Klausenmühle 1, Tel. (08375) 974712

72401 Haigerloch

87541 **Bad Hindelang**, Am Bauernmarkt 1, Tel. (08324) 953140
87645 **Schwangau**, Alemannenweg 5, Tel. (08362) 81707
88361 **Altshausen**, Max-Planck-Str. 9, Tel. (07584) 2773
90537 **Feucht**, Autobahnraststätte (an der A9) , Tel. (09128) 723411
91227 **Leinburg Diepersdorf**, Vogelherdstr. 4, Tel. (09120) 182803
91350 **Gremsdorf**, Gewerbepark 1, Tel. (09193) 504130
93471 **Arnbruck**, Zellertalstr. 13, Tel. (09945) 375
94086 **Bad Griesbach**, Schwaimer Str. 67, Tel. (08532) 924676
95100 **Selb**, Hutschenreuther-Platz 2, Tel. (09287) 890741
96103 **Hallstadt**, Biegenhofstr. 5, Tel. (0951) 7009494
97672 **Bad Kissingen**, Rudolf-Diesel-Str. 21, Tel. (0971) 69280
97999 **Igersheim**, Bad Mergentheimer Str. 38, Tel. (07931) 43000

▶ TROCADERO

Alois Oelkuch GmbH & Co. KG / Strickwarenfabrik
72393 Burladingen / Hirschaustr. 50
Tel. (07475) 6071

Warenangebot: Baby- und Kinderbekleidung Marke Trocadero bis Größe 176

Ersparnis: ca. 30% bei regulärer Ware, 2. Wahl ist noch günstiger

Verkaufszeiten: Mo. bis Fr. 9.00-18.00 Uhr, Sa. 9.00-13.00 Uhr

Anfahrtsweg: von Hechingen auf der B 32 kommend am Ortseingang schräg gegenüber der Firma Trigema rechts einbiegen, danach gleich wieder rechts

72401 Haigerloch

▶ AMMANN

Trikotwarenfabrik Gotthilf Ammann
72401 Haigerloch / Oberstadtstr. 63
Tel. (07474) 6115

Warenangebot: Strickwaren für Damen und Herren wie z.B. Jacquard-Pullover, Strickjacken, -Pullunder und -Hemden

Ersparnis: durchschnittlich ca. 50%

Verkaufszeiten: Mo. bis Do. 8.00-11.30 Uhr und 13.30-16.30 Uhr, Fr. 8.00-11.30 Uhr

Hinweise: es ist auch günstige 2. Wahl erhältlich

Anfahrtsweg: A 81 Stuttgart-Singen Ausfahrt Empfingen nach Haigerloch, dort befindet sich die Firma in der Oberstadt gegenüber der Schule, Nähe Schwimmbad

72406 Bisingen

▶ REICO

Reico-Werk Reinhard & Co. / Strick- und Wirkwarenfabrik
72401 Haigerloch Hart / Bahnhofstr. 51
Tel. (07474) 6032

Reico stellt seit mehr als 75 Jahren modische Strickwaren für die gepflegte Dame her. Passform, gute Verarbeitung und Qualität werden mit Reico verbunden.

Warenangebot:	Pullover, Westen, Blusen, Jacken und Hosen für Damen
Ersparnis:	50% und mehr möglich
Verkaufszeiten:	1. Sa. im Monat 9.00-15.00 Uhr, außer im August
Hinweise:	der Verkauf befindet sich direkt im Werk
Anfahrtsweg:	A 81 Stuttgart-Singen Ausfahrt Empfingen, durch Haigerloch Richtung Hechingen, ca. 4 km nach Haigerloch links ab nach Hart

72406 Bisingen

▶ BODYART

G+M Textil GmbH
72406 Bisingen / Bahnhofstr. 16
Tel. (07476) 930-0 / bodyart.de

Warenangebot:	Unterwäsche für Herren, Saisonabverkäufe der Marken Bodyart und Kapart
Ersparnis:	Restposten und 2. Wahl sind bis zu 50% günstiger
Verkaufszeiten:	ca. 2x jährl. meist vor Ostern und vor Weihnachten finden jeweils meist 1 Tag lang Sonderverkäufe statt, genaue Termine erfragen
Anfahrtsweg:	Bisingen liegt an der B 27 zwischen Balingen und Hechingen, die Firma befindet sich dort schräg gegenüber vom Bahnhof beim hohen Schornstein

▶ DRETEX

Wilhelm Drescher KG / Trikotwarenfabrik
72406 Bisingen Thanheim / Onstmettinger Str. 55
Tel. (07476) 94320 / dre-tex.de

Das Unternehmen wurde im Jahr 1951 gegründet. Die Produktion erfolgt unter verschiedenen Öko Anforderungen wie Naturaline, ECO und Öko-Tex Standard 100.

72406 Bisingen

Warenangebot: Unterwäsche für Damen, Herren (etwas weniger) und Kinder, T-Shirts und Sweat-Shirts für Kinder, teilweise auch Schlafanzüge für Damen und Herren

Ersparnis: durchschnittlich ca. 35%

Verkaufszeiten: Mo. bis Do. 9.00-12.00 Uhr und 14.00-17.00 Uhr, Fr. 9.00-12.00 Uhr

Hinweise: es ist auch 2. Wahl erhältlich

Anfahrtsweg: von Tübingen auf der B 27 Richtung Balingen, bei Bisingen abbiegen nach Thanheim, dort befindet sich die Firma an der Hauptstraße

▶ POMPADUR

Ernst Schöller Wäschefabriken GmbH & Co. KG
72406 Bisingen / Narzissenweg 8
Tel. (07476) 91246 / schoeller-waesche.com

Seit 1930 produziert die Firma in eigenen Werken unter der Marke Schöller Tagwäsche für Damen und Kinder in klassischen und modisch-trendigen Stilrichtungen. Unter dem Label Pompadour wird Damen-Tagwäsche in exklusiver Optik aus hochwertigen, modernen Materialien und in elegant raffinierten Passformen gefertigt.

Warenangebot: für Damen Tag- und Nachtwäsche, Schlüpfer, Slips und Unterhemden, außerdem Kinderwäsche, Marken Schöller und Pompadur

Ersparnis: bei Sonderangeboten und 2. Wahl bis zu 50%

Verkaufszeiten: Mo. bis Do. 9.00-12.30 Uhr und 14.00-18.00 Uhr, Fr. bis 16.30 Uhr

Anfahrtsweg: Bisingen liegt an der B 27 zwischen Hechingen und Balingen, dort auf der Heidelbergstr. Richtung Ortsmitte, an der Kreuzung kurz vor der Bahnlinie links einbiegen

▶ WALZ

Walz GmbH
72406 Bisingen / Im Gansbad 3
Tel. (07476) 94120

Warenangebot: Unterwäsche für Damen, Herren, Kinder und Babys, Miederwaren

Ersparnis: 2. Wahl, Restposten und Musterartikel sind besonders preiswert

72411 Bodelshausen

Verkaufszeiten: ca. 4x jährl. finden jeweils ca. 1 Woche lang sog. "Tüten-aktionen" statt, d.h. 5 Teile (egal welche) sind für EUR 10,- erhältlich, genaue Termine erfragen

Anfahrtsweg: Bisingen liegt an der B 27 zwischen Balingen und Hechingen, von der B 27 kommend nach der Esso-Tankstelle rechts, die nächste Straße wieder rechts

72411 Bodelshausen

▶ GUCKY'S

Gucky's Baby- und Kindermoden
72411 Bodelshausen / Am Burghof 14
Tel. (07471) 71359

Warenangebot: Kinderbekleidung aller Art wie z.B. T-Shirts, Sweat-Shirts, Pullover, Hosen, Unterwäsche, Schlafanzüge, Strampler, Jeanshosen etc., von der Erstlingsausstattung bis Gr. 176, jedoch ist nicht immer alles in allen Größen vorhanden

Ersparnis: ca. 30% bei regulärer Ware, Restposten sind erheblich günstiger

Verkaufszeiten: Mo. bis Do. 14.00-18.00 Uhr, Fr. 9.00-12.00 Uhr und 14.00-18.00 Uhr, Sa. 9.00-12.00 Uhr

Hinweise: separater Verkaufsraum, gelegentlich ist auch 2. Wahl erhältlich

Anfahrtsweg: von Tübingen auf der B 27 ca. 4 km vor Hechingen rechts nach Bodelshausen, die Firma befindet sich dort an der Hauptstraße gegenüber der Apotheke

▶ MARC CAIN

Marc Cain GmbH
72411 Bodelshausen / Steinstr. 3
Tel. (07471) 709-0 / marc-cain.com

Warenangebot: Damenoberbekleidung wie z.B. Jacken, Mäntel, Blazer, Blousons, Röcke, Kleider, Pullover, Blusen, T-Shirts, Hosen in Masche, Konfektion und Leder, Sportswear, Accessoires wie z.B. Strumpfhosen, Gürtel, Hüte, Tücher, Schals, Marke Marc Cain

Ersparnis: durchschnittlich ca. 40%, teilweise bis zu 70%

Verkaufszeiten: Mo. bis Do. 13.00-18.00 Uhr, Fr. 10.00-18.00 Uhr, Sa. 10.00-14.00 Uhr

72411 Bodelshausen

Hinweise:	die Verkaufsstelle befindet sich nicht beim Hauptwerk, es sind nur Artikel der Vorjahreskollektion sowie 2. Wahl erhältlich
Anfahrtsweg:	Bodelshausen liegt an der B 27 von Tübingen kommend ca. 4 km vor Hechingen, Abzweigung Bodelshausen Richtung Stadtmitte, dort einbiegen in die Bahnhofstr., nach knapp 1 km rechts in die Steinstr.

▶ RIEKER

Karl Rieker GmbH & Co. KG
72411 Bodelshausen / Höfelstr. 5
Tel. (07471) 958101 / karl-rieker.com

Karl Konrad Rieker gründete 1954 eine Lohnstrickerei, drei Jahre später stellte er bereits Damenunterwäsche her. 1980 wurden in Filialen und Zweigbetrieben europaweit Damen- und Mädchenunterwäsche, T-Shirts sowie Schlafanzüge hergestellt. Heute ist die Firma ein Handelsunternehmen und bezieht die Ware weltweit. Die fertigen Kleidungsstücke werden in Bodelshausen und Hamburg zusammengestellt und an Kunden weltweit geliefert.

Warenangebot:	Unterwäsche, Nachtwäsche und Oberbekleidung für Damen, Herren und Kinder, auch T-Shirts, Sweat-Shirts etc., Dessous und Badeanzüge für Damen, außerdem Sportbekleidung für Damen und Herren wie z.B. Outdoor- und Sporthosen
Ersparnis:	durchschnittlich ca. 40%
Verkaufszeiten:	Mo. bis Fr. 9.00-18.00 Uhr, Sa. 9.00-12.00 Uhr
Hinweise:	es ist auch 2. Wahl erhältlich
Anfahrtsweg:	Bodelshausen liegt an der B 27 von Tübingen kommend ca. 4 km vor Hechingen, in Bodelshausen befindet sich die Firma im Industriegebiet "Gehrn"

▶ SPEIDEL

Speidel GmbH
72411 Bodelshausen / Hechinger Str. 6
Tel. (07471) 701-0 / speidel-lingerie.de

Gegründet wurde das Familienunternehmen im Jahr 1952. Zunächst wurden in Lohnarbeit Strickwaren hergestellt, später spezialisierte man sich auf die Produktion von Damenwäsche. Heute zählt das Unternehmen in der Nähe von Tübingen insgesamt rund 500 Mitarbeiter, davon ca. 300 in einem hochmodernen Betrieb in Ungarn.

Warenangebot:	Unterwäsche für Damen wie z.B. Bodies, Slips, BH's, Unterhemden, Leggins etc., für Herren Slips, Boxershorts, Unterhemden und Schlafanzüge, Marken Speidel und SLC
Ersparnis:	ca. 20%, 2. Wahl und Auslaufmodelle sind noch günstiger

72414 Rangendingen

Verkaufszeiten: Mo. bis Do. 9.00-12.00 Uhr und 13.30-18.00 Uhr, Fr. 9.00-18.00 Uhr, Sa. 9.00-12.00 Uhr

Hinweise: 1x jährl. kurz vor den Sommerferien findet meist ca. 3 Tage lang (Do. bis Fr.) ein Sonderverkauf statt, wo alles nochmals ca. 30% reduziert ist, genaue Termine erfragen

Anfahrtsweg: Bodelshausen liegt an der B 27 von Tübingen kommend ca. 4 km vor Hechingen, Abzweigung Bodelshausen Richtung Stadtmitte, am Ortsanfang links in die Hechinger Str., die Firma befindet sich gegenüber vom "Hotel Sonne"

72414 Rangendingen

▶ CON-TA

Conta GmbH
72414 Rangendingen / Hechinger Str. 36
Tel. (07471) 871327 / conta.de

Warenangebot: Damen-, Herren- und Kinderwäsche aller Art, Funktionswäsche für Damen und Herren, außerdem Nachthemden, Pyjamas, BH's und Socken für Sie und Ihn, Marke con-ta

Ersparnis: bis zu 50%

Verkaufszeiten: Mo. bis Fr. 9.00-18.00 Uhr, Sa. 9.00-12.00 Uhr

Hinweise: weitere Verkaufsstellen befinden sich in: 72461 Albstadt-Tailfingen, Untere Bachstr. 36, Tel. (07432) 9795-0; 72477 Schwenningen/Heuberg, Talstr. 10, Tel. (07579) 9336128; 74575 Schrozberg, Windmühlenstr. 11, Tel. (07935) 1466; 82467 Garmisch-Partenkirchen, Hauptstr. 60-64, Tel. (08821) 9668604; 87561 Oberstdorf, Weststr. 20, Tel. (08322) 9876980; 88214 Ravensburg/Weißenau, Friedrichshafener Str. 6, Tel. (0751) 652339; 94072 Bad Füssing, Oberreuthen 7, Tel. (08538) 912162

Anfahrtsweg: A 81 Stuttgart-Singen Ausfahrt Empfingen auf die B 463 über Haigerloch nach Rangendingen, dort befindet sich die Firma direkt an der Hauptstraße, von Haigerloch kommend befindet sich die Firma nicht zu übersehen auf der rechten Seite

▶ MAUZ

Basil Mauz GmbH & Co. KG / Strick- und Wirkwarenfabrik
72414 Rangendingen / Hechinger Str. 35
Tel. (07471) 82593 / mauz.de

72458 Albstadt

Warenangebot: Nachtwäsche für Damen, Herren, Kinder und Babys, z.B. Strampler, Schlafanzüge, Shortys, Overalls, Nachthemden, Schlafsäckchen und Oberbekleidung wie T-Shirts, Sweat-Shirts, Rollis, Nicky-Pullis, Jogging-Anzüge, Radlerhosen, Bermudas, Leggings, Jogginghosen

Ersparnis: durchschnittlich ca. 20-30%

Verkaufszeiten: Mo. bis Fr. 9.00-12.00 Uhr und 13.30-18.00 Uhr, Sa. 9.00-13.00 Uhr

Anfahrtsweg: A 81 Stuttgart-Singen Ausfahrt Empfingen auf die B 463 über Haigerloch nach Rangendingen, dort befindet sich die Firma gut zu sehen direkt an der Hauptstraße

72458 Albstadt

▶ COMAZO

Carl Meiser GmbH & Co. KG / Comazo Herstellerverkauf
72458 Albstadt Ebingen / Keplerstr. 24
Tel. (07431) 591096

Warenangebot: Damen- und Herrenbekleidung wie z.B. Unterwäsche, T-Shirts, Sweat-Shirts, Nachthemden, Pyjamas, Leggins, Kinderwäsche

Ersparnis: ca. 30-40%, unterschiedlich je nach Artikel

Verkaufszeiten: Mo. bis Fr. 9.30-13.00 Uhr und 14.00-18.30 Uhr, Sa. 9.30-14.00 Uhr

Anfahrtsweg: Albstadt liegt an der B 463 zwischen Balingen und Sigmaringen, dort befindet sich der Verkauf im Ortsteil Ebingen hinter McDonalds, am Ortsausgang nach Truchtelfingen

▶ GEORGI

Georgi Sportbekleidung GmbH
72458 Albstadt Ebingen / Manchesterstr. 21
Tel. (07431) 73295

Warenangebot: Leggins, Capri-Hosen, Bermudas, Gymnastik- und Freizeitanzüge für Damen und Kinder

Ersparnis: preisgünstige Angebote, 2. Wahl ist besonders preiswert

Verkaufszeiten: Mo. bis Do. 9.00-12.00 Uhr und 12.30-16.00 Uhr, Fr. 9.00-10.30 Uhr

72459 Albstadt

Anfahrtsweg: von Tübingen auf der B 27 nach Balingen, hier auf die B 463 nach Albstadt, dort befindet sich die Firma in Ebingen, an den Bahngleisen links

72459 Albstadt

▶ HUBERMASCHE

Gebr. Huber & Co. / Trikotwarenfabrik
72459 Albstadt Lautlingen / Von-Stauffenberg-Str. 24
Tel. (07431) 9597-51 / hubermasche.de

Die Firma Gebr. Huber & Co. wurde 1948 gegründet. Die Produkte liegen im mittleren Preisniveau. Der Qualitätsgedanke spielt bei hubermasche eine dominierende Rolle. Auch steht Ökotex 100, der Begriff für umweltfreundliche und schadstoffarme Textilien, bei vielen Programmen im Vordergrund.

Warenangebot: Unter- und Nachtwäsche für Damen, Herren und Kinder, Oberbekleidung für Babys, Marken hubermasche und hubermini

Ersparnis: bei 1. Wahl ca. 30%, Restposten sind bis zu 50% günstiger

Verkaufszeiten: Mo. bis Fr. 9.00-18.00 Uhr, 4 Wochen vor Weihnachten und während den Schlussverkäufen auch Sa. 9.00-12.00 Uhr

Anfahrtsweg: von Balingen auf der B 463 in Richtung Sigmaringen liegt Lautlingen ca. 4 km vor Albstadt, dort nach der Gaststätte Krone rechts Richtung Meßstetten, vor der Eisenbahnbrücke links, die Firma befindet sich im 1. Haus auf der linken Seite, gegenüber der Lautlinger Bank

▶ MEY

Gebr. Mey GmbH & Co. KG
72459 Albstadt Lautlingen / Hohenwiesenstr. 3
Tel. (07431) 706-0 / mey.de

Warenangebot: Unterwäsche für Damen und Herren, Slips, BH's, Fremdware wie z.B. Nachtwäsche, Strumpf- und Frotteewaren, Bademäntel, Bodies etc.

Ersparnis: ca. 10-20% bei Eigenprodukten, nur Sonderangebote sind noch etwas günstiger

Verkaufszeiten: Mo. bis Fr. 9.00-18.00 Uhr

Hinweise: eigentlich nur Personalverkauf, bei Besuchen unsererseits war ein Einkauf auch für Privat möglich, separater Verkaufsraum im 3. Stock, 2x jährl. zu den Schlussverkaufszeiten sind auch günstige 2. Wahl und Auslaufmodelle erhältlich

72461 Albstadt

Anfahrtsweg: Albstadt liegt an der B 463 zwischen Balingen und Sigmaringen, die Firma befindet sich mitten in Lautlingen hinter dem Gasthaus Krone, im alten Firmengebäude

72461 Albstadt

▶ CAT-STYLE

Christian Alber-Thoma GmbH & Co. KG / Textilwarenfabrik
72461 Albstadt Onstmettingen / Maierhofstr. 10
Tel. (07432) 9076-0

Warenangebot: Damenoberbekleidung wie T-Shirts, Pullover, Röcke, Westen, Leggins, Marke CAT-Style

Ersparnis: unterschiedlich je nach Artikel, günstige Angebote

Verkaufszeiten: Mo., Mi., Fr. 9.00-11.00 Uhr, Di. und Do. 15.30-17.30 Uhr

Hinweise: separater Verkaufsraum, teilweise ist auch günstige 2. Wahl erhältlich

Anfahrtsweg: B 27 Hechingen-Balingen, über Bisingen nach Onstmettingen, im Ort beim Schlecker-Markt hochfahren

▶ GOLLE HAUG

Gottlieb Haug GmbH & Co. KG / Strickwarenfabrik
72461 Albstadt Tailfingen / Emil-Mayer-Str. 35
Tel. (07432) 9792-55 / gollehaug.de

Die Firma gollé haug wurde 1950 gegründet und gehört heute zu den führenden deutschen Herstellern von modischer Maschenware. Hergestellt werden Strick, Shirts und Coordinates zu einem guten Preis-/Leistungsverhältnis. Die Kollektion wird über den modischen Fachhandel verkauft.

Warenangebot: modische Damenstrickwaren wie z.B. Shirts, Hosen und Röcke, Kombimode, Marke gollé haug

Ersparnis: unterschiedlich je nach Artikel, günstige Angebote

Verkaufszeiten: Mo. bis Fr. 9.00-12.00 Uhr und 13.30-18.00 Uhr, Sa. 9.00-13.00 Uhr

Hinweise: teilweise sind auch günstige 1b-Artikel erhältlich

Anfahrtsweg: Albstadt liegt auf der Schwäbischen Alb zwischen Balingen und Sigmaringen an der B 463, dort durch Ebingen nach Tailfingen, hier befindet sich die Firma in der Nähe vom Naturbad, ist auch ausgeschildert

72461 Albstadt

▶ GONSO

Gonso Sportmoden GmbH & Co. KG
72461 Albstadt Onstmettingen / Eberhardstr. 24
Tel. (07432) 2090 / gonso.de

Bereits im Gründungsjahr 1926 legten Pullover, Wäsche und Trainingsanzüge als Produktsortimente den Grundstein für die Herstellung von Sportbekleidung. Seit den frühen 70er Jahren gilt Gonso als Urvater der funktionellen Radsportbekleidung. Fester Bestandteil der Produktpalette ist seit dieser Zeit auch das Segment Langlaufbekleidung.

Warenangebot: funktionelle Sport- und Freizeitbekleidung aus den Segmenten Radsport, Laufsport, Skilanglauf, Regenbekleidung und Wäsche

Ersparnis: günstige Angebote bei 1b-Ware, Musterteilen und Auslaufmodellen, die aktuelle Saisonware ist nicht günstiger

Verkaufszeiten: Mo. bis Do. 9.00-11.00 Uhr und 13.00-17.00 Uhr, Fr. 9.00-17.00 Uhr, Sa. 9.00-13.00 Uhr

Hinweise: der Shop befindet sich auf dem Firmengelände

Anfahrtsweg: von Albstadt-Ebingen über Albstadt-Tailfingen nach Albstadt-Onstmettingen, in Onstmettingen ist die Zufahrt zur Firma ausgeschildert

▶ MEDICO

medico sports fashion GmbH
72461 Albstadt Tailfingen / Vor dem weißen Stein 25-31
Tel. (07432) 70160

Warenangebot: Sportbekleidung aller Art wie z.B. Radsportbekleidung, Skioberbekleidung, Skipullover, Langlaufbekleidung, Gymnastikbekleidung etc.

Ersparnis: bis zu 50% möglich

Verkaufszeiten: Fr. 9.00-18.00 Uhr, 1. Sa. im Monat 9.00-13.00 Uhr

Hinweise: es werden hauptsächlich Überproduktionen, Muster- und Auslaufteile sowie 2. Wahl verkauft

Anfahrtsweg: Albstadt liegt auf der Schwäbischen Alb zwischen Balingen und Sigmaringen an der B 463, dort durch Ebingen über Truchtelfingen nach Tailfingen, hier befindet sich die Firma im Industriegebiet Lichtenbohl

72469 Meßstetten

▶ NINA V. C.

**Nina v. C. Karl Conzelmann GmbH & Co. /
Wirkwarenfabrik
72461 Albstadt Tailfingen / Hechinger Str. 18
Tel. (07432) 5415 / ninavonc.de**

Das Familienunternehmen wurde 1920 gegründet und gehört heute zu den bedeutendsten Herstellern von Damenwäsche in Deutschland.

Warenangebot: Unterwäsche für Damen wie z.B. Unterhemden, Slips, Bodys, Dessous, Nachthemden, Schlafanzüge, Marken Nina v. C. und Prima Nina

Ersparnis: ca. 30-40%, unterschiedlich je nach Artikel

Verkaufszeiten: Mo. bis Fr. 9.00-12.00 Uhr und 14.00-18.30 Uhr, Sa. 9.00-13.00 Uhr

Anfahrtsweg: von Balingen auf der B 463 kommend über Ebingen und Truchtelfingen nach Tailfingen, die Firma befindet sich in der Ortsmitte

▶ WEISSMANN

**Wilhelm Weißmann Maschenmoden GmbH
72461 Albstadt Tailfingen / Eisenbahnstr. 16
Tel. (07432) 701729**

Warenangebot: T-Shirts, Sweat-Shirts, Polo-Shirts, Jogging-Anzüge, Jacken, Kleider, Strickpullover etc.

Ersparnis: durchschnittlich ca. 30-40%

Verkaufszeiten: Mo. bis Fr. 11.00-18.00 Uhr

Hinweise: teilweise ist auch 2. Wahl erhältlich

Anfahrtsweg: Albstadt liegt an der B 463 zwischen Balingen und Sigmaringen, dort über Ebingen nach Tailfingen, hier befindet sich die Firma gegenüber vom Bahnhof

72469 Meßstetten

▶ GÖLA

**Göla GmbH & Co. KG
72469 Meßstetten / Hossinger Str. 11
Tel. (07431) 9497020**

Warenangebot: Schlafanzüge, Nachthemden, Hausanzüge und Unterwäsche für Damen, Herrenschlafanzüge

72469 Meßstetten

Ersparnis:	je nach Artikel unterschiedlich, durchschnittlich ca. 30%
Verkaufszeiten:	Mo. bis Do. 8.00-12.00 Uhr und 13.15-17.00 Uhr, Fr. 8.00-12.00 Uhr
Hinweise:	teilweise ist auch 2. Wahl erhältlich
Anfahrtsweg:	von Sigmaringen auf der B 463 Richtung Balingen, bei Albstadt links ab nach Meßstetten, dort befindet sich die Firma an der Ecke Hauptstr./Hossinger Str.

▶ LOTOS

Lotos Textil GmbH
72469 Meßstetten / Sanettastr. 1
Tel. (07431) 9574550 / lotos.de

Warenangebot:	Damenstrickwaren wie Jacken, Röcke, Pullover, Blusen, Blazer und Outdoorjacken in den Größen 36-52, keine junge Mode, Marken Lotos und Lotus
Ersparnis:	preisgünstige Angebote
Verkaufszeiten:	Mo. bis Fr. 9.00-17.30 Uhr, Sa. 9.00-12.00 Uhr
Hinweise:	der Fabrikverkauf ist in den Fabrikverkauf der Firma Sanetta integriert, separater Raum
Anfahrtsweg:	von Balingen auf der B 463 Richtung Albstadt, in Lautlingen rechts ab nach Meßstetten, hier befindet sich die Firma am Ortsausgang im letzten Gebäude (Sanetta) auf der linken Seite, direkt an der Hauptstraße

▶ SANETTA

Sanetta-Textilwerk Gebr. Ammann GmbH & Co.
72469 Meßstetten / Sanettastr. 1
Tel. (07431) 639-0 / sanetta.de

Warenangebot:	Baby- und Kinderbekleidung wie z.B. Unterwäsche, T-Shirts, Sweat-Shirts, Jogginganzüge, Strümpfe, Schlafanzüge, Bodies, Jacken, Jeans, Latzhosen, Pullover, Röcke, Kleidchen, Jacken, Mützen etc., Marken sanetta und match, außerdem Stoffe
Ersparnis:	ca. 25% bei regulärer Ware, Restposten und die Vorjahreskollektion sind noch etwas günstiger
Verkaufszeiten:	Mo. bis Fr. 9.00-17.30 Uhr, Sa. 9.00-14.00 Uhr
Hinweise:	der Verkauf befindet sich im Untergeschoss vom Werk, es ist nur 1b-Ware erhältlich, reguläre Ware ist nur im Schlussverkauf erhältlich

72474 Winterlingen

Anfahrtsweg: von Balingen auf der B 463 Richtung Albstadt, in Lautlingen rechts ab nach Meßstetten, dort befindet sich die Firma am Ortsausgang im letzten Gebäude auf der linken Seite, direkt an der Hauptstraße, sie ist auch ausgeschildert

72474 Winterlingen

▶ ATHLET SPORT

**Manfred Cyrulla GmbH & Co. KG /
Strick- und Wirkwarenfabrik
72474 Winterlingen / Steigleweg 41
Tel. (07434) 9365-0 / athlet-sport.de**

Die Firma ist seit über 40 Jahren als Hersteller von Freizeitanzügen und Freizeitbekleidung tätig und hat sich auf Freizeitmode spezialisiert. Es werden der Fachhandel und die Sportabteilungen guter Kaufhäuser sowie der spezialisierte Versandhandel beliefert. Die eigene Stoffherstellung und Entwicklung ermöglichen die Kontrolle und Sicherheit für gleichbleibende Qualität.

Warenangebot: Freizeitanzüge, Freizeithosen, Sportvelours-Anzüge und Sportvelours-Hosen für Damen und Herren, Marken Athlet und Ruff

Ersparnis: durchschnittlich ca. 30%, die Vorjahreskollektion ist besonders günstig erhältlich

Verkaufszeiten: Mo. bis Do. 8.00-11.30 Uhr und 13.30-17.30 Uhr, Fr. 8.00-11.30 Uhr

Hinweise: der Verkaufsraum befindet sich im Untergeschoss

Anfahrtsweg: Winterlingen liegt an der B 463 zwischen Albstadt und Sigmaringen, in Winterlingen auf der Hauptstraße Richtung Bitz, kurz vor Ortsende in Richtung Bitz links ab in die Fachbergsiedlung (Realschule, Hallenbad, Sportplatz) in den Steigleweg, nach ca. 500 m befindet sich die Firma auf der linken Seite

▶ LORCH

**Friedrich Lorch GmbH & Co. KG / Trikotwarenfabrik
72474 Winterlingen / Wilhelm-Bihler-Str. 4
Tel. (07434) 93800 / lorch-moden.de**

Warenangebot: Baby- und Kinderbekleidung (Gr. 50-176) wie z.B. Strampler, Jogginganzüge, T-Shirts, Sweat-Shirts, Hosen, Shorts, Kleidchen, Jacken, Bademoden

Ersparnis: ca. 30-40%, unterschiedlich je nach Artikel

72475 Bitz

Verkaufszeiten:	Mo. bis Do. 9.30-11.30 Uhr und 13.30-16.30 Uhr, Fr. 9.30-11.30 Uhr
Hinweise:	es sind auch 2. Wahl und Musterteile erhältlich
Anfahrtsweg:	von Albstadt-Ebingen Richtung Sigmaringen am Ortseingang von Winterlingen links abbiegen, die nächste wieder rechts, die Firma befindet sich beim Ideal-Einkaufszentrum

Bekleidung

72475 Bitz

▶ MEY

Mey Herrenwäsche GmbH & Co. KG
72475 Bitz / Ebinger Str. 25
Tel. (07431) 980-0 / mey.de

Warenangebot:	Unterwäsche für Damen und Herren, zugekaufte Schlafanzüge und Strümpfe
Ersparnis:	ca. 20-25%, 2. Wahl ist noch günstiger
Verkaufszeiten:	Mo. bis Do. 9.00-12.00 Uhr und 13.00-17.30 Uhr, Fr. bis 16.30 Uhr
Anfahrtsweg:	Bitz liegt auf der Schwäbischen Alb zwischen Albstadt und Burladingen, in Bitz befindet sich die Firma nicht zu übersehen direkt an der Hauptstraße

72510 Stetten a. k. M.

▶ SCHÜTZ

Schütz GmbH & Co. KG
72510 Stetten a. k. M. / Schwenninger Str. 3
Tel. (07573) 505-0 / schuetz-hemden.de

1921 gründet Hermann Schütz die "Hermann Schütz Wäschefabrik" auf der Basis einer kleinen Lohnnäherei. Produziert werden zu dieser Zeit neben Herren- auch Knabenhemden, Blusen und Schlafanzüge. Heute ist die Firma Schütz durch die Marken Gino Lombardi und Piero Piccini im Fachhandel vertreten.

Warenangebot:	Hemden und Blusen aller Art in unterschiedlichen Stoffen und Mustern, Marken Gino Lombardi und Piero Piccini
Ersparnis:	bei 2. Wahl bis zu 50%
Verkaufszeiten:	Mo. bis Do. 8.00-17.00 Uhr, Fr. 8.00-12.00 Uhr
Anfahrtsweg:	von Sigmaringen auf die B 463 Richtung Albstadt, nach ca. 8 km links ab nach Stetten, dort befindet sich die Firma am

72525 Münsingen

Ortsausgang Richtung Schwenningen, nahe der gelben Kirche

72517 Sigmaringendorf

▶ STRÖBELE

**Georg Ströbele GmbH & Co. KG / Trikotwarenfabrik
72517 Sigmaringendorf / Schloßgarten
Tel. (07571) 2095**

Warenangebot: Unterwäsche und Schlafanzüge für Damen, Herren und Kinder

Ersparnis: ca. 30-40%, unterschiedlich je nach Artikel

Verkaufszeiten: Mo. 14.00-18.00 Uhr, Di. bis Fr. 9.00-12.00 Uhr und 14.00-18.00 Uhr

Anfahrtsweg: von Sigmaringen auf der B 32 Richtung Saulgau ca. 5 km nach Sigmaringendorf, dort am Ortsende vor dem Bahnübergang rechts einbiegen, nach ca. 30 m wieder links, Schild "Ewi-Textilmarkt" folgen, gleich hinter dem Bahnwärterhäuschen

72525 Münsingen

▶ HARSCH

**Harsch GmbH / Strickwarenfabrik
72525 Münsingen / Gruorner Weg 9
Tel. (07381) 2271**

Warenangebot: modische Strickwaren wie z.B. Pullover, Jacken etc. hauptsächlich für Damen, kleines Angebot auch für Herren und Kinder

Ersparnis: ca. 30-50%, unterschiedlich je nach Artikel

Verkaufszeiten: Mi. 9.30-12.00 Uhr und 14.00-18.00 Uhr, Fr. 13.30-17.00 Uhr

Hinweise: auch 2. Wahl-Verkauf

Anfahrtsweg: von Reutlingen über Metzingen und Bad Urach auf die B 465 nach Münsingen, dort befindet sich die Firma unterhalb vom Krankenhaus bei der Gärtnerei

72537 Mehrstetten

72537 Mehrstetten

▶ HOLZSCHUH

Frank Holzschuh Strickmoden
72537 Mehrstetten / Ulmer Str. 38
Tel. (07381) 938071 / funktionspulli.de

Warenangebot: Strickwaren für Damen und Herren für Sommer und Winter wie z.B. Funktionspullover Fupi, Pullover, Pullunder, Westen, Jacken etc.

Ersparnis: günstige Angebote

Verkaufszeiten: Mo. bis Do. 8.00-12.00 Uhr und 14.00-17.30 Uhr, Fr. 8.00-12.00 Uhr

Hinweise: teilweise ist auch 2. Wahl erhältlich

Anfahrtsweg: über Metzingen, Bad Urach und Münsingen auf die Schwäbische Alb nach Mehrstetten, dort befindet sich die Firma an der Hauptstraße, ist auch beschildert

72555 Metzingen

▶ ARAMI & RAMIM

patrice arami

PATRICE ARAMI Outlet
72555 Metzingen / Kanalstraße
Tel. (07123) 1399 Fax (07123) 42170 / ramim.de

Benannt nach seinem Creative Director wurde das Unternehmen Patrice Ramim im Jahr 1992 gegründet. Das Unternehmen begann in Metzingen, einem süddeutschen Textilindustrie-Zentrum, welches mehr und mehr zu einer riesigen Outlet-Stadt mutiert. Dort befindet sich noch heute das Herz der Firma: die Kreativ-Abteilung, die Verwaltung und der Fabrikverkauf.

Warenangebot: anspruchsvolle PATRICE ARAMI-Damen- und Herrenkollektion, Anzüge, Mäntel, Kostüme, Jeans und Strickware in elegantem Design, das den Geist des zeitgenössischen Kosmopolismus einfängt

Ersparnis: sehr preisgünstiges Warenangebot, ca. 40-50%

Verkaufszeiten: Mo. bis Fr. 9.00-19.00 Uhr, Sa. 9.00-18.00 Uhr

Hinweise: es ist vorwiegend 1. Wahl, teilweise auch 2. Wahl erhältlich

Anfahrtsweg: Metzingen liegt ca. 40 km südlich von Stuttgart, A 8 Ausfahrt Wendlingen auf die B 313 über Nürtingen nach Metzingen, an der großen Kreuzung (Lindenplatz) in Stadtmitte Richtung Tübingen/Reutlingen/Freizeitgelände abbiegen, nach ca. 30 m links in die Mühlstr.

72555 Metzingen

▶ BOSS

Hugo Boss AG
72555 Metzingen / Kanalstr. 6-8
Tel. (07123) 94-2204 / hugo-boss.de

Warenangebot: hochwertige Herrenbekleidung wie z.B. Anzüge, Sakkos, Hosen, Blousons, Mäntel, Hemden, Lederjacken, Jeans, T-Shirts, Sweat-Shirts, Socken, Krawatten, Schuhe, Gürtel und Stoffe, außerdem Damenoberbekleidung wie Anzüge, Blazer, Mäntel, Hosen, Blusen

Ersparnis: bei 1. Wahl ca. 20%, bei 2. Wahl ca. 40-60%

Verkaufszeiten: Mo. bis Fr. 10.00-20.00 Uhr, Sa. 8.00-18.00 Uhr

Hinweise: Fragen werden täglich nur von 10.00-11.00 Uhr unter der o. g. Rufnummer beantwortet; es werden hauptsächlich Artikel der Vorjahreskollektion verkauft, auch ist viel 2. Wahl erhältlich

Anfahrtsweg: Metzingen liegt ca. 40 km südlich von Stuttgart, A 8 Ausfahrt Wendlingen auf die B 313 über Nürtingen nach Metzingen, an der großen Kreuzung in Stadtmitte Richtung Tübingen/Reutlingen/Freizeitgelände abbiegen, ab hier ausgeschildert

▶ ESCADA

Escada Outlet
72555 Metzingen / Reutlinger Str. 49-53
Tel. (07123) 9643-0 / escada.de

Warenangebot: hochwertige Damenoberbekleidung aller Art wie z.B. Hosen, Röcke, Jacken, Blazer, Blusen, Pullover, Kleider, Mäntel, kleinere Auswahl an Schuhen und Handtaschen, Laurel Accessoires

Ersparnis: ca. 30%, bei Sonderaktionen teilweise auch 50% und mehr möglich, trotzdem nicht billig

Verkaufszeiten: Mo. bis Fr. 10.00-20.00 Uhr, Sa. 9.00-18.00 Uhr

Hinweise: es ist hauptsächlich die Vorjahreskollektion erhältlich

Anfahrtsweg: Metzingen liegt ca. 40 km südlich von Stuttgart, A 8 Ausfahrt Wendlingen auf die B 313 über Nürtingen nach Metzingen, an der großen Kreuzung (Lindenplatz) in Stadtmitte Richtung Tübingen/Reutlingen/Freizeitgelände abbiegen auf die Reutlinger Str.

72555 Metzingen

▶ ESPRIT

Esprit Retail B. V. & Co. KG / Esprit Factory Store
72555 Metzingen / Reutlinger Str. 63
Tel. (07123) 92940 / esprit.com

Warenangebot: Oberbekleidung für Damen und Kinder wie T-Shirts, Sweat-Shirts, Polo-Shirts, Hemden, Blusen, Strickjacken, Pullover, Kleider, Röcke, Hosen, Jeans, Damenunterwäsche sowie Schuhe, Strümpfe, Taschen, Gürtel, Geldbörsen, Marke Esprit

Ersparnis: ca. 20-40%

Verkaufszeiten: Mo. bis Fr. 10.00-20.00 Uhr, Sa. 9.00-18.00 Uhr

Hinweise: es sind hauptsächlich 1b- und Fehlerware, Retourenware und Artikel der Vorjahreskollektion erhältlich, keine aktuelle Ware

Anfahrtsweg: Metzingen liegt ca. 40 km südlich von Stuttgart, A 8 Ausfahrt Wendlingen auf die B 313 über Nürtingen nach Metzingen, an der großen Kreuzung (Lindenplatz) in Stadtmitte Richtung Tübingen/Reutlingen/Freizeitgelände abbiegen auf die Reutlinger Str.

▶ JIL SANDER

Jil Sander AG
72555 Metzingen / Reutlinger Str. 63
Tel. (07123) 165603 / jilsander.de

Warenangebot: exclusive Damenoberbekleidung wie z.B. Pullover, Hosenanzüge, Abendkleider, Blusen, Blazer, Anzüge, Schuhe, Gürtel, Taschen etc., für Herren Anzüge, Hosen, Hemden, Krawatten

Ersparnis: ca. 50-70%, trotzdem nicht billig

Verkaufszeiten: Mo. bis Fr. 10.00-20.00 Uhr, Sa. 9.00-16.00 Uhr

Hinweise: es sind ausschließlich die Vorjahreskollektion und Warenretouren erhältlich

Anfahrtsweg: Metzingen liegt ca. 40 km südlich von Stuttgart, A 8 Ausfahrt Wendlingen auf die B 313 über Nürtingen nach Metzingen, an der großen Kreuzung (Lindenplatz) in Stadtmitte Richtung Tübingen/Reutlingen/Freizeitgelände abbiegen auf die Reutlinger Str.

72555 Metzingen

▶ JOOP

Joop Outlet
72555 Metzingen / Mühlstr. 1
Tel. (07123) 2041-10 / joop.com

Der Startschuss des heute 100%igen Lizenzunternehmens fiel 1987, als der erste Duft, eine Herren-, Damen- und eine Lederwaren-Kollektion vorgestellt wurden. 1988 wurde die Jeans-Linie geboren. In den Jahren danach exandierte die Firma mit Brillen, Schuhen, Accessoires sowie mit Lizenzen für Wäsche und Strick. Schmuck, Uhren sowie die erste Home-Collection runden das Angebot ab.

Warenangebot:	hochwertige Oberbekleidung für Damen, Herren und Kinder wie Anzüge, Jacken, Mäntel, Sakkos, Hosen, Jeans, Wäsche und Socken, außerdem Accessoires wie Taschen, Schuhe, Schmuck und Sonnenbrillen, fast die gesamte Joop-Kollektion
Ersparnis:	bei aktueller Ware bis zu 30%, bei herabgesetzter Ware bis zu 60%
Verkaufszeiten:	Mo. bis Fr. 10.00-20.00 Uhr, Sa. 9.00-16.00 Uhr
Hinweise:	exclusives Ladengeschäft auf 3 Etagen mit Beratung
Anfahrtsweg:	Metzingen liegt ca. 40 km südlich von Stuttgart, A 8 Ausfahrt Wendlingen auf die B 313 über Nürtingen nach Metzingen, an der großen Kreuzung (Lindenplatz) in Stadtmitte Richtung Tübingen/Reutlingen/Freizeitgelände abbiegen, nach ca. 30 m links in die Mühlstr.

▶ LEVI'S

Levi Strauss Germany GmbH / Levi's Outlet
72555 Metzingen / Reutlinger Str. 63
Tel. (07123) 20433 / levis.com

Warenangebot:	große Auswahl an Jeans-Bekleidung aller Art, Accessoires, Marken Levi's und Dockers
Ersparnis:	bis zu 50%; Preisbeispiel: Modell 501 ungewaschen in 2. Wahl für EUR 34,90
Verkaufszeiten:	Mo. bis Fr. 10.00-20.00 Uhr, Sa. 9.00-18.00 Uhr
Hinweise:	es sind ausschließlich Artikel aus vorangegangenen Saisons sowie 2. Wahl-Artikel erhältlich
Anfahrtsweg:	Metzingen liegt ca. 40 km südlich von Stuttgart, A 8 Ausfahrt Wendlingen auf die B 313 über Nürtingen nach Metzingen, an der großen Kreuzung (Lindenplatz) in Stadtmitte Richtung Tübingen/Reutlingen/Freizeitgelände abbiegen auf die Reutlinger Str.

72555 Metzingen

▶ NIKE

Nike Factory Store
72555 Metzingen / Reutlinger Str. 63
Tel. (07123) 96850 / nike.com

Warenangebot: große Auswahl an Sportschuhen sowie Sport- und Freizeitmode aller Art für Damen, Herren und Kinder, für Fußball, Running, Tennis, Golf und Fitness, außerdem Accessoires wie Taschen, Caps, Socken, Fußbälle

Ersparnis: mindestens 30%, teilweise auch mehr

Verkaufszeiten: Mo. bis Fr. 9.00-20.00 Uhr, Sa. 8.00-18.00 Uhr

Hinweise: es sind ausschließlich Artikel aus vorangegangenen Saisons sowie 2. Wahl-Artikel und Musterteile erhältlich

Anfahrtsweg: Metzingen liegt ca. 40 km südlich von Stuttgart, A 8 Ausfahrt Wendlingen auf die B 313 über Nürtingen nach Metzingen, an der großen Kreuzung (Lindenplatz) in Stadtmitte Richtung Tübingen/Reutlingen/Freizeitgelände abbiegen auf die Reutlinger Str.

▶ RALPH LAUREN

Polo Ralph Lauren Factory Store
72555 Metzingen / Reutlinger Str. 63
Tel. (07123) 92470

Warenangebot: hochwertige Oberbekleidung für Damen, Herren und Kinder wie z.B. Jacken, Hosen, Hemden, Pullover, Polo-Shirts etc.

Ersparnis: mindestens 30%, teilweise auch mehr

Verkaufszeiten: Mo. bis Fr. 10.00-20.00 Uhr, Sa. 9.00-18.00 Uhr

Hinweise: es sind ausschließlich Artikel aus vorangegangenen Saisons erhältlich

Anfahrtsweg: Metzingen liegt ca. 40 km südlich von Stuttgart, A 8 Ausfahrt Wendlingen auf die B 313 über Nürtingen nach Metzingen, an der großen Kreuzung (Lindenplatz) in Stadtmitte Richtung Tübingen/Reutlingen/Freizeitgelände abbiegen auf die Reutlinger Str.

▶ REUSCH

Reusch International GmbH & Co. KG
72555 Metzingen / Noyonallee 4-10
Tel. (07123) 160-0 / reusch.de

72555 Metzingen

Warenangebot:	Ski- und Sporthandschuhe, Sportbekleidung wie z.B. Jogginganzüge, Fleece-Jacken, T-Shirts, Mützen, Pullover, Skianzüge und Sporttaschen, Marken Reusch, Berghaus, Ellesse, Bademoden von Speedo und Arena
Ersparnis:	bei 1. Wahl ca. 20-30%, bei 2. Wahl ca. 50%
Verkaufszeiten:	Mo. bis Fr. 9.00-18.00 Uhr, Sa. 8.00-16.00 Uhr
Hinweise:	teilweise ist auch 2. Wahl erhältlich
Anfahrtsweg:	A 8 Stuttgart-Ulm Ausfahrt Wendlingen auf die B 313 über Nürtingen nach Metzingen, ca. 1 km nach dem Ortsschild befindet sich die Firma gegenüber vom Bahnhof

▶ SAMTFABRIK

Outlet Center in der Samtfabrik
72555 Metzingen / Nürtinger Str. 63
Tel. (08725) 910150 (Outlet Management) / samtfabrik.de

Warenangebot:	große Auswahl an Markenartikeln aller Art für Damen, Herren und Kinder wie Oberbekleidung, Unter- und Nachtwäsche, Kinderoberbekleidung, Sportbekleidung etc., Marken wie Body Fashion, Bogner, Sigikid, Golfino, Féraud, Sergio Tacchini, Oilily, Bueckle, Woick u.a.
Ersparnis:	unterschiedlich je nach Hersteller, 1b-Ware, Musterkollektionen, Artikel der Vorsaison sowie Produktionsüberschüsse sind besonders preiswert
Verkaufszeiten:	Mo. bis Fr. 9.30-19.00 Uhr, Sa. 9.00-16.00 Uhr
Hinweise:	mehrere einzelne Shops, oftmals nur Verkauf von Artikeln der Vorsaison und 1b-Ware, die aktuelle Kollektion ist teilweise nicht erhältlich, teilweise aber auch nur eingeschränkte Auswahl
Anfahrtsweg:	Metzingen liegt ca. 40 km südlich von Stuttgart, von Stuttgart auf der B 312 kommend erste Abfahrt Metzingen über das Industriegebiet Längenfeld, beim 2. Kreisverkehr ca. 600 m Richtung Metzingen

▶ STRENESSE

Strenesse AG
72555 Metzingen / Lindenplatz 3
Tel. (07123) 72000 / strenesse.de

Warenangebot:	Damenoberbekleidung wie Mäntel, Jacken, Blazer, Hosen, Kostüme, Blusen, Pullover, Jeans, Coordinates etc. sowie

72555 Metzingen

Herrenoberbekleidung wie Anzüge, Sakkos, Jacken, Hosen, Mäntel, Hemden etc., außerdem Accessoires wie Schuhe, Taschen etc.

Ersparnis:	durchschnittlich ca. 40%
Verkaufszeiten:	Mo. bis Fr. 10.00-20.00 Uhr, Sa. 9.00-18.00 Uhr
Hinweise:	es ist ausschließlich die Vorjahreskollektion erhältlich
Anfahrtsweg:	Metzingen liegt ca. 40 km südlich von Stuttgart, A 8 Ausfahrt Wendlingen auf die B 313 über Nürtingen nach Metzingen, an der großen Kreuzung (Lindenplatz) in Stadtmitte ist die Firma nicht zu übersehen

▶ TOMMY HILFIGER

Tommy Hilfiger Outlet
72555 Metzingen / Mühlstr. 3
Tel. (07123) 94480 / hilfiger.com

Warenangebot:	sportlich-chice Oberbekleidung für Damen, Herren und Kinder, Sportswear, Jeans und Accessoires, Marke Tommy Hilfiger
Ersparnis:	ca. 30% zum Ladenpreis
Verkaufszeiten:	Mo. bis Fr. 10.00-20.00 Uhr, Sa. 9.00-18.00 Uhr
Hinweise:	es ist ausschließlich die Vorjahreskollektion erhältlich
Anfahrtsweg:	Metzingen liegt ca. 40 km südlich von Stuttgart, A 8 Ausfahrt Wendlingen auf die B 313 über Nürtingen nach Metzingen, an der großen Kreuzung (Lindenplatz) in Stadtmitte Richtung Tübingen/Reutlingen/Freizeitgelände abbiegen, dann nach ca. 30 m links in die Mühlstr.

▶ TWEANS

Bekleidungswerke Emil Wurster GmbH & Co. KG
72555 Metzingen / Carl-Zeiss-Str. 5
Tel. (07123) 927-0 / tweans.de

Was 1923 als Fertigung für Berufsbekleidung begann, hat sich seit 1975 unter dem Markennamen Tweans zu einer Produktlinie entwickelt, die sich im Damenbereich (New Womenswear/sportiv) wie auch im Herrenbereich (New Menswear/sportiv) etabliert hat.

Warenangebot:	Freizeitbekleidung für Damen und Herren wie Jeans- und Sportswear, Kleider, Blusen, Shirts, Westen etc., Marke Tweans
Ersparnis:	ca. 30%, 2. Wahl ist noch etwas günstiger

72574 Bad Urach

Verkaufszeiten: Mi. bis Fr. 9.30-17.00 Uhr, Sa. 8.30-12.00 Uhr

Hinweise: ca. 2x jährl. finden jeweils ca. 3 Tage lang zusätzliche Sonderverkäufe statt, genaue Termine erfragen

Anfahrtsweg: aus Richtung Stuttgart auf der B 312 kommend Abfahrt Metzingen/Bad Urach und links in die Stuttgarter Str. einbiegen, dann gleich am Ortsanfang von Metzingen links in die Carl-Zeiss-Str., die Firma befindet sich dann nicht zu verfehlen auf der linken Sei

▶ WEIBLEN & RÜMMELIN

W+R GmbH
72555 Metzingen / Stuttgarter Str. 54
Tel. (07123) 9674-0 oder -32 (Laden) / glove.to

Das Familienunternehmen wurde 1928 gegründet und hat sich mit hochwertigen Arbeitshandschuhen für die Industrie einen Namen gemacht. Anfang der 60er Jahre wurde mit der Produktion von Lederbekleidung und eigenen Kollektionen für Freizeit und Motorrad begonnen. Seither werden die eigenen Waren im Fabrikverkauf verkauft.

Warenangebot: Motorradbekleidung aus Leder und Textil (Maßanfertigung ist möglich), Zubehör wie Motorradhandschuhe, außerdem modische Freizeit-Lederbekleidung, Trachtenjacken und -westen, Handschuhe für Reiten, Fahren und Paragliding sowie Sicherheitshandschuhe

Ersparnis: bei 1. Wahl ca. 20-30%, teilweise günstigere Angebote

Verkaufszeiten: Di. bis Fr. 10.00-18.00 Uhr, Sa. 9.00-14.00 Uhr

Anfahrtsweg: A 8 Stuttgart-Ulm Ausfahrt Wendlingen auf die B 313 über Nürtingen nach Metzingen, hier befindet sich die Firma an der Ortsausgangsstraße Richtung Stuttgart, sie ist auch beschildert

72574 Bad Urach

▶ CHRISTL

Gebr. Götz GmbH & Co. KG / Christl-Moden
72574 Bad Urach / Im Unterwässer 5
Tel. (07125) 14025

Warenangebot: Blusen, Pullover, Mäntel, Kostüme, Kleider, Röcke, Blazer, Jacken, Hosen und Unterwäsche für Damen, Kinderbekleidung, Schuhe

Ersparnis: ca. 25%, Restposten und 1b-Ware sind noch etwas günstiger

Verkaufszeiten: Mo. bis Fr. 10.00-18.00 Uhr, Sa. 9.30-13.00 Uhr

72622 Nürtingen

Hinweise: der Verkauf befindet sich im 2. Stock des Fabrikgebäudes, nur Mäntel und Jacken sind aus eigener Produktion

Anfahrtsweg: A 8 Stuttgart-Ulm Ausfahrt Wendlingen, über Metzingen nach Bad Urach, im Ort geht Unterwässer direkt von der Hauptstraße ab

▶ KEMPEL

K-L Sportswear Trading GmbH
72574 Bad Urach / Im Unterwässer 5
Tel. (07125) 14993 / kempel.de

Warenangebot: Herrenoberbekleidung wie Hosen, Jeanshosen, Jacken, Blousons, Sakkos, Lederjacken, Mäntel, Hemden, T-Shirts, Pullover, Westen, Sweat-Shirts etc., Marken Camel, Stones, Berufsbekleidung Marke Works

Ersparnis: bis zu 25%

Verkaufszeiten: Mo. bis Fr. 10.00-18.00 Uhr, Sa. 9.30-13.00 Uhr

Hinweise: Lagerverkauf, keine eigene Herstellung

Anfahrtsweg: A 8 Stuttgart-Ulm Ausfahrt Wendlingen über Nürtingen und Metzingen nach Bad Urach, im Ort auf der Stuttgarter Straße bleiben, weiter stadteinwärts und an der zweiten Abzweigung rechts in "Im Unterwässer", die Firma befindet sich auf dem Fabrikgelände "Götz"

72622 Nürtingen

▶ HAUBER

Hauber Internationale Mode GmbH / Minus-Fabrikverkauf
72622 Nürtingen / Bahnhofstr. 2
Tel. (07022) 7050 oder 38863 (Minus-Markt) / hauber.de

Warenangebot: hochwertige Damenoberbekleidung wie z.B. Jacken, Westen, Kleider, Röcke, Hosen, Blusen, Pullover

Ersparnis: ca. 40% bei regulärer Ware, Restposten sind erheblich günstiger

Verkaufszeiten: Di. bis Fr. 10.00-13.00 Uhr und 14.30-18.30 Uhr, Do. bis 20.00 Uhr, Sa. 9.00-14.30 Uhr

Hinweise: Verkauf im 1. Stock des Fabrikgebäudes, es sind nur 1b-Ware, Musterteile, Warenretouren und Artikel der Vorsaison erhältlich

72639 Neuffen

Anfahrtsweg: A 8 Stuttgart-Ulm, Ausfahrt Wendlingen nach Nürtingen, dort befindet sich die Firma nahe dem Bahnhof und der Post in einem alten Fabrikgebäude gegenüber vom Kaufhaus Hauber

▶ TRICOSI

Tricosi Hersteller-Verkauf
72622 Nürtingen / Max-Eyth-Str. 21
Tel. (07022) 211227

Warenangebot: Unterwäsche für Damen und Herren aus Baumwolle, Seide oder Kunstfaser, Herrenwäsche Marke Comazo, auch zugekaufte T-Shirts, Sweat-Shirts und Socken

Ersparnis: ca. 30-40%, unterschiedlich je nach Artikel

Verkaufszeiten: Mo. bis Fr. 9.00-13.00 Uhr und 14.00-18.00 Uhr, Sa. 9.00-13.00 Uhr

Hinweise: teilweise ist auch sehr günstige 2. Wahl erhältlich

Anfahrtsweg: A 8 Stuttgart-Ulm Ausfahrt Wendlingen auf die B 313 nach Nürtingen, dort befindet sich die Firma am Ortsausgang Richtung Neuffen gegenüber der "Nürtinger Zeitung", von der Neuffener Str. links in die Carl-Benz-Str., dann wieder links in die Max-Eyth-Str.

72639 Neuffen

▶ PALO

Palo Strumpffabrik GmbH
72639 Neuffen / Bahnhofstr. 28
Tel. (07025) 2056

Warenangebot: große Auswahl an Strümpfen und Strumpfhosen für Damen, Herren und Kinder, Ski- und Tennissocken, Leggins und Steghosen, Unterwäsche, T-Shirts, Sweat-Shirts

Ersparnis: nur bei eigener Herstellung ca. 40%

Verkaufszeiten: Di. und Mi. 9.00-12.00 Uhr und 14.00-17.30 Uhr, Do. und Fr. 14.00-17.30 Uhr

Hinweise: separates Ladengeschäft, eigene Herstellung nur von Strümpfen und Strumpfhosen, davon ist gelegentlich auch 2. Wahl erhältlich

72762 Reutlingen

Anfahrtsweg: A 8 Stuttgart-Ulm Ausfahrt Kirchheim/T. auf die B 465 nach Owen, dort rechts ab nach Neuffen, in Neuffen befindet sich die Firma genau gegenüber vom Bahnhof

72762 Reutlingen

▶ SCHNIZLER

Eugen Schnizler GmbH & Co. KG
72762 Reutlingen / Gratwohlstr. 5
Tel. (07121) 514830 / schnizler.de

Warenangebot: sehr große Auswahl an Wäsche und Strickwaren für Babys und Kinder wie z.B. T-Shirts, Sweat-Shirts, Pullover, Leggins, Jogginganzüge, Unterwäsche, Hosen, Anoraks, Schlafsäcke etc., hauptsächlich in den Gr. 50/56-128, vereinzelt auch bis Gr. 176

Ersparnis: je nach Artikel unterschiedlich, durchschnittlich ca. 30%

Verkaufszeiten: Mo. bis Fr. 14.00-18.00 Uhr, Sa. 9.00-12.00 Uhr

Hinweise: der Verkaufsraum befindet sich im Untergeschoss, es ist auch 2. Wahl erhältlich

Anfahrtsweg: A 8 Stuttgart-Ulm Ausfahrt Wendlingen, über Nürtingen und Metzingen nach Reutlingen, Firma dort im Zentrum nahe "Bosch" und hinter "Gummi-Reiff"

72764 Reutlingen

▶ ENGEL

Engel GmbH
72764 Reutlingen / Albstr. 38
Tel. (07121) 387877 / engel-natur.de

Engel produziert seit 1982 Textilien aus unbehandelten Naturfasern. Die Wäscheartikel sind hautverträglich und ohne chemisch unnötige Hilfsstoffe hergestellt. Die Firma ist ein vom Intern. Verband der Naturtextilwirtschaft e.V. zertifiziertes Unternehmen und produziert in Deutschland.

Warenangebot: Wäsche und Bekleidung für Babys und Kinder aus Naturfasern wie z.B. Strampler, Unterwäsche, Strumpfhosen, Overalls, Nachtwäsche, Windeln, Wäsche für Frühgeborene, Unterwäsche für Damen und Herren

Ersparnis: durchschnittlich ca. 25%, bei 2. Wahl und 1b-Ware bis zu 50%

Verkaufszeiten: Mo. bis Mi. 9.00-12.30 Uhr, Do. und Fr. 9.00-18.00 Uhr

72770 Reutlingen

Hinweise: es sind Sonderposten und Lagerüberhänge sowie 2. Wahl und 1b-Ware erhältlich

Anfahrtsweg: Reutlingen liegt südlich von Stuttgart, dort Richtung Ziegelei, die Firma befindet sich in der Nähe vom Hallenbad, im Gewerbepark Echazufer in der Nähe vom Arbeitsamt

72768 Reutlingen

▶ BAUER

Heinz Bauer Manufakt Bekleidungsfabrik GmbH
72768 Reutlingen Oferdingen / In der Vorstadt 22a
Tel. (07121) 620626 / heinzbauer.com

Warenangebot: hochwertige, klassische Oberbekleidung für Damen und Herren wie z.B. Mäntel, Jacken, Sakkos, Kostüme, Hosen, Röcke, Hemden, Blusen, Krawatten

Ersparnis: durchschnittlich ca. 35%

Verkaufszeiten: Mo. bis Fr. 11.00-18.00 Uhr, Sa. 10.00-13.00 Uhr

Hinweise: separater Verkaufsraum, es ist auch 2. Wahl erhältlich, es ist auch viel Handelsware erhältlich

Anfahrtsweg: Oferdingen liegt ca. 5 km nördlich vom Reutlinger Zentrum, über Rommelsbach kommend befindet sich die Firma gleich am Ortseingang, ist auch ausgeschildert, der Firmeneingang ist etwas zurückgesetzt

72770 Reutlingen

▶ HÄMMERLE

Friedrich Hämmerle GmbH & Co. / Blusenfabrik
72770 Reutlingen Ohmenhausen / Mähringer Str. 30-32
Tel. (07121) 9110

Warenangebot: hochwertige, modische und klassische Damenoberbekleidung wie Blusen in allen Formen, Farben und Materialien, außerdem T-Shirts, Jacken, Kleider, Hosen, Röcke, Zweiteiler, Stoffe

Ersparnis: bei 1. Wahl ca. 35%, bei 2. Wahl ca. 50%

Verkaufszeiten: Mo. bis Fr. 9.00-18.00 Uhr

Hinweise: der Verkaufsraum mit Umkleidekabinen befindet sich im Untergeschoss, teilweise sind auch 2. Wahl, Restposten und Auslaufmodelle erhältlich

72770 Reutlingen

Anfahrtsweg: Ohmenhausen liegt von Reutlingen in Richtung Gomadingen, am Ortsausgang weist ein großes Schild auf die Firma hin

▶ LES CORPS

Heinrich Sauer GmbH & Co. KG / Strumpffabrik
72770 Reutlingen Betzingen / Heppstr. 135
Tel. (07121) 54086

Die Heinrich Sauer GmbH wurde 1947 gegründet. Zu Beginn wurden Socken und Strumpfhosen hergestellt. Anfang der 70er Jahre begann die Firma mit der Fertigung von Strickpullovern. Diese sind in Deutschland, Österreich und der Schweiz mit den Logos der Kunden oder dem eigenen Markennamen LES CORPS erhältlich.

Warenangebot: Socken, Strumpfhosen, Pullover für Damen, Herren und Kinder, Strickjacken, T-Shirts, Sweat-Shirts, Hemden

Ersparnis: je nach Artikel unterschiedlich, durchschnittlich ca. 30%

Verkaufszeiten: Mo. bis Fr. 14.00-18.00 Uhr

Hinweise: kleiner Verkaufsraum im Untergeschoss, oftmals gibt es Angebote zum halben Preis, teilweise ist auch sehr günstige 2. Wahl erhältlich

Anfahrtsweg: die Firma befindet sich in Reutlingen Richtung Wannweil im Stadtteil Betzingen, dort leicht zu finden

▶ REIFF

Reiff Strickwaren GmbH
72770 Reutlingen Gönningen / Hauptstr. 10
Tel. (07072) 7274 / reiff-strick.de

Die Firma ist seit über 25 Jahren vor allem im Bereich Naturtextilien tätig und war anfangs spezialisiert auf Erstlingsjäckchen. Heute wird in der 3. Generation von der Mustererstellung bis zum fertigen Produkt alles im eigenen Hause produziert.

Warenangebot: Naturtextilien für Babys, z.B. Wickelartikel wie Windelhosen, Wickeltücher, Wickelsäckchen, Accessoires wie Babyfäustel, Häubchen und Schühchen, außerdem Walkartikel wie Jacken, Kapuzenjacken und Overalls, Marke Reläx

Ersparnis: preisgünstige Angebote, 2. Wahl ist besonders preiswert

Verkaufszeiten: Mo. bis Do. 7.30-12.00 Uhr und 13.00-16.30 Uhr, Fr. 7.30-11.30 Uhr

Hinweise: der Verkauf erfolgt im angegliederten Ladengeschäft, teilweise ist auch 2. Wahl erhältlich

72793 Pfullingen

Anfahrtsweg: von Reutlingen ca. 10 km in südlicher Richtung über Bronnweiler nach Gönningen, dort befindet sich die Firma direkt an der Hauptstr.

▶ STURM

Sturm strick-chic GmbH / Strickwarenfabrik
72770 Reutlingen Gönningen / Matheus-Wagner-Str. 40
Tel. (07072) 7224

Warenangebot: Babybekleidung Gr. 50-104 wie z.B. Spieler, Strampler, Overalls, Jogginganzüge, T-Shirts etc., auch Naturtextilien, Marke Sturm, außerdem Kinderstrickwaren bis Gr. 164 wie z.B. Jeans, Anoraks etc., Marke Tempest

Ersparnis: ca. 30-40%, unterschiedlich je nach Artikel

Verkaufszeiten: Di. und Do. 8.30-12.00 Uhr und 13.30-16.30 Uhr

Hinweise: Verkauf von Einzelmuster, Regulärware, Sonderposten und 1b-Modellen

Anfahrtsweg: Gönningen liegt ca. 10 km südwestlich von Reutlingen in Richtung Sonnenbühl, dort am Ortsanfang nach ca. 200 m links

72793 Pfullingen

▶ ERIMA

Erima Sportbekleidungs GmbH
72793 Pfullingen / Carl-Zeiss-Str. 10
Tel. (07121) 342-0 oder -239 (Fabrikverkauf) / erima.de

Erima ist eine der führenden Marken Europas für Mannschafts- und Vereinsausstattungen. Erima wurde im Jahr 1900 gegründet und ist damit einer der ältesten Sportbekleidungs-Hersteller der Welt. Seit 1976 gehört Erima zum adidas-salomon-Konzern.

Warenangebot: Sport- und Freizeitbekleidung für Teamsportarten wie Fuß-, Hand- und Volleyball, z.B. Trainingsanzüge, Shorts, Schiedsrichter- und Torwartbekleidung, T-Shirts, Sweat-Shirts, Polo-Shirts, Regenjacken und -hosen, Winterjacken, Kinderbekleidung, Taschen, Marke erima

Ersparnis: bis zu 50% möglich

Verkaufszeiten: Di. bis Fr. 10.00-18.00 Uhr, Sa. 10.00-14.00 Uhr

Hinweise: es sind 2. Wahl-, Einzel- und Musterteile, Auslaufmodelle sowie Waschproben erhältlich

72805 Lichtenstein

Anfahrtsweg: Pfullingen liegt südlich von Stuttgart bei Reutlingen, die Firma befindet sich im Industriegebiet von Pfullingen in der Nähe vom "Marktkauf"

72805 Lichtenstein

▶ TUTTI PALETTI

Emil Heinz GmbH & Co. KG / Strickwarenfabrik
72805 Lichtenstein Unterhausen / Stettenstr. 3
Tel. (07129) 9273-0 oder -19 (Fabrikverkauf) /
tuttipaletti.com

Die Marke tutti paletti steht für modisch bis trendige Kindermode. Die Herstellung der Produkte erfolgt hauptsächlich in eigenen Werken. Das tutti paletti-Team verbindet über 60 Jahre Erfahrung in der Kindermode-Branche.

Warenangebot: Baby- und Kinderbekleidung wie z.B. Kleider, Pullover, T-Shirts, Sweat-Shirts, Hosen, Gr. 56-176, Marken tutti paletti, tutti mini, Active World

Ersparnis: bei 1. Wahl ca. 25%, bei 2. Wahl bis zu 50%

Verkaufszeiten: Mitte Jan. bis Juni und Sept. bis Mitte Dez. Mo. bis Fr. 9.00-11.30 Uhr, Mo. bis Mi. 13.00-17.00 Uhr, Do. 13.00-19.00 Uhr

Hinweise: es ist auch 2. Wahl erhältlich

Anfahrtsweg: von Reutlingen auf der B 312 über Pfullingen nach Lichtenstein-Unterhausen, von Pfullingen kommend in Unterhausen die 1. Straße links abbiegen

72827 Wannweil

▶ HIPP

Christian Hipp Strickwarenfabrik GmbH & Co. KG
72827 Wannweil / Auf der Steinge 3-5
Tel. (07121) 54011

Warenangebot: Baby- und Kinderbekleidung wie z.B. Strampler, Strickjacken, Strümpfe, Schlafanzüge, Pullover, T-Shirts, Sweat-Shirts, Leggins etc., hauptsächlich bis Gr. 128, teilweise auch bis Gr. 176, Lätzchen, Badetücher

Ersparnis: preisgünstiges Warenangebot

Verkaufszeiten: Mi. bis Fr. 9.00-12.00 Uhr und 14.00-18.00 Uhr

Hinweise: der Verkaufsraum befindet sich im Untergeschoss, teilweise ist auch 2. Wahl erhältlich, nicht alle Artikel sind aus eigener Herstellung

73278 Schlierbach

Anfahrtsweg: von Stuttgart auf der B 27 Richtung Tübingen, bei Kirchentellinsfurt links ab nach Wannweil, dort befindet sich die Firma mitten im Ort beim Bahnhof

73249 Wernau

▶ PERRY

Perry Modelle GmbH
73249 Wernau / Antoniusstr. 2-6
Tel. (07153) 9388-0 / perry.de

Das Unternehmen wurde 1961 in Plochingen gegründet. Bis heute ist die Firma ein Familienunternehmen, das mit schönen, lebendigen DOB-Kollektionen Mode macht, vom Entwurf bis zur Produktion.

Warenangebot: Trachten- und Landhausmode, für Damen Jacken, Röcke, Hosen, Kostüme, Kleider, Shirts und Blusen, für Herren Janker, Hosen, Jeans und Hemden, Marken Perry, feelings, Krüger, petressa und Julius Lang

Ersparnis: ca. 30-40%, unterschiedlich je nach Artikel

Verkaufszeiten: Di., Mi., Fr. 10.00-18.00 Uhr, Sa. 10.00-15.00 Uhr

Anfahrtsweg: Wernau liegt an der B 313 zwischen Plochingen und Wendlingen, Ausfahrt Wernau, nach der 1. Ampel links und nach weiteren ca. 200 m wieder links

73278 Schlierbach

▶ AUWÄRTER

Auwärter & Hilt GmbH / Strumpfwarenfabrik
73278 Schlierbach / Göppinger Str. 33
Tel. (07021) 920600

Warenangebot: gestrickte Damen- und Herrensocken, für Kinder Söckchen, Socken und Strumpfhosen, auch etwas Kinderbekleidung

Ersparnis: preisgünstiges Warenangebot

Verkaufszeiten: Mo. bis Do. 8.00-12.00 Uhr und 14.00-17.00 Uhr, Fr. 8.00-12.00 Uhr

Hinweise: es ist auch 2. Wahl erhältlich

Anfahrtsweg: A 8 Stuttgart-Ulm Ausfahrt Kirchheim T., auf die B 297 über Kirchheim nach Schlierbach, auf der Umgehungsstraße um Schlierbach herumfahren bis zum Einkaufszentrum, dann gleich rechts in den alten Ortskern

73326 Deggingen

73326 Deggingen

▶ ELSIWA

Elsiwa Konfektions GmbH
73326 Deggingen / Königstr. 36
Tel. (07334) 4342

Warenangebot: Damenblusen, Herrenhemden, Röcke, Krawatten

Ersparnis: ca. 30% im Durchschnitt

Verkaufszeiten: Mo. und Mi. 13.00-17.00 Uhr, Di., Do., Fr. 9.00-12.00 Uhr und 14.00-18.00 Uhr, Sa. 9.00-12.00 Uhr

Hinweise: die Verkaufsräume befinden sich im Untergeschoss, teilweise ist auch 2. Wahl erhältlich

Anfahrtsweg: A 8 Stuttgart-Ulm Ausfahrt Mühlhausen auf die B 466 Richtung Geislingen nach Deggingen, dort befindet sich die Firma direkt an der B 466 unterhalb der Shell-Tankstelle

73430 Aalen

▶ PELO

Pelo Men's Fashion GmbH & Co. KG
73430 Aalen / Ulmer Str. 80
Tel. (07361) 5704-0 oder -37 / pelo.de

Das Unternehmen wurde 1870 von Hermann Pellens und Johannes Loick in Berlin mit dem Einstieg in die Krawatten- und Schalproduktion gegründet. Aus den beiden Anfangsbuchstaben der Inhabernamen wird der noch heute bestehende Markenname Pelo. Heute hat die Firma mehrere Tochterunternehmen im Ausland und eine breite Produktpalette.

Warenangebot: große Auswahl an Pullover in allen Kragenformen, Pullunder, Strickjacken, T-Shirts, Polo-Shirts, Krawatten und Schals, außerdem Zukaufware wie für Herren Sakkos, Westen, Hosen, Freizeitjacken, Jeans und Hemden sowie für Damen und Herren Tag- und Nachtwäsche, Socken und Gürtel

Ersparnis: ca. 20-40% bei selbst hergestellten Artikeln, Zukaufware ist kaum günstiger

Verkaufszeiten: Mo. bis Mi. 9.30-18.00 Uhr, Do. und Fr. 9.30-19.00 Uhr, Sa. 9.30-14.00 Uhr

Hinweise: teilweise ist auch 2. Wahl erhältlich

73433 Aalen

Anfahrtsweg: von Ulm auf der A 7 kommend Ausfahrt Aalen/Oberkochen nach Aalen, von Unterkochen kommend befindet sich die Firma am Ortseingang auf der linken Seite

73431 Aalen

▶ TRIUMPH

Triumph International AG
73431 Aalen / Industriestr. 57
Tel. (07361) 561-220 / triumph-international.de

Das Unternehmen wurde im Jahr 1886 als Miederhersteller in Heubach gegründet. In über 100 Jahren hat sich die Firma aus den bescheidenen Anfängen einer klassischen schwäbischen Korsettwaren-Manufaktur zu einem multinationalen Unternehmen entwickelt, das bis heute noch in Privatbesitz ist.

Warenangebot: Unter- und Nachtwäsche für Damen und Herren wie Schlafanzüge, Nachthemden, Unterhemden, Bodys, Slips, BH's sowie Bademoden, Jugend- und Hausbekleidung und Sportbekleidung, Marken Triumph, BeeDees, Night & Home, Amourette, Triaction, BeHappy, Slipi und Sloggi

Ersparnis: durchschnittlich ca. 30%

Verkaufszeiten: Mo. bis Fr. 10.00-18.00 Uhr, Sa. 10.00-16.00 Uhr

Anfahrtsweg: vom Zentrum Aalen Richtung Unterkochen befindet sich die Firma im Gewerbegebiet

73433 Aalen

▶ BIHR

Josef Bihr / Schürzen- und Wäschefabrik
73433 Aalen Wasseralfingen / Sonnenbergstr. 16
Tel. (07361) 71225

Warenangebot: Schürzen, Hemden, Unterwäsche, Nachtwäsche, T-Shirts, Bettwäsche, Handtücher, teilweise eingeschränkte Auswahl

Ersparnis: bis zu 40%

Verkaufszeiten: Mo. bis Fr. 8.30-12.00 Uhr und 14.00-17.00 Uhr

Anfahrtsweg: von Ulm auf der A 7 kommend Ausfahrt Aalen/Westhausen auf die B 29 nach Wasseralfingen, dort befindet sich die Firma bei der TSV-Sporthalle

73485 Unterschneidheim

73485 Unterschneidheim

▶ BALBACH

Heinz Balbach KG / Kleiderfabrik
73485 Unterschneidheim / Freibuck 8
Tel. (07966) 424

Warenangebot: Damenoberbekleidung aller Art wie z.B. Röcke, Hosen, Blusen, Blazer und Kleider für Damen

Ersparnis: ca. 30% im Durchschnitt

Verkaufszeiten: Mo. bis Fr. 9.00-12.00 Uhr und 13.00-17.00 Uhr

Hinweise: gelegentlich ist auch 2. Wahl erhältlich

Anfahrtsweg: A 7 Ausfahrt Ellwangen über Röhlingen und Zöbingen nach Unterschneidheim, dort befindet sich die Firma im Industriegebiet Freibuck, gegenüber dem Ford-Autohaus

73540 Heubach

▶ SUSA

Susa-Vertriebs GmbH & Co.
73540 Heubach / Helmut-Hörmann-Str. 6-10
Tel. (07173) 182-0 / susa-vertrieb.de

Warenangebot: Miederwaren und Wäsche für Damen, Marke Création Susa

Ersparnis: es sind sehr günstige Angebote erhältlich

Verkaufszeiten: Mo., Mi., Do. 14.00-16.15 Uhr

Hinweise: separater Verkaufsraum rechts an der Hofeinfahrt

Anfahrtsweg: Heubach liegt ca. 10 km östlich von Schwäbisch Gmünd, B 29 Schwäbisch Gmünd-Aalen bei Böbingen abbiegen nach Heubach, in Heubach am Kreisverkehr Richtung Stadtmitte, nach ca. 300 m scharf links abbiegen

▶ TRIUMPH

Triumph International AG
73540 Heubach / Fritz-Spießhofer-Str.
Tel. (07173) 666-0 / triumph-international.de

Das Unternehmen wurde im Jahr 1886 als Miederhersteller in Heubach gegründet. In über 100 Jahren hat sich die Firma aus den bescheidenen Anfängen einer klassischen schwäbischen Korsettwaren-Manufaktur zu einem multinationalen Unternehmen entwickelt, das bis heute noch in Privatbesitz ist.

73568 Durlangen

Warenangebot:	Unter- und Nachtwäsche für Damen und Herren wie Schlafanzüge, Nachthemden, Unterhemden, Bodys, Slips, BH's sowie Bademoden, Jugend- und Hausbekleidung und Sportbekleidung, Marken Triumph, BeeDees, Night & Home, Amourette, Triaction, BeHappy, Slipi und Sloggi
Ersparnis:	durchschnittlich ca. 30%
Verkaufszeiten:	Mo. bis Fr. 10.00-18.00 Uhr, Sa. 10.00-16.00 Uhr
Hinweise:	eine weitere Verkaufsstelle befindet sich in Heubach in der Mögglingerstr., Tel. (07173) 666-835, geöffnet Mo. bis Do. 10.00-12.00 Uhr und 14.30-17.30 Uhr, Fr. 10.00-13.30 Uhr, hier ist die Auswahl jedoch nicht ganz so groß
Anfahrtsweg:	B 29 Schwäbisch Gmünd-Aalen, bei Böbingen links abbiegen nach Heubach, von hier Richtung Rosenstein, die Firma ist auch ausgeschildert

73547 Lorch

▶ VOLKERT

Staiger & Stähler GmbH & Co. KG / Strickwarenfabrik
73547 Lorch / Hohenstaufenstr. 29
Tel. (07172) 6038

Warenangebot:	für Damen Pullover, Jacken, Röcke, Kostüme und T-Shirts in den Gr. 38-54, Marke Volkert
Ersparnis:	ca. 30-40%, ständig Sonderangebote bei Kollektionsteilen in den Gr. 40/42
Verkaufszeiten:	Di. 9.00-18.00 Uhr
Hinweise:	eine weitere Verkaufsstelle befindet sich in 73614 Schorndorf, Schlachthausstr. 6, Tel. (07181) 259962, geöffnet Mo. bis Fr. 10.00-12.00 Uhr und 14.00-18.00 Uhr sowie Sa. 9.00-12.00 Uhr
Anfahrtsweg:	von Schorndorf auf der B 29 kommend liegt Lorch ca. 5 km vor Schwäbisch Gmünd, dort befindet sich die Firma im Industriegebiet-Ost

73568 Durlangen

▶ FRANKE

Franke GmbH
73568 Durlangen / Jahnstr. 7
Tel. (07176) 6033

73650 Winterbach

Warenangebot: Baby- und Kinderbekleidung, Babystrickwaren, Babystrampler bis Gr. 116

Ersparnis: unterschiedlich je nach Artikel, günstige Angebote

Verkaufszeiten: Mo. bis Fr. 10.00-12.00 Uhr, Do. 14.00-16.00 Uhr, jeden 1. Sa. im Monat 9.00-11.00 Uhr

Hinweise: es sind hauptsächlich Überproduktionen, die Vorjahreskollektion und 2. Wahl erhältlich

Anfahrtsweg: von Stuttgart über die B 14 auf die B 29 nach Schwäbisch Gmünd, dort links ab auf die B 298 Richtung Schwäbisch Hall nach Durlangen, im Ort die 1. Straße links, wenn die Vorfahrtstraße links abbiegt geradeaus weiter, dann die nächste Straße links

73650 Winterbach

▶ HAHN

Peter Hahn "Fundgrube"
73650 Winterbach / Schorndorfer Str. 18
Tel. (07181) 708-207 / peterhahn.de

1960 wurde die Peter Hahn-Gesellschaft für den Vertrieb von Reformhausprodukten durch das Ehepaar Margit und Peter Hahn in Bad Niedernau gegründet. Heute ist das Unternehmen ein erfolgreicher Spezialversender einer Damen- und Herren-Kollektion sowie eines Wäsche- und Heimtextilien-Sortiments im gehobenen Qualitäts- und Preissegment. Markenhersteller und Ateliers fertigen ihre Modelle für Peter Hahn in feinen Naturqualitäten.

Warenangebot: Oberbekleidung für Damen wie z.B. Mäntel, Jacken, Kostüme, Westen, Blusen, Kleider, Hosen, Röcke, Pullover, T-Shirts, Sweat-Shirts etc., für Herren Sakkos und Hemden, außerdem Wäsche und Heimtextilien

Ersparnis: teilweise bis zu 50%

Verkaufszeiten: Mo. bis Fr. 9.30-19.00 Uhr, Sa. 9.30-16.00 Uhr

Hinweise: nur Verkauf von 2. Wahl und Artikeln aus dem Vorjahres-Katalog; eine weitere Verkaufsstelle befindet sich in 73660 Urbach, K.-Hornschuch-Str. 67, Tel. 07181/9969516, Do. und Fr. 9.00-18.00 Uhr, Sa. 9.00-14.00 Uhr, Warenangebot und Preise sind identisch

Anfahrtsweg: Winterbach liegt ca. 20 km westlich von Stuttgart an der B 29 Richtung Schorndorf, die Firma ist dort beim Bahnhof nicht zu verfehlen, sie ist mit "Fundgrube" groß ausgeschildert

73770 Denkendorf

73655 Plüderhausen

▶ KÜBLER

Paul H. Kübler Bekleidungswerk GmbH & Co.
73655 Plüderhausen / Jakob-Schüle-Str. 11-25
Tel. (07181) 8003-0 / kuebler-bekleidung.de

Die Kübler-Gruppe produziert mit über 600 Mitarbeitern im In- und Ausland hochwertige Work Fashion und Hosen; Kübler Berufskleidung, Kempel work & fashion und ascari.

Warenangebot: Berufsbekleidung wie z.B. Latzhosen, Bundhosen, Jacken, Overalls und Mäntel, außerdem Jeanswear wie z.B. modische Damen-Jeans und -Jacken, Herren-Jeans, Marken Kübler und ascari

Ersparnis: durchschnittlich ca. 30-40%

Verkaufszeiten: Mo. bis Fr. 14.00-18.00 Uhr, Sa. 8.30-12.00 Uhr

Hinweise: kleines Ladengeschäft, es ist auch 2. Wahl erhältlich

Anfahrtsweg: Plüderhausen liegt östlich von Stuttgart an der B 29 Richtung Schwäbisch Gmünd, dort befindet sich die Firma mitten im Ort an der Hauptstraße, in der Nähe vom Bahnhof neben "Lidl"

73770 Denkendorf

▶ ROMMEL

E. Rommel GmbH & Co. KG / Strickwarenfabrik
73770 Denkendorf / Hohenheimer Str. 44
Tel. (0711) 344010

Warenangebot: Pullover und Westen für Damen und Herren mittleren Alters, Zweiteiler

Ersparnis: ca. 40%

Verkaufszeiten: Mo., Mi., Fr. 14.00-17.30 Uhr

Hinweise: der Verkauf befindet sich im Untergeschoss des Wohnhauses gegenüber der Fabrik, ist auch angeschrieben (Anschrift: Klostermühle 2)

Anfahrtsweg: A 8 Stuttgart-Ulm Ausfahrt Esslingen nach Denkendorf, die Firma befindet sich dort Richtung Freibad

74252 Massenbachhausen

74252 Massenbachhausen

▶ FISCHER

R. Fischer & Söhne / Strickwarenfabrik
74252 Massenbachhausen / Vogelsangstr. 6
Tel. (07138) 999-0

Warenangebot: Pullover für Damen und Herren, Strickwesten, Sweat-Shirts, T-Shirts, Hemden, Hosen, Garne

Ersparnis: 50% und mehr möglich, 2. Wahl ist besonders günstig

Verkaufszeiten: ca. 4-5x jährl., meist Fr. und Sa. und die darauf folgende Woche, genaue Termine und Zeiten erfragen

Hinweise: wenn man seine Anschrift hinterlässt wird man über die Verkaufszeiten schriftlich informiert

Anfahrtsweg: Massenbachhausen liegt ca. 10 km westlich von Heilbronn, A 6 Ausfahrt Bad Rappenau über Fürfeld nach Massenbachhausen, dort befindet sich die Firma am Ortsende Richtung Schwaigern, nicht zu übersehen

74348 Lauffen

▶ BUECKLE

Bueckle GmbH / Lauffener Strickwarenfabrik
74348 Lauffen a. N. / Im Brühl 72
Tel. (07133) 1080 / bueckle.de

Das vor 70 Jahren im schwäbischen Lauffen gegründete Unternehmen steht für modernste Fertigungstechniken und ein gutes Preis-/Leistungsverhältnis. Bueckle gehört europaweit zu den führenden Herstellern von klassischen, sportiven und modischen Strickwaren.

Warenangebot: Damen- und Herrenbekleidung wie z.B. Pullover, Pullunder, Polo-Shirts, Sweat-Shirts, T-Shirts, Anzüge, Hemden, Krawatten, Unterwäsche und Strümpfe

Ersparnis: durchschnittlich ca. 30-40%, vereinzelt bis 60%

Verkaufszeiten: Mi., Do. und Fr. 10.00-20.00 Uhr, Sa. 9.00-16.00 Uhr

Hinweise: gelegentlich ist auch 2. Wahl an einem gekennzeichneten Stand erhältlich, eine Kinderspielecke ist vorhanden

Anfahrtsweg: Lauffen a. N. liegt ca. 10 km südlich von Heilbronn an der B 27 Richtung Stuttgart, dort befindet sich die Firma unterhalb vom Bahnhof im Industriegebiet

74379 Ingersheim

74360 Ilsfeld

▶ JOKER

Joker Jeans Jürgen Bernlöhr GmbH
74360 Ilsfeld / Sälzerstr. 6
Tel. (07143) 87360

Warenangebot: große Auswahl an Jeans- und Sportswearhosen, Jeansjacken und -westen sowie Gürtel für Damen, Herren und Kinder, Marke Joker

Ersparnis: bei 1. Wahl ca. 30%, bei 1b-Ware und 2. Wahl bis 50%

Verkaufszeiten: Mi. und Fr. 14.00-18.30 Uhr, Sa. 9.00-14.00 Uhr

Hinweise: großer Verkaufsraum mit vielen Umkleidekabinen, es ist auch viel günstige 2. Wahl vorhanden

Anfahrtsweg: A 81 Stuttgart-Heilbronn Ausfahrt Ilsfeld, Richtung Ilsfeld, nach ca. 300 m rechts einbiegen ins Industriegebiet-Nord, einfach zu finden

74379 Ingersheim

▶ OLYMP

Tracta Textilvertriebsgesellschaft mbH
74379 Ingersheim / Freiberger Str. 26
Tel. (07142) 64886 / buegelfrei.de

Warenangebot: klassische und sportliche Hemden sowie Schlafanzüge für Herren, gelegentlich einige wenige Damenblusen, Marke Olymp, außerdem Polo-Shirts, Pullover, Socken und Krawatten

Ersparnis: ca. 30-40%, unterschiedlich je nach Artikel

Verkaufszeiten: Mo. bis Fr. 9.00-18.30 Uhr, Sa. 9.00-14.00 Uhr

Hinweise: vereinzelt ist auch 2. Wahl erhältlich

Anfahrtsweg: A 81 Stuttgart-Heilbronn Ausfahrt Pleidelsheim, durch Pleidelsheim nach Ingersheim, am Ortsende links Richtung Ludwigsburg/Freiberg, dann die 1. Querstraße rechts ins Gewerbegebiet in den Gröninger Weg, die nächste wieder rechts ist die Freiberger Str.

74564 Crailsheim

74564 Crailsheim

▶ HOHENSTEIN

Karl Hohenstein GmbH
74564 Crailsheim / Gaildorfer Str. 29
Tel. (07951) 9119-19 (Werksverkauf)

Warenangebot: große Auswahl an Lederbekleidung für Damen, Herren und Kinder wie Mäntel, Jacken, Blousons, Röcke, Hosen und Ledermützen, teilweise auch sehr exklusive Artikel

Ersparnis: ca. 30-50%, bei Sonderaktionen z.B. auf Musterteile sind 50% und mehr möglich

Verkaufszeiten: Mo. bis Fr. 9.00-12.00 Uhr und 13.00-18.00 Uhr, Sa. 9.00-13.00 Uhr

Hinweise: großer Verkaufsraum, Sonderanfertigungen und Reparaturen sind möglich

Anfahrtsweg: A 6 Heilbronn-Nürnberg Abfahrt Crailsheim-Satteldorf, in Crailsheim-Mitte Richtung Gaildorf, die Firma befindet sich gegenüber vom Baumarkt Eberl

74613 Öhringen

▶ RATHGEBER

Karl Rathgeber GmbH
74613 Öhringen / Am Römerbad 23
Tel. (07941) 3018 / rathgeber-moden.de

Warenangebot: Oberbekleidung für Damen sowie Schnürmieder aus Gewebe und Leder, auch nach Maß, Marken Rathgeber, Doris Streich, Laura Lebek, Hirsch, Gerwi-Strick, Ronda-Mieder

Ersparnis: ca. 30%, bei Sonderposten über 50%

Verkaufszeiten: Mo. bis Fr. 8.00-12.30 Uhr und 13.00-17.00 Uhr

Hinweise: nicht alle Artikel sind aus eigener Herstellung, gelegentlich ist auch 2. Wahl erhältlich

Anfahrtsweg: Öhringen liegt ca. 25 km nordöstlich von Heilbronn, A 6 Heilbronn-Nürnberg Ausfahrt Öhringen, nach der Aral-Tankstelle an der 3. Ampel drei mal links abbiegen, dann bis Ende Sackgasse

74653 Künzelsau

▶ MUSTANG

Jeans Depot Künzelsau GmbH
74653 Künzelsau / Würzburger Str. 48
Tel. (07940) 9252-0 / mustang.de

Warenangebot: große Auswahl an Jeans und Freizeitbekleidung wie z.B. Hosen, Hemden, Blusen, Jacken, Anoracks, T-Shirts, Sweat-Shirts, Pullover, Gürtel, Rucksäcke, Mützen etc., Marke Mustang

Ersparnis: bei Restposten und 2. Wahl 50% und mehr gegenüber normaler 1. Wahl-Ware

Verkaufszeiten: Mo. bis Fr. 9.00-20.00 Uhr, Sa. 9.00-16.00 Uhr

Hinweise: große Verkaufsräume, es sind nur 2. Wahl und Restposten erhältlich, kein direkter Fabrikverkauf des Herstellers

Anfahrtsweg: A 6 Heilbronn-Nürnberg Ausfahrt Kupferzell auf die B 19 nach Künzelsau, dort befindet sich das Jeans Depot im Industriegebiet-West, ist auch ausgeschildert

74743 Seckach

▶ MUSTANG

Jeans Depot Mustang
74743 Seckach / Waidachshofer Str. 25
Tel. (06292) 95105 / mustang.de

Warenangebot: Jeans und Freizeitbekleidung wie z.B. Hosen, Jacken, Hemden, Blusen, T-Shirts etc., Marke Mustang

Ersparnis: bei Restposten und 2. Wahl 50% und mehr gegenüber normaler 1. Wahl-Ware

Verkaufszeiten: Mo. bis Fr. 9.30-19.00 Uhr, Sa. 9.30-16.00 Uhr

Hinweise: es sind nur 2. Wahl-Ware und Restposten erhältlich, kein direkter Fabrikverkauf des Herstellers

Anfahrtsweg: A 81 Heilbronn-Würzburg Ausfahrt Osterburken, über Osterburken nach Seckach, dort an der Kirche links, nach der Brücke vor der Metzgerei wieder links ins Industriegebiet, die Firma ist auch ausgeschildert

75365 Calw

75365 Calw

▶ NICKEL

Strumpffabrik Georg Nickel
75365 Calw / Stuttgarter Str. 86
Tel. (07051) 12501 / nickel-strumpfwaren.de

Die Firma Nickel ist seit 1952 Hersteller von Strumpfwaren, die seither mit eigenem Namen vertrieben wurden.

Warenangebot: Strumpfwaren aller Art für Erwachsene, Kinder und Babys, Stoffe der Firma Calwer Tuche GmbH (nur Meterware) in Qualitäten von Angora/Lambswool bis hin zu reinen Kaschmir-Stoffen, außerdem Wohn- und Schlafdecken, natürliche Wickelsysteme für Babys sowie Ponchos und Capes, Marken Nickel, Zoppritz und Ritter (Decken)

Ersparnis: durchschnittlich ca. 30 %

Verkaufszeiten: Mo. bis Fr. 8.30-11.30 Uhr und 13.30-17.30 Uhr, Sa. 10.00-12.30 Uhr

Anfahrtsweg: in Calw Richtung Herrenberg fahren, in der kurvenreichen Bergstrecke befindet sich die Firma gegenüber dem Fiat-Autohaus

76297 Stutensee

▶ MELL

Pullover Mell / Strickwarenfabrik
76297 Stutensee Blankenloch / Am Hasenbiel 17
Tel. (07244) 945999 / pullovermell.de

Die Firma Mell befindet sich seit 1967 in Stutensee Blankenloch-Büchig. Im Jahr 1987 wurde im Industriegebiet Blankenloch-Nord der neue Hauptbetrieb bezogen.

Warenangebot: Wirk- und Strickwaren aller Art für Damen und Herren wie z.B. Pullover, Strickjacken, Strickwesten, T-Shirts, Sweat-Shirts etc., teilweise auch Übergrößen

Ersparnis: preisgünstige Angebote, 2. Wahl ist besonders preiswert

Verkaufszeiten: Mo. bis Fr. 9.30-18.00 Uhr, Sa. 9.30-14.00 Uhr

Hinweise: weitere Verkaufsstellen in 76863 Herxheim, Am Kleinwald 2a (Gewerbegebiet), Tel. (07276) 1227, in 76889 Bad Bergzabern, Im Weidfeld 8 (Gewerbegebiet Pleisweiler-Oberhofen), Tel. (06343) 700420 und in 76332 Bad Herrenalb, Im Kloster 41 (Fußgängerzone), Tel. (07083) 525542, jeweils gleiche Öffnungszeiten

77933 Lahr

Anfahrtsweg: Stutensee liegt ca. 10 km nordöstlich von Karlsruhe, von dort kommend am Hauptfriedhof vorbei Richtung Bruchsal, die Firma befindet sich nahe dem Kernforschungszentrum im Gewerbegebiet-Nord, gegenüber "MiniMal"

77709 Wolfach

▶ WÜRTZ

Ralf Würtz GmbH / Hut- und Mützenfabrik
77709 Wolfach / Friedrichstr. 5
Tel. (07834) 869613

Warenangebot: Strohhüte, Strandhüte, Trachtenhüte, Karnevalshüte, Freizeithüte, Mützen, Accessoires

Ersparnis: unterschiedlich je nach Artikel, günstige Angebote

Verkaufszeiten: Mo. bis Do. 8.00-12.00 Uhr, Fr. 8.00-12.00 Uhr und 14.00-17.00 Uhr

Hinweise: Lagerverkauf, teilweise ist auch 2. Wahl erhältlich

Anfahrtsweg: von Freudenstadt in südlicher Richtung auf der B 294 über Alpirsbach und Schiltach nach Wolfach, dort befindet sich die Firma hinter der Freien Tankstelle

77933 Lahr

▶ BONACELLI

Bonacelli Moda GmbH / Weber & Lederer
77933 Lahr / Lotzbeckstr. 47
Tel. (07821) 93640 / bonacelli.de

Warenangebot: Herrenoberbekleidung wie Anzüge, Sakkos, Hosen etc. der Marke Bonacelli, außerdem Handelsware wie Hemden, Socken, Mäntel, Pullis etc. sowie Stoff- und Futterreste

Ersparnis: bei 1. Wahl ca. 30%, bei 2. Wahl bis zu 50%

Verkaufszeiten: Mo. bis Fr. 10.00-19.00 Uhr, Sa. 10.00-16.00 Uhr

Hinweise: teilweise sind auch sehr günstige Auslaufmodelle erhältlich

Anfahrtsweg: Lahr liegt ca. 20 km südlich von Offenburg, A 8 Karlsruhe-Basel Ausfahrt Lahr Richtung Lahr, nicht abbiegen in das Industriegebiet, erst rechts abbiegen Richtung Stadion und gleich wieder rechts den Zubringer überqueren, dann beim E-Werk in den Hof rein

78132 Hornberg

▶ BERTONE

Bertone Walter Klemm GmbH / Hemdenfabrik
78132 Hornberg / Werderstr. 32
Tel. (07833) 250 oder 9609870 (Fabrikverkauf) / bertone.de

Die Hornberger Walter Klemm Hemdenfabrik hat sich in den 120 Jahren ihres Bestehens mehrfach grundlegend gewandelt. 1997 wurde die Produktion in den Nähsälen im Schwarzwald aufgegeben. Produziert wird heute in Italien und Polen, verkauft wird auf der ganzen Welt. Statt nur Modehäuser zu beliefern, hat die Firma in Hornberg einen Fabrikverkauf eingerichtet, der auch als Lager für den Einzelhandel dient.

Warenangebot:	hauptsächlich hochwertige Herrenhemden, gelegentlich auch Damenblusen, außerdem zugekaufte Mäntel, Anzüge, Sakkos, Hosen, Pullover, T-Shirts, Sweat-Shirts, Gürtel und Krawatten
Ersparnis:	bis zu 30%, die zugekauften Artikel sind kaum günstiger
Verkaufszeiten:	Mo. bis Fr. 9.00-17.00 Uhr, Sa. 10.00-14.00 Uhr
Hinweise:	der Verkaufsraum befindet sich im Untergeschoss, große Auswahl im Schnäppchenmarkt
Anfahrtsweg:	A 81 Stuttgart-Singen Ausfahrt Rottweil auf die B 462 über Schramberg nach Hornberg, dort befindet sich die Firma an der Hauptstraße gegenüber der Sparkasse

78315 Radolfzell

▶ SCHIESSER

Schiesser AG
78315 Radolfzell / Markthallenstr. 1
Tel. (07732) 902-239 / schiesser.de

Im Jahr 1875 begann Jacques Schiesser in einem ehemaligen Tanzsaal in Radolfzell mit der Produktion von Trikotwäsche. Heute ist Schiesser Marktführer der deutschen Wäschespezialisten und entwickelt sich immer stärker vom Produktions- zum internationalen Marketing- und Vertriebsunternehmen.

Warenangebot:	Tag- und Nachtwäsche für Damen, Herren und Kinder wie z.B. Unterwäsche, Schlafanzüge sowie Freizeitbekleidung wie T-Shirts
Ersparnis:	durchschnittlich 25%, Musterteile, 2. Wahl und Auslaufmodelle sind besonders günstig
Verkaufszeiten:	Mo. bis Fr. 10.00-18.00 Uhr, Sa. 9.00-13.00 Uhr
Hinweise:	großer Verkaufsraum mit Umkleidekabinen

78662 Bösingen

Anfahrtsweg: Radolfzell liegt am Bodensee, auf der A 81 kommend am Autobahnkreuz Singen auf die B 33 nach Radolfzell, über die 1. Ampelkreuzung, Richtung Messeplatz/Post halten, am Messeplatz rechts abbiegen, der Verkauf befindet sich innerhalb des Schiesser-Areals

78604 Rietheim-Weilheim

▶ HERMKO

Hermko Hermann Koch KG / Trikotwarenfabrik
78604 Rietheim-Weilheim / Dürbheimer Str. 38
Tel. (07424) 2929 / hermko.de

Warenangebot: Unterwäsche aus Baumwolle und Micro-Modal für Damen, Herren und Kinder, außerdem eine kleine Auswahl an Nachtwäsche

Ersparnis: durchschnittlich ca. 35%, besonders preiswert sind 2. Wahl und Sonderangebote

Verkaufszeiten: Mo. bis Do. 8.00-12.00 Uhr und 13.30-17.30 Uhr, Fr. bis 16.00 Uhr

Anfahrtsweg: Rietheim-Weilheim liegt ca. 5 km nördlich von Tuttlingen an der B 14 Richtung Spaichingen, die Firma befindet sich in Rietheim, von Tuttlingen kommend vor dem Gasthaus "Traube" rechts einbiegen und dann die 4. Straße links, ist auch beschildert

78662 Bösingen

▶ GERBI

Hosenfabrikation Gerd Bippus
78662 Bösingen / Grabenstr. 2
Tel. (07404) 420

Warenangebot: Jeans-, Cord- und Baumwollhosen für Damen und Herren, Strickwaren für Damen und Herren

Ersparnis: unterschiedlich, günstige Angebote

Verkaufszeiten: Mo. bis Fr. 14.00-18.00 Uhr, Sa. 9.00-12.00 Uhr

Hinweise: nur die Hosen sind aus eigener Herstellung, davon ist teilweise auch 2. Wahl erhältlich

Anfahrtsweg: A 81 Stuttgart-Singen Ausfahrt Rottweil auf die B 462 nach Dunningen, hier rechts nach Bösingen, dort befindet sich die Firma im Industriegebiet

79576 Weil am Rhein

▶ BIG STAR

**Big Star Jeans GmbH / Factory Outlet
79576 Weil am Rhein Friedlingen / Blauenstr. 1
Tel. (07621) 791814 / bigstarjeans.com**

Warenangebot: Oberbekleidung wie z.B. Jeans-Hosen, Jeans-Hemden, Jacken, Lederjacken, Stoffhosen, Pullover, T-Shirts, Sweat-Shirts etc., Gürtel, Schuhe, Stiefel

Ersparnis: bei Restposten und 2. Wahl bis zu 50%

Verkaufszeiten: Mo. bis Fr. 10.00-19.00 Uhr, Sa. 9.00-17.00 Uhr

Hinweise: es sind ausschließlich 2. Wahl-Artikel, Restposten und Auslaufmodelle erhältlich

Anfahrtsweg: Weil am Rhein liegt an der Schweizer Grenze bei Basel, dort befindet sich die Firma im Ortsteil Friedlingen, an der Rückseite der Firma Toys "R" Us

▶ CARHARTT

**Carhartt The Outlet
79576 Weil am Rhein Friedlingen / Colmarer Str. 1
Tel. (07621) 422039-0 / carhartt.de**

Warenangebot: Sports- und Funwear für Damen und Herren wie Hosen, Hemden, Jacken, T-Shirts, Sweat-Shirts etc.

Ersparnis: teilweise 50% und mehr möglich

Verkaufszeiten: Mo. bis Fr. 11.00-19.00 Uhr, Sa. 9.00-17.00 Uhr

Hinweise: ausschließlich Verkauf von 2. Wahl-Waren, Restposten und Auslaufmodellen

Anfahrtsweg: Weil am Rhein liegt an der Schweizer Grenze bei Basel, dort befindet sich die Firma im Ortsteil Friedlingen, schräg gegenüber vom "Marktkauf" im "Rhein-Center"

79650 Schopfheim

▶ BURLINGTON

**Arlington Socks GmbH
79650 Schopfheim Langenau / Fabrikstr. 1
Tel. (07622) 699-0 oder -147 (Verkauf) / burlington.de**

79725 Laufenburg

Warenangebot:	hochwertige Socken für Damen, Herren und Kinder, außerdem Kniestrümpfe und Feinstrickstrumpfhosen sowie Jacken, Pullover und Pullunder hauptsächlich für Herren, Marken Burlington, Kunert und Hudson
Ersparnis:	durchschnittlich ca. 35%, im "Schnäppchenmarkt" teilweise bis zu 70% möglich
Verkaufszeiten:	Mo. bis Fr. 9.00-17.00 Uhr, Sa. 9.00-13.30 Uhr
Hinweise:	großer Verkaufsraum, es ist hauptsächlich 1b-Ware erhältlich; jeden 1. Fr. im Monat 9.00-18.00 Uhr und jeden 1. Sa. im Monat 9.00-13.30 Uhr findet ein zusätzlicher "Schnäppchenmarkt" in der an den Fabrikverkauf angrenzenden Halle statt, hier sind sehr günstige Retouren- und Musterartikel und Fehlerware erhältlich
Anfahrtsweg:	von Lörrach auf der B 317 Richtung Schopfheim, am Ortsanfang links ab nach Langenau, dort ist die Firma ausgeschildert

79725 Laufenburg

▶ MARYAN

**Maryan Beachwear Group GmbH & Co. /
Mieder u. Badeanzugfabrik
79725 Laufenburg / Waldshuter Str. 16
Tel. (07763) 20265 / maryanbeachwear.de**

Das Familienunternehmen mit Produktions- und Tochtergesellschaften im Ausland ist seit über 50 Jahren spezialisiert auf trendiges Design sowie ausgefeilte Cup-Größen. Viermal jährlich kommen neue Modelle in den Handel.

Warenangebot:	Bade- und Strandbekleidung aller Art für Damen, Badehosen für Herren, Marken maryan melhorn, Charmline und Lidea
Ersparnis:	preisgünstiges Warenangebot
Verkaufszeiten:	ab ca. Mitte Mai bis Mitte Juli wird verkauft was noch im Lager ist, meist Mo. bis Fr. 9.00-11.00 Uhr und 14.00-17.30 Uhr, Sa. 9.00-12.00 Uhr, genaue Termine und Zeiten erfragen
Hinweise:	der Verkauf befindet sich im Lager im Laufenpark, teilweise ist auch 2. Wahl erhältlich
Anfahrtsweg:	Laufenburg liegt an der B 34 zwischen Waldshut und Bad Säckingen, die Firma befindet sich dort in der Nähe von Aldi/Neukauf, hinter dem Mazda-Autohaus

79822 Titisee-Neustadt

79822 Titisee-Neustadt

▶ NOVILA

Novila Wäschefabrik GmbH
79822 Titisee-Neustadt / Freiburger Str. 19
Tel. (07651) 9200-0 / novila.de

Warenangebot: hochwertige Tag- und Nachtwäsche für Damen und Herren wie Schlafanzüge, Nachthemden und Hausmäntel, aus reiner Baumwolle, Seide, Viscose, Leinen u.a., Marke Novila

Ersparnis: ca. 30% im Durchschnitt

Verkaufszeiten: Mo. bis Fr. 10.00-12.00 und 14.00-17.00 Uhr, Mi. nachm. geschl., Sa. 10.00-13.00 Uhr

Hinweise: separater Verkaufsraum im Vorbau der Fabrikationshalle, teilweise ist auch 2. Wahl erhältlich

Anfahrtsweg: Titisee-Neustadt liegt an der B 31 Freiburg-Donaueschingen, Abfahrt Neustadt-West nach Neustadt, nach den Fahnen der Firma Okal-Fertighäuser rechts einbiegen, die Firma befindet sich in einem langgestreckten Gebäude auf der linken Seite

80335 München

▶ TRIUMPH

Triumph International AG
80335 München / Marsstr. 40
Tel. (089) 511180 / triumph-international.de

Das Unternehmen wurde im Jahr 1886 als Miederhersteller in Heubach gegründet. In über 100 Jahren hat sich die Firma aus den bescheidenen Anfängen einer klassischen schwäbischen Korsettwaren-Manufaktur zu einem multinationalen Unternehmen entwickelt, das bis heute noch in Privatbesitz ist.

Warenangebot: Unter- und Nachtwäsche für Damen und Herren wie Schlafanzüge, Nachthemden, Unterhemden, Bodys, Slips, BH's sowie Bademoden, Jugend- und Hausbekleidung und Sportbekleidung, Marken Triumph, BeeDees, Night & Home, Amourette, Triaction, BeHappy, Slipi und Sloggi

Ersparnis: bei 1. Wahl ca. 20%, bei 2. Wahl, Auslaufartikeln und Musterteilen teilweise bis zu 70%

Verkaufszeiten: Mo. bis Fr. 9.00-18.00 Uhr, Sa. 10.00-16.00 Uhr

Hinweise: keine Probiermöglichkeit

82152 Planegg

Anfahrtsweg: in München befindet sich die Firma in der Nähe vom Hauptbahnhof, vom Hauptbahnhof auf der Dachauer Str. Richtung Stiglmaierplatz, dann die erste größere Straße links ab ist die Marsstr., die Firma befindet sich gegenüber vom Bayerischen Rundfunk

82065 Baierbrunn

▶ TIMBERLAND

Timberland Outlet Store
82065 Baierbrunn Buchenhain / Höllriegelskreuther Weg 3
Tel. (089) 79360390 / timberland.com

Warenangebot: Outdoor-Bekleidung und Schuhe für Damen und Herren, z.B. Hosen, T-Shirts, Sweat-Shirts, Hemden, Lederjacken, Mützen, Boots, Sandalen sowie Gürtel, Handschuhe etc.

Ersparnis: ca. 30-70%, es finden auch immer wieder Sonderaktionen statt, z.B. 2 Hosen für EUR 50,-

Verkaufszeiten: Mo. bis Fr. 13.00-18.30 Uhr, Do. 13.00-20.00 Uhr, Sa. 10.00-16.00 Uhr

Hinweise: es sind ausschließlich die Vorjahreskollektion sowie Musterkollektionen und Einzelteile erhältlich, teilweise eingeschränkte Auswahl

Anfahrtsweg: Baierbrunn liegt ca. 10 km südlich von München an der B 11 Richtung Wolfratshausen, dort befindet sich die Firma in Buchenhain, sie ist auch ausgeschildert

82152 Planegg

▶ MARC O'POLO

Marc O'Polo Factory Outlet
82152 Planegg Martinsried / Lena-Christ-Str. 46
Tel. (089) 8576895 / marc-o-polo.de

Als die Schweden Rolf Lind und Göte Huss und der Amerikaner Jerry O'Sheets 1967 in Stockholm das Modelabel Marc O'Polo aus der Taufe hoben wollten sie jungen Leuten eine unkomplizierte Mode bieten. Marc O'Polo entwickelte sich zum Vorreiter der Casualwear in Europa. Das Baumwoll-Sweatshirt mit dem Marc O'Polo-Logo wurde ihr Markenzeichen und gleichzeitig ein großer Erfolg.

Warenangebot: Damen-, Herren- und Kinderbekleidung von sportiv bis modern casual wie z.B. Hemden, Hosen, Pullover, Jacken, Jeans, T-Shirts, Sweat-Shirts, Leggins und Gürtel

Ersparnis: ca. 30-50%

82291 Mammendorf

Verkaufszeiten:	Mo. bis Fr. 10.00-20.00 Uhr, Sa. 10.00-17.00 Uhr
Hinweise:	es sind nur Artikel der Vorjahreskollektionen sowie Restposten, 2. Wahl-Ware, Produktionsüberhänge und Musterkollektionen erhältlich
Anfahrtsweg:	vom Zentrum München auf der Würmtalstr. Richtung Gräfeling, vor Gräfeling links ins Gewerbegebiet Martinsried, die nächste Straße wieder links, die Firma befindet sich im letzten Haus vor der Kurve, der Eingang an der Rückseite des Gebäudes

Bekleidung

82291 Mammendorf

▶ ARIELLA

Ariella GmbH
82291 Mammendorf / Ahornstr. 18
Tel. (08145) 86-0 / ariella.de

Warenangebot:	Bade- und Strandbekleidung für Damen, außerdem Ski- und Freizeitbekleidung, Snowboardbekleidung sowie Radsportbekleidung für Damen und Herren wie Radlerhosen, Trikots und Westen, Marken ariella
Ersparnis:	ca. 30% im Durchschnitt
Verkaufszeiten:	Mo. bis Fr. 9.00-13.00 Uhr, im April, Mai, Nov. und Dez. zusätzl. Mi. 14.00-18.00 Uhr, im Dez. auch Sa. 9.00-13.00 Uhr
Hinweise:	kleiner Verkaufsraum, es sind ausschließlich Musterteile, Überproduktionen der vergangenen Saisons und 2. Wahl-Artikel erhältlich
Anfahrtsweg:	Mammendorf liegt ca. 8 km nordwestlich von Fürstenfeldbruck, A 8 Ausfahrt Dachau/FFB auf die B 471, Abfahrt FFB-Mitte auf die B 2 Richtung Augsburg, in Mammendorf nach dem Ortsschild die 1. Straße rechts, dann die nächste links ist die Ahornstr., die Firma befindet sich neben dem "Minimal-Markt"

83022 Rosenheim

▶ MAIER

Strickerei Helmut Maier
83022 Rosenheim / Klosterweg 7
Tel. (08031) 33625

83101 Rohrdorf

Warenangebot:	modische und klassische Strickwaren wie z.B. Pullover, T-Shirts, Jacken, Janker etc.
Ersparnis:	je nach Artikel unterschiedlich, durchschnittlich ca. 30%
Verkaufszeiten:	jeden ersten Fr. im Monat 10.00-15.00 Uhr
Hinweise:	es sind hauptsächlich 2. Wahl und Überhänge erhältlich
Anfahrtsweg:	A 8 München-Salzburg Ausfahrt Rosenheim auf die B 15 nach Rosenheim, dort befindet sich die Firma im Zentrum in der Nähe der Loretto-Wiese

83026 Rosenheim

▶ TRU

**Trumpf Blusen-Kleider GmbH & Co. KG /
Outlet Rosenheim
83026 Rosenheim / Kolbermoorerstr. 20
Tel. (08031) 234579 / trumpf.de**

Warenangebot:	große Auswahl an Damenoberbekleidung wie Blusen, Blusenjacken, Zweiteilern, Shirts und Tops, außerdem Kombiteile wie Blazer, Röcke, Hosen mit dazu passenden Oberteilen, teilweise auch Kleider und Accessoires, Marken Tru und Duo
Ersparnis:	ca. 30-50%, zum Saisonende teilweise noch preiswertere Angebote
Verkaufszeiten:	Mo. bis Fr. 10.30-18.00 Uhr, Sa. 10.00-15.00 Uhr
Hinweise:	es sind hauptsächlich 2.Wahl-Artikel und die vergangene Kollektion erhältlich
Anfahrtsweg:	A 8 München-Salzburg Ausfahrt Rosenheim, vor Ortsbeginn Rosenheim links auf die Brannenburger Str., dann rechts Richtung Kolbermoor auf die Hohenofener Str., am Kreisverkehr rechts auf die Äußere Münchener Str. und dann links auf die Georg-Aicher-Str., die nächste rechts ist die Kolbermoorer Str.

83101 Rohrdorf

▶ WEGA

**Wega GmbH / Bekleidungsfabrik
83101 Rohrdorf Thansau / Fabrikstr. 19-23
Tel. (08031) 2753-0 / wega-fashion.de**

84048 Mainburg

Warenangebot:	Damenoberbekleidung wie Jacken, Mäntel, Blousons, Blazer, Kostüme, Hosenanzüge, Landhausmode, für Damen ab 40
Ersparnis:	bei 1. Wahl ca. 30%, bei 2. Wahl ca. 50%
Verkaufszeiten:	Mo. bis Do. 8.00-12.00 Uhr und 13.00-16.00 Uhr, Fr. 8.00-12.00 Uhr
Hinweise:	gelegentlich finden zusätzl. Sonderverkäufe mit nochmals reduzierten Preisen statt, dann ist zusätzl. auch Fr. nachmittags geöffnet, genaue Termine erfragen
Anfahrtsweg:	von München auf der A 8 Richtung Salzburg, Ausfahrt Rohrdorf Richtung Thansau, dort befindet sich die Firma im Industriegebiet, nicht zu verfehlen

84048 Mainburg

▶ BOGNER

Willi Bogner GmbH & Co. KG / Bogner Extra Shop
84048 Mainburg / Mitterweg 8
Tel. (08751) 2409 / bogner.com

Warenangebot:	für Damen und Herren Sportbekleidung für Ski-, Tennis-, Golf-, Wander-, Rad- und Badesport sowie Oberbekleidung wie Jacken, Hosen, Röcke, Kombinationen, Blusen, Sakkos, Anzüge, Pullover, T-Shirts, Sweat-Shirts etc., Marke Bogner
Ersparnis:	durchschnittlich 30%
Verkaufszeiten:	Mo. bis Fr. 9.30-13.00 Uhr und 14.00-18.00 Uhr
Hinweise:	es sind nur Lagerüberhänge, 2a-Ware und Vorsaisonartikel erhältlich, nicht die aktuelle Kollektion
Anfahrtsweg:	Mainburg liegt nördlich von München an der A 93 Richtung Regensburg, Ausfahrt Mainburg, am Ortseingang an der Ampelkreuzung links abbiegen, danach die 2. Straße links in den Mitterweg, nach ca. 100 m rechts in den Firmenhof einbiegen

84175 Gerzen

▶ ERLMEIER

Erlmeier & Co. / Lederbekleidungswerk
84175 Gerzen / Schloßparkstr. 9
Tel. (08744) 8914

84518 Garching

Warenangebot: Lederbekleidung wie z.B. Jacken, Hosen, Röcke etc., hauptsächlich Trachtenledermode/Folklorestil, außerdem Motorradjacken und Jeans, Marken Erlmeier Countrystyle und Erlmeier Leatherystyle

Ersparnis: durchschnittlich ca. 30-40%

Verkaufszeiten: Mo. bis Fr. 8.00-11.00 Uhr und 13.00-16.30 Uhr, Sa. 9.00-13.00 Uhr

Hinweise: nur die Trachtenstilmode, Motorradjacken sowie Jeans sind aus eigener Herstellung

Anfahrtsweg: A 92 Ausfahrt Landshut-Nord auf die B 299 Richtung Vilsbiburg, bei Geisenhausen links über Dietelskirchen nach Gerzen, die Firma ist dort nicht zu verfehlen

84478 Waldkraiburg

▶ TRU

**Trumpf Blusen-Kleider GmbH & Co. KG /
Outlet Primus/Trumpf
84478 Waldkraiburg / Reichenbergstr. 7
Tel. (08638) 951080 / trumpf.de**

Warenangebot: Damenoberbekleidung wie Blusen, Blusenjacken, Zweiteilern, Shirts und Tops, außerdem Kombiteile wie Blazer, Röcke, Hosen mit dazu passenden Oberteilen, teilweise auch Kleider und Accessoires, Marken Tru und Duo

Ersparnis: ca. 30-50%, zum Saisonende noch preiswertere Angebote

Verkaufszeiten: Di. bis Fr. 10.00-17.00 Uhr, Sa. 10.00-13.00 Uhr

Hinweise: es sind hauptsächlich 2.Wahl-Artikel und die vergangene Kollektion erhältlich

Anfahrtsweg: Waldkraiburg liegt östlich von München an der B 12 Richtung Altötting, aus Richtung Ampfing kommend die zweite Straße rechts in den Ort einbiegen auf die Teplitzer Str., diese geht über in die Graslitzer Str., dann kreuzt die Reichenberger Str.

84518 Garching

▶ BOGNER

**Willi Bogner GmbH & Co. KG / Bogner Extra Shop
84518 Garching a. d. Alz / Nikolausstr. 42
Tel. (08634) 5211 / bogner.com**

85055 Ingolstadt

Warenangebot:	für Damen und Herren Sportbekleidung für Ski-, Tennis-, Golf-, Wander-, Rad- und Badesport sowie Oberbekleidung wie Jacken, Hosen, Röcke, Kombinationen, Blusen, Sakkos, Anzüge, Pullover, T-Shirts, Sweat-Shirts etc., Marke Bogner
Ersparnis:	durchschnittlich 30%
Verkaufszeiten:	Mo. bis Fr. 10.00-18.00 Uhr
Hinweise:	es sind nur Lagerüberhänge, 2a-Ware und Vorsaisonartikel erhältlich, nicht die aktuelle Kollektion
Anfahrtsweg:	Garching a. d. Alz liegt ca. 15 km südwestlich von Altötting an der B 299, von dort kommend in Garching nach der Kirche 2. Straße rechts, nächste links einbiegen, Firma gegenüber einer Bäckerei

85055 Ingolstadt

▶ BÄUMLER

Bäumler AG
85055 Ingolstadt / Friedrich-Ebert-Str. 86
Tel. (0841) 505-0 / baeumler.com

Die Hans Bäumler Gruppe wurde 1934 von Hans Bäumler gegründet. 1979 erfolgt die Unterzeichnung des Lizenzvertrages mit Dior. Dieser Vertrag stellt die Weichen für weitere Lizenzvereinbarungen mit internationalen Designerhäusern wie Pierre Cardin, Valentino Uomo, Louis Feraud, Emanuel Ungaro, Yves Saint Laurent, Dormeuil, Pierre Balmain und schließlich 1998 Claude Montana. Heute ist die Bäumler-Gruppe einer der größten europäischen Anzugspezialisten.

Warenangebot:	hochwertige Herrenbekleidung wie z.B. Anzüge, Sakkos, Mäntel, Jacken, Hemden, Hosen, Pullover, Pullunder, T-Shirts, Polo-Shirts, Krawatten, Socken und Gürtel, Marken Bäumler, Louis Féraud, Kaiser Design und Pierre Cardin
Ersparnis:	bei 1. Wahl ca. 30-40%, bei 2. Wahl über 50%
Verkaufszeiten:	Mo. bis Fr. 9.00-18.00 Uhr, Sa. 9.00-16.00 Uhr
Hinweise:	2x jährl. (meist Frühj./Herbst) findet ein zusätzlicher Sonderbelegschaftsverkauf statt, genaue Termine erfragen
Anfahrtsweg:	von München auf der A 9 kommend Ausfahrt Ingolstadt-Nord, Richtung Stadtmitte auf die Goethestr. bis die Friedrich-Ebert-Str. kreuzt, rechts einbiegen, der Verkauf befindet sich auf dem Werksgelände

85395 Attenkirchen

▶ ROSNER

Rosner GmbH & Co.
85055 Ingolstadt / Schölnhammerstr. 25
Tel. (0841) 501-0 oder 58064 / rosner.de

Das Bekleidungsunternehmen Rosner wurde im Jahr 1967 von Rudolf Rosner in Kösching gegründet. Produziert wurde hochmodische Bekleidung für Damen und Herren, anfangs nur Hosen später Jacken, Mäntel, Anzüge, Strick und Outfits. Im Jahre 1975 zog das Unternehmen nach Ingolstadt, wo es bis heute seinen Hauptsitz hat. Neben Ingolstadt in Deutschland wird für Rosner unter anderem in Italien, Portugal, Rumänien, Ungarn, Kroatien und der Türkei produziert. Heute ist die rosner-Kollektion in vielen europäischen Ländern erhältlich.

Warenangebot:	hochwertige Oberbekleidung für Damen, Herren und Kinder wie z.B. Hemden, Hosen, Röcke, Blusen, Kleider, Kostüme, Pullover, T-Shirts, Sweat-Shirts, Polo's, Anzüge, Mäntel, Blazer, Westen, Sakkos, Lederjacken, Strümpfe, Krawatten, Gürtel u.v.m., Marken Rosner, Milestone und Cinque
Ersparnis:	ca. 30% im Durchschnitt
Verkaufszeiten:	Mo. bis Fr. 9.00-19.00 Uhr, Sa. 9.00-18.00 Uhr
Hinweise:	2. Wahl-Artikel sind im 1. OG erhältlich, in einem abgeteilten Raum wird Oberbekleidung für Damen, Herren sowie Junge Mode der Firma Hallhuber verkauft
Anfahrtsweg:	A 9 München-Nürnberg Ausfahrt Ingolstadt-Nord Richtung Stadtmitte, 1. Straße rechts in die Römerstr., nach der Linkskurve (noch vor dem Kult-Hotel) rechts in die Schölnhammerstr., die Firma ist auch ausgeschildert

85395 Attenkirchen

▶ KÖHLER

Köhler Modelle
85395 Attenkirchen / Hauptstr. 17
Tel. (08168) 294

Warenangebot:	Damenoberbekleidung im Landhausstil in Loden, Leinen und Tuch wie z.B. Mäntel, Kostüme, Röcke, Zweiteiler, Gr. 38-48, keine Blusen
Ersparnis:	je nach Artikel unterschiedlich, durchschnittlich ca. 50%
Verkaufszeiten:	Mi. 9.00-12.00 Uhr und 13.00-18.00 Uhr, Fr. 9.00-15.00 Uhr
Hinweise:	separater Verkaufsraum, besonders günstig sind Einzelteile

85551 Kirchheim

Anfahrtsweg: A 92 München Richtung Landshut Ausfahrt Freising-Ost, auf die B 301 Richtung Mainburg nach Attenkirchen, die Firma befindet sich hier mitten im Ort gegenüber der Post

85551 Kirchheim

▶ BOGNER

Willi Bogner GmbH & Co. KG / Bogner Extra Shop
85551 Kirchheim Heimstetten / Am Werbering 5
Tel. (089) 43606670 / bogner.com

Warenangebot: für Damen und Herren Sportbekleidung für Ski-, Tennis-, Golf-, Wander-, Rad- und Badesport sowie Oberbekleidung wie Jacken, Hosen, Röcke, Kombinationen, Blusen, Sakkos, Anzüge, Pullover, T-Shirts, Sweat-Shirts etc., Marke Bogner

Ersparnis: durchschnittlich ca. 30%

Verkaufszeiten: Mo. bis Fr. 10.00-18.00 Uhr, Sa. 10.00-16.00 Uhr

Hinweise: es sind nur Lagerüberhänge, 2a-Ware und Vorsaisonartikel erhältlich, nicht die aktuelle Kollektion

Anfahrtsweg: Heimstetten liegt ca. 15 km östlich vom Stadtzentrum München, A 94 Ausfahrt Feldkirchen-Ost nach Heimstetten, nach der Unterführung der A 99 links in die Weißenfelder Str. einbiegen, die nächste rechts ist "Am Werbering", die Firma befindet sich am Ende der Sackgasse

85609 Aschheim

▶ SALEWA

Salewa Sportgeräte GmbH
85609 Aschheim / Saturnstr. 63
Tel. (089) 90993-0 / salewa.de

Warenangebot: Outdoor- und Trekkingbekleidung aller Art für Damen und Herren wie Jacken, Westen, Hosen, Hemden, Shirts und Fleecebekleidung, keine Schuhe, teilweise auch für Kinder, außerdem Skibekleidung sowie Zelte, Rucksäcke, Schlaf-säcke und Kletterzubehör

Ersparnis: bis zu 50%, bei 2. Wahl auch mehr

Verkaufszeiten: ca. 2xjährl., meist Ende Mai und Anfang Dezember jeweils eine Woche lang, genaue Termine erfragen; man kann sich auch in eine Kundenliste aufnehmen lassen, dann wird man über die Verkaufstermine informiert

86161 Augsburg

| Anfahrtsweg: | Aschheim liegt nordöstlich vom Zentrum München an der A 99, Ausfahrt Aschheim/Ismaning auf die Ismaninger Str. nach Aschheim, ca. 500 m nach Ortsbeginn links in die Industriestr., dann die zweite rechts ist die Saturnstr. |

85716 Unterschleißheim

▶ MORE & MORE

More & More AG
85716 Unterschleißheim / Carl-von-Linde-Str. 32
Tel. (089) 31770508 / more-and-more.com

Warenangebot: Oberbekleidung für Damen, Herren und Kinder, z.B. Röcke, Hosen, Pullover, T-Shirts, Sweat-Shirts, Jacken, Blusen, Blazer, Hemden und Kleider, außerdem Schuhe und Taschen

Ersparnis: 50% und mehr möglich, teilweise zusätzliche Sonderangebote

Verkaufszeiten: Mo. bis Fr. 10.00-18.30 Uhr, Sa. 9.00-17.00 Uhr

Anfahrtsweg: Unterschleißheim liegt ca. 15 km nördlich von München, A 92 Ausfahrt Lohhof in das Gewerbegebiet, hier befindet sich die Firma über dem Baumarkt

86161 Augsburg

▶ LEMBERT

K & R Lembert KG / Hutfabrik
86161 Augsburg / Haunstetter Str. 49
Tel. (0821) 259900 / hutfabrik-lembert.de

Warenangebot: hochwertige Hüte in versch. Farben und Qualitäten für Damen und Herren, z.B. Berg- und Wanderhüte, Trachten- und Kostümhüte, Sport- und Straßenhüte, Jagd- und Schützenhüte, außerdem Sommer- und Strohhüte für Damen und Kinder sowie Tücher, Schals und Stirnbänder

Ersparnis: ca. 30-50%

Verkaufszeiten: Mo. bis Do. 7.00-15.00 Uhr

Hinweise: der Verkauf befindet sich im Fabrikgebäude, wo der kleine Pavillon steht, Einzelanfertigung nach Kundenwunsch ist möglich

86399 Bobingen

Anfahrtsweg: A 8 Ausfahrt Augsburg-West, durch die Stadtmitte Richtung Haunstetten auf der Haunstetter Str., dort ist die Firma auch ausgeschildert

86399 Bobingen

▶ LANGER

Strickwarenfabrik Franz Langer
86399 Bobingen / Augsburger Str. 36
Tel. (08234) 3044

Warenangebot: Schals, Mützen, Stirnbänder, hauptsächlich für Kinder

Ersparnis: ca. 30% im Durchschnitt

Verkaufszeiten: Mo. bis Do. 8.00-12.00 Uhr und 13.00-16.00 Uhr, Fr. 8.00-12.00 Uhr

Hinweise: kein eingerichteter Privatverkauf, im Keller werden Produktionsreste sowie 2. Wahl verkauft

Anfahrtsweg: Bobingen liegt südlich von Augsburg an der B 17a Richtung Landsberg, dort befindet sich die Firma an der Hauptstraße durch den Ort

86609 Donauwörth

▶ KÄTHE KRUSE

Käthe Kruse Puppen GmbH
86609 Donauwörth / Augsburger Str. 18
Tel. (0906) 706780 / kathekruse.de

Warenangebot: Bekleidung für Mädchen und Babys der Marke Käthe Kruse, Funky, Petit Bateau, Timberland und McNeil, außerdem Babyspielzeug, Bettwäsche und Stoffe, keine Puppen!

Ersparnis: unterschiedlich, günstige Angebote

Verkaufszeiten: Fr. 10.00-18.00 Uhr, Sa. 10.00-14.00 Uhr

Hinweise: teilweise eingeschränkte Auswahl, es sind nicht immer alle Größen erhältlich

Anfahrtsweg: Donauwörth liegt ca. 35 km nördlich von Augsburg, aus Richtung Augsburg kommend befindet sich die Firma am Ortseingang neben der Shell-Tankstelle

86972 Altenstadt

86720 Nördlingen

▶ STRENESSE

Strehle GmbH & Co. KG / Strenesse Group
86720 Nördlingen / Gewerbestr. 10
Tel. (09081) 8070 / strenesse.com

Warenangebot: hochwertige Damenoberbekleidung wie Kleider, Kostüme, Blazer, Mäntel, Jacken, Röcke, Hosen, Jeans, Blusen, Shirts, Pullover, Bademoden, auch Gürtel, Schuhe, Taschen etc.

Ersparnis: durchschnittlich ca. 40%, bei Schlussverkäufen bis 60%

Verkaufszeiten: Di. und Mi. 10.00-18.00 Uhr, Do. und Fr. 10.00-20.00 Uhr, Sa. 9.00-16.00 Uhr

Hinweise: separater Verkaufsraum mit Umkleidekabinen, es sind nur Muster- und Kollektionsteile sowie 2. Wahl erhältlich

Anfahrtsweg: von Ulm auf der A 7 kommend Ausfahrt Aalen/Westhausen auf die B 29 nach Nördlingen, dort vom Stadtzentrum nordöstlich in Richtung Wemding, die Firma befindet sich linker Hand im Industriegebiet, ca. 3 km außerhalb von Nördlingen

86972 Altenstadt

▶ ELBEO

Vatter Produktions GmbH
86972 Altenstadt / Niederhofener Str. 10
Tel. (08861) 931-138 / elbeo.de

Warenangebot: Damenfeinstrümpfe und -strickstrümpfe, außerdem Strümpfe, Socken, Strumpfhosen und Unterwäsche für Damen und Herren, Marken Bellinda, Elbeo, Bi und Nur Die, außerdem T-Shirts und Nachtwäsche sowie ein kleines Angebot an Jogginghosen und Herrenhemden

Ersparnis: durchschnittlich ca. 50%

Verkaufszeiten: Mo. bis Fr. 9.30-12.00 Uhr und 13.00-17.30 Uhr, Sa. 9.00-12.00 Uhr

Hinweise: Barverkauf in einem separaten Verkaufsraum

Anfahrtsweg: Altenstadt liegt an der B 17 zwischen Füssen und Landsberg, ca. 3 km westlich von Schongau, dort befindet sich die Firma neben der Kaserne im Gewerbegebiet, Umgehungsstraße Abfahrt Altenstadt, dann im Kreisverkehr gleich die 1. Straße rechts

87509 Immenstadt

87509 Immenstadt

▶ HUDSON KUNERT

Hudson Kunert Vertriebs GmbH
87509 Immenstadt / Julius-Kunert-Str. 49
Tel. (08323) 12-275 / hudson-kunert.de

Die Hudson-Kunert Gruppe ist ein führender europäischer Hersteller von Bein- und Oberbekleidung mit international bekannten Marken wie Kunert, Hudson und Burlington.

Warenangebot:	Feinstrumpfhosen, -Strümpfe und -Söckchen, Strickstrumpfhosen, -Kniestrümpfe und -Socken für Damen, Herren und Kinder, Marken Kunert und Hudson, außerdem Burlington-Oberbekleidung, Mistral und K2 Sport- und Freizeitmode, Aem'kei Damen- und Herrenbekleidung sowie Schiesser Unterwäsche und Babybekleidung
Ersparnis:	bei 1. Wahl ca. 30%, bei Auslaufmodellen und 2. Wahl ca. 50%
Verkaufszeiten:	Mo. bis Fr. 10.00-18.30 Uhr, Sa. 10.00-14.00 Uhr
Hinweise:	große Verkaufsräume über 2 Ebenen, die Kantine ist für alle Besucher geöffnet
Anfahrtsweg:	ab Autobahnkreuz Allgäu auf der B 19 Richtung Oberstdorf-Immenstadt, ab Immenstadt Richtung Lindau auf der B 308, die Firma befindet sich an der Ortsdurchfahrt Richtung Bühl, der Verkauf auf der rechten Seite

87527 Sonthofen

▶ ERGEE

Ergee GmbH
87527 Sonthofen / Hindelanger Str. 33
Tel. (08321) 8010 / ergee.de

Warenangebot:	Strumpfwaren aller Art für Damen, Herren und Kinder wie Socken, Strumpfhosen und Strümpfe, außerdem Mützen, Schals, Handschuhe, Stirnbänder
Ersparnis:	ca. 30-40% je nach Artikel
Verkaufszeiten:	Mo. bis Do. 9.30-17.00 Uhr, Fr. 9.30-15.00 Uhr, Sa. 10.00-12.00 Uhr
Hinweise:	gut sortierter Verkaufsraum, teilweise sind auch günstige 2. Wahl und Auslaufmodelle erhältlich

87527 Sonthofen

Anfahrtsweg: von Kempten i. Allg. auf der B 19 über Immenstadt nach Sonthofen, dort befindet sich die Firma schräg gegenüber der Eissporthalle

▶ KLEIN

Hans Klein Sportmoden KG
87527 Sonthofen Binswangen / Imberger Str. 17
Tel. (08321) 672440 / authentic-klein.de

Warenangebot: Sportbekleidung für Damen und Herren wie z.B. Sport- und Freizeitanzüge aus Microfaser, Jogginganzüge aus Baumwolle, Hosen, Shorts, Bermudas, Anoraks, Wanderjacken, im Winter auch Skibekleidung

Ersparnis: unterschiedlich, durchschnittlich ca. 20-30%

Verkaufszeiten: März bis August Mo. bis Fr. 10.00-12.00 Uhr und Mo. und Di. 16.30-18.00 Uhr, Sept. bis Febr. Mo. bis Fr. 16.30-18.00 Uhr und Sa. 9.00-12.00 Uhr

Hinweise: teilweise ist auch 2. Wahl erhältlich

Anfahrtsweg: von Kempten i. Allg. auf der B 19 über Immenstadt nach Sonthofen, die Firma befindet sich in Binswangen an der Straße Richtung Imberg

▶ SEIDENSTICKER

Seidensticker GmbH
87527 Sonthofen / Burgsiedlung 1
Tel. (08321) 674350

Warenangebot: Hemden, Trachtenhemden, Westen, Pullover, Krawatten, Marken Fairbanks und Alpenland, außerdem Hemden Marke Bruno Banani sowie Blusen Marke Otto Kern und Seidensticker

Ersparnis: ca. 30%, bei 2. Wahl und Einzelstücken bis zu 50%

Verkaufszeiten: Mo. bis Fr. 9.30-13.00 Uhr und 14.00-17.00 Uhr, Sa. 9.00-14.00 Uhr

Hinweise: der Eingang zum Werksverkauf befindet sich gleich rechts neben dem Haupteingang

Anfahrtsweg: von Kempten i. Allg. auf der B 19 über Immenstadt nach Sonthofen, dann auf die B 308 Richtung Hindelang, kurz vor dem Ortsende links abbiegen, die Firma ist auch ausgeschildert

87719 Mindelheim

87719 Mindelheim

▶ KUNERT

Kunert AG
87719 Mindelheim / Trettachstr. 2
Tel. (08261) 1261 / kunert.de

Warenangebot: Socken, Strümpfe, Strumpfhosen, Leggins, Fleece-Shirts, Pullover, für Damen, Herren und Kinder, Unterwäsche für Damen und Herren

Ersparnis: ca. 30-40%, unterschiedlich je nach Artikel

Verkaufszeiten: Mo. bis Do. 8.30-16.15 Uhr, Fr. 8.30-13.30 Uhr, wenn Do. Feiertag ist, dann ist Fr. geschlossen

Hinweise: es ist auch 2. Wahl erhältlich

Anfahrtsweg: Mindelheim liegt westlich von München, auf der A 96 über Landsberg nach Mindelheim, in Mindelheim-Rimpel rechts in das Industriegebiet, dort die 2. Straße rechts und nach ca. 500 m in die Trettachstr.

87782 Unteregg

▶ FAUSTMANN

Hut- und Mützenfabrik Gunther Faustmann
87782 Unteregg / Mindeltalstr. 23
Tel. (08269) 411 / faustmann.org

Warenangebot: große Auswahl an Hüten und Mützen aller Art, für Damen modische, klassische und elegante Hüte, für Herren Stoff- und Filzhüte, Sportmützen, Baseball Caps sowie Handschuhe und Schals

Ersparnis: bei 1. Wahl ca. 25%, bei 2. Wahl bis zu 50%

Verkaufszeiten: Mo. bis Fr. 8.00-12.00 Uhr und 13.00-17.00 Uhr, Sa. 9.00-12.00 Uhr

Hinweise: teilweise ist auch 2. Wahl erhältlich

Anfahrtsweg: auf der B 16 Mindelheim Richtung Kaufbeuren bei Dirlewang rechts abbiegen nach Unteregg, dort befindet sich die Firma am Ortseingang, ist groß beschildert

88161 Lindenberg

▶ MAYSER

Mayser GmbH & Co. KG
88161 Lindenberg / Bismarckstr. 2
Tel. (08381) 507-0 / mayser.de

Warenangebot: große Auswahl an Hüten und Mützen für Damen und Herren wie z.B. Straßenhüte, Strohhüte, Trachtenhüte, Sonnenhüte, Regenhüte und Sportmützen

Ersparnis: bei 1. Wahl ca. 30-40%, bei 2. Wahl ca. 50%

Verkaufszeiten: Mo. bis Fr. 9.00-12.30 Uhr und 14.00-16.30 Uhr, Do. bis 18.00 Uhr, Sa. 9.00-13.00 Uhr

Hinweise: der Verkauf befindet sich im Gebäude neben der Fabrik

Anfahrtsweg: von Lindau auf der B 308 Richtung Immenstadt nach Lindenberg, dort befindet sich die Firma vor dem Bahnhof

88171 Weiler-Simmerberg

▶ BIRITA

Binder-Rist GmbH & Co. KG / Strickwarenfabrik
88171 Weiler-Simmerberg / Jakob-Lang-Str. 2
Tel. (08387) 1023 / binder-rist.de

Das Unternehmen wurde 1924 von Fritz Binder-Rist gegründet und ist bis heute ein Familienunternehmen geblieben. Schon damals wurden Strickwarenbekleidung aller Art hergestellt und direkt an den Verbraucher verkauft.

Warenangebot: Damenoberbekleidung wie Pullover, Jacken, T-Shirts, Sweat-Shirts und Kleider, Marken birita women's knitwear und Lioonoa, Herrenstricklinie disc 2000, außerdem Strickwolle

Ersparnis: durchschnittlich ca. 30%

Verkaufszeiten: Di., Do., Fr. 9.00-12.00 Uhr und 14.00-18.00 Uhr

Hinweise: nicht alle Artikel sind aus eigener Herstellung, teilweise sind auch günstige Auslaufserien und Kollektionsmuster erhältlich

Anfahrtsweg: Weiler-Simmerberg liegt an der B 308 zwischen Lindau und Immenstadt, dort befindet sich die Firma direkt am alten Bahnhof und Busbahnhof in Weiler, großes Jugendstilgebäude

88316 Isny

▶ VEITH

Fanny Veith Allgäuer Bergstrumpf GmbH
88316 Isny / Leutkircher Str. 39/41
Tel. (07562) 4572 / veith-socks.de

Warenangebot: Sportsocken, Trachtenstrümpfe, Bundhosenstrümpfe und Trekkingsocken für Damen, Herren und Kinder

Ersparnis: durchschnittlich ca. 35%, 2. Wahl und Restposten sind noch günstiger

Verkaufszeiten: Mo. bis Fr. 8.00-12.00 Uhr und 13.30-18.00 Uhr

Anfahrtsweg: Isny liegt an der B 12 zwischen Kempten und Lindau, an der Strecke zwischen Isny Richtung Leutkirch nach einem großen, grünen Haus links einbiegen, dann befindet sich die Firma im zweiten Haus auf der rechten Seite

88353 Kißlegg

▶ SPEIDEL

Speidel GmbH
88353 Kißlegg / Erlenweg 8
Tel. (07563) 91050 / speidel-lingerie.de

Gegründet wurde das Familienunternehmen im Jahr 1952. Zunächst wurden in Lohnarbeit Strickwaren hergestellt, später spezialisierte man sich auf die Produktion von Damenwäsche. Heute zählt das Unternehmen in der Nähe von Tübingen insgesamt rund 500 Mitarbeiter, davon ca. 300 in einem hochmodernen Betrieb in Ungarn.

Warenangebot: Unterwäsche für Damen wie z.B. Bodies, Slips, BH's, Unterhemden, Leggins etc., für Herren Slips, Boxershorts, Unterhemden und Schlafanzüge, Marken Speidel und SLC

Ersparnis: durchschnittlich ca. 20%, 2. Wahl ist noch günstiger

Verkaufszeiten: Mo. bis Do. 9.00-12.00 Uhr und 13.30-18.00 Uhr, Fr. 9.00-18.00 Uhr, Sa. 9.00-12.00 Uhr

Hinweise: der Verkaufsraum befindet sich im Werksgebäude, es sind auch 2. Wahl und Auslaufmodelle vorhanden

Anfahrtsweg: von Wangen i. Allg. auf der B 18 Richtung Memmingen, vor Waltershofen links ab nach Kißlegg, gleich nach dem Ortseingang die 1. Straße rechts einbiegen, die Firma befindet sich im 1. Gebäude auf der linken Seite

88499 Riedlingen

▶ GÖNNER

Gönner GmbH & Co.
88499 Riedlingen / Gammertinger Str. 33
Tel. (07371) 9366-0 / goenner.de

Mitte des letzten Jahrhunderts machte sich Gönner einen Namen mit der Fertigung von Schmucktextilien. Heute fertigt Gönner in einer der modernsten Produktionsstätten Europas feine Strickmode, die höchsten Ansprüchen gerecht wird.

Warenangebot:	Pullover, Strickjacken, Kombinationen, Shirts, Blusen, Hosen und Röcke für Damen, außerdem Pullover für Herren und Kinder, Marken Gönner und AG Andrea Gönner, es sind nur Saisonüberhänge, 2. Wahl- und Musterteile sowie Einzelmuster und Restposten erhältlich
Ersparnis:	ca. 40-50%, Musterkollektionen sind noch preiswerter
Verkaufszeiten:	Mo. bis Sa. 9.00-18.00 Uhr
Hinweise:	weitere Verkaufsstellen in: 87480 Weitnau-Hofen, Am Werkhof 4, Tel. (08375) 929701, Mo. bis Fr. 9.00-19.00 Uhr und Sa. 9.00-16.00 Uhr; 91350 Gremsdorf b. Höchstadt, Gewerbepark 1, Tel. (07371) 9366-0, Mo. bis Fr. 10.00-18.00 Uhr und Sa. 10.00-16.00 Uhr
Anfahrtsweg:	Riedlingen liegt auf der Schwäbischen Alb zwischen Sigmaringen und Biberach a. d. Riß, von Stuttgart kommend der B 312 folgen, in Riedlingen Richtung Gammertingen abbiegen bis zum Kreisverkehr, dort befindet sich die Firma, der Eingang zum Fabrikverkauf ist ausgeschildert

88512 Mengen

▶ FEURER

Strickwarenfabrik Hartwig Feurer
88512 Mengen Ennetach / Gartenstr. 6
Tel. (07572) 8005

Warenangebot:	Strickwaren für Damen wie z.B. Jacken, Pullover, Pullunder, Westen, keine junge Mode
Ersparnis:	durchschnittlich ca. 35%
Verkaufszeiten:	Mo. bis Do. 8.00-12.00 Uhr und 13.30-17.30 Uhr, Fr. 8.00-12.00 Uhr
Hinweise:	es ist auch 2. Wahl erhältlich

89165 Dietenheim

Anfahrtsweg: Mengen liegt ca. 15 km südöstlich von Sigmaringen, von dort kommend vor der Bahnlinie links einbiegen nach Ennetach, die Firma befindet sich im vorletzten Haus auf der linken Seite

89165 Dietenheim

▶ RELI

Reli-Strumpffabrik M. Litzinger
89165 Dietenheim / Auwaldstr. 13
Tel. (07347) 7438

Warenangebot: Strumpfhosen, Leggings, Söckchen, Kniestrümpfe, Socken und (Venen-) Stulpen für Babys, Kinder, Damen und Herren, außerdem Strickbündchen für Handschuhe

Ersparnis: bei 2. Wahl und Auslaufmodellen bis zu 40%

Verkaufszeiten: Mo. bis Fr. 9.00-12.00 Uhr und 14.00-18.00 Uhr

Hinweise: kleiner Verkaufsraum, Sonderanfertigungen für Gruppen und Vereine sind möglich

Anfahrtsweg: A 7 Ulm-Kempten Ausfahrt Illertissen, über die Zubringer- ausfahrt Illertissen Süd-West nach Dietenheim, nach der Tankstelle am Ortseingang rechts ab in den Grenzweg

89415 Lauingen

▶ BI

Bi Strumpffabrik GmbH
89415 Lauingen / Johann-Röhm-Str. 17
Tel. (09072) 921540

Warenangebot: Strümpfe, Strumpfhosen, Socken, Stützstrümpfe und -strumpfhosen, Leggins, Unterwäsche, Nachtwäsche, Miederwaren, Marken Bi, Pierre Cardin und Schöller, Herrenhemden

Ersparnis: je nach Artikel unterschiedlich, durchschnittlich ca. 50%

Verkaufszeiten: Mo. bis Fr. 9.00-18.00 Uhr, Sa. 9.00-12.00 Uhr

Hinweise: Verkauf von 1b-Waren, Restposten und Retourenwaren

Anfahrtsweg: A 8 Ausfahrt Ulm/Leipheim auf die B 16 Richtung Donauwörth, in Lauingen befindet sich die Firma direkt an der B 16 neben dem Opel-Händler

89558 Böhmenkirch

▶ LANG

Lang GmbH / Fabrik modischer Strickwaren
89558 Böhmenkirch Treffelhausen / Roggentalstr. 62
Tel. (07332) 9615-0 / lang-strickwaren.de

Warenangebot: Strickwaren hauptsächlich für Damen, aber auch für Herren wie z.B. Pullover, Pullunder, Jacken, Westen

Ersparnis: ca. 30-40%, unterschiedlich je nach Artikel

Verkaufszeiten: Mo. bis Fr. 9.00-12.00 Uhr und 13.00-17.00 Uhr

Hinweise: separater Verkaufsraum, es ist auch 2. Wahl erhältlich

Anfahrtsweg: B 10 Göppingen Richtung Geislingen, bei Süßen links ab auf die B 466 Richtung Heidenheim, ca. 3 km vor Böhmenkirch rechts ab nach Treffelhausen, die Firma befindet sich am Ortsanfang auf der linken Seite

89584 Ehingen

▶ GESSLER

Josef Gessler GmbH & Co. KG
89584 Ehingen / Berkacher Str. 42-48
Tel. (07391) 5009-11 / gessler-fashion.de

Im Jahr 1951 begannen Dorit und Josef Gessler mit der Produktion von Röcken mit sieben Maschinen und fünf Näherinnen. Das Unternehmen, das heute in der zweiten Generation geführt wird, erweiterte 1992 die Kollektion dem Zeitgeist entsprechend um Coordinates, ohne jedoch die Kernkompetenz des Rockes zu vernachlässigen. Heute beschäftigt die Firma Gessler rund 150 Mitarbeiter im In- und Ausland und präsentiert sich als fester Bestandteil im Facheinzelhandel.

Warenangebot: Röcke, Hosen, Blusen, Blazer und Kombinationen für Damen ab 30 Jahre, Marke Doato Gessler, außerdem Stoffe und Garne

Ersparnis: ca. 30-40%, unterschiedlich je nach Artikel

Verkaufszeiten: Mo. bis Fr. 14.00-19.00 Uhr, Sa. 10.00-13.00 Uhr

Hinweise: der Verkauf befindet sich in der Halle nebenan, teilweise ist auch 2. Wahl erhältlich

Anfahrtsweg: Ehingen liegt ca. 25 km südwestlich von Ulm an der B 311, dort befindet sich die Firma im Industriegebiet

90453 Nürnberg

▶ MEICO

Meico E. B. Meier GmbH
90453 Nürnberg / Katzwanger Hauptstr. 102
Tel. (0911) 6418215

Warenangebot: hauptsächlich Landhausmode wie Blusen, Röcke, Hosen, Jacken, Kostüme, außerdem Abendkleidung für Damen

Ersparnis: durchschnittlich ca. 35%

Verkaufszeiten: Mo. bis Fr. 14.00-18.00 Uhr, Sa. 9.00-13.00 Uhr

Hinweise: nur die Landhausmode ist aus eigener Herstellung, es sind hauptsächlich 1b-Artikel erhältlich

Anfahrtsweg: die Firma befindet sich südlich vom Zentrum an der Hauptstraße zwischen den Stadtteilen Reichelsdorf und Katzwang, die Verkaufsstelle befindet sich direkt an der Hauptstraße

91052 Erlangen

▶ VIA APPIA

Via Appia Mode-GmbH / Factory Store
91052 Erlangen / Kurt-Schumacher-Str. 16
Tel. (09131) 9994-211 / via-appia-mode.de

Warenangebot: hochwertige Damenoberbekleidung im Strick- und Shirtbereich in den Gr. 36-52, z.B. Mäntel, Jacken, Pullover, Shirts und Hosen, auch Retourenware der Marke Otto Kern

Ersparnis: durchschnittlich ca. 35-45%, zu Saisonschluss sind alle Teile nochmals ca. 30% reduziert

Verkaufszeiten: Mo. bis Fr. 9.30-19.00 Uhr, Sa. 9.00-16.00 Uhr

Hinweise: es sind ausschließlich Kollektionsmuster, 2. Wahl-Artikel, Rest- und Sonderposten erhältlich; unter (09131) 9994-0 kann kostenlos ein Infoflyer angefordert werden

Anfahrtsweg: A 3 Nürnberg-Würzburg Ausfahrt Tennenlohe auf die B 4 Richtung Erlangen, Abfahrt Erlangen-Ost/Gräfenberg auf die Kurt-Schumacher-Str., die Firma befindet sich im Gewerbegebiet Röthelheimpark gegenüber dem "Obi-Baumarkt"

91074 Herzogenaurach

▶ NIKE

**Nike Factory Store
91074 Herzogenaurach / Zeppelinstr. 1
Tel. (09132) 745280**

Warenangebot: große Auswahl an Sportschuhen sowie Sport- und Freizeitmode aller Art für Damen, Herren und Kinder, außerdem Accessoires wie Taschen, Caps, Socken, Fußbälle etc.

Ersparnis: mindestens 30%, teilweise auch mehr

Verkaufszeiten: Mo. bis Mi. 9.00-19.00 Uhr, Do. und Fr. 9.00-20.00 Uhr, Sa. 9.00-18.00 Uhr

Hinweise: es sind ausschließlich Artikel aus vorangegangenen Saisons sowie b-Ware und Musterteile erhältlich

Anfahrtsweg: Herzogenaurach liegt ca. 20 km nordwestlich von Nürnberg, A 3 Ausfahrt Frauenaurach Richtung Herzogenaurach, auf die Nordumgehungsstraße und dann die zweite Straße rechts einbiegen, ist auch ausgeschildert

91077 Neunkirchen

▶ NABER

**Herbert Naber Damenmoden
91077 Neunkirchen / Industriestr. 2
Tel. (09134) 991718**

Warenangebot: Damenoberbekleidung wie Blusen und Röcke, Hochzeitskleider, festliche Herrenanzüge, außerdem Zweiteiler und Abendkleidung

Ersparnis: durchschnittlich ca. 30%; Preisbeispiele: Blusen und Hosen ab EUR 2,50 sowie Brautkleider ab EUR 150,-, Zukaufware ist kaum preiswerter

Verkaufszeiten: Mo. bis Fr. 9.00-18.00 Uhr, Sa. 9.00-14.00 Uhr

Hinweise: teilweise ist auch 2. Wahl vorhanden, außerdem ist viel Zukaufware erhältlich

Anfahrtsweg: A 73 Ausfahrt Erlangen, über Erlangen, Uttenreuth und Dormitz nach Neunkirchen, dort befindet sich die Firma im Industriegebiet

91171 Greding

▶ REEBOK

**Reebok Outlet Store
91171 Greding / An der Autobahn 2
Tel. (08463) 6422-0 / reebok.de**

Warenangebot: große Auswahl an Sportbekleidung und -schuhen für Damen, Herren und Kinder, z.B. Running- und Turnschuhe, Jacken, Pullover, Sporttaschen u.v.m., Marke Reebok

Ersparnis: ca. 30-50%

Verkaufszeiten: Mo. bis Fr. 10.00-19.00 Uhr, Sa. 9.00-17.00 Uhr

Hinweise: es ist nur die Vorjahreskollektion erhältlich

Anfahrtsweg: Greding liegt an der A 9 Ingolstadt-Nürnberg, die Firma befindet sich direkt an der Autobahnausfahrt Greding, oberhalb von "McDonalds"

91217 Hersbruck

▶ CREATION GROSS

**Création Gross GmbH & Co. KG
91217 Hersbruck / Houbirgstr. 7
Tel. (09151) 736-0 / carl-gross.de**

Der 1925 gegründete Familienbetrieb ist ein Unternehmen mit internationalem Produktionsstätten-Netz. Die Beschränkung des Sortiments auf Herrenkonfektion und die Verlagerung des Firmensitzes im Jahr 1965 von Neuhaus an der Pegnitz ins fränkische Hersbruck diente der Optimierung und dem weiterem Ausbau. Das Unternehmen arbeitet heute mit 750 Mitarbeitern im In- und Ausland und exportiert in 15 Länder.

Warenangebot: für Herren Sportsakkos, Anzüge, Blazer, Hosen, Hemden, Pullover, Socken und Krawatten, hauptsächlich im klassischen Business-Bereich

Ersparnis: durchschnittlich ca. 35%

Verkaufszeiten: Mi. 9.30-19.00 Uhr, Fr. 9.30-17.00 Uhr, Sa. 9.30-14.00 Uhr

Hinweise: teilweise ist auch 2. Wahl erhältlich

Anfahrtsweg: von Nürnberg auf der A 9 kommend Ausfahrt Lauf/Hersbruck, rechts abbiegen auf die B 14 in Richtung Hersbruck bis Abfahrt Hersbruck Süd, nach der Abfahrt rechts abbiegen und an der nächsten Ampel links, dann immer geradeaus Richtung Carl Gross, ist auch beschildert

91242 Ottensoos

▶ **JOY**

Joy-Sportswear GmbH
91242 Ottensoos / Bräunleinsberg 16
Tel. (09123) 9410-0 / joy-sportswear.de

Warenangebot: Jogging- und Freizeitmode für Damen und Herren wie Jacken, Hosen und Hemden, Sortiment auch für Kinder, außerdem Laufbekleidung der Marke Tao

Ersparnis: ca. 30-50%

Verkaufszeiten: 2x jährl. (meist im Juni und November) jeweils ca. 3 Tage lang Sonderverkauf, genaue Termine erfragen

Hinweise: es sind hauptsächlich Restposten, Musterteile und 2. Wahl erhältlich

Anfahrtsweg: A 9 Nürnberg-Bayreuth, Ausfahrt Lauf/Hersbruck, auf die B 14 Richtung Hersbruck, nach ca. 3 km rechts nach Ottensoos, dort befindet sich die Firma im Gewerbegebiet an der B 14

91257 Pegnitz

▶ **PAMPOLINA**

Maria Hohe GmbH & Co. / Hohe Modelle
91257 Pegnitz / Hauptstr. 28
Tel. (09241) 919352 oder 7220 / pampolina.de

Warenangebot: hauptsächlich Kinderbekleidung für Mädchen in den Gr. 68-172 für Babys, Kids und Teens Marke Pampolina, außerdem Mode für Girls Marke Pje sowie Streetwear und Sportswear für Juniors, Kids und Girls Marke Check In

Ersparnis: ca. 20-50%

Verkaufszeiten: Mo. bis Fr. 9.00-18.00 Uhr, Sa. 9.00-12.00 Uhr

Hinweise: es ist ausschließlich 2. Wahl erhältlich, kleines Ladengeschäft mit Umkleidekabinen, Zahlung mit EC-Karte ist nicht möglich

Anfahrtsweg: A 9 Nürnberg-Hof Ausfahrt Pegnitz/Grafenwöhr auf die B 2 nach Pegnitz, hier befindet sich der 2. Wahl-Laden in der Stadtmitte in der Nähe vom Marktplatz, gegenüber dem Schlecker-Markt

91301 Forchheim

91301 Forchheim

▶ TONI DRESS

Weber & Ott AG
91301 Forchheim / Konrad-Ott-Str. 1
Tel. (09191) 83-251

Das Unternehmen wurde im Jahr 1834 gegründet und produziert seit 1874 in Forchheim. Heute fungiert die Weber & Ott AG als Holding-Gesellschaft. Das Geschäft konzentriert sich auf modische Damenoberbekleidung und klassische Herrenhemden.

Warenangebot:	große Auswahl an Damen- und Herrenoberbekleidung wie Hemden, Hosen, Blusen, Pullover, T-Shirts, Schlafanzüge, Marken Toni Dress, Wappen, Passport und Libero
Ersparnis:	bei 1. Wahl ca. 30%, bei 2. Wahl ca. 50%
Verkaufszeiten:	Mo. bis Fr. 9.00-18.00 Uhr, Sa. 9.00-13.00 Uhr
Hinweise:	nicht alle Artikel sind aus eigener Herstellung
Anfahrtsweg:	A 73 von Nürnberg Richtung Bamberg Ausfahrt Forchheim-Süd nach Forchheim, dort befindet sich die Firma direkt hinter dem Bahnhof

91330 Eggolsheim

▶ FAHRHANS

Karl Fahrhans / Strickwarenfabrik
91330 Eggolsheim / Josef-Kolb-Str. 15
Tel. (09545) 9494-0 / fahrhans.com

Die Strickwarenfabrik Fahrhans wurde 1949 von Karl Fahrhans gegründet. Heute ist die Firma in ganz Deutschland als Spezialversender über Katalog für Damenstrickmode bekannt. Die Firma beliefert ausschließlich die Privatkundin.

Warenangebot:	Strickwaren und Oberbekleidung für Damen wie z.B. Pullover, Pullunder, Westen, Blusen, T-Shirts, Röcke, Hosen etc., es sind auch 2. Wahl, Sonderposten und Überproduktionen erhältlich
Ersparnis:	günstige Angebote, bei Restposten und 2. Wahl teilweise 50% und mehr möglich
Verkaufszeiten:	Mo. bis Fr. 9.00-17.00 Uhr, Sa. 9.00-13.00 Uhr
Hinweise:	mehrere Verkaufsräume, es finden oftmals Modepräsentationen statt, ein Sofort-Änderungsservice ist vorhanden, die Waren sind auch im Versand erhältlich

91788 Pappenheim

Anfahrtsweg: von Bamberg auf der A 73 Richtung Nürnberg, Ausfahrt Buttenheim nach Eggolsheim, dort befindet sich die Firma hinter der Schule, ist auch ausgeschildert

91567 Herrieden

▶ CARLO COLUCCI

**Carlo Colucci Vertriebs GmbH
91567 Herrieden / Am Eichelberg 1
Tel. (09825) 82-740 / carlo-colucci.com**

Warenangebot: große Auswahl an Oberbekleidung und Unterwäsche für Damen und Herren wie Pullover, Hosen, Jeans, Westen, Röcke, Hemden, T-Shirts, Polo-Shirts, Socken etc., Marke Carlo Colucci

Ersparnis: ca. 20% bei 1. Wahl, bei 2. Wahl und Musterteilen bis zu 40%

Verkaufszeiten: Mo. bis Fr. 9.00-18.00 Uhr, Do. bis 20.00 Uhr, Sa. 9.00-18.00 Uhr

Anfahrtsweg: Herrieden liegt an der A 6 Nürnberg-Heilbronn, Ausfahrt Herrieden, dort befindet sich die Firma direkt an der Autobahnausfahrt im Industriegebiet neben der Aral-Tankstelle

91788 Pappenheim

▶ MONDI

**Hofana Moden
91788 Pappenheim / Auf der Lach 9
Tel. (09143) 6404 / hofana.de**

Warenangebot: Damenoberbekleidung wie z.B. Hosen, Röcke, Blusen, T-Shirts und Kostüme, Marke Mondi, für Herren Jacken, Shirts und Krawatten, außerdem Stoffe

Ersparnis: teilweise sind sehr günstige Angebote erhältlich

Verkaufszeiten: Mo. bis Fr. 10.00-16.00 Uhr, Sa. 10.00-14.00 Uhr

Hinweise: separater Verkaufsraum, teilweise sind auch 2. Wahl, Auslaufmodelle und Musterteile erhältlich

Anfahrtsweg: Pappenheim liegt ca. 20 km südlich von Weißenburg i. Bay. an der B 2 Richtung Donauwörth, dort befindet sich die Firma gegenüber vom Gasthaus Stern

92237 Sulzbach-Rosenberg

92237 Sulzbach-Rosenberg

▶ HILTL

Fritz Hiltl Hosenfabrik GmbH & Co.
92237 Sulzbach-Rosenberg / Asamstr. 6
Tel. (09661) 57-0 / hiltl.de

Warenangebot: hochwertige Herrenhosen in Wolle und Baumwolle, auch Jeanshosen, außerdem eine kleine Auswahl an Damenhosen

Ersparnis: durchschnittlich ca. 30%

Verkaufszeiten: Do. 14.00-16.00 Uhr, Sa. 7.00-12.00 Uhr

Anfahrtsweg: von Nürnberg auf der A 6 kommend Ausfahrt Sulzbach-Rosenberg, von der Autobahn kommend nicht gleich in das erste Werk sondern weiter geradeaus und vorbei an "Obi", durch die Unterführung der Bahnlinie durch und die zweite Straße links in die Asamstr. ein

92533 Wernberg-Köblitz

▶ STÖHR

Walter Stöhr Strickwarenfabrik GmbH
92533 Wernberg-Köblitz / Feistelberger Str. 19
Tel. (09604) 2263

Warenangebot: Handschuhe, Schals, Mützen und Stirnbänder für Damen, Herren, Kinder und Babys, gelegentlich auch einige Pullover und Jacken

Ersparnis: preisgünstige Angebote, 2. Wahl ist besonders preiswert

Verkaufszeiten: Mo. bis Do. 8.00-15.00 Uhr, Fr. 8.00-14.30 Uhr

Hinweise: teilweise ist auch 2. Wahl erhältlich

Anfahrtsweg: Wernberg-Köblitz liegt nördlich von Regensburg an der A 93, dort befindet sich die Firma in Oberköblitz

92536 Pfreimd

▶ MAC JEANS

Mac Mode GmbH & Co. KGaA
92536 Pfreimd Weihern
Tel. (09606) 414

92703 Krummennaab

Warenangebot:	Jeans- und Stoffhosen für Damen und Herren, Marke Mac
Ersparnis:	ca. 40-50%, unterschiedlich je nach Artikel
Verkaufszeiten:	Do. 8.00-12.00 Uhr, Fr. 13.00-16.00 Uhr
Anfahrtsweg:	Pfreimd liegt ca. 25 km südlich von Weiden an der A 93 Richtung Regensburg, Ausfahrt Pfreimd in den Ortsteil Weihern, hier befindet sich die Firma direkt an der Hauptstraße

Bekleidung

92540 Altendorf

▶ FIFTY FIVE

Josef Baumann & Sohn GmbH & Co. KG / Bekleidungsfabrik
92540 Altendorf / Am Wasser 4
Tel. (09675) 91161 / hosen-baumann.de

Das Unternehmen wurde 1932 gegründet und wird heute in der dritten Generation geleitet.

Warenangebot:	Jeans- und Freizeithosen aller Art für Damen und Herren, Stretchhosen, außerdem Berufsbekleidung, Damen- und Herrenpullover, Herrenhemden
Ersparnis:	ca. 30-40%
Verkaufszeiten:	Mo. bis Sa. 9.00-12.00 Uhr
Anfahrtsweg:	von Regensburg auf der A 93 kommend, Ausfahrt Nabburg Richtung Neunburg nach Altendorf, an der Raiffeisenbank rechts abbiegen, nach ca. 100 m links in die Straße Am Wasser einbiegen

92703 Krummennaab

▶ WEIDNER

Sportmodenfabrik Rudolf Weidner GmbH
92703 Krummennaab / Schulstr. 5
Tel. (09682) 2289 / weidner-sportmoden.de

Warenangebot:	Aktiv- und Freizeit-Sportbekleidung für Ski, Tennis, Wandern, Snowboard, Outdoor, Jagd und Golf
Ersparnis:	ca. 40% bei regulärer Ware, 2. Wahl ist noch günstiger
Verkaufszeiten:	Do. 17.00-20.00 Uhr, Sa. 9.00-13.00 Uhr
Hinweise:	es ist auch 2. Wahl erhältlich

93049 Regensburg

Anfahrtsweg: A 93 Ausfahrt Falkenberg auf die B 299 nach Krummennaab, an der kath. Kirche vorbei, die nächste Straße rechts ist die Schulstr.

93049 Regensburg

▶ PIERRE CARDIN

Bäumler AG
93049 Regensburg / Dr.-Leo-Ritter-Str. 2
Tel. (0941) 2081-0 / baeumler.com

Warenangebot: Herrenoberbekleidung wie Anzüge, Sakkos, Hosen, Westen, Hemden und Mäntel, Marken Pierre Cardin und Kaiser Design

Ersparnis: ca. 30-40%, unterschiedlich je nach Artikel

Verkaufszeiten: Mo. bis Fr. 10.00-18.30 Uhr, Sa. 10.00-16.00 Uhr

Anfahrtsweg: A 3 Ausfahrt Prüfening, dann links abbiegen, an der nächsten Ampel rechts in die Lilienthalstr., dann die nächste Querstr. links in die Dr.-Leo-Ritter-Str. einbiegen

93073 Neutraubling

▶ THE BEST

The Best by Baumstark GmbH
93073 Neutraubling / Bayerwaldstr. 57
Tel. (09401) 9470 / thebestbybaumstark.de

Warenangebot: Jeansbekleidung aller Art für Damen und Herren, hauptsächlich Hosen, auch Cord- und Stoffhosen, aber auch einige Röcke, Jacken, Westen, Hemden sowie Stoffe und Stoffreste

Ersparnis: preisgünstige Angebote, 2. Wahl ist besonders preiswert

Verkaufszeiten: Mo. bis Fr. 9.00-18.00 Uhr, Sa. 9.30-12.30 Uhr

Hinweise: Verkaufsraum mit Umkleidekabinen, es ist auch 2. Wahl erhältlich

Anfahrtsweg: Neutraubling liegt ca. 10 km östlich von Regensburg, auch erreichbar über die A 3 Ausfahrt Neutraubling, die Firma befindet sich dort mitten im Ort

93077 Bad Abbach

▶ PALM BEACH

Palm Beach Bademoden Wolfgang Pauli
93077 Bad Abbach Oberndorf / Am unteren Weinberg 13
Tel. (09405) 9595-0 / palm-beach-club.de

Das Unternehmen wurde im Jahr 1971 gegründet und wurde als Ausrüster bei Miss- und Mister-Wahlen in ganz Europa bekannt.

Warenangebot: Bademoden für Damen, Herren und Kinder wie Badehosen, Badeanzüge, Bikini und Bademäntels, teilweise auch einige Shorts, Leggins, Radlerhosen, T-Shirts und Bodys

Ersparnis: bis zu 40% möglich

Verkaufszeiten: Anfang März bis Ende August Mo. bis Fr. 9.00-18.00 Uhr, Sa. 9.00-13.00 Uhr, ansonsten nur Fr. 9.00-18.00 Uhr

Hinweise: großer Verkaufsraum, gelegentlich sind auch 2. Wahl-Artikel erhältlich

Anfahrtsweg: Bad Abbach liegt ca. 10 km südlich von Regensburg, auf der B 16 von Regensburg kommend vor Bad Abbach rechts ab nach Oberndorf

93128 Regenstauf

▶ COLLECTION PHÖNIX

Success + Mode Vertriebs GmbH
93128 Regenstauf / Pfälzerstr. 1
Tel. (09402) 93520 / phoenix-fashion.com

Warenangebot: Hosen, Sakkos, Blousons, Mäntel und Sportbekleidung für Herren, Collection Phönix

Ersparnis: preisgünstige Angebote, 2. Wahl ist besonders preiswert

Verkaufszeiten: Mo. bis Do. 13.00-16.00 Uhr, Fr. 13.00-15.00 Uhr

Hinweise: auch Verkauf von 2. Wahl, Überproduktion und Restposten

Anfahrtsweg: Regenstauf liegt ca. 15 km nördlich von Regensburg an der A 93, von der Autobahn kommend befindet sich die Firma am Ortseingang auf der rechten Seite

93167 Falkenstein

93167 Falkenstein

▶ PALM BEACH

**Palm Beach Bademoden GmbH
93167 Falkenstein / Schellmühl 6
Tel. (09462) 5281**

Das Unternehmen wurde im Jahr 1971 gegründet und wurde als Ausrüster bei Miss- und Mister-Wahlen in ganz Europa bekannt.

Warenangebot:	Bademoden für Damen, Herren und Kinder wie Badehosen, Badeanzüge, Bikinis und Bademäntel, Marke Palm Beach
Ersparnis:	bis zu 40% möglich
Verkaufszeiten:	März bis Sept. Mo. und Fr. 9.00-18.00 Uhr, Di. bis Do. 9.00-17.00 Uhr, Sa. 9.00-12.00 Uhr
Hinweise:	der Verkaufsraum befindet sich im Erdgeschoss des Gebäudes
Anfahrtsweg:	Falkenstein liegt ca. 25 km nordöstlich von Regensburg, A 3 Ausfahrt Wörth a. d. Donau über Frauenzell und Frankenberg nach Falkenstein, von hier weiter in den Ortsteil Völling

93192 Wald

▶ MAC JEANS

**Mac Mode GmbH & Co. KGaA
93192 Wald Roßbach / Bahnhofstr. 1
Tel. (09463) 8550**

Warenangebot:	Jeans- und Stoffhosen für Damen und Herren Marke Mac, geringe Auswahl an Jeans-Jacken, -Röcken, Stoffen und Gürteln
Ersparnis:	ca. 40-50%, Preisbeispiele: Jeans in 1. Wahl für 35,- EUR, in 2. Wahl für 28,- EUR und mit Fehlern 8,- EUR
Verkaufszeiten:	Mo. bis Fr. 10.00-18.00 Uhr, Sa. 9.00-13.00 Uhr
Hinweise:	separates Ladengeschäft, teilweise ist auch 2. Wahl erhältlich
Anfahrtsweg:	Wald-Roßbach liegt ca. 20 km nordöstlich von Regensburg an der B 16 Richtung Roding, dort befindet sich die Firma in Ortsmitte beim Bahnhof

94036 Passau

▶ ETERNA

Eterna Mode GmbH
94036 Passau / Medienstr. 12
Tel. (0851) 98160 / eterna.de

Warenangebot: große Auswahl an klassischen Herrenhemden und Damenblusen, auch eine Übergrößen-Kollektion von Blusen, außerdem Krawatten

Ersparnis: ca. 25%

Verkaufszeiten: Mo. bis Fr. 9.00-17.00 Uhr, Sa. 10.00-14.00 Uhr

Hinweise: kleiner Verkaufsraum, es ist ausschließlich 2. Wahl erhältlich

Anfahrtsweg: von Passau in Richtung Fürstenzell befindet sich die Firma im Gewerbegebiet Sperrwies, hier ist sie auch ausgeschildert, erreichbar auch von der A 3 Ausfahrt Passau-Mitte, das Gewerbegebiet ist ebenso ausgeschildert

94060 Pocking

▶ CHARMOR

Charmor Vertriebs GmbH & Co. KG
94060 Pocking / Plinganserstr. 4
Tel. (08531) 91640 / charmor.de

Charmor wurde im Jahr 1938 gegründet und gehört somit zu den ältesten deutschen Wäscheherstellern. Heute gehört die Firma zu den führenden deutschen Markenunternehmen von Damen- und Herrennachtwäsche sowie Homewear.

Warenangebot: Nachtwäsche für Damen wie z.B. Unterhemden, Slips, Bodies, Nachthemden, Schlafanzüge, Hausanzüge und Morgenröcke, Marke charmor, außerdem Nachtwäsche für Herren, Marke Marcato

Ersparnis: durchschnittlich ca. 35%

Verkaufszeiten: Mo. bis Fr. 9.00-17.00 Uhr, falls Fr. nachmittags nicht viel los ist wird manchmal schon früher geschlossen

Hinweise: hauptsächlich sind 1b- und Musterteile erhältlich

Anfahrtsweg: von Passau auf der A 3 kommend Ausfahrt Pocking, auf die B 12 nach Pocking, hier rechts in die Hartkirchner Str. einbiegen, danach die zweite rechts in den Hoffmannweg und sofort wieder rechts in die Plinganserstr.

94078 Freyung

▶ WINKLHOFER

Krawattenfabrik Winklhofer
94060 Pocking / Füssinger Str. 5
Tel. (08531) 4521 / krawattenfabrikation.de

Warenangebot:	große Auswahl an Krawatten, Fliegen, Tücher und Schals aus Microfaser, Baumwolle, reiner Seide und Kaschmir
Ersparnis:	durchschnittlich ca. 40%
Verkaufszeiten:	Mo. bis Fr. 8.00-12.00 Uhr und 13.00-17.00 Uhr
Hinweise:	teilweise ist auch 2. Wahl erhältlich
Anfahrtsweg:	von Passau in südlicher Richtung auf der B 12 Richtung Simbach nach Pocking, dort befindet sich die Firma am Ortsausgang Richtung Bad Füssing, gleich neben "Obi-Baumarkt"

94078 Freyung

▶ ANOLICK

Anolick GmbH
94078 Freyung / Am Bahnhof 10
Tel. (08551) 4020

Warenangebot:	Hosen, Röcke und Blusen für Damen, Herrenhemden, Pullover, T-Shirts etc., keine junge Mode
Ersparnis:	ca. 40-50%, unterschiedlich je nach Artikel
Verkaufszeiten:	Mo. bis Fr. 9.00-18.00 Uhr, Sa. 9.00-13.00 Uhr
Hinweise:	nur Hemden und Blusen sind aus eigener Herstellung, davon ist vereinzelt auch 2. Wahl erhältlich
Anfahrtsweg:	von Passau auf der B 12 nach Freyung, dort befindet sich die Firma ca. 200 m nach der Post, im Gewerbegebiet unterhalb vom Bahnhof

94127 Neuburg

▶ TRIXI SCHOBER

Bekleidungsfabrik Alois Schober / Trixi Schober
94127 Neuburg Neukirchen / Hauptstr. 48
Tel. (08502) 9139-0 / trixi-schober.de

94315 Straubing

Warenangebot:	Damenoberbekleidung wie z.B. hochwertige Mäntel, Jacken, Kostüme, Blusen, Röcke, Hosen, Kleider, Anzüge und Shirts
Ersparnis:	ca. 30% im Durchschnitt, 2. Wahl- und Sonderposten sind besonders preiswert
Verkaufszeiten:	Mo. bis Fr. 9.00-12.00 Uhr und 13.00-17.00 Uhr
Hinweise:	ca. 4x jährl. findet ein zusätzlicher Stoffresteverkauf statt, dann meist Sa. 9.00-13.00 Uhr, genaue Termine erfagen
Anfahrtsweg:	Neukirchen liegt ca. 10 km südlich von Passau, A 3 Ausfahrt Passau-Süd nach Neukirchen, dort befindet sich die Firma am Ortseingang auf der linken Seite

94249 Bodenmais

▶ MAUZ

Basil Mauz GmbH & Co. KG / Strick- und Wirkwarenfabrik
94249 Bodenmais / Lehmgrubenweg 32
Tel. (09924) 902368 / mauz.de

Warenangebot:	für Damen, Herren, Kinder und Babys Nachtwäsche wie Strampler, Schlafanzüge, Shortys, Overalls, Nachthemden, Schlafsäckchen und Oberbekleidung wie T-Shirts, Sweat-Shirts, Rollis, Nicky-Pullis, Jogging-Anzüge, Radlerhosen, Bermudas, Leggings, Jogginghosen
Ersparnis:	durchschnittlich ca. 20-30%
Verkaufszeiten:	Mo. bis Fr. 9.30-12.30 Uhr und 13.30-18.00 Uhr, Sa. 9.00-13.00 Uhr
Hinweise:	vereinzelt ist auch 2. Wahl erhältlich
Anfahrtsweg:	A 3 Regensburg-Passau Ausfahrt Deggendorf auf die B 11 über Patersdorf nach Bodenmais, im Ortszentrum nahe der Post rechts in den Lehmgrubenweg, Parallelstraße zur Bahnhofstr.

94315 Straubing

▶ WALKER

Walker GmbH
94315 Straubing / Lerchenstr. 23
Tel. (09421) 9262-0 / walker-straubing.de

94405 Landau

Warenangebot: Mäntel, Jacken, Blazer, Kostüme, Pullover, Röcke, Hosen und Bermudas für Damen

Ersparnis: ca. 20%

Verkaufszeiten: Do. und Fr. 10.00-19.00 Uhr, Sa. 9.00-16.00 Uhr

Hinweise: nur die Damenbekleidung wird selbst hergestellt, davon ist auch 2. Wahl erhältlich

Anfahrtsweg: von Regensburg auf der A 3 Richtung Passau kommend Ausfahrt Straubing auf die B 20, die B 20 an der Abfahrt Straubing-Ost verlassen Richtung Stadtmitte auf der Ittlinger Str., die dritte Straße links ab ist dann die Lerchenstr.

94405 Landau

▶ BEER

Strickwarenfabrik Sebastian Beer
94405 Landau / Straubinger Str. 58
Tel. (09951) 7022

Warenangebot: Pullover, Jacken und Westen für Damen und Herren, Polo-Shirts

Ersparnis: unterschiedlich je nach Artikel, günstige Angebote

Verkaufszeiten: Mo. bis Fr. 9.00-11.30 Uhr und 14.00-17.00 Uhr

Hinweise: gelegentlich ist auch 2. Wahl erhältlich

Anfahrtsweg: A 92 Ausfahrt Landau, in Landau links über die Bahnlinie, nach ca. 300 m befindet sich rechts die Firma

94474 Vilshofen

▶ TONI DRESS

Weber & Ott AG
94474 Vilshofen / Aidenbacher Str. 74
Tel. (08541) 3007 / weberundott.de

Das Unternehmen wurde im Jahr 1834 gegründet und produziert seit 1874 in Forchheim. Heute fungiert die Weber & Ott AG als Holding-Gesellschaft. Das Geschäft konzentriert sich auf modische Damenoberkleidung und klassische Herrenhemden.

Warenangebot: große Auswahl an Damen- und Herrenoberbekleidung wie Hemden, Hosen, Blusen, Pullover, T-Shirts, Schlafanzüge, Marken Toni Dress, Wappen, Passport und Libero

Ersparnis: ca. 30-40%, unterschiedlich je nach Artikel

95028 Hof/Saale

Verkaufszeiten: Mo. bis Fr. 10.00-18.00 Uhr

Hinweise: gelegentlich sind auch einige Teile in 2. Wahl erhältlich

Anfahrtsweg: Vilshoven liegt ca. 20 km nordwestlich von Passau an der B 8 Richtung Straubing, dort befindet sich die Firma am Ortsausgang Richtung Aldersbach

94501 Aidenbach

▶ STADLER

Stadler KG / Bekleidungswerk
94501 Aidenbach / Am Gewerbepark 7
Tel. (08543) 96200 / stadler-bekleidung.de

Warenangebot: Leder- und Motorradbekleidung wie Jacken und Hosen, auch in Gore-Tex, sowie Leder-Kombis, Unterwäsche und Zubehör wie z.B. Nierengurte

Ersparnis: ca. 30%

Verkaufszeiten: Mo. bis Do. 8.00-12.00 Uhr und 13.00-16.30 Uhr, Fr. 8.00-13.00 Uhr, Fr. ist jedoch nicht immer geöffnet, deshalb sicherheitshalber vorher nachfragen

Hinweise: gelegentlich sind auch günstige 2. Wahl- und Auslaufmodelle erhältlich, Maßanfertigung ist möglich

Anfahrtsweg: von Passau auf der B 8 Richtung Straubing, bei Vilshofen links ab über Aldersbach nach Aidenbach, dort befindet sich die Firma beim Bahnhof Richtung Gewerbepark, hinter dem Fußballplatz

95028 Hof/Saale

▶ FASHION OUTLET

fashion outlet GmbH
95028 Hof/Saale / Graben 5/7
Tel. (09281) 140000 / fashionoutlet.de

Die fashion outlet GmbH organisiert seit nunmehr acht Jahren für internationale Textilhersteller den Direktverkauf von aktuellen Kollektionen, Überproduktionen, Ware aus der Vorsaison sowie aktuellen Musterteilen.

Warenangebot: sehr große Auswahl an Markenmode für Damen und Herren wie Oberbekleidung, Schuhe, Accessoires und Heimtextilien, ständig wechselndes großes Warenangebot

Ersparnis: je nach Artikel und Marke unterschiedlich, teilweise bis zu 70%

95032 Hof

Verkaufszeiten:	Mo. bis Fr. 9.00-19.00 Uhr, Sa. 9.00-18.00 Uhr
Hinweise:	gemeinsamer Fabrikverkauf von ca. 50 internationalen Herstellerfirmen wie MCM, Hirsch, Alba Moda, Hämmerle, Mona Lisa, Enzo Lorenzo, Alpenland, Zimmerli, Erbelle
Anfahrtsweg:	A 9 Nürnberg-Berlin Abfahrt Hof-West auf die B 15, Richtung Stadtmitte

95032 Hof

▶ LE-GO

Le-go Bekleidungswerke KG
95032 Hof / Am Wiesengrund 20
Tel. (09281) 750-0 / le-gobw.de

Die Le-go Bekleidungswerke zählen zu den größten und leistungsfähigsten Bekleidungsunternehmen in Deutschland mit mehreren tausend Mitarbeitern im In- und Ausland. Von Hof aus werden Kunden in mehr als 20 Ländern betreut und beliefert.

Warenangebot:	Kostüme, Kleider, Blusen, Röcke, Jacken, Hosen und Strickmode für Damen sowie Hemden, Hosen, Jacken, Sakkos, Mäntel und Anzüge für Herren, außerdem Trachtenmode, Marken Kendzia, Kohlhaas, Création Camilla und Dresdner Herrenmode
Ersparnis:	bei Restposten und 2. Wahl 50% und mehr möglich
Verkaufszeiten:	Mo. bis Fr. 9.00-19.00 Uhr, Sa. 9.00-16.00 Uhr
Hinweise:	der Kleinverkauf erfolgt in einem separaten Verkaufsraum auf dem Fabrikgelände, es ist auch 2. Wahl erhältlich
Anfahrtsweg:	A 9 Bayreuth-Berlin Ausfahrt Hof auf die B 15 nach Hof, dort befindet sich die Firma in Richtung Moschendorf direkt auf der Strecke

95111 Rehau

▶ RIO

Rio-Bekleidungswerke GmbH
95111 Rehau / Marienstr. 4
Tel. (09283) 82-280 / riofashion.de

Warenangebot:	Damenoberbekleidung wie Jacken, Hosen, Blusen, Röcke, Kombimode, Marke Rio
Ersparnis:	ca. 30%, unterschiedlich je nach Artikel

95180 Berg

Verkaufszeiten:	Mi. bis Fr. 9.30-12.30 Uhr und 13.00-17.30 Uhr, Sa. 9.00-13.00 Uhr
Hinweise:	teilweise ist auch 2. Wahl erhältlich
Anfahrtsweg:	Rehau liegt ca. 15 km südöstlich von Hof an der B 15 nach Marktredwitz, dort befindet sich die Firma in Richtung Bezirksklinik, ist ab Stadtmitte auch ausgeschildert

95138 Bad Steben

▶ SINGER

Max Singer / DOB-Fabrikation
95138 Bad Steben / Gustav-Ludwig-Str. 22
Tel. (09288) 217

Warenangebot:	Damenoberbekleidung wie Kleider, Röcke, Blusen, Blazer, Jacken und Hosenanzüge
Ersparnis:	immer preisgünstige Angebote, 2. Wahl ist besonders preiswert
Verkaufszeiten:	Mo. bis Do. 8.00-12.00 Uhr und 13.00-16.00 Uhr, Fr. 8.00-12.00 Uhr
Hinweise:	separater Verkaufsraum mit Kabinen, das Angebot wechselt entsprechend der Produktion
Anfahrtsweg:	A 9 Bayreuth-Berlin Ausfahrt Berg/Bad Steben, über Issigau nach Bad Steben, dort befindet sich die Firma beim Bahnhof

95180 Berg

▶ INA

Ina Mode GmbH / Kleiderfabrik
95180 Berg / Ina Str. 38
Tel. (09293) 97205

Warenangebot:	Kleider, Röcke, Blusen, Jacken, Hosen, Blazer etc. für Damen, Stoffe
Ersparnis:	bei Restposten und 2. Wahl bis zu 50%
Verkaufszeiten:	Mo. bis Fr. 10.00-16.00 Uhr, Sa. 9.00-13.00 Uhr
Hinweise:	separater Verkaufsraum, Verkauf von 2. Wahl, Musterware und Restposten

95183 Töpen

Anfahrtsweg: A 9 Bayreuth-Berlin, Ausfahrt Berg/Bad Steben bis zur 1. Ampel, danach rechts abbiegen und dann gleich wieder links, die Firma ist dann auch ausgeschildert, sie befindet sich im Rückgebäude der Firma Ina

95183 Töpen

▶ FABER

Ernst Faber GmbH
95183 Töpen / Isaar 54
Tel. (09295) 9151-0 / faber-knitwear.de

Warenangebot: Strickwaren aller Art für Damen wie z.B. Röcke, Jacken, Pullover, außerdem zugekaufte Blusen und T-Shirts

Ersparnis: durchschnittlich ca. 40%

Verkaufszeiten: Mo. bis Do. 8.00-16.00 Uhr, Fr. 8.00-12.00 Uhr

Anfahrtsweg: Töpen liegt ca. 10 km nördlich von Hof, A 72 Ausfahrt Hof/Töpen auf die B 2 nach Töpen, dort links ab in den Ortsteil Isaar

95213 Münchberg

▶ HAMMER

Hammer Fashion GmbH & Co.
95213 Münchberg / Kirchenlamitzer Str. 71
Tel. (09251) 441-105 / hammer-fashion.de

Das Unternehmen wurde 1955 durch Wilhelm Preisenhammer gegründet. Die Unternehmensgruppe Hammer Fashion gehört heute in Deutschland zu den bedeutenden Anbietern von hochwertiger Damenmode. Sie hat sich vom führenden Rockspezialisten zum Komplettanbieter modisch-sportiver Damenoberbekleidung entwickelt und vertreibt ihre Kollektion unter der Marke Hammer über den Modefachhandel in ganz Europa. Darüber hinaus werden Einzelhändler in Kanada und in einigen arabischen Ländern beliefert.

Warenangebot: Damenoberbekleidung von Hammer aus der aktuellen Saison, außerdem zugekaufte Schuhmode, Dessous, Damen- und Kindermode sowie Wohnaccessoires und Geschenkartikel

Ersparnis: ca 30%, bei Einzelstücken bis zu 50%, zugekaufte Artikel sind kaum günstiger

Verkaufszeiten: Mo. bis Fr. 11.00-18.00 Uhr, Sa. 10.00-16.00 Uhr

Hinweise: teilweise sind auch 2. Wahl sowie Artikel der Vorsaison erhältlich

95234 Sparnek

Anfahrtsweg: A 9 Bayreuth-Berlin Ausfahrt Münchberg, durch Münchberg, die Firma ist am Ortsausgang Richtung Rehau/Gewerbegebiet-Ost nicht zu verfehlen, ist groß angeschrieben

95233 Helmbrechts

▶ FRAAS

V. Fraas AG & Co. / Weberei und Wirkerei
95233 Helmbrechts Wüstenselbitz / Kulmbacher Str. 208
Tel. (09252) 7030 / fraas.com

Das Unternehmen wurde im Jahr 1880 von Valentin Fraas mit der Produktion von Grubenhalstüchern, Kopftüchern, Plaids und Umschlagtüchern gegründet. Heute ist V. Fraas ein weltweit führender Hersteller textiler Accessoires mit Niederlassungen in New York, London, Paris, Toronto und Hongkong und hat seinen Firmensitz in Wüstenselbitz im Frankenwald. Bis zu 10 Mio. Schals werden bei V. Fraas im Jahr hergestellt.

Warenangebot: Schals aus Schurwolle, Acryl, Baumwolle und Kaschmir, Tücher, Decken aus Baumwolle, Wolle und Kaschmir, außerdem Accessoires wie Handschuhe, Taschen, Gürtel, Krawatten und Modeschmuck, Marken Valentin Fraas, Cashmink, Cotiera, Carpe Diem, Casa Nostra

Ersparnis: ca. 30-50%

Verkaufszeiten: Mo. bis Fr. 11.00-18.00 Uhr, Sa. 10.00-13.00 Uhr

Hinweise: separater Verkaufsraum

Anfahrtsweg: A 9 Bayreuth-Berlin Ausfahrt Münchberg-Nord Richtung Helmbrechts, in Helmbrechts auf der Umgehungsstraße Richtung Kulmbach und nach ca. 2 km links Richtung Kulmbach/Wüstenselbitz abbiegen, der Fabrikverkauf befindet sich am Ortseingang auf der rechten Seite

95234 Sparnek

▶ PESCHKE

Johann Peschke Strickmoden
95234 Sparnek / Joseph-Müller-Str. 12
Tel. (09251) 5286

Warenangebot: Strickwaren für Damen wie z.B. Pullover, Jacken, Röcke, Zweiteiler

Ersparnis: bis zu 50% möglich

Verkaufszeiten: Mo. bis Do. 8.00-16.00 Uhr, Fr. 8.00-13.00 Uhr

95448 Bayreuth

Hinweise:	es sind auch günstige Musterteile und 2. Wahl-Artikel erhältlich
Anfahrtsweg:	Sparneck liegt ca. 5 km südöstlich von Münchberg, A 9 Ausfahrt Münchberg-Süd über Münchberg und Mechtenreuth nach Sparneck, in Sparneck Richtung Immerseiben abbiegen, dann sieht man die Firma schon

95448 Bayreuth

▶ ARENA

arena Deutschland Sport u. Mode GmbH & Co. KG
95448 Bayreuth / Bernecker Str. 73
Tel. (0921) 850318 / arenainternational.com

Warenangebot:	Badehosen und -anzüge, Bademäntel und -schuhe, Badekappen, Schwimmbrillen, Shorts, Bikinis, Sweat- und T-Shirts, Surfbekleidung, Trainingsanzüge, Radlerhosen etc.
Ersparnis:	ca. 30% im Durchschnitt
Verkaufszeiten:	Di. und Mi. 12.00-17.00 Uhr, Do. und Fr. 9.00-17.00 Uhr, Sa. 9.00-13.00 Uhr
Hinweise:	es ist hauptsächlich 2. Wahl erhältlich
Anfahrtsweg:	Bayreuth liegt an der A 9 zwischen Nürnberg und Hof, Ausfahrt Bayreuth-Nord Richtung Stadtmitte, an der 1. Ampel links, nach ca. 150 m befindet sich die Firma auf der linken Seite (Industriegebiet-Ost, Einfahrt bei Firma Siba Bautenschutz)

95463 Bindlach

▶ SOLAR

Solar Fashion GmbH & Co. KG
95463 Bindlach / Stöckigstr. 2
Tel. (09208) 90-0 / solar.info

Warenangebot:	große Auswahl an Bademoden und Accessoires für Damen, Herren und Kinder, Marke Solar
Ersparnis:	ca. 15-20%
Verkaufszeiten:	Mo. und Di. 10.00-12.00 Uhr und 12.30-17.00 Uhr, Mi. und Do. 10.00-12.00 Uhr und 12.30-17.30 Uhr, Fr. 10.00-15.30 Uhr, jeden 1. Sa. im Monat 9.00-12.30 Uhr

95632 Wunsiedel

Hinweise:	in einem separaten Verkaufsraum ist Do. und Fr. 10.00-17.00 Uhr und Sa. 10.00-12.30 Uhr Tag- und Nachtwäsche für Damen, Herren und Kinder der Marke Schiesser erhältlich, hauptsächlich Sonderposten, Restbestände und 1b-Ware
Anfahrtsweg:	Bindlach liegt ca. 5 km nordöstlich von Bayreuth an der A 9 Richtung Hof, in Bindlach befindet sich die Firma hinter dem Bahnhof

95511 Mistelbach

▶ SIGIKID

H. Scharrer & Koch GmbH & Co. KG / sigikid-store
95511 Mistelbach / Am Wolfsgarten 8
Tel. (09201) 70-0 oder -90 / sigikid.de

Warenangebot:	Oberbekleidung für Damen (Gr. 36-46) und Kinder (Gr. 68-164), z.B. T-Shirts, Sweat-Shirts, Kleider, Jacken, Hosen, Jeans etc., außerdem Plüschspielwaren, Puppen, Marke sigikid, alles ausschließlich Auslaufware, ältere Kollektionen und 2. Wahl
Ersparnis:	bei Auslaufware, älteren Kollektionen und 2. Wahl durchschnittlich ca. 30%
Verkaufszeiten:	Mi. bis Fr. 10.00-18.00 Uhr, Sa. 10.00-14.00 Uhr
Hinweise:	großer Verkaufsladen direkt auf dem Werksgelände; in den Store ist ein Shop integriert, in dem das aktuelle Sortiment (Mode und Spielwaren) von sigikid zu den regulären Handelspreisen erhältlich ist
Anfahrtsweg:	Mistelbach liegt ca. 5 km südwestlich von Bayreuth, von Bayreuth kommend befindet sich die Firma am Ortsausgang von Mistelbach nicht zu verfehlen direkt an der Hauptstraße auf der linken Seite

95632 Wunsiedel

▶ HÖFER

Arthur Höfer Strumpffabrik
95632 Wunsiedel / Katharinenstr. 10
Tel. (09232) 2308

Warenangebot:	Trachten-, Kniebundstrümpfe und Frotteesocken, Strumpfhosen und Strümpfe für Damen, Herren und Kinder, Herrenunterwäsche, Schlafanzüge, Pullover, Jacken, T-Shirts

95643 Tirschenreuth

Ersparnis:	je nach Artikel unterschiedlich, durchschnittlich ca. 30%
Verkaufszeiten:	Mo. bis Do. 8.30-12.00 Uhr und 14.00-17.00 Uhr, Mi. nachm. geschl., Fr. bis 16.00 Uhr
Hinweise:	nur Strümpfe und Strumpfhosen werden selbst hergestellt, davon ist auch sehr günstige 2. Wahl erhältlich
Anfahrtsweg:	von Bayreuth über die B 303 Richtung Marktredwitz nach Wunsiedel, dort über die Schlachthausbrücke, nach 50 m in die Einbahnstraße

Bekleidung

95643 Tirschenreuth

▶ HATICO

**T.O.C. Textil Outlet Center / Hatico-Wäschefabriken
Hans Tischler GmbH
95643 Tirschenreuth / Bahnhofstr. 23
Tel. (09631) 607-0 / hatico.de**

Hatico wurde im Jahr 1947 in Tirschenreuth gegründet. Heute gehören zur Firmengruppe die Hatico Wäschefabriken GmbH mit den Kollektionslinien Hatico men's shirts, Hatico Super Cotton bügelfrei und pure h.tico, außerdem die Key West Modevertriebs GmbH (gegr. 1994) mit den Key West Shirts sowie die H.I.S. Shirts (gegr. 1999), die in Lizenz Herrenhemden und Damenblusen fertigt.

Warenangebot:	Herrenhemden, T-Shirts, Sweat-Shirts, Pullover, Anzüge, Jeans, Socken, Krawatten, Gürtel, Marken Hatico, pure, Key West und H.I.S., auch einige Damenblusen
Ersparnis:	Preisbeispiel: Hemden 1. Wahl von EUR 20,- bis 35,- und Hemden 2. Wahl von EUR 10,- bis 25,-
Verkaufszeiten:	Di. bis Fr. 9.00-18.00 Uhr, Sa. 9.00-13.00 Uhr
Anfahrtsweg:	A 93 Ausfahrt Falkenberg auf die B 299 nach Tirschenreuth, die Firma befindet sich in Ortsmitte beim Bahnhof, direkt neben der Post

95686 Fichtelberg

▶ MÜLLER

**A. Müller u. Söhne GmbH & Co. /
Web- u. Wirkwarenfabrik
95686 Fichtelberg / Schulstr.
Tel. (09272) 405**

Warenangebot:	Damenunterwäsche in Kunstseide, Perlon und Feinripp, gelegentlich auch etwas Herrenunterwäsche
Ersparnis:	durchschnittlich ca. 35%

96052 Bamberg

Verkaufszeiten: Di. und Do. 13.00-16.00 Uhr

Hinweise: teilweise ist auch 2. Wahl erhältlich

Anfahrtsweg: A 9 Nürnberg-Hof Ausfahrt Bad Berneck auf die B 303 Richtung Marktredwitz nach Fichtelberg, die Firma befindet sich dort mitten im Ort, nicht schwer zu finden

95707 Thiersheim

▶ VOITH

Voith Sportswear GmbH & Co.
95707 Thiersheim / Marktredwitzer Str. 18
Tel. (09233) 7736-0 / voith-online.de

Warenangebot: Nicki-, Velours- und Freizeitanzüge für Damen, Jogging-, Velours- und Kuranzüge für Herren, Einzelhosen für Damen und Herren, Gymnastikbekleidung für Damen und Kinder, keine junge Mode

Ersparnis: ca. 30% im Durchschnitt

Verkaufszeiten: Mo. bis Fr. 9.00-12.00 Uhr und 14.00-17.00 Uhr

Hinweise: gelegentlich ist auch 2. Wahl erhältlich

Anfahrtsweg: von Marktredwitz auf der A 93 Richtung Hof nach erreicht man nach ca. 10 km Thiersheim, dort befindet sich die Firma gegenüber dem Renault-Autohaus

96052 Bamberg

▶ GREIFF

Greiff Mode GmbH & Co. KG
96052 Bamberg / Memmelsdorfer Str. 250
Tel. (0951) 405-278 / greiff.de

Greiff zählte in den 70er Jahren zu den größten Herrenbekleidungs-Ausstattern, Der Name Greiff steht seit vielen Jahrzehnten für klassische Herrenbekleidung, Gastro-, Service- und Berufsbekleidung sowie Corporate Wear für Damen und Herren.

Warenangebot: Anzüge, Sakkos, Hosen und Gesellschaftsbekleidung für Herren aus eigener Produktion, außerdem zugekaufte Oberbekleidung aller Art für Damen und Herren

Ersparnis: bei Artikeln aus eigener Produktion ca. 40%, zugekaufte Artikel sind kaum günstiger

Verkaufszeiten: Mo. bis Fr. 9.00-19.00 Uhr, Sa. 9.00-16.00 Uhr

96231 Bad Staffelstein

Anfahrtsweg: A 73 Nürnberg-Schweinfurt Ausfahrt Memmelsdorf, auf die Memmelsdorfer Str. Richtung Bamberg, die Firma befindet sich nach ca. 300 m auf der linken Seite, der Werksverkauf befindet sich im hinteren Bereich, er ist auch ausgeschildert

▶ KARLSBADER

Wunderlich Modelle GmbH & Co. / Blusenfabrik
96052 Bamberg / Kirschäckerstr. 22
Tel. (0951) 932220 / karlsbader-bluse.de

Warenangebot: modische Blusen aller Art in den Gr. 36-52, auch Trachtenblusen, Marke Karlsbader, außerdem Stoffreste

Ersparnis: durchschnittlich ca. 30%

Verkaufszeiten: Di. bis Fr. 10.00-18.00 Uhr, Sa. 9.00-13.00 Uhr

Hinweise: falls der Verkaufsraum nicht besetzt ist, klingeln

Anfahrtsweg: A 73 Nürnberg-Schweinfurt Ausfahrt Memmelsdorf auf die Memmelsdorfer Str. Richtung Bamberg, nach der Esso-Tankstelle rechts, die Firma befindet sich am Ende der Straße auf der rechten Seite in einem pinkfarbenen Gebäude

96231 Bad Staffelstein

▶ LEKRA

Ralf Krappmann GmbH
96231 Bad Staffelstein / Bischof-von-Dinkel-Str. 12
Tel. (09573) 9656-0 / lekra.de

Warenangebot: Lederbekleidung aller Art, auch Trachtenmode, wie Mäntel, Jacken, Westen, Hosen, Röcke und Hemden für Damen und Herren, kleines Angebot auch für Kinder, außerdem Schuhe, Gürtel und Tücher

Ersparnis: unterschiedlich je nach Artikel, günstige Angebote

Verkaufszeiten: Mo. bis Fr. 9.00-17.30 Uhr, Sa. 9.00-12.00 Uhr

Hinweise: mehrere Verkaufsräume, Damen und Herren getrennt

Anfahrtsweg: Bad Staffelstein liegt an der B 173 ca. 30 km nördlich von Bamberg in Richtung Lichtenfels, von Lichtenstein auf der B 173 kommend die 1. Ausfahrt Staffelstein nehmen, die Firma ist am Ortseingang nicht zu übersehen, hinter "Aldi"

96317 Kronach

96279 Weidhausen

▶ KNAUER

Alfred Knauer KG / Strickwarenfabrik
96279 Weidhausen / Gartenstr. 20
Tel. (09562) 7988 / knauer-strickmoden.de

Die Firma produziert seit 1953 modische Strickware für Sie und Ihn. Zum Saisonauftakt im März und September werden Modeschauen der neuesten Kollektionen veranstaltet.

Warenangebot: Strickmode für Damen (Gr. 36-54) wie Pullover, Jacken, Westen, Hosen und Röcke, für Herren (Gr. 46-64) Pullover, Jacken, Pullunder und Westen, außerdem sind auch zugekaufte Artikel anderer Hersteller erhältlich

Ersparnis: durchschnittlich ca. 20%, Einzel- und Musterteile sind besonders preiswert

Verkaufszeiten: Mo. bis Fr. 9.00-18.00 Uhr, Sa. 9.00-13.00 Uhr

Hinweise: ein Änderungsservice befindet sich im Haus, Röcke können auf Wunschlänge gefertigt werden

Anfahrtsweg: B 303 Coburg-Kronach über Sonnefeld nach Weidhausen, die Firma befindet sich in Weidhausen am Ortsausgang Richtung Lettenreuth, sie ist auch ausgeschildert

96317 Kronach

▶ WEBER

Georg Weber Bekleidungsfabrik
96317 Kronach Neuses / Kronacher Str. 36-38
Tel. (09261) 3697

Warenangebot: Lederbekleidung für Damen und Herren wie z.B. Jacken und Hosen, fast alles im Landhausstil

Ersparnis: es sind sehr günstige Angebote erhältlich

Verkaufszeiten: Mo. bis Do. 8.00-12.00 Uhr und 14.00 bis 17.00 Uhr, Fr. bis 16.00 Uhr, Sa. 9.00-12.00 Uhr

Hinweise: ab und zu sind auch 2. Wahl und günstige Musterteile vorhanden, Maßanfertigung ist zum gleichen Preis möglich

Anfahrtsweg: Neuses liegt ca. 3 km südlich von Kronach, dort befindet sich die Firma am Ortsanfang aus Richtung Kronach kommend

96328 Küps

96328 Küps

▶ BÜTTNER

**Leder-Büttner GmbH & Co. KG / Lederbekleidungsfabrik
96328 Küps Oberlangenstadt / Alte Schulstr. 26
Tel. (09264) 995666**

Warenangebot: hochwertige Lederbekleidung für Damen und Herren wie z.B. Jacken, Mäntel, Blousons, Hosen, Röcke

Ersparnis: ca. 30% im Durchschnitt

Verkaufszeiten: Mo. bis Fr. 9.00-12.00 Uhr und 14.00-17.00 Uhr, Sa. 9.00-13.00 Uhr

Anfahrtsweg: Küps liegt an der B 173 zwischen Lichtenfels und Kronach, in Küps befindet sich die Firma in Oberlangenstadt, von Küps kommend die erste Möglichkeit links und dann wieder rechts in den Weidenweg

▶ SEIDEL

**Seidel Ledermode KG
96328 Küps Johannisthal / Lerchenfeld 30
Tel. (09264) 969-0 / seidel-ledermode.de**

Warenangebot: hochwertige Lederbekleidung für Damen und Herren, auch in Leinen in Verbindung mit Lederapplikationen, vom Trachtenanzug über Lederkostüme bis hin zu extravaganten Blazern

Ersparnis: unterschiedlich, günstige Angebote

Verkaufszeiten: Mo. bis Do. 7.00-12.00 Uhr und 13.00-16.00 Uhr, Fr. 7.00-12.00 Uhr

Hinweise: Verkaufsraum, es sind auch preisreduzierte Einzel-/Kollektionsteile erhältlich, nicht alles ist aus eigener Herstellung

Anfahrtsweg: von Kronach auf der B 173 Richtung Lichtenfels liegt Johannisthal ca. 2 km vor Küps, dort befindet sich die Firma am Ortsende Richtung Küps

97076 Würzburg

▶ FRANKONIA

**Frankonia Jagd Hofmann GmbH & Co. KG
97076 Würzburg Rottendorf / Äußere Aumühlstr. 13
Tel. (0931) 2876200 / frankonia.de**

97228 Rottendorf

Warenangebot:	Jäger- und Trachtenmode für Damen und Herren, auch Lederbekleidung und Schuhe, außerdem eine kleine Auswahl an Kinderbekleidung, nicht alles ist aus eigener Herstellung
Ersparnis:	bei 2. Wahl und Auslaufartikeln bis zu 60%
Verkaufszeiten:	Mo. bis Fr. 10.00-18.00 Uhr, Sa. 10.00-16.00 Uhr
Hinweise:	ausschließlich Verkauf von Ware der Vorsaison, 2. Wahl-Artikeln und Musterteilen; ca. 2x jährl. findet im Ortsteil Rottendorf ein zusätzlicher Sonderverkauf statt, genaue Termine erfragen
Anfahrtsweg:	die Firma befindet sich im Gewerbegebiet Würzburg-Ost, hier die Abfahrt Aumühle nehmen, ab Gattinger Str. ist die Firma ausgeschildert

97215 Uffenheim

▶ REICHART

Reichart Blusen GmbH
97215 Uffenheim / Bad Windsheimer Str. 3
Tel. (09842) 98130 / reichart-blusen.de

Gegründet wurde die Firma Reichart im Jahre 1966 von Hans Reichart, zunächst als Produzent von Nachtwäsche. Reichart spezialisierte sich dann ab 1984 mit eigenen Kollektionen auf die Produktion von Damenblusen. Mittlerweile werden sowohl in Uffenheim als auch seit 1990 in Portugal mit modernstem Maschinenpark mehrere hunderttausend Damenblusen und Kombinationen produziert.

Warenangebot:	hochwertige Blusen aller Art wie z.B. Spitzenkragenblusen, Schößchenblusen etc., Tops, Shirts, außerdem Pullover, Damenhosen, T-Shirts, Herrenhemden, Strümpfe
Ersparnis:	ca. 30% bei regulärer Ware, 2. Wahl ist noch günstiger
Verkaufszeiten:	Mo. bis Fr. 9.00-18.00 Uhr, Sa. 9.00-13.00 Uhr
Hinweise:	großer Verkaufsraum mit Kinderspielecke
Anfahrtsweg:	von Würzburg auf der A 7 kommend Ausfahrt Uffenheim-Langensteinach, in Uffenheim befindet sich die Firma am Ortsausgang in Richtung Bad Windsheim, gegenüber "Lidl"

97228 Rottendorf

▶ S. OLIVER

S. Oliver Bernd Freier GmbH & Co. KG
97228 Rottendorf / Edekastr. 1
Tel. (09302) 309-0 oder -6492 (Verkaufsstelle) / s.oliver.de

97274 Leinach

Angefangen hat alles 1969 in einem kleinen Ladenlokal in Würzburg. Bis heute entstand daraus ein international erfolgreiches Marken-Unternehmen.

Warenangebot:	junge Mode für Sie und Ihn Marke S. Oliver wie z.B. T-Shirts, Sweat-Shirts, Jeans, Hemden, Blusen, Hosen, Röcke, Pullover, Socken, Blazer, Jacken, Westen, Schuhe, Gürtel u.v.m., kleine Auswahl an Kindermode Marke Oliver Twist
Ersparnis:	bei Restposten und 2. Wahl bis zu 50%
Verkaufszeiten:	Di. bis Fr. 10.00-19.00 Uhr, Sa. 10.00-16.00 Uhr
Hinweise:	ausschließlich Verkauf von 2. Wahl-Waren und Retouren mit kleinen Fehlern
Anfahrtsweg:	von Würzburg ca. 5 km auf der B 8 nach Rottendorf, dort befindet sich die Firma im Gewerbegebiet, sie ist hier gut ausgeschildert

97274 Leinach

▶ ULLA

Ulla Miederfabrik / G. Weidauer Vertriebs-GmbH
97274 Leinach / Zellinger Str. 26
Tel. (09364) 80913

Warenangebot:	Miederwaren, Dessous, BH's, kleinere Auswahl an Bademoden, Schlafanzügen und Nachthemden
Ersparnis:	teilweise sind sehr günstige Angebote erhältlich
Verkaufszeiten:	Mo. bis Fr. 9.00-18.00 Uhr, Sa. 9.00-14.00 Uhr
Hinweise:	nicht alle Artikel sind aus eigener Herstellung
Anfahrtsweg:	Leinach liegt ca. 15 km nordwestlich von Würzburg, dort befindet sich die Firma an der Straße Richtung Zellingen, nach der neuen Eisenbahnbrücke auf der rechten Seite

97359 Schwarzach

▶ MINX

Minx Mode Accessoires GmbH
97359 Schwarzach / Gewerbering Nord 4
Tel. (09324) 903441 / minx-mode.de

Warenangebot:	Damenoberbekleidung wie lange und kurze Röcke, Hosen, Kleider, Westen, Blazer, Mäntel, Blusen, Pullover, Größen 34-54, Marken Minx und Sallie Sahne

97359 Schwarzach

Ersparnis: ca. 40-60% möglich, trotzdem nicht billig

Verkaufszeiten: Mo. bis Fr. 10.00-19.00 Uhr, Sa. 10.00-16.00 Uhr

Hinweise: es sind nur Artikel der Vorjahressaison erhältlich

Anfahrtsweg: Schwarzach liegt östlich von Würzburg an der A 3 Richtung Nürnberg, Ausfahrt Schwarzach, danach rechts auf die B 22 Richtung Bamberg, nach ca. 1 km links in das Gewerbegebiet

▶ RENE LEZARD

René Lezard Mode GmbH
97359 Schwarzach Stadtschwarzach / Industriestr. 2
Tel. (09324) 302-0 / rene-lezard.com

Das Unternehmen wurde 1978 gegründet und ist heute ein führendes deutsches Modelabel. Die Kollektionen sind in den René Lezard Exclusive-Shops sowie im gehobenen Fachhandel erhältlich. Es werden nur italienische Spitzenstoffe in eigenen und ausgewählten Produktionsstätten im In- und Ausland verwendet. Die Produkte werden weltweit exportiert.

Warenangebot: hochwertige Damen- und Herrenbekleidung wie Hosen, Jacken, Sakkos, Blousons, Anzüge, Mäntel, Lederjacken, Röcke, Kleider, Kostüme, Blazer, Pullover, Hemden, Blusen, T-Shirts, Sweat-Shirts, Polo-Shirts, Jeans, Krawatten, Gürtel, Schuhe, Taschen etc.

Ersparnis: bei 1. Wahl ca. 30-40%, bei 2. Wahl bis 50%

Verkaufszeiten: Mo. bis Mi. 10.00-18.00 Uhr, Do. und Fr. 10.00-20.00 Uhr, Sa. 9.00-17.00 Uhr

Hinweise: es sind nur 2. Wahl und 1. Wahl der Vorjahres- und Musterkollektionen erhältlich; 2x jährl. (meist im April/Oktober jeweils an einem Fr. und Sa.) finden zusätzliche Sonderverkäufe mit nochmals reduzierten Preisen statt, genaue Termine erfragen

Anfahrtsweg: A 3 Würzburg-Nürnberg Ausfahrt Schwarzach nach rechts in Richtung Volkach, nach Hörblach auf die B 22 in Richtung Bamberg abbiegen, Schwarzach umfahren, am Ortsende an der Kreuzung nach links (Gewerbegebiet) und dann sofort wieder rechts ab

▶ S. OLIVER

S. Oliver Direktverkauf
97359 Schwarzach Stadtschwarzach / Gewerbering 3
Tel. (09324) 980403 / s.oliver.de

Angefangen hat alles 1969 in einem kleinen Ladenlokal in Würzburg. Bis heute entstand daraus ein international erfolgreiches Marken-Unternehmen.

97469 Gochsheim

Warenangebot:	junge Mode für Sie und Ihn Marke S. Oliver wie z.B. T-Shirts, Sweat-Shirts, Jeans, Hemden, Blusen, Hosen, Röcke, Pullover, Blazer, Jacken, Westen, Schuhe, Gürtel u.v.m., kleine Auswahl an Kindermode Marke Oliver Twist
Ersparnis:	ca. 25% bei der aktuellen Kollektion, ansonsten bis zu 50%, vereinzelt auch mehr
Verkaufszeiten:	Mo. bis Mi. 10.00-18.00 Uhr, Do. und Fr. 10.00-19.00 Uhr, Sa. 9.00-16.00 Uhr
Hinweise:	es ist ausschließlich 1. Wahl, teilweise auch die aktuelle Kollektion erhältlich
Anfahrtsweg:	A 3 Würzburg-Nürnberg Ausfahrt Schwarzach nach rechts in Richtung Volkach, nach Hörblach auf die B 22 in Richtung Bamberg abbiegen, Schwarzach umfahren, am Ortsende an der Kreuzung nach links in das Gewerbegebiet

97469 Gochsheim

▶ EISEND

Gerd Eisend
97469 Gochsheim / Atzmannstr. 4
Tel. (09721) 62081

Warenangebot:	Kinderbekleidung wie T-Shirts, Blusen, Hosen, Kleider, Röcke, alles nur für Mädchen
Ersparnis:	teilweise bis zu 50%, 2. Wahl und Auslaufmodelle sind noch günstiger
Verkaufszeiten:	jew. 1. Fr. und Sa. im Monat, und zwar Fr. 13.00-16.30 Uhr, Sa. 9.00-12.00 Uhr, während Urlaubszeiten können sich die Verkaufszeiten ändern
Anfahrtsweg:	Gochsheim liegt ca. 5 km südlich von Schweinfurt an der A 70, von der Autobahn kommend befindet sich die Firma am Ortsausgang auf der rechten Seite

97633 Höchheim

▶ HORSY

Horsy-Jeans GmbH / Bekleidungsfabrik
97633 Höchheim Gollmuthhausen / Heidweg 1
Tel. (09764) 259

Warenangebot:	Jeans- und Baumwollhosen für Damen und Herren, Stoffe, Zubehör wie Nähfaden und Reißverschlüsse

97702 Münnerstadt

Ersparnis:	ca. 30% im Durchschnitt, Preise von EUR 25,- bis 40,-
Verkaufszeiten:	Do. und Fr. 9.00-18.00 Uhr, Sa. 9.00-12.15 Uhr
Anfahrtsweg:	Höchheim liegt ca. 20 km östlich von Bad Neustadt a. d. Saale, die Firma befindet sich von Saal kommend am Ortseingang von Gollmuthhausen, leicht zu finden

97657 Sandberg

▶ SANDBERG

Sandberg Bekleidungs GmbH
97657 Sandberg / Kreuzbergstr. 133
Tel. (09701) 228 / sandberg-trachten.de

Warenangebot:	Trachtenmode für Herren im klassisch konservativen Stil wie Janker, Hemden, Anzüge, Sakkos und Hosen, gelegentlich auch etwas für Damen
Ersparnis:	ca. 30-40%, unterschiedlich je nach Artikel
Verkaufszeiten:	Mo. bis Fr. 9.00-17.00 Uhr, Sa. 9.00-13.00 Uhr
Hinweise:	nur die Herrenartikel werden selbst hergestellt
Anfahrtsweg:	von Bad Neustadt auf der B 279 nach Bischofsheim, dort links ab nach Sandberg, die Firma ist im Ort nicht zu verfehlen, sie ist auch ausgeschildert

97702 Münnerstadt

▶ MÜNNERSTADT BEKLEIDUNG

Bekleidungswerk Münnerstadt GmbH
97702 Münnerstadt / Schindbergstr. 65
Tel. (09733) 81160

Warenangebot:	Mäntel, Jacken, Blazer und Kostüme für Damen
Ersparnis:	teilweise sind sehr günstige Angebote erhältlich
Verkaufszeiten:	Mo. bis Do. 12.00-13.00 Uhr, Fr. 11.00-14.00 Uhr
Anfahrtsweg:	Münnerstadt liegt ca. 10 km nordöstlich von Bad Kissingen, von Bad Kissingen auf der B 19 kommend kurz vor Münnerstadt links den Berg hoch, das Werk ist auch von der B 19 aus bereits sichtbar

97877 Wertheim

97877 Wertheim

▶ WERTHEIM VILLAGE

**Wertheim Village
97877 Wertheim / Gewerbegebiet Almosenberg
Tel. (09342) 9199-111 / wertheimvillage.com**

Warenangebot: hochwertige Mode aller Art für Damen, Herren und Kinder, Sportbekleidung, Dessous, Schuhe und Accessoires, Reiseutensilien, Wohnaccessoires, Schmuck und Geschenkartikel, Marken Bally, CK Underwear, Golfino, Levi's, Mexx, Möve, Nike, Playtex, Reebok, Timberland, Tommy Hilfiger, Trussardi Jeans, Versace etc.

Ersparnis: je nach Shop unterschiedlich, ganzjährig bis zu 60%

Verkaufszeiten: Mo. bis Sa. 10.00-20.00 Uhr, gelegentlich finden auch verkaufsoffene Sonntage statt, genaue Termine erfragen

Hinweise: über 30 Shops mit Restaurant, Café und Snackbar, kostenlose Parkplätze und Touristen-Information

Anfahrtsweg: A 3 Würzburg-Frankfurt Ausfahrt Wertheim/Lengfurt, am Ende der Ausfahrtstraße rechts abbiegen, dann die erste Straße links abbiegen und der Zufahrtstraße zum Wertheim Village folgen

99510 Apolda

▶ STRICKTEX

**Stricktex Strickwaren
99510 Apolda / Ackerwand 11-15
Tel. (03644) 562975 / stricktex.de**

Warenangebot: klassische Strickwaren für Damen und Herren wie z.B. Röcke, Jacken, Westen, Pullover

Ersparnis: teilweise bis zu 50%

Verkaufszeiten: Mo. bis Fr. 8.00-17.00 Uhr

Anfahrtsweg: A 4 Chemnitz-Eisenach Ausfahrt Apolda auf die B 87 nach Apolda, hier befindet sich die Firma im Zentrum

▶ TOLOOP

**Toloop by U & B GmbH
99510 Apolda / Am Weimarer Berg 6
Tel. (03644) 651308**

99988 Diedorf

Warenangebot:	hauptsächlich Strickwaren für Damen wie Kleider, Westen, Röcke, Pullover, Kombinationen, T-Shirts, Marke Toloop
Ersparnis:	Saisonüberhänge und Musterteile sind besonders preiswert
Verkaufszeiten:	Mo. bis Fr. 13.00-17.00 Uhr
Anfahrtsweg:	A 4 Chemnitz-Eisenach Ausfahrt Apolda auf die B 87 nach Apolda, hier befindet sich die Firma im Gewerbegebiet neben "McDonalds"

▶ WEGNER

Wegner Strickmoden GmbH
99510 Apolda / Ritterstr. 37
Tel. (03644) 5076-0 / wegner.de

Warenangebot:	Damenoberbekleidung wie Pullover, Kleider, Kostüme, Röcke, Strickjacken und -westen, Hosen, T-Shirts, alles für die Dame ab ca. 35 Jahre, für den täglichen Tragebedarf
Ersparnis:	bei 1. Wahl bis 30%, bei 2. Wahl bis 50%
Verkaufszeiten:	Mo. bis Mi. 10.00-16.00 Uhr, Do. 10.00-18.00 Uhr, Fr. 10.00-14.00 Uhr
Hinweise:	es sind nur 2. Wahl und Musterteile erhältlich
Anfahrtsweg:	A 4 Chemnitz-Eisenach Ausfahrt Apolda auf die B 87, die Firma befindet sich im Zentrum nahe der Pestalozzi-Schule

99988 Diedorf

▶ ROGO

Thüringer Strümpfe Produktions GmbH /
Rogo Strumpf- und Textilshop
99988 Diedorf / Wendehäuser Str. 1
Tel. (036024) 570758

Warenangebot:	Strumpfwaren aller Art für Damen, Herren und Kinder wie z.B. Söckchen, Socken, Kniestrümpfe, Strumpfhosen, Feinstrumpfwaren, zugekaufte Unterwäsche
Ersparnis:	50% und mehr möglich, 1b-Ware ist besonders preiswert
Verkaufszeiten:	Mo. bis Fr. 10.00-18.00 Uhr, Sa. 10.00-12.00 Uhr
Hinweise:	es ist auch viel 1b-Ware erhältlich
Anfahrtsweg:	Diedorf liegt ca. 30 km nördlich von Eisenach und ca. 15 km westlich von Mühlhausen, in Diedorf befindet sich die Firma am Ortsausgang Richtung Wendehausen

Glas-, Keramik- und Porzellanwaren

03159 Döbern

▶ DRESDEN CRYSTAL

Glashütte Döbern GmbH
03159 Döbern / Ringstr. 26
Tel. (035600) 29-0 oder -243 (Werksverkauf) /
glashuette-doebern.de

Die Glashütte Döbern ist im südöstlichsten Teil des Bundeslandes Brandenburg gelegen. Der Produktionsbetrieb befindet sich an einem historischen Standort, der über eine 130-jährige Glasmachertradition verfügt. Hier werden 24%ige Bleikristallartikel hergestellt. Die Produktpalette besteht aus mehr als 2.000 Artikeln. Die Glashütte exportiert ca. 75% ihrer Produkte, hauptsächlich in die USA.

Warenangebot:	mundgeblasene Kelchgläser, Römer, Vasen und Schalen, handgepresste Vasen, Schalen und Aschenbecher, massive Kerzenhalter und Figuren, Geschenkartikel u.v.m., teils veredelt durch Schliff und Gravur, Marke Dresden Crystal, außerdem Handelsware wie z.B. Porzellan
Ersparnis:	bis zu 50%, besonders preiswert sind 2. Wahl und Sonderposten
Verkaufszeiten:	Mo. bis Fr. 9.00-18.00 Uhr, Sa. 9.00-13.00 Uhr
Hinweise:	der Verkauf erfolgt im Werksladen auf dem Werksgelände, werktags (samstags nach Absprache) werden Hüttenführungen angeboten
Anfahrtsweg:	Döbern liegt ca. 40 km südöstlich von Cottbus an der B 115, in Döbern ist die Firma gut ausgeschildert

04860 Torgau

▶ VILLEROY & BOCH

Villeroy & Boch Faiencerie Torgau GmbH
04860 Torgau / Hafenstr. 2-4
Tel. (03421) 740178 / villeroy-boch.com

Warenangebot:	Kaffee-, Tee- und Tafelservices, Speiseservices, Porzellanwaren, Gläser, Bestecke etc.
Ersparnis:	durchschnittlich ca. 30%
Verkaufszeiten:	Mo. bis Fr. 9.30-17.30 Uhr, Sa. 9.30-13.00 Uhr
Hinweise:	es ist ausschließlich 2. Wahl erhältlich
Anfahrtsweg:	Torgau liegt ca. 50 km nordöstlich von Leipzig an der B 87, dort befindet sich die Firma nahe der Elbe, von Leipzig kommend vor der Elbbrücke rechts einbiegen, das Werk ist nicht zu übersehen

06925 Annaburg

▶ ANNABURG PORZELLAN

Annaburg Porzellan GmbH
06925 Annaburg / Torgauer Str. 60
Tel. (035385) 32-0 oder -128 (Werksverkauf) /
annaburg-porzellan.de

Im Jahr 1874 wurde in Annaburg der Grundstein für die heutige Annaburg Porzellan GmbH gelegt. Das Unternehmen durchlief während dieser Zeit Höhen und Tiefen, viele Veränderungen und einige Besitzerwechsel. Dennoch kann das Unternehmen auf eine Zeit ohne jeglichen Stillstand zurückblicken. 1992 wurde der Betrieb durch die Ceraplan GmbH übernommen.

Warenangebot:	Porzellanartikel aller Art wie Serviceporzellan, Bistroporzellan, Buffetporzellan, Kaffeebecher, Badporzellan, Kindergeschirr sowie Geschenkartikel wie z.B. Vasen, Kerzenständer etc.
Ersparnis:	durchschnittlich ca. 30-40%, 2. Wahl ist besonders preiswert
Verkaufszeiten:	Mo. bis Fr. 10.00-18.00 Uhr, Sa. 10.00-13.00 Uhr
Hinweise:	den Besuchern des Werkes stehen ein Porzellan-Museum, ein Porzellan-Café sowie eine Porzellan-Malschule, in der man sein eigenes Porzellan unter fachkundiger Leitung selbst gestalten kann, zur Verfügung

07407 Rudolstadt

| Anfahrtsweg: | A 9 Ausfahrt Coswig auf die B 187 über Coswig und Lutherstadt Wittenberg bis Jessen, dann rechts ab nach Annaburg, hier befindet sich die Firma nicht zu verfehlen direkt an der Hauptstraße |

07407 Rudolstadt

▶ VOLKSTEDTER PORZELLAN

Aelteste Volkstedter Porzellanmanufaktur GmbH
07407 Rudolstadt Volkstedt / Breitscheidstr. 7
Tel. (03672) 4802-0 / seltmann-weiden.com

Die Gründung der Aeltesten Volkstedter Porzellanmanufaktur geht zurück auf das Jahr 1760. Sie ist damit die älteste heute noch produzierende Manufaktur Thüringens, deren kunstvolle Figuren heute bei Liebhabern hohes Ansehen genießen und im Antiquitätenhandel Höchstpreise erzielen. Das Unternehmen gehört heute zur Firmengruppe Porzellanfabriken Christian Seltmann.

Warenangebot:	kunstvoll gearbeitete Prozellanfiguren wie z.B. Spitzenfiguren mit detailgetreu gearbeiteten Kleidungsstücken, Musikanten, Kutschenmodelle, Amoretten, Reiter-, Soldaten- und Tierfiguren, Schachspiele, exclusiver Weihnachts- und Frühjahrsschmuck, Leuchter und Tafelaufsätze
Ersparnis:	durchschnittlich ca. 25%
Verkaufszeiten:	Mo. bis Fr. 9.00-16.30 Uhr, von Mai bis Okt. auch Sa. 10.00-16.30 Uhr
Hinweise:	es ist 2. Wahl mit kleinen Schönheitsfehlern erhältlich
Anfahrtsweg:	Rudolstadt liegt ca. 30 km südlich von Weimar, dort befindet sich die Firma im Ortsteil Volkstedt nicht zu übersehen an der Hauptstraße

07745 Jena

▶ JENAER GLAS

Wega Warenhandels GmbH
07745 Jena / Otto-Schott-Str. 13
Tel. (03641) 681-694 / schott.de

Warenangebot:	feuerfestes Glas zum Kochen, Gläser, Vasen, Teekannen und -gläser, Mikrowellengeschirr, Backformen, Backbleche aus Glas, Geschenkartikel etc., Marken Jenaer Glas, außerdem Tchibo Prozente
Ersparnis:	ca. 30% bei regulärer Ware, Restposten sind erheblich günstiger

Glas/Porzellan

07819 Triptis

Verkaufszeiten: Mo. bis Fr. 9.00-18.00 Uhr, Sa. 9.00-13.00 Uhr

Hinweise: ca. 4x jährl. finden zusätzliche Sonderverkäufe mit nochmals ca. 30% Preisnachlass statt, teils ist auch 2. Wahl erhältlich

Anfahrtsweg: Jena liegt ca. 25 km westlich von Gera an der A 4, dort befindet sich die Firma oberhalb vom Westbahnhof bzw. Gewerbegebiet Tatzendpromenade

07768 Kahla

▶ KAHLA PORZELLAN

Kahla Porzellan GmbH
07768 Kahla / Christian-Eckardt-Str. 38
Tel. (036424) 79-279 / kahlaporzellan.com

Im Jahr 1844 begann der Kaufmann Christian Jacob Eckardt in Kahla mit der Herstellung von Tassen, Pfeifen und Puppenköpfen aus Porzellan. Von diesen Anfängen über eine Aktiengesellschaft seit 1888 und die Steuerung des Kombinates Feinkeramik zu DDR-Zeiten bis in die freie Marktwirtschaft war der Weg wechselvoll. 1994 startete Kahla eine Erneuerung des Firmenprofils und der Produktionsstätten. Durch eine designorientierte Produktentwicklung und modernste Technologien hat sich Kahla zum größten Porzellanhersteller in Thüringen entwickelt. Heute werden über 50 Länder mit Kahla Porzellan beliefert.

Warenangebot: klassisches Geschirr in traditionellen Formen und Dekoren sowie Porzellan für junge Leute, z.B. Tassen, Dosen, Kannen, Vasen, Bierkrüge, Geschenkartikel etc.

Ersparnis: ca. 30-40%, je nach Artikel

Verkaufszeiten: Mo. bis Fr. 9.00-18.00 Uhr, Sa. 9.00-13.00 Uhr

Hinweise: separater Verkaufsraum, es ist überwiegend 2. Wahl erhältlich

Anfahrtsweg: Kahla liegt an der B 88 von Jena nach Rudolstadt, auch erreichbar über die A 4 Ausfahrt Jena-Göschwitz/Kahla, in Kahla ist die Firma nicht zu verfehlen, sie ist auch ausgeschildert

07819 Triptis

▶ TRIPTIS PORZELLAN

Triptis-Porzellan GmbH
07819 Triptis / Geraer Str. 51
Tel. (036482) 82-0 / triptis-porzellan.com

In Thüringen entwickelte sich im Laufe der Jahrhunderte eine Porzellantradition die weltberühmt wurde. Triptis Porzellan kommt aus Thüringen. Im Jahr 1998 wurde die Marke Lengsfeld Rhön, im Jahr 1999 Freiberg/Sachsen und im Jahr 2000 Eschenbach und Winterling übernommen.

10785 Berlin

Warenangebot:	Haushalts- und Geschenkartikel aus Porzellan wie z.B. Kaffee-, Tee- und Tafelservices in vielen Formen und Dekoren, Gedecke, Kindergeschirr sowie Einzelartikel, außerdem Artikel der Marken Winterling und Eschenbach
Ersparnis:	bis zu 50%; Preisbeispiel: Kindergeschirr (flacher und tiefer Teller sowie Tasse jeweils mit Motiv) im Geschenkkarton für 10,- EUR; außerdem finden ca. 4x jährl. sog. Kiloverkäufe statt (1 kg weiß für 2,50 EUR und 1 kg bunt für 5,- EUR), genaue Termine erfragen
Verkaufszeiten:	Mo. bis Fr. 9.00-17.30 Uhr, Sa. 9.00-13.00 Uhr
Hinweise:	separater Werkshop, es sind nur Restbestände und Artikel aus dem aktuellen Katalog mit kleinen Fehlern erhältlich
Anfahrtsweg:	Triptis liegt ca. 50 km südwestlich von Gera, direkt an der A 9, dort befindet sich die Firma am Ortsende an der B 281 in Richtung Gera, ist gut ausgeschildert

10785 Berlin

▶ KPM

KPM Königliche Porzellan-Manufaktur Berlin GmbH / Manufakturverkauf im Berlin-Pavillon
10785 Berlin Tiergarten / Straße des 17. Juni Nr. 100/ Ecke Klopstockstr.
Tel. (030) 39009-0 oder -215 (Berlin-Pavillon) /
kpm-berlin.de

Preußenkönig Friedrich der Große gab der Königlichen Porzellan-Manufaktur 1763 Namen und Zeichen: das königsblaue Zepter. Seitdem entstanden in jeder Epoche stilprägende Porzellane. Da jedes Stück von Hand gearbeitet wird ist auch jedes ein Unikat. Jedes KPM-Porzellan wird mit dem königsblauen Zepter signiert. Ist ein Stück bemalt, erhält es zudem eine rote, grüne oder blaue Malereimarke. Alle Bemalungen sind mit dem Kürzel des jeweiligen Malers versehen. Anhand der Markentafel erkennt man aus welcher Zeit das KPM-Porzellan stammt.

Warenangebot:	hochwertige Kaffee- und Speiseservices sowie Platten, Schalen, Schüsseln, Körbe etc., außerdem Geschenkartikel wie z.B. Vasen, Dosen und Figuren
Ersparnis:	bei 1. Wahl kaum, bei 2. Wahl und Auslaufmodellen günstige Angebote (bis zu 20%)
Verkaufszeiten:	Mo. bis Fr. 10.00-19.00 Uhr, Sa. 10.00-16.00 Uhr
Anfahrtsweg:	die Firma befindet sich westlich vom Stadtzentrum in Tiergarten, nahe dem S-Bahnhof Tiergarten

23569 Lübeck

▶ VILLEROY & BOCH

Villeroy & Boch AG / Geschirr-Center
23569 Lübeck Dänischburg / Dänischburger Landstr.
Tel. (0451) 201371

Warenangebot: Kaffee-, Tee- und Tafelservices, Speiseservices, Porzellanwaren, Gläser, Vasen etc., außerdem Bestecke in Silber und Edelstahl

Ersparnis: durchschnittlich ca. 25%

Verkaufszeiten: Mo. bis Fr. 9.00-18.00 Uhr, Sa. 9.00-14.00 Uhr

Hinweise: großer Verkaufsraum, es sind immer auch 2. Wahl und Sonderposten erhältlich

Anfahrtsweg: Dänischburg liegt nordöstlich vom Zentrum Lübeck, Autobahnausfahrt Dänischburg zuerst rechts dann links, nahe der großen Fabrikkamine, die Firma ist auch gut ausgeschildert, Einfahrt beim Sanitärwerk

26316 Varel

▶ FRIESLAND

Porzellanfabrik Friesland GmbH & Co. KG
26316 Varel Rahling / Rahlinger Str. 23
Tel. (04451) 17-0 / friesland-porzellan.de

Warenangebot: große Auswahl an Kaffee-, Tee-, Mokka- und Tafelservices, außerdem Gläser und Geschenkartikel

Ersparnis: ca. 20-40%, unterschiedlich je nach Artikel, Kiloverkauf: EUR 6,-/kg

Verkaufszeiten: Mo. bis Fr. 10.00-17.00 Uhr, Sa. 10.00-13.00 Uhr, Kiloverkauf an speziellen Aktionstagen im April und Oktober, genaue Termine erfragen

Hinweise: das Ladengeschäft befindet sich neben dem Werk, es ist nur 2. Wahl erhältlich

Anfahrtsweg: A 29 Oldenburg-Wilhelmshaven Ausfahrt Varel-Bockhorn, links ab Richtung Bockhorn, ca. 3 km vor Bockhorn hinter der Tankstelle rechts, der Beschilderung "Porzellanfabrik Friesland" folgen

28199 Bremen

28199 Bremen

▶ KOCH & BERGFELD

Koch & Bergfeld Kochberg GmbH / K & B Center
28199 Bremen / Kirchweg 200
Tel. (0421) 5360719 / koch-bergfeld.de

Die Silberschmiedekunst bei Koch & Bergfeld hat eine lange Tradition. Seit 1829, dem Gründungsjahr, hat sich in der Herstellung von wertvollen Silberbestecken wenig geändert. In einem denkmalgeschützten Gebäude in der Bremer Neustadt werden noch heute Bestecke in aufwendiger Handarbeit gefertigt. Die Möglichkeit einer Besichtigung nach vorheriger Anmeldung ist möglich.

Warenangebot:	Bestecke in Echtsilber, versilbert und Edelstahl, Porzellan- und Glasartikel, außerdem Tischwäsche und Geschenkartikel wie Brieföffner, Lupe oder Leseglas, Flaschenöffner etc. sowie Porzellanartikel von Arzberg, Friesland, Seltmann Weiden, Nachtmann und Spiegelau
Ersparnis:	ca. 20-40%
Verkaufszeiten:	Mo. bis Mi., Fr. 9.30-18.00 Uhr, Sa. 9.30-14.00 Uhr
Hinweise:	es sind 1. und 2. Wahl sowie Sonderposten erhältlich
Anfahrtsweg:	A 1 Ausfahrt Bremen-Arsten Richtung Flughafen, nach ca. 2,5 km hinter der Shell-Tankstelle rechts in den Kirchweg einbiegen, nach weiteren ca. 300 m befindet sich die Firma auf der rechten Seite

36110 Schlitz

▶ KERAMA

Kerama Tonwarenfabrik GmbH & Co. KG
36110 Schlitz / Am Gänsrasen 11
Tel. (06642) 919166 / kerama.de

Warenangebot:	Keramikartikel aller Art wie z.B. Schalen, Vasen, Blumenübertöpfe, Tierfiguren, Lampen, Zierkeramik etc.
Ersparnis:	ca. 30% bei regulärer Ware, 2. Wahl ist erheblich günstiger
Verkaufszeiten:	Mo. bis Do. 8.00-12.00 Uhr und 13.00-16.00 Uhr, Fr. 8.00-12.00 Uhr
Hinweise:	teilweise ist auch 2. Wahl erhältlich
Anfahrtsweg:	Schlitz liegt ca. 25 km nördlich von Fulda, in Schlitz Richtung Bad Salzschlirf, am Ortsausgang bei der Tankstelle links einbiegen

36457 Stadtlengsfeld

▶ GILITZER

Gilitzer Porzellanmanufaktur GmbH
36457 Stadtlengsfeld / Fabrikstr. 1/Am Porzellanwerk
Tel. (036965) 8879-2 / gilitzer.de

Warenangebot:	Kaffee-, Tafel- und Teeservices, Gläser, Geschenkartikel
Ersparnis:	preisgünstiges Warenangebot
Verkaufszeiten:	Mo. bis Fr. 11.00-17.00 Uhr, Sa. 9.00-13.00 Uhr
Hinweise:	das Ladengeschäft befindet sich am Betriebseingang, es ist auch 2. Wahl erhältlich, gelegentlich finden zusätzliche Sonderverkäufe statt, genaue Termine erfragen, eine Betriebsbesichtigung ist nach Terminabsprache möglich
Anfahrtsweg:	von Eisenach in südlicher Richtung über Bad Salzungen nach Stadtlengsfeld, dort befindet sich die Firma im Ortszentrum

37699 Fürstenberg

▶ FÜRSTENBERG PORZELLAN

Porzellanmanufaktur Fürstenberg
37699 Fürstenberg / Meinbrexener Str. 2
Tel. (05271) 401-0 / fuerstenberg-porzellan.com

Die Porzellanmanufaktur Fürstenberg wurde vor mehr als 250 Jahren in Fürstenberg an der Weser von Herzog Carl I. von Braunschweig gegründet. Seitdem gehört sie nicht nur zu den traditionsreichsten Produktionsbetrieben Niedersachsens, sondern zählt auch zu den ältesten und renommiertesten Porzellanherstellern Europas.

Warenangebot:	hochwertiges Geschirr- und Zierporzellan, Geschirrserien und Geschenkartikel wie z.B. Vasen, Schalen, Dosen, Figuren etc. in 1. und 2. Wahl
Ersparnis:	bei 1. Wahl kaum, ca. 30-50% bei 2. Wahl-Artikeln sowie Einzelstücken und Sonderauflagen
Verkaufszeiten:	(Jan.-März) Di. bis Sa., (April-Mitte Okt.) Di. bis So. und Feiertage, (Mitte Okt.-Weihnachten) Di. bis Sa. und Adventssonntage, jeweils 10.00-18.00 Uhr
Hinweise:	der Werksverkauf "Porzellan im Schloss" sowie das manufaktureigene, einzige Porzellanmuseum Norddeutschlands befinden sich im historischen Schlosshof der Manufaktur

38895 Derenburg

Anfahrtsweg: Fürstenberg liegt am Rande des Naturparks Solling-Vogler, am östlichen Ufer der Weser direkt an der Deutschen Märchenstraße zwischen Beverungen und Höxter, die Manufaktur befindet sich nicht zu verfehlen am Ortseingang

38895 Derenburg

▶ HARZ-KRISTALL

Staatliche Glasmanufaktur Harz-Kristall
38895 Derenburg / Im freien Felde 5
Tel. (039453) 225 / harzkristall.de

Warenangebot: Vasen, Gläser, Schalen, Schüsseln, Karaffen, Glastierchen, Dekokugeln, Weihnachtsbaumschmuck, zugekaufte Geschenkartikel

Ersparnis: ca. 30%, unterschiedlich je nach Artikel

Verkaufszeiten: Mo. bis So. 8.00-18.00 Uhr

Hinweise: auf Anfrage sind Hüttenführungen für Gruppen möglich, es ist nur 2. Wahl erhältlich

Anfahrtsweg: Derenburg liegt zwischen Wernigerode und Halberstadt, die Firma befindet sich dort ca. 2 km außerhalb, gut zu erkennen an den großen Schornsteinen

39340 Haldensleben

▶ KERAMISCHE WERKE

Neue Keramische Werke Haldensleben GmbH
39340 Haldensleben / Gerikestr. 96
Tel. (03904) 2283 / keramikwelt.de

Warenangebot: Tischgeschirr, Vorratsbehälter wie Brot-, Wurst- und Zwiebeltöpfe, Zierkeramik wie Boden- und Tischvasen, Leuchter, Schalen, Krüge, Tierfiguren etc.

Ersparnis: Preise deutlich unter vergleichbarer Einzelhandelsware

Verkaufszeiten: Mo. bis Fr. 15.00-18.30 Uhr, Sa. 9.00-12.30 Uhr

Hinweise: eine Besichtigung des Werkes sowie der Keramikmalerei ist möglich, es ist auch 2. Wahl erhältlich

Anfahrtsweg: von Magdeburg auf der B 71 ca. 25 km nordwestlich nach Haldensleben, dort befindet sich die Firma im Industriegebiet, vom Bahnhof den Jungfernstieg entlang fahren, Zufahrt über die Köhlerstr. 23a

55122 Mainz

▶ SCHOTT ZWIESEL

Schott Glas Werksverkauf
55122 Mainz / Hattenbergstr. 10
Tel. (06131) 66-1826 / schott.com

Das Unternehmen wurde im Jahr 1872 als Tafelglasfabrik "Annathal" gegründet. Heute produziert Schott Zwiesel ca. 60 Mio. Kristallgläser in Werken in Zwiesel und in Husinec/Tschechien und liefert in über 70 Länder weltweit. Schott Zwiesel produziert Gläser für jedes Getränk, jeden Stil und jeden Anlass.

Warenangebot: hochwertige Gläser in großer Auswahl, z.B. Kelchgläser, Bechergläser, geschliffene Kristallgläser, Karaffen, Dekanter, Haushaltsglas wie Schalen, Schüsseln, Vasen (auch mundgeblasen), Leuchter sowie Geschenkartikel aus Kristall, Marken Schott Zwiesel, Jenaer Glas und Esprit

Ersparnis: ca. 30% bei regulärer Ware, Restposten sind noch günstiger

Verkaufszeiten: Mo. bis Fr. 10.00-18.00 Uhr, Sa. 10.00-14.00 Uhr

Hinweise: es sind auch 2. Wahl sowie günstige Auslaufmodelle und Restposten erhältlich, ebenso reduzierte Tchiboartikel

Anfahrtsweg: die Firma befindet sich im Stadtteil Mombach, Ecke Bismarck-Platz neben "Aldi"

Glas/Porzellan

56203 Höhr-Grenzhausen

▶ MERKELBACH

Merkelbach Manufaktur GmbH
56203 Höhr-Grenzhausen / Kirchstr. 17
Tel. (02624) 3021 / merkelbach-keramik.de

Warenangebot: salzglasiertes Steinzeug wie z.B. Vasen, Kerzenständer, Brottöpfe, Bierkrüge, Services, Becher, Teller, Schalen, Zierartikel etc.

Ersparnis: preisgünstige Angebote

Verkaufszeiten: Mo. bis Do. 6.30-12.00 Uhr und 13.00-15.00 Uhr, Fr. 6.30-12.00 Uhr, ab ca. Mitte April bis Herbst auch Sa. 10.00-15.00 Uhr

Hinweise: mehrere Verkaufsräume, es sind auch 2. Wahl-Artikel erhältlich

Anfahrtsweg: A 48 nordöstlich von Koblenz Ausfahrt Höhr-Grenzhausen, dort befindet sich die Firma in der Nähe der evang. Kirche, beim großen Parkplatz

56235 Ransbach-Baumbach

▶ RASTAL

Rastal GmbH & Co. KG
56203 Höhr-Grenzhausen / Lindenstr. 18
Tel. (02624) 16-166 / rastal.com

Rastal ist ein 1919 gegründetes Familienunternehmen und erhielt seine Bekanntheit durch die Exclusivglas-Idee in der Getränkeindustrie. Heute gilt das Unternehmen als Marktführer im Bereich dekorierter Glas- und Keramikartikel.

Warenangebot: Glasartikel, teilweise auch aus Keramik wie z.B. Trinkgläser, Glasserien, Exclusivgläser, Karaffen, Bowlen, Schalen, Vasen, Kerzenständer, Back- und Auflaufformen, Geschenkartikel etc., Marke Rastal

Ersparnis: durchschnittlich ca. 30%

Verkaufszeiten: Mo. bis Fr. 9.00-18.00 Uhr, Sa. 9.00-13.00 Uhr

Hinweise: Verkaufsladen beim Werk, teilweise ist auch 2. Wahl im Angebot

Anfahrtsweg: Höhr-Grenzhausen liegt an der A 48, ca. 20 km nordöstlich von Koblenz, die Lindenstr. ist eine Parallelstraße zur Autobahn, die Firma ist nicht zu übersehen

56235 Ransbach-Baumbach

▶ JOPEKO

Jopeko-Keramik Joh. Peter Korzilius KG
56235 Ransbach-Baumbach / Rheinstr. 146
Tel. (02623) 2268 oder 1226 (Laden) / jopeko.com

Warenangebot: Zierkeramik wie Vasen, Schalen, Ascher, Figuren und Tiere, außerdem Gebrauchsgeschirr aus Keramik wie Schüsseln, Obstteller, Brottöpfe, Wursttöpfe, Backformen etc.

Ersparnis: preisgünstige Angebote, 2. Wahl ist besonders preiswert

Verkaufszeiten: Mo. bis Fr. 9.30-12.00 Uhr und 14.00-17.30 Uhr, Mi. nachm. geschlossen

Hinweise: kleiner Werksladen, gelegentlich ist auch 2. Wahl erhältlich

Anfahrtsweg: A 3 Frankfurt-Köln Ausfahrt Ransbach-Baumbach, die Firma befindet sich zwischen Ransbach und Baumbach unweit der Stadthalle, gegenüber der Bäckerei

58285 Gevelsberg

▶ SILBERDISTEL

Silberdistel Keramische Werkstätten Breu & Co.
58285 Gevelsberg / Bruchstr. 24
Tel. (02339) 2240

Warenangebot: handgearbeitete Qualitätskeramik wie z.B. Brottöpfe, Vasen, Schalen, Leuchter, Tischlampen, Schirmständer, Blumensäulen, Übertöpfe, Brunnen etc.

Ersparnis: durchschnittlich ca. 45%

Verkaufszeiten: Mo., Mi. bis Fr. 8.00-16.00 Uhr, Di. 8.00-18.00 Uhr

Hinweise: Verkauf im "2. Wahl-Laden", es ist aber auch 1. Wahl erhältlich

Anfahrtsweg: A 1 Köln-Dortmund Ausfahrt Gevelsberg Richtung Stadtmitte, dort befindet sich die Firma auf der Strecke Richtung Hasslinghausen

63636 Brachttal

▶ WÄCHTERSBACHER KERAMIK

Wächtersbacher Keramik GmbH & Co. KG
63636 Brachttal / Fabrikstr. 12
Tel. (06053) 801-0

Warenangebot: Haushalts- und Geschenkartikel aus Keramik wie z.B. Kaffee- und Tafelservioce, Brottöpfe, Backformen, Schüsseln, Platten, Tassen, Becher, Spardosen, Blumentöpfe, Kerzenständer, Vasen etc.

Ersparnis: durchschnittlich ca. 40%

Verkaufszeiten: Mo. bis Fr. 9.30-18.00 Uhr, Sa. 9.30-14.00 Uhr

Hinweise: es sind auch sehr günstige 2. und 3. Wahl, Restposten und Auslaufmodelle in der "Fundgrube" erhältlich, beim Verkaufsraum befindet sich auch ein kleines Fabrikmuseum

Anfahrtsweg: A 66 von Frankfurt kommend Ausfahrt Bad Orb/Wächtersbach auf die B 276 nach Brachtal, die Fabrikstr. geht mitten im Ort ab, ist auch beschildert

65929 Frankfurt

65929 Frankfurt

▶ HÖCHSTER PORZELLAN

Höchster Porzellanmanufaktur GmbH
65929 Frankfurt Höchst / Bolongarostr. 186
Tel. (069) 300902-0 / hoechster-porzellan.de

Warenangebot: hochwertige Porzellanartikel wie z.B. Services, Vasen, Schalen, handbemalte Figuren und Geschenkartikel, teilweise auch in 2. Wahl

Ersparnis: günstige Angebote, trotzdem nicht billig

Verkaufszeiten: Mo. bis Fr. 9.30-18.00 Uhr, Sa. 9.30-14.00 Uhr

Hinweise: eine weitere Verkaufsstelle (Ladengeschäft) befindet sich in der Palleskestr. 32, Tel. (069) 3009040, geöffnet Mo. bis Fr. 9.30-18.00 Uhr und Sa. 9.30-14.00 Uhr

Anfahrtsweg: die Firma befindet sich südwestlich vom Stadtzentrum Frankfurt in Höchst

66693 Mettlach

▶ VILLEROY & BOCH

Villeroy & Boch AG / Geschirr-Center
66693 Mettlach / Freiherr-v. Stein-Str. 4-6
Tel. (06864) 2031

Warenangebot: Trinkglasservices und Geschenkartikel aus Bleikristallglas, Kaffee-, Tee- und Tafelservices, Speiseservices, Porzellanwaren, Sammelteller, Herdabdeckplatten, Schüsseln etc.

Ersparnis: bei Restposten und 2. Wahl ca. 20-40%, Sonderangebote von 2. Wahl sind noch günstiger

Verkaufszeiten: Mo. bis Fr. 9.30-18.00 Uhr, Sa. 9.30-16.00 Uhr

Hinweise: es sind nur 2. Wahl und Sonderposten im Verkauf erhältlich, aber alles aktuelle Ware

Anfahrtsweg: Mettlach liegt an der B 51 zwischen Saarburg und Merzig, nordwestlich von Saarbrücken, dort befindet sich die Firma in der Stadtmitte

66787 Wadgassen

▶ VILLEROY & BOCH

Villeroy & Boch AG Cristallerie
66787 Wadgassen / Saarstr. 20
Tel. (06834) 4002-40 / villeroy-boch.de

Warenangebot: Trinkglasservices und Geschenkartikel aus Bleikristallglas, 2. Wahl Porzellanwaren wie z.B. Kaffee-, Tee- und Tafelservices, komplettes Villeroy & Boch-Programm

Ersparnis: bei Restposten und 2. Wahl ca. 20-40%

Verkaufszeiten: Mo. bis Fr. 9.30-18.30 Uhr, Sa. 9.00-15.00 Uhr

Hinweise: es ist ausschließlich 2. Wahl erhältlich

Anfahrtsweg: A 620 Ausfahrt Wadgassen, im Kreisverkehr Richtung Schwalbach-Buus, die Firma befindet sich dann nach ca. 200 m auf der rechten Seite

71634 Ludwigsburg

▶ LUDWIGSBURG PORZELLAN

Porzellan-Manufaktur Ludwigsburg GmbH
71634 Ludwigsburg / Im Schloß
Tel. (07141) 975040 / ludwigsburger-porzellan.de

Warenangebot: hochwertiges Qualitätsporzellan mit Handmalerei, Service-Porzellan wie z.B. Geschirre, Kaffee-, Tee-, Tafel- und Mokkaservices, außerdem Zierporzellan wie Sammelteller, Schalen, Vasen, Figuren etc.

Ersparnis: bei 1. Wahl keine, bei 2. Wahl ca. 30%

Verkaufszeiten: Mo. bis Fr. 9.30-17.30 Uhr, Sa. 10.00-13.00 Uhr

Hinweise: ca. 2x jährl. finden sog. 2. Wahl-Sonderverkaufstage statt, meistens im April und November, genaue Termine erfragen

Anfahrtsweg: von Stuttgart auf der B 27 nach Ludwigsburg, hier der Beschilderung "Schloss" folgen bis direkt in den Schlosshof, durch den Innenhof des Schlosses gelangt man in die Verkaufsgalerie

73430 Aalen

73430 Aalen

▶ SCHOTT

Schott Glas / Z-Glas-Vertriebs GmbH
73430 Aalen / Schleifbrückenstr. 8
Tel. (07361) 680802 / schott.com

Warenangebot: hochwertige Gläser in großer Auswahl, z.B. Kelchgläser, Bechergläser, geschliffene Kristallgläser, Karaffen, Dekanter, Haushaltsglas wie Schalen, Schüsseln, Vasen (auch mundgeblasen), Leuchter sowie Geschenkartikel aus Kristall, Marken Schott Zwiesel und Jenaer Glas, auch reduzierte Tchibo-Artikel

Ersparnis: durchschnittlich ca. 30%

Verkaufszeiten: Mo. bis Fr. 9.00-18.00 Uhr, Sa. 9.00-13.00 Uhr

Anfahrtsweg: von Ulm auf der A 7 kommend Ausfahrt Aalen/Oberkochen nach Aalen, im Zentrum von Aalen auf die Bahnhofstr. Richtung Wasseralfingen, die Schleifbrückenstr. kreuzt die Bahnhofstr. kurz nach dem Zentrum

74865 Neckarzimmern

▶ KASPAR

Franz Kaspar KG / Kristallglaswerk
74865 Neckarzimmern / Hauptstr. 11
Tel. (06261) 92300 / kaspar.de

Im Jahr 1925 gründet Franz Kaspar in Seitenberg/Schlesien das Unternehmen. Gefertigt wird Kristall und Bleikristall in traditioneller und moderner Gestaltung. 1947 wird in Neckarzimmern neu begonnen. Heute ist das Familienunternehmen international bekannt durch seine durch Schliff und Gravur veredelten Bleikristall-Trinkglasserien.

Warenangebot: Geschenkartikel aus Kristall und Bleikristall wie Kelchgläser, Vasen, Schalen, Teller, Leuchter etc., nicht alles ist aus eigener Herstellung

Ersparnis: bei 1. Wahl bis zu 40%, bei 2. Wahl ca. 50%, Sonderposten in 2a-Qualität, Auslaufmodelle und Lagerüberhänge sind besonders preiswert

Verkaufszeiten: Mo. bis Sa. 8.00-18.30 Uhr, So. 10.30-18.30 Uhr

Hinweise: außer So. ist auch eine Besichtigung der Produktion möglich, eine Ausbesserung und Reparatur schadhafter Gläser sowie die Ausführung von Gravuren individuell nach Vorlage sind möglich

77736 Zell

Anfahrtsweg: von Heilbronn auf der B 27 in nördlicher Richtung nach Neckarzimmern, die Ausstellungs- und Verkaufsräume der Firma befinden sich direkt an der B 27

77709 Wolfach

▶ DOROTHEENHÜTTE CRYSTAL

Dorotheenhütte Wolfach Geschwister Hillebrand GmbH
77709 Wolfach / Glashüttenweg 4
Tel. (07834) 8398-0 / dorotheenhuette.de

Die Dorotheenhütte (ehemals Barthmann Cristall) wurde im Jahr 1947 gegründet und bietet heute eine ca. 1.600 Artikel umfassende Kollektion eleganter Trinkgläser und Geschenkartikel in hoher Qualität. Überlieferte Traditionen werden bewahrt, indem die Gläser nach alten böhmischen und schlesischen Motiven geschliffen werden. Die Moderne zeigt sich im glatten Glas. Das kostbare Bleikristall verläßt nach wie vor ausschließlich mundgeblasen und handgeschliffen die einzige Schwarzwälder Glashütte.

Warenangebot: moderne, mundgeblasene Trinkglasserien, Karaffen, Krüge und Vasen, außerdem mundgeblasene und handgeschliffene Trinkglasserien, Überfangrömer und -vasen sowie geschliffene Trinkglasgarnituren und Geschenkartikel, Marke Dorotheenhütte Crystal

Ersparnis: ca. 20%, 1b-Waren sind noch etwas günstiger

Verkaufszeiten: Mo. bis So. 9.00-17.00 Uhr, von Jan. bis April ist sonn- und feiertags geschlossen

Hinweise: Glashütte mit Besichtigung der Glasproduktion und Glasschleiferei, große Verkaufsräume mit Gläserland und ganzjährig geöffnetem Weihnachtsdorf

Anfahrtsweg: von Offenburg auf der B 33 kommend befindet sich die Firma gleich am Ortseingang von Wolfach auf der linken Seite

77736 Zell

▶ ZELLER KERAMIK

Zeller Keramik GmbH
77736 Zell a. Harmersbach / Hauptstr. 2
Tel. (07835) 7860 / zeller-keramik.de

Warenangebot: Geschenk- und Gebrauchsartikel aus Keramik und Steingut wie z.B. Kaffee- und Tafelservices, Kuchenplatten, Schalen, Dosen, Zwiebeltöpfe etc., auch Hahn & Henne Kollektion

Ersparnis: ca. 30-40%, unterschiedlich je nach Artikel

79664 Wehr

Verkaufszeiten: Mo. bis Fr. 9.00-17.30 Uhr, Sa. 9.00-16.00 Uhr, Mai bis Sept. auch So. 9.30-17.00 Uhr

Hinweise: kleiner Verkaufsraum auf dem Betriebsgelände, es ist ausschließlich 2. Wahl erhältlich, jeden Mi. ab 14 Uhr Werksbesichtigung für Gruppen nach vorheriger Anmeldung

Anfahrtsweg: A 5 Ausfahrt Lahr auf die B 415 über Lahr und Biberach nach Zell, 1. Fabrikgebäude auf der linken Seite

79664 Wehr

▶ WECK

J. Weck GmbH & Co. KG
79664 Wehr Öflingen / Weckstr.
Tel. (07761) 935-0 / weck.de

Fast jeder kennt die Weck-Einkochgläser, oder einfach Weck-Gläser genannt, die in vielen Haushalten zum Einkochen verwendet werden. Im Januar 1900 gründeten Johann Weck und Georg van Eyck im südbadischen Öflingen die Firma J. Weck & Co. und vertrieben Einkochgläser, Einkochringe, Einkochtöpfe und Einkochzubehör. Im Laufe der Zeit kamen noch weitere Produktgruppen hinzu wie z.B. Glassteine im Bereich Bauglas, leicht zu handhabende Einkochgläser im Bereich Haushaltskonservenglas sowie Kerzenlicht- und Verpackungsglas.

Warenangebot: Einkochsortiment und Einmachgläser in allen Größen und Zubehör wie Ringe, Töpfe etc., komplettes Weck-Sortiment, außerdem emaillierte und Edelstahl-Töpfe

Ersparnis: ca. 20-30%

Verkaufszeiten: Mo. bis Do. 8.15-12.00 Uhr und 13.30-16.00 Uhr, Fr. 8.15-11.30 Uhr und 13.00-15.00 Uhr

Anfahrtsweg: Wehr liegt an der B 518 zwischen Bad Säckingen und Schopfheim, von Wehr nach Öflingen kommend ist die Firma direkt an der Hauptstraße nicht zu übersehen

84028 Landshut

▶ SCHOTT

Schott Glas
84028 Landshut / Christoph-Dorner-Str. 29
Tel. (0871) 826168 / schott.com

Warenangebot: hochwertige Gläser in großer Auswahl, z.B. Kelchgläser, Bechergläser, geschliffene Kristallgläser, Karaffen, Dekanter, Haushaltsglas wie Schalen, Schüsseln, Vasen (auch mundgeblasen), Leuchter sowie Geschenkartikel

92648 Vohenstrauß

aus Kristall, Marken Schott Zwiesel und Jenaer Glas, auch reduzierte Tchibo-Artikel

Ersparnis: durchschnittlich ca. 30%

Verkaufszeiten: Mi. 9.00-16.30 Uhr

Anfahrtsweg: A 92 Ausfahrt Landshut-Nord auf die B 299, nach der ersten Isarbrücke rechts in die Breslauer Str., diese geht über in die Christoph-Dorner-Str.

92637 Weiden

▶ SELTMANN

Porzellanfabriken Christian Seltmann GmbH
92637 Weiden / Christian-Seltmann-Str. 66
Tel. (0961) 204-115 / seltmann-weiden.com

Die Seltmann Unternehmensgruppe umfaßt 8 Werke mit rund 2.000 Beschäftigten. Das Seltmann Stammhaus wurde 1910 in Weiden/Opf. errichtet. Später kamen die Werke Krummennaab (1939) und Erbendorf (1940) und in den 60er Jahren die 1794 gegründete "Königlich privilegierte Porzellanfabrik Tettau" dazu. 1990 wurden drei Manufakturen für figürliche Porzellankunst in Thüringen dazugewonnen: die "Aelteste Volkstedter Porzellanmanufaktur GmbH" (gegr. 1762), die "Unterweissbacher Werkstätten für Porzellankunst GmbH" (gegr. 1882) und die "Porzellanmanufaktur Scheibe-Alsbach" (gegr. 1835). Seit Oktober 1995 bereichert die "Porzellanmanufactur Plaue GmbH" (gegr. 1817) das Sortiment.

Warenangebot: modernes und traditionelles Haushaltsporzellan wie Tafel-, Kaffee- und Teeservices, Espresso- und Cappucinotassen, außerdem Auflauf- und Backformen, Terrinen, Schüsseln, Gratinierschalen, Pastetentöpfchen und Reisschalen sowie Geschenkserien wie Zierporzellan, Vasen, Schalen, Leuchter, Dosen etc.

Ersparnis: ca. 20-30%, bei Sonderposten bis zu 50% und mehr

Verkaufszeiten: Mo. bis Fr. 9.00-17.00 Uhr, Sa. 9.00-13.00 Uhr

Anfahrtsweg: A 93 Ausfahrt Weiden-West auf die Christian-Seltmann-Str. Richtung Stadtmitte, nach ca. 1 km befindet sich die Firma auf der rechten Seite

92648 Vohenstrauß

▶ SKV-ARZBERG

SKV-Arzberg-Porzellan GmbH
92648 Vohenstrauß / Johann-Seltmann-Str. 8
Tel. (09651) 91499 / skv-arzberg.de

Im Jahr 1993 fusionierten die drei mittelständischen Porzellanhersteller Schirnding, Kronester und Johann Seltmann Vohenstrauß zur SKV-Porzellan-

92660 Neustadt

Union GmbH. Im August 2000 kam die Marke Arzberg dazu. Es entstand die SKV-Arzberg-Porzellan GmbH, die sich mit der traditionsreichen Designmarke Arzberg positioniert hat. Die Marke Arzberg ist Synonym für formschönes Porzellan mit zeitgemäßem und zeitbeständigem Designanspruch.

Warenangebot:	Haushaltsporzellan wie Speiseservices, Hotelgeschirr, Geschenkartikel wie z.B. Ascher und Vasen, Marken Arzberg und Schirnding
Ersparnis:	ca. 35-50%
Verkaufszeiten:	Mo. bis Do. 9.00-12.00 Uhr und 13.00-16.00 Uhr, Fr. 9.00-12.00 Uhr
Anfahrtsweg:	A 93 Ausfahrt Wernberg-Köblitz auf die B 14 über Wieselrieth nach Vohenstrauß, von dort Richtung Weiden

92660 Neustadt

▶ NACHTMANN

**F. X. Nachtmann Bleikristallwerke GmbH
92660 Neustadt / Zacharias-Frank-Str. 7
Tel. (09602) 30-0 oder -1176 (Werksverkauf) /
nachtmann.de**

1834 erfolgte die Firmengründung im Bayerischen Wald. Seit der Jahrhundertwende befindet sich die Firmenzentrale in Neustadt an der Waldnaab, mit Zweigwerken in Weiden, Riedlhütte, Spiegelau, Frauenau und Amberg. Im Laufe der Zeit hat sich das ursprüngliche Einzelunternehmen zu einer Ausweitung der Geschäftsfelder und einem Unternehmensverbund unter der Obhut der Nachtmann Crystal AG gewandelt. Die Nachtmann-Gruppe bietet mit Ihren Marken Nachtmann, Marc Aurel und Spiegelau Echtkristall eine breit gefächerte Angebotspalette für jede Geschmacks- und Stilrichtung. Nachtmann steht für Eleganz und Traditionelles, während Marc Aurel immer dem Trend auf der Spur ist.

Warenangebot:	hochwertige Artikel aus Kristall und Bleikristall wie Trinkglasgarnituren, Karaffen, Likörservices, Weingläser, Teller, Schalen, Glasfiguren, Leuchter sowie saisonbedingte Kollektionen etc., Marken Nachtmann, Marc Aurel, Amaris
Ersparnis:	bei 1. Wahl kaum, bei 2. Wahl ca. 40% und mehr
Verkaufszeiten:	Mo. bis Fr. 9.00-18.00 Uhr, Sa. 9.00-14.00 Uhr
Hinweise:	im Nebengebäude sind 2. Wahl und Messemuster von Wand-, Steh-, Tisch- und Pendelleuchten aus Bleikristall in Verbindung mit Messing- und Chromteilen der Nachtmann Leuchtendesign GmbH erhältlich, Tel. (09602) 4667, geöffnet Mo. bis Do. 8.00-12.00 Uhr und 13.00-17.00 Uhr, Fr. bis 15.00 Uhr
Anfahrtsweg:	Neustadt liegt an der B 15 zwischen Weiden und Tirschenreuth, in Neustadt befindet sich die Firma an der Bahnlinie beim Haltepunkt St. Felix, sie ist auch gut ausgeschildert

92681 Erbendorf

92670 Windischeschenbach

▶ ESCHENBACH

Eschenbach Porzellan GmbH
92670 Windischeschenbach / Winterling-Porzellan-Str. 24
Tel. (09681) 47-0 oder -273 (Werksverkauf) /
eschenbach-porzellan.de

Warenangebot: Kaffee- und Tafelservices, Geschirre, Platten, Schalen, Schüsseln, Geschenkartikel, Römergläser etc.

Ersparnis: bis zu 50%

Verkaufszeiten: Mo. bis Fr. 9.00-17.30 Uhr, Sa. 9.00-13.00 Uhr (Sa. ist Einlass nur bis 12.30 Uhr), 1. Sa. im Monat 9.00-16.00 Uhr

Hinweise: es sind nur Artikel mit kleinen Fehlern erhältlich; es finden immer mal wieder sog. Kiloverkäufe statt, Termine erfragen

Anfahrtsweg: Windischeschenbach liegt an der A 93 ca. 15 km nördlich von Weiden, von der Autobahn kommend ist die Firma im Ort ausgeschildert

92681 Erbendorf

▶ SELTMANN

Porzellanfabriken Christian Seltmann GmbH
92681 Erbendorf / Bahnhofstr. 25
Tel. (09682) 18260431 / seltmann-weiden.com

Die Seltmann Unternehmensgruppe umfaßt 8 Werke mit rund 2.000 Beschäftigten. Das Seltmann Stammhaus wurde 1910 in Weiden/Opf. errichtet. Später kamen die Werke Krummennaab (1939) und Erbendorf (1940) und in den 60er Jahren die 1794 gegründete "Königlich privilegierte Porzellanfabrik Tettau" dazu. 1990 wurden drei Manufakturen für figürliche Porzellankunst in Thüringen dazugewonnen: die "Aelteste Volkstedter Porzellanmanufaktur GmbH" (gegr. 1762), die "Unterweissbacher Werkstätten für Porzellankunst GmbH" (gegr. 1882) und die "Porzellanmanufaktur Scheibe-Alsbach" (gegr. 1835). Seit Oktober 1995 bereichert die "Porzellanmanufactur Plaue GmbH" (gegr. 1817) das Sortiment.

Warenangebot: modernes und traditionelles Haushaltsporzellan wie Tafel-, Kaffee- und Teeservices, Espresso- und Cappucinotassen, außerdem Auflauf- und Backformen, Terrinen, Schüsseln, Gratinierschalen, Pastetentöpfchen und Reisschalen sowie Geschenkserien wie Zierporzellan, Vasen, Schalen, Leuchter, Dosen etc.

Ersparnis: ca. 20-30%, bei Sonderposten bis zu 50% und mehr

Verkaufszeiten: Mo. bis Fr. 9.00-17.00 Uhr, Sa. 9.00-12.00 Uhr

92729 Weiherhammer

Anfahrtsweg: Erbendorf liegt an der B 22, ca. 20 km nordwestlich von Weiden, dort befindet sich die Firma in Richtung Marktredwitz linker Hand am Ortsausgang

92729 Weiherhammer

▶ BAYERN ZINN

Bayern Zinn GmbH / Zinngießerei
92729 Weiherhammer / Etzenrichter Str. 16
Tel. (09605) 1324 / bayernzinn.de

Warenangebot: Porzellan-, Zinn- und Keramikgeschenkartikel wie z.B. Bierkrüge, Zinnkrüge, Teller, Gläser

Ersparnis: günstige Angebote

Verkaufszeiten: Mo. bis Fr. 8.00-17.00 Uhr

Hinweise: gelegentlich ist auch 2. Wahl erhältlich, nicht alles ist aus eigener Herstellung

Anfahrtsweg: Weiherhammer liegt ca. 10 km südwestlich von Weiden, dort befindet sich die Firma im Industriegebiet zwischen Weiherhammer und Etzenricht

93471 Arnbruck

▶ WEINFURTNER

Weinfurtner - Das Glasdorf
93471 Arnbruck / Zellertalstr. 13
Tel. (09945) 94110 / weinfurtner.de

Ursprünglich als kleine Glasschleiferei gegründet hat sich die Firma inzwischen zu einem ganzen Dorf entwickelt. Glas in seiner ganzen Vielfalt ist hier erlebbar. Zwei Glashütten die auch zur Besichtigung geöffnet sind und verschiedenste Werkstätten sowie Ausstellungen können den Besucher auch mehrere Tage begeistern.

Warenangebot: große Auswahl an Glas- und Porzellanwaren aller Art, exklusive Leuchten und Kronleuchter in 24 Karat Vergoldung und mit Swarovski-Strass- bzw. Hochbleikristall-Behang, hochwertige Kerzenständer und Geschenkartikel sowie Pokale, Glasunikate, Kerzenleuchter, Uhren etc. Marken Goldcrystal, Arc, glas-oskar

Ersparnis: ca. 30%, 2. Wahl und Auslaufartikel sind am preiswertesten

Verkaufszeiten: Mo. bis Fr. 9.00-18.00 Uhr, Sa. 9.00-16.00 Uhr, 1. Mai bis 15. Okt. zusätzl. So. und Feiertage 10.00-16.00 Uhr

94227 Zwiesel

Hinweise:	eine Besichtigung der Glashütte, der Schleiferei und der Malerei ist möglich, auch Sonderanfertigungen versch. Artikel sind möglich
Anfahrtsweg:	A 3 Nürnberg-Regensburg-Passau Ausfahrt Bogen, über St. Englmar und Viechtach nach Arnbruck, hier ist das Glasdorf nicht zu verfehlen

94227 Zwiesel

▶ AMBIENTE KRISTALL

Ambiente Kristall Zwiesel GmbH
94227 Zwiesel / Frauenauer Str. 110
Tel. (09922) 1660 / ambiente-zwiesel.de

Warenangebot:	Geschenkartikel aus Bleikristall, mundgeblasen, handgeschliffen, wie Goldglasserien, Trinkgläser, Vasen, Schalen etc.
Ersparnis:	durchschnittlich ca. 25%, 2. Wahl ist besonders preiswert
Verkaufszeiten:	Mo. bis Fr. 9.00-18.00 Uhr, Sa. 10.00-15.00 Uhr, während der Saison (z.B. Ferienzeiten) auch So. und Feiertage 11.00-15.00 Uhr
Hinweise:	an Wochentagen ist eine Besichtigung der Bläserei möglich
Anfahrtsweg:	A 3 Ausfahrt Deggendorf auf die B 11 über Regen nach Zwiesel, Umgehungsstraße Abfahrt Stadtmitte, die Firma befindet sich am Ortsanfang

▶ HUTSCHENREUTHER

Rosenthal Studio-Haus GmbH / Hutschenreuther Shop
94227 Zwiesel / Theresienthal 27
Tel. (09922) 80150 / rosenthal.de

Die traditionsreiche deutsche Porzellanmarke Hutschenreuther wurde im Jahr 1814 gegründet und im Jahr 2000 von der Rosenthal AG übernommen. Die Rosenthal AG ist ein eigenständiges Unternehmen innerhalb der Waterford Wedgwood Holding, dem weltweit größten Anbieter von Produkten für die Tischkultur.

Warenangebot:	Speise- und Kaffeeservices, Bestecke, Trinkgläser, Kunstfiguren, Geschenkartikel, großer Saisonmarkt, Marken Hutschenreuther, Thomas und Arzberg
Ersparnis:	ca. 35-50%, unterschiedlich je nach Artikel
Verkaufszeiten:	Mo. bis Fr. 9.30-18.00 Uhr, Sa. 9.30-16.00 Uhr, ab Mai bis Ende Oktober auch an Sonn- und Feiertagen 10.00-16.00 Uhr

94227 Zwiesel

Hinweise:	es sind nur 2. Wahl-Artikel und Auslaufkollektionen erhältlich
Anfahrtsweg:	A 3 Regensburg-Passau Ausfahrt Deggendorf auf die B 11 über Regen nach Zwiesel, dort auf der Umgehungsstraße Zwiesel-Nord abfahren Richtung Stadtmitte, nach ca. 100 m rechts

▶ NACHTMANN

Kristallerie Nachtmann GmbH
94227 Zwiesel / Theresienthal 51
Tel. (09922) 609617 / nachtmann.de

Warenangebot:	hochwertige Kristall-Glaswaren aller Art wie Kelche, Schalen, Vasen, Platten, Trinkgläser etc.
Ersparnis:	durchschnittlich ca. 30-40%, 2. Wahl und Restposten sind besonders preiswert
Verkaufszeiten:	Mo. bis Fr. 9.30-18.00 Uhr, Sa. 9.30-14.00 Uhr, Anfang Mai bis Ende Okt. auch So. und Feiertag 10.00-16.00 Uhr
Anfahrtsweg:	A 3 Ausfahrt Deggendorf auf die B 11 über Regen nach Zwiesel, Abfahrt Zwiesel-Nord auf der Umgehungsstraße, die Firma befindet sich an der Straße Richtung Theresienthal

▶ RIMPLER

Rimpler Kristall GmbH
94227 Zwiesel / Fachschulstr. 4-6
Tel. (09922) 2061 / rimpler-kristall.com

Manufaktur seit 1946 in Zwiesel, Familienbetrieb in der 3. Generation. Eigene Herstellung von Rubingläsern, Repliken und Besonderheiten. Der Vertrieb erfolgt in alle Welt an namhafte Abnehmer wie z.B. Dior (Paris) sowie Adels- und Auktionshäuser.

Warenangebot:	hochwertige, durch Handarbeit in Malerei, Schliff und Gravur veredelte Zier- und Gebrauchsgläser, Vasen, Schalen, Teller, Becher, Kelche, Spiegel, Glastüren etc., gefertigt in Einzelstücken oder kleinen Auflagen
Ersparnis:	günstige Angebote, besonders bei 2. Wahl und Sonderposten
Verkaufszeiten:	Mo. bis Fr. 9.00-12.00 Uhr und 14.00-18.00 Uhr, Sa. 9.00-13.00 Uhr
Hinweise:	der Verkauf erfolgt im angegliederten Ladengeschäft, eine Betriebsbesichtigung ist möglich

94249 Bodenmais

Anfahrtsweg: A 3 Ausfahrt Deggendorf auf die B 11 über Regen nach Zwiesel, dort an der 2. Ampel links Richtung Bahnhof/Post, die Firma ist auch ausgeschildert

▶ SCHOTT ZWIESEL

Schott Zwiesel AG / Z-Glas-Vertriebs GmbH
94227 Zwiesel / Dr.-Schott-Str. 35
Tel. (09922) 98-0 oder -249 (Verkauf) / schott-zwiesel.de

Das Unternehmen wurde im Jahr 1872 als Tafelglasfabrik "Annathal" gegründet. Heute produziert Schott Zwiesel ca. 60 Mio. Kristallgläser in Werken in Zwiesel und in Husinec/Tschechien und liefert in über 70 Länder weltweit. Schott Zwiesel produziert Gläser für jedes Getränk, jeden Stil und jeden Anlass.

Warenangebot: hochwertige Gläser in großer Auswahl, z.B. Kelchgläser, Bechergläser, geschliffene Kristallgläser, Karaffen, Dekanter, Haushaltsglas wie Schalen, Schüsseln, Vasen (auch mundgeblasen), Leuchter sowie Geschenkartikel aus Kristall, Marken Schott Zwiesel, Jenaer Glas und Esprit

Ersparnis: durchschnittlich ca. 30%

Verkaufszeiten: Mo. bis Fr. 9.30-18.00 Uhr, Sa. 9.30-14.00 Uhr, langer Sa. 9.30-16.00 Uhr

Hinweise: teilweise ist auch 2. Wahl erhältlich, ein Tchibo-Prozente-Shop ergänzt das Sortiment

Anfahrtsweg: A 3 Ausfahrt Deggendorf auf die B 11 über Regen nach Zwiesel, Abfahrt Zwiesel-Süd auf die Regener Str., die Angerstr., an der 2. Ampel links in die Dr. Schott-Str. (Richtung Bahnhof/Richtungsweiser Schornsteine)

94249 Bodenmais

▶ HUTSCHENREUTHER

Hutschenreuther Werksverkauf Winterling Porzellan AG
94249 Bodenmais / Rißlochweg 3
Tel. (09924) 902437

Warenangebot: Hutschenreuther-, Arzberg-, Winterling- und Eschenbach-Porzellan, Tafelservices, Kochgeschirr, Services, Gläser, Geschenkartikel, nicht immer komplettes Sortiment

Ersparnis: bis zu 50% möglich

Verkaufszeiten: Mo. bis Fr. 10.00-17.00 Uhr, Sa. 10.00-15.00 Uhr, von Mai bis Okt. auch So. 10.00-15.00 Uhr

Hinweise: es ist nur 2. Wahl erhältlich

94249 Bodenmais

Anfahrtsweg: A 3 Regensburg-Passau Ausfahrt Deggendorf auf die B 11 über Patersdorf nach Bodenmais, dort befindet sich die Firma beim Rathaus, gegenüber vom Hotel Bodenmaiser Hof

▶ JOSKA

Joska Crystal GmbH & Co. KG / Waldglashütte
94249 Bodenmais / Am Mosbach 1
Tel. (09924) 7790 / joska.com

Warenangebot: große Auswahl an Kristallartikeln wie Trinkglasgarnituren, Schalen, Dekantier- und Likörkaraffen, Schüsseln, Vasen, Pokale, Figuren, Schmuck und Geschenkartikel, außerdem Kronleuchter, Wohnraumleuchten und Wanduhren

Ersparnis: günstige Angebote, 2. Wahl und Restposten sind besonders preiswert

Verkaufszeiten: Mo. bis Fr. 9.15-18.00 Uhr, Sa. 9.15-16.00 Uhr, von Mai bis Okt. auch So. 10.00-16.00 Uhr

Hinweise: Verkauf im angegliederten Ladengeschäft, ein Einblick in die Glasbläserei ist möglich

Anfahrtsweg: A 3 Ausfahrt Deggendorf auf die B 11 über Patersdorf nach Bodenmais, dort befindet sich die Firma im Industriegebiet

▶ ROSENTHAL

Rosenthal Shop
94249 Bodenmais / Kötztinger Str. 36
Tel. (09924) 905056 / rosenthal.de

Im Jahr 1879 erfolgte die Gründung der Porzellanfabrik Ph. Rosenthal & Co., Erkersreuth bei Selb. Heute ist Rosenthal ein eigenständiges Unternehmen innerhalb der Waterford Wedgwood Holding, dem weltweit größten Anbieter von Produkten für die Tischkultur. Die Porzellanfertigung erfolgt in Selb und Speichersdorf, die Möbelfertigung in Espelkamp. Heute hat Rosenthal weltweit über 2.000 Mitarbeiter.

Warenangebot: Speise- und Kaffeeservices, Bestecke, Trinkgläser, Kindergeschirr, Geschenkartikel, Marken Rosenthal, Rosenthal Studio-Line, Versace, Thomas und Bulgari

Ersparnis: bei 1. Wahl keine, bei 2. Wahl und Auslaufkollektionen zwischen ca. 35 und 50%

Verkaufszeiten: Mo. bis Fr. 10.00-18.00 Uhr, Sa. 10.00-16.00 Uhr, von Mai bis Oktober ist auch So. 11.00-15.00 Uhr geöffnet

Hinweise: es sind auch viel 2. Wahl-Artikel und eine große Auswahl an Auslaufserien erhältlich

94258 Frauenau

Anfahrtsweg: A 3 Regensburg-Passau Ausfahrt Deggendorf auf die B 11 über Patersdorf nach Bodenmais, im Ort Richtung Arnbruck, dann befindet sich die Firma am Ortsausgang auf der rechten Seite

94258 Frauenau

▶ EISCH

Glashütte Valentin Eisch KG
94258 Frauenau / Am Steg 7
Tel. (09926) 189-0 / eisch.de

Die Glashütte Eisch besteht seit 1946 und befindet sich seitdem ausschließlich im Familienbesitz. Der größte Teil der Produkte wird in reiner Handarbeit gefertigt und durch Schliff, Gravur und Malerei veredelt. Daneben werden maschinell gefertigte Trinkglasserien angeboten. Beliefert wird der Facheinzelhandel in Deutschland, Europa und Übersee.

Warenangebot: hochwertige mundgeblasene Trinkglasserien, Dekantier Karaffen, Accessoires und Geschenkartikel

Ersparnis: preisgünstige Angebote, bei 2. Wahl und Restposten bis zu 50%

Verkaufszeiten: Mo. bis Fr. 9.00-18.00 Uhr, Sa. 9.00-16.00 Uhr, in der Saison von Mai bis Okt. auch So. 10.00-16.00 Uhr

Hinweise: es sind hauptsächlich 2. Wahl und Restposten erhältlich, bei einer Hüttenführung kann die traditionelle, handwerkliche Herstellungsweise der Gläser verfolgt werden

Anfahrtsweg: A 3 Ausfahrt Deggendorf auf die B 11, über Regen und Zwiesel nach Frauenau, dort ist die Firma gut ausgeschildert

▶ POSCHINGER

Glashütte Freiherr von Poschinger
94258 Frauenau / Moosauhütte 12
Tel. (09926) 9401-34

Warenangebot: Trinkglasgarnituren aus Kristallglas, Farbkelche, Vasen, Flaschen, Tisch- und Hängelampen, Öllichter, Krüge und Geschenkartikel

Ersparnis: ca. 30-40%, unterschiedlich je nach Artikel

Verkaufszeiten: Mo. bis Fr. 10.30-16.00 Uhr, Sa. 10.30-14.30 Uhr, von Mai bis Okt. Mo. bis Fr. 10.30-18.00 Uhr, Sa. und So. 10.30-14.30 Uhr

Hinweise: separater Werksladen, hauptsächlich sind 2. Wahl sowie Auslaufmodelle in 1. Wahl erhältlich

94518 Spiegelau

Anfahrtsweg: im Bayerischen Wald über Regen und Zwiesel nach Frauenau, dort in Ortsmitte vor den Bahngleisen links einbiegen

▶ SPIEGELAU KRISTALL

Kristallglasfabrik Spiegelau GmbH
94258 Frauenau / Moosaustr. 8
Tel. (08553) 24326 / spiegelau.com

Warenangebot: Trinkglasgarnituren, Krüge, Karaffen und Kelchgläser sowie Geschenkartikel aus Kristallglas, teilweise auch handgefertigt

Ersparnis: bei Restposten und 2. Wahl bis zu 40%

Verkaufszeiten: Mo. bis Fr. 9.30-12.30 Uhr und 13.30-18.00 Uhr, Sa. 9.30-13.00 Uhr

Anfahrtsweg: B 11 Regen Richtung Zwiesel, abbiegen nach Frauenau, dort an der 2. Ampel links einbiegen

94518 Spiegelau

▶ SPIEGELAU KRISTALL

Kristallglasfabrik Spiegelau GmbH
94518 Spiegelau / Hauptstr. 2-4
Tel. (08553) 2400 / spiegelau.com

Die Kristallglasfabrik Spiegelau wurde im Jahre 1521 das erste Mal urkundlich erwähnt. Die Marke Spiegelau ist weltweit ein Synonym für Weinprofi-Serien in Spitzenqualität, deren Funktionalität und Ästhetik höchste Degustations-Anforderungen erfüllen. In Zusammenarbeit mit den berühmtesten Sommeliers und Connoisseurs werden Formen und Funktion der Gläser perfekt miteinander verbunden und sorgen damit für eine weltweite Anerkennung dieser Markenprodukte.

Warenangebot: Trinkglasgarnituren, Krüge, Karaffen und Kelchgläser sowie Geschenkartikel aus Kristallglas, teilweise auch handgefertigt

Ersparnis: bei Restposten und 2. Wahl bis zu 40%

Verkaufszeiten: Mo. bis Fr. 9.30-18.00 Uhr, Sa. 9.30-16.00 Uhr, von Mai bis Sept. auch So. und Feiertag 11.00-16.00 Uhr

Hinweise: 5 Verkaufsräume, hauptsächlich sind 2. Wahl und Sonderposten erhältlich, es werden auch Glashüttenführungen angeboten

95100 Selb

Anfahrtsweg: B 85 Passau Richtung Regen, bei Eppenschlag abbiegen nach Spiegelau, dort befindet sich die Firma etwas außerhalb Richtung Grafenau

94568 St. Oswald

▶ NACHTMANN

F. X. Nachtmann Bleikristallwerke GmbH
94568 St. Oswald Riedlhütte / Glashüttenstr. 1
Tel. (08553) 2530 / nachtmann.de

Warenangebot: hochwertige Artikel aus Kristall und Bleikristall wie Trinkglasgarnituren, Karaffen, Likörservices, Weingläser, Teller, Schalen, Glasfiguren, Leuchter sowie saisonbedingte Kollektionen etc., Marken Nachtmann, Marc Aurel, Amaris

Ersparnis: ca. 30-40%, unterschiedlich je nach Artikel

Verkaufszeiten: Mo. bis Fr. 10.00-18.00 Uhr, Sa. 9.00-12.00 Uhr

Hinweise: die Verkaufsstelle befindet sich direkt neben dem Werk, es ist hauptsächlich 2. Wahl erhältlich

Anfahrtsweg: von Passau auf der B 85 Richtung Regen bei Schönberg abbiegen über Grafenau nach Riedlhütte, dort ist die Firma gut ausgeschildert

95100 Selb

▶ HUTSCHENREUTHER

Hutschenreuther Shop
95100 Selb / Hutschenreuther-Platz 2
Tel. (09287) 804-179 / rosenthal.de

Die traditionsreiche deutsche Porzellanmarke Hutschenreuther wurde im Jahr 1814 gegründet und im Jahr 2000 von der Rosenthal AG übernommen. Die Rosenthal AG ist ein eigenständiges Unternehmen innerhalb der Waterford Wedgwood Holding, dem weltweit größten Anbieter von Produkten für die Tischkultur.

Warenangebot: Speise- und Kaffeeservices, Bestecke, Trinkgläser, Kunstfiguren, Geschenkartikel, großer Saisonmarkt, Marken Hutschenreuther, Thomas und Arzberg

Ersparnis: ca. 35-50%, unterschiedlich je nach Artikel

Verkaufszeiten: Mo. bis Fr. 10.00-18.00 Uhr, Sa. 9.00-15.00 Uhr

Hinweise: es sind nur 2. Wahl-Artikel und eine große Auswahl an Auslaufserien erhältlich, großer Schnäppchenmarkt in der "Fundgrube" (-107) mit Sonder- und Restposten sowie

95100 Selb

Ergänzungsteilen ausgelaufener Porzellanserien, in unmittelbarer Nähe befinden sich das Industriemuseum sowie das Deutsche Porzellanmuseum

Anfahrtsweg: Selb liegt an der B 15 zwischen Marktredwitz und Rehau, Abfahrt Selb-Nord, an der 1. Ampel links und nach der Bahnunterführung rechts, nach ca. 500 m befindet sich die Firma auf der rechten Seite, der Beschilderung Werksverkauf Hutschenreuther folgen

▶ ROSENTHAL

Rosenthal Shop
95100 Selb / Wittelsbacher Str. 43
Tel. (09287) 72-490 / rosenthal.de

Im Jahr 1879 erfolgte die Gründung der Porzellanfabrik Ph. Rosenthal & Co., Erkersreuth bei Selb. Heute ist Rosenthal ein eigenständiges Unternehmen innerhalb der Waterford Wedgwood Holding, dem weltweit größten Anbieter von Produkten für die Tischkultur.

Warenangebot: Speise- und Kaffeeservices, Bestecke, Trinkgläser, Kindergeschirr, Geschenkartikel, großer Saisonmarkt, Marken Rosenthal, Rosenthal Studio-Line, Versace, Thomas und Bulgari

Ersparnis: ca. 35-50%, unterschiedlich je nach Artikel

Verkaufszeiten: Mo. bis Fr. 10.00-18.00 Uhr, Sa. 9.00-15.00 Uhr

Hinweise: es sind nur 2. Wahl-Artikel und eine große Auswahl an Auslaufkollektionen erhältlich, außerdem finden viele Sonderveranstaltungen wie z.B. Vorführungen von Porzellanmalern statt

Anfahrtsweg: Selb liegt an der B 15 zwischen Marktredwitz und Rehau, Abfahrt Selb-Nord, an der 1. Ampel links und nach der Bahnunterführung rechts, nach ca. 500 m befindet sich die Firma auf der rechten Seite, die Firma ist auch ausgeschildert

▶ VILLEROY & BOCH

Villeroy & Boch / Factory Outlet Selb
95100 Selb / Vielitzer Str. 26
Tel. (09287) 9980-70 / factory-in.de

Das "Factory In" ist auf dem Gelände der ehemaligen Heinrich Porzellan GmbH entstanden. Unter seinem Dach haben sich mehrere Unternehmen angesiedelt. Neben Villeroy & Boch, die hier ein Factory Outlet betreiben, bieten hier auch die Firmen Möve und Koziol einen Werksverkauf an.

95168 Marktleuthen

Warenangebot:	gesamtes aktuelles Sortiment von Villeroy & Boch an Porzellan, Glas und Kristall, Besteck, Accessoires sowie die Home Collection wie Kleinmöbel, Kissen, Tischwäsche etc. in 2. Wahl
Ersparnis:	ca. 20-50%, 2. Wahl-Artikel, Restposten und Auslaufdekore sind noch preiswerter
Verkaufszeiten:	Mo. bis Fr. 9.00-18.00 Uhr, Sa. 9.30-14.00 Uhr, 1. Sa. im Monat 9.30-16.00 Uhr
Hinweise:	separate Verkaufsräume für die Fundgrube
Anfahrtsweg:	Selb liegt an der A 93 zwischen Marktredwitz und Rehau, von der A 93 kommend Ausfahrt Selb-West, an der 2. Ampel links abbiegen und an der nächsten Ampel rechts abbiegen (Kreuzung am BRK-Heim), angrenzend am BRK liegt das "Factory In"

Glas/Porzellan

95168 Marktleuthen

▶ HEINRICH WINTERLING

Heinrich Winterling GmbH & Co. KG / Porzellanfabrik
95168 Marktleuthen / Am Bahnhof 1
Tel. (09285) 1278 / heinrich-winterling-marktleuthen.de

Die Porzellanfabrik Heinrich Winterling zählt zu den renommierten Porzellanfabriken Deutschlands. Sämtliche Teile werden in Deutschland produziert und bieten eine Vielfalt an Formen und Dekoren. Modernes Design und zeitlose Schönheit kennzeichnen die trendgerechte Kollektion. Zu den Kunden zählen Warenhäuser, Versandhäuser, Grossisten, Möbelhäuser, Werbeartikelhändler und Sonderanbieter im Inland und Ausland.

Warenangebot:	Kaffee-, Tee- und Tafelgeschirre, Geschenkartikel, von Kindergeschirren über Sammlertassen und Mokkatassen bis Weihnachtsartikel
Ersparnis:	durchschnittlich ca. 30-40%
Verkaufszeiten:	Mo. bis Fr. 9.00-17.00 Uhr, Sa. 9.00-12.00 Uhr
Hinweise:	großer Verkaufsraum direkt im Anschluss an die Fabrik, es sind 2. Wahl-Artikel, Auslaufgeschirre, Sonderposten in Fehlware dekoriert und weiss erhältlich
Anfahrtsweg:	Marktleuthen liegt im Zentrum des Fichtelgebirges an der Staatsstraße 2176 zwischen Wunsiedel und Hof, A 9 Ausfahrt Gefrees/Kirchenlamitz oder A 93 Ausfahrt Marktleuthen nach Marktleuthen, hier befindet sich die Firma direkt am Bahnhof

95469 Speichersdorf

95469 Speichersdorf

▶ ROSENTHAL

Rosenthal Shop
95469 Speichersdorf / Dresdner Str. 11
Tel. (09275) 60-0 oder -276 (Fabrikverkauf) / rosenthal.de

Im Jahr 1879 erfolgte die Gründung der Porzellanfabrik Ph. Rosenthal & Co., Erkersreuth bei Selb. Heute ist Rosenthal ein eigenständiges Unternehmen innerhalb der Waterford Wedgwood Holding, dem weltweit größten Anbieter von Produkten für die Tischkultur. Die Porzellanfertigung erfolgt in Selb und Speichersdorf, die Möbelfertigung in Espelkamp. Heute hat Rosenthal weltweit über 2.000 Mitarbeiter.

Warenangebot: Speise- und Kaffeeservices, Bestecke, Trinkgläser, Kindergeschirr, Geschenkartikel, großer Saisonmarkt, Marken Rosenthal, Rosenthal Studio-Line, Versace, Thomas und Bulgari

Ersparnis: ca. 35-50%, unterschiedlich je nach Artikel

Verkaufszeiten: Mo. bis Fr. 9.30-18.00 Uhr, Sa. 9.00-13.00 Uhr

Hinweise: es sind nur 2. Wahl-Artikel und Auslaufkollektionen erhältlich

Anfahrtsweg: Speichersdorf liegt ca. 25 km südöstlich von Bayreuth an der B 22, in Speichersdorf ist der "Rosenthal-Shop" ausgeschildert

95632 Wunsiedel

▶ RETSCH

Porzellanfabrik Retsch GmbH & Co. KG
95632 Wunsiedel / Egerstr. 132
Tel. (09232) 972-115 / retsch.com

Die Porzellanfabrik Retsch besteht seit 1891. Eine Spezialität der Firma war damals das sogenannte Durchbruchporzellan. Aufgrund ständig steigender Nachfrage nahm man Kaffee-, Tafel-, Tee- und Moccaservices, Gedecke sowie Geschenkartikel in das Sortiment auf, die auch heute noch den Schwerpunkt der Fertigung bilden. Jährlich werden ca. 6 Mio. Teile Porzellan produziert, wovon ca. 60% in Deutschland verkauft werden und der Rest hauptsächlich in EU-Länder exportiert wird.

Warenangebot: große Auswahl an Kaffee- und Speiseservices, Cappuccinotassen, Pastateller, Gebäckschalen, Porzellanvasen, Zierdosen in weiß und dekoriert, Porzellan- und Keramikfiguren, Geschenkartikel aus Glas und Keramik

Ersparnis: ca. 30-40%, 2. Wahl ist besonders preiswert

Verkaufszeiten: Mo. bis Fr. 9.00-17.00 Uhr, Sa. 9.00-12.00 Uhr

95659 Arzberg

Hinweise:	großer Verkaufsraum, 2. Wahl-Artikel, Restposten und Sonderangebote sind immer erhältlich
Anfahrtsweg:	Wunsiedel liegt nordöstlich von Bayreuth an der B 303 nach Marktredwitz, B 303 Abfahrt Wunsiedel-Stadtmitte auf die Luisenburgstr., diese geht über in die Jean-Paul-Str., von hier geht die Egerstr. rechts ab

95643 Tirschenreuth

▶ HUTSCHENREUTHER

Huschenreuther Shop
95643 Tirschenreuth / Mitterteicher Str. 19
Tel. (09631) 4594 / rosenthal.de

Die traditionsreiche deutsche Porzellanmarke Hutschenreuther wurde im Jahr 1814 gegründet und im Jahr 2000 von der Rosenthal AG übernommen. Die Rosenthal AG ist ein eigenständiges Unternehmen innerhalb der Waterford Wedgwood Holding, dem weltweit größten Anbieter von Produkten für die Tischkultur.

Warenangebot:	Speise- und Kaffeeservices, Bestecke, Trinkgläser, Kunstfiguren, Geschenkartikel, Marken Hutschenreuther und Arzberg
Ersparnis:	ca. 35-50%, unterschiedlich je nach Artikel
Verkaufszeiten:	Mo. und Do. 10.00-18.00 Uhr, Di., Mi., Fr. 10.00-18.00 Uhr, Sa. 9.00-13.00 Uhr
Hinweise:	es sind nur 2. Wahl-Artikel und eine Auswahl an Auslaufkollektionen erhältlich
Anfahrtsweg:	Tirschenreuth liegt an der B 15 zwischen Mitterteich und Weiden, der Shop befindet sich an der Straße Richtung Mitterteich am Ortsausgang auf der linken Seite neben einem Einkaufszentrum

95659 Arzberg

▶ SKV-ARZBERG

SKV-Arzberg-Porzellan GmbH
95659 Arzberg / Jakobsburg 1
Tel. (09233) 408-535 (Werksverkauf) / skv-arzberg.de

Im Jahr 1993 fusionierten die drei mittelständischen Porzellanhersteller Schirnding, Kronester und Johann Seltmann Vohenstrauß zur SKV-Porzellan-Union GmbH. Im August 2000 kam die Marke Arzberg dazu. Es entstand die SKV-Arzberg-Porzellan GmbH, die sich mit der traditionsreichen Designmarke Arzberg positioniert hat. Die Marke Arzberg ist Synonym für formschönes Porzellan mit zeitgemäßem und zeitbeständigem Designanspruch.

95666 Mitterteich

Warenangebot:	Haushaltsporzellan wie Speiseservices, Hotelgeschirr, Figuren, Geschenkartikel wie z.B. Ascher und Vasen, Glas, Marken Arzberg und Schirnding, teilweise auch Hutschenreuther
Ersparnis:	ca. 35-50%
Verkaufszeiten:	Mo. bis Fr. 10.00-18.00 Uhr, Sa. 9.00-13.00 Uhr
Hinweise:	separater Schnäppchenmarkt
Anfahrtsweg:	von Marktredwitz auf der B 303 ca. 8 km in nordöstlicher Richtung nach Arzberg, dort ist der Verkauf ausgeschildert

95666 Mitterteich

▶ MITTERTEICH PORZELLAN

Porzellanfabrik Mitterteich AG
95666 Mitterteich / Großensterzer Str. 1
Tel. (09633) 300 / porzellanfabrik-mitterteich.de

Warenangebot:	Haushaltsporzellan wie z.B. Services, außerdem Hotelporzellan, ofenfeste Geschirre und Geschenkartikel, Marken "Mitterteich Bavaria", "Zeitler Bavaria" und "Bareuther Hotel"
Ersparnis:	bei 1. Wahl ca. 30%, 2. Wahl und Sonderposten sind noch günstiger
Verkaufszeiten:	Mo. bis Fr. 9.00-18.00 Uhr, Sa. 9.00-12.00 Uhr
Hinweise:	Ladengeschäft, auch Verkauf von 2. und 3. Wahl sowie Sonder- und Restposten
Anfahrtsweg:	Mitterteich liegt an der B 15 zwischen Marktredwitz und Tirschenreuth, A 93 Ausfahrt Mitterteich-Süd Richtung Mitterteich, dort an der 1. Ampel rechts und immer geradeaus, nach der Bahnbrücke sieht man bereits das Werk

▶ SCHOTT

Schott Rohrglas GmbH
95666 Mitterteich / Tirschenreuther Str. 9
Tel. (09633) 3303 / schott.com

Warenangebot:	hochwertige Gläser in großer Auswahl, z.B. Kelchgläser, Bechergläser, geschliffene Kristallgläser, Karaffen, Dekanter, Haushaltsglas wie Schalen, Schüsseln, Vasen (auch mundgeblasen), Leuchter sowie Geschenkartikel aus Kristall, Marken Schott Zwiesel und Jenaer Glas, auch reduzierte Tchibo-Artikel

95691 Hohenberg

Ersparnis: durchschnittlich ca. 30%

Verkaufszeiten: Mo., Di., Do., Fr. 9.00-12.00 Uhr und 14.00-17.30 Uhr, Sa. 9.00-12.00 Uhr

Anfahrtsweg: Mitterteich liegt an der B 15 zwischen Marktredwitz und Tirschenreuth, A 93 Ausfahrt Mitterteich-Süd Richtung Mitterteich, im Zentrum rechts Richtung Tirschenreuth auf die Tirschenreuther Str.

95679 Waldershof

▶ ROSENTHAL

Rosenthal Shop
95679 Waldershof / Havilandstr. 62
Tel. (09231) 701-161 / rosenthal.de

Im Jahr 1879 erfolgte die Gründung der Porzellanfabrik Ph. Rosenthal & Co., Erkersreuth bei Selb. Heute ist Rosenthal ein eigenständiges Unternehmen innerhalb der Waterford Wedgwood Holding, dem weltweit größten Anbieter von Produkten für die Tischkultur. Die Porzellanfertigung erfolgt in Selb und Speichersdorf, die Möbelfertigung in Espelkamp. Heute hat Rosenthal weltweit über 2.000 Mitarbeiter.

Warenangebot: Speise- und Kaffeeservices, Bestecke, Trinkgläser, Kindergeschirr, Geschenkartikel, Marken Rosenthal, Rosenthal Studio-Line, Versace und Thomas, außerdem Rosenthal-Hotelporzellan

Ersparnis: ca. 35-50%, unterschiedlich je nach Artikel

Verkaufszeiten: Di. bis Do. 12.00-16.00 Uhr

Hinweise: es sind nur 2. Wahl-Artikel und eine Auswahl an Auslaufkollektionen erhältlich

Anfahrtsweg: A 93 Ausfahrt Marktredwitz-Süd Richtung Waldershof, am Ortseingang an der 1. Ampel rechts, nach ca. 500 m befindet sich der Shop auf der rechten Seite

95691 Hohenberg

▶ HUTSCHENREUTHER

Huschenreuther Shop
95691 Hohenberg / Eger / Schirndinger Str. 10
Tel. (09233) 713059 / rosenthal.de

Die traditionsreiche deutsche Porzellanmarke Hutschenreuther wurde im Jahr 1814 gegründet und im Jahr 2000 von der Rosenthal AG übernommen. Die Rosenthal AG ist ein eigenständiges Unternehmen innerhalb der Waterford Wedgwood Holding, dem weltweit größten Anbieter von Produkten für die Tischkultur.

95706 Schirnding

Warenangebot:	Speise- und Kaffeeservices, Bestecke, Trinkgläser, Kunstfiguren, Geschenkartikel, Marken Hutschenreuther und Arzberg
Ersparnis:	ca. 35-50%, unterschiedlich je nach Artikel
Verkaufszeiten:	Mo. bis Fr. 10.00-18.00 Uhr, Sa. 9.00-13.00 Uhr
Hinweise:	es sind nur 2. Wahl-Artikel und Auslaufkollektionen erhältlich
Anfahrtsweg:	von Marktredwitz auf der B 303 über Schirnding nach Hohenberg, mitten im Ort auf der linken Seite auf ein großes Schild "Hutschenreuther" achten

95706 Schirnding

▶ SKV-ARZBERG

SKV-Arzberg-Porzellan GmbH
95706 Schirnding / Fabrikweg 41
Tel. (09233) 403-127 / skv-arzberg.de

Im Jahr 1993 fusionierten die drei mittelständischen Porzellanhersteller Schirnding, Kronester und Johann Seltmann Vohenstrauß zur SKV-Porzellan-Union GmbH. Im August 2000 kam die Marke Arzberg dazu. Es entstand die SKV-Arzberg-Porzellan GmbH, die sich mit der traditionsreichen Designmarke Arzberg positioniert hat. Die Marke Arzberg ist Synonym für formschönes Porzellan mit zeitgemäßem und zeitbeständigem Designanspruch.

Warenangebot:	Haushaltsporzellan wie Speiseservices, Hotelgeschirr, Figuren, Geschenkartikel wie z.B. Ascher und Vasen, Glas, Marken Arzberg und Schirnding
Ersparnis:	ca. 35-50%
Verkaufszeiten:	Mo. bis Fr. 9.00-18.00 Uhr, Sa. 9.00-12.00 Uhr
Hinweise:	separater Schnäppchenmarkt
Anfahrtsweg:	von Marktredwitz auf der B 303 über Arzberg nach Schirnding, die Firma ist dort ab Ortsmitte ausgeschildert

95707 Thiersheim

▶ KÖNIG

König Porzellan GmbH
95707 Thiersheim / Am Steinbühl 4-8
Tel. (09233) 7730-0

96231 Bad Staffelstein

Warenangebot: Geschenkartikel aus Porzellan wie z.B. Bierkrüge, Becher, Vasen, Glocken, Dosen, Zahnputzbecher, WC-Bürstenständer

Ersparnis: unterschiedlich je nach Artikel, günstige Angebote

Verkaufszeiten: Mo. bis Do. 8.00-12.00 Uhr und 13.00-16.00 Uhr, Fr. 8.00-14.00 Uhr

Hinweise: vereinzelt ist auch 2. Wahl zu finden

Anfahrtsweg: von Marktredwitz auf der B 15 Richtung Hof nach erreicht man nach ca. 10 km Thierstein, gleich am Ortseingang rechts abbiegen, ist auch beschildert

96231 Bad Staffelstein

▶ KAISER

Kaiser Porzellan-Manufaktur Staffelstein GmbH & Co. KG
96231 Bad Staffelstein / Auwaldstr. 8
Tel. (09573) 336-181 / kaiser-porzellan.com

Das Unternehmen wurde 1872 gegründet. Heute wird bei Kaiser Porzellan in der 5. Generation in bewährter Tradition und langjähriger Erfahrung der empfindliche Werkstoff Porzellan perfekt verarbeitet. Das Ergebnis ist hohe Qualität der Produkte und Harmonie im Design.

Warenangebot: großes Angebot an hochwertigen Porzellanwaren wie z.B. Speise-, Kaffee- und Tafelservices, Platten, Schüsseln, Schalen, Vasen, Porzellanrosen, hochwertige Kunstfiguren teilweise limitiert u.v.m., viele Stilrichtungen mit unterschiedlichen Dekoren, es sind 1., vorwiegend jedoch 2. Wahl erhältlich

Ersparnis: ca. 50% bei Artikeln mit kleinen Schönheitsfehlern, Auslaufserien sind noch preiswerter

Verkaufszeiten: Mo. bis Fr. 9.00-18.00 Uhr, Sa. 9.00-13.00 Uhr

Hinweise: großer Verkaufsraum links vom Eingang, mit Schnäppchenmarkt, Museum und Kinderparadies, Fertigungsvorführungen sind möglich

Anfahrtsweg: B 173 Bamberg-Kronach Ausfahrt Bad Staffelstein-Ost, rechts ab und dem Frankenring etwa 2,5 km über zwei Kreisverkehrkreuzungen hinweg folgen, nach dem Überqueren der Eisenbahnlinie und der Auwaldstr. nach links auf die Auwaldstr. einbiegen, nach ca. 500 m links auf den Werksverkaufsparkplatz

96264 Altenkunstadt

96264 Altenkunstadt

▶ BMF

BMF Besteck- und Metallwarenfabrik
96264 Altenkunstadt / Mainbrücke 3
Tel. (09572) 875 / bmfbestecke.de

Warenangebot: klassisches Bestecksortiment, auch Kinderbestecke, außerdem großes Besteck-Zubehörsortiment wie Spaghettilöffel, Zangen etc., auch Geschenkartikel aus Edelstahl

Ersparnis: durchschnittlich ca. 30-40%, 2. Wahl ist am günstigsten

Verkaufszeiten: Mo. bis Fr. 9.00-12.00 Uhr und 13.00-17.00 Uhr

Anfahrtsweg: Altenkunstadt liegt an der B 289 zwischen Kulmbach und Lichtenfels, von Kulmbach kommend bei Burgkunstadt links Richtung Altenkunstadt, unter der Brücke durch und danach gleich links abbiegen

96317 Kronach

▶ ROSENTHAL

Rosenthal Shop
96317 Kronach / Industriestr. 48
Tel. (09261) 627816 / rosenthal.de

Im Jahr 1879 erfolgte die Gründung der Porzellanfabrik Ph. Rosenthal & Co., Erkersreuth bei Selb. Heute ist Rosenthal ein eigenständiges Unternehmen innerhalb der Waterford Wedgwood Holding, dem weltweit größten Anbieter von Produkten für die Tischkultur. Die Porzellanfertigung erfolgt in Selb und Speichersdorf, die Möbelfertigung in Espelkamp. Heute hat Rosenthal weltweit über 2.000 Mitarbeiter.

Warenangebot: Speise- und Kaffeeservices, Bestecke, Trinkgläser, Kindergeschirr, Geschenkartikel, Marken Rosenthal, Rosenthal Studio-Line, Versace und Thomas

Ersparnis: ca. 35-50%, unterschiedlich je nach Artikel

Verkaufszeiten: Mo. bis Fr. 10.00-17.00 Uhr, Sa. 10.00-13.00 Uhr

Hinweise: es sind nur 2. Wahl-Artikel und Auslaufkollektionen erhältlich

Anfahrtsweg: Kronach liegt an der B 173 zwischen Bamberg und Hof, in Kronach befindet sich der "Rosenthal Shop" im Industriegebiet

96328 Küps

▶ LINDNER

**Lindner Porzellanfabrik KG
96328 Küps / Bamberger Str. 9
Tel. (09264) 595**

Warenangebot: Porzellanartikel wie z.B. Kaffee-, Tee- und Speiseservices, Becher, Teller, Vasen, Dosen, Krüge, Uhren und Leuchter, Geschenkartikel etc.

Ersparnis: bei Restposten und 2. Wahl bis zu 40%

Verkaufszeiten: Mo. bis Do. 7.00-12.00 Uhr und 13.00-16.15 Uhr, Fr. 7.00-14.00 Uhr

Hinweise: eine weitere Verkaufsstelle befindet sich in 96317 Kronach, Melchior-Otto-Platz 2, Tel. (09261) 20222, geöffnet Mo. 11.00-18.00 Uhr und Sa. 9.00-13.00 Uhr, auch hier ist nur 2. Wahl erhältlich

Anfahrtsweg: Küps liegt an der B 173 zwischen Kronach und Lichtenfels, dort befindet sich die Firma Richtung Ortsmitte, gegenüber der Kirche

96355 Tettau

▶ KÖNIGLICH TETTAU

**Porzellanfabrik Tettau GmbH /
Werksverkauf Königlich Tettau
96355 Tettau / Fabrikstr. 1
Tel. (09269) 98020 / seltmann-weiden.com**

Schon Anfang des 19. Jahrhunderts galt feinstes Tettau-Porzellan bei Hofe als Ausdruck vollendeter Tischkultur. Dank seiner exzellenten Gestaltung und Verarbeitung erlebt die Freude an Porzellan mit dem Tettau-Löwen eine Renaissance. Die Gründung des Unternehmens erfolgte 1794. Somit ist die Königlich privilegierte Porzellanfabrik Tettau die älteste Porzellanfabrik in Bayern. Heute gehört sie zur Firmengruppe Porzellanfabriken Christian Seltmann.

Warenangebot: wertvolle Tafel- und Kaffeegeschirre, exklusive Geschenkartikel und erlesener Weihnachtsschmuck, Dekore im Zeichen des gekrönten Tettau-Löwen, von königlich-klassisch bis edel-elegant

Ersparnis: ca. 25% bei 1. Wahl, 50% und mehr bei 2. Wahl

Verkaufszeiten: Mo. bis Fr. 9.00-16.00 Uhr

Hinweise: teilweise ist auch 2. Wahl erhältlich

96472 Rödental

Anfahrtsweg: von Kronach auf der B 85 in nördlicher Richtung über Rothenkirchen, Buchbach und Langenau nach Tettau, hier befindet sich die Firma nicht zu übersehen bei der ev. Kirche

▶ RÖSLER

Rösler Porzellan und Kunststoffe GmbH & Co. KG
96355 Tettau Schauberg / Langenauer Str. 2
Tel. (09269) 78-0 / roesler-porzellan.de

1712 als Farbenfabrik gegründet, erfolgt 1818 die Umwandlung in eine Porzellan- oder Fayencefabrik. 1968 begann die Geschirrfertigung. Heute verfügt das mittelständische Familienunternehmen über einen hochmodernen Maschinenpark und eine enorme Bandbreite unterschiedlicher Produktlinien und Herstellungsverfahren.

Warenangebot: Kaffee- und Speiseservices, Gourmetporzellan, Kaffeebecher, feuerfeste Auflaufformen, Geschenkartikel

Ersparnis: preisgünstige Angebote, 2. Wahl ist besonders preiswert

Verkaufszeiten: Mo. bis Do. 8.00-11.00 Uhr und 13.00-15.00 Uhr, Fr. 8.00-12.00 Uhr

Hinweise: separater Verkaufsraum, es ist auch 2. Wahl erhältlich; manchmal ist nicht alles vorrätig, es liegen aber Prospekte aus, woraus auch bestellt werden kann

Anfahrtsweg: von Kronach in nördlicher Richtung auf der B 85, über Rothenkirchen und Buchbach nach Schauberg, dort ist die Firma nicht zu verfehlen

96472 Rödental

▶ GOEBEL

W. Goebel Porzellanfabrik GmbH & Co. KG
96472 Rödental / Coburger Str. 7
Tel. (09563) 92-0 / goebel.de

Warenangebot: keramische Artikel wie z.B. Tierfiguren, Porzellanblumen, Gebrauchsgegenstände wie z.B. Gläser, Schalen, Kerzenständer, Bierkrüge, Geschenkartikel etc., die M. J. Hummel-Figuren sind nur in 1. Wahl zu normalen Ladenpreisen erhältlich

Ersparnis: bei 1. Wahl keine, im Schnäppchenladen auf Goebel-Artikel bis zu 50%, Sonderangebote sind vereinzelt noch preiswerter

Verkaufszeiten: Normalverkauf Mo. bis Fr. 9.00-17.00 Uhr, Sa. 9.00-12.00 Uhr, der Schnäppchenladen hat Mo. bis Fr. von 9.00-16.30 Uhr und Sa. 9.00-12.00 Uhr geöffnet

98739 Lichte

Hinweise: der Verkauf befindet sich im Ladengeschäft gegenüber vom Hauptwerk, teilweise ist auch 2. Wahl erhältlich

Anfahrtsweg: Rödental liegt ca. 5 km nordwestlich von Coburg, dort befindet sich die Firma nicht zu übersehen am Ortseingang, sie ist auch ausgeschildert

98739 Lichte

▶ LICHTE PORZELLAN

Lichte Porzellan GmbH
98739 Lichte / Sonneberger Str. 75
Tel. (036701) 688-0 / lichteporzellan.de

Die Lichte Porzellan GmbH wurde im Jahr 1994 gegründet, blickt aber an ihrem Standort auf eine geschichtliche Entwicklung seit 1822 zurück. Sie ist heute Hersteller von Zier- und Gebrauchsporzellan in modernen und traditionellen Formen in Südthüringen, einer traditionsreichen Porzellangegend.

Warenangebot: Zier- und Gebrauchsporzellan wie Vasen, Übertöpfe, Dosen, Schalen, Leuchter, traditionelle und moderne Kaffee- und Mokkaservices, hochwertiges Kobaltsammelgedeck, Spardosen, Sammeltassen, Kaffeebecher, Porzellanflaschen, Wandteller, traditionelle Großfiguren, Weihnachtssortimente

Ersparnis: ca. 20-30%

Verkaufszeiten: Mo. bis Fr. 9.00-17.30 Uhr, Sa. 10.30-16.00 Uhr

Hinweise: es ist auch 2. Wahl erhältlich, Werksführungen sind für Gruppen ab 10 Personen nach Voranmeldung möglich

Anfahrtsweg: Lichte liegt an der B 281 zwischen Saalfeld und Eisfeld, dort befindet sich die Firma direkt an der Hauptstraße

▶ WALLENDORF PORZELLAN

Wallendorfer Porzellanmanufaktur GmbH
98739 Lichte Wallendorf / Kirchweg 1
Tel. (036701) 60287 oder 69141 (Boutique) /
wallendorfer-porzellan.de

Warenangebot: hochwertige Tee- und Kaffeeservices, Porzellanfiguren, Zierporzellan, Vasen, Leuchter, Schalen, Dosen etc. in filigranen bis barocken Formen mit versch. Dekoren sowie Henkelbecher, individuell gefertigte Türschilder und Geschenkartikel

Ersparnis: durchschnittlich ca. 20%

Verkaufszeiten: Mo. bis Fr. 9.00-16.30 Uhr, Sa. 9.00-12.00 Uhr

98743 Lippelsdorf

Hinweise: es ist auch 2. Wahl erhältlich

Anfahrtsweg: Lichte liegt an der B 281 zwischen Saalfeld und Eisfeld, dort befindet sich die Firma in Wallendorf

98743 Lippelsdorf

▶ WAGNER & APEL

Wagner & Apel GmbH / Porzellanfiguren
98743 Lippelsdorf / Ortsstr. 44
Tel. (036701) 61071 / wagner-apel.com

Warenangebot: handgefertigtes figürliches Zierporzellan aller Art und Geschenkartikel

Ersparnis: günstige Angebote, besonders bei 2. Wahl

Verkaufszeiten: Mo. bis Fr. 9.00-17.00 Uhr, Sa. und So. nur nach Vereinbarung

Hinweise: alter Porzellanbrennofen, eine Besichtigung ist möglich

Anfahrtsweg: Lippelsdorf liegt an der B 281 zwischen Saalfeld und Eisfeld, von Saalfeld kommend ca. 2 km nach Schmiedefeld links ab Richtung Gräfenthal nach Lippelsdorf, hier ist die Firma auch ausgeschildert

98744 Unterweißbach

▶ UNTERWEISSBACHER PORZELLAN

Unterweißbacher Werkstätten für Porzellankunst GmbH
98744 Unterweißbach / Oberweißbacher Str. 7-10
Tel. (036730) 22341 / seltmann-weiden.com

Die Geschichte der Unterweißbacher Werkstätten für Porzellankunst beginnt im Jahre 1882. Heute zählt sie weltweit zu den berühmtesten Manufakturen für exquisite Porzellankunst, in der Handarbeit noch großgeschrieben wird. Das Unternehmen gehört heute zur Firmengruppe Porzellanfabriken Christian Seltmann.

Warenangebot: kunstvoll gearbeitete Prozellanfiguren wie z.B. Spitzenfiguren mit detailgetreu gearbeiteten Kleidungsstücken, Jagd- und Harlekin-Gruppen, exclusiver Weihnachts- und Frühjahrsschmuck, Schalen, Vasen und Teller mit der für Unterweißbach typischen Blumenmalerei

Ersparnis: durchschnittlich ca. 25%

Verkaufszeiten: Mo. bis Fr. 9.00-16.30 Uhr, Sa. 10.00-16.00 Uhr

Hinweise: teilweise ist auch 2. Wahl erhältlich

99444 Blankenhain

Anfahrtsweg: von Rudolstadt über Bad Blankenburg nach Unterweiß-bach, dort befindet sich die Firma am Ortsende Richtung Oberweißbach im letzten Gebäude auf der rechten Seite

99338 Plaue

▶ SCHIERHOLZ

Porzellanstudio Walburga von Schierholz
99338 Plaue / Am Spring 1a
Tel. (036207) 52424 / porzellanstudio-plaue.de

Warenangebot: Zierporzellan, Jugendstil und Barock, handbemalt, wie Schalen, Dosen, Teller, Vasen, Uhren, Leuchter und Kaffeeservice

Ersparnis: bei Sonderverkäufen ca. 20-50%, Termine erfragen

Verkaufszeiten: Mo. bis Fr. 9.30-16.30 Uhr, Sa. 9.30-13.00 Uhr

Hinweise: ein Versand der Ware ist möglich

Anfahrtsweg: Plaue liegt ca. 25 km südlich von Erfurt, A 4 Ausfahrt Erfurt-West auf die B 4 Richtung Ilmenau über Arnstadt nach Plaue, hier ist die Firma ausgeschildert

99444 Blankenhain

▶ WEIMAR PORZELLAN

Weimar Porzellan GmbH
99444 Blankenhain / Christian-Speck-Str. 5
Tel. (036459) 60-0 oder -194 (Fabrikverkauf) /
weimar-porzellan.de

Warenangebot: Tafel- und Kaffeeservices, Sammel- und Mokkatassen, Geschenkserien, hauptsächlich Zierporzellan, außerdem Tischwäsche, Gläser und Kerzen sowie erzgebirgische Schnitz- und Handwerkskunst

Ersparnis: ca. 30%, 2. Wahl ist besonders preiswert

Verkaufszeiten: Mo. bis Fr. 9.00-18.00 Uhr, Sa. 9.00-16.00 Uhr

Hinweise: das Ladengeschäft befindet sich auf dem Werksgelände; ca. 2x jährl. finden zusätzlich sog. "Weiße Wochen" statt, hier sind weiße Porzellanteile besonders günstig, genaue Termine erfragen

Anfahrtsweg: Blankenhein liegt südlich von Weimar, dort befindet sich die Firma am Ortsausgang Richtung Erfurt

Möbel

26219 Bösel

▶ FM-BÜROMÖBEL

FM Büromöbelwerk Franz Meyer GmbH
26219 Bösel / Glaßdorfer Str. 24
Tel. (04494) 92500 / fm-bueromoebel.de

Warenangebot: Büromöbel, Schrankwände, Container, Kopier- und Faxgerätewagen, Bürostühle, Empfangsanlagen

Ersparnis: bei Neuware je nach Auftragsvolumen, bei Ausstellungsstücken, Messeware, Vorserienmodellen und Austauschware teilweise bis zu 50%

Verkaufszeiten: Mo. bis Do. 8.00-12.30 Uhr und 13.00-17.00 Uhr, Fr. bis 14.00 Uhr

Anfahrtsweg: Bösel liegt ca. 25 km südwestlich von Oldenburg und ca. 6 km östlich von Friesoythe, von Cloppenburg kommend vor dem Bahnübergang rechts einbiegen

31515 Wunstorf

▶ KETTLER

nistac Metallwarenfabrik Heinz Kettler GmbH & Co. KG
31515 Wunstorf Bokeloh / Cronsbostel 5
Tel. (05031) 968-0 oder -176 (Fabrikverkauf) / nistac.de

Im Jahre 1964 kaufte der Unternehmer Heinz Kettler (Spielwaren, Fahrräder, Sportgeräte, Gartenmöbel) aus Nordrhein-Westfalen das Unternehmen. In den folgenden Jahren wurden Gartenmöbel, Gartenmöbeltextilien und eine Vielzahl von Halbteilen für Kettler und andere Unternehmen der Kettler-Gruppe hergestellt. Heute fertigen ca. 200 Mitarbeiter weiterhin Gartenmöbel und zusätzlich seit 1996 Möbel für den jungen Bereich "nistac Wohnkonzepte".

Warenangebot: Gartenklapptische und -stühle, Terrassenpolsterliegen, Hollywoodschaukeln, Sonnenschirme, Büromöbel, Schülerschreibtische, Stehpulte, Garderoben sowie weitere

32257 Bünde

Produkte der Marken Kettler, nistac und Herlag; da manche Artikel unregelmäßig angeboten werden, am besten vorab telefonisch nach deren Verfügbarkeit erkundigen

Ersparnis: preisgünstige Angebote, bei 2. Wahl ca. 20-40%

Verkaufszeiten: Mo. bis Fr. 9.00-16.00 Uhr, Sa. 9.00-14.00 Uhr, während der Saison finden ca. 2x zusätzliche Sonderverkaufstage statt, genaue Termine erfragen

Hinweise: der Verkauf erfolgt in einer Lagerhalle, es sind nur 2. Wahl und Auslaufmodelle erhältlich

Anfahrtsweg: A2 aus Richtung Hannover Abfahrt Wunstorf/Luthe auf die B 441 Richtung Wunstorf, durch Wunstorf Richtung Stolzenau auf der B 441, dann der Beschilderung nach Bokeloh folgen, nach dem Ortsausgang Wunstorf halblinks Richtung Bokeloh abbiegen, das Firmengelände liegt direkt am Ortseingang rechts

32130 Enger

▶ PUHLMANN

Fr. Puhlmann GmbH & Co. KG / Polstermöbelfabrik
32130 Enger / Bünder Str. 67
Tel. (05224) 6997-0 / puhlmann.de

Warenangebot: Polstergarnituren, Couches, Sofas, Sessel

Ersparnis: teilweise bis zu 40%

Verkaufszeiten: ca. 6x jährl. Sonderverkauf von Ausstellungsstücken, Prototypen und Überproduktion, meistens an einem Fr. und an einem Sa., genaue Termine erfragen

Anfahrtsweg: A 30 Osnabrück-Hannover Ausfahrt Bünde nach Enger, von Bünde kommend befindet sich die Firma am Ortseingang

32257 Bünde

▶ MÜNCHOW

Münchow Polstermöbel GmbH & Co. KG
32257 Bünde / Dünner Str. 8-12
Tel. (05223) 4088 / muenchow-polstermoebel.de

Warenangebot: Polstermöbel aller Art in Stil und Moderne, Ruhe- und Fernsehsessel, einige wenige Tische, Stühle, Kleinmöbel

Ersparnis: ca. 20% im Durchschnitt

32791 Lage

Verkaufszeiten:	Mo. bis Fr. 9.30-18.00 Uhr, Sa. 10.00-14.00 Uhr, langer Sa. 10.00-16.00 Uhr
Hinweise:	Fertigung nach Wunsch ist möglich, teilweise sind auch günstige Ausstellungsstücke erhältlich
Anfahrtsweg:	A 30 Osnabrück-Hannover Ausfahrt Hiddenhausen auf die Herforder Str. Richtung Bünde, an der 5er-Kreuzung halb rechts in die Brunnenallee und bis zum Ende folgen, dann links und an der nächsten Ampel rechts Richtung Stift Quernheim, nach der größeren Brücke befindet sich die Firma auf der rechten Seite

32791 Lage

▶ BERGMANN

Bergmann GmbH / natürlich wohnen
32791 Lage Kachtenhausen / Haferbachstr. 9-15
Tel. (05232) 974-356 / bergmann-moebel.de

Warenangebot:	Massivholzmöbel aller Art aus Buche, Erle und Pinie für Wohnen, Essen, Schlafen, Arbeiten und Kochen
Ersparnis:	ca. 50% auf die Katalogpreise
Verkaufszeiten:	Mo. bis Fr. 7.00-16.30 Uhr, 1xmonatl. auch Sa. 8.00-13.00 Uhr, da jedoch immer andere Samstage diese telefonisch erfragen
Hinweise:	nur Verkauf von 1b- und Retourenware sowie Messestücken, keine individuelle Zusammenstellung möglich
Anfahrtsweg:	A 2 Ausfahrt Bielefeld auf die B 66 Richtung Lage, die Firma befindet sich vor Lage in Kachtenhausen

33378 Rheda-Wiedenbrück

▶ INTERLÜBKE

interlübke Gebr. Lübke GmbH & Co. KG / Möbelfabrik
33378 Rheda-Wiedenbrück / Hauptstr. 74
Tel. (05242) 12-1 / interluebke.de

Die Geschichte von interlübke beginnt im Jahr 1937. Mit dem Ziel Schlafzimmermöbel in einer bis dahin nicht gekannten Qualität herzustellen machen sich Hans und Leo Lübke als Gebrüder Lübke selbständig. Im Jahr 1963 kommt der Endlosschrank interlübke auf den Markt. In den folgenden Jahrzehnten wird das Angebot umfassend erweitert. Zu den Schlafzimmern kommen Wohn-, Ess- und Arbeitszimmer-Programme hinzu. Heute exportiert interlübke in mehr als 30 Länder.

33397 Rietberg

Warenangebot: Schlafzimmermöbel, Wohnzimmermöbel, Schrankwände, Einzelmöbel, Marke interlübke

Ersparnis: teilweise bis zu 70% möglich

Verkaufszeiten: ca. 2-3x jährl. 2. Wahl-Verkauf zusammen mit der Firma Interlübke, oftmals sind nur wenige Einzelstücke erhältlich, zwischendurch auch Verkauf von Fotoaktionsmöbeln, genaue Termine erfragen, diese stehen auch vorher in der lokalen Presse

Hinweise: es werden nur Möbel mit leichten Transportbeschädigungen sowie Fotostücke, Rest- und Auslaufmodelle verkauft; die Möbel müssen sofort bezahlt und mitgenommen werden

Anfahrtsweg: A 2 Dortmund-Hannover Ausfahrt Rheda-Wiedenbrück Richtung Stadtmitte, hier trifft man auf die Hauptstr.

33397 Rietberg

▶ SUDBROCK

Sudbrock GmbH Möbelwerk
33397 Rietberg Bokel / Brunnenstr. 2
Tel. (05244) 9800-0 / sudbrock.de

Der Handwerksbetrieb wurde in den 20er Jahren von Johannes Sudbrock gegründet und fertigte hochwertige Möbel bis hin zu kompletten Aussteuern. Nach und nach wurde auf Serienfertigung umgestellt, und man spezialisierte sich auf die Produktion von Dielenmöbeln. Heute wird ein breitgefächertes Programm gefertigt, mit dem sich Sudbrock im deutschen und europäischen Möbelmarkt einen hervorragenden Ruf erworben hat.

Warenangebot: Garderobensysteme, Wohnmöbel, Dielenmöbel, Schuhschränke, Kommoden, Regalsysteme, Stollenwände, Kleiderschränke, Schreibtische, Betten, Büromöbel, Schlafzimmer, Jugendzimmer, Ess- und Speisezimmer, Kleinmöbel

Ersparnis: bis zu 50% bei Messe- und Fotomodellen, Prototypen, Restposten, Auslaufmodellen und Modellen aus einer Überproduktion

Verkaufszeiten: Di. und Fr. 15.00-18.00 Uhr, Sa. 9.00-13.00 Uhr

Hinweise: separater Verkaufsraum neben der Ausstellungshalle

Anfahrtsweg: A 2 Dortmund-Hannover Ausfahrt Rheda-Wiedenbrück auf die B 64 Richtung Rietberg bis zur Abfahrt Langenberg, die Firma befindet sich am Ortsrand an der Verbindungsstraße zwischen Langenberg und Rietberg

33729 Bielefeld

33729 Bielefeld

▶ KAUFELD

Hans Kaufeld Vertriebs GmbH
33729 Bielefeld Brake / Grafenheider Str. 20
Tel. (0521) 7700101 / hans-kaufeld.de

Die 1909 gegründete Hans Kaufeld GmbH bevorzugt die Herstellung in einer Manufaktur. Beste handwerkliche Tradition zeigt im Ergebnis kein Serienerzeugnis, sondern ein echtes Unikat. Es entsteht aus sorgfältiger Stoffauswahl in den besten europäischen Webereien, aus der traditionellen Handarbeit von Anzeichnern, Zuschneidern, Nähern, Schreinern und Polstern. Das Design orientiert sich nicht an kurzfristigen Modeeinflüssen, sondern am Anspruch des guten Geschmacks.

Warenangebot:	Polstermöbel aller Art, Ledergarnituren
Ersparnis:	unterschiedlich je nach Artikel, günstige Angebote
Verkaufszeiten:	Do. und Fr. 14.00-18.00 Uhr, Sa. 9.00-13.00 Uhr
Hinweise:	hauptsächlich Verkauf von Warenretouren, Ausstellungs- und Messemodellen sowie Prototypen
Anfahrtsweg:	Brake liegt nordöstlich vom Zentrum Bielefeld, von dort kommend am Ortseingang die 1. Straße links einbiegen

35066 Frankenberg/Eder

▶ THONET

Gebrüder Thonet GmbH
35066 Frankenberg/Eder / Michael-Thonet-Str. 1
Tel. (06451) 508-0 / thonet.de

Warenangebot:	hochwertige Sitzmöbel, Klassiker wie Bugholzstühle, Kaffeehausstuhl, klassische Stahlrohr-Freischwinger, Stahlrohr-Sessel, auch Tische und Gartenmöbel
Ersparnis:	ca. 20-40%, je nach Modell
Verkaufszeiten:	Mo. bis Do. 9.00-12.00 Uhr und 14.00-16.00 Uhr, Fr. 9.00-12.00 Uhr
Hinweise:	es sind ausschließlich Messe- und Ausstellungsstücke sowie Fotomuster und 2. Wahl-Modelle erhältlich, wenn man eine größere Anzahl gleicher Stühle sucht sollte man sicherheitshalber vorher nachfragen
Anfahrtsweg:	A 485 bis zum Gießener Nordkreuz, dann auf der B 3 über Marburg und auf der B 252 Richtung Korbach bis Frankenberg, hier Richtung Bahnhof orientieren und dann der Beschilderung folgen

37697 Lauenförde

35708 Haiger

▶ PFEIFFER

Pfeiffer Naturholzmöbel GmbH
35708 Haiger Niederroßbach / Grundstr. 79
Tel. (0700) 50106060 / pfeiffer-naturholzmoebel.de

Das Unternehmen wurde 1937 gegründet. Die langjährige Fertigungserfahrung und das damit verbundene anwendungstechnische Wissen sichern ausgereifte Produkte in hoher Qualität.

Warenangebot: Gartenmöbel aus Holz wie Garten- und Parkbänke sowie Sitzgruppen aus Naturholz oder mit Fußgestell aus Metall, außerdem Gartenlauben

Ersparnis: ca. 30% im Durchschnitt

Verkaufszeiten: Mo. bis Fr. 9.00-16.00 Uhr

Hinweise: separater Verkaufsraum, die Möbel sind zerlegt zum Mitnehmen, teilweise sind auch günstige Ausstellungsstücke vorhanden

Anfahrtsweg: A 45 Wetzlar-Siegen Ausfahrt Dillenburg auf die B 277 nach Haiger, dort rechts ab über Rodenbach nach Niederroßbach, die Firma befindet sich dort an der Hauptstraße

37697 Lauenförde

▶ KETTLER-HERLAG

Herlag Holzwarenfabrik GmbH & Co. /
(gehört zur Unternehmensgruppe Kettler)
37697 Lauenförde / Meinestr. 17
Tel. (05273) 21173 / kettler.net

Kettler ist in Deutschland, Europa und weltweit eine führende Marke für Sport und Fitnessgeräte, Tischtennis-Tische, Freizeitmöbel, Fahrräder und Outdoor-Kinderspielzeuge. Herlag-Garten- und Kindermöbel und Herlag-Kinderwagen sind unter dem Dach der Freizeit Marke Kettler vereint.

Warenangebot: hochwertige Garten-, Balkon- und Terrassenmöbel aus Holz und Kunststoff, Marke Kettler, Kinder- und Jugendzimmermöbel wie Betten, Reisebetten, Laufställe, Hochstühle, alles aus Holz sowie Kinderwagen, Marke Herlag, außerdem Dreiräder, Roller, Schaukeln und Rutschen, Marke Kettler

Ersparnis: durchschnittlich ca. 25%

Verkaufszeiten: Mo. bis Do. 14.30-17.30 Uhr, Fr. 12.00-17.30 Uhr, Sa. 9.00-12.00 Uhr

41849 Wassenberg

Hinweise: nur Verkauf von 2. Wahl, Messe- und Ausstellungsstücken

Anfahrtsweg: Lauenförde liegt an der B 241 bei Beverungen, in Lauenförde der Beschilderung Firma "Herlag" folgen

41849 Wassenberg

▶ WASSENBERGER POLSTER

Wassenberger Polster Werkstätten GmbH
41849 Wassenberg / Rurtalstr. 37
Tel. (02432) 939321 / sofa-direkt.de

Warenangebot: Polstergarnituren, 1-, 2- und 3-Sitzer, Rundsitzgruppen, Kombinationselemente, zum Bett umfunktionierbare Zweisitzer, Fernsehsessel mit und ohne Motor, alles in Stoff und Leder

Ersparnis: ca. 30% im Durchschnitt

Verkaufszeiten: Mo. bis Fr. 9.00-19.00 Uhr, Sa. 9.00-16.00 Uhr

Hinweise: Lagerhalle, es sind auch günstige 2. Wahl und Restposten erhältlich

Anfahrtsweg: Wassenberg liegt ca. 10 km westlich von Erkelenz, A 46 Ausfahrt Hückelhoven-West Richtung Wassenberg, auf dieser Straße am Lidl-Markt vorbei, an der 2. Ampel links ins Gewerbegebiet Forst

45699 Herten

▶ VERHOLT

Verholt GmbH
45699 Herten / Hohewardstr. 317
Tel. (02366) 9333-0 / verholt.de

Die Firma produziert alle Artikel ausschließlich in Herten. Für alle Modelle werden nur ausgewählte und nach allen Richtlinien vorgegebene Materialien verwendet.

Warenangebot: Polstermöbel wie funktionelle Zweisitzer, Schlafsofas und Sessel, außerdem Jugendzimmerauflagen wie Federkernmatratzen mit unterschiedlichen Umbauten sowie Sitzsäcke

Ersparnis: durchschnittlich ca. 30%

Verkaufszeiten: jeden 1. Sa. im Monat 9.00-13.00 Uhr

Anfahrtsweg: die Firma befindet sich auf der Strecke zwischen Herten und Herne im Industriegebiet Herten-Süd

48231 Warendorf

48157 Münster

▶ MARKTEX

Marktex Outlet Münster
48157 Münster / An der alten Ziegelei/Schiffahrter Damm
Tel. (0251) 3211060

Warenangebot: große Auswahl an Tischen, Stühlen, Schränken, Anrichten und Vitrinen aus edlen Hölzern, vorwiegend Pinie und Kirschbaum, außerdem Sofas, Sessel, Betten sowie Möbel aus Eisen und Glas, auch einige Teppiche

Ersparnis: ca. 30-40%

Verkaufszeiten: Mo. bis Fr. 10.00-19.00 Uhr, Sa. 10.00-18.00 Uhr

Hinweise: es sind hauptsächlich Ausstellungsstücke, Retourenwaren und Auslaufmodelle erhältlich

Anfahrtsweg: A 1 Osnabrück-Dortmund Ausfahrt Greven Richtung Münster, über Bockholt und Gelmer ca. 9 km bis zur Kreuzung "An der Alten Ziegelei", die Verkaufsstelle befindet sich neben dem Baumarkt "Hornbach"

48231 Warendorf

▶ VOLMER

Volmer Polstermöbel
48231 Warendorf / Splieterstr. 33-35
Tel. (02581) 9335-0 / volmer-polstermoebel.de

Warenangebot: Polstermöbel wie Schlafsofas, Doppelliegen und Sitzgarnituren, außerdem Sitzsäcke, Sitzkissen, Schlafsessel und Schlafhocker sowie Boxspringbetten und Diners-Sitzbanksysteme

Ersparnis: bis zu 50% nur bei Ausstellungsstücken, Messe- und Fotomustern

Verkaufszeiten: Mo. bis Fr. 8.00-17.00 Uhr oder nach Vereinbarung

Anfahrtsweg: Warendorf liegt ca. 25 km östlich von Münster an der B 64 Richtung Rheda-Wiedenbrück, in Warendorf befindet sich die Firma im Gewerbegebiet-Ost, in der Nähe vom Hit-Markt

48739 Legden

48739 Legden

▶ VINKELAU

Clemens Vinkelau GmbH
48739 Legden / Deipenbrock 39
Tel. (02566) 1077 / vinkelau.de

Warenangebot:	hochwertige Eichen- und Landhausmöbel wie Essgruppen, Tische, Stühle, Garderoben, Anbauwände, Sekretäre, Schränke, Schlafzimmermöbel, Schreibtische, Standuhren, Vitrinen, Anrichten, Truhen, Kleinmöbel etc., alles massiv
Ersparnis:	ca. 30% im Durchschnitt
Verkaufszeiten:	Mo. bis Fr. 8.30-12.30 Uhr und 14.00-18.00 Uhr, Sa. 9.00-13.00 Uhr
Hinweise:	Fertigung nach Maß ist möglich
Anfahrtsweg:	A 31 Ausfahrt Legden/Ahaus auf die B 474 nach Legden, dort befindet sich die Firma an der Straße Richtung Heek

56294 Münstermaifeld

▶ ADRIAN

W. Adrian GmbH / Polstermöbel- und Matratzenfabrik
56294 Münstermaifeld / Kurfürst-Balduin-Str. 32
Tel. (02605) 2049

Warenangebot:	hauptsächlich Polstermöbel sowie Sitzgarnituren, Tische und Matratzen
Ersparnis:	teilweise sind sehr günstige Angebote erhältlich
Verkaufszeiten:	Mo. bis Fr. 9.00-18.00 Uhr, Sa. 9.00-14.00 Uhr
Hinweise:	Verkauf von Einzel- und Ausstellungsstücken
Anfahrtsweg:	von Koblenz auf der B 416 Richtung Cochem in Lehmen rechts ab nach Münstermaifeld, dort der Beschilderung Burg Eltz folgen, die Firma befindet sich am Ortsende

59457 Werl

▶ KETTLER

Heinz Kettler GmbH & Co. KG
59457 Werl / Neuwerk 1
Tel. (02922) 82091 / kettler.net

65817 Eppstein

Kettler ist in Deutschland, Europa und weltweit eine führende Marke für Sport- und Fitnessgeräte, Tischtennis-Tische, Freizeitmöbel, Fahrräder und Outdoor-Kinderspielzeuge. Seit der Gründung im Jahr 1949 wurden bei Kettler so bekannte und beliebte Produkte wie das Kettcar, das erste für den Breitensport geeignete Aluminium-Fahrrad oder auch die seit Jahrzehnten bewährte wetterfeste Tischtennisplatte entwickelt und mit großem Erfolg produziert.

Warenangebot: Garten- und Freizeitmöbel wie Tische, Stühle, Liegen, Auflagen, Gartenspielgeräte wie Wippen und Rutschen, Spielgeräte wie Dreiräder und Kettcars, außerdem Trimm- und Fitnessgeräte sowie Solarien der Marke Kettler, außerdem Freizeit- und Kindermöbel sowie Kinderwagen der Marke Herlag

Ersparnis: durchschnittlich ca. 10-40%

Verkaufszeiten: Mo. bis Fr. 13.00-18.00 Uhr, Sa. 9.00-13.00 Uhr

Hinweise: es sind nur 2. Wahl, Auslauf- und Sondermodelle erhältlich

Anfahrtsweg: Werl liegt zwischen Arnsberg und Hamm an der A 445, Ausfahrt Werl-Nord auf die B 63 Richtung Werl, nach ca. 1 km links in das Gewerbegebiet Neuwerk, dort befindet sich die Firma gegenüber "McDonalds"

65817 Eppstein

▶ KLARMÖBEL

Klarmöbel
65817 Eppstein Vockenhausen / Hauptstr. 71
Tel. (06198) 8253 / klarmoebel.de

Klarmöbel ist ein kleines innovatives Unternehmen der kunststoffverarbeitenden Industrie. Hier werden seit über 40 Jahren hochwertige Möbel und Accessoires aus Acrylglas für Gewerbe und Privathaushalte entworfen und gefertigt. Jedes Produkt ist von Handarbeit geprägt und daher ein exklusives Unikat.

Warenangebot: Möbel aus Acrylglas wie z.B. Phonomöbel, Regale, Vitrinen, Rollwagen, Tische, CD-Ständer, Verkaufshilfen, Büromöbel, Accessoires etc.

Ersparnis: günstige Angebote, besonders bei Restposten

Verkaufszeiten: Di. bis Fr. 10.00-18.00 Uhr, Sa. 10.00-14.00 Uhr

Hinweise: Sonderanfertigungen nach Maß sind möglich

Anfahrtsweg: A 3 Wiesbaden-Limburg Ausfahrt Niedernhausen auf die B 455 Richtung Königstein, in Eppstein links ab nach Vockenhausen, die Firma ist dort ausgeschildert

66646 Marpingen

66646 Marpingen

▶ DEAS

**Deas Alfred Eckert GmbH
66646 Marpingen Alsweiler / Feldstr. 28
Tel. (06853) 2179**

Warenangebot: Polsterbetten, Seniorenbetten, Schlafsofas, Matratzen aller Art, Lattenroste

Ersparnis: teilweise sind sehr günstige Angebote erhältlich

Verkaufszeiten: Mo. bis Fr. 9.00-12.00 Uhr und 14.00-18.00 Uhr, Sa. 9.00-12.00 Uhr

Anfahrtsweg: A 1 Saarbrücken-Trier Ausfahrt Tholey auf die B 269 über Tholey nach Alsweiler, hier befindet sich die Firma im Industriegebiet

71083 Herrenberg

▶ KNOLL

**Walter Knoll AG & Co. KG / Sitzmöbelfabrik
71083 Herrenberg / Amselweg 1-3
Tel. (07032) 2080 / walterknoll.de**

Warenangebot: Einzel-, Besucher- und Schreibtischsessel, Sofas, Sitzgruppen und Stühle, ausschließlich Ausstellungs- und Photostücke sowie Auslaufmodelle

Ersparnis: ca. 20%, trotzdem nicht billig

Verkaufszeiten: Di. bis Fr. 14.00-18.00 Uhr, Sa. 9.00-14.00 Uhr

Anfahrtsweg: A 81 Stuttgart-Singen Ausfahrt Herrenberg, dort befindet sich die Firma am Ortsausgang Richtung Horb, die vorletzte Straße rechts ab ist der Amselweg

71726 Benningen

▶ WINKLE

**Erich Winkle Polsterbetten KG
71726 Benningen / Ludwigsburger Str. 91
Tel. (07144) 997-0 / winkle-sleepline.de**

Warenangebot: Polsterliegen, Polsterbetten, Wasserbetten und Funktionssofas, von der einfachen Polsterliege bis hin zum aufwendigen Komfort-Wasserbett in vielen Größen und Breiten,

72202 Nagold

	außerdem Lattenroste, Matratzen, Jugendzimmerauflagen und Kissen
Ersparnis:	ca. 30-40%, unterschiedlich je nach Artikel
Verkaufszeiten:	Sa. 8.00-12.00 Uhr
Hinweise:	auch Verkauf von 2. Wahl-Ware, Muster- und Ausstellungsstücken
Anfahrtsweg:	A 81 Stuttgart-Heilbronn Ausfahrt Pleidelsheim über Murr nach Benningen, dort befindet sich die Firma an der Hauptstraße nach Ludwigsburg

72172 Sulz

▶ WÖSSNER

Wössner GmbH
72172 Sulz / Hartensteinstr. 25
Tel. (07454) 74-0 / woessner.de

Warenangebot:	Speisezimmermöbel wie Tische, Stühle, Vitrinen, Büffets und Eckbänke, in Stilrichtungen von Tradition-Klassik über Landhaus bis zu Modern
Ersparnis:	ca. 30-50%
Verkaufszeiten:	Do. und Fr. 13.00-18.00 Uhr, Sa. 8.00-13.00 Uhr
Hinweise:	es sind ausschließlich Prototypen, Ausstellungsstücke, Auslaufmodelle oder sonstige Rücknahmen sowie 2. Wahl-Artikel erhältlich, keine Neuware, die Möbel müssen selbst abgeholt werden
Anfahrtsweg:	A 81 Stuttgart-Singen Ausfahrt Sulz Richtung Sulz, über den Kreisverkehr und danach links in das Industriegebiet Sulz-Kastell

72202 Nagold

▶ ROLF BENZ

Polstershop GmbH
72202 Nagold / Brunnenstr. 12
Tel. (07452) 1092

Warenangebot:	Ausstellungs-, Photo- und Messestücke von hochwertigen Polstermöbeln der Firma Rolf Benz, z.B. Eckgruppen, Sessel, Sofas und Garnituren aus Stoff, Leder oder Alcantara
Ersparnis:	teilweise sind sehr günstige Angebote erhältlich

72379 Hechingen

Verkaufszeiten: Mo. bis Fr. 9.30-13.00 Uhr und 14.00-18.00 Uhr, Sa. 9.30-15.30 Uhr

Hinweise: der Verkauf befindet sich im Untergeschoss einer ca. 800 qm großen Lagerhalle, es ist auch 2. Wahl erhältlich, gegen Aufpreis ist Lieferung ins Haus möglich

Anfahrtsweg: A 81 Stuttgart-Singen Ausfahrt Herrenberg auf die B 28 nach Nagold, von dort Richtung Horb, rechts einbiegen in die Talstr. und von dort in die Brunnenstr., die Firma befindet sich direkt neben dem Eingang zum Messegelände, an der Beschilderung "Messe" orientieren

72379 Hechingen

▶ BEST

Best Freizeitmöbel GmbH
72379 Hechingen / Lotzenäcker 2
Tel. (07471) 619-0 / best-freizeitmoebel.de

Warenangebot: Freizeit-/Gartenmöbel aus Aluminium, Stahlrohr und Kunststoff, auch Campingmöbel, außerdem Polsterauflagen und Zubehör wie Tischdecken, Schutzhüllen, Aufbewahrungsboxen, Hussen, Balkonsichtschutz etc.

Ersparnis: günstige Angebote, besonders bei 2. Wahl

Verkaufszeiten: von ca. März bis ca. Sept./Okt. Mo. bis Fr. 9.00-12.00 Uhr und 13.00-18.00 Uhr, Sa. 9.00-14.00 Uhr

Hinweise: teilweise ist auch 2. Wahl erhältlich

Anfahrtsweg: Hechingen liegt an der B 27 zwischen Tübingen und Balingen, dort befindet sich die Firma im Industriegebiet Richtung Bodelshausen

73278 Schlierbach

▶ DIMA

dima Freizeitmöbel GmbH
73278 Schlierbach / Dieselstr. 6
Tel. (07021) 7276-0 / dima-freizeitmoebel.de

Warenangebot: hochwertige Garten- und Freizeitmöbel aus Holz, Holz/Alu, Eisen, Edelstahl oder Teak wie z.B. Sessel, Liegen, Tische, Bänke, außerdem Accessoires wie Sonnenschirme, Polster, Abdeckhauben und Pflegemittel

Ersparnis: durchschnittlich ca. 25%

73525 Schwäbisch Gmünd

Verkaufszeiten: Mo. bis Fr. 13.00-18.00 Uhr, Sa. 9.00-13.00 Uhr

Hinweise: Ausstellungshalle, es sind ausschließlich Auslaufmodelle und 2. Wahl erhältlich

Anfahrtsweg: A 8 Stuttgart-Ulm Ausfahrt Kirchheim-Ost auf die B 297 nach Schlierbach, dort befindet sich die Firma im Industriegebiet, sie ist auch ausgeschildert

73329 Kuchen

▶ ASTA

Asta Stahl und Würthner GmbH & Co. KG
73329 Kuchen / Steinstr. 2
Tel. (07331) 81295 / freizeitliegen.de

Die Firma wurde 1946 gegründet. Viele Innovationen: 1957 die erste zusammenklappbare Liege mit gefederter Liegefläche weltweit; 1959 die erste Dreibeinliege der Welt; 1965 die erste vielfach verstellbare Relaxliege; 1989 das erste vollautomatische Liegebett der Welt. Auch bei Schlafsäcken gab es viele Neuerungen und Patente.

Warenangebot: Freizeit- und Relaxliegen, Sessel, Campingstühle, alles aus Stahlrohr oder PVC, außerdem Sitzauflagen, Schlafsäcke, Marke Asta

Ersparnis: bei Artikeln mit kleinen Schönheitsfehlern, Auslaufmodellen und Musterteilen ca. 30-60%

Verkaufszeiten: Sa. 11.00-12.00 Uhr, von Juni bis August oftmals auch Fr. 17.00-18.00 Uhr, da Fr. jedoch nicht regelmäßig, sicherheitshalber unter (07331) 83370 erfragen

Hinweise: der Verkaufsraum befindet sich direkt bei der Fabrikhalle, es sind auch 2. Wahl und Auslaufmodelle im Angebot

Anfahrtsweg: A 8 Stuttgart-Ulm Ausfahrt Mühlhausen auf die B 466 nach Geislingen, von dort auf die B 10 Richtung Göppingen nach Kuchen

73525 Schwäbisch Gmünd

▶ SCHIPS

Eugen Schips GmbH & Co. / Polstermöbelfabrik
73525 Schwäbisch Gmünd / Goethestr. 65
Tel. (07171) 927720 / schips-polstermoebel.de

Warenangebot: Polstermöbel wie Sitzgruppen und Sessel, außerdem zugekaufte Tische und Matratzen

Ersparnis: unterschiedlich je nach Artikel, günstige Angebote

74670 Forchtenberg

Verkaufszeiten:	Mo. bis Fr. 8.00-12.00 Uhr und 13.30-18.00 Uhr, Sa. 9.00-13.00 Uhr
Hinweise:	es sind auch günstige Auslaufmodelle erhältlich
Anfahrtsweg:	von Stuttgart in östlicher Richtung auf der B 29 über Schorndorf nach Schwäbisch Gmünd, dort befindet sich die Firma in der Nähe vom Stadtpark und dem Arbeitsamt, Parkmöglichkeiten im Hof

74670 Forchtenberg

▶ HENKEL

Richard Henkel GmbH / Stahlrohrmöbelfabrik
74670 Forchtenberg Ernsbach / Forchtenberger Str. 46
Tel. (07947) 91800 / richard-henkel.de

Das Unternehmen wurde im Jahr 1922 gegründet und entwickelte 1949 die patentierte Gesundheitsliege, die heute in vielen führenden Kur- und Schwimmbädern Europas zu finden ist. Das Unternehmenskonzept wurde 1999 im Rahmen des Umweltpreises Baden-Württemberg ausgezeichnet.

Warenangebot:	Gesundheits-Sitzliege Henkel Ideal, Sonnenliegen, Sitzstühle, Barstühle und -tische
Ersparnis:	bis zu 50% bei 1. Wahl, 2. Wahl ist noch preiswerter
Verkaufszeiten:	Mo. bis Fr. 7.00-12.00 Uhr und 13.00-16.15 Uhr
Hinweise:	teilweise ist auch 2. Wahl erhältlich
Anfahrtsweg:	A 81 Heilbronn-Würzburg Ausfahrt Möckmühl über Lampoldshausen und Sindringen nach Ernsbach, dort befindet sich die Firma am Ortseingang, im 1. Gebäude auf der linken Seite

74921 Helmstadt-Bargen

▶ MWH

MWH Metallwerk Helmstadt GmbH
74921 Helmstadt-Bargen / Flinsbacher Str. 1
Tel. (07263) 91400 oder 40691 / mwh-gartenmoebel.de

Die Metallwerk Helmstadt GmbH ist ein Unternehmen der Firmengruppe Heinz Kettler. Die Firma entwickelt, produziert und vertreibt wetterfeste Gartenmöbel und Objektmöblierungs-Systeme.

Warenangebot:	wetterfeste Gartenmöbel aus Metall, teilweise mit Holz kombiniert, wie z.B. Sessel, Tische, Bänke, Liegen und Hocker, außerdem Schirme und Polsterauflagen, Marken MWH, Royal Garden, Form und Sonntex

83026 Rosenheim

Ersparnis: unterschiedlich je nach Artikel

Verkaufszeiten: ab Februar bis ca. Ende Sept. Mo. bis Fr. 10.00-18.30 Uhr, Sa. 9.00-13.00 Uhr

Hinweise: Lagerhalle, es sind nur 2. Wahl-Artikel und Sonderposten erhältlich

Anfahrtsweg: A 6 Heilbronn-Mannheim Ausfahrt Sinsheim auf die B 292 nach Helmstadt, die erste Abfahrt Richtung Industriegebiet/ Helmstadt-Bargen, der Werksverkauf befindet sich vor der Bahnlinie auf der rechten Seite

77839 Lichtenau

▶ SIEGER

Sieger GmbH & Co. / Freizeitmöbel
77839 Lichtenau / Landstr. 67
Tel. (07227) 509-0 / sieger-gmbh.de

Sieger ist in Deutschland und europaweit eine der führenden Marken für Freizeitmöbel. Die Artikel sind u.a. im Fachhandel, in Möbelhäusern, Gartencentern, Bau- und Freizeitmärkten und Kaufhäusern erhältlich.

Warenangebot: Garten- und Freizeitmöbel aus Vollkunststoff sowie aus Aluminium in Kombination mit Teakholz, Garten- und Campingmöbel aus Stahlrohr, umfangreiches Tischsortiment, auch Polsterauflagen

Ersparnis: teilweise sind sehr günstige Angebote erhältlich

Verkaufszeiten: jeweils an einem Sa. in den Monaten April, Mai und Juni von 7.00-12.00 Uhr, die genauen Termine werden jeweils in der regionalen Presse veröffentlicht

Hinweise: nur Verkauf von Auslaufmodellen, 2. Wahl, Warenretouren und Überhangposten

Anfahrtsweg: A 5 Karlsruhe-Basel Ausfahrt Bühl Richtung Lichtenau, dort befindet sich die Firma direkt an der Hauptstraße (B 36)

83026 Rosenheim

▶ WERNDL

Steelcase Werndl AG
83026 Rosenheim / Georg-Aicher-Str. 7
Tel. (08031) 405-0 / steelcase-fabrikverkauf.de

Seit 1999 gehört Werndl zum Steelcase-Konzern, dem größten Büro- und Objekteinrichtungs-Hersteller der Welt, und firmiert seit Ende 2001 unter Steelcase Werndl AG.

84416 Taufkirchen

Warenangebot: Büromöbel aller Art wie Tischprogramme, Schränke, Regale, Container, Stühle, Trennwände etc.

Ersparnis: ca. 20% bei Neuware, bis zu 60% bei Teilen mit Transportschäden, Ausstellungsstücken oder Überproduktionen

Verkaufszeiten: Mo. bis Fr. 10.00-18.00 Uhr, Sa. 10.00-16.00 Uhr

Hinweise: bundesweite Lieferung und Montage nach Absprache

Anfahrtsweg: A 8 München-Salzburg Austahrt Bad Aibling Richtung Rosenheim, die Firma befindet sich am Ortsanfang im Industriegebiet Aicher-Park gegenüber dem "Obi-Baumarkt"

84416 Taufkirchen

▶ HIMOLLA

Himolla Polstermöbelwerk GmbH
84416 Taufkirchen / Schloßfeldstr.
Tel. (08084) 25-0 / himolla.com

Warenangebot: hochwertige Polstermöbel aller Art, Liegesessel, Sofas, Garnituren, Tische, hauptsächlich Retourenware und 2. Wahl

Ersparnis: durchschnittlich ca. 50% und mehr

Verkaufszeiten: Mo. bis Fr. 12.45-17.00 Uhr, Sa. 9.00-13.00 Uhr

Hinweise: der Verkauf erfolgt im "ZV-Lager" auf dem Werksgelände, die Zustellung im Nahbereich ist möglich

Anfahrtsweg: Taufkirchen liegt ca. 25 km südlich von Landshut, hier befindet sich die Firma am Ortseingang im Gewerbegebiet

88630 Pfullendorf

▶ ALNO

Alno Möbelwerke GmbH & Co. KG
88630 Pfullendorf / Hesselbühl 22
Tel. (07552) 21-0 oder -3318 (Verkauf) / alno.de

Warenangebot: große Auswahl an Einzelschränken und Arbeitsplatten, außerdem Zubehör und Elektrogeräte wie Herde, Backöfen, Kühl-/Gefrierkombinationen u.v.m.

Ersparnis: günstige Angebote

Verkaufszeiten: Di. 13.30-17.00 Uhr, Mi. 9.30-12.00 Uhr, Do. 14.00-18.30 Uhr, Fr. 9.30-12.00 Uhr und 13.30-17.00 Uhr, Sa. 8.30-12.30 Uhr

96465 Neustadt

Hinweise: 2. Wahl-Verkauf von Artikeln die trotz kleiner Fehler in Form und Funktion einwandfrei sind

Anfahrtsweg: Pfullendorf liegt ca. 20 km südlich von Sigmaringen, dort von der Stadtmitte Richtung Überlingen, der Verkauf befindet sich im Industriegebiet-Ost

95359 Kasendorf

▶ MAJA

Maja-Werk Manfred Jarosch GmbH & Co.
95359 Kasendorf / Industriestr. 14
Tel. (09228) 79-0 / maja-moebel.de

Warenangebot: Computermöbel, CD-Möbel, TV-Video-Möbel, HiFi-Möbel und Kommoden

Ersparnis: teilweise sind sehr günstige Angebote erhältlich

Verkaufszeiten: Mo. bis Do. 7.30-12.00 Uhr und 13.00-15.00 Uhr, Fr. 7.30-12.00 Uhr

Hinweise: der Verkaufsraum befindet sich im Versand, es sind nur 2. Wahl, Warenretouren, Auslaufmodelle und Artikel mit kleinen Fehlern erhältlich

Anfahrtsweg: Kasendorf liegt ca. 10 km südwestlich von Kulmbach, dort befindet sich die Firma im Industriegebiet, sie ist auch ausgeschildert

96465 Neustadt

▶ FISCHER

Polstermöbel Ewald Fischer / Inh. Gerhard Naß
96465 Neustadt / Mühlenstr. 29
Tel. (09568) 86951

Warenangebot: Polstermöbel aller Art, Restauration und Neuaufpolsterung, Gastronomiebestuhlung

Ersparnis: preisgünstiges Warenangebot

Verkaufszeiten: Mo. bis Do. 7.00-18.00 Uhr, Fr. 7.00-17.00 Uhr, Sa. 7.00-12.00 Uhr

Hinweise: Maßanfertigung nach Kundenwunsch ist möglich

Anfahrtsweg: von Lichtenfels kommend nach dem Kreisverkehr und dem Pirelli-Werk an der 1. Ampel links in die Mühlenstr.

96482 Ahorn

▶ LEIPOLD

Emil Leipold GmbH / Kindermöbel
96482 Ahorn / Alte Str. 1
Tel. (09561) 27000 / leipold.de

Warenangebot:	Stubenwagen, Bollerwagen, Babywiegen, Tragetaschen, Hängekörbe und Nostalgiewagen, außerdem Bettsets, Schlafsäcke, Kissen, Decken, Wickelauflagen und Krabbeldecken, auch Kinderzimmermöbel und Zubehör für Taufe und sonstige Festlichkeiten, teilweise aber eingeschränkte Auswahl
Ersparnis:	gering, nur 2. Wahl ist bis zu 25% preiswerter
Verkaufszeiten:	Mo. bis Do. 13.00-16.00 Uhr, Fr. 9.15-12.00 Uhr
Hinweise:	separater Verkaufsraum, teilweise ist auch 2. Wahl erhältlich
Anfahrtsweg:	Ahorn liegt ca. 3 km südlich von Coburg, die Alte Str. ist dort die Hauptstraße

97840 Hafenlohr

▶ PAIDI

Paidiwerk Heinrich Renkl GmbH & Co. KG
97840 Hafenlohr / Bahnhofstr.
Tel. (09391) 501-0 / paidi.de

Warenangebot:	Baby-, Kinder- und Jugendmöbel wie z.B. Kinderbetten, Hochbetten, Kleiderschränke, Wickelkommoden, Regale, Schreibtische, Truhen, Bänke, Hochstühle, Kinderdrehstühle, Kinderbettmatratzen etc.
Ersparnis:	je nach Beschädigung unterschiedlich, durchschnittlich ca. 30-40%
Verkaufszeiten:	Mo. bis Fr. 9.00-12.30 Uhr und 13.00-17.00 Uhr, Sa. 8.30-13.00 Uhr
Hinweise:	es sind ausschließlich 2. Wahl-Artikel, Entwicklungs- und Auslaufmodelle, Messe- und Fotostudiomodelle sowie Warenrücknahmen erhältlich
Anfahrtsweg:	von Würzburg auf der A 3 kommend Ausfahrt Marktheidenfeld Richtung Lohr nach Hafenlohr, dort befindet sich der Verkauf im 2. Wahl-Lager im Gewerbegebiet, direkt im alten Bahnhofsgebäude

Spielwaren, Sportartikel

06628 Bad Kösen

▶ KÖSEN / SILKE

Kösener Spielzeug Manufaktur GmbH
06628 Bad Kösen / Naumburger Str. 13
Tel. (034463) 61363 / koesener.de

Das Unternehmen wurde 1912 von Käthe Kruse als Käthe Kruse Puppenwerkstätten gegründet. Lange handwerkliche Tradition ist die Grundlage für die Kösener Spielzeug Manufaktur. Wichtig sind dem Unternehmen naturgetreues Aussehen, gute Verarbeitung und hoher Spielwert der in liebevoller Handarbeit hergestellten Produkte. Alle Plüsch- und Stofftiere werden nach wie vor in Bad Kösen hergestellt.

Warenangebot:	hochwertige Plüschtiere aller Art und Größen, naturgetreu und aufwendig verarbeitet, waschbar, z.B. Bären, Pferdchen, Eichhörnchen, Igel, Mäuse, Rehe, Füchse etc., zum Spielen und Sammeln, aber auch Plüschtiere aus Frottee und Baumwolle für Kleinkinder, Marken Kösen und Silke
Ersparnis:	ca. 20%
Verkaufszeiten:	Mo. bis Fr. 10.00-18.00 Uhr, Sa. 10.00-17.00 Uhr, So. 11.00-17.00 Uhr
Hinweise:	gegen eine Schutzgebühr werden auch Kataloge verschickt
Anfahrtsweg:	Bad Kösen liegt ca. 7 km südwestlich von Naumburg an der B 87 Richtung Eckartsberga, von Naumburg kommend befindet sich die Firma am Ortseingang von Bad Kösen auf der rechten Seite im Einkaufszentrum Ritterbad-Carré

09526 Olbernhau

09526 Olbernhau

▶ HESS

Hess Spielzeug GmbH
09526 Olbernhau / Grünthaler Str. 112
Tel. (037360) 737-0 / hess-spielzeug.de

Die Firma wurde 1990 gegründet und verkauft heute ihre Produkte weltweit.

Warenangebot:	Holzspielwaren für Babys und Kleinkinder wie z.B. Rasseln, Schnullerketten, Greiflinge, Clipfiguren für z.B. Kinderwagen, Wagenketten, Kinderbettenschmuck, Schaukelpferde, Trapeze, Bodengeräte, Messlatten etc.
Ersparnis:	teilweise sind sehr günstige Angebote erhältlich
Verkaufszeiten:	Mo. bis Fr. 9.00-12.00 Uhr und 13.00-18.00 Uhr, Sa. 9.00-12.00 Uhr
Hinweise:	teilweise sind auch günstige 2. Wahl und Auslaufartikel erhältlich
Anfahrtsweg:	Olbernhau liegt südlich von Chemnitz, direkt an der tschechischen Grenze, dort befindet sich die Firma mitten im Ort, Richtung Seiffen auf der rechten Seite

09575 Eppendorf

▶ RÜLKE

Rülke Holzspielzeug GmbH
09575 Eppendorf Kleinhartmannsdorf / Dorfstr. 47
Tel. (037293) 771-0 / ruelke-gmbh.de

Im Jahr 1887 wurde die Puppenmöbelfabrik Hermann Rülke KG in Kleinhartmannsdorf gegründet. Seit dieser Zeit werden in Kleinhartmannsdorf Puppenmöbel produziert. Die Produktpalette veränderte sich von Zeit zu Zeit, u.a. wurden während des 2. Weltkrieges Holzsohlen produziert, aber Puppenstubenmöbel gehörten immer zum Sortiment. Mit der Reprivatisierung 1991 wurde eine zeitgemäße Produktlinie, die guten Spielwert mit anspruchsvollem Design verbindet, aufgebaut.

Warenangebot:	Holzspielwaren wie Puppenhäuser und Puppenstubenmöbel, außerdem Puppenhauszubehör, Spielhäuser, Spielpuppen und Zubehör, Spielkisten sowie Kaspertheater, Tafeln, Wurfspiele und Puppenmöbel für ca. 40 cm große Puppen
Ersparnis:	unterschiedlich, günstige Angebote
Verkaufszeiten:	Mo. bis Do. 7.00-16.30 Uhr, Fr. 7.00-15.30 Uhr

35516 Münzenberg

Anfahrtsweg: von Chemnitz auf der B 173 Richtung Freiberg, in Oederan rechts ab nach Kleinhartmannsdorf, dort befindet sich die Firma nicht zu verfehlen mitten im Ort

28816 Stuhr

▶ ADIDAS

adidas-Salomon AG / adidas-Factory-Outlet
28816 Stuhr Brinkum / Bremer Str. 111
Tel. (0421) 8775446 / adidas.de

Warenangebot: sehr große Auswahl an Sportschuhen und Sportbekleidung aller Art, Bademoden, Tennis-, Squash- und Badmintonschläger, Sportzubehör, Bälle, Sporttaschen, Mützen, Handtücher, Rucksäcke, Sportuhren, Parfüm etc., außerdem Wanderschuhe und Winterhandschuhe Marke Salomon

Ersparnis: durchschnittlich ca. 30%, vereinzelt auch bis zu 50%, 2. Wahl und Sonderposten sind besonders preiswert

Verkaufszeiten: 1. Jan. bis Ende April Mo. bis Fr. 9.00-19.00 Uhr, Sa. 9.00-16.00 Uhr, sonst Mo. bis Fr. 10.00-20.00 Uhr, Sa. 9.00-18.00 Uhr

Anfahrtsweg: A 1 Ausfahrt Bremen-Brinkum Richtung Bremen auf die Bremer Str. (B 6), diese geht über in die Kattenturmer Heerstr., vorbei an "Ikea", nach "McDonalds" links einbiegen

35516 Münzenberg

▶ ERNESTO TOYS

Ernesto Toys by EWH Design
35516 Münzenberg Gambach / Butzbacher Str. 6
Tel. (06033) 71775 / ernestotoys.de

Warenangebot: große Auswahl an Holzspielwaren aller Art für Kinder wie Schaukelpferde und viele andere Schaukeltiere, außerdem Kugelbahnen, Rasseln, Nachziehtiere, Burgen, Holzautos, Parkhäuser, Lernspielzeug u.v.m., insgesamt 68 unterschiedliche Sachen

Ersparnis: durchschnittlich ca. 50%

Verkaufszeiten: Mo. bis Fr. 10.00-16.00 Uhr, Sa. 10.00-13.00 Uhr

Hinweise: teilweise ist auch 2. Wahl mit z.B. kleinen Transportschäden erhältlich

37308 Pfaffschwende

Anfahrtsweg: Münzenberg liegt südlich von Gießen an der A 45 Richtung Hanau, Ausfahrt Münzenberg Richtung Münzenberg/Butzbach, die Firma befindet sich im Industriegebiet Münzenberg-Gambach

37308 Pfaffschwende

▶ EITECH

Eitech GmbH
37308 Pfaffschwende / Dorfstr. 17
Tel. (036082) 4320 / eitech.de

Warenangebot: Spieleisenbahn in großer Spurweite (Spur 0) aus Kunststoff mit Aufziehmotor oder Batterie, außerdem Sandspielzeug und Konstruktionsbaukästen aus Metall sowie Solarbaukästen

Ersparnis: ca. 30% im Durchschnitt

Verkaufszeiten: Mo. bis Do. 8.00-16.00 Uhr, Fr. 8.00-13.00 Uhr

Hinweise: separates Ladengeschäft

Anfahrtsweg: Pfaffschwende liegt ca. 10 km nördlich von Eschwege, von Eschwege über Mainhard-Grebendorf, Braunrode und Kella nach Pfaffschwende, dort befindet sich die Firma an der Hauptstraße

67292 Kirchheimbolanden

▶ GRISLY

Grisly-Spielwaren GmbH & Co. KG
67292 Kirchheimbolanden / Beethovenstr. 1
Tel. (06352) 3596 / grisly.de

Warenangebot: große Auswahl an Teddybären, Plüschspieltieren aus Mohair und Handspielpuppen, auf Wunsch werden Spieluhren in Teddys eingebaut

Ersparnis: ca. 20-40%, unterschiedlich je nach Schwere des Schönheitsfehlers

Verkaufszeiten: Mo. bis Do. 8.00-12.00 Uhr

Hinweise: kein eingerichteter Fabrikverkauf, separater Verkaufsraum im Erdgeschoss

Anfahrtsweg: Kirchheimbolanden liegt an der B 40 zwischen Kaiserslautern und Alzey, im Ort Richtung Krankenhaus

72584 Hülben

▶ BECK

Christof Beck Spielwaren GmbH
72584 Hülben / Uracher Str. 7
Tel. (07125) 5131 / holzspielzeug-beck.de

Warenangebot: große Auswahl an Holzspielwaren wie z.B. Laufbahnen, Kugelbahnen, Parkhäuser, Verkehrszeichen, Geschicklichkeitsspiele, Kreisel, Jo-Jos, Kaufladen-Zubehör etc., teilweise mit Naturfarben bemalt, außerdem auch etwas Handelsware

Ersparnis: ca. 30% im Durchschnitt

Verkaufszeiten: Mo. bis Fr. 8.00-11.30 Uhr und 14.00-17.00 Uhr, Do. bis 19.00 Uhr, Sa. 9.00-12.30 Uhr

Hinweise: es ist hauptsächlich 2. Wahl mit kleinen Schönheitsfehlern erhältlich

Anfahrtsweg: A 8 Stuttgart-Ulm Ausfahrt Wendlingen, über Nürtingen und Neuffen nach Hülben, dort befindet sich die Firma an der Ortsdurchgangsstraße, der Verkauf erfolgt in der umgebauten Turnhalle

73119 Zell

▶ OSTHEIMER

Margarete Ostheimer GmbH
73119 Zell u. Aichelberg / Daimlerstr. 7
Tel. (07164) 94200 / ostheimer.de

Die Margarete Ostheimer GmbH blickt auf eine über 60-jährige Firmengeschichte zurück und ist heute ein erfolgreiches Unternehmen in der Holzspielzeugbranche. Ihre Spielwaren sind ein Marktartikel geworden, der für pädagogisch wertvolles Spielzeug steht und sich auch als Sammlerartikel grosser Beliebtheit erfreut.

Warenangebot: Holzspielwaren für Kinder von 2 bis 8 Jahre wie Figuren und Tiere, auch Märchenfiguren, Waldtiere, Bauernhaus, Krippenstall etc.

Ersparnis: ca. 25% im Durchschnitt

Verkaufszeiten: Mo. bis Fr. 9.30-12.30 Uhr und 14.00-17.00 Uhr, Sa. 10.00-13.00 Uhr, im August meist ca. 3 Wochen lang Betriebsferien, genaue Termine erfragen, ab 1. Sept. bis Weihnachten ist Do. bis 19.00 Uhr geöffnet

Hinweise: sog. 2. Wahl-Laden in dem nur 2. Wahl erhältlich ist

74912 Kirchardt

Anfahrtsweg: A 8 Stuttgart-Ulm Ausfahrt Aichelberg nach Zell, im Ort Richtung Hattenhofen die vorletzte Straße rechts einbiegen, die Firma befindet sich im Gewerbegebiet Raubis

74912 Kirchardt

▶ CLEMENS

Clemens Spieltiere GmbH / Spielwarenherstellung
74912 Kirchardt / Waldstr. 34-36
Tel. (07266) 1774 / clemens.de

Warenangebot: Plüschspieltiere aller Art, hauptsächlich Sammlerteddybären, aber auch Kuschel-, Hand- und Musikspieltiere

Ersparnis: ca. 30% im Durchschnitt

Verkaufszeiten: Mo. bis Do. 8.00-16.00 Uhr, Fr. 8.00-13.00 Uhr

Hinweise: es ist hauptsächlich 2. Wahl erhältlich

Anfahrtsweg: A 6 Ausfahrt Sinsheim-Steinfurt auf die B 39 nach Kirchardt, im Ort befindet sich die Firma kurz vor dem Ortsausgang Richtung Bad Rappenau auf der rechten Seite

78054 Villingen-Schwenningen

▶ TIPP-KICK

Edwin Mieg oHG / Sportspielefabrik
78054 Villingen-Schwenningen / Dickenhardtstr. 55
Tel. (07720) 855880 / tipp-kick.de

Warenangebot: Tipp-Kick Fußballspiele (Versionen Standard, Star-Set, Cup, Top-Set, Stadion, Pro-Stadion), Tischbeine für Pro-Stadion, Zubehör wie Pro-Kicker, Keeper, Timer, Star-Keeper, Netztore-Set, Bälle-Set, alle Kicker, Fanartikel wie T-Shirt, Sweat-Shirt, Rucksack, Pin

Ersparnis: unterschiedlich, günstige Angebote, teilweise bis zu 30%

Verkaufszeiten: Mo. bis Do. 8.00-12.00 Uhr und 14.30-16.30 Uhr, Fr. 8.00-12.00 Uhr

Anfahrtsweg: A 81 Stuttgart-Singen Ausfahrt Villingen-Schwenningen auf die B 27 Richtung Bad Dürrheim bis die B 523 kreuzt, an dieser Kreuzung rechts, die Firma befindet sich in der Nähe vom Eisstadion

79872 Bernau

▶ SLG

SLG Kunststoff-Fabrik und Formenbau GmbH
79872 Bernau Unterlehen / Todtmooser Str. 70
Tel. (07675) 350

Warenangebot: hauptsächlich Kunststoffartikel aller Art für den Wohn- und Küchenbedarf, außerdem kleine Auswahl an Holzspielwaren

Ersparnis: durchschnittlich ca. 30-40%, unterschiedlich je nach Artikel

Verkaufszeiten: Mo. bis Fr. 9.30-12.00 Uhr und 14.30-17.00 Uhr

Anfahrtsweg: B 317 Todtnau-Schönau, vor Schönau links abbiegen nach Bernau, dort befindet sich die Firma im Gewerbegebiet Gässle, im 1. Gebäude auf der linken Seite nach der Albbrücke

82538 Geretsried

▶ LORENZ

Lorenz GmbH & Co. KG
82538 Geretsried / Elbestr. 45
Tel. (08171) 62970 / lorenz-holzspielwaren.de

Warenangebot: Holzspielwaren aller Art, z.B. Babyspielzeug wie Kinderwagenketten, Greifringe, Rasseln und Hängefiguren, für Kleinkinder Nachziehtiere, Schiebe- und Steckfiguren, Spielfiguren, Steckpuzzles, Holzfahrzeuge, Kreativspiele, Klopfbank, Werkzeug etc., außerdem baufix-Baukästen und Woody Star-Holzspielzeuge

Ersparnis: bei 1. Wahl bis ca. 30%, bei 2. Wahl- und Auslaufartikeln ca. 50% und mehr

Verkaufszeiten: ca. 2xjährl., meist vor Ostern und vor Weihnachten jeweils an einem Do. und Fr., genaue Termine erfragen

Anfahrtsweg: Geretsried liegt ca. 30 km südlich von München, A 95 Ausfahrt Wolfratshausen auf die B 11 nach Geretsried, die Firma ist in Geretsried-Nord leicht zu finden

88069 Tettnang

88069 Tettnang

▶ VAUDE

Vaude Sport GmbH & Co. KG
88069 Tettnang / Vaude-Str. 2
Tel. (07542) 5306-0 / vaude.de

Die Outdoor-Firma Vaude wurde 1974 gegründet. Was als kleiner Familienbetrieb anfing, wuchs innerhalb von über 25 Jahren zu einer Firma mit ca. 180 Mitarbeitern in Deutschland und ca. 1600 weltweit. Vaude steht mit seinen Produkten für hochwertige Qualität, Funktionalität und innovative Technik. Um für die große Produktpalette Experten an der Hand zu haben, hat Vaude in den letzten Jahren verschiedene Firmen übernommen, darunter beispielsweise Lucky, den Spezialisten für alpintechnische Geräte.

Warenangebot:	Outdoor-Ausrüstung und -Bekleidung wie Rucksäcke, Schlafsäcke, Radbekleidung, Sportbekleidung, Regenbekleidung, Anoraks, Pullover, Schuhe, Bergsteige- und Trekkingausstattung, Zelte, Skiausrüstung
Ersparnis:	ca. 20-70%
Verkaufszeiten:	Do. 14.00-19.30 Uhr, Fr. 12.00-16.00 Uhr
Hinweise:	es sind nur 2. Wahl-, Muster- und Auslaufmodelle sowie Sonderposten erhältlich
Anfahrtsweg:	Tettnang liegt an der B 467 zwischen Ravensburg und Lindau, von Tettnang nach Obereisenbach

89155 Erbach

▶ ERBACHER

Erbacher Ski und Tennis AG
89155 Erbach / Heinrich-Hammer-Str. 10
Tel. (07305) 919991 / erbacher-ski.de

Warenangebot:	großes Sortiment an Ski, Zubehör wie Skisack, Skistiefel-Tasche, Skistöcke etc. sowie Skiwear für Damen, Herren und Kinder, außerdem Sportschuhe sowie Sportbekleidung, Trikots und Fußballbekleidung, auch zugekaufte Artikel von Adidas, Reebok etc.
Ersparnis:	ca. 15-25%, günstiger sind vor allem Artikel mit kleinen Schönheitsfehlern
Verkaufszeiten:	Mo. bis Fr. 9.00-18.30 Uhr, Sa. 9.00-16.00 Uhr
Hinweise:	es sind nur 2. Wahl- und Auslaufartikel erhältlich

89537 Giengen

▶ STEIFF

Margarete Steiff GmbH / Spielwarenfabrik
89537 Giengen / Alleenstr. 2
Tel. (07322) 1311 / steiff.de

Warenangebot: große Auswahl an Teddybären und sonstigen Plüschspielwaren, Puppen, Handspielfiguren, Marke Knopf im Ohr, jedoch kein komplettes Warensortiment

Ersparnis: ca. 25% bei regulärer Ware, bei 2. Wahl ca. 30-40%, trotzdem nicht billig

Verkaufszeiten: Mo. bis Fr. 9.00-18.00 Uhr, Sa. 8.30-12.00 Uhr, 1. Sa. im Monat 8.30-16.00 Uhr

Hinweise: das Steiff-Museum ist Mo. bis Fr. 13.00-16.00 Uhr, Sa. 8.30-12.00 Uhr sowie am 1. Sa. im Monat 8.30-16.00 Uhr geöffnet, der Eintritt ist frei

Anfahrtsweg: von Ulm auf der A 7 kommend, Ausfahrt Giengen/ Herbrechtingen, in Giengen befindet sich die Firma in der Stadtmitte, sie ist auch ausgeschildert

90411 Nürnberg

▶ PUMA

Puma AG
90411 Nürnberg / Klingenhofstr. 70
Tel. (0911) 5272910 / puma.de

Warenangebot: große Auswahl an Sport- und Freizeitschuhen, Sportbekleidung wie Jogginganzüge, Jogginghosen, T-Shirts und Sweat-Shirts, Sporttaschen, Sportbällen, Tennisschlägern etc.

Ersparnis: ca. 30% im Durchschnitt

Verkaufszeiten: Mo. bis Fr. 9.00-18.00 Uhr, Sa. 9.00-14.00 Uhr

Hinweise: das Sportgeschäft Lindner, Hauptstr. 4-6 und 18, 91074 Herzogenaurach, Tel. (09132) 4759, bietet 2. Wahl- und Auslaufware von Puma zu reduzierten Preisen an

90513 Zirndorf

Anfahrtsweg: A 3 Ausfahrt Nürnberg-Nord auf die B 2 Richtung Nürnberg, an der 3. Ampel links in die Schafhofstr. einbiegen, dann rechts über die Bennostr. in die Klingenhofstr.

90513 Zirndorf

▶ PLAYMOBIL

geobra Brandstätter GmbH & Co. KG
90513 Zirndorf / Brandstätterstr. 2-10
Tel. (0911) 96660 / playmobil.de

Warenangebot: komplettes Playmobil-Programm, auch Ersatzteile

Ersparnis: keine, nur Sonderangebote und Auslaufmodelle sind etwas preiswerter

Verkaufszeiten: Mo. bis Fr. 9.00-18.00 Uhr, Sa. 9.00-18.00 Uhr

Hinweise: FunPark mit Eintritt

Anfahrtsweg: A 7 Ausfahrt Nürnberg-Kleinreuth Richtung Großhabersdorf/Zirndorf auf die Rothenburger Str., bei Leichendorf links in das Gewerbegebiet, dann wieder links und nach ca. 200 m erreicht man die Firma, man kann auch der Beschilderung "FunPark" folgen

90765 Fürth

▶ BIG

Big-Spielwarenfabrik Dipl.-Ing. Ernst A. Bettag e.K.
90765 Fürth Stadeln / Alfred-Nobel-Str. 55-59
Tel. (0911) 9763-0 / big.de

Aus einer kleinen Blechspielwarenfertigung hat sich die Firma BIG zu einer der großen Spielwarenfabriken der Welt entwickelt. Seit Jahrzehnten begeistern das "Big-Bobby-Car", die "Big-Traktoren" und viele andere Big-Spielwaren Millionen Kinder in aller Welt. Das "Big-Bobby-Car" ist das meist verkaufte Kinderfahrzeug und wurde bis heute mehr als sechs Millionen mal produziert.

Warenangebot: Kinderrutsch- und Tretfahrzeuge, Big-Bobby-Cars und Zubehör, Big-Traktoren und Zubehör, Sitz- und Spielgeräte wie Rutschen, Big-Picnic-Set etc., Bausteine, Schwimmhilfen, Schlitten, Hula-Hoop, Spiel- und Bastelartikel wie Ritterburg, Steckspiele etc., komplettes Sortiment und Ersatzteile

Ersparnis: gering, bei Sonderangeboten ca. 10-20%

Verkaufszeiten: Mo. bis Fr. 8.00-18.00 Uhr, Sa. 9.00-13.00 Uhr

Hinweise: es ist ein großer Kinderspielplatz vorhanden

91074 Herzogenaurach

Anfahrtsweg: A 73 Ausfahrt Fürth/Ronhof Richtung Stadtmitte, an der zweiten Kreuzung (Erlanger Str.) rechts ab Richtung Stadeln, nach ca. 5 km rechts ab (Comet) und die zweite Querstraße nach links, nach einigen Metern sieht man das Firmenschild, das den Weg wieder nach rechts in die Hofeinfahrt weist

▶ SIMBA TOYS

Simba Toys GmbH & Co.
90765 Fürth Stadeln / Werkstr. 1
Tel. (0911) 976501 / simbatoys.de

Warenangebot: große Auswahl an Spielwaren der Marken Simba und Dickie wie z.B. Puppen, Plüschtiere, Baby- und Kleinkinderspielwaren, ferngesteuerte Autos, Autorennbahnen, Holzeisenbahnen, Spiele, Puzzles u.v.m.

Ersparnis: ca. 25%, günstige Angebote

Verkaufszeiten: Mo. bis Fr. 10.00-13.00 Uhr und 14.00-18.00 Uhr

Hinweise: separater Verkaufsraum im Untergeschoss, es ist nur verbilligte 1. Wahl erhältlich

Anfahrtsweg: A 73 Erlangen-Nürnberg Ausfahrt Fürth-Ronhof nach Stadeln, an der Hauptstraße befindet sich die Firma auf der linken Seite

91074 Herzogenaurach

▶ ADIDAS

adidas-Salomon AG / adidas Factory Outlet
91074 Herzogenaurach / Olympiaring 2
Tel. (09132) 84-2000 / adidas.com

Warenangebot: sehr große Auswahl an Sportschuhen und Sportbekleidung aller Art, Bademoden, Tennis-, Squash- und Badmintonschläger, Sportzubehör, Bälle, Sporttaschen, Mützen, Handtücher, Rucksäcke, Sportuhren, Parfüm etc. Marke adidas, außerdem Wanderschuhe und Winterhandschuhe Marke Salomon

Ersparnis: durchschnittlich ca. 30%, vereinzelt auch bis zu 60%, 2. Wahl und Sonderposten sind besonders preiswert

Verkaufszeiten: Mo. bis Mi. 9.00-19.00 Uhr, Do. und Fr. 9.00-20.00 Uhr, Sa. 8.00-18.00 Uhr

92676 Eschenbach

Hinweise:	es sind hauptsächlich 2. Wahl-Artikel, Sonderposten, Lagerüberbestände sowie Muster- und Auslaufartikel erhältlich
Anfahrtsweg:	Herzogenaurach liegt ca. 20 km nordwestlich von Nürnberg, A 3 Ausfahrt Frauenaurach Richtung Herzogenaurach, auf die Nordumgehungsstraße und nach ca. 2 km die erste Straße rechts, über den Kreisverkehr dann kommt man direkt auf das Outlet zu

▶ PUMA

Puma - outlet herzo
91074 Herzogenaurach / Zeppelinstr. 2
Tel. (09132) 74170

Warenangebot:	große Auswahl an Sport- und Freizeitschuhen für Fußball, Tennis, Jogging, Trekking und Winter, auch Kinderschuhe, außerdem Sportbekleidung für Jogging, Aerobic und Freizeit sowie Kinderbekleidung, außerdem Trikots, Sporttaschen, Fußbälle etc.
Ersparnis:	ca. 20-40%
Verkaufszeiten:	Mo. bis Fr. 9.00-19.00 Uhr, Sa. 8.00-16.00 Uhr
Hinweise:	eine weitere Verkaufsstelle befindet sich in der Erlanger Str. 54, Tel. (09132) 797610, geöffnet Mo. bis Mi., Fr. 9.30-18.00 Uhr, Do. 9.30-19.00 Uhr, Sa. 9.00-16.00 Uhr, es sind zwei Ladengeschäfte (Schuhmarkt und Textilmarkt) direkt nebeneinander, es sind 1. und 2. Wahl sowie Sonderposten und Auslaufmodelle erhältlich
Anfahrtsweg:	Herzogenaurach liegt ca. 20 km nordwestlich von Nürnberg, A 3 Ausfahrt Frauenaurach Richtung Herzogenaurach, auf die Nordumgehungsstraße und dann die zweite Straße rechts einbiegen, ist auch ausgeschildert

92676 Eschenbach

▶ KOCH

Spielwarenfabrik Hugo Koch
92676 Eschenbach / Pressather Str. 18
Tel. (09645) 300 / hugokoch.de

Warenangebot:	Plüschtiere aller Art und Größen, z.B. Bären aller Art, Hunde, Katzen, Mäuse u.v.m., außerdem limitierte Teddys sowie mit Plüsch überzogene Schaukelpferde, Holzautos und Handspielfiguren

93468 Miltach

Ersparnis:	durchschnittlich ca. 40%
Verkaufszeiten:	Mo. bis Fr. 8.00-16.00 Uhr, Sa. 9.00-12.00 Uhr
Hinweise:	separater Verkaufsraum vorhanden
Anfahrtsweg:	Eschenbach liegt an der B 470 zwischen Weiden und Auerbach, dort leicht zu finden, am Haus befindet sich ein großes Schild

93462 Lam

▶ HEROS

Holzspielwarenfabrik Hermann Rossberg GmbH & Co. KG
93462 Lam / Arberstr. 22
Tel. (09943) 9405-0 / heros-toys.de

Warenangebot:	Holzspielwaren wie z.B. Holzbausteine, Holzfahrzeuge, Holzschienenbahn, Bauernhöfe, Constructor, Klopf- und Werkbänke, Kugelbahnen, Holzpuzzle, Lernspielzeuge, Tafeln, Displays, Spiele und Spiele-Zubehör, Marke Heros
Ersparnis:	ca. 20-30%
Verkaufszeiten:	Mo. bis Fr. 9.00-12.30 Uhr und 14.00-18.00 Uhr, Mi. nachmittag geschl., Sa. 9.00-13.00 Uhr
Anfahrtsweg:	Lam liegt ca. 15 km östlich von Kötzting, dort befindet sich der Verkauf am Ortseingang direkt nach der ersten Brücke gegenüber der Firma Rossberg, ist auch groß ausgeschildert und nicht zu verfehlen

93468 Miltach

▶ NEMMER

Nemmer Holzspielwaren GmbH
93468 Miltach / Bahnhofstr. 45
Tel. (09944) 863 / nemmer.de

Die Nemmer GmbH ist ein Unternehmen mit eigener Entwicklung, Herstellung und Vertrieb und blickt auf über 50 Jahre Erfahrung zurück. Sämtliche Produkte werden im eigenen Haus gefertigt.

Warenangebot:	große Auswahl an Holzspielwaren aller Art wie Holzbausteine, Fahrzeuge, Tiere, Werkzeuge, Werkbänke, Murmelbahnen, Stelzen, Leiterwagen, Schaukelpferd, Zählrahmen, Schiebetiere, Kegelspiel, Wandtafel, Stand-Wendetafel, Spiel-Haus, Marktstand, Messlatte u.v.m.
Ersparnis:	ca. 30-40%

96114 Hirschaid

Verkaufszeiten: Mo. bis Do. 9.00-12.00 Uhr und 14.00-16.00 Uhr, Fr. 10.00-15.00 Uhr, Sa. 9.00-12.00 Uhr

Hinweise: es sind immer auch günstige 2. Wahl, Sonder- und Auslaufmodelle erhältlich

Anfahrtsweg: Miltach liegt an der B 85 zwischen Cham und Regen, dort befindet sich die Firma direkt beim Bahnhof

96114 Hirschaid

▶ TEDDY

Teddy Hermann GmbH
96114 Hirschaid / Amlingstadter Str. 6
Tel. (09543) 9161 / teddy-hermann.de

Warenangebot: Plüschtiere aller Art, hauptsächlich Teddybären, aber auch viele andere Tiere, Marke Teddy Original

Ersparnis: ca. 30-40%, unterschiedlich je nach Artikel

Verkaufszeiten: Di. und Do. 12.30-16.30 Uhr

Hinweise: kleiner Verkaufsraum beim Hauptgebäude, teilweise ist auch 2. Wahl erhältlich

Anfahrtsweg: Hirschaid liegt ca. 10 km südöstlich von Bamberg an der A 73 Richtung Nürnberg, Ausfahrt Hirschaid, im Ort befindet sich die Firma gegenüber vom Bahnhof, an der Ortsausgangsstraße Richtung Amlingstadt

96132 Schlüsselfeld

▶ PUMA

Puma AG / Puma Shop Elsendorf
96132 Schlüsselfeld Elsendorf / Rudolf-Daßler-Str. 1
Tel. (09552) 93300 / puma.de

Warenangebot: große Auswahl an Sport- und Freizeitschuhen, Sportbekleidung wie Jogginganzüge, Jogginghosen, T-Shirts und Sweat-Shirts, Sporttaschen, Sportbällen, Tennisschlägern etc.

Ersparnis: es sind sehr günstige Angebote erhältlich

Verkaufszeiten: Mo. bis Fr. 9.00-18.00 Uhr, Sa. 9.00-14.00 Uhr

Hinweise: es sind hauptsächlich Auslaufmodelle erhältlich

96237 Ebersdorf

| Anfahrtsweg: | A 3 Würzberg-Nürnberg Ausfahrt Schlüsselfeld, hinter der Aral-Tankstelle rechts Richtung Wachenroth/Höchstadt abbiegen nach Elsendorf, hier der Beschilderung in das Industriegebiet folgen |

96152 Burghaslach

▶ BIG

Big-Spielwarenfabrik Dipl.-Ing. Ernst A. Bettag e.K.
96152 Burghaslach / Leonhard-Höfler-Str. 5
Tel. (09552) 923821 / big.de

Aus einer kleinen Blechspielwarenfertigung hat sich die Firma BIG zu einer der großen Spielwarenfabriken der Welt entwickelt. Seit Jahrzehnten begeistern das "Big-Bobby-Car", die "Big-Traktoren" und viele andere Big-Spielwaren Millionen Kinder in aller Welt. Das "Big-Bobby-Car" ist das meist verkaufte Kinderfahrzeug und wurde bis heute mehr als sechs Millionen mal produziert.

Warenangebot: Kinderrutsch- und Tretfahrzeuge, Big-Bobby-Cars und Zubehör, Big-Traktoren und Zubehör, Sitz- und Spielgeräte wie Rutschen, Big-Picnic-Set etc., Bausteine, Schwimmhilfen, Schlitten, Hula-Hoop, Spiel- und Bastelartikel wie Ritterburg, Steckspiele etc., komplettes Sortiment und Ersatzteile

Ersparnis: gering, bei Sonderangeboten ca. 10-20%

Verkaufszeiten: Mo. bis Fr. 8.00-12.00 Uhr und 12.30-18.00 Uhr, Sa. 9.00-13.00 Uhr

Anfahrtsweg: A 3 Ausfahrt Schlüsselfeld, nach rechts Richtung Burghaslach, nach der Ortsdurchfahrt von Niederndorf erreicht man Burghaslach, kurz vor dem Ortsschild links abbiegen, nach einigen Metern sieht man das Firmenschild, das den Weg nach links direkt in die Hofeinfahrt weist

96237 Ebersdorf

▶ ROBA

roba Baumann GmbH
96237 Ebersdorf / Feldstr. 2
Tel. (09562) 9221-0 / roba-kinderwelt.de

Das Unternehmen wurde im Jahr 1927 gegründet. Aus Holz wurden Weinbutten und Fässer gefertigt. Seit 1952 werden auch Spielwaren produziert. Bekannt geworden ist roba u. a. durch Kasperle, Verkaufsstände, Puppenhäuser und Schreibtafeln. Heute ist roba ein international tätiges Unternehmen und einer der führenden Hersteller von Möbeln, Spielwaren und Accessoires für Kinder in Deutschland.

96465 Neustadt

Warenangebot:	Kindermöbel wie Kinderzimmer, Abenteuer- und Stockbetten, Lauf- und Türgitter, Hochstühle etc., außerdem Holzspielwaren wie Tafeln, Sitzgruppen, Sandkästen, Puppenhäuser, Schaukelpferd etc. sowie Accessoires wie Textilien, Wickeltasche, Kindertrage, Babywippe etc.
Ersparnis:	durchschnittlich ca. 30%
Verkaufszeiten:	Mo. bis Fr. 9.00-18.00 Uhr, 1. und 2. Sa. im Monat 9.00-12.00 Uhr
Hinweise:	es ist hauptsächlich 2. Wahl erhältlich
Anfahrtsweg:	Ebersdorf liegt ca. 10 km südöstlich von Coburg an der B 303 Richtung Kronach, die Firma befindet sich direkt an der Abfahrt der Bundesstraße, sie ist gut ausgeschildert und nicht zu übersehen

Spiel/Sport

96465 Neustadt

▶ ALTHANS

Althans GmbH & Co. KG / Plüschtierfabrik
96465 Neustadt Birkig / Horber Str. 4
Tel. (09568) 92260 / althans.de

Die Firma Althans ist ein mittelständisches Unternehmen der Spielwarenindustrie. Durch innovative Produkte und bewährte Qualität hat sie sich auf den inländischen und ausländischen Märkten einen Namen gemacht. Aber nicht nur der klassische Spielwarenhandel zählt zu den Kunden, sondern auch Werbeagenturen sowie Industrieunternehmen die das Plüschtier als Werbemittel entdeckt haben.

Warenangebot:	Plüschtiere aller Art wie z.B. Teddys, Pandas, Koalas, Hunde, Katzen, Mäuse, Waldtiere u.v.m., Sammlerbären aus Mohair in limitierter und handsignierter Auflage sowie Geschenkartikel aus Plüsch, Marken Althans Club, Althans Nostalgie und Ninis
Ersparnis:	preisgünstiges Warenangebot
Verkaufszeiten:	Mo. bis Do. 8.00-12.00 Uhr und 13.00-15.30 Uhr, Fr. 8.00-12.00 Uhr
Hinweise:	teilweise sind auch günstige Sonderposten erhältlich
Anfahrtsweg:	von Coburg über Rödental Richtung Neustadt, vor Haarbrücken rechts ab nach Birkig, hier ist die Firma ausgeschildert

96472 Rödental

▶ LISSI BÄTZ

Lissi Bätz GmbH / Spielwarenfabrik
96465 Neustadt Wildenheid / Hutstr. 31
Tel. (09568) 2166-67 / lissi.com

Warenangebot: große Auswahl an Puppen, Babypuppen, Charakterpuppen, Sammlerpuppen und Plüschtieren

Ersparnis: ca. 30-40%, unterschiedlich je nach Artikel

Verkaufszeiten: Mo. bis Do. 8.00-12.00 Uhr und 13.00-17.00 Uhr, Fr. 8.00-12.00 Uhr

Anfahrtsweg: von Coburg über Rödental nach Neustadt, hier links ab nach Wildenheid, dort befindet sich die Firma beim Sportplatz, ist ausgeschildert

▶ ROLLY TOYS

Rolly Toys Franz Schneider GmbH & Co. KG /
Spielwarenfabrik
96465 Neustadt / Siemensstr. 13-19
Tel. (09568) 856-0 / rollytoys.de

Das Familienunternehmen wurde durch seine Stehauf-Clowns bekannt. Es wird alles für "Kleinbauern" zum nachspielen hergestellt. Die Qualität der Artikel und der Service sind weltbekannt.

Warenangebot: Kinder-Tretfahrzeuge mit Freilauf und Bremse, Traktoren und Anhänger, Dreirad-Fahrzeuge, Dreiräder, Roller, Baby-Cars, Schaukeltiere, Sandspielartikel wie Schaufel, Rechen, Sandformen und Eimersets, außerdem Schubkarre aus Kunststoff, Stehaufclown, Schwimmtiere etc.

Ersparnis: ca. 30-40%, unterschiedlich je nach Artikel

Verkaufszeiten: Mo. bis Do. 8.00-12.00 Uhr und 13.00-16.30 Uhr, Fr. 8.00-12.00 Uhr

Hinweise: teilweise ist auch 2. Wahl erhältlich

Anfahrtsweg: von Coburg in nordöstlicher Richtung über Rödental nach Neustadt, dort befindet sich die Firma neben dem Spielzeugmuseum

96472 Rödental

▶ ENGEL

Engel-Puppen GmbH
96472 Rödental Mönchröden / Mönchrödener Str. 55
Tel. (09563) 1237 / engel-puppen.com

96476 Bad Rodach

Engel-Puppen ist mit ihrem über 100-jährigen Bestehen die älteste Puppenfabrik am Ort des Firmensitzes, Rödental im Norden Bayerns. Obwohl die Firma zu den Kleinunternehmen in der Branche gehört, findet man ihre Puppen in vielen Ländern der Welt. Die Produktpalette umfasst fast alle Puppentypen die es gibt, von der kleinen preiswerten Spielpuppe aus Vinyl, über Trachtenpuppen und Nostalgie-Sammlerpuppen bis zur wertvollen Künstlerpuppe aus Porzellan in limitierter Auflage.

Warenangebot:	hochwertige Spiel- und Sammerpuppen aus eigener Fertigung sowie Sammlerpuppen von Schildkröt, Käthe Kruse, Heidi Ott u.a., außerdem von anderen Herstellern Kinderspielzeug aller Art, Porzellanpuppen, Plüschtiere, Puppenmöbel, Holzspielwaren, Puppen- und Kinderporzellan, Weihnachtsengel, erzgebirgische Holzkunst u.v.m.
Ersparnis:	je nach Artikel unterschiedlich, viele Sonderangebote, durchschnittlich ca. 20%
Verkaufszeiten:	Mo. bis Do. 9.00-12.00 Uhr und 13.00-16.30 Uhr, Fr. 9.00-12.00 Uhr
Hinweise:	vereinzelt teilweise ist auch 2. Wahl erhältlich, eine Besichtigung der Puppenproduktion ist nach Vereinbarung möglich
Anfahrtsweg:	von Coburg über Rödental nach Mönchröden, dort befindet sich die Firma direkt an der Hauptstraße auf der linken Seite

96476 Bad Rodach

▶ JAKO-O

Jako-O GmbH - Wehrfritz GmbH
96476 Bad Rodach / Coburger Str. 16
Tel. (09564) 929100 / jako-o.de

Warenangebot:	große Auswahl an Beschäftigungsspielen, Holzspielwaren, Kindermöbel, Bastelmaterial, Kaufladenzubehör u.v.m., Artikel der Marken Jako-O, Wehrfritz und Haba; in der Fundgrube ständig wechselndes Angebot (kein Komplettsortiment)
Ersparnis:	bei 1. Wahl sehr gering, bis zu 40% günstiger sind nur Artikel in der Fundgrube im 1. Stock (Rücksendungen, 2. Wahl- und Auslaufartikel)
Verkaufszeiten:	Mo. bis Fr. 9.00-18.00 Uhr, Sa. 9.00-15.00 Uhr
Hinweise:	mehrmals jährlich finden zusätzliche Sonderverkäufe mit nochmals reduzierten Preisen statt, genaue Termine erfragen

96515 Sonneberg

Anfahrtsweg: Bad Rodach liegt ca. 15 km nordwestlich von Coburg, die Firma befindet sich von Coburg kommend ca. 100 m nach dem Ortseingang auf der rechten Seite

96515 Sonneberg

▶ DICKIE

Dickie Spielzeug GmbH & Co.
96515 Sonneberg / Mittlere Motschstr. 9
Tel. (03675) 73330 / dickietoys.com

Warenangebot: große Auswahl an Spielwaren der Marken Simba, Dickie, Schuco, Eichhorn, Noris wie z.B. Puppen, Plüschtiere, Baby- und Kleinkinderspielwaren, Autorennbahnen, ferngesteuerte Autos, Spiele u.v.m.

Ersparnis: unterschiedlich je nach Artikel, durchschnittlich ca. 30%

Verkaufszeiten: Mo. bis Fr. 10.00-18.00 Uhr, Sa. 10.00-16.00 Uhr

Hinweise: separater Verkaufsraum, es ist verbilligte 1. Wahl erhältlich, aber auch Sonderposten und 2. Wahl

Anfahrtsweg: Sonneberg liegt ca. 20 km nordöstlich von Coburg, von dort über Rödental und Neustadt nach Sonneberg, hier befindet sich die Firma im Gewerbegebiet Mittlere Motsch, direkt neben der Automodellrennstrecke, ist auch ausgeschildert

▶ PLÜTI NOVA

Plüti nova GmbH
96515 Sonneberg / Juttastr. 8
Tel. (03675) 89290 / plueti-nova.de

Die Firma ist hervorgegangen aus einem traditionsreichen Sonneberger Spielwarenbetrieb, der Anfang des letzten Jahrhunderts gegründet wurde. Nach Zulieferungen in der Spielzeugfertigung wurden in den 30er Jahren Puppen produziert. 1959 ist die Produktion vollkommen auf Plüschspielwaren umgestellt worden. 1990 wurde das Unternehmen reprivatisiert und firmiert seitdem unter dem Namen Plüti nova GmbH.

Warenangebot: große Auswahl an Plüschtieren, z.B. Haustiere aller Art vom Huhn bis zum Pferd, Waldtiere wie Fuchs und Reh, Wildtiere wie Löwen, Tiger, Elefanten, Affen, Krokodile und Nilpferde, eine Mini-Serie in der Gr. 20-25 cm sowie eine Trend-Mini-Serie in der Gr. 15-20 cm

Ersparnis: teilweise sind günstige Angebote erhältlich

96523 Steinach

Verkaufszeiten:	Mo. bis Do. 7.00-11.45 Uhr und 12.15-16.15 Uhr, Fr. bis 15.30 Uhr
Hinweise:	oftmals muss geklingelt werden damit geöffnet wird
Anfahrtsweg:	von Coburg über Rödental und Neustadt nach Sonneberg, dort befindert sich die Firma in der Nähe des Bahnhofs am Anfang der Fußgängerzone

96523 Steinach

▶ MAROLIN

Richard Mahr GmbH
96523 Steinach / Räumstr. 35
Tel. (036762) 32310 / marolin.de

Warenangebot:	Weihnachtskrippen und Osterartikel aus Papiermaché, außerdem Spieltiere und Figuren aus Kunststoff sowie Zubehör aus Holz und Textil
Ersparnis:	Preise erheblich unter vergleichbarer Einzelhandelsware
Verkaufszeiten:	Mo. bis Fr. 9.00-18.00 Uhr
Anfahrtsweg:	Steinach liegt ca. 10 km nördlich von Sonneberg, von Sonneberg kommend ist die Firma ab Ortseingang ausgeschildert

▶ PLAHO

Plaho Spielwaren GmbH
96523 Steinach / Räumstr. 10
Tel. (036762) 30666

Warenangebot:	Holz- und Kunststoffspielsachen aller Art wie z.B. Bettchen, Schränke, Kaufläden, Kasperletheater, Puppenwiegen, Bollerwagen, Tafeln, Autos, Sandkästen, Sitzmöbel etc.
Ersparnis:	teilweise bis zu 50%
Verkaufszeiten:	Mo. bis Do. 7.00-12.00 Uhr und 12.30-16.00 Uhr, Fr. 7.00-11.30 Uhr
Anfahrtsweg:	Steinach liegt ca. 10 km nördlich von Sonneberg, von Sonneberg kommend am Ortseingang nicht der abknickenden Vorfahrtsstraße folgen sondern geradeaus, danach sieht man die Firma schon

96528 Effelder

▶ SPIELKO

Spielko GmbH
96528 Effelder / Sonneberger Str. 31
Tel. (036766) 22611

Warenangebot: Plüschtiere, Handspielpuppen mit Holzköpfen, Handspieltiere aus Plüsch

Ersparnis: preisgünstiges Warenangebot

Verkaufszeiten: Mo. bis Do. 7.00-12.00 Uhr und 13.00-15.30 Uhr, Fr. 7.00-12.45 Uhr

Anfahrtsweg: Effelder liegt ca. 15 km nordöstlich von Coburg, an der B 89 zwischen Sonneberg und Eisfeld, in Effelder befindet sich die Firma an der Ortsdurchgangstraße bei der Feuerwehr

97318 Kitzingen

▶ ECKERT

Eckert GmbH / Werk für Kinderausstattung
97318 Kitzingen / Armin-Knab-Str. 27-33
Tel. (09321) 393-0 / eckert-gmbh.com

Warenangebot: für Babys bis ca. 3 Jahre Bettwäsche, Badewannen, Windeleimer, Töpfe, Regenverdecke, Fußsäcke, Schirmchen, Bauchtragen, Tragetücher, Wickelauflagen, Krabbeldecken, Matratzen, Spielzeug, Sicherheitsartikel, Schnuller, Mückennetze, Sprechanlagen u.v.m., keine Bekleidung und Kinderwagen

Ersparnis: bei 2. Wahl und Auslaufmodellen 50% und mehr

Verkaufszeiten: Mo. bis Do. 13.00-16.00 Uhr, Fr. 9.00-13.00 Uhr

Hinweise: der Verkaufsladen befindet sich direkt am Werk

Anfahrtsweg: A 7 Ausfahrt Biebelried/Kitzingen, auf der B 8 durch Kitzingen über die neue Mainbrücke, danach an der 2. Ampel rechts Richtung Sickershausen, die nächste Straße wieder rechts ist die Armin-Knab-Str., nach ca. 300 m befindet sich der Werksverkauf auf der linken Seite gegenüber der "BayWa"

99887 Georgenthal

99887 Georgenthal

▶ STEINER

Steiner GmbH / Spielwarenfabrik
99887 Georgenthal / Bahnhofstr. 40
Tel. (036253) 42900 / steiner-pluesch.de

In dem 1889 gegründeten Familienbetrieb werden schön gestaltete Plüschtiere in bester Verarbeitung handgefertigt. Auch Sondermodelle nach Kundenwünschen werden in den unterschiedlichsten Ausführungen entwickelt und gefertigt.

Warenangebot:	große Auswahl an Plüschtieren aller Art, vom kleinen Kätzchen bis zum Riesenelefanten, weichgestopfte Kuscheltiere, Großtiere mit Stahlgestell, Schlaf- und Liegetiere, Schwing- und Schaukeltiere, aufwendig gearbeitete Künstlerbären aus Mohairplüsch
Ersparnis:	ca. 25% im Durchschnitt
Verkaufszeiten:	Mo. bis Fr. 8.00-18.00 Uhr, Sa. 9.00-13.00 Uhr
Hinweise:	separater Verkaufsraum, auch Reparaturen von Plüschtieren sind möglich
Anfahrtsweg:	A 4 Erfurt-Eisenach Ausfahrt Gotha, auf die B 247 bis Hohenkirchen, hier rechts ab nach Georgenthal, dort befindet sich die Firma in Ortsmitte in der Nähe vom Bahnhof

Schmuck, Uhren

55743 Idar-Oberstein

▶ GOTTLIEB

Louis Gottlieb & Söhne GmbH
55743 Idar-Oberstein / Nahestr. 42
Tel. (06781) 205-0 / edelstein-erlebniswelt.de

Die Firma Gottlieb wurde 1899 in Idar-Oberstein gegründet. Von Anfang an wurde Schmuck produziert und im Laufe der Jahre entwickelte sich das Unternehmen unter anderem zur bedeutendsten Schmuck-Galvanik der Region. Die Firma verfügt heute über eine Produktionsfläche von ca. 3.500 qm. Im Jahr 2000 wurde hier das 1. Factory Outlet für Schmuck, Edelsteine und Mineralien in Deutschland eingerichtet. Mit der Firma Gottlieb stellen hier über 30 Schmuck- und Edelsteinunternehmen aus.

Warenangebot:	komplette Schmuckpalette, Gold-, Silber-, Diamant-, Edelstein- und Modeschmuck, geschliffene Edelsteine, Perlen, Gold-, Silber- und Steinketten, Mineralien, Drusen, Esoterische Steine, Steinfiguren, Edelsteinobjekte, Skulpturen
Ersparnis:	ca. 20-50%
Verkaufszeiten:	Mo. bis Fr. 8.00-17.00 Uhr, Sa. 10.00-18.00 Uhr (jahreszeitenabhängig)
Hinweise:	Schmuckreparaturen und Anfertigungen in der eigenen Werkstatt sind möglich
Anfahrtsweg:	A 62 Ausfahrt Birkenfeld auf die B 41 über Birkenfeld nach Idar-Oberstein, nach dem Ortsschild an 2. Ampel rechts zum Bahnhof, hier geht die Nahestr. ab (große breite Straßenabbiegung, die aber stark abfällt und deshalb schwer zu sehen ist., auch Zufahrt zu einem Parkhaus)

60323 Frankfurt

60323 Frankfurt

▶ PERLEN & SCHMUCKCENTER

Perlen & Schmuckcenter
60323 Frankfurt Westend /
Friedrichstr. 23, Ecke Liebigstr. 33
Tel. (069) 717172

Das Perlen & Schmuckcenter ist ein seit 40 Jahren in Frankfurt-Westend etabliertes Familienunternehmen, als Importeur, Hersteller, Großhändler und Lieferant für Großkonzerne mit Edelsteinen, Diamanten, Perlen- und Goldschmuck. Es gibt auch eine extra Abteilung für den Direktverkauf.

Warenangebot: Zucht-, Südsee-, Tahiti-, China- und Süßwasserperlen, lose Perlen, Stränge, Ketten, Armbänder, Ringe, Ohrschmuck, riesiges Schließensortiment, Änderungen aller Art, Goldschmuck 585 und 750 von standard bis hochwertig für Damen, Herren und Kinder, Manschettenknöpfe

Ersparnis: teilweise bis 50%

Verkaufszeiten: Mo. bis Fr. 10.00-18.00 Uhr, Sa. 10.00-14.00 Uhr

Hinweise: Parkplätze im Hof, Einfahrt Liebigstr.; Kreditkarten werden akzeptiert; Sonderposten für Wiederverkäufer (siehe auch Anzeige auf 1. Umschlaginnenseite)

Anfahrtsweg: Bockenheimer Landstr. Richtung Alte Oper, links in die Liebigstr., die Firma befindet sich an der Ecke Liebigstr./Friedrichstr.

75417 Mühlacker

▶ BÖHRINGER

Wilhelm Böhringer Schmuckwaren
75417 Mühlacker / Industriestr. 14
Tel. (07041) 6309

Warenangebot: Ringe, Ohrringe, Goldschmuck, Ketten, Armbänder

Ersparnis: unterschiedlich je nach Artikel, günstige Angebote

Verkaufszeiten: Mo., Di., Do., Fr. 9.00-12.00 Uhr und 14.00-18.00 Uhr, Mi. und Sa. 9.00-12.00 Uhr

Anfahrtsweg: A 8 Stuttgart-Karlsruhe Ausfahrt Pforzheim-Ost auf die B 10 nach Mühlacker, dort befindet sich die Firma im Industriegebiet

78112 St. Georgen

76185 Karlsruhe

▶ RIES

Ries GmbH & Co. KG / Schmuckgalerie
76185 Karlsruhe / Daimlerstr. 5a
Tel. (0721) 97221-60 / ries-schmuck.de

Warenangebot: Gold- und Silberschmuck, Perlen

Ersparnis: teilweise sind sehr günstige Angebote erhältlich

Verkaufszeiten: Mo. bis Fr. 12.00-18.00 Uhr

Anfahrtsweg: auf der A 8 kommend Ausfahrt Karlsruhe-Mitte Richtung Landau, wiederum abfahren Richtung Neureut/Mannheim, dann nach der 5. Ampel links und nach weiteren 50 m rechts

78098 Triberg

▶ HERR

Hubert Herr GmbH & Co. KG /
Uhrenfabrik und Holzschnitzerei
78098 Triberg / Hauptstr. 8
Tel. (07722) 4268 / hubertherr.de

Warenangebot: Original Schwarzwälder Kuckucksuhren, aus echtem Holz und handgeschnitzt, in versch. Größen und Preislagen

Ersparnis: unterschiedlich, günstige Angebote

Verkaufszeiten: Mo. bis Fr. 7.30-12.00 Uhr und 13.30-16.30 Uhr

Anfahrtsweg: Triberg liegt an der B 500 zwischen Furtwangen und St. Georgen, dort befindet sich die Firma direkt an der Hauptstraße

78112 St. Georgen

▶ STAIGER

Kundo Staiger GmbH / Uhrenfabrik
78112 St. Georgen / Bundesstr. 10
Tel. (07724) 948479

Warenangebot: Pendel-, Kuckucks-, Wand- und Armbanduhren und Wecker, auch Funkuhren

Ersparnis: preisgünstige Angebote

78120 Furtwangen

Verkaufszeiten: Mo. bis Fr. 9.00-13.30 Uhr und 14.00-18.00 Uhr, Sa. 9.00-12.00 Uhr

Hinweise: separates Ladengeschäft

Anfahrtsweg: St. Georgen liegt nordöstlich von Freiburg im Schwarzwald, in St. Georgen befindet sich die Firma direkt an der B 33 Richtung Triberg, ist auch ausgeschildert

78120 Furtwangen

▶ WEHRLE

Uhrenkabinett Wehrle / Uhrenfabrik
78120 Furtwangen / Lindenstr. 2
Tel. (07723) 5324

Warenangebot: große Auswahl an Armbanduhren, Wanduhren, Wecker, Kuckucksuhren, Schmuck etc., teils auch Fremdfabrikate

Ersparnis: nur bei Eigenprodukten ca. 30%, Handelsware ist nicht preiswerter

Verkaufszeiten: Mo. bis Fr. 9.00-12.30 Uhr und 14.30-18.00 Uhr, Sa. 9.00-13.00 Uhr

Hinweise: separates Ladengeschäft

Anfahrtsweg: Furtwangen liegt im Schwarzwald ca. 20 km westlich von Villingen-Schwenningen, dort befindet sich die Firma gegenüber vom Deutschen Uhrenmuseum

78564 Wehingen

▶ HEGEDÜS

Viktor Hegedüs Titanschmuck-Factory /
Fabrikverkauf im Titanium
78564 Wehingen / Hofenstr. 27
Tel. (07426) 963268 / titanschmuck.com

Vor kurzem noch als Insidertipp gehandelt, ist Viktor Hegedüs auf dem besten Wege mit seinem Schmuckkonzept in die Spitze der Schmuckindustrie vorzudringen. Über 50 Mitarbeiter kümmern sich um die Herstellung und die Vermarktung der Schmuckkollektionen. Der Fabrikverkauf im "Titanium" zählt Schmuckliebhaber aus ganz Süddeutschland zu seiner Stammkundschaft.

Warenangebot: hochwertiger Titanschmuck (eigene Fertigung in großer Auswahl) in edeltrendigem Design wie Fingerringe, Ohrstecker, Nasenstecker, Körper- und Halsschmuck, absolut hautverträglich, eigene Schmuckideen können als Unikate umgesetzt werden

87600 Kaufbeuren

Ersparnis:	ca. 20-30%, Sonderposten und Musterteile bis zu 50%
Verkaufszeiten:	Mo. bis Fr. 14.00-20.00 Uhr, Sa. 10.00-14.00 Uhr, langer Sa. 10.00-16.00 Uhr
Hinweise:	Online-Shop unter www.titanschmuck.com
Anfahrtsweg:	Wehingen liegt ca. 12 km östlich von Rottweil, in Wehingen der Gosheimer Str./Reichenbacher Str. folgen, am Schuhhaus Mayer rechts in die Hofenstr., das Titanium befindet sich am Ende der Hofenstr. gegenüber der evang. Kirche

78713 Schramberg

▶ JUNGHANS

Junghans Uhren GmbH
78713 Schramberg / Tösstr. 53
Tel. (07422) 18168 / junghans.de

Warenangebot:	Armbanduhren hauptsächlich für Damen und Herren, auch einige Kinderuhren, Funkuhren, Solaruhren, Quartzuhren, Wecker, Großuhren, Time & Weather, Marke Junghans
Ersparnis:	preisgünstige Angebote, ansonsten ca. 30%
Verkaufszeiten:	Mo. bis Fr. 9.00-18.00 Uhr, Sa. 9.00-16.00 Uhr
Hinweise:	es sind hauptsächlich 2a- und 3a-Waren mit z.B. kleinen Kratzern etc. erhältlich
Anfahrtsweg:	A 8 Stuttgart-Singen Ausfahrt Rottweil auf die B 462 nach Schramberg, hier Richtung Hornberg und nach dem Tunnel die 2. Straße rechts in die Lauterbacher Str., dann die 3. Straße rechts ist die Tösstr.

87600 Kaufbeuren

▶ MIKOLASCH

Ferdinand Mikolasch /
Schmuck- und Metallwarenfabrik
87600 Kaufbeuren Neugablonz / Hüttenstr. 24
Tel. (08341) 6329 / mikolasch.com

Die Firma Ferdinand Mikolasch ist seit über 55 Jahren eine weltweit bekannte Schmuck-, Ketten-, Druckguss- und Metallwarenfabrik. Sie ist Hersteller von hochwertigem Modeschmuck, Werbeartikeln, Halbfabrikaten und Sonderanfertigungen. In modernen und flexiblen Fertigungsstätten mit eigenem Werkzeugbau, Galvanik etc. werden auch spezielle Kundenwünsche realisiert. Die große Angebotspalette umfasst über 10.000 Artikel. Alle Erzeugnisse werden im eigenen Hause hergestellt.

87600 Kaufbeuren

Warenangebot:	qualitativ hochwertiger Modeschmuck, Armbänder, Armreifen, Anhänger, Broschen, Colliers, Ohrclips, Ringe etc.
Ersparnis:	bis zu 50% möglich
Verkaufszeiten:	Mo. bis Do. 7.15-12.00 Uhr und 13.00-17.00 Uhr, Fr. 7.15-12.00 Uhr
Hinweise:	persönliche Beratung durch fachkundiges Personal
Anfahrtsweg:	Neugablonz liegt zwischen Kempten und Landsberg i. Allgäu, A 96 Abfahrt Kaufbeuren, im Kreisverkehr Richtung Neugablonz, dann auf der Sudetenstr. bis zur Kreuzung und links in die Hüttenstr., die Firma befindet sich an der nächsten Kreuzung Ecke Grünwalder Str., schräg gegenüber der Firma Swarovski

Haushaltswaren und -geräte

04643 Geithain

▶ GEITHAINER

Geithainer Emaillierwerk GmbH
04643 Geithain / Grimmaische Str. 37-39
Tel. (034341) 48-0 / geithainer.de

Es begann im Jahr 1898 mit der Gründung der Firma Gräßler & Co. und dem Ziel der Fertigung von emailliertem Geschirr. Die heutige Geithainer Emaillierwerk GmbH wurde 1993 gegründet. Seit 2002 ist Geithainer Lizenznehmer von Royal Doulton für die Herstellung und den weltweiten Vertrieb im Bereich Emailgeschirr. Gleiches gilt seit 1995 für die Marke Villeroy & Boch.

Warenangebot:	emaillierte Töpfe, Pfannen, Bräter, Schüsseln, Kannen, Kessel, Aluminium-Geschirr gegossen, beschichtet, elektrische Einkocher, Glühweinspender, Großküchengeschirr emailliert und aus Aluminium, Wasserbadkocher, Simmertöpfe, Marken Geithainer, Prinz, Nahrath-Praktina, Villeroy & Boch und Royal Doulton
Ersparnis:	ca. 50% bei 2. Wahl
Verkaufszeiten:	Mo. bis Fr. 10.00-12.30 Uhr und 13.00-18.00 Uhr
Hinweise:	separater Werksverkaufladen, es ist auch immer viel günstige 2. Wahl erhältlich
Anfahrtsweg:	Geithain liegt zwischen Leipzig und Chemnitz, ca. 20 km nordöstlich von Altenburg an der B 7 Richtung Rochlitz, in Geithain befindet sich die Firma direkt an der Ortsdurchfahrt der B 7, Parkplätze sind auf dem Firmengelände vorhanden

08312 Lauter

08312 Lauter

▶ SCHWERTER EMAIL

Omeras GmbH
08312 Lauter / Hauptstr. 21
Tel. (03771) 56740

Warenangebot: Email- und Edelstahlgeschirre, Spülen aus Email und Edelstahl, Simmertöpfe, Fondues, Woks, Raclettes, Schnellkochtöpfe sowie elektr. Küchengeräte und Zubehör etc.

Ersparnis: bis zu 50% möglich

Verkaufszeiten: Mo. bis Fr. 11.00-17.00 Uhr

Hinweise: es ist hauptsächlich 2. Wahl erhältlich, aber meist nur mit kleinsten Fehlern

Anfahrtsweg: Lauter liegt ca. 30 km südöstlich von Zwickau an der B 101 zwischen Schneeberg und Schwarzenberg, von Schwarzenberg kommend am Postamt rechts runter

28309 Bremen

▶ WILKENS / BSF

M.-H. Wilkens & Söhne GmbH
28309 Bremen Hemelingen / Osenbrückstr. 5
Tel. (0421) 4103-204 / wilkens-design.de

Das Unternehmen wurde 1810 durch Martin Heinrich Wilkens gegründet, fusionierte 1969 mit der Bremer Silberwaren AG (BSF) und wurde 1995 durch die Zwilling J. A. Henckels AG übernommen. Manche Sterling und versilberte Besteckmuster werden seit über 100 Jahren in Bremen produziert.

Warenangebot: Bestecke, Tafelgeräte, Schüsseln, Teller, Platten, Dosen und Geschenkartikel etc. aus Silber, versilbert und Edelstahl, außerdem Küchenmesser, Maniküreartikel, Glas- und Porzellanartikel etc., Marken Wilkens, BSF, Zwilling u.a.

Ersparnis: ca. 50% bei 2. Wahl und Auslaufartikeln

Verkaufszeiten: Mo. bis Mi., Fr. 9.30-16.00 Uhr, Do. 9.30-18.00 Uhr, Sa. 9.30-14.00 Uhr

Hinweise: Werksladen neben der Firmeneinfahrt, es sind hauptsächlich 2. Wahl und Auslaufartikel erhältlich

Anfahrtsweg: auf der A 1 kommend Ausfahrt Bremen-Hemelingen, in Bremen befindet sich der Verkauf mitten im Stadtteil Hemelingen, gegenüber der Firma "Coca-Cola"

36452 Fischbach

35285 Gemünden

▶ GEKA

Reinhold Klein KG / Geka-Werk
35285 Gemünden / Wohra / Struthweg 18-24
Tel. (06453) 463

Warenangebot: elektrische Haushaltsgeräte aller Art wie z.B. Allesschneider, Brotschneidemaschinen, Toaster, Dosenöffner, Friteusen, Entsafter, Waffelautomaten, Wasserkocher, Elektrogrills etc.

Ersparnis: ca. 10-20%

Verkaufszeiten: Mo. bis Fr. 8.00-11.00 Uhr

Hinweise: teilweise ist auch 2. Wahl erhältlich

Anfahrtsweg: von Marburg auf der B 3 ca. 20 km in nordöstlicher Richtung, bei Wohratal links ab nach Gemünden, dort befindet sich die Firma im Industriegebiet am Ortsanfang

36452 Fischbach

▶ BAF

BAF Industrie und Oberflächentechnik GmbH
36452 Fischbach / Umpfenstr. 18
Tel. (036966) 78-0 / baf-fischbach.de

Die Firma BAF Industrie- und Oberflächentechnik GmbH mit Sitz in Fischbach befindet sich an einem Industriestandort mit Tradition. Bereits seit mehr als 80 Jahren werden in Fischbach Haushaltsartikel der verschiedensten Art produziert. Bis heute kommen aus Fischbach Produkte und Dienstleistungen mit gutem Namen und hervorragender Qualität. Diese Verpflichtung läßt auch die Firma BAF in den Geschäftsbereich Haushaltswarensortiment einfließen.

Warenangebot: Töpfe und Pfannen aus Aluminium und Alu-Handguss sowie Edelstahl, Bräter, Küchenhelfer wie Schneebesen, Schöpfkelle, Bratenwonder etc.

Ersparnis: durchschnittlich ca. 30%

Verkaufszeiten: Mo. bis Fr. 8.00-17.00 Uhr, ca. 4x jährl. finden zusätzliche Samstagsverkäufe mit teilweise besonderen Angeboten statt, genaue Termine erfragen

Hinweise: Werksverkauf mit Ausstellung, teilweise sind auch 2. Wahl und günstige Schnäppchen erhältlich

Anfahrtsweg: Fischbach/Rhön liegt an der B 285 zwischen Mellrichstadt und Dorndorf, in Fischbach ist die Firma nicht zu übersehen

Haushalt

41748 Viersen

41748 Viersen

▶ JÄGER

Silberwarenfabrik Jäger GmbH & Co. KG
41748 Viersen / Gerberstr. 43-49
Tel. (02162) 16106 / silberwarenfabrik-jaeger.de

Warenangebot:	begrenzte Auswahl an Edelstahl- und versilberten Bestecken, außerdem Kinderbestecke, Topfsets, Schneidwaren, Silberwaren und Geschenkartikel
Ersparnis:	durchschnittlich ca. 40%, Sonderposten sind noch günstiger
Verkaufszeiten:	Mo. bis Fr. 12.30-16.30 Uhr
Hinweise:	separater Lagerverkaufsraum, teilweise sind auch 2. Wahl und Sonderposten im Angebot, die Firma bietet auch eine Aufarbeitung von älteren Bestecken an
Anfahrtsweg:	A 61 Ausfahrt Viersen, in Viersen befindet sich die Firma im Industriegebiet in der Nähe vom Schlachthof

42651 Solingen

▶ GIESEN & FORSTHOFF

Giesen u. Forsthoff GmbH & Co. KG / Schneidwaren
42651 Solingen / Baumstr. 36-38
Tel. (0212) 22286-0 / gf-solingen.de

Warenangebot:	Haarscheren aller Art, Hundescheren, Haut- und Nagelscheren, Haut- und Nagelzangen, Pinzetten, Nagelfeilen, Maniküre-Instrumente, Rasiermesser, Taschenmesser, Maniküre-Etuis und Multifunktionswerkzeuge
Ersparnis:	ca. 30% im Durchschnitt
Verkaufszeiten:	Mo. bis Do. 8.00-12.30 Uhr und 13.00-15.30 Uhr, Fr. bis 14.30 Uhr
Hinweise:	gelegentlich ist auch 2. Wahl vorhanden
Anfahrtsweg:	A 46 Düsseldorf-Dortmund, am Sonnborner Kreuz nach Solingen, dort befindet sich die Firma nahe dem Amtsgericht

42653 Solingen

42653 Solingen

▶ EICKER

Schneidwarenfabrik Wilhelm Eicker
42653 Solingen Gräfrath / Tersteegenstr. 25
Tel. (0212) 38284-0 / eicker.com

Die Firma wurde im Jahr 1928 von Wilhelm Eicker gegründet und zählt heute zu einem der weltweit führenden Hersteller von Berufsmessern. Sämtliche Spezialmesser werden auf modernsten Maschinen gefertigt, die den höchsten Qualitätsstandard garantieren.

Warenangebot: Berufsmesser aller Art wie Profi-Messer, Kochmesser, Fleisch- und Wurstgabeln, Hackmesser, Industrie-Messer und Wetzstähle, außerdem Haushalts-Messer wie z.B. Brot- und Wurstmesser

Ersparnis: preisgünstiges Warenangebot

Verkaufszeiten: Mo. bis Fr. 10.00-12.00 Uhr und 13.00-15.00 Uhr

Hinweise: gelegentlich ist auch günstige 2. Wahl erhältlich

Anfahrtsweg: von Düsseldorf auf der A 46 kommend Ausfahrt Haan-Ost Richtung B 224 in den Solinger Stadtteil Gräfrath, die Firma befindet sich nahe der Firma "Haribo"

▶ GEHRING

Gehring GmbH
42653 Solingen Gräfrath / Tersteegenstr. 37-39
Tel. (0212) 258420 / gehring-shop.de

Im Jahr 1956 gründete Hugo Gehring die Firma Gehring Schneidwaren. Wichtigster Produktionsbereich war anfangs das Schleifen geschmiedeter Klingen. Bald entwickelte sich das Unternehmen mehr und mehr zu einem reinen Besteck- und Messerhersteller. Heute produziert die Firma vom Gemüsemesser bis zum Küchenhelfer, von modernen Geschenkartikeln bis hin zum klassischen Tafelbesteck eine große Palette unterschiedlicher Schneidwaren.

Warenangebot: Haushaltsmesser, Berufs- und Kochmesser, Messerblöcke sowie Bestecke und Geschenkartikel, Marke Gehring

Ersparnis: bis zu 30%, bei Sonderaktionen und Auslaufmodellen bis zu 50%

Verkaufszeiten: Mo. bis Do. 10.00-18.00 Uhr, Fr. 10.00-16.00 Uhr, Sa. 10.00-13.00 Uhr

Anfahrtsweg: von Düsseldorf auf der A 46 kommend Ausfahrt Haan-Ost, dann ca. 4 km Richtung Stadtmitte

42655 Solingen

42655 Solingen

▶ HERDER

Otto Herder Manicure GmbH & Co. KG
42655 Solingen / Hossenhauser Str. 24
Tel. (0212) 814054 / herder-manicure.de

Otto Herder Manicure ist ein Hersteller von Produkten für Manikūre und Pedikūre sowie von kompletten Manikūresets mit Firmensitz in Solingen. Die Firma bietet Top-Qualiät aus Solingen zu wettbewerbsfähigen Preisen und arbeitet mit der Erfahrung von mehr als 75 Jahren kombiniert mit der neuesten Herstellungstechnik und High-Tech-Maschinen.

Warenangebot: Manikūresets in allen Variationen und Größen, auch Einzelteile davon, Scheren aller Art, Zangen, Knipser, Pinzetten, Feilen, Haarschneidescheren etc., auch Profi-Sets

Ersparnis: unterschiedlich, günstige Angebote

Verkaufszeiten: Mo. bis Do. 8.00-16.00 Uhr, Fr. 8.00-12.30 Uhr

Anfahrtsweg: A 46 Düsseldorf-Dortmund, vom Sonnborner Kreuz nach Solingen, die Hossenhauser Str. verläuft zwischen den Stadtteilen Merscheid und Katternberg

42657 Solingen

▶ ZWILLING

J. A. Henckels Zwillingswerk AG
42657 Solingen / Grünewalder Str. 14-22
Tel. (0212) 882-292

Warenangebot: große Auswahl an Messern und Küchengeräten, Scheren aller Art, Produkte für Manicure und Pedicure, Manicure-Etuis, Taschenmesser, Bestecke und Geschenkartikel

Ersparnis: bei 1. Wahl keine, bei 2. Wahl und Auslaufartikeln ca. 30%

Verkaufszeiten: Mo. bis Fr. 9.30-18.30 Uhr, Sa. 9.30-14.00 Uhr

Hinweise: Verkaufsshop mit separatem Schnäppchenmarkt, hier sind 2. Wahl- und Auslaufartikel erhältlich

Anfahrtsweg: A 3 Düsseldorf-Köln Ausfahrt Solingen/Langenfeld auf die B 229 nach Solingen, die Firma befindet sich direkt an der B 229, vor der Bahnlinie

42659 Solingen

▶ BURGVOGEL

Karl Bahns GmbH / Stahlwarenfabrik
42659 Solingen / Burger Landstr. 60
Tel. (0212) 42131 / burgvogel.de

Das Unternehmen wurde im Jahr 1949 in Solingen gegründet und wird heute in der dritten Generation geführt. Die hochwertigen "Burgvogel" Produkte, deren Qualität auf der Verwendung von bestem Stahl und der langjährigen Erfahrung beruhen, werden inzwischen in die ganze Welt vertrieben.

Warenangebot:	geschmiedete Koch- und Haushaltsmesser, außerdem Fleischermesser (Berufsmesser), Marken Burgvogel und Goldsiegel
Ersparnis:	ca. 30-40%, unterschiedlich je nach Artikel
Verkaufszeiten:	Mo. bis Do. 7.00-17.00 Uhr, Fr. 7.00-14.00 Uhr, Sa. 9.00-12.00 Uhr
Hinweise:	teilweise ist auch 2. Wahl erhältlich
Anfahrtsweg:	A 46 Düsseldorf-Dortmund, am Sonnborner Kreuz nach Solingen, dort befindet sich die Firma etwas außerhalb in Richtung Burg auf der rechten Seite

42697 Solingen

▶ DIOGENES

Diogenes Werk Herder & Sohn GmbH & Co. KG /
Stahlwarenfabrik
42697 Solingen Ohligs / Ahrstr. 5-13
Tel. (0212) 26263-0 / diogenessolingen.de

Warenangebot:	Haushaltsmesser wie Gemüse-, Brot- und Wurstmesser, Messersets, außerdem Sparschäler für z.B. Spargel
Ersparnis:	unterschiedlich, durchschnittlich ca. 30%
Verkaufszeiten:	Mo. bis Do. 8.00-12.00 Uhr und 12.30-15.30 Uhr, Fr. 8.00-11.45 Uhr
Hinweise:	kein eingerichteter Privatverkauf
Anfahrtsweg:	von Düsseldorf auf der A 3 kommend Ausfahrt Solingen/Langenfeld auf die B 229 Richtung Solingen, nach ca. 1 km links ab in den Stadtteil Ohligs, hier befindet sich die Firma in der Nähe vom Bahnhof

42699 Solingen

42699 Solingen

▶ DORKO

Dorko Stahlwarenfabrik Dorten GmbH & Co.
42699 Solingen Merscheid / Dahl 31-35
Tel. (0212) 330906 / dorko.de

Warenangebot: Haarscheren, Rasiermesser, Nagelfeilen und Maniküreinstrumente, Pinzetten und Nagelknipser

Ersparnis: durchschnittlich ca. 30-40%, unterschiedlich je nach Artikel

Verkaufszeiten: Mo. bis Do. 10.00-12.00 Uhr und 14.00-17.00 Uhr, Fr. bis 15.00 Uhr

Hinweise: kein eingerichteter Privatverkauf, evtl. vorher anrufen

Anfahrtsweg: A 46 Düsseldorf-Dortmund, am Sonnborner Kreuz nach Solingen, dort befindet sich die Firma westlich vom Zentrum im Stadtteil Merscheid

42719 Solingen

▶ KRUPS

Robert Krups GmbH & Co. KG /
Elektrogeräte- und Waagenfabrik
42719 Solingen Wald / Nümmener Feld 10
Tel. (0212) 387-1 / krups.de

Warenangebot: Elektro-Haushaltsgeräte wie z.B. Kaffee- und Espressomaschinen, Toaster, Eierkocher, Mixer, Küchenwaagen, Haartrockner etc., auch Moulinex-Geräte

Ersparnis: ca. 20%, bei b-Ware bis zu 30%

Verkaufszeiten: Mo. bis Fr. 8.30-16.30 Uhr

Hinweise: es sind hauptsächlich 1. Wahl-Artikel erhältlich, teilweise aber auch b-Waren (z.B. Artikel mit fehlender Verpackung, technisch aber einwandfrei)

Anfahrtsweg: A 3 Düsseldorf-Köln Ausfahrt Solingen/Langenfeld auf die B 229 nach Solingen, dort befindet sich die Firma im Stadtteil Wald, in einer Querstraße zur Hauptstraße

48317 Drensteinfurt

▶ KOCHSTAR

**Merten & Storck GmbH / Stanz- und Emaillierwerk
48317 Drensteinfurt / Am Ladestrang 1
Tel. (02508) 9909-38 / kochstar.de**

Im Jahre 1904 gründeten Paul Storck aus Soest und Franz Merten aus Ascheberg das Stanz- und Emaillierwerk Merten & Storck mit Sitz in Drensteinfurt. Die Firma wurde bekannt durch die Herstellung von Töpfen, Pfannen, Glühwein- und Einkochautomaten unter dem Markennamen "kochstar". Heute gilt das Unternehmen als größter Hersteller von emaillierten Kochgeschirren in Deutschland und als weltweit größter Hersteller elektrischer Einkochautomaten.

Warenangebot:	Töpfe, Pfannen, Einkoch- und Entsafterautomaten, Party- und Alugussgeschirre
Ersparnis:	durchschnittlich ca. 50%
Verkaufszeiten:	Fr. 9.00-18.00 Uhr, Sa. 9.00-13.00 Uhr
Hinweise:	separater Verkaufsraum mit Kochzeile zum Ausprobieren sowie eine Schnäppchenhalle sind vorhanden, teilweise sind auch 2. Wahl-Artikel, Restposten und Musterteile erhältlich, Betriebsbesichtigungen von Gruppen sind auf Anfrage möglich
Anfahrtsweg:	A 1 Dortmund-Münster Ausfahrt Ascheberg auf die B 58 nach Drensteinfurt, an der Tankstelle rechts in die Konrad-Adenauer-Str., dieser bis zur Abbiegung in Richtung "Industriegebiet Riether Str." folgen, vor den Bahngleisen links auf den Ladestrang, dann der Ausschilderung "Werksverkauf" folgen

52399 Merzenich

▶ SPIRELLA

**Spirella GmbH
52399 Merzenich Girbelsrath /
Matthias-von-den-Driesch-Str.
Tel. (02421) 703-0 / spirella.de**

Die spirella GmbH hat sich auf die Entwicklung, Produktion und Vermarktung von Duschabtrennungen spezialisiert. Neben vielen Standardlösungen werden auch Sondermaße für schwierige Badgrundrisse angeboten. Spirella ist ein Tochterunternehmen der Leifheit AG.

Warenangebot: Duschabtrennungen (Produktionsüberhänge und Auslaufmodelle), Duschvorhänge, Duschstangen, Badezimmerteppiche, Personen- und Haushaltswaagen, Leifheit-Bügel-

55743 Idar-Oberstein

tische und Hausleitern sowie diverse Haushaltsartikel und Echtglasscheiben in Fixmaßen

Ersparnis: ca. 30-70%

Verkaufszeiten: Do. und Fr. 14.00-18.00 Uhr, Sa. 10.00-13.00 Uhr

Hinweise: es sind hauptsächlich Restposten und Auslaufmodelle erhältlich

Anfahrtsweg: A 4 Köln-Aachen Ausfahrt Düren auf die B 56 Richtung Düren, geradeaus bis zum Kreisverkehr, hier Richtung Merzenich, an der 2. Kreuzung außerhalb Düren rechts, danach rechts in das Gewerbegebiet Girbelsrath, der Straße um 2 Kurven folgen

55743 Idar-Oberstein

▶ FISSLER

Fissler GmbH
55743 Idar-Oberstein / Hauptstr. 30
Tel. (06781) 403-120 / fissler.de

Seit 1845 ist das traditionsreiche Unternehmen Fissler in Idar-Oberstein zu Hause. 1892 erfindet Fissler z.B. die fahrbare Feldküche, die sog. "Gulaschkanone". Aus dem Handwerksbetrieb wurde ein innovatives Weltunternehmen, das heute international für Qualitätsprodukte "Made in Germany" steht. Zahlreiche Produkte erhielten internationale Auszeichnungen und Prädikate für Design und Funktion.

Warenangebot: hochwertige Kochgeschirr-Serien, Pfannen, Schnellkochtöpfe, Bräter, Woks, Küchenhelfer und Messer

Ersparnis: ca. 20-25%

Verkaufszeiten: Mo. bis Fr. 10.00-18.00 Uhr, Sa. 10.00-14.00 Uhr

Hinweise: Ladengeschäft, teilweise ist auch 2. Wahl vorhanden, die Verkaufsstelle ist ca. 3-4x so groß wie in Neubrücke

Anfahrtsweg: A 62 Ausfahrt Birkenfeld auf die B 41 über Birkenfeld nach Idar-Oberstein, dort befindet sich die Firma mitten in Idar direkt an der Hauptstraße

55768 Hoppstädten-Weiersbach

▶ FISSLER

Fissler GmbH
55768 Hoppstädten-Weiersbach Neubrücke / Fisslerstr. 1
Tel. (06781) 403-563 / fissler.de

Seit 1845 ist das traditionsreiche Unternehmen Fissler in Idar-Oberstein zu Hause. 1892 erfindet Fissler z.B. die fahrbare Feldküche, die sog. "Gulaschkanone".

58540 Meinerzhagen

Aus dem Handwerksbetrieb wurde ein innovatives Weltunternehmen, das heute international für Qualitätsprodukte "Made in Germany" steht. Zahlreiche Produkte erhielten internationale Auszeichnungen und Prädikate für Design und Funktion.

Warenangebot: hochwertige Kochgeschirr-Serien, Pfannen, Schnellkochtöpfe, Bräter, Woks, Küchenhelfer und Messer

Ersparnis: ca. 20-25%

Verkaufszeiten: Mo. bis Fr. 11.30-16.00 Uhr

Hinweise: der Verkauf befindet sich im Pförtnerhaus, teilweise ist auch 2. Wahl erhältlich

Anfahrtsweg: A 62 Ausfahrt Birkenfeld, dort befindet sich die Firma direkt an der Autobahnabfahrt, im Ortsteil Neubrücke

56377 Nassau

▶ LEIFHEIT

Leifheit AG
56377 Nassau / Lahn / Leifheitstr.
Tel. (02604) 9770 / leifheit.com

Warenangebot: große Auswahl an Haushaltsartikeln von Leifheit, Dr. Oetker, Kleine Wolke und Spirella wie Boden- und Fensterwischgeräte, Eimer, Staubtücher, Wäschespinnen, Leitern, Badezimmergarnituren, Duschvorhänge, Backutensilien, Wasserfilter, Bügelbretter etc.

Ersparnis: ca. 30-40%, unterschiedlich je nach Artikel

Verkaufszeiten: Mo. bis Fr. 13.00-17.00 Uhr, April bis Sept. auch Sa. 9.00-12.00 Uhr

Hinweise: separates Ladengeschäft, teilweise sind auch günstige 2. Wahl Artikel und Auslaufserien erhältlich

Anfahrtsweg: Nassau liegt zwischen Limburg und Koblenz, auf der B 260 aus Richtung Singhofen kommend über die Lahn, vor der Bahnlinie rechts in die Leifheitstr. einbiegen, die Firma ist aber auch ausgeschildert

58540 Meinerzhagen

▶ NOWA

Aluminiumgießerei Alfred Herzog
58540 Meinerzhagen / Auf der Koppel 5
Tel. (02354) 4737

58579 Schalksmühle

Warenangebot:	Alu-Gusspfannen, Grillpfannen, Bräter, Kasserollen, Fischpfannen, Töpfe
Ersparnis:	preisgünstige Angebote, 2. Wahl ist besonders preiswert
Verkaufszeiten:	Mo. bis Fr. 9.00-16.00 Uhr
Anfahrtsweg:	A 45 Siegen-Hagen Ausfahrt Meinerzhagen, die 1. Straße links Richtung Olpe, dann die 2. Straße rechts, dort befindet sich die Firma neben dem Autohaus, im Industriegebiet Schwenke

58579 Schalksmühle

▶ AMT

AMT Gastroguss GmbH
58579 Schalksmühle / Glörstr. 20-22
Tel. (02355) 401319 / gastroguss.de

Warenangebot:	Guss-Kochgeschirre in versch. Größen und Formen wie Bratpfannen, Schmorpfannen, Eckpfannen, Bratentöpfe, Fleischtöpfe, Bräter, Induktionsgeschirr, Großraumpfannen und Zubehör
Ersparnis:	bis zu 50%, je nach Artikel
Verkaufszeiten:	Mo. bis Fr. 8.00-16.00 Uhr
Hinweise:	es ist ausschließlich 2. Wahl (z.B. kleine Lunker im Boden) erhältlich, meist das komplette Sortiment
Anfahrtsweg:	A 45 Ausfahrt Lüdenscheid-Nord Richtung Lüdenscheid, an der Ampel rechts Richtung Schalksmühle bis Spormecke, hier links Richtung Schalksmühle bis zur T-Kreuzung, rechts Richtung Hagen/Halver bis nach Dahlerbrück, in der zweiten Rechtskurve links Richtung Breckerfeld, nach dem Bahnübergang sind es noch ca. 450 m bis zur Firma

58809 Neuenrade

▶ PUS-GUSS

PuS-Guss Metallwaren GmbH
58809 Neuenrade / Schöntaler Weg 30
Tel. (02392) 62015 / pus-guss.de

Warenangebot:	Töpfe, Pfannen, Bräter, Kuchenformen wie Kranz- und Napfkuchenformen
Ersparnis:	je nach Artikel unterschiedlich, ca. 30-35%

59846 Sundern

Verkaufszeiten: Mo. bis Fr. 9.00-16.00 Uhr

Hinweise: teilweise ist auch 2. Wahl erhältlich

Anfahrtsweg: A 45 Olpe-Hagen Ausfahrt Lüdenscheid, über Werdohl nach Neuenrade, dort befindet sich die Firma in der Nähe vom Bahnhof, sie ist auch ausgeschildert

59757 Arnsberg

▶ BERNDES

Heinrich Berndes Haushaltstechnik GmbH & Co. KG
59757 Arnsberg / Wiebelsheidestrasse 9
Tel. (02932) 475-0 oder 941790 (Werksverkauf) /
berndes.de

Warenangebot: Kochgeschirr wie Töpfe und Pfannen aus versch. Materialien, außerdem Küchenhelfer, Mühlen, Schneidwaren, Abfalleimer, Brotkästen, Aufbewahrungsbehälter, Porzellan, Bestecke u.v.m., neben den Eigenprodukten Berndes sind auch Artikel der Firmen Friesland (Porzellan), Zwilling (Schneidwaren) u.a. erhältlich

Ersparnis: ca. 30-50%

Verkaufszeiten: Mo. bis Fr. 10.00-18.00 Uhr, Sa. 10.00-14.00 Uhr

Hinweise: es sind nur 2. Wahl-Artikel, Restposten und Auslaufartikel erhältlich

Anfahrtsweg: A 46 Ausfahrt Arnsberg-Rathausplatz, über die Ruhrbrücke und danach rechts über den Bahnübergang, am Bahnhof vorbei und wieder rechts in den Holzener Weg, am Industriegebiet rechts in die Wiebelsheidestr. und ab dem Hauptwerk Berndes dem Straßenverlauf noch ca. 1 km folgen

59846 Sundern

▶ SEVERIN

A. Severin GmbH & Co. / Elektrogerätefabrik
59846 Sundern / Am Brühl 27
Tel. (02933) 9820 / severin.de

Warenangebot: elektrische Haushaltsgeräte wie Babyflaschenwärmer, Bügeleisen, Toaster, Haartrockner, Heizkissen, Kaffeeautomaten, Mixer, Mikrowellen, Toastofen, Waffeleisen, Hörncheneisen, Brotbackautomaten, Dampfgarer, Fritteusen, Reiskocher, Grillgeräte, Fondue, Wok, Entsafter u.v.m.

71144 Steinenbronn

Ersparnis: ca. 30% im Durchschnitt

Verkaufszeiten: Mo. bis Do. 8.00-12.00 Uhr und 13.30-15.30 Uhr, Fr. 8.00-12.00 Uhr

Hinweise: Verkauf im angegliederten Ladengeschäft, teilweise ist auch 2. Wahl erhältlich

Anfahrtsweg: Sundern liegt ca. 15 km südlich von Arnsberg, dort befindet sich die Firma in Richtung Eslohe, sie ist nicht zu übersehen

71144 Steinenbronn

▶ SIRIUS

Krafft's Koch-Kollektion
71144 Steinenbronn / Max-Eyth-Str. 3
Tel. (07157) 7017 / krafftskochkollektion.de

Warenangebot: große Auswahl an Kochgeschirren aus Kupfer wie z.B. Pfannen, Kochtöpfe, Kasserollen, Schüsseln, Bräter, Woks, Auflaufformen, Fonduetopf, Wasserkessel, Vorratsdosen u.v.m., Serie Sirius, außerdem gleiches Sortiment in Edelstahl, Aluminium und Gusseisen

Ersparnis: alle Artikel zu Großhandelspreisen

Verkaufszeiten: Mo. bis Fr. 9.00-12.00 Uhr und 14.00-17.00 Uhr, Sa. 9.00-12.00 Uhr

Hinweise: nur die Artikel aus Kupfer sind aus eigener Herstellung, es sind 2. Wahl-Artikel, Retouren und Auslaufmodelle erhältlich

Anfahrtsweg: Steinenbronn liegt ca. 20 km südlich vom Zentrum Stuttgart an der B 27 in Richtung Tübingen/Reutlingen, in Steinenbronn befindet sich die Firma im Gewerbegebiet-Ost, hinter der Autobusfirma Auwärter

72213 Altensteig

▶ AUERHAHN

Auerhahn Bestecke GmbH
72213 Altensteig / Postplatz 2
Tel. (07453) 910156 / auerhahn-bestecke.de

Die Firma Auerhahn besteht seit 1870 und ist einer der erfahrensten Besteckanbieter weltweit. Auerhahn-Produkte überzeugen durch hohe Materialstärken, beste Verarbeitungsqualität, gutem Preis-/Leistungsverhältnis sowie individuellem Design.

73333 Gingen

Warenangebot:	große Auswahl an Bestecken aller Art, Besteck- und Servierteile, Besteck-Geschenke und Kinderbestecke, in Edelstahl, versilbert und in Sterlingsilber, außerdem Tisch- und Wohnaccessoires
Ersparnis:	ca. 20-50%
Verkaufszeiten:	Mo. bis Fr. 9.00-12.00 Uhr und 14.30-18.00 Uhr, Sa. 9.00-13.00 Uhr
Hinweise:	es sind nur Artikel in 2a-Qualität erhältlich
Anfahrtsweg:	A 81 Stuttgart-Singen Ausfahrt Herrenberg auf die B 28 über Herrenberg und Nagold nach Altensteig, das Verkaufslokal befindet sich im Zentrum direkt an der B 28

73312 Geislingen

▶ **WMF**

**WMF Württembergische Metallwarenfabrik AG
73312 Geislingen a. d. Steige / Eberhardstraße
Tel. (07331) 25-1 / wmf.de**

Warenangebot:	große Auswahl an Haushaltswaren aller Art wie z.B. Bestecke, Tafelgeräte, Kochgeschirre, Töpfe, Tortenplatten, Pfannen, Schüsseln, Küchen- und Serviergeräte, Haushaltsmesser, Gläser, Küchenhilfsgeräte, Kaffeemaschinen, Thermoskannen, Wasserkessel etc.
Ersparnis:	durchschnittlich ca. 30%
Verkaufszeiten:	Mo. bis Fr. 9.30-18.00 Uhr, Sa. 9.30-16.00 Uhr
Hinweise:	sehr großer Verkaufsraum, ist mit "Fischhalle" ausgeschildert, es sind nur 2a-Waren erhältlich
Anfahrtsweg:	Geislingen liegt an der B 10 zwischen Göppingen und Ulm, dort befindet sich die Firma nicht zu übersehen direkt an der B 10

73333 Gingen

▶ **BUCHSTEINER**

**Johannes Buchsteiner GmbH & Co. KG
73333 Gingen / Lindenstr. 17-22
Tel. (07162) 40960 / buchsteiner.de**

Warenangebot: sehr große Auswahl an Kunststoffartikeln für den Haushalt wie z.B. Klickboxen-Programm, Gefrierdosen und -beutel,

74939 Zuzenhausen

Körbe, Tischdecken, Spätzlespressen, Backformen, Trinkflaschen, Messbecher etc., außerdem Spielwaren von "spiel-gut", Dekoartikel, Geschenkartikel

Ersparnis: ca. 20% bei regulärer Ware, bei 2. Wahl und Restposten bis 50%

Verkaufszeiten: Mo. bis Fr. 9.00-12.30 Uhr und 14.00-17.30 Uhr

Hinweise: auch Verkauf von 2. Wahl- und Fremdartikeln in der "Fundgrube"

Anfahrtsweg: Gingen liegt an der B 10 zwischen Göppingen und Geislingen, im Ort einbiegen Richtung Bahnhof, nach der Filsbrücke rechts

74939 Zuzenhausen

▶ LEIFHEIT

Leifheit AG
74939 Zuzenhausen / Friedrich-Ruschitzka-Str. 1
Tel. (06226) 52-0 / leifheit.de

Im Jahr 1959 gründeten Ingeborg und Günter Leifheit die Leifheit KG in Nassau. Heute ist die Leifheit AG mit den bekannten Marken Leifheit, Soehnle und Dr. Oetker Backgeräte einer der führenden europäischen Anbieter von nicht elektrischen Haushaltsgeräten. Leifheit konzentriert sich vorwiegend auf den europäischen Markt und hat zahlreiche internationale Niederlassungen. Bekannte Marken im Bad-Bereich wie Kleine Wolke, spirella und Meusch setzen Design- und Qualitätstrends und nehmen eine führende Position in Europa ein.

Warenangebot: Bügeltische, Wäschetrockner, -ständer, -sammler, Beistell- und Servierwagen, Haushaltsleitern, Kleiderständer, Regalsysteme, Computertische, Tritthocker, Badeteppiche, Backformen, Marken Leifheit, Soehnle, Dr. Oetker Backgeräte, Kleine Wolke, spirella und Meusch

Ersparnis: unterschiedlich, durchschnittlich ca. 30%

Verkaufszeiten: Mi. 14.00-18.00 Uhr, Sa. 9.00-13.00 Uhr

Hinweise: der Verkauf befindet sich in einer Halle auf dem Werks- gelände, es ist auch 2. Wahl vorhanden, teilweise sind nur Einzelstücke erhältlich

Anfahrtsweg: Zuzenhausen liegt südöstlich von Heidelberg an der B 45 Richtung Sinsheim, in Zuzenhausen ist die Firma im Gewerbegebiet nicht zu übersehen

75172 Pforzheim

▶ LUTZ & WEISS

Lutz & Weiss GmbH / Silberwarenfabrik
75172 Pforzheim / Simmlerstr. 14
Tel. (07231) 13560

Warenangebot: Silber- und versilberte Bestecke, Tafelgeräte, Toiletten-garnituren, Fotorahmen, Kleinsilberwaren, Schmuck

Ersparnis: preisgünstige Angebote, 2. Wahl ist besonders preiswert

Verkaufszeiten: Mo. bis Fr. 9.00-12.00 Uhr

Hinweise: Verkauf im Musterzimmer, es ist auch 2. Wahl erhältlich

Anfahrtsweg: A 8 Stuttgart-Karlsruhe Ausfahrt Pforzheim-Ost, auf die B 10 Richtung Stadtmitte

78089 Unterkirnach

▶ MOSER

Moser Elektrogeräte GmbH
78089 Unterkirnach / Villinger Str. 8-12
Tel. (07721) 59636

Warenangebot: Haarschneidemaschinen, elektrische Rasierapparate, Bartschneider, elektrische Zahnbürsten und Mundduschen, Massagegeräte, Tierschermaschinen

Ersparnis: durchschnittlich ca. 30%, bei Sonder- und Restposten teilweise bis zu 70%

Verkaufszeiten: Mo. bis Fr. 8.00-19.00 Uhr, Sa. 8.00-14.00 Uhr

Hinweise: Sonder- und Restposten werden nur in unregelmäßigen Abständen angeboten

Anfahrtsweg: Unterkirnach liegt im Schwarzwald zwischen Villingen-Schwenningen und Furtwangen, der Werksverkauf befindet sich am Ortseingang neben der Aral-Tankstelle

Haushalt

79232 March

▶ RUN GUSS

Run Guss GmbH
79232 March Buchheim / Am Untergrün 4
Tel. (07665) 92270

85221 Dachau

Warenangebot: Bratpfannen, Gusspfannen, Töpfe, Bräter und Backformen aus Aluminiumguss

Ersparnis: bei 1. Wahl ca. 15%, bei 2. Wahl ca. 30%

Verkaufszeiten: Mo. bis Do. 8.00-12.00 Uhr und 13.30-16.00 Uhr, Fr. 8.00-12.00 Uhr

Hinweise: 2. Wahl ist nur gelegentlich erhältlich

Anfahrtsweg: March liegt ca. 10 km nordwestlich von Freiburg an der A 5 Karlsruhe-Basel, Ausfahrt Freiburg-Nord nach March, dort befindet sich die Firma im Ortsteil Buchheim

85221 Dachau

▶ EURAS

Euras Elektro Forschungs- und Produktionsgesellschaft mbH
85221 Dachau / Robert-Bosch-Str. 11
Tel. (08131) 296-0 / euras-online.de

Warenangebot: Akku-Handscheinwerfer und -Kindertaschenlampen, Akku-Handstaubsauger, außerdem eine Küchenmaschine mit umfangreichem Zubehör sowie eine Haar-Trockenhaube

Ersparnis: preisgünstiges Warenangebot

Verkaufszeiten: Mo. bis Do. 8.00-12.00 Uhr und 13.00-16.00 Uhr

Anfahrtsweg: Dachau liegt ca. 15 km nordwestlich vom Stadtzentrum München, dort befindet sich die Firma im Industriegebiet

88499 Riedlingen

▶ SILIT

Silit-Werke GmbH & Co. KG
88499 Riedlingen / Jörg-L.-Vorbach-Str. 6
Tel. (07371) 189-1220 / silit.de

Im Jahr 1920 wurden die ersten Universalkochgeschirre unter der Marke Silitstahl produziert. Seit Jahrzehnten steht die Marke Silit für Qualität in der Küche auf höchstem Niveau. Von der Erfindung des Sicomatic bis hin zu Silargan-Kochgeschirren hat Silit die Welt des Kochens entscheidend geprägt. Moderne Technologien, konsequente Produktentwicklung, Innovationen und ständige Qualitätskontrollen machen Silit zu einem international führenden Kochgeschirrhersteller.

Warenangebot: Schnellkochtöpfe Sicomatic, Kochgeschirre und Pfannen aus Silargan, Edelstahl Rostfrei und Silitstahl, außerdem Wok, Bräter, Fondue, Küchenhelfer, Küchenwerkzeuge

89331 Burgau

	sowie Mühlen, Marke Silit, von den Marken Alfi und Auerhahn eine Auswahl an Bestecken, Isoliergefäßen und Geschenkartikeln
Ersparnis:	ca. 30% im Durchschnitt
Verkaufszeiten:	Mo. bis Fr. 9.00-12.30 Uhr und 13.30-17.00 Uhr, Sa. 9.00-11.30 Uhr
Hinweise:	Werksladen, es sind nur Artikel in 2a-Qualität erhältlich
Anfahrtsweg:	der Silit Werksverkauf liegt in Riedlingen neben dem Hauptgebäude direkt an der B 311 Ulm-Sigmaringen

89331 Burgau

▶ PETRA

petra-electric Peter Hohlfeldt GmbH & Co. KG
89331 Burgau Unterknöringen / Greisbacher Str. 6
Tel. (08222) 4004-0 / petra-electric.de

Warenangebot:	Haushaltskleingeräte wie Kaffeeautomaten, Kaffeemühlen, Wasserkocher, Toaster, Mixer, Eierkocher, Raclettes, Grillgeräte, Fondues, Friteusen, Haartrockner, Curler, Babykostwärmer, Babyphone, Sprudelbäder, Massagegeräte, Infrarotleuchten, Akupunkturgeräte etc.
Ersparnis:	ca. 30% im Durchschnitt
Verkaufszeiten:	Mo. bis Fr. 9.00-12.00 Uhr und 13.00-18.00 Uhr
Hinweise:	kleiner Werksladen, es sind nur 2. Wahl-Artikel erhältlich, sie sind technisch aber einwandfrei
Anfahrtsweg:	A 8 Ulm-Augsburg Ausfahrt Burgau, auf der B 10 durch Burgau durchfahren nach Unterknöringen, der Werksverkauf liegt direkt an der B 10 in Unterknöringen

▶ SILIT

Silit-Werke GmbH & Co. KG
89331 Burgau / Josef-Drexler-Str. 6-8
Tel. (08222) 410700 / silit.de

Im Jahr 1920 wurden die ersten Universalkochgeschirre unter der Marke Silitstahl produziert. Seit Jahrzehnten steht die Marke Silit für Qualität in der Küche auf höchstem Niveau. Von der Erfindung des Sicomatic bis hin zu Silargan-Kochgeschirren hat Silit die Welt des Kochens entscheidend geprägt. Moderne Technologien, konsequente Produktentwicklung, Innovationen und ständige Qualitätskontrollen machen Silit zu einem international führenden Kochgeschirrhersteller.

91217 Hersbruck

Warenangebot: Schnellkochtöpfe Sicomatic, Kochgeschirre und Pfannen aus Silargan, Edelstahl Rostfrei und Silitstahl, außerdem Wok, Bräter, Fondue, Küchenhelfer, Küchenwerkzeuge sowie Mühlen, Marke Silit, von den Marken Alfi und Auerhahn eine Auswahl an Bestecken, Isoliergefäßen und Geschenkartikeln

Ersparnis: ca. 30% im Durchschnitt

Verkaufszeiten: Mo. bis Fr. 9.00-12.15 Uhr und 13.30-17.00 Uhr, Sa. 9.00-12.00 Uhr

Hinweise: der Verkauf befindet sich in einer Lagerhalle, es sind nur Artikel in 2a-Qualität erhältlich, gelegentlich finden zusätzl. Sonderverkäufe mit nochmals reduzierten Preisen statt, genaue Termine erfragen

Anfahrtsweg: A 8 Ulm-Augsburg Ausfahrt Burgau, dort befindet sich die Firma in der Nähe vom Bahnhof

91217 Hersbruck

▶ FACKELMANN

Fackelmann GmbH & Co. KG
91217 Hersbruck / Nürnberger Str.
Tel. (09151) 811-0 / fackelmann.de

Die Firma wurde 1948 von Sebastian Fackelmann als Handelsvertretung für Eisen- und Haushaltswaren gegründet. 1958 wurden Herstellung und Vertrieb selbst übernommen. Die ersten Haushaltsartikel waren aus Holz, doch schon bald wurde die Fertigung auf Kunststoffverarbeitung ausgeweitet. 1963 wurde die Holzverarbeitung in Richtung Badmöbel ausgedehnt. Hier hat sich die Firma zum Marktführer im Bereich der Bau- und Heimwerkermärkte entwickelt.

Warenangebot: Haushaltswaren und Badezimmermöbel, z.B. Küchenhelfer, Backformen, Bestecke, Messer sowie Badezimmer-Schränke, Spiegel und Spiegelschränke, komplette Waschplätze, Staubsaugerbeutel, Marken Fackelmann, Sieger, Nirosta, Gam, Top Filter

Ersparnis: 50% und mehr möglich

Verkaufszeiten: jeden 1. Fr. im Monat 12.00-16.00 Uhr

Hinweise: es sind ausschließlich Auslaufartikel, Waren mit kleinen Fehlern, Ausstellungsstücke und Artikel mit angebrochenen Verpackungen etc. erhältlich

Anfahrtsweg: von Nürnberg auf der A 9 kommend Ausfahrt Lauf/Hersbruck auf die B 14 nach Hersbruck, der Schnäppchenmarkt befindet sich auf dem Bahnhofsgelände rechts der Pegnitz

97877 Wertheim

96129 Strullendorf

▶ STEBA

Steba Elektrogeräte GmbH & Co. KG
96129 Strullendorf / Pointstr. 2
Tel. (09543) 4490 / steba.com

Warenangebot: Elektrogeräte wie z.B. Back-/Grillautomaten, Mini-Backofen, Kontaktgrills, Multi-Snack-Grill, Raclettegeräte, Friteusen, Eierkocher, Warmhalteplatte, Waffelautomaten

Ersparnis: ca. 30% im Durchschnitt

Verkaufszeiten: Mo. bis Do. 7.30-15.30 Uhr, Fr. 7.30-12.00 Uhr

Hinweise: nur 2. Wahl-Verkauf, die Geräte sind technisch aber einwandfrei

Anfahrtsweg: Strullendorf liegt ca. 10 km südöstlich von Bamberg, A 73 Ausfahrt Bamberg-Süd nach Strullendorf, dort befindet sich die Firma gegenüber vom Bahnhof

96515 Sonneberg

▶ EIO

EIO Elektrogeräte GmbH
96515 Sonneberg / Otto-Bergner-Str. 28
Tel. (03675) 8790 / glendimplex.de

Warenangebot: Elektro-Haushaltsgeräte wie z.B. Bodenstaubsauger, Eierkocher, Kaffeemaschinen

Ersparnis: teilweise bis zu 50%

Verkaufszeiten: Mo. bis Do. 8.00-12.00 Uhr und 12.30-17.00 Uhr, Fr. 8.00-13.00 Uhr

Hinweise: es ist ausschließlich 2. Wahl erhältlich

Anfahrtsweg: Sonneberg liegt ca. 20 km nordöstlich von Coburg, von dort Richtung Köppelsdorf, beim Bahnhof rechts runter

97877 Wertheim

▶ ALFI

alfi Zitzmann GmbH / Commercial Center
97877 Wertheim Bestenheid / Ferdinand-Friedrich-Str. 9
Tel. (09342) 877-470 / alfi.de

97877 Wertheim

alfi - dieser Name steht für eine international führende Marke im Bereich hochwertiger Isoliergefäße und Designartikel rund um Tisch und Küche. Gegründet wurde alfi im Jahr 1914. Bereits 1918 wurde die Isolierkanne Juwel gefertigt, die es noch heute in abgeänderter Form gibt. Ferner stellt alfi die bekannte Kugel-Isolierkanne her.

Warenangebot:	Isolierkannen, -flaschen und -gefäße, Flaschenkühler, Eiseimer, Shaker, Edelstahl-Obstkörbe und -Flaschenträger, Küchenhelfer u.v.m., Marke alfi, außerdem Haushaltswaren aller Art der Marken WMF, Silit, Auerhahn, Spiegelau, Leonardo, Nordtek und Seltmann Weiden
Ersparnis:	bei Eigenprodukten durchschnittlich ca. 30%
Verkaufszeiten:	Mo. bis Fr. 9.00-18.00 Uhr, Sa. 10.00-14.00 Uhr
Hinweise:	es sind ausschließlich 2a-Waren und Sonderserien erhältlich, Betriebsführungen auf Anfrage sind möglich
Anfahrtsweg:	A 3 Würzburg-Frankfurt Ausfahrt Wertheim, von Wertheim in Richtung Miltenberg nach Bestenheid, dort befindet sich die Firma im Industriegebiet 1

Textil- und Bettwaren

01237 Dresden

▶ DRESDNER SPITZEN

Dresdner Spitzen GmbH
01237 Dresden / Breitscheidstr. 78
Tel. (0351) 20480

Warenangebot: Spitzenbänder und Gardinenstoff als Meterware, Spitzenstoffe, Fertiggardinen, zugekaufte Ware wie z.B. Blusen, Unterwäsche

Ersparnis: teilweise bis zu 50%

Verkaufszeiten: Mo. bis Do. 9.30-18.00 Uhr, Fr. 9.30-12.00 Uhr

Hinweise: kleine Verkaufsstelle auf dem Werksgelände

Anfahrtsweg: die Firma befindet sich südöstlich vom Zentrum, nahe der S-Bahnstation Dobritz

02779 Großschönau

▶ DAMINO

Damino GmbH / Weberei-Ausrüstung-Konfektion
02779 Großschönau / Waltersdorfer Str. 2
Tel. (035841) 311-0 / damino.de

Anfang des 19. Jh. gründete Christian David Wäntig eine Bleicherei von Textilien. Ab 1906 Weberei von Leinen-Damast und Jacquard-Tischwäsche. 1919 erfolgte ein Besitzwechsel und der Ausbau des Unternehmens unter dem Namen Julius Lange Leinenindustrie AG. Als Kriegsfolge wurde die AG 1945 liquidiert und als staatseigener Textilbetrieb mit mehreren Produktionsstätten fortgeführt. 1994 wird die Gesellschaft übernommen und restrukturiert. Die Produktion wird auf den Standort Großschönau konzentriert und Damino zu einem hoch modernen Textilbetrieb ausgebaut.

Warenangebot: Bett-, Tisch- und Küchenwäsche sowie Handtücher aus Baumwolle, Halbleinen, Reinleinen, Mischgewebe und Synthetik, außerdem Meterware

06108 Halle/Saale

Ersparnis:	durchschnittlich ca. 40%
Verkaufszeiten:	Mo. bis Fr. 9.00-18.00 Uhr, Sa. 9.00-16.00 Uhr
Hinweise:	Ladengeschäft, es ist immer auch günstige 2. Wahl erhältlich
Anfahrtsweg:	Großschönau liegt ca. 10 km westlich von Zittau, dort befindet sich die Firma an der Straße Richtung Waltersdorf auf der rechten Seite

▶ FROTTANA

Frottana-Textil GmbH & Co. KG
02779 Großschönau / Waltersdorfer Str. 54
Tel. (035841) 8245 / frottana.de

Warenangebot:	Frottiertücher, Badeteppiche, Badegarnituren, Bademäntel für Damen, Herren und Kinder, Hand- und Badetücher, Waschhandschuhe, Tischwäsche, Marken Frottana und Möve, außerdem zugekaufte Bettwaren
Ersparnis:	ca. 30%, bei Restposten und 2. Wahl bis zu 50%
Verkaufszeiten:	Mo. bis Fr. 9.00-18.00 Uhr, Sa. 9.00-16.00 Uhr
Hinweise:	separates Ladengeschäft neben dem Verwaltungsgebäude, es ist auch günstige 1b-, 2. und 3. Wahl sowie Kiloware erhältlich
Anfahrtsweg:	Großschönau liegt ca. 10 km westlich von Zittau, am Ortseingang von Großschönau über die Bahnlinie auf die Straße Richtung Waltersdorf, gleich nach der Bahnlinie befindet sich der Verkauf auf der rechten Seite

06108 Halle/Saale

Textil-/Bettwaren

▶ TEXTILMANUFAKTUR

Staatliche Textil- und Gobelinmanufaktur Halle GmbH / Burg Giebichenstein
06108 Halle/Saale / Puschkinstr. 19
Tel. (0345) 2024934 / textilmanufaktur.de

Aus einem kleinen Betrieb für Weberei, Täschnerei und Fahnenstickerei entstand 1961 eine Werkstatt, die Textil- und Gobelinmanufaktur. Sie diente als Ausbildungsstätte für Absolventen der Burg Giebichenstein, Hochschule für Kunst und Design Halle.

Warenangebot:	handgewebte Tischdecken, Tischläufer, Kissenhüllen, Vorhänge, Gardinen, Gobelins, handgeknüpfte Bodenteppiche
Ersparnis:	ca. 30%, die alte Kollektion ist noch etwas günstiger, trotzdem hochpreisige Artikel

08132 Mülsen

Verkaufszeiten: Mo. bis Do. 6.30-15.30 Uhr, Fr. 6.30-12.30 Uhr

Hinweise: Fabrikführungen ab 10 Personen sind möglich (Erwachsene EUR 2,50 und Kinder EUR 1,50); ein weiterer Laden mit reduziertem Warenangebot befindet sich in der Burgstr. 2 in Halle, Tel. (0345) 2021629, geöffnet Mo. bis Fr. 10.00-18.00 Uhr, hier beträgt die Ersparnis ca. 25%

Anfahrtsweg: A 14 Ausfahrt Halle/Peißen auf die B 100, am Wasserturm rechts halten, rechts abbiegen in die Ludwig-Wucherer-Str., an der 3. Kreuzung links in die Puschkinstr.

07952 Pausa

▶ PAUSAER BETTWÄSCHE

Pausaer Feine Bettwäsche GmbH
07952 Pausa / Nordstr. 26
Tel. (037432) 600-0 / pausaer.de

Warenangebot: Bettwäsche wie Bettlaken, Bettdeckenbezüge, Kissenbezüge, kleines Sortiment an Gardinen und Unterwäsche

Ersparnis: teilweise bis zu 50%

Verkaufszeiten: Mo. 13.00-17.00 Uhr, Fr. 10.00-15.30 Uhr, ca. 2x jährl. (meist im Mai und Sept./Okt.) findet jeweils 1 Woche lang Mo. bis Fr. 10.00-18.00 Uhr und Sa. 10.00-15.00 Uhr ein großer Sonderverkauf mit reduzierten Preisen statt, genaue Termine erfragen

Hinweise: separater Verkaufsladen, teilweise ist auch 2. Wahl erhältlich

Anfahrtsweg: die Firma befindet sich am Ortsausgang Richtung Zeulenroda, die letzte Straße links reinfahren, die nächste Straße rechts ist dann die Nordstr.

08132 Mülsen

▶ WEBEREI MÜLSEN

Jaquardweberei Mülsen GmbH
08132 Mülsen St. Jacob / St. Jacober Hauptstr. 134
Tel. (037601) 2337

Warenangebot: Stoffe aller Art, auch Meterware, außerdem verarbeitete Fertigprodukte wie Bettwäsche, Tischwäsche, Gardinen

Ersparnis: preisgünstiges Warenangebot

Verkaufszeiten: Mo. bis Fr. 9.00-17.30 Uhr

08209 Auerbach

Hinweise:	es werden hauptsächlich Überproduktionen verkauft
Anfahrtsweg:	Mülsen St. Jakob liegt ca. 5 km östlich von Zwickau an der B 173 Richtung Chemnitz, dort befindet sich die Firma mitten im Ort, nahe der Sparkasse und dem Rathaus

08209 Auerbach

▶ MALITEX

Malitex Textil GmbH / Heim-Haustextilien-Shop
08209 Auerbach / Göltzschtalstr. 83
Tel. (03744) 8270-0 / malitex.de

Warenangebot:	Haus- und Heimtextilien, hochwertige Bett- und Tischwäsche, Bettwäsche uni und bedruckt, Kissenbezüge, Bettüberwürfe und Tagesdecken, außerdem Hand- und Badetücher, Tischdecken, Gardinen, Deko- und Bezugsstoffe sowie Stoffreste
Ersparnis:	ca. 30-40%, Restposten sind noch günstiger
Verkaufszeiten:	Mo. bis Do. 12.00-16.00 Uhr, Fr. 12.00-15.00 Uhr
Hinweise:	es wird hauptsächlich B-Ware verkauft
Anfahrtsweg:	A 72 Plauen-Chemnitz Ausfahrt Plauen-Ost auf die B 169 über Falkenstein nach Auerbach, hier befindet sich die Firma im ersten Gebäude auf der rechten Seite, in einem großen roten Ziegelsteinbau

08223 Falkenstein

▶ STICKPERLE

Stickperle Produktions- und Handelsges. mbH
08223 Falkenstein / Gewerbering 17
Tel. (03745) 6147 / stickperle.de

Warenangebot:	hauptsächlich Plauener Spitzendecken sowie Tischwäsche, Stickereien, Taschentücher
Ersparnis:	durchschnittlich ca. 30%
Verkaufszeiten:	Mo. bis Do. 8.00-16.00 Uhr, Fr. 8.00-15.00 Uhr
Hinweise:	große Lagerhalle mit Regalen, teilweise ist auch 2. Wahl erhältlich
Anfahrtsweg:	A 72 Hof Richtung Zwickau, Abfahrt Plauen-Ost auf die B 169 Richtung Falkenstein, dort befindet sich die Firma im Gewerbegebiet am Ortseingang, direkt an der Aral-Tankstelle

Textil-/
Bettwaren

08541 Neuensalz

08309 Eibenstock

▶ FUNKE

Funke Stickerei GmbH
08309 Eibenstock / Weststr. 10
Tel. (037752) 2078 oder 679021 (Betriebsverkauf) /
funke-stickerei.de

Das Unternehmen ist ein traditioneller Stickereibetrieb, welcher im Jahr 1916 gegründet wurde. Hauptproduktion war die Herstellung von klassischen Wäschestickereien. Nach und nach wurden die Sortimente und Techniken erweitert. Heute werden auf traditionellen Großstickmaschinen sowie auf computergesteuerten Stickautomaten hochwertigste Erzeugnisse hergestellt. Eine Spezialität der Firma sind nach Kundenwunsch gefertigte Abzeichen, Embleme, Firmenlogos, Wimpel, Fahnen und Fahnenbände.

Warenangebot:	große Auswahl an hochwertiger bestickter Tischwäsche wie z.B. Decken, Läufer, Kleinteile und Kissen, auch Echte Plauener Spitze
Ersparnis:	ca. 30%, bei 2. Wahl bis zu 70%
Verkaufszeiten:	Mo. bis Fr. 7.00-16.00 Uhr, Sa. 10.00-12.00 Uhr
Hinweise:	Betriebsbesichtigungen (ab 15 Personen) sind nach Voranmeldung Mo. bis Sa. ganztägig möglich; direkt neben der Firma befindet sich das größte Stickereimuseum Deutschlands mit Maschinen aus den Anfängen der Stickerei
Anfahrtsweg:	Eibenstock liegt ca. 25 km südlich von Zwickau, an der B 283 zwischen Aue und Klingenthal, in Eibenstock befindet sich die Firma direkt hinter dem Stickereimuseum

08541 Neuensalz

▶ TEGELER

Plauener Spitzenfabrikation Gustav Tegeler
08541 Neuensalz / Zum Plom 17
Tel. (03741) 4164-0 / tegeler-spitzen.de

Das Unternehmen wurde 1866 von Gustav Tegeler als eine der ersten Plauener Firmen zur Produktion der weltbekannten "Plauener Spitze" gegründet. Die "Plauener Spitze" ist eine weltweit bekannte Marke. Im Jahr 1900 bekam sie auf der Weltausstellung in Paris dafür eine Goldmedaille. Das Unternehmen fertigt noch heute mit hoher handwerklicher Präzision dieses begehrte Textilprodukt.

Warenangebot:	Plauener Spitzen, bestickte Gardinen und Fertigkonfektion, klassische Plauener Wickeldecken, Tapisserie- und Spitzendecken, Macramé-Sockel und Schmalspitzen, Raffrollos
Ersparnis:	teilweise bis zu 50%
Verkaufszeiten:	Mo. bis Do. 8.00-15.30 Uhr, Fr. 8.00-13.00 Uhr

Textil-/Bettwaren

09575 Eppendorf

Hinweise:	eine weitere Fabrikverkaufsstelle befindet sich in 08523 Plauen, Hradschin 3 (im Stadtzentrum), Tel. (03741) 226563, geöffnet Mo. bis Fr. 10.00-18.00 Uhr und Sa. 10.00-13.00 Uhr
Anfahrtsweg:	Neuensalz liegt ca. 7 km östlich vom Zentrum Plauen direkt an der A 72, Ausfahrt Plauen-Ost Richtung Neuensalz, nach ca. 600 m links Richtung Gewerbegebiet, dann die 2. Straße links Richtung Gewerbegebiet-Nord, Firma nach ca. 500 m auf der rechten Seite

09575 Eppendorf

▶ PFEILER

Pfeiler Wäschetradition OHG
09575 Eppendorf / Bahnhofstr. 3
Tel. (037293) 7790-0 / waeschetradition-eppendorf.de

Die Firma wurde 1995 als ein Nachfolgebetrieb der "Planet Wäschekonfektions GmbH" gegründet und beliefert den Bettenfachhandel in Deutschland, Österreich, der Schweiz, Holland, Belgien und Luxemburg.

Warenangebot:	Bettwäsche, Kinderbettwäsche, Bettüberwürfe, Schlafdecken, Kimonos, Tischdecken, Tücher und weitere Accessoires, außerdem Stoffreste zum Selbstnähen
Ersparnis:	teilweise bis zu 50%
Verkaufszeiten:	Do. 13.00-17.00 Uhr, Fr. 9.15-16.00 Uhr, außerhalb dieser Öffnungszeiten klingeln oder einen Termin vereinbaren
Hinweise:	Verkaufsraum im Fabrikgebäude, Sonderanfertigungen im Sondermaß oder Stickerei von Namenszügen sind möglich
Anfahrtsweg:	Eppendorf liegt ca. 25 km östlich von Chemnitz, zwischen Zschopau und Brand-Erbisdorf, in Eppendorf befindet sich die Firma am Busbahnhof

20539 Hamburg

▶ HWF

Hamburger Wollfabrik GmbH
20539 Hamburg / Brandshofer Deich 52
Tel. (040) 787845 / hamburger-wollfabrik.de

Warenangebot:	große Auswahl an Hand- und Maschinenstrickgarnen aus Kaschmir, Merino, Mohair, Seide, Angora, Baumwolle und Chenille auf Spulen, in versch. Qualitäten und Farbtönen,

28759 Bremen

	ca. 300 versch. Grundgarne in jeweils rund 200 Farbtönen, außerdem Zubehör und Strickhefte
Ersparnis:	ca. 30-70%, unterschiedlich je nach Artikel
Verkaufszeiten:	Mo. bis Fr. 10.00-17.00 Uhr, Sa. 10.00-13.00 Uhr
Hinweise:	separates Ladengeschäft direkt vor dem Hauptgebäude
Anfahrtsweg:	in Hamburg erreicht man die Firma mit der Buslinie 107 vom Berliner Tor oder Veddeler Bahnhof bis Station Billhorner Röhrendamm, oder mit dem Bus bis Station Rothenburgsort

27721 Ritterhude

▶ JANETZKY

Erhard Janetzky Steppdeckenfabrik GmbH
27721 Ritterhude / Deltastr. 12
Tel. (04292) 40099 / janetzky-steppdecken.de

Die Firma Janetzky wurde 1945 gegründet. Es werden hauptsächlich hochwertige Tagesdecken und Daunendecken gefertigt.

Warenangebot:	Bettwaren wie Tagesdecken, Daunendecken, Seidendecken, Allergiker-Decken und Bettwäsche
Ersparnis:	bis zu 50%, je nach Artikel
Verkaufszeiten:	Mo. bis Do. 8.00-17.00 Uhr, Fr. 8.00-16.00 Uhr
Anfahrtsweg:	Ritterhude liegt ca. 15 km nördlich von Bremen, A 27 Ausfahrt Bremen-Burglesum nach Ritterhude, dort befindet sich die Firma im Gewerbepark

28759 Bremen

▶ KLEINE WOLKE

Kleine Wolke Textilgesellschaft mbH & Co. KG
28759 Bremen Grohn / Fritz-Tecklenborg-Str. 3
Tel. (0421) 6261-0 / kleine-wolke.de

Die Geschichte des Unternehmens begann im Jahr 1793 als Netz- und Tauwerkfabrik. Nach dem 2. Weltkrieg wurde die Produktion auf Webteppiche und Vorleger aus Sisal und Wolle erweitert. In den frühen 70er Jahren des letzten Jahrhunderts wurde eine Betriebsanlage zum Tuften und Färben von Badteppichen installiert. Der Mode für's Bad-Bereich wurde erweitert um Produktionsstätten für Duschvorhänge und Sicherheitseinlagen. Das Unternehmen wurde mit dem Markennamen Kleine Wolke ein Marktführer im Bereich Badezimmertextilien.

Warenangebot: Badezimmerteppiche, Duschvorhänge, Wannen- und Duscheinlagen, Frottierwaren, Marke Kleine Wolke,

30419 Hannover

außerdem Bügeltische, Wäschetrockner, Leitern und div. Haushaltsartikel der Marke Leifheit sowie einige Lampen Marke Brilliant

Ersparnis: bis zu 40%, günstig sind vor allem Auslaufmodelle und Fehlerware

Verkaufszeiten: Do. 10.00-18.00 Uhr, von Sept. bis Anfang Mai auch Do. 15.00-18.00 Uhr und Sa. 10.00-13.00 Uhr, zusätzlich große Sonderverkäufe (meist an einem Sa. 1x vor Ostern und 2x vor Weihnachten), genaue Termine erfragen, steht auch in der lokalen Presse

Hinweise: es sind hauptsächlich 2. Wahl, Warenretouren etc. erhältlich, meist komplettes Programm

Anfahrtsweg: Grohn liegt nordwestlich von Bremen an der A 27, Ausfahrt Bremen-Burglesum Richtung Grohn, im Ort ist die Firma gut ausgeschildert

30419 Hannover

▶ PARADIES

Paradies GmbH
30419 Hannover Marienwerder / Merkurstr. 9
Tel. (0511) 27870 / paradies.de

Das Unternehmen wurde 1854 in Neukirchen-Vluyn am Niederrhein gegründet und wird heute in 5. Generation von der Familie Kremers geführt. Paradies gehört heute zu den führenden Bettwaren-Herstellern Europas. Paradies-Produkte werden durch ihren hohen qualitativen Standard nicht nur in Europa, sondern auch in Nord- und Südamerika sowie im Vorderen Orient und Asien sehr geschätzt.

Warenangebot: Bettwaren aller Art wie Einzieh- und Unterdecken, Deckbetten, Kopfkissen, Matratzen und Lattenroste, Marke Paradies, außerdem Handtücher, Bademäntel und Nachtwäsche

Ersparnis: je nach Artikel unterschiedlich, ca. 30%

Verkaufszeiten: Mo. bis Mi. 14.00-17.00 Uhr, Do. 11.00-13.00 Uhr und 14.00-18.00 Uhr, Fr. 14.00-18.00 Uhr, Sa. 10.00-13.00 Uhr

Hinweise: der Werksladen befindet sich neben dem Büro, sofern das Tor geschlossen ist an der Sprechanlage anmelden

Anfahrtsweg: A 2 Abfahrt Hannover-Herrenhausen auf die B 6 Richtung Nienburg, nach dem Möbelhaus Hesse die 1. Straße links einbiegen, über die Autobahnbrücke und dann die nächste Straße links in die Merkurstr., hier befindet sich die Firma am Ende der Straße

30851 Langenhagen

▶ GÖSCHEL

E. Göschel GmbH / Gardinenweberei
30851 Langenhagen / In den Kolkwiesen 50-52
Tel. (0511) 731095

Warenangebot: weiße Stores in versch. Dessins, Maßanfertigung ist möglich

Ersparnis: ca. 50%

Verkaufszeiten: Mi. 10.00-16.00 Uhr

Anfahrtsweg: Langenhagen liegt ca. 10 km nördlich von Hannover, in Langenhagen befindet sich die Firma im Gewerbegebiet

31785 Hameln

▶ VORWERK

Vorwerk & Co. Teppichwerke GmbH & Co. KG
31785 Hameln / Kuhlmannstr. 11
Tel. (05151) 103-0 / vorwerk-teppich.de

Seit über 100 Jahren gehören die Vorwerk Teppichwerke als rechtlich selbständige Tochter zum Familienkonzern Vorwerk & Co. mit Sitz in Wuppertal. Die Firma ist Anbieter von qualitativ hochwertigen Teppichböden im mittleren und hohen Preisbereich mit dem Schwerpunkt auf Velours.

Warenangebot: große Auswahl an hochwertigen Teppichböden, ausschließlich Auslegware, auch viele Restposten, Marke Vorwerk

Ersparnis: ca. 30-40% bei 1. Wahl, ca. 60% bei 2. Wahl und Restposten

Verkaufszeiten: Mo. bis Fr. 10.00-18.00 Uhr, 1. Sa. im Monat Sa. 10.00-14.00 Uhr

Hinweise: der Verkauf befindet sich auf dem Firmengelände, es sind hauptsächlich 2. Wahl und Restposten erhältlich

Anfahrtsweg: Hameln liegt ca. 40 km südwestlich von Hannover, in Hameln befindet sich die Firma im Industriegebiet Süd nahe der Bahnlinie

32139 Spenge

▶ DELIUS

Delius GmbH
32139 Spenge / Webereistr. 1-5
Tel. (05225) 8798-0 oder -20 (Fabrikverkauf) /
deliustextiles.de

32584 Löhne

Die Firma fertigt seit 1722 Textilien, immer am Standort Deutschland, heute an den Standorten Bielefeld, Krefeld und Spenge. Delius ist weltweit als Premiumlieferant für Heimtextilien bekannt.

Warenangebot: Dekorations- und Polsterstoffe, Gardinen, DOB-Stoffe, Futterstoffe, Funktionsstoffe wie Sonnenschutzgewebe, Tarndruckstoffe und Dachbahnen, außerdem medizinische Textilien für Hausstaubmilben-Allergiker und Neurodermitis-Patienten, Marken Delius, Delistar, Delius-Contract und Delimed

Ersparnis: ca. 50%, teilweise bis zu 75%

Verkaufszeiten: Mo. bis Mi. 14.00-18.00 Uhr, Do. 14.00-20.00 Uhr

Anfahrtsweg: Spenge liegt ca. 20 km nördlich von Bielefeld, von Westerenge kommend befindet sich die Firma direkt am Ortseingang, sie ist auch ausgeschildert

32584 Löhne

▶ MKM

mkm-Matratzen Kwiatkowski GmbH & Co. KG
32584 Löhne Gohfeld / Gohfelder Str. 21
Tel. (05731) 40044 / mkm-matratzen.de

Das Unternehmen wurde im Jahr 1955 gegründet. 1980 wurden die ersten Spezialmatratzen mit einer sich in Bad Oeynhausen befindlichen Orthopädie-Klinik entwickelt. Heute ist die Firma ein Spezialist für hochwertige, orthopädische Matratzen. Auf Wunsch werden auch alle möglichen Sondermaße gefertigt.

Warenangebot: Latex-, Kaltschaum-, Viscoschaum-, Federkern- und Taschenfederkernmatratzen, alle in unterschiedlichen Ausstattungen wie Liegefläche fest, softig, weich, Bezüge abnehmbar und waschbar, Antiallergie-Ausstattung usw., außerdem Polsterbetten, Lattenroste und Bettwaren

Ersparnis: unterschiedlich je nach Artikel, durchschnittlich ca. 25-30%

Verkaufszeiten: Mo. bis Fr. 7.30-12.00 Uhr und 13.30-17.00 Uhr, Sa. 10.00-13.00 Uhr

Anfahrtsweg: A 30 Osnabrück Richtung Hannover, Abfahrt Gohfeld/Werste Richtung Werste bis zum Betonwerk, danach rechts ab und die nächste wieder rechts, die Firma befindet sich im Industriegebiet (Brückenstr.)

33602 Bielefeld

33397 Rietberg

▶ TRAUMWELT

**Traumwelt-Werk W. Lonsberg GmbH & Co. KG /
Bettfedern- und Matratzenfabrik
33397 Rietberg / Detmolder Str. 1
Tel. (05244) 5252 / traumwelt.biz**

Das mittelständige Unternehmen fertigt seit über 50 Jahren auf handwerkliche Weise ein qualitativ hochwertiges Programm an textilen Betten im modernen oder klassischen Bereich. Eine Spezialität sind Boxspring-Hotelbetten.

Warenangebot: Matratzen aller Art (Federkern, Latex, Kaltschaum), Lattenroste, Polster- und Boxspringbetten, Bettwaren wie Einziehdecken, Kopfkissen und orthopädische Kissen, außerdem zugekaufte Bettwäsche und Stoffe

Ersparnis: ca. 30-40%

Verkaufszeiten: Mo. bis Fr. 9.30-12.00 Uhr und 14.00-18.00 Uhr

Hinweise: der Ausstellungsraum befindet sich neben dem Empfang

Anfahrtsweg: A 2 Abfahrt Rheda-Wiedenbrück auf die B 64 Richtung Paderborn, nach Rietberg abzweigen, dort befindet sich die Firma im Ortsteil Neuenkirchen, an der Straße Richtung Kaunitz

33602 Bielefeld

▶ DELIUS

**Delius GmbH
33602 Bielefeld / Güsenstr.
Tel. (0521) 543-322 / deliustextiles.de**

Die Firma fertigt seit 1722 Textilien, immer am Standort Deutschland, heute an den Standorten Bielefeld, Krefeld und Spenge. Delius ist weltweit als Premiumlieferant für Heimtextilien bekannt.

Warenangebot: Dekorations- und Polsterstoffe, Gardinen, DOB-Stoffe, Futterstoffe, Funktionsstoffe wie Sonnenschutzgewebe, Tarndruckstoffe und Dachbahnen, außerdem medizinische Textilien für Hausstaubmilben-Allergiker und Neurodermitis-Patienten, Marken Delius, Delistar, Delius-Contract und Delimed

Ersparnis: ca. 50%, teilweise bis zu 75%

Verkaufszeiten: Mo. bis Fr. 11.00-19.00 Uhr, Sa. 10.00-16.00 Uhr

Textil-/
Bettwaren

34466 Wolfhagen

Hinweise: eine weitere Verkaufsstelle befindet sich im Ortsteil Jöllenbeck, Vilsendorfer Str. 50, Tel. (05206) 910730, geöffnet Mo. bis Fr. 14.00-18.00 Uhr

Anfahrtsweg: die Firma befindet sich in der Stadtmitte von Bielefeld, nahe der IHK, schräg gegenüber der reformierten Kirche, die Güsenstr. ist eine Parallelstr. zur Goldstr., Einfahrt bei Tor 2, die Verkaufsräume befinden sich im Werkshof an der Rampe

34466 Wolfhagen

▶ BÄRENSCHLAF

Klute GmbH / Matratzenfabrik
34466 Wolfhagen / Bunsenstr. 28
Tel. (05692) 98770 / klute-gmbh.de

Das Unternehmen wurde im Jahre 1920 von Emil Klute im westfälischen Hagen gegründet. Das produzierende Drahtwerk stellte damals in erster Linie Federkerne für Matratzen her und entwickelte sich im Laufe der Jahre zu einem der führenden Hersteller von Matratzen, Lattenrosten, Einziehdecken, Kissen, Boxspring- und Polsterbetten. Seit 1965 ist die Klute GmbH in Wolfhagen ansässig. Der dortige Verwaltungs- und Produktionsstandort wurde im Laufe der Jahre um zwei Matratzenfabriken erweitert, eine davon in Crimmitschau und die andere im litauischen Vievis.

Warenangebot: Kaltschaum- und Latexmatratzen, auch in Überbreiten, Lattenroste, außerdem Steppdecken, Kissen, Polsterbetten und Boxspringbetten, Marke Bärenschlaf-International

Ersparnis: teilweise sind sehr günstige Angebote erhältlich

Verkaufszeiten: Mo. bis Fr. 9.00-12.00 Uhr und 14.00-17.00 Uhr, Sa. 10.00-12.30 Uhr

Anfahrtsweg: Wolfhagen liegt ca. 20 km westlich von Kassel, dort befindet sich die Firma im Industriegebiet, ist nicht zu verfehlen

36110 Schlitz

▶ LANGHEINRICH

Langheinrich GmbH & Co. KG /
Weberei Ausrüstung Konfektion
36110 Schlitz / Bahnhofstr. 40
Tel. (06642) 87-0 oder 960899 (Laden) / langheinrich.de

Georg Gottlieb Langheinrich gründete im Jahr 1832 das Textilunternehmen in Schlitz. Seitdem hat es ein Stück Geschichte deutscher Webkunst geschrieben. Der Name Langheinrich steht noch heute für herausragende Qualität.

37154 Northeim

Warenangebot:	hochwertige Tisch- und Bettwäsche, Hand- und Geschirrtücher sowie Meterware, außerdem einige wenige Damennachthemden und Schlafanzüge, Frottierwaren, Marken Langheinrich und Kaepple
Ersparnis:	ca. 40-50% bei regulärer Ware, 2. Wahl ist noch günstiger, vielfach ist auch günstige Kiloware erhältlich
Verkaufszeiten:	Mo. bis Fr. 9.00-12.00 Uhr und 14.00-17.00 Uhr
Anfahrtsweg:	Schlitz liegt ca. 25 km nördlich von Fulda, A 7 Ausfahrt Hünfeld/Schlitz nach Schlitz, hier befindet sich die Firma am Bahnhof, sie ist leicht zu finden

36341 Lauterbach

▶ WENZEL & HOOS

Wenzel & Hoos GmbH / Leinenweberei Opel
36341 Lauterbach / Lauterstr. 48
Tel. (06641) 9624-22 / wenzel-hoos.de

Die Firma Opel verarbeitet seit 180 Jahren Naturfasern, Leinen und Baumwolle zu hochwertiger Tischwäsche.

Warenangebot:	Tischdecken, Tischläufer, Tischsets, Spitzen, Meterware und Stoffreste in Leinen, Halbleinen und Synthetiks sowie Hand- und Geschirrtücher
Ersparnis:	bei 1. Wahl-Ware gering, bei 2. Wahl-Ware und Restposten bis zu 50% möglich
Verkaufszeiten:	Mo. bis Fr. 8.00-12.00 Uhr und 13.00-16.00 Uhr
Hinweise:	separater Verkaufsraum im 2. Stock des Bürogebäudes, gelegentlich ist auch 2. Wahl erhältlich
Anfahrtsweg:	Lauterbach liegt ca. 25 km nordwestlich von Fulda, aus Richtung Alsfeld kommend an der ersten Ampel links auf die Umgehungsstraße, an der zweiten Ampel geradeaus, nach ca. 50 m unmittelbar vor der Lauterbrücke Einfahrt links zu "Opel Heimtex"

37154 Northeim

▶ NAUNDORF

Naundorf KG / Teppichfabrik
37154 Northeim / Berliner Allee 26
Tel. (05551) 3444

Warenangebot:	Teppiche, Bettumrandungen, Läufer, Brücken

37235 Hessisch Lichtenau

Ersparnis:	je nach Artikel unterschiedlich, durchschnittlich ca. 30%
Verkaufszeiten:	Di. bis Do. 14.00-17.00 Uhr, im August und September meist kein Verkauf
Anfahrtsweg:	A 7 Kassel-Hannover Ausfahrt Northeim-Nord, Richtung Stadtmitte kommt man direkt auf die Berliner Allee

37235 Hessisch Lichtenau

▶ SCHUBERT

Schubert GmbH / Matratzenfabrik
37235 Hessisch Lichtenau Quentel / Akazienweg 9-11
Tel. (05602) 93670

Warenangebot:	fast alle Matratzensorten, Betteinsätze, auch motorbetrieben, Bettzubehör
Ersparnis:	teilweise sind sehr günstige Angebote erhältlich
Verkaufszeiten:	Mo. bis Fr. 8.00-17.00 Uhr, Do. bis 18.00 Uhr, Sa. 10.00-14.00 Uhr
Anfahrtsweg:	Hessisch Lichtenau liegt ca. 20 km südöstlich von Kassel, von dort auf der B 7 über Fürstenhagen nach Quentel, die Firma ist hier nicht zu verfehlen

38300 Wolfenbüttel

▶ BRAUNSCHWEIGER BETTFEDERN

Braunschweigische Bettfedernfabrik GmbH
38300 Wolfenbüttel / Bahnhofstr. 6
Tel. (05331) 43657

Textil-/Bettwaren

Warenangebot:	Bettdecken, Daunenbetten, Einziehdecken, Kissen, Sonderanfertigungen möglich, zugekaufte Matratzen und Lattenroste
Ersparnis:	durchschnittlich 25%
Verkaufszeiten:	Mo. bis Fr. 9.00-12.00 Uhr und 14.00-18.00 Uhr, Sa. 9.00-12.00 Uhr
Hinweise:	der Verkauf befindet sich in einem kleinen Ladengeschäft auf dem Firmengelände
Anfahrtsweg:	Wolfenbüttel liegt südlich von Braunschweig, die Firma befindet sich in Wolfenbüttel direkt hinter dem Bahnhof

42277 Wuppertal

41334 Nettetal

▶ EM-ES-TE

Franz Peters Bettwäschefabrik
41334 Nettetal / Lötsch 24
Tel. (02153) 976490 / em-es-te-peters.de

Warenangebot: reichhaltiges Angebot an Bettwäsche aus Baumwolle, Biber und Satin, auch für Kinderbetten

Ersparnis: ca. 20-30% je nach Artikel

Verkaufszeiten: Mo. bis Do. 13.00-16.00 Uhr

Hinweise: teilweise sind nur herabgesetzte Einzelteile sowie 2. Wahl erhältlich

Anfahrtsweg: A 61 Mönchengladbach Richtung Venlo, Abfahrt Nettetal-Lobberich ca. 1 km Richtung Klinkhammer

42277 Wuppertal

▶ VORWERK

Vorwerk & Co. Teppichwerke GmbH & Co. KG
42277 Wuppertal Wichlinghausen / Am Diek 52
Tel. (0202) 5644988 / vorwerk-teppich.de

Seit über 100 Jahren gehören die Vorwerk Teppichwerke als rechtlich selbständige Tochter zum Familienkonzern Vorwerk & Co. mit Sitz in Wuppertal. Die Firma ist Anbieter von qualitativ hochwertigen Teppichböden im mittleren und hohen Preisbereich mit dem Schwerpunkt auf Velours.

Warenangebot: große Auswahl an hochwertigen Teppichböden, ausschließlich Auslogware, viele Restposten, Marke Vorwerk

Ersparnis: ca. 30-40% bei 1. Wahl, ca. 60% bei 2. Wahl und Restposten

Verkaufszeiten: Mo. bis Do. 10.00-12.30 Uhr und 13.30-18.00 Uhr, Fr. bis 17.30 Uhr, 1. Sa. im Monat 10.00-14.00 Uhr

Hinweise: separates Ladengeschäft auf dem Werksgelände, es sind hauptsächlich 1b-Ware und Restposten erhältlich

Anfahrtsweg: A 46 Ausfahrt Wichlinghausen, an der 1. Kreuzung links in die Müggenburgstr., geradeaus weiter, die Kreuzstr. weiter bis zum Ende dann links, nach ca. 20 m rechts in die Hofeinfahrt

Textil-/Bettwaren

44329 Dortmund

44329 Dortmund

▶ POTTENDORFER

Pottendorfer Textilwerke Vertriebs GmbH
44329 Dortmund Lanstrop / Kurler Str. 256a
Tel. (0231) 291037

Warenangebot: große Auswahl an Stoffen, Stoffe vom Meter, Stretchstoffe, Deko- und Polsterstoffe, Stoffreste, teilweise auch Konfektionsware wie z.B. Röcke, Blusen etc.

Ersparnis: ca. 30% im Durchschnitt

Verkaufszeiten: Mi. bis Fr. 14.00-18.00 Uhr

Anfahrtsweg: A 2 Ausfahrt Lanstrop nach Lanstrop, dort befindet sich die Firma an der Straße nach Kurl

45257 Essen

▶ COLSMAN

Ursula Demmer
45257 Essen Kupferdreh / Hinsbecker Löh 10
Tel. (0201) 4864439 / colsman.de

Warenangebot: Bekleidungs- und Futterstoffe aller Art, von versch. Herstellern wie Gebr. Colsman, Hil-Tex und Hilco

Ersparnis: teilweise sind sehr günstige Angebote erhältlich

Verkaufszeiten: Mo. und Di. 9.30-13.00 Uhr, Do. und Fr. 13.00-17.30 Uhr

Hinweise: teilweise ist auch günstige 1b-Ware erhältlich

Anfahrtsweg: Kupferdreh liegt südlich von Essen an der B 227 Richtung Velbert, dort befindet sich die Firma im Industriegebiet Nord, auf dem Fabrikgelände Gebr. Colsman

46325 Borken

▶ BIERBAUM

Bierbaum Textilwerke GmbH & Co. KG
46325 Borken / Heidener Str. 74
Tel. (02861) 948-01 oder -172 (Werksverkauf) /
bierbaum.de

Warenangebot: Bettwäsche, Wohndecken, Kinderdecken und Matratzenschoner Marke Bierbaum, Bettwäsche und Wohndecken

Textil-/
Bettwaren

46354 Südlohn

Marke Irisette, außerdem Reinigungstücher aller Art Marke Flinka

Ersparnis: bis zu 40% möglich

Verkaufszeiten: Mo. bis Fr. 13.00-18.30 Uhr

Anfahrtsweg: A 31 Ausfahrt Borken auf die B 67 nach Borken, dort befindet sich die Firma in der Stadtmitte in der Nähe vom Amtsgericht und den Stadtwerken, an der Straße Richtung Heiden

▶ DORMISETTE

Wilhelm Wülfing GmbH & Co. KG / Weberei
46325 Borken / Weseler Landstr. 26
Tel. (02861) 8004-0 / wilh-wuelfing.de

Das Unternehmen Wilh. Wülfing GmbH & Co. KG wurde im Jahr 1885 gegründet und befindet sich bis heute in Familienbesitz. Wülfing-Produkte haben sich in zahlreichen Ländern der Erde etabliert und finden sich in allen Handelssegmenten, vom Fachgeschäft über den Versandhandel bis zum Discounter.

Warenangebot: hochwertige Bettwäsche in unterschiedlichen Qualitäten, Spannbetttücher und Matratzenschutzartikel, Marken Dormisette, Wonny und Bibett (Kinder- und Jugendbettwäsche)

Ersparnis: preisgünstige Angebote, 2. Wahl ist besonders preiswert

Verkaufszeiten: Mo. 10.00-13.00 Uhr, Di. und Do. 13.00-17.00 Uhr

Anfahrtsweg: A 31 Abfahrt Schermbeck auf die B 70 Richtung Raesfeld/ Borken, am Hinweisschild rechts ab nach Borken, nach ca. 2 km im Kreisverkehr links abbiegen, nach weiteren ca. 250 m am Kreisverkehr links in die Weseler Landstr.

46354 Südlohn

▶ SÜDLOHNER FROTTIER

Südlohner Frottierweberei GmbH & Co.
46354 Südlohn / Breul 11
Tel. (02862) 7101 / suedlohner.de

Die Geschichte der Südlohner Frottierweberei reicht zurück bis in das Jahr 1896. Seinerzeit wurden glatte Gewebe produziert. Heute werden die hergestellten Frottierwaren, aber auch die Bett- und Tischwäsche, zu hochwertigen Geschenken veredelt. Sie werden in attraktiven Verpackungen, kunstvoll verarbeitet zu originellen Figuren oder Dekorationen, für viele Anlässe angeboten. Auch werden in der alten Weberei Tischdecken jeder Art nach Maß gefertigt.

46395 Bocholt

Warenangebot: Frottierwaren wie Handtücher, Badetücher, Bademäntel und Waschlappen, auch ein Kinderprogramm, außerdem zugekauftes Bett-, Tisch- und Küchenprogramm

Ersparnis: günstige Angebote

Verkaufszeiten: Mo. bis Fr. 9.00-18.00 Uhr, Sa. 9.00-12.30 Uhr

Anfahrtsweg: Südlohn liegt an der B 70 zwischen Borken und Stadtlohn, in Südlohn der Ramsdorfer Str. bzw. der Bahnhofstr. folgen, nach dem Modehaus Hollad rechts auf die Eschstr., nach ca. 100 m rechts auf den Breul biegen, dann sieht man auf der linken Seite das Firmengelände

46395 Bocholt

▶ HERDING

Carl Herding GmbH & Co. KG / Textilfabrik
46395 Bocholt / Industriestr. 1
Tel. (02871) 284-300 / chb.de

Die Firma Herding wurde im Jahre 1918 von Carl Herding gegründet. Spezialisiert hatte sich das Unternehmen stets auf die Produktion von sog. Rauhartikeln wie etwa Schlafdecken oder Betttuchbiber. Seit dem Jahr 1957 erfolgte sukzessive die Einführung des Kinder- und Jugendprogrammes. Die Hauptartikel im Sortiment sind seitdem Bettwäsche und Schlafdecken. Eine besondere Exclusivität haben hierbei die Lizenzartikel, wobei die Disney-Lizenz ebenfalls kontinuierlich seit 1957 im Angebotsprogramm vertreten ist. Die Weberei, Rauherei und Konfektion bilden die Bestandteile der eigenen Produktion.

Warenangebot: Baby Best-Decken, Bettwäsche, Bettücher, Himmel, Nestchen, Wickelauflagen, Einziehdecken und Flachkissen, Comic & Co.-Kollektionen mit Bettwäsche, Schlafdecken und Kissen von Themen wie z.B. Tabaluga, Janosch, Sendung mit der Maus, Pokémon, Disney, Sesamstraße, Digimon

Ersparnis: ca. 50% im Durchschnitt

Verkaufszeiten: Mo. bis Fr. 9.30-17.00 Uhr, Sa. 9.30-13.00 Uhr

Hinweise: hauptsächlich sind 1b-Ware, Restposten und Auslaufmodelle erhältlich

Anfahrtsweg: A 3 Oberhausen Richtung Emmerich, Abfahrt Bocholt/Wesel, in Bocholt befindet sich die Firma beim Bahnhof

▶ IBENA

Ibena Textilwerke Beckmann GmbH & Co.
46395 Bocholt / Industriestr. 7-13
Tel. (02871) 2870 / ibena.de

47506 Neukirchen-Vluyn

Warenangebot:	Wohn- und Schlafdecken aus unterschiedlichen Materialien, außerdem Bettwäsche und Bettwaren wie Steppbetten, Unterbetten, Kissen, Nackenpolster und -rollen
Ersparnis:	ca. 30%, bei 2. Wahl auch mehr
Verkaufszeiten:	Mo. bis Fr. 10.00-12.00 Uhr und 14.00-17.00 Uhr
Anfahrtsweg:	A 3 Oberhausen Richtung Emmerich, Abfahrt Bocholt/Wesel, in Bocholt befindet sich die Firma direkt beim Bahnhof, Verkauf bei Tor 1 direkt an der Ampelanlage

▶ VIKTORIA

Viktor Busch GmbH / Matratzenfabrik
46395 Bocholt Mussum / Händelstr. 19
Tel. (02871) 7081

Warenangebot:	Federkern-, Taschenfederkern-, Schaumstoff- und Latexmatratzen, Marke Viktoria
Ersparnis:	ca. 30% im Durchschnitt
Verkaufszeiten:	Mo. bis Fr. 9.00-12.30 Uhr und 14.00-18.00 Uhr, jeden 1. und 3. Sa. im Monat 10.00-13.00 Uhr
Hinweise:	häufig sind auch Mustermatratzen oder Matratzen mit Auslaufstoffen erhältlich
Anfahrtsweg:	Mussum liegt südlich von Bocholt, die Firma befindet sich dort im Industriegebiet, sie ist auch beschildert

47506 Neukirchen-Vluyn

▶ PARADIES

Paradies GmbH / Steppdeckenfabrik
47506 Neukirchen-Vluyn / Rayener Str. 14
Tel. (02845) 203-248 / paradies.de

Das Unternehmen wurde 1854 in Neukirchen-Vluyn am Niederrhein gegründet und wird heute in 5. Generation von der Familie Kremers geführt. Paradies gehört heute zu den führenden Bettwaren-Herstellern Europas. Paradies-Produkte werden durch ihren hohen qualitativen Standard nicht nur in Europa, sondern auch in Nord- und Südamerika sowie im Vorderen Orient und Asien sehr geschätzt.

Warenangebot:	Bettwaren aller Art wie Einzieh- und Unterdecken, Deckbetten, Kopfkissen, Matratzen und Lattenroste, Marke Paradies, außerdem Handtücher, Bademäntel und Nachtwäsche
Ersparnis:	je nach Artikel unterschiedlich, durchschnittlich ca. 30%

47647 Kerken

Verkaufszeiten:	Mo. bis Mi. 14.00-17.00 Uhr, Do. 11.00-13.00 Uhr und 14.00-18.00 Uhr, Fr. 14.00-18.00 Uhr, Sa. 10.00-13.00 Uhr
Hinweise:	teilweise ist auch 2. Wahl erhältlich
Anfahrtsweg:	Neukirchen-Vluyn liegt ca. 20 km westlich von Duisburg an der A 40, dort befindet sich die Firma im Stadtteil Vluyn

47647 Kerken

▶ LUTZE & NAGELS

Weberei Lutze & Nagels
47647 Kerken Nieukerk / Kleine Bleiche 20
Tel. (02833) 2025

Warenangebot:	Tischdecken in allen Formen und Größen, aus Damast, Leinen, mit Stickereien, Frottier-Handtücher, Seiden- und Baumwollkissen
Ersparnis:	durchschnittlich ca. 35%
Verkaufszeiten:	Mo. bis Fr. 9.00-17.00 Uhr, Sa. 9.00-13.00 Uhr
Hinweise:	separater Verkaufsraum beim Versand, Maßanfertigung ist möglich, nicht alle Artikel sind aus eigener Herstellung
Anfahrtsweg:	von Moers auf der A 2 Abfahrt Kerken auf die B 9 über Kerken nach Nieukerk, Richtung Ortsmitte abbiegen, am Rathaus vorbei

48431 Rheine

▶ RZ DYCKHOFF

RZ Dyckhoff GmbH / Frottierweberei u. -wirkerei
48431 Rheine / Hauenhorster Str. 131-143
Tel. (05971) 4008-0 / dyckhoff24.de

Warenangebot:	Frottierwaren wie z.B. Bettwäsche, Bettücher und Bademäntel, außerdem zugekaufte Nachtwäsche, Unterwäsche und Socken
Ersparnis:	ca. 25-35%, je nach Artikel unterschiedlich
Verkaufszeiten:	Mo. 13.00-16.00 Uhr, Di. 9.30-12.00 Uhr, Mi. 9.30-16.00 Uhr, Do. 13.00-18.00 Uhr, Fr. 13.00-16.00 Uhr, Sa. 10.00-12.00 Uhr
Hinweise:	es ist auch 2. Wahl erhältlich

48565 Steinfurt

Anfahrtsweg: von Osnabrück über die A 30 Richtung Rheine, Ausfahrt Rheine-Altenrheine, durch Rheine Richtung Hauenhorst

48477 Hörstel

▶ BODET & HORST

Bodet u. Horst GmbH & Co. KG
48477 Hörstel / Rheiner Str. 59
Tel. (05459) 93130 oder 9513 (Laden) / bodet-horst.de

Warenangebot: Matratzenbezugsstoffe, Nicki-, Velours- und Plüschstoffe, Frotteestoffe und Bettwäschestoffe

Ersparnis: unterschiedlich, günstige Angebote

Verkaufszeiten: Mo. bis Fr. 8.30-12.00 Uhr und 14.00-18.00 Uhr

Hinweise: der Kleinverkauf befindet sich gegenüber vom Werk

Anfahrtsweg: A 30 Osnabrück Richtung Rheine Abfahrt Hörstel, durch Hörstel durchfahren Richtung B 65, die Firma befindet sich direkt an der B 65

48485 Neuenkirchen

▶ HECKING

Hecking Deotexis GmbH
48485 Neuenkirchen / Alphons-Hecking-Platz 2-8
Tel. (05973) 64-0 / deotexis.de

Warenangebot: Indigo-Stoffe sowie Stoffe aus Baumwolle und Baumwollmischgewebe für Hosen, Hemden und Blusen, außerdem Stoffreste

Ersparnis: unterschiedlich, je nach Menge und Stoff

Verkaufszeiten: Mo. bis Mi. 10.00-12.00 Uhr und 14.00-16.00 Uhr

Hinweise: es ist auch günstige 2. Wahl im Angebot

Anfahrtsweg: Neunkirchen liegt an der B 70 zwischen Steinfurt und Rheine

Textil-/Bettwaren

48565 Steinfurt

▶ KOCK

Arnold Kock GmbH & Co. KG / Weberei
48565 Steinfurt Borghorst / Arnold-Kock-Str. 2
Tel. (02552) 48-0 / a-kock.de

48691 Vreden

Warenangebot:	große Auswahl an Bett- und Tischwäsche in verschiedenen Größen, Farben und Mustern, Geschirrtücher, Stoffe
Ersparnis:	durchschnittlich ca. 40%, je nach Artikel unterschiedlich
Verkaufszeiten:	Mo. bis Fr. 9.00-12.00 Uhr und 14.00-17.00 Uhr, 1. Sa. im Monat 10.00-14.00 Uhr
Hinweise:	der Verkauf erfolgt im Ladengeschäft hinter dem Pförtnerhaus, es sind auch 2. Wahl, Fehlerware und Restposten im Angebot
Anfahrtsweg:	die Firma befindet sich in Borghorst in der Nähe vom Krankenhaus und der Kirche

▶ SEESTERN FROTTIER

Borghorster Frottierweberei Reygers GmbH & Co.
48565 Steinfurt Borghorst / Flaßkamp 15
Tel. (02552) 9332-0 / borghorster.com

Warenangebot:	Frottierwaren wie Handtücher, Küchentücher, Badetücher und Bademäntel, außerdem zugekaufte Tischdecken, Bettwäsche, Schlafdecken etc.
Ersparnis:	bei 1. Wahl ca. 30-40%, 2. Wahl ist noch preiswerter
Verkaufszeiten:	Mo. bis Do. 9.00-12.00 Uhr und 14.00-17.00 Uhr, Fr. 9.00-12.00 Uhr
Anfahrtsweg:	B 54 Münster Richtung Steinfurt, bei Borghorst abfahren ins Gewerbegebiet Flaßkamp, dort ist die Firma ausgeschildert

48691 Vreden

▶ BIERBAUM

Bierbaum Textilwerke GmbH & Co. KG
48691 Vreden / Ottensteiner Str. 2
Tel. (02564) 9318-0

Warenangebot:	Bettwäsche, Kissenhüllen, Wohndecken, Tischdecken, Putztücher, Stoffe als Meterware u.v.m.
Ersparnis:	bis zu 40% möglich
Verkaufszeiten:	Mo. bis Fr. 13.00-18.30 Uhr
Anfahrtsweg:	von Stadtlohn kommend an der Dea-Tankstelle geradeaus bis es nur noch rechts oder links weitergeht, hier nach rechts abbiegen, noch ca. 300 m bis zur Firma

49196 Bad Laer

▶ HEIMSATH

**Nordwestdeutsche Bettfedernfabrik Heimsath & Co.
49196 Bad Laer / Paulbrink 5
Tel. (05424) 9021**

Warenangebot:	Bettfedern und Daunen, Kopfkissen, Karosteppbetten, Oberbetten, Dauneneinziehdecken, Kassettendecken
Ersparnis:	ca. 25-35% je nach Artikel
Verkaufszeiten:	Mo. bis Do. 8.00-12.00 Uhr und 13.00-16.00 Uhr, Fr. 8.00-12.00 Uhr
Hinweise:	angegliedertes Ladengeschäft, es ist auch 2. Wahl erhältlich
Anfahrtsweg:	Bad Laer liegt ca. 25 km südlich von Osnabrück, von Osnabrück auf der B 51 über Bad Iburg nach Bad Laer, die Firma befindet sich in Ortsmitte bei der Kreissparkasse

49419 Wagenfeld

▶ WAGENFELDER SPINNEREI

**Wagenfelder Spinnereien GmbH
49419 Wagenfeld / Maschweg 3
Tel. (05444) 501-0**

Warenangebot:	große Auswahl an Garnen, Wolle, Stoffen, Tischdecken, auch Teppichknüpfwolle
Ersparnis:	durchschnittlich ca. 40%
Verkaufszeiten:	Mo. 13.30-17.00 Uhr, Mi. 13.30-17.00 Uhr
Hinweise:	separates Ladengeschäft, es ist auch 2. Wahl erhältlich
Anfahrtsweg:	Wagenfeld liegt ca. 50 km nordöstlich von Osnabrück, der Verkaufsladen befindet sich in der Ortsmitte von Wagenfeld an der Hauptstraße in einem roten Ziegelsteingebäude gegenüber dem Textilhaus Scheland

50189 Elsdorf

▶ BETTINA

**Bettina Matratzenfabrik GmbH
50189 Elsdorf / Max-Planck-Str. 1
Tel. (02274) 9229-0 / bettina.de**

52078 Aachen

Die Firma Bettina Matratzenfabrik GmbH blickt auf eine lange Tradition zurück. Sie wurde im Jahre 1929 in Nordrhein-Westfalen als Matratzenwerk gegründet und beschert seitdem seinen Kunden unter stetig wachsenden Qualitätsstandards einen erholsamen Schlaf. Inzwischen betreibt das Unternehmen deutschlandweit mehr als 150 Factory-Outlets.

Warenangebot: Federkern-, Taschenfederkern-, Kaltschaum- und Latex-matratzen, Lattenroste, Bettwaren und Zubehör, alle Artikel sind auch in Übergrößen bevorratet

Ersparnis: ca. 25-40%

Verkaufszeiten: Mo. bis Do. 9.00-17.00 Uhr, Fr. 9.00-15.00 Uhr

Anfahrtsweg: A 61 Ausfahrt Bergheim/Elsdorf auf die B 55 Richtung Elsdorf, nach ca. 3 km die zweite Einfahrt links in das Gewerbegebiet Elsdorf, am Kreisverkehr geradeaus

52078 Aachen

▶ BECKER

Wilhelm Becker GmbH & Co. KG / Tuchfabrik
52078 Aachen Brand / Niederforstbacher Str. 80-84
Tel. (0241) 52970 / becker-gruppe.de

Warenangebot: Stoffe für Damen- und Herrenbekleidung, Futterstoffe, teilweise auch Oberbekleidung für Damen und Herren

Ersparnis: ca. 30% bei regulärer Ware, Restposten und 2. Wahl sind erheblich günstiger

Verkaufszeiten: Mo. bis Mi., Fr. 9.00-13.00 Uhr und 14.00-18.30 Uhr, Sa. 9.00-13.00 Uhr

Hinweise: separater Verkaufsladen, der Zugang erfolgt über den Fabrikeingang

Anfahrtsweg: A 44 Ausfahrt Aachen-Brand auf die Trierer Str. Richtung Brand, an der 7. Ampel rechts in die Hochstr. einbiegen, diese geht über in die Niederforstbacher Str.

Textil-/
Bettwaren

52379 Langerwehe

▶ DAUNILA

Daunila Bettwarenfabrik
52379 Langerwehe / Im Gewerbegebiet 9
Tel. (02423) 4048-0 / daunila.de

Warenangebot: Bettwaren aller Art wie z.B. Bettbezüge, Bettdecken, Kopfkissen, Matratzen, Lattenroste

57539 Fürthen

Ersparnis: teilweise sind sehr günstige Angebote erhältlich

Verkaufszeiten: Mi. 14.00-18.30 Uhr, Do. 14.00-20.00 Uhr

Anfahrtsweg: A 4 Köln-Aachen Ausfahrt Weisweiler auf die B 264 nach Langerwehe, hier befindet sich die Firma im Gewerbegebiet

55232 Alzey

▶ GESKA

Geska Bettwarenfabrik GmbH & Co. KG
55232 Alzey / Albiger Str. 3
Tel. (06731) 4980-0 / geska.de

Warenangebot: Daunendecken, Synthetikdecken, Naturhaardecken, Kopfkissen, Bettwaren für Kinder, Matratzen, Luftbettmatratzen aeromat, Lattenroste, Wasserbetten, Wasserbett-Textilien wie Spannauflagen und -tücher

Ersparnis: ca. 30-40%, unterschiedlich je nach Artikel

Verkaufszeiten: Di. bis Do. 14.00-18.00 Uhr, Fr. 10.00-16.00 Uhr, Sa. 10.00-13.00 Uhr, außerhalb der Öffnungszeiten Termine nach Vereinbarung

Anfahrtsweg: von Ludwigshafen auf der A 61 kommend Ausfahrt Alzey, Richtung Stadtmitte, an der 1. Ampel bei der Aral-Tankstelle rechts, dann gleich wieder links, die Einfahrt ganz hoch in den Hof fahren

57539 Fürthen

▶ HAPA

Hans Pauly GmbH / HaPa Wohntextilien
57530 Fürthen / Siegstr. 25
Tel. (02682) 6152

Das Unternehmen wurde im Jahr 1967 in Hamm als Konfektionsbetrieb für Wohntextilien gegründet. Nach und nach wurde die Produktion nach Polen verlegt. Zum Abnehmerkreis des heutigen Familienunternehmens zählen in Deutschland, Österreich und der Schweiz Warenhauskonzerne, SB-Warenhäuser, Baumärkte, Fachgeschäfte und Versender.

Warenangebot: große Auswahl an Wohntextilien wie Tischdecken, Zierdeckchen, Kissenhüllen, Stuhlkissen, Dekorationsschals, Frottierwaren, Stoffe, Marke HaPa

Ersparnis: bis zu 40% möglich

63814 Mainaschaff

Verkaufszeiten: Mo. bis Fr. 10.00-12.00 Uhr und 14.00-18.00 Uhr, Sa. 10.00-12.00 Uhr

Anfahrtsweg: A 4 Köln-Olpe Ausfahrt Reichshof/Bergneustadt Richtung Waldbröl auf die B 256, zwischen Windeck-Rosbach und Hamm/Sieg in Au vor der Siegbrücke scharf links Richtung Fürthen, nach ca. 1,5 km befindet sich das Firmengebäude auf der linken Seite

63814 Mainaschaff

▶ **F.A.N.**

f.a.n. Frankenstolz Schlafkomfort H. Neumeyer GmbH & Co. / Steppdecken- und Matratzenfabrik
63814 Mainaschaff / Industriestr. 1-3
Tel. (06021) 708-0 / frankenstolz.de

Warenangebot: Steppdecken, Tagesdecken, Kissen, Daunendecken, Bettwäsche, Schlafsäcke sowie Federkern- und Latexmatratzen

Ersparnis: ca. 20-30%

Verkaufszeiten: Mo. bis Fr. 9.00-18.00 Uhr, Sa. 9.00-14.00 Uhr

Anfahrtsweg: A 3 Aschaffenburg Richtung Seligenstadt, Abfahrt Aschaffenburg-West Richtung Mainaschaff, die Firma befindet sich gegenüber dem Mainparksee

64395 Brensbach

▶ **BAWO**

Barbara Wolle GmbH
64395 Brensbach / Mannheimer Landstr. 42
Tel. (06161) 1302

Warenangebot: Naturhaarprodukte wie z.B. Ober- und Unterbetten, Kissen, Bademäntel, Knieschoner, Nierenwärmer etc., alles aus reiner Schurwolle

Ersparnis: durchschnittlich ca. 30%

Verkaufszeiten: Mo. bis Do. 7.00-16.00 Uhr, Fr. 7.00-12.30 Uhr

Anfahrtsweg: Brensbach liegt ca. 25 km südöstlich von Darmstadt an der B 38 Richtung Lindenfels, die Firma befindet sich in Nieder-Kainsbach direkt an der B 38

Textili-/
Bettwaren

67165 Waldsee

▶ STEIN

**Stein GmbH / Matratzen- und Polsterwarenfabrik
67165 Waldsee / Pfalz / Neuhofener Str. 116
Tel. (06236) 1023 / stein-waldsee.de**

Warenangebot:	Schaumstoffmatratzen, Latexmatratzen, Federkernmatratzen, Wasserkernmatratzen und Kinderbettmatratzen, außerdem Lattenroste, Matratzenschoner, Kopfkissen, Federbetten und Polstermöbel
Ersparnis:	teilweise sind sehr günstige Angebote erhältlich
Verkaufszeiten:	Mo. bis Fr. 8.00-18.00 Uhr, Sa. 10.00-13.00 Uhr
Hinweise:	an diversen Samstagen findet ein sog. Schnäppchenmarkt mit nochmals reduzierten Preisen statt, genaue Termine erfragen, außerdem kann man auch eigene Möbel aufpolstern lassen
Anfahrtsweg:	Waldsee liegt ca. 10 km südlich vom Stadtzentrum Ludwigshafen, dort befindet sich die Firma am Ortsausgang von Waldsee in Richtung Neuhofen

67377 Gommersheim

▶ APART

**Apart GmbH / Apart Store
67377 Gommersheim / Kirchstr. 32
Tel. (06327) 9748-0 oder -28 (Store) / apart.de**

Der Familienbetrieb wurde 1964 gegründet. Für die Kollektion aus Dekostoffen, feiner Tischwäsche und edlen Kissen sind kleine Webereien und Textildruckereien in Norditalien und Frankreich Lieferanten der hochwertigen Stoffqualitäten. Die Konfektionierung erfolgt am Produktionsstandort Gommersheim, wo 80 Mitarbeiter mit großer Sorgfalt die Stoffe zuschneiden und vernähen.

Warenangebot:	Kissenbezüge, Tischdecken, Servietten, Dekostoffe, Wohnaccessoires, Bettwäsche und Stoffreste, Marken Apart, Asa und Bassetti
Ersparnis:	bei der aktuellen Kollektion bis zu 30%, bei Auslaufkollektionen bis zu 50% und bei Restposten sowie 2. Wahl bis zu 70%
Verkaufszeiten:	Mo. bis Fr. 9.00-19.00 Uhr, Sa. 10.00-16.00 Uhr
Hinweise:	großer Verkaufsraum, nicht alles ist aus eigener Herstellung

69245 Bammental

Anfahrtsweg: A 65 Landau Richtung Ludwigshafen, Abfahrt Neustadt-Süd, auf die B 39 Richtung Speyer, in Geinsheim abbiegen nach Gommersheim, ab Ortseingang beschildert

69245 Bammental

▶ GEFI

Gefi-Matratzen und Polsterwaren GmbH
69245 Bammental / Industriestr. 17-19
Tel. (06223) 9516-0 / gefi-matratzen.de

Warenangebot: Federkern- und Taschenfederkernmatratzen, Poly- und Kaltschaummatratzen sowie Latexmatratzen, außerdem Bettrahmen, Bettgestelle und Bettwaren wie Nackenstützkissen, Filzschoner und Steppdecken

Ersparnis: ca. 20% unter vergleichbarer Einzelhandelsware

Verkaufszeiten: Mo. bis Fr. 7.30-11.30 Uhr und 13.00-16.30 Uhr

Hinweise: separater Ausstellungsraum vorhanden, die Fertigung erfolgt nur auf Bestellung

Anfahrtsweg: Bammental liegt südöstlich von Heidelberg, die Firma befindet sich dort im Industriegebiet schräg gegenüber vom Eisenlager

70327 Stuttgart

▶ CENTA-STAR

Nord Feder GmbH & Co. KG
70327 Stuttgart / Augsburger Str. 275
Tel. (0711) 30505-0 / centa-star.de

Warenangebot: Federn-, Daunen- und Faser-Bettdecken, Kopf- und Nackenstützkissen sowie Unterbetten in allen gängigen Größen, Marke Centa-Star

Ersparnis: ca. 30-50% auf Artikel mit kleinen Schönheitsfehlern, Auslaufmodelle, Restposten und 1b-Ware

Verkaufszeiten: Fr. 14.00-18.00 Uhr, Sa. 9.00-13.00 Uhr

Anfahrtsweg: A 8 Stuttgart-München Ausfahrt Wendlingen auf die B 10 Richtung Stuttgart, Ausfahrt Obertürkheim und nach der zweiten Brücke links ab, immer geradeaus nach Untertürkheim, unter zwei Eisenbahnbrücken durch bis zur Augsburger Str.

Textili-/Bettwaren

71364 Winnenden

71063 Sindelfingen

▶ LEIBFRIED

Mia Vinken KG / Fabrikverkauf I. C. Leibfried
71063 Sindelfingen / Bahnhofstr. 18
Tel. (07031) 8663-49

Warenangebot: Dekostoffe, Gardinen, Handarbeitsstoffe, Damaste, Weihnachtsdecken

Ersparnis: ca. 20%, 2. Wahl ist besonders preiswert

Verkaufszeiten: Mo. und Mi. 14.30-17.30 Uhr, Di. und Do. 9.00-12.00 Uhr und 14.30-17.30 Uhr, Fr. und Sa. 9.00-12.00 Uhr

Hinweise: Eingang im Hof, separater Verkaufsraum im Untergeschoss

Anfahrtsweg: Sindelfingen liegt ca. 15 km südöstlich vom Zentrum Stuttgart, A 81 Stuttgart-Singen Ausfahrt Sindelfingen, immer geradeaus bis linker Hand das Daimler-Werk sichtbar ist, an dieser Kreuzung rechts in die Bahnhofstr. einbiegen

71364 Winnenden

▶ PARADIES

Paradies GmbH
71364 Winnenden / Brückenstr. 9
Tel. (07195) 18060 / paradies.de

Das Unternehmen wurde 1854 in Neukirchen-Vluyn am Niederrhein gegründet und wird heute in 5. Generation von der Familie Kremers geführt. Paradies gehört heute zu den führenden Bettwaren-Herstellern Europas. Paradies-Produkte werden durch ihren hohen qualitativen Standard nicht nur in Europa, sondern auch in Nord- und Südamerika sowie im Vorderen Orient und Asien sehr geschätzt.

Warenangebot: Bettwaren aller Art wie Einzieh- und Unterdecken, Deckbetten, Kopfkissen, Matratzen und Lattenroste, Marke Paradies, außerdem Handtücher, Bademäntel und Nachtwäsche

Ersparnis: je nach Artikel unterschiedlich, ca. 30%

Verkaufszeiten: Mo. und Di. 14.00-17.00 Uhr, Mi. 9.30-13.00 Uhr und 14.00-17.00 Uhr, Do. 9.30-13.00 Uhr und 14.00-18.00 Uhr, Fr. 14.00-18.00 Uhr, Sa. 10.00-13.00 Uhr

Hinweise: der Verkauf erfolgt im Fabrikgebäude

Anfahrtsweg: auf der B 14 von Stuttgart kommend am Ortsbeginn von Winnenden neben Atlas Copco

71726 Benningen

71726 Benningen

▶ BRECKLE

Emil Breckle GmbH / Matratzenfabrik
71726 Benningen / Krautlose
Tel. (07144) 843090 / breckle.de

Das Unternehmen wurde 1932 als kleiner Polsterbetrieb im schwäbischen Benningen von Emil Breckle gegründet. Heute werden in Breckle-Werken in Bietigheim (Baden-Württemberg), Northeim (Niedersachen) und Weide (Thüringen) in kompletter Eigenproduktion Matratzen hergestellt. In eigenen Schreinereien werden Polsterbetten und Lattenroste produziert, während ein Breckle-Werk in Seelbach (Schwarzwald) auf Steppbetten spezialisiert ist.

Warenangebot:	Federkern-, Taschenfederkern-, Latex- und Kaltschaummatratzen, Polsterbetten, Bettrahmen, Decken und Kissen in versch. Ausführungen (z.B. für Allergiker) u.v.m., hauptsächlich Ware mit kleinen Transportschäden
Ersparnis:	je nach Artikel unterschiedlich, durchschnittlich ca. 25-30%
Verkaufszeiten:	Mo. 10.00-12.00 Uhr, Di. und Fr. 10.00-12.00 Uhr und 14.00-18.00 Uhr, Do. 15.00-18.00 Uhr, Sa. 9.00-13.00 Uhr, während der Betriebsferien im Sommer und im Dez. ist geschlossen, genaue Termine erfragen
Anfahrtsweg:	A 81 Stuttgart-Heilbronn Ausfahrt Pleidelsheim, Richtung Marbach/Ludwigsburg nach Benningen, in Benningen vor der Neckarbrücke rechts abbiegen ins Industriegebiet Krautlose

72379 Hechingen

▶ SCHLAFGUT / WOHNGUT

Adam Matheis GmbH & Co. / Matheis Werksverkauf
72379 Hechingen / Kasernenstr. 12
Tel. (07471) 9333-12 (Werksladen) /
matheis-textilgruppe.de

Warenangebot:	Bettwaren, Bettwäsche, Bettücher, außerdem Tischwäsche, Vorhangstoffe, Matratzen, Frottierwaren
Ersparnis:	bei Auslaufdessins, Restposten und 2. Wahl bis zu 50%, zugekaufte Ware ist nicht preiswerter
Verkaufszeiten:	Mo. bis Fr. 14.00-18.00 Uhr, Do. bis Sa. 9.00-12.00 Uhr
Hinweise:	nur die Bettwaren sind aus eigener Herstellung
Anfahrtsweg:	Hechingen liegt ca. 20 km südlich von Tübingen, von der B 27 kommend am Ortseingang rechts Richtung Stein

Textil-/
Bettwaren

72401 Haigerloch

▶ DORIS MEYER

Doris Meyer GmbH & Co. KG
72401 Haigerloch Karlstal
Tel. (07474) 6909-33 / doris-meyer.de

Die Doris Meyer GmbH & Co. KG, Hersteller exclusiver Bettwäsche, ist ein mittelständisches Unternehmen zwischen Schwäbischer Alb und dem Schwarzwald und kann auf eine über 150 Jahre alte Textiltradition zurückblicken. Heute wird das Unternehmen in vierter Generation geführt.

Warenangebot:	Bettwäsche und Spannbettücher aus Baumwolle und Frottee, außerdem zugekaufte Bademäntel, Frottierwaren, Tischdecken, versch. Stoffe, Bettdecken und Kissen
Ersparnis:	bei Restposten und 2. Wahl von Bettwäsche bis zu 50%
Verkaufszeiten:	Mo. bis Fr. 10.00-12.00 Uhr und 13.30-17.00 Uhr, Sa. 10.00-12.30 Uhr
Hinweise:	Ladengeschäft, nur die Bettwäsche ist aus eigener Herstellung
Anfahrtsweg:	A 81 Stuttgart-Singen Ausfahrt Empfingen nach Haigerloch, von dort Richtung Bad Imnau nach Karlstal, hier befindet sich die Firma nicht zu verfehlen direkt an der Hauptstraße

72555 Metzingen

▶ GAENSLEN & VÖLTER

Gaenslen & Völter GmbH & Co. KG / fashionable fabrics
72555 Metzingen /
Sonnentalstr.1/Ecke Friedrich-Herrmann-Str. 3
Tel. (07123) 165-260 (Laden) / gaenslen-voelter.de

Gaenslen & Völter ist Tuchmacher seit über 100 Jahren und liefert seine Stoffe an hochwertige Damen- und Herrenkonfektionäre im In- und Ausland.

Warenangebot:	über 100 Arten hochwertiger Stoffe für Damen- und Herrenbekleidung, Loden, Cashmere, Seiden-Leinen, Wolle, Alpaca und Merinowolle, außerdem Fertigbekleidung aus eigenen Stoffen die von namhaften Herstellern gefertigt wird
Ersparnis:	ca. 30-80%, unterschiedlich je nach Artikel
Verkaufszeiten:	Di. bis Fr. 13.00-18.30 Uhr, Sa. 10.00-16.00 Uhr, von Okt. bis März auch Di. 13.00-18.30 Uhr
Anfahrtsweg:	die Firma befindet sich im Zentrum von Metzingen, der Fabrikschornstein mit der Aufschrift "GV" ist nicht zu übersehen

Textil-/Bettwaren

72585 Riederich

▶ BALDAUF

Baldauf GmbH / Drucke für die Textilindustrie
72585 Riederich / Stuttgarter Str. 6
Tel. (07123) 3801-0 / baldauf.com

Die Firma Baldauf ist ein familiär geprägter Dienstleister der Textilindustrie mit einer 50-jährigen Erfahrung und derzeit rund 30 Mitarbeitern.

Warenangebot: Jersey-Druck- und Unistoffe für Damenoberbekleidung wie z.B. Shirts, Kleider, Coordinates und Lingerie

Ersparnis: bei 1. Wahl ca. 30%, bei 2. Wahl ca. 50-70%

Verkaufszeiten: Mo. 9.00-11.00 Uhr und 14.00-17.00 Uhr, Mi. 14.00-17.00 Uhr, Fr. 14.00-16.00 Uhr

Anfahrtsweg: Riederich liegt ca. 2 km nördlich von Metzingen, die Firma befindet sich mitten in Riederich nicht zu übersehen direkt an der Hauptstraße

72589 Westerheim

▶ KNEER

Kneer GmbH / Wäschefabrik
72589 Westerheim / Falkenstr. 2
Tel. (07333) 210103 / kneer.com

Seit über 25 Jahren ist die Wäschefabrik Kneer als Spezialist rund ums Spannbetttuch bekannt. Heute bietet Kneer unter dem Motto "Kultur der Nacht" enorm viele Farben und unterschiedlichste Materialien an, auf Wunsch auch in Sondergrößen.

Warenangebot: Spannbetttücher in Jersey, Frottee und Feinbiber, Bettbezüge in Jersey und Satin, Kinderbettwäsche in Baumwolle mit lustigen Motiven und dazu passende Spannbetttücher, Natur-Bettwaren, Accessoires wie Kissenbezüge, Nackenrollenbezüge, Baby-Nestchen und Schlaf-Socken

Ersparnis: 50% und mehr möglich

Verkaufszeiten: Di. und Fr. 14.00-17.30 Uhr, Sa. 14.00-16.00 Uhr

Hinweise: sämtliche Artikel haben kleine Schönheitsfehler

Anfahrtsweg: A 8 Stuttgart-Ulm Ausfahrt Mühlhausen, über Wiesensteig nach Westerheim, in Ortsmitte Richtung Donnstetten, am Ortsausgang die letzte Straße rechts hoch

72766 Reutlingen

72622 Nürtingen

▶ LUXORETTE

Luxorette Haustextilien GmbH
72622 Nürtingen Neckarhausen / Raidwanger Str. 12
Tel. (07022) 95323-4 / luxorette.de

Warenangebot: Bettwäsche, auch in Übergrößen, in Mako-Satin, Interlock Jersey und Brokat-Damast, Spannbettücher, Handtücher, Tischwäsche und Taschentücher sowie Stoffreste und Meterware, außerdem Unterwäsche und textile Geschenke, Marke Luxorette

Ersparnis: durchschnittlich ca. 25%

Verkaufszeiten: Mi. bis Fr. 14.00-17.00 Uhr

Anfahrtsweg: A 8 Stuttgart-Ulm Ausfahrt Wendlingen auf die B 313 nach Nürtingen, hier befindet sich die Firma nicht zu übersehen an der Straße von Neckarhausen Richtung Raidwangen, sie ist auch ausgeschildert

72766 Reutlingen

▶ GROSANA

Groll GmbH & Co. KG / Matratzenfabrik
72766 Reutlingen / Hohenschildstr. 5
Tel. (07121) 1641-0 / grosana.de

Warenangebot: Komfortschaummatratzen, Nackenstützkissen und Matze Kindermatratzen, außerdem Lattenroste und Seniorenkomfortrahmen, Marke Grosana

Ersparnis: ca. 25% bei Matratzen

Verkaufszeiten: Mo. bis Fr. 9.00-12.00 Uhr und 14.00-19.00 Uhr, Sa. 9.00-13.00 Uhr

Hinweise: nur Schaumstoffmatratzen werden selbst hergestellt, davon ist die Herstellung individueller Formen möglich

Anfahrtsweg: Reutlingen liegt ca. 30 km südlich von Stuttgart, der Verkauf befindet sich nahe dem Bahnhof Reutlingen-Sondelfingen

▶ STARLINE

Ernst Beck GmbH
72766 Reutlingen Mittelstadt / Riedericher Str. 80
Tel. (07127) 816-0 / gardinenbeck.de

73054 Eislingen

Das 1948 durch Ernst Beck in Reutlingen gegründete Unternehmen befasst sich seit nunmehr über 50 Jahren mit der Veredelung von Stoffen für den Heimtextilbereich. Die kontinuierliche Entwicklung und das innovative Produktmanagement haben dazu beigetragen, dass das Unternehmen heute mit zu den Marktführern in seinem Segment zählt.

Warenangebot:	große Auswahl an gewebten und bedruckte Gardinen- und Dekostoffen in unterschiedlichen Materialien, Ausbrennergardinen, außerdem Bettwäsche, Marken Starline und collection ernst beck
Ersparnis:	preisgünstiges Warenangebot, bei Restposten und 2. Wahl bis zu 50%
Verkaufszeiten:	Mo. bis Fr. 10.00-12.00 Uhr und 13.00-18.00 Uhr, Sa. 9.00-12.00 Uhr
Anfahrtsweg:	Reutlingen liegt ca. 30 km südlich von Stuttgart, von Stuttgart auf der B 27 Richtung Tübingen/Reutlingen, Ausfahrt Metzingen auf die B 312, dann Abfahrt Riederich nach Mittelstadt, kurz nach dem Ortseingang befindet sich die Firma in einem hellen Fabrikgebäude auf der linken Seite

73054 Eislingen

▶ SCHLAFGUT / WOHNGUT

Adam Matheis GmbH & Co. / Textilwerke
73054 Eislingen / Weilerbachstr.
Tel. (07161) 80020 / matheis-textilgruppe.de

Die Produktion der Firma Matheis erfolgt in eigenen Werken in Deutschland, der Türkei und Zypern.

Warenangebot:	Bettwäsche und Bettücher aus Baumwolle, Jersey und Satin, außerdem Handtücher, Tischwäsche, Dekostoffe und Vorhangstoffe, Reste auf kg-Basis, Marken schlafgut und wohngut
Ersparnis:	durchschnittlich ca. 35%, Reste und Fehlerware sind besonders preiswert
Verkaufszeiten:	Mo. bis Fr. 14.00-18.00 Uhr
Hinweise:	Verkauf im angegliederten Ladengeschäft, günstig sind auch Artikel mit Auslaufdessins sowie Restposten und Waren mit kleinen Fehlern
Anfahrtsweg:	Eislingen liegt ca. 5 km nach Göppingen an der B 10 Richtung Geislingen, dort befindet sich die Firma im Industriegebiet gegenüber von "Marktkauf"

73079 Süßen

73061 Ebersbach

▶ EUROFOAM

Eurofoam Deutschland GmbH
73061 Ebersbach / Fils / Stuttgarter Str. 49-53
Tel. (07163) 15-0 oder -228 (Laden) / euro-foam.com

Die Firma produziert seit über 40 Jahren PU-Schaumstoffe für die Möbel-, Matratzen- und Fahrzeugindustrie. Die Eurofoam-Gruppe ist heute der größte PU-Weichschaumhersteller in Europa.

Warenangebot:	Barverkauf von Schaumstoffen und Schaumstoffzuschnitten, Sitzkissen, Matratzen, Nackenkissen sowie viscoelastischen Produkten, Marken Comfort Bultex, EMC und Viscoline
Ersparnis:	preisgünstige Angebote
Verkaufszeiten:	Di., Mi., Sa. 9.00-12.00 Uhr, Do. 15.00-18.00 Uhr
Hinweise:	der Verkaufsraum befindet sich neben dem Pförtner, es sind hauptsächlich Restposten erhältlich
Anfahrtsweg:	Ebersbach liegt ca. 35 km östlich von Stuttgart, direkt an der B 10 zwischen Plochingen und Göppingen, dort befindet sich die Firma nicht zu verfehlen am Ortsausgang in Richtung Reichenbach

73079 Süßen

▶ SCHOELLER + STAHL

Schoeller Süssen GmbH
73079 Süßen / Bühlstr. 14
Tel. (07162) 9603-17 / schoeller-und-stahl.de

Warenangebot:	große Auswahl an Handstrickgarnen in versch. Qualitäten, alles zum Stricken und Häkeln sowie einige Stoffe, Marken Schoeller + Stahl, Alwo, Schaffhauser Wolle und Austermann, teilweise auch etwas Kinderbekleidung
Ersparnis:	50% und mehr möglich
Verkaufszeiten:	Mo. und Di. 13.00-16.00 Uhr, Mi. 9.00-16.00 Uhr
Hinweise:	separater Werksverkaufsladen, teilweise sind auch günstige Rest- und Sonderposten erhältlich
Anfahrtsweg:	Süßen liegt an der B 10 zwischen Göppingen und Geislingen, von der B 10 kommend nach der Filsbrücke rechts hoch

Textil-/
Eßtwaren

73240 Wendlingen

73240 Wendlingen

▶ LUXORETTE

Luxorette Haustextilien GmbH
73240 Wendlingen / Schäferhauser Str. 2
Tel. (07024) 946-199 / luxorette.de

Warenangebot: Bettwäsche, auch in Übergrößen, in Mako-Satin, Interlock Jersey und Brokat-Damast, Spannbettücher, Handtücher, Tischwäsche und Taschentücher sowie Stoffreste und Meterware, außerdem Unterwäsche und textile Geschenke, Marke Luxorette

Ersparnis: durchschnittlich ca. 25%

Verkaufszeiten: Mo. bis Fr. 9.00-11.45 Uhr und 13.00-16.45 Uhr, Sa. 9.00-11.45 Uhr

Hinweise: großer Verkaufsraum, teilweise ist auch 1b-Ware erhältlich

Anfahrtsweg: A 8 Stuttgart-Ulm Ausfahrt Wendlingen auf die B 313, auf der rechten Spur bleiben und sofort wieder abfahren, dann an der 1. Ampel links und an der 2. Ampel rechts, die nächste Möglichkeit wieder rechts auf die DB-Brücke, dann links abbiegen und danach die 2. Möglichkeit rechts in den Gewerbepark-Otto

73275 Ohmden/Teck

▶ ELO

Elo Steppdecken und Matratzen Liebrich GmbH
73275 Ohmden/Teck / Fabrikstr. 3
Tel. (07023) 90056-0 / elo-betten.com

Elo besteht seit über 50 Jahren und ist ein schwäbisches Produktionsunternehmen für hochwertige Bettwaren sowie ein Natur-Programm in Stepp-Bettwaren und Matratzen-Artikeln. Es werden mit ca. 25 Mitarbeiterinnen und Mitarbeitern in Ohmden/Teck zwei umfangreiche Programme rund ums Schlafen produziert.

Warenangebot: große Auswahl an Steppbetten, Daunendecken, Kopfkissen und Matratzen in unterschiedlichen Materialien und Bezügen, auch ein Kinderprogramm, außerdem Lattenroste und Zubehör wie Bettwäsche, Schoner, Schonbezüge sowie Molton-Auflagen, Marken elo-Noblesse, elo-Kamelflaumhaar, elo-Silkana u.a.m.

Ersparnis: durchschnittlich ca. 30%

Verkaufszeiten: Di. bis Fr. 14.00-18.00 Uhr, 1. Sa. im Monat 10.00-13.00 Uhr

73660 Urbach

Hinweise:	es sind auch günstige Auslaufmodelle und 2. Wahl erhältlich
Anfahrtsweg:	A 8 Stuttgart-Ulm Ausfahrt Aichelberg nach Ohmden, hier befindet sich die Firma an der Straße Richtung Kirchheim/Teck am Ortsausgang, sie ist im Ort auch ausgeschildert

73433 Aalen

▶ BRAUN

Braun GmbH & Co. / Bekleidungsfabrik
73433 Aalen Wasseralfingen / Hofwiesenstr. 25
Tel. (07361) 71344

Warenangebot:	hauptsächlich Bekleidungsstoffe, kaum Fertigwaren; wenn dann hauptsächlich Umstandsmoden, teilweise auch einige T-Shirts, Röcke und Blusen für Damen
Ersparnis:	sehr günstige Angebote
Verkaufszeiten:	Di. und Do. 14.00-18.00 Uhr, Mi. 9.00-12.00 Uhr
Hinweise:	bei Umstandsmoden ist auch günstige 2. Wahl erhältlich
Anfahrtsweg:	A 7 Ulm Richtung Ellwangen, Abfahrt Aalen-Westhausen auf die B 29 Richtung Aalen nach Wasseralfingen, die Firma befindet sich dort in der Nähe vom Talschulzentrum

73660 Urbach

▶ IRISETTE

Irisette GmbH & Co. KG
73660 Urbach / Konrad-Hornschuch-Str. 67
Tel. (07181) 880873

Warenangebot:	Bettwäsche und Tischdecken Marke Irisette, Bademäntel und -tücher Marke Möve, Hemden Marke Seidensticker, Unterwäsche Marke Ceceba, außerdem Polo-Shirts und Stoffe
Ersparnis:	ca. 30% im Durchschnitt
Verkaufszeiten:	Mo. bis Fr. 9.00-12.30 Uhr und 14.00-17.00 Uhr, Sa. 9.00-13.00 Uhr
Hinweise:	es sind auch günstige 1b- und Auslaufteile erhältlich
Anfahrtsweg:	von Stuttgart auf der B 29 über Schorndorf nach Urbach, die Firma befindet sich im Industriegebiet in der Nähe vom Bahnhof

Textil-/Bettwaren

74385 Pleidelsheim

74385 Pleidelsheim

▶ FEMIRA

Femira Werke Gussmann GmbH & Co. KG
74385 Pleidelsheim / Gottlob-Gussmann-Str. 1
Tel. (07144) 2020 / femira.de

Warenangebot: Latex-, Federkern-, Taschenfederkern- und Roßhaarmatratzen, gelegentlich sind auch einige Tagesdecken für Betten erhältlich

Ersparnis: durchschnittlich ca. 20-30%

Verkaufszeiten: Di. 15.00-16.00 Uhr, Fr. 13.30-15.00 Uhr

Hinweise: nur Verkauf von 2. Wahl-Ware und Kundenretouren mit z.B. kleinen Transportschäden oder falschem Bezugsstoff

Anfahrtsweg: A 81 Stuttgart-Heilbronn Ausfahrt Pleidelsheim, dort befindet sich die Firma im Industriegebiet am Ortsausgang Richtung Ludwigsburg, der Verkauf erfolgt bei Tor 2, hinter dem Haupteingang

74575 Schrozberg

▶ DREWS

Günter Drews Textilwerke GmbH & Co. KG
74575 Schrozberg / Zeller Weg 36
Tel. (07935) 890

Warenangebot: Web-, Druck- und Jerseystoffe aus Wolle und Synthetics, Bettwäsche, Wolldecken, Tischdecken, Handtücher, Herrenunterwäsche, teilweise auch Waren der Firmen Möve, Irisette und Ceceba

Ersparnis: lohnende Angebote, im Schlussverkauf wird alles nochmals um 15% reduziert

Verkaufszeiten: Mo. bis Fr. 13.00-17.00 Uhr, Sa. 9.00-12.00 Uhr

Hinweise: der Verkauf erfolgt im Ladengeschäft an der Fabrik

Anfahrtsweg: Schrozberg liegt an der B 290 ca. auf halber Strecke zwischen Bad Mergentheim und Crailsheim, dort befindet sich die Firma im Industriegebiet

74847 Obrigheim

▶ GO-GARDINEN

Gardinenfabrik Obrigheim GmbH
74847 Obrigheim / Hochhäuser Str. 41
Tel. (06261) 674610 / go-gardinen.de

Die Firma hat im europäischen Markt eine Führungsrolle bei der Entwicklung und Herstellung von Gardinen, Vorhängen und Dekostoffen eingenommen. In vier Jahrzehnten entstand ein Unternehmen mit Produktionsstätten in Deutschland, den Niederlanden und Tschechien. Es werden jährlich ca. zehn Millionen Quadratmeter zu Jacquard-, Web-, Wirk- und Stickerei-Stores sowie zu colorierten transparenten Vorhängen und Dekostoffen verarbeitet.

Warenangebot:	große Auswahl an Gardinen aller Art, als Meterware und fertig konfektioniert, außerdem Dekostoffe und Zubehör
Ersparnis:	ca. 30-40%, über 50% bei Kiloware
Verkaufszeiten:	Mo. bis Fr. 9.00-12.00 Uhr und 13.00-16.45 Uhr, Sa. 9.00-12.00 Uhr
Hinweise:	separater Verkaufsraum beim Fabrikgebäude, es sind auch viel 2. Wahl und Restposten erhältlich
Anfahrtsweg:	B 292 Heilbronn Richtung Mosbach, vor Mosbach abzweigen Richtung Obrigheim, die Firma befindet sich dort im Industriegebiet

77652 Offenburg

▶ LUXORETTE

Luxorette Haustextilien GmbH
77652 Offenburg / Wilhelm-Bauer-Str. 12
Tel. (0781) 282-34 / luxorette.de

Warenangebot:	Bettwäsche, auch in Übergrößen, in Mako-Satin, Interlock Jersey und Brokat-Damast, Spannbettücher, Handtücher, Tischwäsche und Taschentücher sowie Stoffreste und Meterware, außerdem Unterwäsche und textile Geschenke, Marke Luxorette
Ersparnis:	durchschnittlich ca. 25%
Verkaufszeiten:	Mo. bis Mi. 9.00-12.00 Uhr, Do. und Fr. 9.00-12.00 Uhr und 14.00-17.00 Uhr
Hinweise:	der Verkauf befindet sich in den Räumen der Spinnerei Offenburg GmbH

77704 Oberkirch

| Anfahrtsweg: | A 5 Karlsruhe-Basel Ausfahrt Offenburg, nach dem Ortsschild Offenburg an der 3. Ampel links in die Kronenstr., dann rechts in die Wilhelm-Bauer-Str. einbiegen |

77704 Oberkirch

▶ APELT

Alfred Apelt GmbH
77704 Oberkirch / An der Rench 2
Tel. (07802) 807-0 / apeltstoffe.de

Das Unternehmen wurde 1951 gegründet und wurde bekannt mit den Markentischdecken "Barbara" und den Deko- und Gardinenstoffen "Apelt-Stoffe".

Warenangebot:	Haus- und Heimtextilien wie z.B. Tischdecken (Marke Barbara Collection), Dekorationsstoffe und Webgardinen (Marke Apelt), außerdem Möbel- und Kleiderstoffe
Ersparnis:	durchschnittlich ca. 30%
Verkaufszeiten:	Mo. bis Fr. 9.00-12.00 und 14.00-18.00 Uhr
Hinweise:	teilweise sind auch günstige 2. Wahl und Restposten erhältlich
Anfahrtsweg:	A 5 Abfahrt Appenweier auf die B 28 Richtung Freudenstadt, in Oberkirch Richtung Ödsbach vor der Renchbrücke links einbiegen, Sackgasse

78166 Donaueschingen

▶ DOTEX

Dotex Wirkwaren GmbH
78166 Donaueschingen / Dürrheimer Str. 39
Tel. (0771) 8312-0

Warenangebot:	Frottierstoffe, Bekleidungsstoffe, Polsterstoffe, Stoffe für Übergardinen etc.
Ersparnis:	ca. 30% im Durchschnitt
Verkaufszeiten:	Di. 14.00-18.00 Uhr, Mi. und Do. 9.00-12.00 Uhr und 14.00-18.00 Uhr
Hinweise:	teilweise ist auch 2. Wahl erhältlich
Anfahrtsweg:	A 81 Stuttgart Richtung Singen, am Dreieck Bad Dürrheim auf die A 864 Richtung Donaueschingen, dort befindet sich die Firma im Industriegebiet

79215 Elzach

78591 Durchhausen

▶ DUKAL

Dukal-Wäsche-Fabrikations- und Vertriebs GmbH
78591 Durchhausen / Stiergässle 10
Tel. (07464) 1336

Warenangebot: hauptsächlich Bettwaren wie z.B. Frottee- und Jersey-Spannbettücher, Bettwäsche, Bettvorlagen, Wollartikel, Stoffreste

Ersparnis: ca. 30% im Durchschnitt

Verkaufszeiten: Mo. bis Do. 9.00-12.00 Uhr und 14.00-16.30 Uhr, Fr. 9.00-12.00 Uhr

Hinweise: die Waren sind auch im Versand erhältlich, teilweise ist auch 2. Wahl vorhanden

Anfahrtsweg: A 81 Stuttgart-Singen Ausfahrt Villingen-Schwenningen über Trossingen nach Durchhausen, dort nach der Kirche die 1. Straße rechts einbiegen, die Firma ist an der Hauptstr. ausgeschildert

79215 Elzach

▶ SCHÄFER

Schwarzwald Schäfer GmbH /
Werksverkauf der Elzacher Matratzen GmbH
79215 Elzach / Am Risslersberg 29
Tel. (07682) 80320 / schwarzwald-schaefer.de

Warenangebot: Federkern- und Taschenfederkernmatratzen, Kaltschaum- und Volllatexmatratzen sowie Kindermatratzen, auch Lattenroste, außerdem zugekaufte Oberbetten und Kissen mit versch. Füllungen und Größen, Matratzenauflagen, Wolldecken, Plaids, Bettfelle, Babyfelle und Spannbettücher

Ersparnis: preisgünstiges Warenangebot, die zugekauften Artikel sind kaum preiswerter

Verkaufszeiten: Mo. bis Fr. 8.30-12.00 Uhr und 14.00-17.30 Uhr, Do. bis 18.30 Uhr, Sa. 9.00-12.00 Uhr

Anfahrtsweg: Elzach liegt an der B 294 nördlich von Freiburg, in Elzach der B 294 folgen bis zur ersten Kreuzung, hier rechts ab Richtung Yach und am Elzacher Bahnhof vorbei, nach ca. 200 m der Beschilderung folgen und links ab zum Firmengelände

79539 Lörrach

79539 Lörrach

▶ NORTHERN GOOSE

OBB Oberbadische Bettfedernfabrik GmbH
79539 Lörrach Tumringen / Mühlestr. 54
Tel. (07621) 15200 / obb.de

Das Unternehmen wurde im Jahr 1900 gegründet. 1970 erfolgte die Entwicklung des später weltweit patentierten und in vielen Ländern in Lizenz hergestellten Regina-Kopfkissens. Damit wurde die OBB, bis dahin ein Bettfedernverarbeitungsbetrieb, um eine Fertigbettenproduktion erweitert. 1975 erfolgte die Übernahme der irisette-Markenlizenz. Das Unternehmen zählt heute zu den modernsten Bettfedernfabriken.

Warenangebot: Bettwaren mit Naturprodukt, Federn und Daunen gefüllt wie z.B. Kopfkissen, Nackenstützkissen, Vierjahreszeitendecken, Steppdecken und Einziehdecken, Marken Northern Goose, Blue Goose, Irisette, Regina und Medima

Ersparnis: teilweise bis zu 40%

Verkaufszeiten: Mo., Di., Fr. 9.00-12.00 Uhr und 14.00-17.00 Uhr, Do. bis 18.00 Uhr, von Okt. bis März auch jeden 1. Sa. im Monat 9.00-12.00 Uhr

Hinweise: separater Verkaufsraum, es sind auch günstige 2. Wahl, Restposten und Auslaufmodelle erhältlich

Anfahrtsweg: von Lörrach in Richtung Haagen, ca. 100 Meter vor dem Möbelhaus, große Fahnen an der Straße

79541 Lörrach

▶ LAUFFENMÜHLE

Lauffenmühle GmbH
79541 Lörrach Haagen / Beim Haagensteg 4
Tel. (07621) 584-0

Warenangebot: Bekleidungsstoffe aller Art wie z.B. für Jeans, Freizeit- und Sportbekleidung, nur gefärbte, keine bedruckten Stoffe

Ersparnis: ca. 30%

Verkaufszeiten: Mo. bis Fr. 13.00-16.30 Uhr

Hinweise: es ist nur 2. Wahl erhältlich

Anfahrtsweg: Lörrach liegt ca. 10 km nordöstlich von Basel an der B 317 Richtung Schopfheim, in Haagen befindet sich die Firma beim Bahnhof

79664 Wehr

▶ BRENNET

Brennet AG
79664 Wehr / Im Hammer 1
Tel. (07762) 8009-472 / brennet.de

Warenangebot: Bettwäsche und Spannbettücher, außerdem Hemden in versch. Dessins und Blusen sowie Unterwäsche für Damen und Herren, auch Stoffe als Meterware zum kg-Preis

Ersparnis: bis zu 50%, 1b-Ware und Restposten sind besonders preiswert

Verkaufszeiten: Mo. und Fr. 10.00-12.00 Uhr und 14.00-16.00 Uhr

Hinweise: eine weitere Verkaufsstelle befindet sich in 79713 Bad Säckingen, Basler Str. 65, Tel. (07761) 5697-572, geöffnet Mo. bis Fr. 9.00-12.00 Uhr und 13.00-18.00 Uhr

Anfahrtsweg: Wehr liegt an der B 518 zwischen Schopfheim und Bad Säckingen, die Firma befindet sich in der Ortsmitte von Wehr, "Im Hammer" geht an der Kreuzung Hauptstr./ Schopfheimer Str. ab

79669 Zell

▶ IRISETTE

Irisette GmbH & Co. KG
79669 Zell Atzenbach / Zur Alten Spinnerei 1
Tel. (07625) 924305 / irisette.de

Warenangebot: Bettwäsche und Tischdecken Marke Irisette, Bademäntel und -tücher Marke Möve, Hemden Marke Seidensticker, Unterwäsche Marke Ceceba, außerdem Stoffe

Ersparnis: ca. 20-30%, Zukaufware ist kaum preiswerter

Verkaufszeiten: Mo. bis Fr. 9.00-12.30 Uhr und 14.00-18.00 Uhr, Sa. 9.00-13.00 Uhr

Hinweise: eine weitere Verkaufsstelle mit gleichem Warenangebot befindet sich in 79677 Schönau Brand, Brand 24, Tel. (07673) 1060, gleiche Öffnungszeiten (an der B 317 südlich von Schönau in Richtung Schopfheim, auf der linken Seite auf der grünen Wiese)

79689 Maulburg

Anfahrtsweg: B 317 Schopfheim-Schönau Abfahrt Zell-Nord, nach dem Tunnel links Richtung Zell-Nord, danach rechts den Berg hoch, dann sieht man die Firma schon von weitem

79689 Maulburg

▶ BERGER

**Berger GmbH & Co. Holding KG
79689 Maulburg / Höllsteiner Str. 25
Tel. (07622) 68846-0 oder -42 (Verkauf) /
berger-safety-textiles.de**

Warenangebot: große Auswahl an Strickstoffen aller Art, von Wolle bis Seidenmischungen, unifarben und bunt, auch passende Strickbündchen und Strickkragen oder Strickeinfassbänder

Ersparnis: ca. 30-40%, unterschiedlich je nach Artikel

Verkaufszeiten: Mo., Di., Fr. 9.00-16.00 Uhr, Do. 9.00-14.00 Uhr

Hinweise: teilweise ist auch 2. Wahl erhältlich

Anfahrtsweg: Maulburg liegt an der B 317 zwischen Lörrach und Schopfheim, von Maulburg Richtung Steinen kurz vor Steinen links runter in das Gewerbegebiet Maulburg West auf die Höllsteiner Str., nach ca. 600 m befindet sich die Firma auf der rechten Seite

▶ SÜD BETTFEDERN

**Bettfedernfabrik Süd GmbH
79689 Maulburg / Alemannenstr. 33
Tel. (07622) 2760**

Warenangebot: Bettfedern, Daunen, Betten, Kissen

Ersparnis: preisgünstige Angebote

Verkaufszeiten: Mo. bis Fr. 8.00-12.00 Uhr

Anfahrtsweg: von Lörrach auf der B 317 nach Maulburg, die Firma befindet sich im Industriegebiet-West

Textil-/
Bettwaren

79843 Löffingen

▶ FORMESSE

**Formesse Wäschefabrik Rupp GmbH & Co. KG
79843 Löffingen / Sägestr. 1
Tel. (07654) 91120 / formesse.de**

84137 Vilsbiburg

Warenangebot:	Bettwäsche und Spannbetttücher in versch. Größen, aus Baumwolle in Jersey und Satin, außerdem Matratzenschonbezüge sowie Bezüge für Kissen und Nackenrollen
Ersparnis:	durchschnittlich ca. 30%
Verkaufszeiten:	Mi. 14.00-16.30 Uhr
Hinweise:	es ist hauptsächlich 2. Wahl erhältlich
Anfahrtsweg:	Löffingen liegt an der B 31 zwischen Donaueschingen und Titisee-Neustadt, die Firma befindet sich dort in der Nähe vom Bahnhof in Richtung Rötenbach rechts nach den Bahngleisen

82152 Planegg

▶ BASSETTI

Bassetti Deutschland GmbH
82152 Planegg Martinsried / Röntgenstr. 5
Tel. (089) 8958280 / bassetti.de

Warenangebot:	hochwertige Bettwäsche, Tischwäsche, Plaids, Kissen, Decken, Tagesdecken, Vorhänge und Teppiche
Ersparnis:	ca. 40-60%
Verkaufszeiten:	Mo. bis Fr. 9.30-13.00 Uhr und 14.30-18.00 Uhr, Sa. 9.00-13.00 Uhr
Hinweise:	es ist ausschließlich die Vorjahreskollektion erhältlich
Anfahrtsweg:	Planegg liegt ca. 15 km südwestlich vom Zentrum München bei Gräfeling, in Planegg befindet sich die Firma in Martinsried zwischen dem Penny- und dem HL-Markt

84137 Vilsbiburg

▶ ZOLLNER

Zollner GmbH & Co. / Weberei - Wäschefabrik
84137 Vilsbiburg / Veldener Str. 4
Tel. (08741) 306-0 / zollner-textil.de

Die Firma wurde 1883 gegründet und ist heute Spezialist für die textile Hotel- und Klinikausstattung.

Warenangebot:	Hotelwäschebedarf wie Bett-, Frottier- und Tischwäsche, z.B. Daunendecken, Einziehdecken, Kopfkissen, Handtücher, Tischdecken, Servietten, Geschirrtücher,

85604 Zorneding

Küchenschürzen etc., außerdem Berufsbekleidung für Gastronomie, Ärzte und Schwestern, Marke Zollner

Ersparnis: bis zu 50%, Rest- und Sonderposten bis zu 75%

Verkaufszeiten: Mo. bis Do. 7.30-12.00 Uhr und 13.00-16.00 Uhr, Fr. 7.30-12.00 Uhr

Anfahrtsweg: Vilsbiburg liegt ca. 20 km südlich von Landshut, die Firma befindet sich in Vilsbiburg in der Innenstadt

85604 Zorneding

▶ APART

Apart GmbH / Apart Store
85604 Zorneding / Georg-Wimmer-Ring 3
Tel. (08106) 996420 / apart.de

Der Familienbetrieb wurde 1964 gegründet. Für die Kollektion aus Dekostoffen, feiner Tischwäsche und edlen Kissen sind kleine Webereien und Textildruckereien in Norditalien und Frankreich Lieferanten der hochwertigen Stoffqualitäten. Die Konfektionierung erfolgt am Produktionsstandort Gommersheim, wo 80 Mitarbeiter mit großer Sorgfalt die Stoffe zuschneiden und vernähen.

Warenangebot: große Auswahl an Kissenbezügen, Tischdecken, Servietten, Dekostoffe, Wohnaccessoires und Bettwäsche, Marken Apart und Asa

Ersparnis: bei der aktuellen Kollektion bis zu 30%, bei Auslaufkollektionen bis zu 50% und bei Restposten sowie 2. Wahl bis zu 70%

Verkaufszeiten: Mo. bis Fr. 9.00-18.00 Uhr, Sa. 10.00-16.00 Uhr

Hinweise: großer Verkaufsraum, nicht alles ist aus eigener Herstellung

Anfahrtsweg: Zorneding liegt ca. 20 km westlich vom Zentrum München, A 99 Ausfahrt Haar auf die B 304 nach Zorneding, hier befindet sich die Firma im Industriegebiet Zorneding-West

Textil-/
Bettwaren

86157 Augsburg

▶ FLEURESSE

fleuresse GmbH
86157 Augsburg / Kirchbergstr. 23
Tel. (0821) 5210-0 oder -418 (Werksverkauf) / fleuresse.de

Fleuresse als eingetragenes Markenzeichen ist seit vielen Jahrzehnten im europäischen Markt Inbegriff modischer Bettwäsche-Creationen auf hohem Qualitätsniveau. Die fleuresse GmbH ist eine Tochtergesellschaft der Dierig-Gruppe. Die Firma Dierig, einst größtes Textilunternehmen auf dem Kontinent, hat nach dem Krieg ihren Hauptsitz von Langenbielau nach Augsburg verlagert,

88239 Wangen

um dort wieder zu einem der bedeutendsten Textilunternehmen Deutschlands zu werden. Seit 1805 fertigt das Unternehmen die verschiedensten Textilien und ist heute einer der führenden Anbieter im Haustextilienbereich für Bettwäsche mit den Markenfirmen fleuresse und Kaeppel.

Warenangebot:	Bettwäsche, Tischwäsche und Handtücher der Marken Fleuresse und Designers Guild, außerdem Bademäntel, Nacht- und Unterwäsche der Marken Mey, Triumph und Sanetta
Ersparnis:	bei Bettwäsche bis zu 50%, bei anderen Artikeln ca. 20%
Verkaufszeiten:	Mo. bis Fr. 10.00-18.00 Uhr, Sa. 10.00-13.00 Uhr
Hinweise:	ca. 3-4x jährl. findet ein zusätzlicher Sonderverkauf (lohnend vor allem bei Bettwäsche) statt, genaue Termine erfragen
Anfahrtsweg:	A 8 Stuttgart-München Ausfahrt Augsburg-West auf die B 17 stadteinwärts, ca. 5 km bis Ausfahrt Pfersee-Nord, hier links in die Bgm.-Ackermann-Str., nach ca. 500 m rechts in die Eberlestr., nach ca. 600 m rechts in die Kirchbergstr., der Werksverkauf befindet sich an der Ecke Kirchbergstr./Eberlestr.

87616 Marktoberdorf

▶ MOMM

Wäschefabrik Marktoberdorf GmbH
87616 Marktoberdorf / Füssener Str. 26
Tel. (08342) 1277

Warenangebot:	Bettwäsche aller Art, Spannbettücher, Handtücher, Geschirrtücher, Waschlappen und Tischwäsche
Ersparnis:	ca. 30%, bei 2. Wahl bis zu 50%
Verkaufszeiten:	Mo. bis Fr. 8.30-12.00 Uhr und 14.00-16.00 Uhr
Hinweise:	kleiner Verkaufsraum
Anfahrtsweg:	Marktoberdorf liegt zwischen Kaufbeuren und Füssen, ca. 25 km östlich von Kempten, die Firma befindet sich von der Stadtmitte ausgehend an der Straße Richtung Füssen

88239 Wangen

▶ LUXORETTE

Luxorette Haustextilien GmbH
88239 Wangen / Ausrüstung 1 - 20
Tel. (07522) 76-0 oder -37 (Fabrikverkauf) / luxorette.de

88400 Biberach

Warenangebot:	Bettwäsche, auch in Übergrößen, in Mako-Satin, Interlock Jersey und Brokat-Damast, Spannbettücher, Handtücher, Tischwäsche und Taschentücher sowie Stoffreste und Meterware, außerdem Unterwäsche und textile Geschenke, Marke Luxorette
Ersparnis:	durchschnittlich ca. 25%
Verkaufszeiten:	Di. und Fr. 10.00-18.00 Uhr, außerdem findet ca. alle 2 Wochen Di. 14.00-15.00 Uhr (genaue Termine erfragen) ein sog. "Meterwarenverkauf" statt
Hinweise:	der Verkauf befindet sich in den Räumen der Melchior Textil GmbH / Neue Textilveredelung Wangen GmbH
Anfahrtsweg:	A 96 Ausfahrt Wangen-West nach Wangen, in Wangen an der 3. Kreuzung links Richtung Isny, nach ca. 500 m erneut nach links zur Neuen Textilveredlung Wangen GmbH (NTW), der Fabrikverkauf befindet sich im Untergeschoss der alten Villa

88400 Biberach

▶ GERSTER

**Gustav Gerster GmbH & Co. /
Gardinen- und Posamentenwerk
88400 Biberach a. d. Riß / Memminger Str. 18
Tel. (07351) 586-0 oder -500 / gerster.com**

Warenangebot:	Gardinen wie z.B. Web- und bedruckte Gardinen, Stick- und Jacquard-Gardinen sowie Bistro-Gardinen, außerdem Gardinenstoffe und eine großen Auswahl an Bändern, Borten, Fransen, Spitzen und Quasten, auch Gardinenzubehör
Ersparnis:	40% und mehr möglich, 2. Wahl ist besonders günstig
Verkaufszeiten:	Mo. bis Mi. 8.00-11.45 und 12.30-16.45 Uhr, Do. bis 16.30 Uhr, Fr. 12.30-15.30 Uhr
Hinweise:	die Verkaufsstelle befindet sich auf dem Firmengelände, beim Pförtner melden, Gardinenfertigung nach Maß ist möglich
Anfahrtsweg:	Biberach a. d. Riß liegt ca. 40 km südwestlich von Ulm, in Biberach befindet sich die Firma an der Straße Richtung Memmingen auf der rechten Seite, gegenüber vom Freibad

89150 Laichingen

89150 Laichingen

▶ EDELMANN

**Edelmann & Co. / Wäschefabrik
89150 Laichingen / Gartenstr. 6
Tel. (07333) 5058**

Warenangebot: Bettwäsche, Tischwäsche, Küchenwäsche, Frottierwäsche, Daunen- und Wolldecken, Gardinen, Berufskleidung, Matratzen

Ersparnis: durchschnittlich ca. 30-40%

Verkaufszeiten: Mo. bis Fr. 7.30-12.00 Uhr und 13.30-17.00 Uhr

Anfahrtsweg: A 8 Stuttgart-Ulm Ausfahrt Merklingen nach Laichingen, im Ort nach der Bäckerei Mangold rechts einbiegen

▶ WÄSCHEKRONE

**Wäschekrone GmbH & Co. KG /
Weberei und Wäschefabrik
89150 Laichingen / Fölltorstr. 7
Tel. (07333) 804-26 / waeschekrone.de**

Wäschekrone wurde 1960 durch sieben Laichinger Webereien und Wäschefabriken in Laichingen, einem bekannten Textilzentrum auf der Schwäbischen Alb, gegründet. Der Traditionsbetrieb beschäftigt am Standort Laichingen rund 60 Mitarbeiter. Sämtliche Artikel werden international vertrieben.

Warenangebot: Bettwäsche, Tischwäsche, Küchenwäsche, Frottierwäsche, Gartenwäsche, Berufskleidung, (Sonderanfertigungen und Einstickungen sowie Einwebungen im eigenen Atelier sind möglich), außerdem Bettwaren wie Schaumstoff- und Federkernmatratzen sowie Lattenroste, u.a. Marken Centa Star, Erbelle, Kneer, Hämmerle, Elo u.v.m.

Ersparnis: durchschnittlich ca. 25%

Verkaufszeiten: Mo. bis Fr. 9.00-12.00 Uhr und 14.00-18.00 Uhr, Sa. 9.00-12.00 Uhr

Hinweise: Ladengeschäft, nicht alle Artikel sind aus eigener Herstellung; eine weitere Verkaufsstelle befindet sich in der Hirschstr. 98, Tel. (07333) 804-10, geöffnet Mo. bis Fr. 8.00-12.00 Uhr, hier sind hauptsächlich Stoffreste, Meterware und Hotelwäsche erhält

Anfahrtsweg: A 8 Stuttgart-Ulm Ausfahrt Merklingen nach Laichingen, Richtung Marktplatz, der Wäschekrone-Laden befindet sich in einem roten Backsteinhaus in der Nähe vom Marktplatz

91077 Neunkirchen

91077 Neunkirchen

▶ BAUERFEIND

Max Bauerfeind KG / Bettwäschefabrik
91077 Neunkirchen / Himmelgartenstr. 14
Tel. (09134) 281 oder 997560 (Fabrikverkauf) /
max-bauerfeind.de

Warenangebot: Tischwäsche wie Handarbeitstischdecken, auch maschinenbestickt, Oster- und Weihnachtstischdecken sowie Uni-Tischdecken, außerdem Bettwäsche bedruckt, bestickt, mit Spitze oder uni, auch Strandtücher, Kinderlätzchen, Taschentücher und Toastdeckchen

Ersparnis: bei 1. Wahl ca. 25%, bei 2. Wahl bis zu 50%

Verkaufszeiten: Di. bis Do. 14.00-17.00 Uhr

Hinweise: nicht alles ist aus eigener Herstellung

Anfahrtsweg: die Verkaufsstelle befindet sich in Neunkirchen gegenüber vom Altenheim, ist leicht zu finden

91413 Neustadt/Aisch

▶ ESTELLA

Estella Ateliers GmbH
91413 Neustadt/Aisch / Josef-Kühnl-Weg 1-3
Tel. (09161) 660-15 / estella.de

Warenangebot: moderne Bettwäsche aller Art, in Mako-Satin, Mako-Jersey, Edelflanell und Frottier, auch Jersey-Spannbetttücher, Kinderbettwäsche sowie Kissen, Produktlinien Estella, Sara Hamilton und Happy Hours

Ersparnis: preisgünstiges Warenangebot

Verkaufszeiten: Mo. bis Fr. 9.30-18.00 Uhr, Do. bis 20.00 Uhr, Sa. 9.30-16.00 Uhr

Anfahrtsweg: Neustadt/Aisch liegt ca. 25 km nordwestlich von Fürth, erreichbar auch über die A 3 Ausfahrt Höchstadt-Ost auf die B 470 nach Neustadt/Aisch, kurz nach dem Mercedes-Autohaus auf der rechten Seite aber vor der Bahnunterführung rechts in den Josef-Kühnl-Weg einbiegen

91578 Leutershausen

▶ TVU

TVU Textilveredlungsunion GmbH & Co. KG
91578 Leutershausen / Bahnhofstr. 17
Tel. (09823) 9550 / tvu.de

Die TVU Textilveredlungsunion in Leutershausen ist einer der größten Garnveredler Europas. Das Färben von Garnen, sowohl von Natur- als auch Kunst-fasern, sind die Aufgabenschwerpunkte. Die Kunden sind Webereien, Großhändler sowie Hersteller von technischen Textilien im In- und Ausland.

Warenangebot:	große Auswahl an Hand- und Maschinenstrickgarnen, Strumpfwolle und Häkelgarnen in unterschiedlichen Farben und Stärken, außerdem Strickstoffe mit kleinen Fehlern sowie Zubehör wie Strick- und Häkelnadeln in versch. Stärken
Ersparnis:	durchschnittlich ca. 25%, bei Sonderangeboten und 2. Wahl-Ware mit kleinen Schönheitsfehlern bis zu 60% und mehr
Verkaufszeiten:	Di. 11.00-18.30 Uhr
Hinweise:	der Verkaufsraum befindet sich im 1. Stock des Verwaltungsgebäudes, Eingang Bahnhofstr. 17 (gegenüber Schwimmbad/Schule)
Anfahrtsweg:	auf der A 6 aus Richtung Nürnberg kommend Ausfahrt Aurach, nach links Richtung Ansbach, in Neunstetten nach links Richtung Leutershausen, nach 7 km in Leutershausen dem Wegweiser TVU Textilveredlungsunion folgen

92526 Oberviechtach

▶ MÜLLER

Müller & Söhno GmbH / Web- und Wirkwarenfabrik
92526 Oberviechtach / Am Schießanger 6-14
Tel. (09671) 9211-0

Das Unternehmen wurde im Jahr 1896 in Asch gegründet. 1946 erfolgte der Produktionsbeginn in Oberviechtach.

Warenangebot:	Gardinen, Übergardinen, Dekostoffe, Gardinenzubehör, Tischdecken und Kissen, außerdem Damenblusen
Ersparnis:	durchschnittlich ca. 30%, 2. Wahl ist besonders preiswert
Verkaufszeiten:	Mo. bis Fr. 8.30-12.00 Uhr und 14.00-17.00 Uhr, Sa. 9.00-12.00 Uhr
Anfahrtsweg:	Oberviechtach liegt in der Oberpfalz an der B 22, die Firma befindet sich in der Ortsmitte in der Nähe der AOK

95028 Hof

95028 Hof

▶ EAGLE PRODUCTS

Eagle Products Textil GmbH
95028 Hof / Orleansstr. 16 / Eingang Landwehrstr. 48
Tel. (09281) 819130 / eagle-products.de

Warenangebot: Decken aus Lammwolle, Mohair und Cashmere, Überwürfe und Plaids, Wohn- und Schlafdecken, Rascheldecken, außerdem Accessoires wie Schals, Tücher, Seidentücher, Stolen, Poncho's, Mützen, Handschuhe

Ersparnis: ca. 30-40%

Verkaufszeiten: Mo. bis Do. 14.00-17.00 Uhr, Fr. 9.00-12.00 Uhr

Hinweise: im "Cashmere Shop" sind nur 1b-Ware, Musterteile und Auslaufmodelle aus früheren Kollektionen erhältlich

Anfahrtsweg: A 9 Richtung Berlin, Abfahrt Hof auf die B 15 Richtung Hof/Hauptbahnhof, am Hauptbahnhof der Verkehrsführung folgen und nach dem Rondell links, danach rechts, dann wieder links und die nächste rechts in die Landwehrstr., nach ca. 50 m erreicht man das Fabrikgelände

95176 Konradsreuth

▶ MEIKO

meiko Textil GmbH
95176 Konradsreuth / Sportplatzstr. 8
Tel. (09292) 550 / meiko-textil.de

Warenangebot: Reinigungstücher aller Art, z.B. Scheuertücher, Wischtücher, Spültücher, Staub- und Poliertücher, synthetische Fenstertücher, Thermovlies-Bodentücher, Geschirrtücher, Microfasertücher, Handtücher, Schwammtücher, Mop-Bezüge, Haushaltsschwämme, Topfreiniger u.v.m.

Ersparnis: unterschiedlich, günstige Angebote

Verkaufszeiten: Mo. 8.00-12.00 Uhr

Hinweise: teilweise ist auch 2. Wahl erhältlich

Anfahrtsweg: A 9 Bayreuth Richtung Berlin, Abfahrt Hof, nach ca. 1 km rechts ab Richtung Konradsreuth, von Leupoldsgrün kommend die 1. Straße links Richtung Sportplatz ist die Sportplatzstr.

95233 Helmbrechts

95197 Schauenstein

▶ FROHN

Frohn GmbH / Heimtextilienweberei
95197 Schauenstein / Hofer Str. 41-43
Tel. (09252) 9911-0 / frohn-textil.de

Das Unternehmen wurde 1955 gegründet und produzierte anfangs überwiegend Baumwollgewebe. In den 70er Jahren wurde Frohn als Hersteller qualitativ hochwertiger Chenillestoffe bekannt. In den 80er Jahren zählte Frohn zu den Pionieren im Transferdruck bei Dekostoffen.

Warenangebot:	große Auswahl an Stoffen aller Art mit vielen unterschiedlichen Dessins, z.B. Transparents, Dekostoffe, Tischdeckenstoffe, Kissenhüllen und Objektstoffe
Ersparnis:	ca. 25-30% im Durchschnitt
Verkaufszeiten:	Mo. bis Do. 8.00-12.00 Uhr und 13.00-16.00 Uhr, Fr. 8.00-12.00 Uhr
Hinweise:	separater Verkaufsraum, teilweise ist auch 2. Wahl erhältlich
Anfahrtsweg:	Schauenstein liegt westlich von Hof, A 9 Nürnberg-Berlin Abfahrt Hof-West, über Leupoldsgrün nach Schauenstein, dort befindet sich die Firma gleich am Ortseingang, in der Nähe vom Fußballplatz

95233 Helmbrechts

▶ RAUSCH

G. Rausch & Söhne / Weberei
95233 Helmbrechts Wüstenselbitz / Parkstr. 5
Tel. (09252) 1008 / rausch-und-soehne.de

Warenangebot:	Vorhänge, Tischdecken, Tischläufer, Kissen und Kleinteile, Tischdecken auch in Sondergrößen, außerdem Tischwäsche aus edlen Makramoospitzen, alles im Landhausstil gehalten
Ersparnis:	durchschnittlich ca. 30%, je nach Artikel unterschiedlich
Verkaufszeiten:	Mo. bis Fr. 8.00-12.00 Uhr und 13.00-17.00 Uhr, Sa. 9.00-12.00 Uhr
Hinweise:	der Kleinverkauf befindet sich im 1. Stock des Gebäudes
Anfahrtsweg:	A 9 Bayreuth-Berlin, Abfahrt Münchberg-Nord, Richtung Helmbrechts, durch Helmbrechts Richtung Wüstenselbitz, im Ort ist die Firma gut ausgeschildert

Textil-/
Bettwaren

95691 Hohenberg

95691 Hohenberg

▶ **FEILER**

Ernst Feiler GmbH / Frottier- und Chenille-Weberei
95691 Hohenberg / Eger / Greimweg 4
Tel. (09233) 77280 / feiler.de

Den Grundstein des Unternehmens legte Ernst Feiler im Jahr 1928 im Sudetenland. Damals stellten 15 Heimweber gemusterte Chenillegewebe und hochwertige Frottierprodukte auf Holzwebstühlen her. 1948 wurde das Unternehmen am jetzigen Standort Hohenberg in Oberfranken neu gegründet. Aus der kleinen, leistungsstarken Weberei wurde ein solides mittelständisches Familienunternehmen. Heute ist Feiler weltweit der führende Hersteller, der buntgemusterte Chenille produziert und verarbeitet. Die Fertigung der Produkte erfolgt ausschließlich am Standort in Hohenberg.

Warenangebot:	Frottierwaren vom Handtuch bis zum Bademantel aus edler buntgewebter Chenille oder feinem Frottier/Chenille-Mix, außerdem Baby- und Kinderartikel wie Bademäntel, Lätzchen, Handtücher und Waschlappen sowie Accessoires wie Kosmetiktaschen, Schminktäschchen, Chenille-Bags etc.
Ersparnis:	ca. 30-40%, 2. Wahl ist noch günstiger
Verkaufszeiten:	Mo. bis Fr. 8.00-11.30 Uhr und 13.00-17.00 Uhr
Hinweise:	kleiner Verkaufsraum im Untergeschoss, es ist hauptsächlich 2. Wahl erhältlich
Anfahrtsweg:	von Marktredwitz auf der B 303 über Schirnding nach Hohenberg am Ortsbeginn die 1. Straße rechts einbiegen, dann geradeaus über die Kreuzung in den Greimweg

96132 Schlüsselfeld

▶ **F.A.N.**

f.a.n. Frankenstolz Schlafkomfort H. Neumeyer GmbH & Co. / Steppdecken- und Matratzenfabrik
96132 Schlüsselfeld Aschbach / Sandweg 8
Tel. (09555) 9240 / frankenstolz.de

Warenangebot:	Steppdecken, Tagesdecken, Kissen, Daunendecken, Bettwäsche, Schlafsäcke, Federkern- und Latexmatratzen
Ersparnis:	bei 2. Wahl und Auslaufartikeln bis zu 50%
Verkaufszeiten:	Mo. 9.00-18.00 Uhr, Sa. 9.00-12.00 Uhr
Anfahrtsweg:	A 3 Würzburg-Nürnberg Ausfahrt Schlüsselfeld über Schlüsselfeld nach Aschbach, dort am Ortsanfang links hoch

96247 Michelau

▶ ZELLNER

M. Zellner GmbH / Weberei
96247 Michelau / Gutenbergstr. 11
Tel. (09571) 97970 / zellner-textil.de

Warenangebot: große Auswahl an Möbelstoffen aller Art für z.B. Polstermöbel, Stühle, Raumteiler etc. in Webvelours, Wirkvelours und Flachgewebe in Jacquard- und Schaftmusterung, Bahnbreite meist 140 cm

Ersparnis: teils 50% und mehr möglich, besonders bei 2. Wahl und Auslaufstoffen, Preise zwischen EUR 10,- und 20,-/lfd. m

Verkaufszeiten: Mo. bis Do. 8.00-12.00 Uhr und 13.00-17.00 Uhr, Fr. 8.00-13.00 Uhr

Hinweise: weitere Verkaufsstellen: 90478 Nürnberg, Findelwiesenstr. 3, Tel. (0911) 452407 - 71063 Sindelfingen, Paul-Zweigart-Str. 12, Tel. (07031) 875643 - 83026 Rosenheim, Klepperstr. 1, Tel. (08031) 470419 - 93057 Regensburg, Isarstr. 17, Tel. (0941) 4672212 - 86152 Augsburg, Auf dem Kreuz 49, Tel. (0821) 3196774

Anfahrtsweg: Michelau liegt an der B 173 zwischen Lichtenfels und Kronach, B 173 Ausfahrt Michelau, wenn man den Ort in Richtung Norden durch fährt kommt man in die Gutenbergstr.

96328 Küps

▶ ZÖLLNER

Julius Zöllner GmbH
96328 Küps Schmölz / Poststr. 2
Tel. (09264) 8070 / juliuszoellner.de

Warenangebot: Kindermatratzen, Stepp- und Daunenbetten sowie textile Ausstattungen für das Kinderbett, außerdem Kinderbetten und Wickelkommoden sowie Badeutensilien, Spielzeug und sonstige Accessoires für Babies und Kinder, teilweise eingeschränkte Auswahl

Ersparnis: durchschnittlich ca. 25%

Verkaufszeiten: Mo. bis Fr. 8.00-18.00 Uhr, Sa. 9.00-12.00 Uhr

Hinweise: separates Ladengeschäft, gelegentlich ist auch günstige 2. Wahl erhältlich

	96450 Coburg

Anfahrtsweg: von Coburg auf der B 303 Richtung Kronach vor Mitwitz rechts abbiegen nach Küps-Schmölz, in Schmölz an der Kirche rechts abbiegen, die nächste Straße wieder rechts

96450 Coburg

▶ DEHLER

Gustav Dehler GmbH / Matratzenfabrik
96450 Coburg Neuses / Glender Str. 5
Tel. (09561) 85670 / matratzen-dehler.de

Die Ursprünge von Matratzen-Dehler gehen zurück bis in das Jahr 1893. Im Lauf der Zeit entwickelte sich die Firma zur Patentmatratzenfabrik mit stetigem Wachstum. Heute entstehen mit modernen Maschinen Matratzen für nahezu jeden Bereich. Die Palette reicht von der guten und preiswerten bis zur aufwendigen Matratze für Gesundheitsbewusste.

Warenangebot: Matratzen aller Art wie Federkern-Matratzen, Taschen-federkern-Matratzen, Latex-Matratzen, Kaltschaum- und Schaumstoff-Matratzen, auch in Sondergrößen sowie Kindermatratzen, außerdem Lattenroste und Kopfkissen

Ersparnis: teilweise bis zu 50%, auch Sonderangebote

Verkaufszeiten: Mo. bis Fr. 8.00-17.00 Uhr

Hinweise: die Matratzen sind aus eigener Herstellung

Anfahrtsweg: von Bamberg auf der B 4 nach Coburg, die Firma befindet sich im Ortsteil Neuses im Industriegebiet, Abfahrt Neuses-Bertelsdorf

97475 Zeil

▶ ERBELLE

Erbelle GmbH
97475 Zeil a. Main / Sander Str. 3
Tel. (09524) 8224-0 / erbelle.de

Warenangebot: Bettwäsche in Maco-Satin oder in Interlock-Jersey, modisch bedruckt, in unterschiedl. Größen, Marke Erbelle, außerdem zugekaufte Vorhänge, Tischwäsche und Frottierwaren wie Hand- und Badetücher, Bademäntel, Topflappen, Geschirr-tücher und Stoffreste sowie Matratzen und Lattenroste

Ersparnis: durchschnittlich 30-40% bei Bettwaren

Verkaufszeiten: Mo. bis Fr. 10.00-18.00 Uhr, Sa. 10.00-16.00 Uhr

Hinweise: teilweise ist von Bettwaren auch 2. Wahl erhältlich

97778 Fellen

Anfahrtsweg: A 70 Bamberg-Schweinfurt Ausfahrt Eltmann auf die B 26 nach Zeil, in Zeil links ab Richtung Sand, die Firma befindet sich direkt am Bahnübergang

97778 Fellen

▶ SPESSARTTRAUM

**Spessarttraum Alexander Pflugbeil /
Bettfedern- und Daunendeckenfabrik
97778 Fellen Rengersbrunn / Barbarossastr. 34-36
Tel. (09356) 99130**

Warenangebot: sämtliche Bettwaren wie z.B. Bettfedern, Bettücher, Kissen, Decken, zugekaufte Matratzen

Ersparnis: je nach Artikel unterschiedlich, ca. 30%

Verkaufszeiten: Mo. bis Do. 9.00-12.00 Uhr und 13.00-16.30 Uhr, Fr. 9.00-12.00 Uhr

Hinweise: gelegentlich ist auch 2. Wahl erhältlich

Anfahrtsweg: Rengersbrunn liegt ca. 50 km nordöstlich von Aschaffenburg, die Firma befindet sich in Rengersbrunn in der Nähe der Kirche

Kosmetika, Reinigungsmittel

12681 Berlin

▶ BERLIN COSMETICS

Berlin Cosmetics GmbH & Co. KG
12681 Berlin Marzahn / Bitterfelder Str. 12
Tel. (030) 9308-527 / berlin-cosmetics.de

Die Firmengeschichte beginnt im Jahr 1954, als aus vielen kleinen kosmetischen Fabriken und Labors im damaligen sowjetischen Sektor von Berlin der VEB Kosmadon gegründet wurde. Die Produktion umfasste die gesamte Kosmetikpalette von Shampoos über Duftwässer und Cremes, größtenteils in Handarbeit. In den 50er und 60er Jahren wurden vorrangig Parfüms, Shampoos und "Schminken" hergestellt. In den 80er Jahren wurden die Markenartikel "Koivo" und "Indra" in das Programm aufgenommen. 1997 wurde die Berlin Cosmetics gegründet und das Sortiment erheblich erweitert.

Warenangebot:	große Auswahl an dekorativer Kosmetika wie Lippenstifte, Lippenpflegestifte, Nagellack, Augenkosmetika, Haarkosmetika, außerdem Körperpflegemittel sowie Dusch- und Badeprodukte, Deodorant, Parfum etc., Marken Kaloderma, Koivo, Soirée, Atoll, Idris und Indra
Ersparnis:	ca. 20-25%
Verkaufszeiten:	Mo. bis Do. 9.00-14.00 Uhr und 15.00-18.00 Uhr, Fr. 9.00-14.00 Uhr
Anfahrtsweg:	die Firma befindet sich östlich vom Stadtzentrum im Stadtteil Marzahn, S-Bahnstation Raoul-Wallenberg-Str., die Bitterfelder Str. geht von der B 158 ab, die Firma befindet sich gegenüber "McDonalds"

44575 Castrop-Rauxel

21481 Lauenburg

▶ BALZEN

Balzen Kosmetik GmbH
21481 Lauenburg / Industriestr. 20
Tel. (04153) 5509-0 / balzen.de

Das Unternehmen wurde 1986 gegründet und entwickelte sich von der kleinen Shampoofabrik zum internationalen Kosmetik-Unternehmen. Heute werden Kunden in Deutschland und in über 20 Ländern weltweit beliefert.

Warenangebot: Haarkosmetikartikel wie Shampoos, Haarfestiger, Haarspray, Haarspülungen, Haarkuren, Anti-Schuppen-Tonikum, Tönungen, Haar-Gel, Glimmer- und Glitter-Gel, außerdem Schaumbäder, Duschgel, Hand and Nail Creme etc., Marke berrywell

Ersparnis: preisgünstiges Warenangebot

Verkaufszeiten: Mo. bis Do. 8.00-17.15 Uhr, Fr. 8.00-14.15 Uhr

Anfahrtsweg: Lauenburg liegt südöstlich von Hamburg an der Elbe, an der B 5 zwischen Geesthacht und Boizenburg, in Lauenburg befindet sich die Firma im Industriegebiet, sie ist zu erkennen an den blauen Dächern

44575 Castrop-Rauxel

▶ REINEX

Reinex-Chemie GmbH & Co. KG
44575 Castrop-Rauxel / Am Westring 216
Tel. (02305) 29005 / reinex-chemie.de

Warenangebot: Schaumbäder, Shampoos, Seifen, Parfüm, Haarpflegemittel, Spülmittel, Allzweckreiniger, Abfluss- und WC-Reiniger, Waschpulver u.v.m., Marken Reinex (Haushaltspflege), Regina (Körperpflege), Cado Mat (Wäschepflege), Reginaplast (Wundpflaster), Elite (Möbelpflege) und Reinex Pack (Haushaltsartikel)

Ersparnis: durchschnittlich ca. 40%

Verkaufszeiten: nur während der ersten 3 Wochen im Monat Mo. 9.00-12.30 Uhr und Di. 13.30-17.00 Uhr

Hinweise: Verkauf ab Lager, es sind auch 2. Wahl- und Restposten erhältlich

Kosmetik/Reinigung

52220 Stolberg

Anfahrtsweg: A 42 Abfahrt Bladenhorst, links unter der Autobahn durch, immer geradeaus bis zum Honda-Autohändler, der Verkauf befindet sich in der Halle hinter dem Autohändler

52220 Stolberg

▶ DALLI

Dalli-Werke GmbH & Co. KG
52220 Stolberg / Zweifaller Str. 120
Tel. (02402) 8900 / dalli-group.com

Die Dalli-Werke sind ein über 150 Jahre altes Familienunternehmen mit Sitz in Stolberg/Rhld. Das Unternehmen zählt zu den führenden Herstellern hochwertiger Handelsmarken von Wasch- und Geschirrspülmitteln, Haushaltsreinigern sowie Haar- und Körperpflegeprodukten. Neben den eigenen Marken wie dalli und Evidur werden Handelsmarken für die größten Handelsketten in Deutschland und Europa hergestellt.

Warenangebot: Putz- und Reinigungsmittel wie Voll-, Fein- und Colorwaschmittel, Teppich- und Polsterreiniger, Backofen- und Grillreiniger, Kernseifen u.v.m., Marken Dalli, Glix und Evidur, außerdem Duft- und Pflegeserien wie Tabac Original, Culture by Tabac, Tabac Man, Nonchalance, Betty Barclay Woman und S. Oliver

Ersparnis: durchschnittlich ca. 35%, es sind auch viele Sonderangebote erhältlich

Verkaufszeiten: Mi. und Do. 13.00-18.00 Uhr, Fr. 12.00-18.00 Uhr, Sa. 9.00-12.30 Uhr

Anfahrtsweg: aus Richtung Köln auf der A 4 kommend bis Autobahnkreuz Aachen, auf die A 44 Richtung Lüttich/Liège bis Ausfahrt Aachen-Brand, hier rechts ab auf die Trierer Str. und an der 6. Ampel links ab auf die Freunder Landstr. Richtung Stolberg, geradeaus bis Ende Finkensiefstr., kurz vor der Gabelung links zur Firmeneinfahrt

63067 Offenbach

▶ KAPPUS

M. Kappus GmbH & Co. / Feinseifen und Parfümeriefabrik
63067 Offenbach / Luisenstr. 42-52
Tel. (069) 829701-0 oder -15 (Seifenkiste) / kappus-seife.de

Die Firma wurde im Jahr 1848 vom Parfümverfertiger Johann Martin Kappus unter dem Namen "M. Kappus Feinseifen und Parfümeriefabrik" gegründet. Noch heute befindet sich das Unternehmen in Familienbesitz und wird in der 5. Generation geleitet. Ein zweiter Produktionsstandort befindet sich in Riesa/Sachsen. In Offenbach und Riesa werden über 400 versch. Seifen produziert.

68526 Ladenburg

Warenangebot:	große Auswahl an Seifen aller Art, z.B. Teebaumölseife, Honigmilchseife, Melkfettseife, auch Tierfigurseifen, Flüssigseifen, außerdem Shampoos, Bodylotion, Gels, Duschbäder, Pflegeserien, Rasiercremes, Geschenkpackungen etc.
Ersparnis:	normale Verkaufspreise, nur Sonderangebote sind ca. 25% günstiger
Verkaufszeiten:	Mo. bis Fr. 10.30-14.30 Uhr und 15.00-17.00 Uhr
Hinweise:	die Seifenkiste (kleiner Shop) befindet sich gegenüber der Fabrik
Anfahrtsweg:	A 3 Offenbacher Kreuz Richtung Offenbach, Ausfahrt Kaiserlei Richtung Stadtmitte auf der Berliner Str., an der 5. Ampel rechts in die Luisenstr., nach ca. 500 m befindet sich die Firma auf der rechten Seite

68526 Ladenburg

▶ CALGON

Werksverkauf I. Bernhard
68526 Ladenburg / Dr.-Albert-Reimann-Str. 4
Tel. (06203) 932-480 / werksverkaufladenburg.de

Warenangebot:	Reiniger, Klarspüler und Salz für Geschirrspüler, Voll- und Feinwaschmittel sowie Weichspüler für Waschmaschinen, außerdem Toilettenpapier, Küchenrollen, Kosmetik- und Papiertaschentücher, Hautpflegemittel, Kosmetika u.v.m., Marken Calgon, Quanto, Calgonit, Hoffmann's, Airwick, Kukident, Woolite, Sagrotan, Veet, auch After Shave und Eau de Toilette Marke Adidas
Ersparnis:	ca. 25% im Durchschnitt, Bruchware oder Artikel mit beschädigter Verpackung sind besonders günstig, bei Sonderangeboten bis zu 50%
Verkaufszeiten:	Mi. 9.30-17.00 Uhr
Hinweise:	der Verkauf befindet sich in einem Flachbau vor der Firma Benckiser
Anfahrtsweg:	Ladenburg liegt ca. 10 km östlich von Mannheim, A 5 Karlsruhe-Darmstadt, von der Ausfahrt Ladenburg Richtung Ilvesheim kommend kommt man direkt an der Firma vorbei, sie befindet sich zwischen der Reckitt-Benckiser Produktion GmbH und BK-Guillini

69469 Weinheim

69469 Weinheim

▶ KLINGOL

Klingol-Chemie Hans Klinger
69469 Weinheim / Südliche Bergstr. 16
Tel. (06201) 592290 / klingol.de

Warenangebot: große Auswahl an Pflege- und Reinigungsmittel für Küche, Bad, WC, Waschmaschine und Auto wie z.B. Seifen, Bohnerwachs, Fußboden- und Fensterputzmittel, WC-Reiniger, Waschmittel, Autoshampoo, Felgenreiniger sowie zugekaufte Putz- und Reinigungstücher, Bürsten, Besen, Schrubber u.v.m.

Ersparnis: durchschnittlich ca. 20%

Verkaufszeiten: Mo. bis Fr. 8.00-12.00 Uhr und 13.00-16.30 Uhr

Anfahrtsweg: von Heidelberg auf der B 3 Richtung Weinheim liegt die Firma direkt an der B 3 am Ortseingang, sie ist auch ausgeschildert

70771 Leinfelden-Echterdingen

▶ SPEICK

Walter Rau GmbH & Co. / Speickwerk
70771 Leinfelden-Echterdingen / Benzstr. 9
Tel. (0711) 16130 / speickwerk.de

Warenangebot: Körperpflegeprodukte aller Art wie z.B. Seifen, Duschgel, Shampoos, Cremes, Lindos Babypflege

Ersparnis: ca. 25% im Durchschnitt

Verkaufszeiten: Do. 14.00-18.00 Uhr

Hinweise: eine weitere Verkaufstelle befindet sich im Speickwerk in 70567 Stuttgart-Möhringen, Eingang Streibgasse, geöffnet Fr. 11.00-17.00 Uhr

Anfahrtsweg: Leinfelden-Echterdingen liegt am südlichen Stadtrand von Stuttgart, A 8 Stuttgart-Ulm Ausfahrt Stuttgart-Möhringen nach Leinfelden, dort befindet sich die Firma im Industriegebiet

Kosmetik/Reinigung

72250 Freudenstadt

71101 Schönaich

▶ VERA COSMETIC

Vera Cosmetic GmbH
71101 Schönaich / Siemensstr. 6
Tel. (07031) 655216 / vera-cosmetic.de

Vera Cosmetic bietet hochwertige Kosmetik-Produkte für die Pflege zu Hause. Die Verpackung der Produkte ist einfach, hygienisch und praktisch. Die Produkte werden nach neuesten wissenschaftlichen Erkenntnissen entwickelt und im eigenen Betrieb hergestellt. Mittelpunkt des Sortiments ist die Gesichtspflege.

Warenangebot: hauptsächlich Gesichtspflegemittel, außerdem Serien für Körperpflege, Sonnenschutz, Herrenpflege sowie Damen- und Herrendüfte

Ersparnis: ca. 30%

Verkaufszeiten: Mi. und Fr. 14.00-17.30 Uhr

Anfahrtsweg: Schönaich liegt ca. 15 km südwestlich vom Zentrum Stuttgart, A 81 Stuttgart-Singen Ausfahrt Böblingen-Ost über Böblingen Richtung Waldenbuch nach Schönaich

71336 Waiblingen

▶ LENHART

Rudolf Lenhart GmbH & Co. KG
71336 Waiblingen Neustadt / Am Bahnhof 1
Tel. (07151) 9870230

Warenangebot: Reinigungsmittel wie z.B. Schmierseife, Spülmittel, Cremeseife, Sanitärreiniger, Universalreiniger, Schaumreinigungsmittel, Aktivreiniger, Essigreiniger

Ersparnis: preisgünstige Angebote, 2. Wahl ist besonders preiswert

Verkaufszeiten: Mo. bis Fr. 14.00-18.00 Uhr, Sa. 9.00-12.00 Uhr

Anfahrtsweg: Waiblingen liegt ca. 10 km nordöstlich von Stuttgart an der B 14, die Firma befindet sich im Industriegebiet in der Nähe der Firma Stihl, unterhalb des Hochhauses beim Bahnhof

72250 Freudenstadt

▶ HAGNER

Heinrich Hagner GmbH & Co. / chh-cosmetic
72250 Freudenstadt Wittlensweiler / Farinastr. 1-9
Tel. (07441) 865-0 / chh-cosmetic.de

72401 Haigerloch

Warenangebot: Körperpflegemittel wie z.B. Badezusätze, Duschbäder, Shampoos, Cremes und Sonnenmilch, außerdem Haushaltsreiniger und -pflegemittel, Holzreiniger sowie Mittel für die Textil- und Wäschepflege

Ersparnis: bis zu 50% möglich

Verkaufszeiten: Mi. 9.30-11.30 Uhr, Fr. 13.30-16.00 Uhr

Anfahrtsweg: A 81 Stuttgart-Singen Ausfahrt Horb, über Horb und Dornstetten nach Wittlensweiler, hier befindet sich die Firma im Industriegebiet, bei "Aldi"

72401 Haigerloch

▶ VERA COSMETIC

Vera Cosmetic GmbH
72401 Haigerloch / Madertal 13
Tel. (07474) 951226 / vera-cosmetic.de

Vera Cosmetic bietet hochwertige Kosmetik-Produkte für die Behandlung und Pflege zu Hause. Die Verpackung der Produkte ist einfach, hygienisch und praktisch. Die Produkte werden nach neuesten wissenschaftlichen Erkenntnissen entwickelt und im eigenen Betrieb hergestellt. Mittelpunkt des Sortiments ist die Gesichtspflege.

Warenangebot: hauptsächlich Gesichtspflegemittel, außerdem Serien für Körperpflege, Sonnenschutz, Herrenpflege sowie Damen- und Herrendüfte

Ersparnis: ca. 30%

Verkaufszeiten: Mo. bis Fr. 8.00-12.00 Uhr und 13.00-17.00 Uhr

Anfahrtsweg: A 81 Stuttgart-Singen Ausfahrt Empfingen auf die B 463 nach Haigerloch, dort befindet sich die Firma im Industriegebiet Madertal, gegenüber vom Wertstoffzentrum

72555 Metzingen

▶ ENZIAN

Enzian Seifen GmbH & Co. KG
72555 Metzingen / Römerstr. 10
Tel. (07123) 171-0 / enzian-seifen.de

Warenangebot: Seifen aller Art wie Kernseifen, Pflanzenölseifen, Feinseifen, Glycerinseifen und Gallseifen, Kosmetika wie Duschgels, Shampoo, Hautcreme, Körperlotion, Cremebad und Gesichtscreme, außerdem Wasch- und Spülmittel sowie Universalreiniger, Neutralreiniger, Schmierseife u.v.m.

73054 Eislingen

Ersparnis:	durchschnittlich ca. 35%
Verkaufszeiten:	Mi. 13.30-18.30 Uhr, Do. 9.00-12.00 Uhr und 13.00-17.00 Uhr
Anfahrtsweg:	A 8 Stuttgart-Ulm, Ausfahrt Wendlingen auf die B 313 über Nürtingen nach Metzingen, dort befindet sich die Firma in der Nähe der Firma Boss

73054 Eislingen

▶ SCHELLER

Dr. Scheller Cosmetics AG
73054 Eislingen / Schillerstr. 21-27
Tel. (07161) 803-0 / dr-scheller-cosmetics.de

Warenangebot:	Zahnpflegemittel wie Zahncreme, Zahnspülung und Zahnbürsten Marke DuroDont, dekorative Kosmetikartikel wie z.B. Lippenstift, Make-up und Nagellack Marke Manhattan, außerdem Naturkosmetikartikel
Ersparnis:	bei 1. Wahl kaum, bei 2. Wahl und Sonderposten ca. 30% und mehr
Verkaufszeiten:	Mo. und Fr. 10.00-12.00 Uhr und 14.00-17.00 Uhr, Di. bis Do. 14.00-17.00 Uhr
Anfahrtsweg:	auf der B 10 aus Richtung Geislingen kommend in Eislingen an der 1. großen Ampelkreuzung rechts, dann geradeaus über die Brücke und am Ende der Brücke links Richtung Göppingen, danach die 1. Möglichkeit links in die Schillerstr.

▶ ZELLER & GMELIN

Zeller & Gmelin GmbH
73054 Eislingen / Fils / Schlossstr. 20
Tel. (07161) 802-0 / zeller-gmelin.de

Seit 1866 hat Zeller & Gmelin Mineralölgeschichte mit gestaltet, z.B. als Benzinlieferant für die Kaisermanöver 1909. Mercedes gewann 1908 und 1909 mehrere Grand-Prix mit Divinol-Motorenöl. Die Luftschiffe von Graf Zeppelin flogen mit Divinol-Schmierstoffen um die Welt. Heute ist die Firma im Motorsport mit einer eigenen Rennserie engagiert.

Warenangebot:	Reinigungsmittel für Haushalt und Auto wie z.B. Schmierseife, Computerreinigungsmittel, Rohr- und WC-Reiniger, Fußbodenwachs, Allzweckreiniger, außerdem Divinol-Hochleistungs-Motoröle, Getriebeöle, Motorsägen-Kettenöle, Hydrauliköle, Fette sowie Scheibenfrei, Frostschutz, Autozubehör, Marken Divinol, Deha, Nokar

73207 Plochingen

Ersparnis:	je nach Artikel unterschiedlich, ca. 30-40%
Verkaufszeiten:	Mo., Di., Do. 12.00-13.00 Uhr, Mi. und Fr. 12.00-17.00 Uhr, Sa. 8.00-12.00 Uhr
Hinweise:	der Barverkauf befindet sich im Haus neben der Hauptpforte
Anfahrtsweg:	B 10 Stuttgart-Ulm, in Eislingen von der B 10 kommend über die Bahnbrücke, danach rechts einbiegen in die Schlossstr., ist auch beschildert

73207 Plochingen

▶ PLOCHINA

Plochina-Chemie Weiß GmbH
73207 Plochingen / Franz-Oechsle-Str. 3
Tel. (07153) 83270

Warenangebot:	Haushaltswaschmittel, Bodenpflegemittel, Haarshampoos, Badezusätze, Duschbad, Reinigungsmittel für KFZ
Ersparnis:	unterschiedlich, günstige Angebote, bei einem Einkauf über EUR 50,- erhält man nochmals 10% Nachlaß
Verkaufszeiten:	Mo. bis Do. 7.00-12.00 Uhr und 13.00-16.30 Uhr, Fr. 7.00-12.00 Uhr
Hinweise:	separater Verkaufsraum, an der Glocke läuten
Anfahrtsweg:	die Firma befindet sich in Plochingen im Gewerbegebiet in Richtung Altbach, gegenüber der Firma Bosch

73312 Geislingen

▶ BIHLER

Emil Bihler Chem. Fabrik GmbH & Co. KG
73312 Geislingen / Heidenheimer Str. 52
Tel. (07331) 30490-0 / emil-bihler.com

Die 1911 als Wachswarenfabrik am Fuße der Schwäbischen Alb in Geislingen a. d. Steige gegründete Firma befindet sich noch heute in Familienbesitz. Von der anfänglichen Spezialisierung auf die Herstellung und Vertrieb von Schuh-, Leder- und Holzpflegemitteln entwickelte sich das Unternehmen schnell zu einem der führenden Hersteller Deutschlands von Reinigungs- und Pflegemitteln für Haushalt, Handwerk und Industrie. Die Firma ist Deutschlands größter Holzwachspasten-Hersteller.

Warenangebot:	große Auswahl an Pflegemittel für die Boden-, Teppich-, Möbel-, Stein- und Schuhpflege, außerdem Haushaltsreiniger aller Art, Sanitärreiniger, Profi-Reiniger für Gebäude und Gastronomie, Reiniger für KFZ-Pflege sowie Reinigungs-

73525 Schwäbisch Gmünd

zubehör, Marken Rubin, Rubina, Regina, Olympia und 3-Chem

Ersparnis: durchschnittlich ca. 30%

Verkaufszeiten: Mo. bis Do. 8.00-12.00 Uhr und 13.30-17.00 Uhr, Fr. bis 16.00 Uhr

Anfahrtsweg: Geislingen liegt an der B 10 zwischen Ulm und Göppingen, in Geislingen befindet sich die Firma in der Nähe der Helfenstein-Klinik

73441 Bopfingen

▶ LUHNS

Luhns GmbH
73441 Bopfingen / Gewerbehof 27
Tel. (07362) 803-0 / luhns.de

Warenangebot: Waschmittel aller Art als Pulver, Tabs und flüssig, außerdem Haushaltsreiniger aller Art sowie Geschirrspülmittel und Spezial-Reiniger, auch Körperpflegemittel aller Art

Ersparnis: preisgünstige Angebote

Verkaufszeiten: Di. 12.00-15.00 Uhr

Hinweise: Verkauf im Lager gegenüber der Firma, gelegentlich ist auch 2. Wahl erhältlich

Anfahrtsweg: A 7 Ausfahrt Aalen/Westhausen, auf die B 29 Richtung Nördlingen, am Ortsende von Bopfingen befindet sich die Firma rechter Hand im Industriegebiet, bei der Waschanlage Richtung Firma Air Liquide halten

73525 Schwäbisch Gmünd

▶ GRAU AROMATICS

Grau Aromatics GmbH & Co. KG / Chemische Fabrik
73525 Schwäbisch Gmünd / Bismarckstr. 4
Tel. (07171) 9114-0 / grau-aromatics.de

Im Jahre 1891 gründeten Heinrich Grau und August Locher die chemische Fabrik "Grau und Locher" in Schwäbisch Gmünd. Es wurden hauptsächlich chemisch-technische Produkte hergestellt wie Lederfett, Schuhcreme, Bohnerwachs, Seifen- und Insektenpulver. Nach dem 1. Weltkrieg wurden chemisch-technische Produkte und einige Kosmetik-Artikel in das Programm aufgenommen. Nach dem 2. Weltkrieg brachte die Firma 1946 das erste deutsche Schaumbad auf den Markt. In den 50er Jahren begann die Produktion von Riechstoffen und Parfüm-Spezialitäten sowie von Aroma Chemikalien. Seit 1979 ist "Grau Aromatics" Lieferant der Parfümerie-, Aromen-, Kosmetik-, Seifen- und Waschmittelindustrie.

74731 Walldürn

Warenangebot:	reichhaltiges Angebot an Kosmetik-, Körperpflege-, Wasch- und Reinigungsmittel, z.B. Cremes, Schampoo, Öl- und Schaumbad, Duschbad, Sonnenschutzmittel, Aftershave, Parfüm, Haarpflegemittel etc.
Ersparnis:	Preise deutlich unter vergleichbarer Einzelhandelsware
Verkaufszeiten:	Di. 9.00-12.30 Uhr, Do. 13.00-17.00 Uhr
Hinweise:	separater Verkaufsraum, es werden hauptsächlich Überproduktionen verkauft, Warenversand ist möglich, Preisliste anfordern
Anfahrtsweg:	B 29 Richtung Aalen, am Ortsausgang von Schwäbisch Gmünd die letzte Straße rechts einbiegen, ab hier beschildert

74731 Walldürn

▶ JAKOB & PETTERS

Jakob & Petters / Seifenfabrik
74731 Walldürn / Neue Altheimer Str. 2
Tel. (06282) 574 / jakob-petters.de

Warenangebot:	Feinseifen und flüssige Seifen sowie Bade- und Duschprodukte wie Shampoo und Badezusätze, außerdem Reinigungsmittel wie Handwaschpaste, Glasreiniger, Spülmittel und Möbelpolitur, es sind auch Großmengen im 5-Liter-Kanister erhältlich
Ersparnis:	preisgünstige Angebote
Verkaufszeiten:	Mo. bis Do. 8.00-12.00 Uhr und 13.00-16.00 Uhr (nachmittags ist nicht immer geöffnet), Fr. 8.00-12.00 Uhr
Hinweise:	kein eingerichteter Privatverkauf, teilweise ist nur eine begrenzte Auswahl vorhanden, evtl. vorher nachfragen was im Moment gerade erhältlich ist
Anfahrtsweg:	A 81 Heilbronn-Würzburg Ausfahrt Tauberbischofsheim, auf die B 27 über Hardheim nach Walldürn, dort befindet sich die Firma hinter dem Bahnhof

74936 Siegelsbach

▶ MANN & SCHRÖDER

Mann & Schröder GmbH
74936 Siegelsbach / Hauptstr.
Tel. (07264) 8070 / mann-schroeder.de

87463 Dietmannsried

Warenangebot:	kosmetische Körperpflegemittel wie z.B. Seifen, Shampoos, Zahnpasten, Deodorants, Deoroller, Badezusätze, Bodylotion, Duftwasser, Haarpflegemittel, Haargel, Baby-Creme, Lippenpflegestifte etc., außerdem Kämme, Bürsten, Haushaltsreiniger
Ersparnis:	je nach Artikel unterschiedlich, ca. 30-50%
Verkaufszeiten:	Mo. bis Fr. 8.00-12.00 Uhr und 13.00-18.00 Uhr
Hinweise:	kleiner Verkaufsraum, es sind auch günstige Artikel mit leichten Verpackungsschäden erhältlich
Anfahrtsweg:	Siegelsbach liegt ca. 5 km nördlich von Bad Rappenau, die Firma befindet sich am Ortsausgang von Siegelsbach Richtung Hüffenhardt auf der linken Seite

80807 München

▶ SCHNELL

Dr. Schnell Chemie GmbH
80807 München Milbertshofen / Taunusstr. 19
Tel. (089) 350608-0 / dr-schnell.de

Warenangebot:	Wasch- und Reinigungsmitteln aller Art wie z.B. Boden- und Fensterreiniger, Sanitärreiniger, Grillreiniger, Handreiniger und -pflegemittel, Gläserspülmittel, Reiniger und Klarspüler für Geschirrspüler, Teppichreinigungsmittel, Mittel zur Parkettpflege und -reinigung, Wäscheweichspüler u.v.m.
Ersparnis:	durchschnittlich ca. 30% und mehr
Verkaufszeiten:	Mo. bis Fr. 8.00-17.00 Uhr
Hinweise:	Verkauf im angegliederten Ladengeschäft, günstig sind vor allem Großpackungen
Anfahrtsweg:	die Firma befindet sich im Nordosten von München zwischen Schwabing und Milbertshofen, am Frankfurter Ring

87463 Dietmannsried

▶ TÖPFER

Töpfer GmbH
87463 Dietmannsried / Heisinger Str. 6
Tel. (08374) 934-0 / toepfer-gmbh.de

Die Firma wurde 1911 in Böhlen bei Leipzig gegründet. 1923 erfolgte die Verlagerung der Produktion nach Dietmannsried. Die Philosophie von Töpfer war und ist es, in enger Zusammenarbeit mit führenden Wissenschaftlern und

93055 Regensburg

Ärzten Rezepte zu entwickeln oder gegen Lizenz zu übernehmen und zur Produktionsreife zu führen.

Warenangebot:	Babynahrungsmittel wie z.B. Säuglingsmilchnahrung, Folgemilch und Fertigbrei, Babypflegeprodukte wie z.B. Puder, Shampoo, Cremes und Salben, Nahrungsergänzungmittel wie z.B. Molketrunk und Milchzucker, Erwachsenenpflegeprodukte wie z.B. Bäder, Cremes und Salben, Marken Töpfer, Lactana, Lactopriv und Bessau
Ersparnis:	ca. 10-30% auf Warenretouren
Verkaufszeiten:	Mo. bis Do. 8.00-11.00 Uhr, Fr. 8.00-11.00 Uhr und 13.00-16.00 Uhr
Hinweise:	angegliedertes Ladengeschäft neben der Fabrik
Anfahrtsweg:	Dietmannsried liegt ca. 10 km nördlich von Kempten an der A 7, Ausfahrt Dietmannsried, die Firma befindet sich dort direkt an der Hauptstraße

93055 Regensburg

▶ KLINGER

Johann Klinger KG
93055 Regensburg / Äußere Wiener Str. 6
Tel. (0941) 6048846 / johann-klinger.de

Die Johann Klinger KG kann auf mehr als 100 Jahre Firmengeschichte zurückblicken. Sie wurde im Jahr 1887 als Seifenfabrik gegründet. Ein beliebter Klassiker aus dem Programm ist die selbst entwickelte Universalseife, eine neutrale Waschpaste, zur schonenden Reinigung und zur Wäschepflege.

Warenangebot:	Wasch- und Reinigungsmittel aller Art, Universalreiniger, Toilettenpapier, Waschpulver im 20 kg-Sack, Marken Rawa, Ral und Ralin
Ersparnis:	unterschiedlich, günstige Angebote
Verkaufszeiten:	Mo. bis Do. 7.30-12.00 Uhr und 12.30-16.00 Uhr, Fr. 7.30-13.00 Uhr
Anfahrtsweg:	in Regensburg befindet sich die Firma im Osthafen in der Nähe von Beton-Berger

Kosmetik/Reinigung

96342 Stockheim

▶ ALGI

Algi-Seifenfabrik GmbH & Co. KG
96342 Stockheim / Industriestr. 9
Tel. (09265) 9980 / algi.de

97199 Ochsenfurt

Warenangebot: Körperpflegemittel wie Seifen aller Art und Seifenfiguren, Flüssigseifen, Seifenparfüm, Dusch- und Schaumbäder, Shampoo, Dusch- und Badegel, auch Geschenksets

Ersparnis: unterschiedlich, günstige Angebote

Verkaufszeiten: Mo. bis Do. 6.00-12.00 Uhr und 12.30-15.30 Uhr, Fr. 6.00-11.00 Uhr

Hinweise: kein eingerichteter Privatverkauf

Anfahrtsweg: Stockheim liegt ca. 10 km nördlich von Kronach an der B 85, dort befindet sich die Firma im Industriegebiet beim Edeka-Markt

97199 Ochsenfurt

▶ KNEIPP

Kneipp-Werke GmbH & Co. KG
97199 Ochsenfurt Hohestadt / Johannes-Gutenberg-Str. 8
Tel. (0931) 8002-401 / kneipp.de

Das Unternehmen wurde im Jahr 1891 in Würzburg gegründet. Unter dem Markennamen Kneipp entstand eine umfassende Produktpalette an Körperprodukten, Nahrungsergänzungsmitteln und pflanzlichen Gesundheitsprodukten, die höchsten Ansprüchen genügen.

Warenangebot: Körper-, Gesichts- und Fußpflegemittel wie z.B. Bodylotion, Hautöle, Massageöle, Ölbäder, Badesalze und Badetabletten, außerdem Nahrungsergänzungsmittel, pflanzliche Gesundheitsprodukte, Tees etc.

Ersparnis: bei regulärer Ware ca. 10%, bei z.B. Warenretouren bis zu 50%, teilweise zusätzliche Sonderangebote

Verkaufszeiten: Di., Mi., Fr. 10.00-16.00 Uhr, Do. 12.00-18.00 Uhr

Hinweise: ca. 4x jährl. findet jeweils 3 Tage lang (meist Do. bis Sa.) ein zusätzlicher Lagerverkauf mit sehr günstigen Angeboten in 97084 Würzburg-Heidingsfeld, Winterhäuser Str. 81 statt, genaue Termine erfagen

Anfahrtsweg: Ochsenfurt liegt ca. 15 km südöstlich von Würzburg, A 7 Ausfahrt Gollhofen auf die B 13 nach Ochsenfurt, hier rechts ab in die Lindhardstr., danach links in "Am Ladehof" und wieder links auf die Südtangente Richtung Winterhausen, danach links in das Gewerbegebiet Hohestadt

Kosmetik/Reinigung

97877 Wertheim

▶ BELLMIRA

bellmira Cosmetic GmbH
97877 Wertheim / Otto-Schott-Str. 33
Tel. (09342) 88020 / straub-cosmetics.de

Warenangebot: Körperpflegemittel aller Art, z.B. Badezusätze, Kräuterbäder, Shampoos, Seifen, Duschgel, Aftershave, Hautlotionen, Handcreme, Deoroller, Haarpflegemittel, Lippenpflegestifte etc., Marken Bettina Barty, straubal, herbaflor, Bellvita, Puramed, John Player Special und Alines

Ersparnis: durchschnittlich ca. 35%

Verkaufszeiten: Mo. und Mi. 8.00-11.30 Uhr und 13.00-15.30 Uhr, Fr. 8.00-11.30 Uhr

Anfahrtsweg: A 3 Würzburg-Aschaffenburg Ausfahrt Wertheim, an Wertheim vorbei Richtung Miltenberg der Ausschilderung Wertheim/Bestenheid folgen, am Ortsausgang Wertheim/Bestenheid rechts in die Schwarzwaldstr., dann die 2. Straße links ist die Otto-Schott-Str.

98553 Nahetal-Waldau

▶ KERALOCK

Gebr. Ewald GmbH
98553 Nahetal-Waldau / Waldauer Berg 2
Tel. (36841) 509-16 / keralock.de

Warenangebot: Haarpflegemittel wie Color Creme, Strähnchen Blondierung, Shampoos, Kuren, Lotions und Dauerwellenprodukte, auch Körperpflegemittel, Marke Keralock

Ersparnis: ca. 15-20%

Verkaufszeiten: Mo. bis Fr. 8.00-16.00 Uhr

Hinweise: es ist ausschließlich 1. Wahl erhältlich

Anfahrtsweg: Nahetal-Waldau liegt in Thüringen, ca. 15 km südöstlich von Suhl an der B 4 Schleusingen-Ilmenau, von Schleusingen kommend in Hinternah rechts ab Richtung Waldau, nach dem Ortsausgang die erste Möglichkeit links in Waldauer Berg

Sonstiges

04703 Bockelwitz

▶ ZEWA

SCA Packaging Polkenberg GmbH / Verpackungswerke
04703 Bockelwitz Marschwitz / Walter-Neuberger-Str. 1
Tel. (034321) 651-0 / sca.com

Warenangebot: Putztücher, Toilettenpapier, Papiertaschentücher, Servietten, Pappteller, Tischdekoration u.v.m., u.a. Marken Danke, Zewa, Velvet, Tena

Ersparnis: ca. 20-40%, je nach Artikel unterschiedlich, 2. Wahl ist besonders preiswert

Verkaufszeiten: Mi. 12.00-17.00 Uhr

Anfahrtsweg: A 14 Dresden-Leipzig Ausfahrt Leisnig über Bockelwitz und Polkenberg nach Marschwitz, hier ist die Firma nicht zu übersehen, es ist die größte Fabrik im Ort

06526 Sangerhausen

▶ MIFA

Mitteldeutsche Fahrradwerke AG
06526 Sangerhausen / Thomas-Müntzer-Str. 1
Tel. (03464) 537-384 / mifa.de

Bald nach der Werksgründung im Jahr 1907 begannen die Mitteldeutschen Fahrradwerke MIFA erstmals mit dem Bau von Fahrrädern und Fahrradteilen. Es waren vor allem die große Alltagstauglichkeit, die hohe Solidität und damit die besondere Wirtschaftlichkeit der MIFA-Fahrräder, die die Kunden überzeugten. Die MIFA AG ist heute in ganz Deutschland und in weiten Teilen Westeuropas tätig.

Warenangebot: Fahrräder aller Art, City-Bikes, Cruiser, Touren- und Sportfahrräder, Trekkingbikes, MTBs und ATBs sowie Full-Suspension-Bikes und Kinderräder, Fahrräder von 12"

06712 Döschwitz

bis 28", außerdem Fahrradteile und -zubehör, Marken Mifa und Germatec

Ersparnis:	ca. 15-20%, teilweise günstigere Angebote
Verkaufszeiten:	Mo. bis Fr. 9.00-18.00 Uhr, Sa. 9.00-12.00 Uhr
Hinweise:	der Verkauf erfolgt im Fahrrad-Shop neben dem Werk, direkt gegenüber der Feuerwehr
Anfahrtsweg:	Sangerhausen liegt an der B 80 zwischen Halle und Nordhausen, dort befindet sich die Firma direkt an der B 80 in Richtung Nordhausen

06712 Döschwitz

▶ ZEKIWA

Zekiwa GmbH
06712 Döschwitz Hollsteitz / Industriering 7
Tel. (034425) 308-0 / zekiwa.de

Seit 150 Jahren werden in Zeitz Kinderwagen hergestellt. Bis 1989 war Zekiwa Hauptproduzent dieser Branche im gesamten osteuropäischen Raum. Heute werden wieder Zekiwa Produkte weltweit angeboten und vertrieben.

Warenangebot:	Kinderwagen aller Art, z.B. Sportwagen, Buggys, Zwillings- und Geschwisterwagen, außerdem Lauflernhilfen, Rückentragen und Puppenwagen sowie Zubehör wie Luftpumpe, Fußsäcke, Insektenschutz, Schutzhüllen, Sonnenschirme u.v.m.
Ersparnis:	bei 1. Wahl gering, bei 2. Wahl oder Auslaufmodellen bis zu 40%
Verkaufszeiten:	Mo. bis Fr. 10.00-18.00 Uhr
Anfahrtsweg:	Döschwitz liegt ca. 10 km westlich von Zeitz an der B 180, die Firma befindet sich im Ortsteil Hollsteitz im Gewerbegebiet direkt an der B 180

09526 Olbernhau

▶ KWO

KWO Kunstgewerbe-Werkstätten Olbernhau GmbH
09526 Olbernhau / Sandweg 3
Tel. (037360) 1610 / kwo-olbernhau.de

Die KWO Kunstgewerbe-Werkstätten Olbernhau GmbH, 1949 hervorgegangen aus einem kleinen Handwerksbetrieb der Drehteile herstellte, ist heute einer der größten Hersteller erzgebirgischer Holzkunst. Die Produktpalette umfasst die ganze Breite traditioneller Handwerkskunst aus dem Erzgebirge.

23812 Wahlstedt

Warenangebot:	Nussknacker, Räuchermänner, Engel, Holzteddys und -osterhasen, Spieluhren, Spieldosen, Pyramiden, Leuchter, teilweise eingeschränkte Auswahl
Ersparnis:	ca. 10% bei 1. Wahl, bei 2. Wahl und Ausstellungsstücken ca. 20-30%
Verkaufszeiten:	Mo. bis Sa. 10.00-18.00 Uhr (15. Jan. bis 30. Sept.), Mo. bis So. 10.00-18.00 Uhr (1. Okt. bis 15. Jan.)
Hinweise:	bei 2. Wahl-Artikeln keine große Auswahl
Anfahrtsweg:	Olbernhau liegt östlich von Zwickau direkt an der tschechischen Grenze, in Olbernhau befindet sich die Firma in Ortsmitte, Richtung Seiffen nach dem VAG-Autohaus auf der rechten Seite

21509 Glinde

▶ GIES

Gies Kerzen GmbH
21509 Glinde / Beim Zeugamt 8
Tel. (040) 710007-0 / gies-kerzen.de

Warenangebot:	Kerzen aller Art wie z.B. Stumpenkerzen, Kugelkerzen, Haushaltskerzen, Spitzkerzen, Tafelkerzen, Teelichte, Zier- und Dekokerzen, Grablichte, Oster-, Advents- und Weihnachtskerzen, Geburtstagskerzen, Altarkerzen
Ersparnis:	durchschnittlich ca. 30%
Verkaufszeiten:	Di. und Do. 9.00-16.00 Uhr, Fr. 9.00-12.00 Uhr, vor Weihnachten erweiterte Öffnungszeiten
Hinweise:	es wird hauptsächlich Ware aus Überproduktion verkauft
Anfahrtsweg:	Glinde liegt ca. 15 km östlich von Hamburg, A 24 Abfahrt Reinbek, abbiegen nach Glinde, die Firma befindet sich dort im Industriegebiet

23812 Wahlstedt

▶ PELZ

W. Pelz GmbH & Co.
23812 Wahlstedt / Dr.-Hermann-Lindrath-Str. 23
Tel. (04554) 71-1 / pelzgroup.de

29410 Salzwedel

Warenangebot:	Hygieneartikel wie z.B. Verband- und Kosmetikwatte, Wattekugeln, Wattepads und -stäbchen, Polierwatte, Vlies-Windeln, Binden, Slipeinlagen
Ersparnis:	preisgünstiges Warenangebot
Verkaufszeiten:	Do. 13.00-16.00 Uhr, Fr. 13.00-15.00 Uhr
Hinweise:	separater Verkaufsshop am Haupteingang, teilweise ist auch 2. Wahl erhältlich
Anfahrtsweg:	Wahlstedt liegt ca. 10 km westlich von Bad Segeberg, die Firma befindet sich dort im Gewerbegebiet

29410 Salzwedel

▶ YUL

Sakefa Salzwedeler Kerzenfabrik GmbH
29410 Salzwedel / Fuchsberger Str. 1
Tel. (03901) 849-6 / sakefa.de

Warenangebot:	große Auswahl an Kerzen in versch. Formen und Farben, z.B. Teelichte, Leuchter- und Spitzkerzen, Stumpenkerzen einfarbig und verziert, Votives, Schwimmkerzen, Altar- und Kirchenkerzen, Marke yul
Ersparnis:	ca. 20% im Durchschnitt
Verkaufszeiten:	Mo. bis Do. 9.30-12.30 Uhr und 13.30-15.30 Uhr, Fr. 9.30-12.00 Uhr
Hinweise:	teilweise ist auch günstige Kiloware erhältlich
Anfahrtsweg:	Salzwedel liegt nördlich von Wolfsburg an der B 248, in Salzwedel befindet sich die Firma im Industriegebiet

30163 Hannover

▶ PELIKAN

Pelikan Vertriebsgesellschaft mbH & Co. KG
30163 Hannover / Werftstr. 9
Tel. (0511) 6969216 / pelikan.de

Warenangebot:	Schreibgeräte für Schule, Jugend und Büro wie Füllfederhalter, Kugelschreiber etc. und Zubehör wie Tintenpatronen, Tintengläser, Tuschen, Kugelschreiberminen, Radierer etc., außerdem Malgeräte und Farbkästen, Wachsmalstifte und Bastelmaterial, Marke Pelikan
Ersparnis:	ca. 20-30%

Sonstiges

32584 Löhne

Verkaufszeiten: Di. bis Do. 12.00 Uhr-17.00 Uhr

Anfahrtsweg: A 2 Dortmund-Berlin Ausfahrt Hannover-Langenhagen, stadteinwärts auf der Vahrenwalder Str. und nach ca. 2 km links in den Niedersachenring, dann die 3. Straße links in die Linsingenstr. und an der Heilig-Geist-Kirche rechts in den Nordring, danach links in die Werftstr.

32108 Bad Salzuflen

▶ VIVA DECOR

Viva-Decor GmbH
32108 Bad Salzuflen Holzhausen / Meierweg 8
Tel. (05222) 36336-0 / viva-decor.de

Warenangebot: Bastelfarben und -produkte wie Window Color, Serviettentechnik, Fashion Pen, Steinfarben, Terra- und Ferrofarben, Deco Pen, Kerzen Pen, Strukturpaste, Modelliercreme, Modellier Gras, außerdem Holzzubehör, Relief-Fotorahmen und Zubehör wie Schneidewerkzeuge, Keilrahmen, Pinsel etc.

Ersparnis: durchschnittlich ca. 30%

Verkaufszeiten: Mi. und Fr. 9.00-16.00 Uhr, Sa. 9.00-13.00 Uhr

Anfahrtsweg: Bad Salzuflen liegt ca. 10 km südöstlich von Herford an der B 239 Richtung Detmold, die Firma befindet sich direkt an der B 239 gegenüber vom Messezentrum

32584 Löhne

▶ BIKE-PLANTAGE

Bike-Plantage GmbH
32584 Löhne Gohfeld / Alter Postweg 190
Tel. (05732) 688640 / bike-plantage.de

Warenangebot: Fahrräder für Damen und Herren wie Sport-, Komfort- und Trekkingräder, Citybikes, MTB-Räder, auch Räder für Kinder und Jugendliche, Marken Panther, Göricke, Bauer, Pegasus etc.

Ersparnis: preisgünstige Angebote, ca. 20%

Verkaufszeiten: Di. und Fr. 16.00-18.00 Uhr, Sa. 9.00-13.00 Uhr

Hinweise: es sind ausschließlich 2. Wahl-Räder der Pantherwerke erhältlich

32791 Lage

Anfahrtsweg: A 30 Osnabrück Richtung Hannover Ausfahrt Dr. Löhne auf die B 61, unter der Brücke durch und danach gleich rechts ab, dann kommt man auf den Alten Postweg, hier orientieren nach "Pantherwerke"

32791 Lage

▶ ECHTERHÖLTER

Echterhölter Kunststoffverarbeitungs GmbH
32791 Lage Ehlenbruch / Ehlenbrucher Str. 97-100
Tel. (05232) 7009-0 / echterhoelter.de

Warenangebot: Haarschmuck wie Kunststoffspangen, Haarreifen, Elastikgummis und Zopfhalter, außerdem Kämme und versch. Haarbürsten, auch Seifendosen und Mundbecher, Kosmetik-Griff- und -Standspiegel sowie Lockenwickler, Haarklemmen und Haarnadeln

Ersparnis: unterschiedlich, durchschnittlich ca. 45%

Verkaufszeiten: Fr. 11.00-17.00 Uhr, Sa. 10.00-13.00 Uhr

Hinweise: kleiner separater Verkaufsraum, hauptsächlich sind 2. Wahl und Restposten erhältlich

Anfahrtsweg: von Bielefeld auf der B 66 nach Lage, durch Kachtenhausen nach Ehlenbruch

33378 Rheda-Wiedenbrück

▶ PROPHETE

Prophete GmbH & Co. / Fahrradfabrik
33378 Rheda-Wiedenbrück / Holunderstr. 11
Tel. (05242) 4108-0 / prophete.de

Die Firma Prophete wurde 1908 in Halle an der Saale gegründet. In den 70er Jahren belieferte die vom Großhandel zur Produktion erwachsene Firma SB-Warenhäuser und Verbrauchermärkte. Bis heute konnte ein deutlicher Ausbau der Bedeutung in der deutschen SB- und Baumarktlandschaft erreicht werden.

Warenangebot: Fahrräder wie City-, Touren- und Trekkingräder, Mountain-Bikes etc. für Damen, Herren und Kinder, Fahrradzubehörteile, Motorroller, Marken Prophete, Mountec, Konbike, Konsul

Ersparnis: günstige Angebote, besonders bei 2. Wahl

Verkaufszeiten: Mo. bis Fr. 9.00-12.00 Uhr und 13.00-16.45 Uhr, Sa. 9.00-12.00 Uhr

34212 Melsungen

| Anfahrtsweg: | von Gütersloh kommend am Anfang von Rheda-Wiedenbrück an der Kreuzung beim Wasserturm rechts über die Autobahn |

33689 Bielefeld

▶ LUFTHANSA

SkyShop by Lufthansa
33689 Bielefeld Sennestadt / Edisonstr. 15
Tel. (05205) 15-400 / loewe-gruppe.de

Warenangebot:	hochwertige Reiseaccessoires wie Koffer, Handtaschen, Pilotenkoffer, Aktenkoffer, Laptopcases, Trolleys u.v.m. aus Aluminium, Leder oder Nylon außerdem Kleidersäcke, Fliegerjacken aus Leder sowie Accessoires wie Geldbörsen, Kulturbeutel, Uhren, Schmuck
Ersparnis:	bei 1. Wahl ca. 10-20%, bei 2. Wahl, Auslaufartikeln und Sonderposten teilweise bis zu 40%, trotzdem nicht billig
Verkaufszeiten:	Mo. bis Fr. 11.00-18.00 Uhr, Sa. 10.00-14.00 Uhr
Anfahrtsweg:	A 2 Ausfahrt Bielefeld-Sennestadt Richtung Paderborn, an der 1. Ampel links in die Lämershagener Str., die nächste Möglichkeit wieder links, am Ende der Straße rechts in die Industriestr. abbiegen, die nächste Straße links ist die Edisonstr.

34212 Melsungen

▶ SONNTEX

Sonntex Freizeitprodukte GmbH
34212 Melsungen Adelshausen / Industriestr. 20
Tel. (05661) 734-0 / sonntex.do

Warenangebot:	Polsterauflagen für Garten- und Terrassenmöbel, Sonnenschirme, Gartenmöbel aus Metall, Heimtextilien
Ersparnis:	ca. 30%, unterschiedlich je nach Artikel
Verkaufszeiten:	Fr. 13.00-16.00 Uhr, Sa. 9.00-12.00 Uhr
Hinweise:	hauptsächlich Verkauf von Artikeln mit kleinen Fehlern
Anfahrtsweg:	von Kassel auf der A 7 kommend Ausfahrt Melsungen, in Adelshausen befindet sich die Firma im Industriegebiet

35708 Haiger

35708 Haiger

▶ HAILO

**Hailo-Werk Rudolf Loh GmbH & Co. KG / Hailo-Shop
35708 Haiger Flammersbach / Daimlerstr. 8
Tel. (02773) 82-316 / hailo.com**

Seit der Gründung im Jahre 1947 arbeitet Hailo daran, Hausfrauen und Heimwerkern die Arbeit sicherer und leichter zu gestalten. Als führender Hersteller von Steiggeräten, Produkten für die Wäschepflege und Abfallsammlern wird eine große Produktpalette angeboten. Heute werden Hailo Produkte in über 60 Länder der Welt vertrieben. Das Markenzeichen, der rote Hailo Punkt, steht für Qualität und Sicherheit.

Warenangebot:	Sprossenleitern, Gerüst-Systeme, Haushaltsleitern, Kellerregalsysteme, Wohnregale, Abfallsammler, Flaschen- und Flaschenkastenständer, Klapptritte, Bügeltische u.v.m., Marke Hailo
Ersparnis:	ca. 30-60%
Verkaufszeiten:	Mo. bis Fr. 13.00-18.00 Uhr, Sa. 10.00-12.00 Uhr
Hinweise:	teilweise sind auch günstige 2. Wahl- und Auslaufartikel sowie 1b-Ware mit Verpackungsschäden erhältlich
Anfahrtsweg:	A 45 Siegen-Wetzlar Ausfahrt Haiger/Burbach auf die B 277 Richtung Dillenburg nach Haiger, in Haiger rechts Richtung Langenaubach, nach ca. 1,5 km rechts Richtung Flammersbach, dann die 2. Straße rechts einbiegen, der Hailo-Shop ist dann links zu sehen

37276 Meinhard

▶ FRIEDOLA

**friedola Gebr. Holzapfel GmbH & Co. KG
37276 Meinhard Frieda / Goethestr. 7
Tel. (05651) 303248 / friedola.de**

Die über 100jährige Firmengeschichte geht zurück bis in das Jahr 1888. Heute wird die friedola-Firmengruppe bereits in der 4. Generation geführt und ist mit ihren Schwesterfirmen ein Unternehmen mit einem vielfältigen Produktprogramm.

Warenangebot:	beschichtete Tischdecken und Tischsets, Tischpolster, Wachstuch-Meterware, Dekor- und Klebefolien, Anti-Rutschmatten und Weichschaum-Bodenbeläge, Marke friedola, außerdem Freizeitartikel wie Badetiere, Planschbecken, Luftmatratzen und Schlauchboote, Marke Wehncke, Bema-Schwimmflügel
Ersparnis:	unterschiedlich je nach Artikel, günstige Angebote

37318 Wahlhausen

Verkaufszeiten: Mo. bis Fr. 10.00-18.00 Uhr, Sa. 9.00-13.00 Uhr

Hinweise: der Verkauf befindet sich gegenüber vom Hauptwerk

Anfahrtsweg: Meinhard-Frieda liegt an der B 249 ca. 5 km östlich von Eschwege Richtung Wanfried, von der B 249 kommend befindet sich die Firma gleich am Ortsausgang

37281 Wanfried

▶ WERKMEISTER

Werkmeister GmbH
37281 Wanfried / Eschweger Str. 10
Tel. (05655) 9899-0 / werkmeister-gmbh.de

Es begann 1923 mit der Gründung eines Sanitätshauses in Eisenach. Auf dieser Grundlage entstand 1964 der Konfektionsbetrieb für medizinische Leibbinden in Wanfried. In den 70er und 80er Jahren entwickelte sich das Unternehmen als Partner der Sanitätshäuser, im besonderen als Lieferant für medizinische Leibbinden, Maßanfertigungen, Bandagen und Zubehör. Mitte der 80er Jahre wurde die Angebotspalette um Krankenpflege- und Rehaprodukte erweitert. Viele neue Produkte wurden im Markt eingeführt, u.a. Wellnessprodukte sowie ein amerikanisches Patent Namens IllumiNITE wird aufgenommen. Eine Technologie, die eine reflektierende Beschichtung von Textilien zulässt.

Warenangebot: Wellness- und Fitnessprodukte wie Nacken-, Schlaf-, Reise- und Entspannungskissen, Rollstuhlkissen, Sitzkeilwürfel, Stillkissen u.v.m., außerdem Massageroller, Gymnastikbälle sowie Aero-Step, außerdem zugekaufte reflektierende Jacken, Westen und Rucksäcke, Marken Sitty und Luzi

Ersparnis: bis zu 40% möglich

Verkaufszeiten: Mo. bis Do. 8.00-18.00 Uhr, Fr. 8.00-15.00 Uhr

Hinweise: es ist ein Birkenstock-Shop angegliedert

Anfahrtsweg: Wanfried liegt ca. 10 km östlich von Eschwege an der B 249 Richtung Mühlhausen, die Firma befindet sich am Ortsausgang Richtung Eschwege, gegenüber "Aldi"

37318 Wahlhausen

▶ WERRATAL STÖCKE

Werratal-Stöcke GmbH
37318 Wahlhausen / Kreisstr. 3
Tel. (036087) 970-0 / gastrock.de

Warenangebot: Naturstöcke, Wander-, Jagd- und Sitzstöcke, Trink- und Vatertagsstöcke, außerdem Gehhilfen aus Holz und Metall sowie Schirme, Schirmgriffe und Schirmstöcke

37688 Beverungen

Ersparnis:	bis zu 50%
Verkaufszeiten:	Mo. bis Fr. 7.30-16.30 Uhr
Anfahrtsweg:	Wahlhausen liegt an der B 27 zwischen Eschwege und Witzenhausen, die Firma befindet sich nicht zu verfehlen am Ortsende Richtung Heiligenstadt, beim hohen Schornstein

37688 Beverungen

▶ WESER HOLZWAREN

Weser Holzwarenfabrik Heinrich Lutter
37688 Beverungen Würgassen / Würrigser Str. 59
Tel. (05273) 7487 / weser-holzwaren.de

Warenangebot:	Gartenmöbel aus Massivholz wie Tische, Stühle, Liegen und Sitzgruppen, außerdem Kindermöbel aus Buche massiv wie Kasten- und Sandwagen, Spielekiste, Babywagen und Tretroller
Ersparnis:	preisgünstiges Warenangebot
Verkaufszeiten:	Mo. bis Fr. 8.00-16.00 Uhr
Hinweise:	eigene Produktion vom Stammholz bis zur Endmontage
Anfahrtsweg:	Beverungen liegt ca. 50 km nördlich von Kassel an der B 83, dort befindet sich die Firma mitten in Würgassen an der Hauptstraße beim Kraftwerk

38448 Wolfsburg

▶ KAMEI

Kamei GmbH & Co. KG
38448 Wolfsburg Vorsfelde / Heinrichswinkel 2
Tel. (05363) 8040 / kamei.de

Im Jahr 1952 präsentierte Karl Meier auf dem Genfer Automobilsalon den ersten Frontspoiler für den VW-Käfer. Weitere Zubehörteile wie Ablagen, Kofferraumabdeckung, Kopf- und Armstützen, Fußstützen sowie die erste weiche Sicherheitsblumenvase folgten. Heute liefert Kamei Auto-Zubehörteile in über 40 Länder der Erde.

Warenangebot:	technisch einwandfreie Auto-Dachboxen mit kleinen Fehlern, sollte dazu noch ein Dachträgersystem benötigt werden, so ist auch dieses erhältlich, dieses aber aus Sicherheitsgründen nur in 1. Wahl
Ersparnis:	bei Dachkoffern günstige Angebote

44628 Herne

Verkaufszeiten: Mo. bis Do. 8.00-12.15 Uhr und 12.45-15.30 Uhr, Fr. 8.00-12.00 Uhr

Hinweise: nach vorheriger Terminabsprache können Dachboxen und Dachträgersystem auf Wunsch auch kostenlos montiert werden

Anfahrtsweg: Vorsfelde liegt ca. 5 km nordöstlich vom Zentrum Wolfsburg, dort befindet sich die Firma im Industriegebiet Sudamsbreite an der B 188

42651 Solingen

▶ KNIRPS

Knirps GmbH
42651 Solingen / Konrad-Adenauer-Str. 72-74
Tel. (0212) 393-0 / knirps.de

Warenangebot: Regenschirme für Damen, Herren und Kinder, Taschenschirme, auch Sonnenschirme, Marke Knirps

Ersparnis: durchschnittlich ca. 30%

Verkaufszeiten: ca. 1x jährl. meist im November ca. 2-3 Wochen lang, genaue Termine erfragen

Anfahrtsweg: A 46 Ausfahrt Wuppertal-Cronenberg über Vohwinkel und Gräfrath auf der B 224 Richtung Zentrum Solingen, so kommt man auf der Wuppertaler Str. über die Schlagbaumer Str. auf die Konrad-Adenauer-Str.

44628 Herne

▶ HERNER LEUCHTEN

Herner Glas
44628 Herne / Am Trimbuschhof 16-20
Tel. (02323) 50060 / hernerglas.de

Warenangebot: Lampen aller Art wie z.B. Steh-, Wohn- und Kinderzimmerlampen, Halogen-Schienensysteme, Einbauspots, Außenleuchten etc., außerdem Vasen, Schalen, Windlichte, Gläser, Krüge etc., alles aus Glas

Ersparnis: durchschnittlich ca. 30-40%

Verkaufszeiten: Mo. bis Fr. 10.00-18.00 Uhr, Sa. 10.00-14.00 Uhr

Anfahrtsweg: A 42 Ausfahrt Herne-Horsthausen, Richtung Industriegebiet "Am Trimbuschhof"

47228 Duisburg

▶ REMBERT

Pelzgerberei Rembert GmbH
44628 Herne / Pöpphinghauser Str. 3
Tel. (02323) 83949 / gerberei-rembert.de

Warenangebot: Felle und Fellartikel aller Art, z.B. Fellhausschuhe, Lammfell-Kinderwagenfußsack, Lammfelldecken, Lammfelleinlagen, Bettfelle, Bettfellunterlagen etc.

Ersparnis: günstige Angebote

Verkaufszeiten: Mo. bis Fr. 7.00-15.00 Uhr

Anfahrtsweg: A 42 Ausfahrt Herne-Horsthausen Richtung Pöppinghausen, über den Rhein-Herne-Kanal dann kommt man direkt auf die Pöpphinghauser Str.

47228 Duisburg

▶ HARK

Hark GmbH & Co. KG
47228 Duisburg Rheinhausen / Hochstr. 197-215 /
OT Hochemmerich
Tel. (02065) 997-0 / hark.de

Über 30 Jahre Erfahrung haben die Firma Hark zu einem führenden Hersteller für Kamine, Kachelkamine und Kachelöfen in Deutschland gemacht. Hark verfügt über ein breites Vertriebsnetz mit über 50 eigenen Niederlassungen und über 100 Stützpunkthändlern im ganzen Bundesgebiet und ist auch auf dem internationalen Markt mit einer Vielzahl von Vertretungen tätig.

Warenangebot: Kachelkamine, Kachelöfen, Kaminöfen, Marmorkamine, Stilfassaden, Kamine aus Naturstein, offene Kamine, Elektrokamine, Gaskamine, Kaminzubehör, Heizeinsätze, Ofenkacheln, Bäder und Waschtische und Fliesen aus Marmor und Granit

Ersparnis: ca. 30-50% bei Lager- und Produktionsüberhängen sowie Auslaufmodellen, bis zu 60% bei Ausstellungsstücken, Messegeräten, Sondermodellen und Prototypen

Verkaufszeiten: Mo. bis Fr. 9.00-18.30 Uhr, Sa. 9.00-18.00 Uhr

Hinweise: 2000 qm Fabrikverkauf, 800 qm Lagerverkauf und 1000 qm Werksausstellung direkt am Hauptwerk

Anfahrtsweg: A 40 Ausfahrt Duisburg-Rheinhausen, auf den Zubringer Richtung Rheinhausen, an der 1. Ampel links in die Schauenstr., danach in die 2. Straße links (Hochstr.), hier immer geradeaus, die Gebäudekomplexe sind nicht zu verfehlen

47638 Straelen

▶ MÜLLER

Gebr. Müller GmbH & Co. KG
47638 Straelen / Eichendorffstr. 3-5
Tel. (02834) 9360-0 / mueller-kerzen.de

Warenangebot: große Auswahl an Kerzen in allen Formen und Farben, von der Spitzkerze bis zum Tee- und Grablicht, außerdem Duftkerzen und Kerzenfiguren wie z.B. Autos und Tiere, auch ein Oster- und Weihnachtssortiment sowie Kerzenständer und Geschenkartikel

Ersparnis: ca. 30%, günstig ist vor allem 2. Wahl sowie Kiloware

Verkaufszeiten: Mo. bis Fr. 9.00-18.00 Uhr, Sa. 10.00-13.00 Uhr

Hinweise: kleines Ladengeschäft neben der Fabrik

Anfahrtsweg: A 40 Ausfahrt Wankum/Grefrath links Richtung Straelen, nach der Ampel und dem Ortseingangsschild Straelen weiter geradeaus, der Vorfahrtstraße folgen bis zum VAG-Händler auf der linken Seite, hier links abbiegen und die nächste Möglichkeit rechts abbiegen

47906 Kempen

▶ VELO-SPORT

Velo-Sportartikelfabrik Bruckmann GmbH & Co. KG
47906 Kempen / Am Selder 4-6
Tel. (02152) 4078 / velo-bruckmann.de

Warenangebot: Regenschutzbekleidung für Rad- und Motorradfahrer, Zubehör wie Taschen, Sattelbezüge, Regenhüllen, Abdeckhauben, Helme

Ersparnis: durchschnittlich ca. 15-20%

Verkaufszeiten: Mo. bis Fr. 9.00-17.00 Uhr, Sa. 10.00-13.00 Uhr

Hinweise: nicht alles ist aus eigener Herstellung, die Artikel sind auch im Versand erhältlich, Katalog anfordern

Anfahrtsweg: von Duisburg auf der A 2 Abfahrt Kempen, am Ortsbeginn von Kempen linker Hand ins Industriegebiet, dort gegenüber der Firma De Beukelaer

49692 Cappeln

49692 Cappeln

▶ **MEYER**

Engelbert Meyer GmbH / Fahrradfabrik
49692 Cappeln Sevelten / Hauptstr. 31
Tel. (04471) 94660

Warenangebot: Fahrräder aller Art wie z.B. Trekking-, Touren- und Holland-Räder, keine MTB's

Ersparnis: durchschnittlich ca. 25%

Verkaufszeiten: Mo. bis Fr. 7.00-17.00 Uhr, August bis März Mo. bis Do. 7.00-17.00 Uhr, Fr. 7.00-12.00 Uhr

Hinweise: innerhalb von ca. 1-2 Wochen werden auch individuelle Wünsche berücksichtigt

Anfahrtsweg: A 1 Osnabrück-Bremen Ausfahrt Cloppenburg auf die B 72 Richtung Cloppenburg, bei Westeremstek links ab über Cappeln nach Sevelten

53359 Rheinbach

▶ **YUL**

Vollmar Creationen in Wachs GmbH
53359 Rheinbach Oberdrees / Mieler Str. 38
Tel. (02226) 84-0 / vollmar.de

Warenangebot: große Auswahl an Kerzen in versch. Formen und Farben, z.B. Teelichte, Leuchter- und Spitzkerzen, Stumpenkerzen einfarbig und verziert, Votives, Schwimmkerzen, Altar- und Kirchenkerzen, Marke yul

Ersparnis: ca. 20% im Durchschnitt

Verkaufszeiten: Mo. bis Do. 9.15-12.30 Uhr und 13.00-16.30 Uhr, Fr. bis 14.30 Uhr

Hinweise: manche Kerzen sind auch als preiswerte Kiloware erhältlich

Anfahrtsweg: A 61 Köln-Koblenz Abfahrt Rheinbach, durch Rheinbach nach Oberdrees, dort ist die Kerzenfabrik nicht zu übersehen

Sonstiges

53881 Euskirchen

53424 Remagen

▶ SCHAUFF

Fahrradfabrik Schauff GmbH & Co. KG
53424 Remagen / Güterbahnhof 16
Tel. (02642) 22910 / schauff.de

Warenangebot: hochwertige Touren-, Trekking-, Mountain-, City- und Rennräder, Tandems, Marke Schauff

Ersparnis: ca. 20% bei 2. Wahl und Auslaufmodellen, 1. Wahl ist kaum reduziert

Verkaufszeiten: Mo. bis Fr. 9.30-19.00 Uhr, Sa. 9.30-16.00 Uhr

Hinweise: Ladengeschäft, teilweise sind auch 2. Wahl-Räder mit kleinen Lackschäden erhältlich

Anfahrtsweg: A 61 Ausfahrt Sinzig, nach Remagen, dort befindet sich die Firma schräg gegenüber vom Bahnhof in einer Lagerhalle, nicht zu übersehen durch Schilder und Fahnen, direkt neben "McDonalds"

53881 Euskirchen

▶ METSÄ

Metsä Tissue GmbH / Der Kleinverkauf
53881 Euskirchen Stotzheim / Adolf-Halstrick-Str. 4
Tel. (02251) 812-0 oder -305 (Laden) / metsatissue.com

Die Papierwerke Halstrick GmbH wurden 1998 durch die Metsä Tissue Oyi übernommen. Metsä Tissue ist der Marktführer für Tissuepapierprodukte in den nordischen Ländern und ein bedeutender Lieferant von Tissuepapier in Mittel- und Nordeuropa. Bei Backtrennpapieren ist Metsä Tissue Marktführer in ganz Europa.

Warenangebot: Toilettenpapier, Küchenrollen, Taschentücher, Gesichtstücher, Servietten, Tischtuchpapiere, Allzwecktücher, Geschenkpapiere etc., Marken Fasana und Mola

Ersparnis: durchschnittlich ca. 35-40%

Verkaufszeiten: Mo. bis Fr. 9.30-12.30 Uhr und 13.30-16.00 Uhr

Hinweise: fast alle Artikel sind auch in 2. Wahl erhältlich

Anfahrtsweg: Euskirchen liegt ca. 25 km südwestlich von Bonn, A 61 Ausfahrt Miel auf die B 56 nach Euskirchen, dort befindet sich der Kleinverkauf im Stadtteil Stotzheim im alten Bahnhof, Einfahrt bei "Tor 2"

Sonstiges

55469 Simmern

55469 Simmern

▶ ACTIVLINE

Activline GmbH & Co. KG
55469 Simmern / Johann-Philipp-Reis-Str. 4
Tel. (06761) 9094-0 / activline.de

Warenangebot:	großes Angebot an Autositzbezügen für alle gängigen Autositze mit und ohne Sitz-Seitenairbagfunktion in versch. Stoffen, Mustern und Farben, exclusive Passformbezüge individuell nach Kundenwunsch angefertigt für fast alle Fahrzeuge vom Sportwagen bis zum Van, Marke Activline
Ersparnis:	preisgünstige Angebote, Musterteile, Sonderaktionen, bei 2. Wahl-Teilen bis zu 50%
Verkaufszeiten:	Mo. bis Do. 8.00-17.00 Uhr, Fr. 8.00-15.00 Uhr
Hinweise:	separater Verkaufsraum
Anfahrtsweg:	A 61 Koblenz Richtung Mainz, Ausfahrt Rheinböllen auf die B 50 nach Simmern, von der B 50 rechts ab in das Industriegebiet, dann links ab auf die Argenthaler Str. und immer geradeaus bis die Johann-Philipp-Reis-Str. rechts abgeht

55543 Bad Kreuznach

▶ MEFFERT

Meffert AG / Farbwerke
55543 Bad Kreuznach / Rudolf-Diesel-Str. 12
Tel. (0671) 773-0 / meffert.com

Warenangebot:	Dispersionsfarben für Innen und Außen, Kunstharz-Lacke, Acryllacke und -farben, Holzanstriche und -lasuren, Strukturputze auf Mineral- und Kunstharzbasis, Grundierungen, Tapezier- und Renovierprodukte, Bodenbeschichtungen, Klebstoffe für Boden, Wand und Decke u.v.m.
Ersparnis:	ca. 40-50%, bei Sonderposten bis zu 70%
Verkaufszeiten:	Sa. 8.30-12.30 Uhr
Hinweise:	der Verkauf erfolgt im Lager, bei den Artikeln handelt es sich um Rücknahmen aus Baumärkten, meist mit kleinsten Fehlern
Anfahrtsweg:	A 61 Ausfahrt Bad Kreuznach auf die B 41 Richtung Bad Kreuznach, an der 1. Ampel geradeaus, an der nächsten

Sonstiges

58809 Neuenrade

Ampel links in die Michelinstr., nach ca. 500 m links durch die Eisenbahn-Unterführung, danach rechts in die Carl-Zeiss-Str, die nächste links ist die Rudolf-Diesel-Str.

58553 Halver

▶ FLORA

Wilh. Förster KG / Flora-Gartengeräte
58553 Halver / Schmidtsiepen 3
Tel. (02353) 9117-0 / flora-products.de

Warenangebot: Laubbesen, Rechen, Hacken, Kultivatoren, Greifboys für Profis, Spaten, Schaufeln, Kleingeräte wie Blumenkellen, Unkrautstecher, Häckchen, Fugenputzer etc., Kübelroller, Kübelkarren, Obstpflücker, Schuhkratzeisen, Schneeschieber u.v.m.

Ersparnis: bis zu 20%

Verkaufszeiten: Mo. bis Do. 8.00-12.00 Uhr und 13.00-15.00 Uhr, Fr. 8.00-13.30 Uhr

Anfahrtsweg: A 45 Ausfahrt Lüdenscheid auf die B 229 Richtung Lüdenscheid, durch Lüdenscheid Richtung Brügge, später links auf die B 54 Richtung Meinerzhagen, nach ca. 1,5 km kommt man nach Halver-Oberbrügge, hier rechts Richtung Halver, nach wenigen Kilometern erreicht man Schmidtsiepen

58809 Neuenrade

▶ VATERLAND

Vaterland-Werke GmbH & Co. KG / Fahrradfabrik
58809 Neuenrade / Am Stadtgarten 4-6
Tel. (02392) 9696-21 / vaterland.de

Warenangebot: Fahrräder aller Art wie z.B. Mountain-, Trekking- und Citybikes für Damen, Herren und Kinder

Ersparnis: günstige Angebote

Verkaufszeiten: Mo. bis Fr. 9.00-12.00 Uhr und 13.30-16.30 Uhr, Sa. 9.00-12.00 Uhr

Hinweise: separater Verkaufsraum, teilweise sind auch günstige Räder mit kleinen Lackfehlern erhältlich

59302 Oelde

Anfahrtsweg: A 45 Ausfahrt Lüdenscheid auf die B 229 über Werdohl nach Neuenrade, an der dritten Möglichkeit rechts in "Am Stadtgarten", nach ca. 50 m erreicht man die Firma

59302 Oelde

▶ SPRICK

Sprick Fahrräder GmbH
59302 Oelde Stromberg / Oelder Tor 9
Tel. (02529) 880

Warenangebot: Holland-, Trekking- und Kinderräder, Mountain-Bikes, Ersatzteile

Ersparnis: teilweise sind günstige Angebote erhältlich

Verkaufszeiten: Mo. bis Fr. 14.00-16.30 Uhr

Hinweise: gelegentlich sind auch günstige Räder mit kleinen Lackschäden im Angebot

Anfahrtsweg: von Rheda-Wiedenbrück kommend liegt die Firma direkt an der B 61 mitten in Stromberg

59872 Meschede

▶ BLOMUS

SKS Design Scheffer-Klute GmbH
59872 Meschede Freienohl / Gewerbegebiet Brumlingsen
Tel. (02937) 7080 / sks-design.de

Das Unternehmen wurde 1921 gegründet und wird heute in der vierten Generation geführt. Es umfasst die Einzelunternehmen SKS Metaplast, SKS Design und Schött Druckguss. Insgesamt werden ca. 700 Mitarbeiter beschäftigt.

Warenangebot: große Auswahl an Wohnaccessoires für Küche, Bad und Wohnbereich sowie Geschenkartikel aus Zinn, Messing, Edelstahl, Eisen und versilbertem Messing, Marken blomus und Artina

Ersparnis: bis zu 50%

Verkaufszeiten: Mo. bis Do. 12.45-15.30 Uhr

Hinweise: es sind ausschließlich 2. Wahl und Restposten erhältlich

Anfahrtsweg: Freienohl liegt an der B 7 zwischen Arnsberg und Meschede, dort ist das Gewerbegebiet Brumlingsen ausgeschildert

63768 Hösbach

63128 Dietzenbach

▶ CHICCO

Chicco Babyausstattung GmbH
63128 Dietzenbach Steinberg / Borsigstr. 1-3
Tel. (06074) 4950 / chicco.de

Warenangebot: Baby- und Kinderartikel aller Art wie z.B. Kinderwagen, Buggies und Zubehör, Rückentragen, Wickelauflagen, Reisebetten, Spielsachen, Autositze, Bekleidung etc., oftmals sehr eingeschränkte Auswahl

Ersparnis: bei 1. Wahl kaum, bei 2. Wahl und Sonderangeboten ca. 25%

Verkaufszeiten: Mo. bis Mi. 14.00-17.00 Uhr, Sa. 10.00-13.00 Uhr

Hinweise: separates Ladengeschäft am Werk, es findet auch ein Sommer- und Winterschlussverkauf mit günstigen Angeboten statt

Anfahrtsweg: Dietzenbach liegt ca. 20 km südöstlich von Frankfurt, die Firma befindet sich in Steinberg im Industriegebiet, ist ausgeschildert

63768 Hösbach

▶ DÖRHÖFER

Fritz Dörhöfer GmbH / Schirmfabrik
63768 Hösbach / Wolfslaufstr. 2
Tel. (06021) 59230

Warenangebot: Sonnen- und Regenschirme aller Art, Polsterauflagen, Gartenmöbel

Ersparnis: durchschnittlich ca. 25%

Verkaufszeiten: Mitte April bis August Mo. bis Fr. 8.00-17.00 Uhr, Sa. 9.30-13.00 Uhr, Sept. bis Mitte April Mo. bis Do. 8.00-12.00 Uhr und 13.00-16.00 Uhr, Fr. 8.00-12.00 Uhr

Anfahrtsweg: Hösbach liegt bei Aschaffenburg, von Goldbach kommend an der Kirche vorbei, an der Apotheke links hoch, am Ende der Straße an der Gabelung links, ist dann ausgeschildert

Sonstiges

63897 Miltenberg

63897 Miltenberg

▶ FRIPA

Fripa Papierfabrik Albert Friedrich KG
63897 Miltenberg / Großheubacher Str. 4
Tel. (09371) 502-0 / fripa.de

Warenangebot: Hygieneartikel aus Papier wie Toilettenpapier, Küchenrollen, Papierhandtücher, Taschentücher, Putzrollen, Servietten und Müllsäcke, Marke Fripa

Ersparnis: günstige Angebote, besonders bei 2. Wahl und Restposten

Verkaufszeiten: Mi. 9.00-12.00 Uhr, Fr. 13.00-14.30 Uhr

Hinweise: am Werk die PKW-Auffahrt nehmen

Anfahrtsweg: von Aschaffenburg auf der B 469 kommend Abfahrt Amorbach Richtung Großheubach/Miltenberg-Nord, über die Mainbrücke und dann rechts Richtung Miltenberg, am Ortseingang nach der Aral-Tankstelle befindet sich rechter Hand das Firmengelände

64625 Bensheim

▶ EULER

W. Euler Papierfabrik GmbH & Co. KG
64625 Bensheim / Wilh.-Euler-Str.
Tel. (06251) 1307-0 / koehlerpaper.de

Warenangebot: Euler-Recyclingpapiere und -kartons in intensiven Farben und versch. Größen (DIN A 4 bis DIN A 1) für den Bastel-, Schul- oder Bürobedarf, außerdem Bastelblöcke sowie Eugrana-Rauhfasertapeten

Ersparnis: der Verkauf erfolgt kiloweise, das Kilo für EUR 1,50 sowie große Bastelblöcke zu EUR 2,50 und kleine Bastelblöcke zu EUR 1,25

Verkaufszeiten: jeden 2. Fr. 13.00-16.00 Uhr

Hinweise: der Verkauf erfolgt an der Ladehalle, ein Schild ist dann draußen angebracht und das Tor ist geöffnet

Anfahrtsweg: A 5 Heidelberg-Darmstadt Ausfahrt Bensheim auf die Wormser Str., an der Gabelung rechts ab auf die B 3 Richtung Laudenbach, danach gleich links ab Richtung Zell auf die Hermannstr., diese geht über in die Freidhofstr., von hier geht die Wilh.-Euler-Str. rechts ab

Sonstiges

66989 Höhfröschen

64720 Michelstadt

▶ KOZIOL

**Factory Outlet Center Koziol >>ideas for friends GmbH
64720 Michelstadt / Frankfurter Str. 35-37
Tel. (06061) 72425 / koziol.de**

Die Firma wurde 1927 von Bernhard Koziol in Erbach im Odenwald als Werkstatt für Elfenbeinschnitzereien gegründet. Wenig später wurden auch Artikel aus Kunststoff gefertigt. 1951 kommt die erste Schneekugel (heute Traumkugel) auf den Markt. Heute entwickeln, produzieren und verkaufen rund 200 Mitarbeiter jugendliche, zeitgemäße Geschenkartikel.

Warenangebot: Kunststoffaccessoires, Interieur- und Geschenkartikel wie z.B. Traumkugeln, Tischfeuerzeuge, Thermometer, Schüsseln, Bilderrahmen, CD-Ständer u.v.m.

Ersparnis: ca. 25-40%

Verkaufszeiten: Fr. 14.00-18.00 Uhr, Sa. 10.00-16.00 Uhr

Hinweise: teilweise ist auch 2. Wahl erhältlich

Anfahrtsweg: Michelstadt liegt ca. 50 km nordöstlich von Heidelberg, von Erbach auf der B 45 kommend vor "McDonalds" rechts einbiegen

66989 Höhfröschen

▶ HEPCO & BECKER

**Hepco & Becker GmbH
66989 Höhfröschen / Birkenstr. 6
Tel. (06334) 9216-0 / hepco-becker.de**

Es begann im Jahr 1973 mit der Konstruktion eines geschlossenen Motorrad-Kettenkastens für die damals ungeschützt laufende Antriebskette. Anfang der 80er Jahre begann Hepco & Becker zusätzlich mit der Entwicklung und Produktion von Motorradgepäcksystemen. Heute ist Hepco & Becker ein führender deutscher Anbieter von Motorradtransportsystemen und Zubehör und liefert auch für weltbekannte Motorradmarken Zubehör für die Erstausrüstung.

Warenangebot: hochwertige Gepäcksysteme für Motorräder, Werkzeug- und Motorradkoffer, Motorradzubehör (außer Bekleidung), Marken Hepco & Becker und Krauser

Ersparnis: es sind sehr günstige Angebote erhältlich

Verkaufszeiten: Mo. bis Do. 8.00-12.00 Uhr und 13.00-16.00 Uhr, Fr. 7.00-14.30 Uhr, Sa. 8.00-10.30 Uhr, Sa. jedoch meist nur in der Saison

Hinweise: teilweise ist auch 2. Wahl erhältlich

67227 Frankenthal

Anfahrtsweg: von Zweibrücken auf der A 8 kommend Ausfahrt Höheisch-weiler nach Höhfröschen, dort befindet sich die Firma im Industriegebiet nahe dem Friedhof

67227 Frankenthal

▶ SCOUT

Alfred Sternjakob GmbH & Co. KG
67227 Frankenthal / Frankenstr. 47-55
Tel. (06233) 49010 / der-echte-scout.de

Warenangebot: Einkaufstaschen, Rucksäcke, Reisetaschen, Mäppchen, Sporttaschen und -beutel, Leichtschulranzen Marken Scout und 4-You

Ersparnis: durchschnittlich ca. 35%

Verkaufszeiten: Mi. 9.30-18.00 Uhr

Hinweise: kleiner Verkaufsraum, es sind nur Auslaufmodelle in 2. Wahl erhältlich

Anfahrtsweg: A 6 Ausfahrt Ludwigshafen-Nord nach Frankenthal, hier befindet sich die Firma beim Strandbad

68305 Mannheim

▶ ZEWA

SCA Hygiene Products GmbH
68305 Mannheim Sandhofen / Sandhofer Str. 176
Tel. (0621) 7780 / saca.de

Warenangebot: Putztücher, Toilettenpapier, Papiertaschentücher, Servietten, Pappteller, Tischdekoration u.v.m., u.a. Marken Danke, Zewa, Velvet, Tena

Ersparnis: ca. 30% im Durchschnitt

Verkaufszeiten: Mo., Mi., Do. 12.00-16.15 Uhr, Fr. 12.00-15.00 Uhr

Hinweise: hauptsächlich sind Großpackungen erhältlich, meist ist auch 2. Wahl vorhanden

Anfahrtsweg: A 6 Abfahrt Mannheim-Sandhofen, die Firma befindet sich in Sandhofen am Rhein, der Eingang zum Verkauf erfolgt durch Tor 3

Sonstiges

71554 Weissach im Tal

69483 Wald-Michelbach

▶ CORONET

**Coronet-Werke GmbH / Holz- u. Kunststoffverarbeitung
69483 Wald-Michelbach / Neustadt 2
Tel. (06207) 601-0 / coronet.de**

Warenangebot:	Bürsten, Besen, Tücher, Schwämme, Handschuhe, Artikel für WC, Bad und Körperpflege incl. Zahnbürsten und Oral Care, Kleiderbügel, Ordnungshilfen, Bügelbrettbezüge und -zubehör, Anstreicher- und Tapeziergeräte, Fußmatten etc.
Ersparnis:	teilweise bis zu 50%
Verkaufszeiten:	Di. und Fr. 14.00-17.00 Uhr
Hinweise:	es ist das komplette Sortiment erhältlich sowie besonders preiswerte 2. Wahl, Messemuster und Auslaufmodelle
Anfahrtsweg:	Wald-Michelbach liegt ca. 30 km nordöstlich von Mannheim, A 5 Karlsruhe-Frankfurt am Kreuz Weinheim auf die B 38 über Weinheim bis Mörlenbach, dort rechts ab nach Wald-Michelbach, im Ort ist die Firma nicht zu übersehen, sie befindet sich direkt an der Hauptstaße

71554 Weissach im Tal

▶ ROMBOLD

**G. Rombold & Sohn / Tonwarenfabrik
71554 Weissach i. Tal Unterweissach / Welzheimer Str. 34
Tel. (07191) 35240 / rombold.de**

Warenangebot:	große Auswahl an Tonwaren wie Blumentöpfe, Übertöpfe, Kübel, Schalen und Untersetzer, außerdem importierte Terracotta
Ersparnis:	preisgünstiges Warenangebot
Verkaufszeiten:	Mi. bis Fr. 9.00-11.00 Uhr und 13.00-15.00 Uhr, Do. bis 20.00 Uhr, im April und Mai zusätzl. Sa. 9.00-14.00 Uhr
Anfahrtsweg:	Weissach im Tal liegt ca. 30 km nordöstlich von Stuttgart bei Backnang, die Firma befindet sich im Ortsteil Unterweissach, der Firmenkamin ist ca. 50 m hoch und nicht zu übersehen

72336 Balingen

72336 Balingen

▶ KONTEX

Kontex Christian Konz e. K. Inh. Jürgen Konz / Textilwarenfabrik
72336 Balingen Frommern / Heckäckerstr. 3
Tel. (07433) 34067 / funny-clean.de

Warenangebot:	Mikrofaserprodukte wie Kosmetik- und Massagehandschuh, Sport- und Fitnesstuch, Bade- und Handtuch, Bademantel, Baby-Badetuch, Reinigungshandschuh und -tuch, Brillentuch, Marke Funny Clean, außerdem Nacht- und Freizeitwäsche, Jogginganzüge und Unterwäsche für Damen, Herren und Kinder
Ersparnis:	preisgünstiges Warenangebot
Verkaufszeiten:	Mo. bis Do. 8.00-11.00 Uhr und 13.00-17.00 Uhr, Fr. 8.00-12.00 Uhr
Hinweise:	es ist auch günstige 2. Wahl erhältlich
Anfahrtsweg:	von Balingen Richtung Albstadt nach Dürrwangen, die Firma befindet sich dort gegenüber der Pflanzenschule, von Albstadt kommend das erste Gebäude auf der linken Seite

72555 Metzingen

▶ PRINCESS

Princess Kinderwagen Straub GmbH
72555 Metzingen / Heerstr. 10
Tel. (07123) 9278-0 / princess-kinderwagen.de

Die Ursprünge von princess gehen zurück bis ins Jahr 1866. Damals gründete Fritz Kuhn die Kinderwagenfabrik Kuhn & Söhne. 1935 übernahmen Karl und Hilde Reiff den Betrieb und konzentrierten die Produktion auf Kinder- und Puppenwagen. 1977 übernahmen Karl und Ilsa Straub das Unternehmen und stellten die Produktion völlig um, hin zum qualitativ hochwertigen Kinderwagen mit höchsten Ansprüchen an Design, Sicherheitstechnik und Komfort. Gefertigt wird ausschließlich im eigenen Werk in Metzingen, teilweise noch in Handarbeit.

Warenangebot:	Kinderwagen, Sportwagen und Buggies aus eigener Herstellung, außerdem Handelsware anderer Hersteller wie Kinderwagen, Spielzeug, Autositze, Betten, Bettwäsche etc., fast alles für's Baby und Kind, außer Bekleidung
Ersparnis:	ca. 25% bei Eigenprodukten, die Handelsware ist kaum günstiger
Verkaufszeiten:	Mo. bis Fr. 9.30-18.00 Uhr, Sa. 9.00-13.30 Uhr

74564 Crailsheim

Anfahrtsweg: von Stuttgart kommend durch Metzingen durch, gleich nach der Eisenbahnbrücke links ab Richtung Neuffen, danach die erste Straße rechts einbiegen, hinter "Lidl"

72574 Bad Urach

▶ MINIMAX

Minimax GmbH
72574 Bad Urach / Minimaxstr. 1
Tel. (07125) 1540 / minimax.de

Warenangebot: Pulver- und Schaum-Feuerlöscher für Haushalt, Camping, Boot und Auto

Ersparnis: 15-35%, je nach Artikel unterschiedlich

Verkaufszeiten: Mo. bis Fr. 8.00-12.00 Uhr und 13.00-15.30 Uhr

Hinweise: Altgeräte können auch wieder aufgefüllt werden

Anfahrtsweg: A 8 Stuttgart-Ulm Ausfahrt Wendlingen, über Nürtingen und Metzingen nach Bad Urach, dort befindet sich die Firma am Ortsanfang auf der linken Seite

74564 Crailsheim

▶ PLASTIFLOR

Botanic Haus - Plastiflor
74564 Crailsheim / Pistoriusstr. 37-42
Tel. (07951) 304-0 oder -59 (Verkaufsraum) /
botanic-haus.de

Die Firma Botanic Haus-plastiflor hat sich seit der Gründung im Jahre 1956 zu einer der großen Adressen des europäischen Kunstblumen-Marktes entwickelt. Sie behauptet ihre führende Stellung durch creative Ideen im Produkt-Design und ist international prä

Warenangebot: textile Blumen, Blätter, Früchte, Blütenpflanzen und Sträuße, Naturstämme mit textilen Blüten und Blättern, außerdem künstliche Pflanzen, Bäume und Farne aus textilen Materialien sowie festliche Dekorationen und Geschenkideen für Weihnachten, Ostern u.a.

Ersparnis: unterschiedlich je nach Artikel, günstige Angebote

Verkaufszeiten: Mo. bis Mi., Fr. 9.00-13.00 Uhr, Do. 14.00-18.00 Uhr

Anfahrtsweg: A 6 Heilbronn Richtung Nürnberg, Abfahrt Crailsheim, in Crailsheim befindet sich die Firma im Stadtteil Türkei nahe der Bahnunterführung

74679 Weißbach

74679 Weißbach

▶ HORNSCHUCH

Konrad Hornschuch AG
74679 Weißbach / Salinenstr. 1
Tel. (07947) 81-0 / hornschuch.de

Warenangebot: Tischdecken und -sets aus Kunststoff, Selbstklebefolien, Marke d-c-fix, außerdem Kunstleder, Folien und beschichteten Textilien, Marke skai sowie einige Kinderspielsachen

Ersparnis: preisgünstige Angebote, 2. Wahl und Sonderposten sind besonders preiswert

Verkaufszeiten: Mo. 13.30-18.00 Uhr, Di. bis Fr. 8.45-12.45 Uhr und 13.30-18.00 Uhr, jeden 1. Sa. im Monat 8.45-12.00 Uhr

Hinweise: auch Verkauf von 2. Wahl, Rest- und Sonderposten

Anfahrtsweg: A 6 Heilbronn-Nürnberg, Ausfahrt Kupferzell auf die B 19 bis Künzelsau, von dort abbiegen nach Weißbach, die Firma ist dort ausgeschildert

74731 Walldürn

▶ BOLSIUS

Bolsius Deutschland GmbH / Wachswarenfabrik
74731 Walldürn / Eisenbahnstr. 30
Tel. (06282) 78-0 oder -100 (Verkaufsstelle) / bolsius.com

Warenangebot: große Auswahl an Kerzen aller Art wie z.B. Tafelkerzen, Stumpenkerzen, Schwimmkerzen, Duftkerzen, Teelichte, Maxi-Teelichte, Kugelkerzen, Lampenkerzen, Grablichte, Kräuterduft- und Figurenkerzen, Mehrdochtkerzen, Festtagskerzen für z.B. Taufe und Hochzeit etc.

Ersparnis: durchschnittlich ca. 40%, Kiloware ist besonders preiswert

Verkaufszeiten: Mo. bis Fr. 9.00-12.30 Uhr und 13.00-18.00 Uhr, Sa. 9.00-12.00 Uhr

Hinweise: teilweise ist auch 2. Wahl sowie günstige Kiloware erhältlich

Anfahrtsweg: von Tauberbischofsheim auf der B 27 kommend an der Shell-Tankstelle vorbei, nach der Eisenbahnlinie die erste Straße links einbiegen

74838 Limbach

▶ ZICOLI

Zicoli Leuchten Zimmermann & Co. GmbH
74838 Limbach / Heidersbacher Str. 2
Tel. (06287) 932-0 / zicoli.com

Aus einem kleinen Gründerteam von 1921 ist in der Zwischenzeit ein mittelständischer Betrieb entstanden. Unter einem Dach wird entwickelt, getestet, produziert und der Vertrieb gesteuert. Zicoli bietet modernes und klassisches Leuchtendesign sowie schönes Licht für alle Ansprüche.

Warenangebot:	große Auswahl an Wohnraumleuchten aller Art wie Stand-, Tisch-, Wand-, Decken- und Hängeleuchten
Ersparnis:	bis zu 50%, teilweise auch mehr möglich
Verkaufszeiten:	Mo. 9.00-12.00 Uhr und 14.00-18.00 Uhr, Di. bis Fr. 14.00-18.00 Uhr, Sa. 9.00-14.00 Uhr
Hinweise:	es sind ausschließlich Restposten und Einzelstücke erhältlich
Anfahrtsweg:	Limbach liegt im Odenwald nahe der B 27 zwischen Walldürn und Mosbach, dort befindet sich die Firma in der Heidersbacher Str., Richtung Limbacher Mühle

74862 Binau

▶ LEVIOR

Voss Bike Line GmbH
74862 Binau / Burg-Dauchstein-Str. 5
Tel. (06263) 42020 / levior.de

Warenangebot:	alles für den Motorrad- und Rollerfahrer von Kopf bis Fuß, z.B. Motorrad- und Fahrradhelme, Lederbekleidung, Handschuhe, Regenkombis, Nierengurte, Tankrucksäcke, Zubehör etc., sehr große Auswahl
Ersparnis:	aktuelle Kollektion bis zu 35%, bei Auslaufmodellen und 2. Wahl-Artikeln teilweise bis zu 70 %
Verkaufszeiten:	Mo. bis Fr. 9.00-18.00 Uhr, Do. bis 20.00 Uhr (März bis Sept.), Sa. 9.00-13.00 Uhr
Hinweise:	der Verkauf erfolgt im angegliederten Ladengeschäft
Anfahrtsweg:	Binau liegt östlich von Heidelberg, an der B 37 zwischen Eberbach und Mosbach, die Firma befindet sich im Gewerbegebiet, auf der Seite vom Bahnhof

76297 Stutensee

76297 Stutensee

▶ MEIER BALLON

Meier Ballon GmbH
76297 Stutensee / Am Sohlweg 26
Tel. (07244) 720 846 / meier-ballons.de

Warenangebot:	Luftballons in unterschiedlichen Größen, Formen und Farben
Ersparnis:	Preisbeispiel: Ballons mit Fehldrucken 100 Stück für EUR 2,50 und 500 Stück für EUR 10,-
Verkaufszeiten:	Mo. bis Do. 8.00-16.30 Uhr, Fr. 8.00-16.00 Uhr
Hinweise:	die Herstellung von Luftballons mit eigenem Aufdruck ist ab bestimmten Stückzahlen möglich, dauert ca. 1 Woche
Anfahrtsweg:	Stutensee liegt ca. 10 km nordöstlich von Karlsruhe, dort befindet sich die Firma im Industriegebiet-Nord, in einer blauen Halle

78549 Spaichingen

▶ HOGRI

Hogri Honer u. Grimm GmbH & Co. KG
78549 Spaichingen / Sallancher Str. 6
Tel. (07424) 95610 / hogri.de

Hogri ist ein Familienunternehmen, das seit seiner Gründung im Jahr 1909 vor allem Geschenke aus edlen Metallen herstellt. Heute wird Hogri in der vierten Generation geführt. Mit der Marke "Friends Forever" werden Edelstahlgeschenke von hohem Gebrauchswert hergestellt. Produkt und Verpackung bilden bei jedem Teil eine originelle Einheit die Fröhlichkeit verbreitet.

Warenangebot:	Wohn-, Küchen- und Tischaccessoires in fröhlichen Designs aus Edelstahl, versilbertem und vernickeltem Messing wie Gießkännchen, Salatbesteck, Käsehobel, Spaghettizange, Flaschenöffner, Türgarderobe, Buchstützen, Schlüsselhalter, Schuhlöffel, Untersetzer, Brieföffner u.v.m.
Ersparnis:	preisgünstige Angebote
Verkaufszeiten:	Di. bis Do. 8.00-11.30 Uhr und 14.00-16.00 Uhr, Fr. 8.00-11.30 Uhr
Hinweise:	separater Verkaufsraum, es sind hauptsächlich Artikeln mit kleinen Fehlern erhältlich, nicht alle Artikel werden selbst hergestellt

86381 Krumbach

Anfahrtsweg: Spaichingen liegt an der B 14 zwischen Rottweil und Tuttlingen, in der Stadtmitte von Spaichingen einbiegen in die Sallancher Str., nach ca. 200 m befindet sich das Gebäude direkt gegenüber dem Busbahnhof, an der Seite ist der Treppenaufgang zum Fabrikverkauf

86167 Augsburg

▶ WELTBILD

**Weltbild Lagerverkauf
86167 Augsburg / Steinerne Furt 59
Tel. (0821) 7473054 / weltbild.de**

Basis des Unternehmens ist der Weltbild-Stammkunden-Katalog. 1972 aus einem dünnen Schwarz-Weiß-Prospekt als Service für die Leser der Zeitschrift "Weltbild" entstanden, geht der heute bis zu 400 Seiten starke farbige Katalog Monat für Monat an bis zu vier Mio. Haushalte. Seit 1989 ist Weltbild Marktführer im clubfreien Medienversand in Deutschland.

Warenangebot: große Auswahl an Büchern, Tonträgern und Software, außerdem Boutiqueartikel wie Haushaltswaren, Gartenartikel, Deko- und Geschenkartikel

Ersparnis: 60% im Vergleich zum Katalogpreis, Sonderangebote sind noch günstiger

Verkaufszeiten: Mi. bis Fr. 14.00-20.00 Uhr, Sa. 12.00-18.00 Uhr (Sa. jedoch evtl. nicht das ganze Jahr über)

Hinweise: Lagerverkauf, bei Büchern sind ausschließlich Exemplare mit leichten Lagerschäden erhältlich, ansonsten sind Restposten und Artikel aus Rücksendungen erhältlich

Anfahrtsweg: A 8 München-Stuttgart Augsburg-Ost Richtung Stadtmitte, an der ersten Ampel links in das Industriegebiet und an der zweiten Ampel rechts in "Steinerne Furt", der Lagerverkauf befindet sich auf der rechten Seite direkt neben "Aldi"

86381 Krumbach

▶ STEINHART

**Gebr. Steinhart Wachswarenfabrik GmbH & Co.
86381 Krumbach / Buchstr. 20
Tel. (08282) 899-0 oder -157 (Verkauf) / steinhart.de**

Warenangebot: große Auswahl an Kerzen aller Art wie Advents- und Baumkerzen, Bienenwachskerzen, Schwimmkerzen, Spitz- und Stumpenkerzen, Leuchterkerzen, modische

86653 Monheim

	Kerzen, Duftkerzen, Kugelkerzen, Kerzenleuchten, Seidenblütenkränze
Ersparnis:	ca. 35% im Durchschnitt
Verkaufszeiten:	Mo. bis Fr. 9.00-12.00 Uhr und 14.00-17.30 Uhr, Sa. 9.00-12.00 Uhr
Hinweise:	kleiner Verkaufsraum, es sind auch 2. Wahl-Artikel erhältlich
Anfahrtsweg:	von Krumbach auf der Babenhauser Str. (B 300) Richtung Memmingen, rechts einbiegen in die Buchstr. (nach der Abzweigung Richtung Illertissen)

86653 Monheim

▶ HAMA

Hama GmbH & Co.
86653 Monheim / Dresdner Str. 9
Tel. (09091) 502-423 / hama.de

Das 1923 in Dresden gegründete und 1945 im bayerischen Monheim neu aufgebaute traditionsreiche Familienunternehmen ist heute mit seinen 16.000 Produkten einer der führenden Zubehörspezialisten für die Produktbereiche Photo, Video, Audio, Computer und Telekommunikation und beschäftigt weltweit 1600 Mitarbeiter.

Warenangebot:	große Auswahl an Handy-, Computer-, Photo- und Video-Zubehör aller Art, Schulranzen und Zubehör sowie Kindergartentaschen von Samsonite, Bilderrahmen, Alben, CD-Ständer etc., großes Warenangebot mit über 500 Artikeln
Ersparnis:	unterschiedlich je nach Artikel, durchschnittlich ca. 25%, bei Restposten und Messeware bis zu 50%
Verkaufszeiten:	jeden 1. und 3. Fr. im Monat (außer an Feiertagen) 12.00-17.00 Uhr
Anfahrtsweg:	Monheim liegt an der B 2 zwischen Augsburg und Nürnberg, ca. 15 km nördlich von Donauwörth, der Verkauf befindet sich in Monheim im Verwaltungsgebäude an der Straße Richtung Treuchtlingen, die Firma ist an dieser Strecke auch beschildert

88161 Lindenberg

▶ ACHBERGER

Achberger GmbH & Co. KG
88161 Lindenberg / Lauenbühlstr. 59
Tel. (08381) 509-0 / achberger.net

91637 Wörnitz

Warenangebot:	Dekorationsartikel aller Art wie z.B. künstliche Blumen und floraler Heimschmuck, außerdem Bastelbedarf aus Lagerrestbeständen
Ersparnis:	unterschiedlich je nach Artikel, günstige Angebote
Verkaufszeiten:	Mo. bis Fr. 9.00-18.00 Uhr
Hinweise:	nicht alle Artikel werden selbst hergestellt
Anfahrtsweg:	Lindenberg liegt an der B 32 zwischen Wangen i. Allgäu und Immenstadt, die Firma befindet sich dort im Industriegebiet neben dem Möbelhaus

89547 Gerstetten

▶ LECO

Leco Gesundheitshilfen GmbH
89547 Gerstetten / Eisenbahnstr. 5
Tel. (07323) 850 / lecorubb.de

Warenangebot:	Lecorubb-Massageartikel wie Massage-Handschuh und -Schwamm, außerdem Sandaletten und Pantoletten für Damen und Herren, Massage-Einlegesohlen sowie Kissen und Pflegeprodukte
Ersparnis:	durchschnittlich ca. 30%
Verkaufszeiten:	Mo. bis Do. 13.00-16.00 Uhr
Hinweise:	angegliedertes Ladengeschäft, es sind nur 2. Wahl- und Auslaufartikel erhältlich
Anfahrtsweg:	von Heidenheim auf der B 466 nach ca. 5 km links abbiegen nach Gerstetten, die Firma befindet sich am Ortsbeginn nahe den Bahngleisen, ist auch ausgeschildert

91637 Wörnitz

▶ LANGHAMMER & GASDA

Kerzenmanufaktur Langhammer & Gasda GmbH
91637 Wörnitz / Westringstr. 3/5
Tel. (09868) 78-0 / gala-kerzen.de

Warenangebot:	große Auswahl an Kerzen aller Art wie z.B. Haushaltskerzen, Weihnachtskerzen, Duftkerzen, Stumpenkerzen, Figurenkerzen, Dekokerzen, Gartenlichte etc., auch Zubehörartikel
Ersparnis:	bei 1. Wahl ca. 25 %, 2. Wahl ist noch preisgünstiger

93354 Biburg

Verkaufszeiten: Mo. bis Fr. 8.30-17.00 Uhr, an den Adventssamstagen 8.30-12.00 Uhr

Hinweise: separates Ladengeschäft, der Eingang befindet sich in der Industriestr.

Anfahrtsweg: Wörnitz liegt ca. 20 km südlich von Rothenburg an der A 7, im Ort befindet sich die Firma am Anfang vom Industriegebiet, ist ausgeschildert

93354 Biburg

▶ LOTTIES

Lotties Wickelsysteme
93354 Biburg Dürnhart / Ortsstr. 50
Tel. (09444) 97800 / lotties.de

Warenangebot: waschbare Babywindeln und Stilleinlagen, Wickelzubehör, Pflegeartikel, Marke Lotties, Babywäsche aus naturbelassener Baumwolle, Plüschspielwaren, Marke Cuore Verde

Ersparnis: bei 1. Wahl bis zu 20%, bei 2. Wahl und Restposten bis zu 50% möglich

Verkaufszeiten: Mo. bis Fr. 7.30-12.00 Uhr und 13.00-16.00 Uhr, evtl. vorher anrufen

Hinweise: separater Verkaufsraum

Anfahrtsweg: A 93 Regensburg-Holledau Ausfahrt Siegenburg auf die B 299 Richtung Neustadt, nach ca. 2 km rechts ab auf die B 301 Richtung Abensberg, die Firma befindet sich nach weiteren ca. 1,5 km rechts im Industriegebiet Dürnhart

94094 Rotthalmünster

▶ STERA

Erich Kopschitz GmbH / Kerzenfabrik
94094 Rotthalmünster / Am Goldberg 31
Tel. (08533) 201-22 / kopschitz.de

Die Kerzenfabrik Kopschitz wurde 1810 im Sudetenland, im heutigen Tschechien, gegründet. Nach dem zweiten Weltkrieg musste in Rotthalmünster eine neue Existenz aufgebaut werden. Heute ist die Firma Kopschitz ein Familienunternehmen in der vierten Generation. Das Unternehmen erwirtschaftet ungefähr die Hälfte des Umsatzes mit den USA, Kanada und den meisten westeuropäischen Ländern und unterhält zwei Produktionsstandorte. Kopschitz hat derzeit Deutschlands größten Kerzen-Werksverkauf.

95643 Tirschenreuth

Warenangebot: sehr große Auswahl an modischen und traditionellen Zierkerzen, weihnachtlichen Kerzen, Kerzen für Geburtstage und Jubiläen, Tauf-, Kommunion- und Hochzeitskerzen der Eigenmarke Stera, außerdem ein Sortiment an Zubehör- und Dekorationsartikeln wie Blütenkränze, Kerzensand, Kerzenteller u.v.m.

Ersparnis: preisgünstiges Angebot, Kilo-Ware ist besonders preiswert

Verkaufszeiten: Mo. bis Fr. 9.00-18.00 Uhr, Sa. 9.00-12.00 Uhr

Hinweise: neue Verkaufshalle mit großem Parkplatz, es werden auch 2. Wahl- und Auslaufartikel verkauft

Anfahrtsweg: auf der B 12 oder der A 3 von Passau über Pocking nach Rotthalmünster, im Ort liegt der Werksverkauf oberhalb vom Marktplatz, er ist überall ausgeschildert

95643 Tirschenreuth

▶ **NK-ZINN**

Zinn-Kraus GmbH & Co. KG
95643 Tirschenreuth / Mitterweg 11
Tel. (09631) 2749 / zinn-kraus.de

NK-Zinn wird seit ca. 30 Jahren im Gegensatz zu der heute üblichen maschinellen Fertigung von Hand massiv gegossen (Kokillenguss) und nach alter Handwerkstradition weiterverarbeitet. Dadurch ist seine Qualität einzigartig. Die gesamte Produktpalette entspricht den Vorschriften des Lebensmittelgesetzes und kann somit unbedenklich für Speisen und Getränke verwendet werden.

Warenangebot: große Auswahl an Zinnwaren aller Art wie z.B. Krüge, Teller, Becher, Vasen, Schalen, Bilder, mundgeblasenes Glas veredelt mit Zinn, Dekorationsartikel u.v.m., Marke NK-Zinn-Collection

Ersparnis: unterschiedlich, ca. 20-40%

Verkaufszeiten: Mo. bis Fr. 8.00-12.00 Uhr und 13.00-16.30 Uhr

Hinweise: separate Verkaufsräume, Service-Leistungen wie z.B. Reparaturen, Textgravuren (z.B. Widmungen) sowie Lieferung nach Hause sind möglich

Anfahrtsweg: Tirschenreuth liegt an der B 15 zwischen Mitterteich und Weiden, die Firma befindet sich im Industriegebiet Richtung Weiden

96215 Lichtenfels

96215 Lichtenfels

▶ EICHHORN

Eichhorn Kinderwagen GmbH
96215 Lichtenfels Seubelsdorf / Siedlerstr. 8
Tel. (09571) 9549-0 / eichhorn-kinderwagen.de

Warenangebot:	Kinder-, Sport- und Kombinationswagen, Jogger, Zwillingswagen, Marken Eichhorn und Interbaby
Ersparnis:	unterschiedlich je nach Artikel, günstige Angebote
Verkaufszeiten:	Mo. bis Do. 8.30-12.00 Uhr und 13.30-16.00 Uhr, Fr. bis 15.00 Uhr
Hinweise:	separater Ausstellungsraum, vereinzelt sind auch günstige 2. Wahl und Auslaufartikel erhältlich
Anfahrtsweg:	Lichtenfels liegt ca. 25 km nördlich von Bamberg, auf der B 173 kommend Ausfahrt Lichtenfels-West, dann in den Ortsteil Seubelsdorf

96242 Sonnefeld

▶ HARTAN

Joh. Georg Hartan / Kinderwagenwerk
96242 Sonnefeld Gestungshausen / Mühlenweg 1
Tel. (09266) 9690 / hartan.de

Warenangebot:	Kinderwagen- und Sportwagenkombinationen, Buggy und Zwillingswagen, Marke Hartan, außerdem Zubehör wie Fußsack, Schirm, Winterfelleinlage u.v.m.
Ersparnis:	ca. 15-20%
Verkaufszeiten:	Mo. bis Do. 13.00-16.00 Uhr
Hinweise:	kleiner Verkaufsraum im 2. Stock des Verwaltungsgebäudes, es sind nicht immer alle Modelle verfügbar
Anfahrtsweg:	B 303 Coburg-Kronach über Sonnefeld nach Gestungshausen, großes Gebäude, schon von weitem sichtbar

▶ HAUCK

Hauck GmbH & Co. KG
96242 Sonnefeld / Frohnlacher Str. 8
Tel. (09562) 9860 / hauck.de

96247 Michelau

Warenangebot:	Buggies, Geschwisterwagen, Jogger, Kombiwagen und Kinderwagenzubehör, außerdem Autositze, Bauchtrage, Reisebetten, Rückentrage, Tischsitz, Babyschaukeln, Bollerwagen, Hochstühle, Kinderbetten, Krabbeldecken, Lauflerngeräte, Schlafsäcke, Stubenwagen, Wickeltisch u.v.m., Marke Hauck
Ersparnis:	bis zu 30% möglich bei Buggies und Stubenwagen, zugekaufte Artikel sind nicht günstiger
Verkaufszeiten:	Mo. bis Do. 9.15-12.00 Uhr und 12.30-16.30 Uhr, Fr. 9.15-16.00 Uhr, Sa. 9.00-13.00 Uhr
Hinweise:	separater Verkaufsraum gegenüber vom Fabrikgebäude, teilweise sind auch günstige 2. Wahl, Auslaufmodelle und Warenretouren erhältlich, nur Buggies und Stubenwagen werden selbst hergestellt
Anfahrtsweg:	Sonnefeld liegt an der B 303 zwischen Coburg und Kronach, von Coburg kommend befindet sich die Firma gleich am Ortseingang auf der linken Seite

▶ HAUCK-KINDERWAGEN

Otto Hauck & Sohn
96242 Sonnefeld / Bieberbacher Str. 12
Tel. (09562) 84166 / hauck-kinderwagen.de

Warenangebot:	Kinderwagen, Kombi-Kinderwagen, Sportwagen, Dreirad-Sportwagen und Zwillingskinderwagen, außerdem versch. Bollerwagen, Collectionen Hauck und Pretty Baby
Ersparnis:	relativ gering, ca. 10-20%
Verkaufszeiten:	Mo. bis Fr. 8.00-18.00 Uhr, Sa. 9.00-13.00 Uhr
Hinweise:	separater Verkaufsraum gegenüber vom Werk, nicht alles ist aus eigener Herstellung
Anfahrtsweg:	Sonnefeld liegt an der B 303 zwischen Coburg und Kronach, die Firma befindet sich in Sonnefeld in der Nähe vom Sportplatz

96247 Michelau

▶ KNORR

Knorr GmbH & Co. KG
96247 Michelau / Gutenbergstr. 1
Tel. (09571) 8031 / knorr-int.com

97228 Rottendorf

Warenangebot:	Kombi-Kinderwagen, Sportwagen, 3-Rad-Sportwagen, Buggies und Kinderwagen-Zubehör, außerdem Spielwaren wie Puppenwagen, Puppenbuggy, Puppenbetten, Nostalgiewagen sowie Puppenzubehör
Ersparnis:	günstige Angebote
Verkaufszeiten:	Mo. bis Fr. 13.00-16.45 Uhr
Hinweise:	nicht alles ist aus eigener Herstellung
Anfahrtsweg:	Michelau liegt südöstlich von Coburg bei Lichtenfels, dort befindet sich die Firma im Industriegebiet

97228 Rottendorf

▶ PROPHETE

Prophete Fahrradmontage GmbH
97228 Rottendorf / Schießhausstr. 11
Tel. (09302) 3070 / prophete.de

Die Firma Prophete wurde 1908 in Halle an der Saale gegründet. In den 70er Jahren belieferte die vom Großhandel zur Produktion erwachsene Firma SB-Warenhäuser und Verbrauchermärkte. Bis heute konnte ein deutlicher Ausbau der Bedeutung in der deutschen SB- und Baumarktlandschaft erreicht werden.

Warenangebot:	Fahrräder wie z.B. Touren- und Trekkingräder, Mountain-Bikes etc. für Damen, Herren und Kinder, Fahrradzubehörteile, Motorroller, Marken Prophete, Mountec, Konbike, Konsul
Ersparnis:	günstige Angebote, besonders bei 2. Wahl
Verkaufszeiten:	Mo. bis Fr. 9.00-12.00 Uhr und 13.00-16.30 Uhr, Sa. 9.00-12.00 Uhr
Hinweise:	es sind hauptsächlich 2. Wahl und Auslaufmodelle erhältlich, meist am 1. Sa. im Monat finden zusätzliche 2. Wahl-Verkäufe statt, genaue Termine erfragen
Anfahrtsweg:	von Würzburg ca. 5 km auf der B 8 nach Rottendorf, dort befindet sich die Firma im Gewerbegebiet, ist dort ausgeschildert

99867 Gotha

▶ JEKA

Gothaer Kerzenfabrik GmbH
99867 Gotha / Am Heutalsweg 7
Tel. (03621) 3037-0 / jeka.com

99867 Gotha

Warenangebot:	Kerzen wie z.B. Stumpen-, Spitz- und Tafelkerzen sowie verzierte Kerzen, Marke Jeka
Ersparnis:	durchschnittlich ca. 30%, manche Kerzen sind auch zum sehr günstigen Kilopreis erhältlich
Verkaufszeiten:	Mo. bis Fr. 8.00-16.00 Uhr, Sept. bis Weihnachten zusätzlich auch Sa. 9.00-12.00 Uhr
Hinweise:	teilweise ist auch 2. Wahl erhältlich
Anfahrtsweg:	Gotha liegt ca. 25 km westlich von Erfurt, dort auf die B 247 Richtung Bad Langensalza, am Ortsausgang in der Talsenke links einbiegen, ist auch ausgeschildert

14641 Wustermark

Fabrikverkaufszentren

14641 Wustermark

▶ B 5 DESIGNER OUTLET CENTER

B 5 Designer Outlet Center GmbH & Co. KG
14641 Wustermark / Alter Spandauer Weg 1
Tel. (033234) 904-0 / b5-doc.de

Deutschlands erstes Outlet Center eröffnete im Mai 2001 mit mehr als 10.000 qm Verkaufsfläche. 2003 wurde das Center erweitert.

Warenangebot: große Auswahl an Markenartikeln aller Art für Damen, Herren und Kinder wie Schuhe, Bekleidung, Sportswear, Accessoires etc., Marken wie Aigner, Birkenstock/Betula, Benetton, Nike, Chiemsee, Hallhuber, Stefanel, Caterpillar, Levi's, Lego u.v.m.

Ersparnis: sehr unterschiedlich je nach Hersteller, ca. 30-60%

Verkaufszeiten: Mo. bis Sa. 10.00-19.00 Uhr

Hinweise: derzeit ca. 40 Shops mit Gastronomie und betreutem Kinderland; es werden hauptsächlich Überproduktionen und Vorjahreskollektionen angeboten

Anfahrtsweg: Wustermark liegt 10 km westlich von Berlin, A 10 Ausfahrt Berlin-Spandau Richtung Spandau, auf der B 5 Ausfahrt Demex, dann rechts auf der Hauptstraße direkt zum Center

66482 Zweibrücken

▶ ZWEIBRÜCKEN OUTLET

Designer Outlet Zweibrücken
66482 Zweibrücken / Londoner Bogen 10-90
Tel. (0800) 6885387 gebührenfrei / doz.com

Warenangebot: sehr große Auswahl an Markenartikeln aller Art für Damen, Herren und Kinder wie Schuhe, Bekleidung, Lederwaren etc., Marken wie Nike, Versace, Burberry, Goldpfeil, Polo

B-3630 Maasmechelen

	Ralph Lauren, Bogner, Benetton, Adidas, Chevignon, Hallhuber, Diesel, Lacoste, Mustang, Tom Tailor u.v.m.
Ersparnis:	sehr unterschiedlich je nach Hersteller, ca. 30-70% bei 1b-Ware, Musterkollektionen, Artikeln der Vorsaison sowie Produktionsüberschüssen
Verkaufszeiten:	Mo. bis Sa. 10.00-19.00 Uhr
Hinweise:	ca. 50 Shops auf ca. 15.000 qm, mit Café und Restaurant
Anfahrtsweg:	Zweibrücken liegt östlich von Saarbrücken an der A 8, Ausfahrt Zweibrücken/Contwig, der Beschilderung Flughafen folgen, dann ist das Outlet ausgeschildert

97877 Wertheim

▶ WERTHEIM VILLAGE

Wertheim Village
97877 Wertheim / Gewerbegebiet Almosenberg
Tel. (09342) 9199-111 / wertheimvillage.com

Warenangebot:	hochwertige Mode aller Art für Damen, Herren und Kinder, Sportbekleidung, Dessous, Schuhe und Accessoires, Reiseutensilien, Wohnaccessoires, Schmuck und Geschenkartikel, Marken Bally, CK Underwear, Golfino, Levi's, Mexx, Möve, Nike, Playtex, Reebok, Timberland, Tommy Hilfiger, Trussardi Jeans, Versace etc.
Ersparnis:	je nach Shop unterschiedlich, ganzjährig bis zu 60%
Verkaufszeiten:	Mo. bis Sa. 10.00-20.00 Uhr, gelegentlich finden auch verkaufsoffene Sonntage statt, genaue Termine erfragen
Hinweise:	über 30 Shops mit Restaurant, Café und Snackbar, kostenlose Parkplätze und Touristen-Information
Anfahrtsweg:	A 3 Würzburg-Frankfurt Ausfahrt Wertheim/Lengfurt, am Ende der Ausfahrtstraße rechts abbiegen, dann die erste Straße links abbiegen und der Zufahrtstraße zum Wertheim Village folgen

B-3630 Maasmechelen

▶ MAASMECHELEN VILLAGE

Maasmechelen Village
B-3630 Maasmechelen / Zetellaan, 100
Tel. (0032)-(89) 774000 / maasmechelenvillage.com

NL-6041 TD Roermond

Warenangebot:	Mode aller Art für Damen, Herren und Kinder, Sportbekleidung, Schuhe und Accessoires, außerdem Reiseutensilien, Wohnaccessoires, Schmuck und Geschenkartikel, Marken Diesel, Féraud, Leonardo, Marc O'Polo, Marlboro classics, Möve, Petit Bateau, Reebok, Samsonite, Schiesser, Tommy Hilfiger, Benetton, Versace, Villeroy & Boch etc.
Ersparnis:	je nach Shop unterschiedlich, mindestens 33%, teilweise auch bis 60%
Verkaufszeiten:	Mo. bis Fr. 10.00-18.00 Uhr, Sa. 10.00-19.00 Uhr
Anfahrtsweg:	von Aachen auf der A 76 Richtung Antwerpen/Heerlen, durch Holland auf der E 314, in Belgien die 1. Ausfahrt Lanaken/Maasmechelen nehmen und der Ausschilderung "Leisure Valley" folgen, der Umgehungsstraße ca. 7 km folgen und dann der Ausschilderung "Maasmechelen Village Outlet" folgen

NL-6041 TD Roermond

▶ DESIGNER OUTLET ROERMOND

Designer Outlet Roermond
NL-6041 TD Roermond / Stadsweide 2
Tel. (0031)-(0)475-351777 / designeroutletroermond.com

Warenangebot:	große Auswahl an Markenartikeln aller Art für Damen, Herren und Kinder wie Schuhe, Bekleidung, Sportswear, Accessoires etc., Marken wie Adidas, Golfino, S. Oliver, Helly Hansen, Levi's, Birkenstock, Nike, Puma, Reebok, Rosenthal, Black & Decker, Alessi, Möve u.v.m.
Ersparnis:	sehr unterschiedlich je nach Hersteller, ca. 30-50%
Verkaufszeiten:	Mo. bis Mi., Fr. 10.00-18.00 Uhr, Do. 10.00-20.00 Uhr, Sa. und So. 10.00-18.00 Uhr
Hinweise:	viele einzelne Shops, mit Gastronomie und Kinderspielplatz; es sind hauptsächlich Überproduktionen und Vorjahreskollektionen erhältlich
Anfahrtsweg:	Roermond liegt in den Niederlanden, ca. 5 km entfernt von der deutschen Grenze, von Mönchengladbach auf der A 52 kommend nach der Grenze auf der N 230 bleiben bis die N 271 kreuzt, an dieser Kreuzung rechts ab auf die N 271 und dann links ab auf die N 280 Richtung Eindhoven, danach an der ersten Ampel rechts abbiegen und man sieht auf der linken Seite das Outlet Center

Sonstiges

Firmenregister

Abkürzungen der Produktgruppen:
B = Bekleidung; **F** = Fabrikverkaufszentren; **G/K/P** = Glas, Keramik, Porzellan;
H = Haushaltswaren und -geräte; **K/R** = Kosmetika, Reinigungsmittel;
L/S = Lederwaren, Schuhe; **M** = Möbel; **N/G** = Nahrungs- und Genussmittel;
S = Sonstiges; **S/S** = Spielwaren, Sportartikel; **S/U** = Schmuck, Uhren;
T/B = Textil- und Bettwaren

A

ACHBERGER, **S**, 578
ACKEL, **B**, 252
ACTIVLINE, **S**, 564
ADIDAS, **S/S**, 429, 437
ADLER, **N/G**, 146
ADRIAN, **M**, 416
AFS, **L/S**, 53
AGILUS DRAGEES, **N/G**, 82
AHLERS, **B**, 191
AHORN, **B**, 225
AIGNER, **L/S**, 52
ALDENHOVEN, **N/G**, 105
ALFI, **H**, 475
ALGI, **K/R**, 546
ALLGÄULAND, **N/G**, 153
ALNO, **M**, 424
ALTHANS, **S/S**, 442
AMBIENTE KRISTALL, **G/K/P**, 387
AMMANN, **B**, 265
AMT, **H**, 466
ANNABURG PORZELLAN, **G/K/P**, 367
ANOLICK, **B**, 344
APART, **T/D**, 503, 522
APELT, **T/B**, 516
ARA, **L/S**, 24, 24
ARABELLA, **B**, 201
ARAMI & RAMIM, **B**, 280
ARENA, **B**, 352
ARIELLA, **B**, 314
ART-TO-BE, **B**, 249
ASCAFA, **B**, 239
ASELI, **N/G**, 72
ASTA, **M**, 421
ASTRO, **N/G**, 97
ATELIER JEANNETTE, **L/S**, 34
ATHLET SPORT, **B**, 277
AUERHAHN, **H**, 468
AUGENTHALER & HEBERER, **L/S**, 32
AUWÄRTER, **B**, 295
AZ MODELL, **B**, 198

B

B 5 DESIGNER OUTLET CENTER, **F**, 586
BÄREN SCHMIDT, **N/G**, 167
BÄRENSCHLAF, **T/B**, 488
BÄUMLER, **B**, 318
BAF, **H**, 457
BAHLSEN, **N/G**, 70, 85, 86, 88, 91, 92, 115, 124, 152, 160
BALBACH, **B**, 298
BALDAUF, **T/B**, 508
BALLY, **L/S**, 41
BALTES, **L/S**, 28
BALZEN, **K/R**, 535
BARFUSS, **N/G**, 105
BARTH & BAUER, **L/S**, 32
BASLER, **B**, 238
BASSETTI, **T/B**, 521
BAUER, **B**, 291
BAUERFEIND, **T/B**, 526
BAUMHÜTER, **B**, 193
BAUSE, **L/S**, 25
BAWAG, **N/G**, 120
BAWO, **T/B**, 502
BAYERN ZINN, **G/K/P**, 386
BAZLEN, **L/S**, 41
BECK, **S/S**, 431
BECKER, **T/B**, 500
BECON, **B**, 178
BEER, **B**, 346

Firmenregister

BEIER, **N/G**, 162
BEINES, **B**, 208
BELLMIRA, **K/R**, 548
BENVENUTO, **B**, 230
BERGER, **T/B**, 520
BERGGOLD, **N/G**, 69
BERGMANN, **L/S**, 27
BERGMANN, **M**, 410
BERKEMANN, **L/S**, 44
BERLIN COSMETICS, **K/R**, 534
BERND LÜBBENJANS, **B**, 215
BERNDES, **H**, 467
BERNING, **N/G**, 113
BERTONE, **B**, 308
BEST, **M**, 420
BETTINA, **T/B**, 499
BETTY BARCLAY, **B**, 249
BETULA, **L/S**, 29
BI, **B**, 330
BIERBAUM, **T/B**, 492, 498
BIG, **S/S**, 436, 441
BIG STAR, **B**, 310
BIHLER, **K/R**, 542
BIHR, **B**, 297
BIKE-PLANTAGE, **S**, 553
BIRITA, **B**, 327
BIRKENSTOCK, **L/S**, 29
BITZER, **B**, 257
BLOMUS, **S**, 566
BMF, **G/K/P**, 402
BODENSCHATZ, **L/S**, 60
BODET & HORST, **T/B**, 497
BODYART, **B**, 266
BÖHRINGER, **S/U**, 450
BÖRDE, **N/G**, 102
BOGI, **B**, 261
BOGNER, **B**, 316, 317, 320, **L/S**, 31
BOLSIUS, **S**, 574
BONACELLI, **B**, 307
BONITA / NICOLAS SCHOLZ, **B**, 213
BORGELT, **B**, 226
BOSCH CONFISERIE, **N/G**, 136
BOSS, **B**, 281
BOTTERBLOOM, **N/G**, 87
BOTTHOF, **B**, 194
BRÄNDLE, **N/G**, 135
BRANDT, **N/G**, 123, 147
BRAUN, **B**, 227
BRAUN, **T/B**, 513
BRAUN BÜFFEL, **L/S**, 30

BRAUNSCHWEIGER BETTFEDERN, **T/B**, 490
BRAVOUR, **B**, 254
BRAX, **B**, 190
BRECKLE, **T/B**, 506
BREE, **L/S**, 21
BRENNET, **T/B**, 519
BRÜHL, **B**, 201
BRUNO BANANI, **B**, 176
BUCHNER, **N/G**, 147
BUCHSTEINER, **H**, 469
BUECKLE, **B**, 302
BÜTTNER, **B**, 358
BUGATTI, **B**, 189
BURGVOGEL, **H**, 461
BURLINGTON, **B**, 310

C

CALGON, **K/R**, 537
CARHARTT, **B**, 310
CARLO COLUCCI, **B**, 337
CAT-STYLE, **B**, 273
CAVALLO, **B**, 224
CBS, **L/S**, 59
CECEBA, **B**, 258
CENTA-STAR, **T/B**, 504
CHAMP, **L/S**, 56
CHAMPIGNON, **N/G**, 150
CHARMOR, **B**, 343
CHICCO, **S**, 567
CHRISTL, **B**, 287
CINQUE, **B**, 206
CLEMENS, **S/S**, 432
COLLECTION PHÖNIX, **B**, 341
COLSMAN, **T/B**, 492
COMAZO, **B**, 271
COMTESSE, **L/S**, 33
CON-TA, **B**, 270
COPPENRATH & WIESE, **N/G**, 112, 116, 117
CORONET, **S**, 571
CREATION GROSS, **B**, 334
CRUSE, **B**, 218

D

DÄUMLING, **L/S**, 38
DALLI, **K/R**, 536
DAMINO, **T/B**, 477

Firmenregister

DANIEL HECHTER, **B**, 242
DANIELS, **B**, 224
DAUNILA, **T/B**, 500
DAUT, **N/G**, 96
DE KALB, **B**, 234
DEAS, **M**, 418
DEHLER, **T/B**, 532
DELFINA, **B**, 255
DELIUS, **T/B**, 485, 487
DELMOD, **B**, 185
DER KLEINE MUCK, **L/S**, 45
DESCH FOR MEN, **B**, 238
DESIGNER OUTLET ROERMOND, **F**, 588
DEUTER, **L/S**, 52
DICKIE, **S/S**, 445
DICKMANN'S, **N/G**, 73
DIESEL, **B**, 205, 214
DIETZ, **L/S**, 37
DIGEL, **B**, 255
DIMA, **M**, 420
DINOMODA, **B**, 192
DIOGENES, **H**, 461
DITTMANN, **N/G**, 128
DK BERUFSMODEN, **B**, 221
DÖLLING HAREICO, **N/G**, 83
DÖRHÖFER, **S**, 567
DOLHAIN & GOLDKUHLE, **N/G**, 107
DORIS MEYER, **T/B**, 507
DORIS STREICH, **B**, 258
DORKO, **H**, 462
DORMISETTE, **T/B**, 493
DORNDORF, **L/S**, 34
DOROTHEENHÜTTE CRYSTAL, **G/K/P**, 381
DOTEX, **T/B**, 516
DRAGEES AUS WESEKE, **N/G**, 100
DREIMEISTER, **N/G**, 123
DREISTERN, **N/G**, 74
DRESDEN CRYSTAL, **G/K/P**, 380
DRESDNER SPITZEN, **T/B**, 477
DRESSLER, **B**, 236
DRETEX, **B**, 176, 266
DREWS, **T/B**, 514
DUKAL, **T/B**, 517

E

EAGLE PRODUCTS, **T/B**, 528
EBERHARDT, **N/G**, 126
ECHTERHÖLTER, **S**, 554
ECKERT, **S/S**, 447
EDEL, **N/G**, 148
EDELMANN, **T/B**, 525
EDSCH, **N/G**, 99
EFIXELLE, **B**, 259
EFRUTI, **N/G**, 161
EHRMANN, **N/G**, 151
EICHETTI, **N/G**, 168
EICHHOLZ, **L/S**, 25
EICHHORN, **S**, 582
EICKER, **H**, 459
EIO, **H**, 475
EISCH, **G/K/P**, 391
EISEND, **B**, 362
EITECH, **S/S**, 430
ELATEX, **B**, 200
ELBEO, **B**, 323
ELEFANTEN, **L/S**, 26
ELO, **T/B**, 512
ELSIWA, **B**, 296
ELZER BACKWAREN, **N/G**, 92
EM-ES-TE, **T/B**, 491
EM-EUKAL, **N/G**, 159
ENGEL, **B**, 290
ENGEL, **S/S**, 443
ENZIAN, **K/R**, 540
ERASCO, **N/G**, 80
ERBACHER, **S/S**, 434
ERBELLE, **T/B**, 532
ERFO, **B**, 219
ERGEE, **B**, 324
ERIMA, **B**, 293
ERLENBACHER, **N/G**, 126
ERLMEIER, **H**, 316
ERNESTO TOYS, **S/S**, 429
ERTELT, **B**, 231
ESCADA, **B**, 281
ESCHENBACH, **G/K/P**, 385
ESDA, **B**, 177
ESPRIT, **B**, 206, 282
ESTELLA, **T/B**, 526
ETERNA, **B**, 343
EULER, **S**, 568
EURAS, **H**, 472
EURESS, **B**, 228
EUROFOAM, **T/B**, 511
EWERS, **B**, 232
EXCELLENT, **B**, 173
EXCELLENT, **N/G**, 141

Firmenregister

F

F.A.N., **T/B**, 502, 530
FABER, **B**, 350
FABRIKVERKAUF SULZBACH, **B**, 245
FACKELMANN, **H**, 474
FAHRHANS, **B**, 336
FALKE, **B**, 229
FALKE, **B**, 231
FASHION OUTLET, **B**, 186, 243, 347
FAUSTMANN, **B**, 326
FEILER, **T/B**, 530
FELD, **B**, 214
FELINA, **B**, 248
FEMIRA, **T/B**, 514
FERUS, **B**, 175
FEURER, **B**, 329
FEYLER, **N/G**, 166
FIFTY FIVE, **B**, 339
FISCHER, **B**, 302
FISCHER, **L/S**, 20
FISCHER, **M**, 425
FISCHER, **N/G**, 164
FISSLER, **H**, 464
FLEURESSE, **T/B**, 522
FLORA, **S**, 565
FM-BÜROMÖBEL, **M**, 408
FORMAT, **B**, 175, 217
FORMESSE, **T/B**, 520
FORSTER, **N/G**, 156
FRAAS, **B**, 351
FRANKE, **B**, 299
FRANKONIA, **B**, 358
FRANKONIA, **N/G**, 166
FREITAG, **N/G**, 87
FREUDENBERG, **L/S**, 39
FRIEDOLA, **S**, 556
FRIESLAND, **G/K/P**, 371
FRIPA, **S**, 568
FROHN, **T/B**, 529
FRONHOFFS, **N/G**, 108
FROTTANA, **T/B**, 478
FUCHS & SCHMITT, **B**, 235
FÜRSTENBERG PORZELLAN, **G/K/P**, 373
FUNKE, **T/B**, 481

G

GABOR, **L/S**, 51
GAENSLEN & VÖLTER, **T/B**, 507
GANTER, **L/S**, 50
GARDEUR, **B**, 184
GEFI, **T/B**, 504
GEHRING, **H**, 459
GEIS, **B**, 241
GEITHAINER, **H**, 455
GEKA, **H**, 457
GEORGI, **B**, 271
GERBI, **B**, 309
GERRY WEBER, **B**, 197
GERSTER, **T/B**, 524
GESKA, **T/B**, 501
GESSLER, **B**, 331
GIES, **S**, 551
GIESEN & FORSTHOFF, **H**, 458
GILITZER, **G/K/P**, 373
GIN TONIC, **B**, 250
GINA B, **B**, 213
GLÄSER, **B**, 225
GLUMANN, **B**, 243
GO-GARDINEN, **T/B**, 515
GOEBEL, **G/K/P**, 404
GÖLA, **B**, 275
GÖNNER, **B**, 329
GÖSCHEL, **T/B**, 485
GÖTZ, **N/G**, 65
GOLDEN LADY, **B**, 232
GOLDPFEIL, **L/S**, 31
GOLLE HAUG, **B**, 273
GONSO, **B**, 274
GOTTENA, **N/G**, 89
GOTTLIEB, **S/U**, 449
GRABOWER, **N/G**, 76
GRAFSCHAFTER, **N/G**, 121
GRAU AROMATICS, **K/R**, 543
GREIFF, **B**, 355
GRIESSON-DE BEUKELAER, **N/G**, 69, 110, 122
GRISLY, **S/S**, 430
GROSANA, **T/B**, 509
GRUYTERS, **N/G**, 109
GUBOR, **N/G**, 144, 145
GUCKY'S, **B**, 268
GÜNTHER, **L/S**, 55
GUMMI BEAR FACTORY, **N/G**, 75, 76
GUMMI-BÄREN-LAND, **N/G**, 131, 133, 136, 138, 139, 142
GUNDELSHEIM KONSERVEN, **N/G**, 140

H

HACO, **L/S**, 51
HÄMMERLE, **B**, 291
HAGNER, **K/R**, 539
HAHN, **B**, 300
HAILO, **S**, 556
HALLOREN, **N/G**, 66
HAMA, **S**, 578
HAMMER, **B**, 350
HANNA, **N/G**, 95
HANNINGER, **B**, 244
HANSA, **N/G**, 113
HAPA, **T/B**, 501
HARDY, **B**, 251
HARIBO, **N/G**, 70, 104, 121
HARK, **S**, 560
HARRO, **B**, 256
HARRY, **N/G**, 90
HARSCH, **B**, 279
HARTAN, **S**, 582
HARTER, **B**, 257
HARZ-KRISTALL, **G/K/P**, 374
HASKAMP, **N/G**, 115
HATICO, **B**, 354
HAUBER, **B**, 288
HAUCK, **S**, 582
HAUCK-KINDERWAGEN, **S**, 583
HAWESTA, **N/G**, 81
HECKING, **T/B**, 497
HEEMANN, **N/G**, 116
HEGEDÜS, **S/U**, 452
HEIM CHIC, **B**, 261
HEIMSATH, **T/B**, 499
HEIN, **N/G**, 114
HEINRICH WINTERLING, **G/K/P**, 395
HEINZ-KETCHUP, **N/G**, 102
HELIX, **L/S**, 59
HELLESIA, **N/G**, 110
HENKEL, **M**, 422
HENRI, **N/G**, 65
HEPCO & BECKER, **S**, 569
HERDER, **H**, 460
HERDING, **T/B**, 494
HERMKO, **B**, 309
HERNER LEUCHTEN, **S**, 559
HEROS, **S/S**, 439
HERR, **S/U**, 451
HERRMANN, **N/G**, 137
HERTA, **N/G**, 104
HERZLAKER, **B**, 222
HESCO, **N/G**, 103
HESS, **S/S**, 428
HIESTAND, **N/G**, 169
HILTL, **B**, 338
HIMOLLA, **M**, 424
HIPP, **B**, 294
HIRSCH, **N/G**, 141
HÖCHSTER PORZELLAN, **G/K/P**, 378
HÖFER, **B**, 353
HOFFMANN, **L/S**, 28
HOGRI, **S**, 576
HOHENSTEIN, **B**, 304
HOLSTEIN FLACHS, **B**, 183
HOLZSCHUH, **B**, 280
HORNSCHUCH, **S**, 574
HORSY, **B**, 362
HOSTA, **N/G**, 140
HOWANA, **B**, 199
HUBERMASCHE, **B**, 272
HUCKE, **B**, 192
HUDSON KUNERT, **B**, 324
HÜGLI, **N/G**, 143
HUMARO, **L/S**, 61
HUMBERT, **B**, 247
HUMMEL, **L/S**, 35
HUOBER, **N/G**, 134
HUTSCHENREUTHER, **G/K/P**, 387, 389, 393, 397, 399
HWF, **T/B**, 482

I

IBENA, **T/B**, 494
INA, **B**, 349
INDONESIA, **N/G**, 100
INTERLÜBKE, **M**, 410
IRISETTE, **T/B**, 513, 519

J

JÄGER, **H**, 458
JAKO-O, **S/S**, 444
JAKOB & PETTERS, **K/R**, 544
JANETZKY, **T/B**, 483
JCC, **L/S**, 43
JE-KÜ, **N/G**, 165
JEKA, **S**, 584
JELA, **L/S**, 26
JENAER GLAS, **G/K/P**, 368

Firmenregister

JIL SANDER, **B**, 183, 282
JOCKEY, **B**, 260
JOKER, **B**, 303
JOLLY, **L/S**, 17, 23
JOOP, **B**, 283
JOPEKO, **G/K/P**, 376
JOSKA, **G/K/P**, 390
JOY, **B**, 335
JUMI, **N/G**, 128
JUNGHANS, **S/U**, 453

K

K + S SHOES, **L/S**, 36
KÄSTLE, **L/S**, 40
KÄTHE KRUSE, **B**, 322
KAHLA PORZELLAN, **G/K/P**, 369
KAISER, **G/K/P**, 401
KAMEI, **S**, 558
KAMPS, **N/G**, 125, 127, 130
KAPPUS, **K/R**, 536
KARIN GLASMACHER, **B**, 223
KARLSBADER, **B**, 356
KASPAR, **G/K/P**, 380
KASTELL, **B**, 239
KATHLEEN, **N/G**, 63
KATJES, **N/G**, 107
KAUFELD, **M**, 412
KEIM, **N/G**, 130
KELLER, **B**, 262
KEMPEL, **B**, 288
KEMPER, **B**, 215
KEMPER, **N/G**, 117
KERALOCK, **K/R**, 548
KERAMA, **G/K/P**, 372
KERAMISCHE WERKE, **G/K/P**, 374
KETTLER, **M**, 408, 416
KETTLER-HERLAG, **M**, 413
KEUPP, **N/G**, 162
KIDCAP, **B**, 248
KINKARTZ, **N/G**, 120
KIRCHHAINER BLUSEN, **B**, 199
KLARMÖBEL, **M**, 417
KLEIN, **B**, 325
KLEINE WOLKE, **T/B**, 483
KLEINEMAS, **N/G**, 98
KLETT, **N/G**, 135
KLEVER SCHUHE, **L/S**, 27
KLINGER, **K/R**, 546
KLINGOL, **K/R**, 538

KLOTZ, **B**, 241
KNAUER, **B**, 357
KNEER, **T/B**, 508
KNEIPP, **K/R**, 547
KNIRPS, **S**, 559
KNOLL, **M**, 418
KNORR, **S**, 583
KOCH, **S/S**, 438
KOCH & BERGFELD, **G/K/P**, 372
KOCHSTAR, **H**, 463
KOCK, **T/B**, 497
KÖHLER, **B**, 319
KÖHLER, **N/G**, 125
KÖNIG, **G/K/P**, 400
KÖNIGLICH TETTAU, **G/K/P**, 403
KÖSEN / SILKE, **S/S**, 427
KONTEX, **S**, 572
KOZIOL, **S**, 569
KPM, **G/K/P**, 370
KREMER, **B**, 242
KRUPS, **H**, 462
KUCHENMEISTER, **N/G**, 124
KÜBLER, **B**, 301
KÜCHLE, **N/G**, 154
KÜHNE, **N/G**, 73, 75, 108
KUMPF, **B**, 253
KUNERT, **B**, 326
KWO, **S**, 550

L

L & U, **L/S**, 42
LAMBERTZ, **N/G**, 119
LAND'S END, **B**, 247
LANG, **B**, 331
LANGER, **B**, 322
LANGHAMMER & GASDA, **S**, 579
LANGHEINRICH, **T/B**, 488
LANGNESE-IGLO, **N/G**, 111, 127
LANWEHR, **N/G**, 154
LAUENSTEIN CONFISERIE, **N/G**, 165
LAUFFENMÜHLE, **T/B**, 518
LAY, **N/G**, 169
LE-GO, **B**, 348
LEBEK, **B**, 228
LECO, **S**, 579
LEIBFRIED, **T/B**, 505
LEIFHEIT, **H**, 465, 470
LEIPOLD, **M**, 426
LEKRA, **B**, 356

Firmenregister

LEMBCKE, **N/G**, 77
LEMBERT, **B**, 321
LEMKE, **N/G**, 72
LEMMI FASHION, **B**, 198
LENHART, **K/R**, 539
LEPLAT, **L/S**, 54
LES CORPS, **B**, 292
LEU, **N/G**, 79
LEUBECHER, **B**, 201
LEVI'S, **B**, 233, 283
LEVIOR, **S**, 575
LICHTE PORZELLAN, **G/K/P**, 405
LINDNER, **G/K/P**, 403
LINDT & SPRÜNGLI, **N/G**, 119
LISSI BÄTZ, **S/S**, 443
LLOYD, **L/S**, 20
LORCH, **B**, 277
LORENZ, **S/S**, 433
LOTOS, **B**, 276
LOTTIES, **S**, 580
LOUIS, **B**, 218
LUBS, **N/G**, 82
LUCIA, **B**, 180
LUDWIGSBURG PORZELLAN, **G/K/P**, 379
LUFTHANSA, **S**, 555
LUHNS, **K/R**, 543
LUTZ, **N/G**, 155
LUTZ & WEISS, **H**, 471
LUTZE & NAGELS, **T/B**, 496
LUXORETTE, **T/B**, 509, 512, 515, 523

M

MAASMECHELEN VILLAGE, **F**, 587
MAC JEANS, **B**, 338, 342
MAC KEE-JEANS, **B**, 250
MAHR, **L/S**, 57
MAIER, **B**, 314
MAJA, **M**, 425
MALITEX, **T/B**, 480
MAMMINGER, **N/G**, 163
MANG, **N/G**, 151
MANN & SCHRÖDER, **K/R**, 544
MANZ, **L/S**, 57, 60
MARC, **L/S**, 22
MARC AUREL, **B**, 193, 194
MARC CAIN, **B**, 179, 268
MARC O'POLO, **B**, 180, 187, 313
MARCONA, **B**, 212

MARKTEX, **M**, 415
MAROLIN, **S/S**, 446
MARYAN, **B**, 311
MASSA, **N/G**, 77
MASTERHAND, **B**, 184
MAUZ, **B**, 205, 262, 270, 345
MAYER F., **B**, 263
MAYKA, **N/G**, 146
MAYSER, **B**, 327
MB-MODE, **B**, 203
MEDICO, **B**, 274
MEFFERT, **S**, 564
MEGA GAGA, **L/S**, 38
MEICA, **N/G**, 86
MEICO, **B**, 332
MEIER BALLON, **S**, 576
MEIKO, **T/B**, 528
MELL, **B**, 306
MERK, **B**, 253
MERKELBACH, **G/K/P**, 375
MEST, **N/G**, 80
METSÄ, **S**, 563
MEXX, **B**, 207
MEY, **B**, 272, 278
MEYER, **S**, 562
MIFA, **S**, 549
MIKOLASCH, **S/U**, 453
MINIMAX, **S**, 573
MINX, **B**, 360
MISS ULRIKE, **B**, 227
MITTERTEICH PORZELLAN, **G/K/P**, 398
MKM, **T/B**, 486
MODEKA, **B**, 230
MOKIMO, **L/S**, 45
MOMM, **T/B**, 523
MONDI, **B**, 337
MONTANUS, **B**, 223
MORE & MORE, **B**, 321
MOSER, **H**, 471
MUCK, **L/S**, 48
MÜLLER, **B**, 354
MÜLLER, **S**, 561
MÜLLER, **T/B**, 527
MÜLLER MILCH, **N/G**, 149
MÜNCHOW, **M**, 409
MÜNNERSTADT BEKLEIDUNG, **B**, 363
MUSTANG, **B**, 172, 305, 305
MWH, **M**, 422

Firmenregister

N

NABER, **B**, 333
NACHTMANN, **G/K/P**, 384, 388, 393
NAPPO, **N/G**, 109
NATEVO, **L/S**, 45
NAUNDORF, **T/B**, 489
NEMMER, **S/S**, 439
NICKEL, **B**, 306
NIEDEREGGER, **N/G**, 81
NIKE, **B**, 187, 284, 333
NINA V. C., **B**, 275
NK-ZINN, **S**, 581
NÖLKE, **N/G**, 98
NORDFRIESLAND FLEISCH, **N/G**, 85
NORTHERN GOOSE, **T/B**, 518
NOVILA, **B**, 312
NOWA, **H**, 465
NUR DIE, **B**, 217

O

ODERMARK, **B**, 204
OLYMP, **B**, 303
OPPERMANN, **N/G**, 78
OSTHEIMER, **S/S**, 431

P

PADDOCK'S, **B**, 185
PAHNA, **N/G**, 94
PAIDI, **M**, 426
PALM BEACH, **B**, 173, 341, 342
PALO, **B**, 289
PAMPOLINA, **B**, 335
PARADIES, **T/B**, 484, 495, 505
PAULY, **N/G**, 100
PAULY, **N/G**, 67
PAUSAER BETTWÄSCHE, **T/B**, 479
PELIKAN, **S**, 552
PELO, **B**, 296
PELZ, **S**, 551
PERLEN & SCHMUCKCENTER, **S/U**, 450
PERO, **B**, 211
PERRY, **B**, 295
PESCHKE, **B**, 351
PESÖ, **B**, 236
PETRA, **H**, 473
PFANN, **N/G**, 157

PFEIFFER, **M**, 413
PFEILER, **T/B**, 482
PHILIPP, **B**, 234
PIERRE CARDIN, **B**, 340
PLAHO, **S/S**, 446
PLASTIFLOR, **S**, 573
PLAYMOBIL, **S/S**, 436
PLOCHINA, **K/R**, 542
PLÜTI NOVA, **S/S**, 445
POMPADUR, **B**, 267
PONNATH, **N/G**, 164
POSCHINGER, **G/K/P**, 391
POTTENDORFER, **T/B**, 492
PRIESS, **B**, 207
PRIMERA, **B**, 216
PRINCESS, **S**, 572
PROPHETE, **S**, 554, 584
PRÜMER, **B**, 221
PUHLMANN, **M**, 409
PULSNITZER LEBKUCHEN, **N/G**, 62
PUMA, **S/S**, 435, 438, 440
PUS-GUSS, **H**, 466

R

RAETZ, **B**, 244
RAITH, **B**, 251
RALPH LAUREN, **B**, 284
RANCH MASTER, **N/G**, 93
RASTAL, **G/K/P**, 376
RATHGEBER, **B**, 304
RAUSCH, **N/G**, 71, 93
RAUSCH, **T/B**, 529
REEBOK, **B**, 334
REICHART, **B**, 359
REICO, **B**, 266
REIFF, **B**, 292
REIMANN, **N/G**, 62
REINEX, **K/R**, 535
RELI, **B**, 330
REMBERT, **S**, 560
RENE LEZARD, **B**, 361
REPLAY, **B**, 222
RETSCH, **G/K/P**, 396
REUSCH, **B**, 284
REUTTER, **N/G**, 139
RICOSTA, **L/S**, 48
RIEGELEIN, **N/G**, 158
RIEKER, **B**, 269
RIEKER, **L/S**, 49

RIES, **S/U**, 451
RIMPLER, **G/K/P**, 388
RINGELLA, **B**, 188
RIO, **B**, 348
RITTER, **B**, 263
RITTER SPORT, **N/G**, 132
RK-SCHOKO, **N/G**, 137
ROBA, **S/S**, 441
RÖSCH, **B**, 252
RÖSLER, **G/K/P**, 404
ROGO, **B**, 365
ROHDE, **L/S**, 22, 23
ROLF BENZ, **M**, 419
ROLLY TOYS, **S/S**, 443
ROMBOLD, **S**, 571
ROMIKA, **L/S**, 30
ROMMEL, **B**, 301
RONCADIN, **N/G**, 112
ROSENTHAL, **G/K/P**, 390, 394, 396, 399, 402
ROSNER, **B**, 319
ROTH, **B**, 182
ROTT, **L/S**, 39
ROTTERDAM, **N/G**, 106
ROY ROBSON, **B**, 181
RSL, **L/S**, 58
RÜLKE, **S/S**, 428
RUFF, **B**, 260
RUN GUSS, **H**, 471
RZ DYCKHOFF, **T/B**, 496

S

S. OLIVER, **B**, 197, 240, 359, 361, **L/S**, 21
SADEX, **N/G**, 133
SÄCHSISCHE LEDERWAREN, **L/S**, 17
SAINT JOHN, **B**, 246
SALAMANDER, **L/S**, 19, 40, 53
SALEWA, **B**, 320
SAMTFABRIK, **B**, 285
SAN SIRO, **B**, 237
SANDBERG, **B**, 363
SANETTA, **B**, 276
SAWADE, **N/G**, 74
SCHÄFER, **B**, 216
SCHÄFER, **T/B**, 517
SCHAFFT, **N/G**, 159
SCHAPURO, **L/S**, 36
SCHAUFF, **S**, 563

SCHELLER, **K/R**, 541
SCHIERHOLZ, **G/K/P**, 407
SCHIESSER, **B**, 177, 308
SCHIPS, **M**, 421
SCHLAFGUT / WOHNGUT, **T/B**, 506, 510
SCHNEIDER, **B**, 200
SCHNELL, **K/R**, 545
SCHNIZLER, **B**, 290
SCHÖLLER, **N/G**, 156
SCHOELLER + STAHL, **T/B**, 511
SCHOKO DRAGEES, **N/G**, 106
SCHOTT, **G/K/P**, 380, 382, 398
SCHOTT ZWIESEL, **G/K/P**, 375, 389
SCHUBERT, **T/B**, 490
SCHÜTZ, **B**, 278
SCHUHMANN, **N/G**, 157
SCHUHWERK, **L/S**, 35
SCHULER, **B**, 237
SCHULTE, **N/G**, 97, 103
SCHWABENFLEISCH, **N/G**, 132
SCHWARZ, **N/G**, 155
SCHWERMER, **N/G**, 149
SCHWERTER EMAIL, **H**, 456
SCOUT, **S**, 570
SEESTERN FROTTIER, **T/B**, 498
SEIBEL, **L/S**, 46
SEIDEL, **B**, 358
SEIDENSTICKER, **B**, 195, 325
SEIDL, **N/G**, 161
SELTMANN, **G/K/P**, 383, 385
SEMPER, **B**, 172
SERVAS, **L/S**, 37
SEVERIN, **H**, 467
SIEBER, **B**, 178
SIEGER, **M**, 423
SIEMER, **B**, 189
SIGIKID, **B**, 353
SIGNUM, **B**, 203
SILBERDISTEL, **G/K/P**, 377
SILIT, **H**, 472, 473
SIMBA TOYS, **S/S**, 437
SINGER, **B**, 349
SINZ, **N/G**, 150
SIOUX, **L/S**, 43, 44
SIRIUS, **H**, 468
SKV-ARZBERG, **G/K/P**, 383, 397, 400
SLG, **S/S**, 433
SOLAR, **B**, 352
SOLIDUS, **L/S**, 49

Firmenregister

SOLIDWEAR, **B**, 174
SONNTEX, **S**, 555
SPEICK, **K/R**, 538
SPEIDEL, **B**, 269, 328
SPESSARTTRAUM, **T/B**, 533
SPIEGELAU KRISTALL, **G/K/P**, 392
SPIELKO, **S/S**, 447
SPIRELLA, **H**, 463
SPORTIVO, **B**, 220
SPRENGEL, **N/G**, 89
SPRICK, **S**, 566
ST. EMILE, **B**, 240
STADLER, **B**, 347
STAIGER, **S/U**, 451
STARLINE, **T/B**, 509
STATZ, **B**, 209
STAUTZ, **B**, 258
STEBA, **H**, 475
STEGMANN, **L/S**, 55
STEIFF, **S/S**, 435
STEILMANN, **B**, 210, 211, 212
STEIN, **T/B**, 503
STEINER, **S/S**, 448
STEINHART, **S**, 577
STENAU, **B**, 219
STERA, **S**, 580
STERNTALER, **B**, 245
STICKPERLE, **T/B**, 480
STIEFFENHOFER, **N/G**, 122
STÖHR, **B**, 338
STÖVER, **N/G**, 88
STOLLWERCK, **N/G**, 68, 71, 118
STORZ, **N/G**, 144
STREET ONE, **B**, 188
STRENESSE, **B**, 285, 323
STRICKTEX, **B**, 364
STRIEBLING, **B**, 259
STRÖBELE, **B**, 279
STRÖBER, **L/S**, 50
STÜSS, **N/G**, 101
STUHLMANN, **B**, 232
STURM, **B**, 293
SUDBROCK, **M**, 411
SÜD BETTFEDERN, **T/B**, 520
SÜDLOHNER FROTTIER, **T/B**, 493
SÜSSE WERBUNG, **N/G**, 145
SULA, **N/G**, 111
SUSA, **B**, 298
SUWAJ, **B**, 182
SYLBO, **B**, 197

T

TAILOR HOFF, **B**, 246
TEDDY, **S/S**, 440
TEGELER, **T/B**, 481
TEKRUM, **N/G**, 152
TEXTILMANUFAKTUR, **T/B**, 478
THE BEST, **B**, 340
THONET, **M**, 412
TIMBERLAND, **B**, 313
TIPP-KICK, **S/S**, 432
TÖPFER, **K/R**, 545
TOLOOP, **B**, 364
TOM TAILOR, **B**, 181
TOMMY HILFIGER, **B**, 286
TONI DRESS, **B**, 336, 346
TOPSTAR, **L/S**, 36
TRABERT, **L/S**, 61
TRAUMWELT, **T/B**, 487
TRAUTH, **N/G**, 143
TRAVELLER, **L/S**, 33
TREBES & HENNING, **L/S**, 19
TRICOSI, **B**, 289
TRIGEMA, **B**, 263
TRIPTIS PORZELLAN, **G/K/P**, 369
TRIUMPH, **B**, 297, 298, 312
TRIXI SCHOBER, **B**, 344
TROCADERO, **B**, 265
TROLLI, **N/G**, 159
TRU, **B**, 315, 317
TURF, **B**, 211
TURM-SCHUH, **L/S**, 18
TUTTI PALETTI, **B**, 294
TVU, **T/B**, 527
TWEANS, **B**, 286

U

ULLA, **B**, 360
UMLAUF & KLEIN, **B**, 179
UNTERWEISSBACHER PORZELLAN, **G/K/P**, 406

V

VABOND, **B**, 190
VALFRUTTA, **N/G**, 99
VAN HOUTEN, **N/G**, 79
VAN LAACK, **B**, 207
VAN NETTEN, **N/G**, 63

VANILIA, **B**, 208
VATERLAND, **S**, 565
VAUDE, **S/S**, 434
VEELMANN, **N/G**, 170
VEITH, **B**, 328
VELO-SPORT, **S**, 561
VERA COSMETIC, **K/R**, 539, 540
VERHOLT, **M**, 414
VERSE, **B**, 195
VIA APPIA, **B**, 332
VIANIA, **B**, 254
VIBA, **N/G**, 170
VIKTORIA, **T/B**, 495
VILLEROY & BOCH, **G/K/P**, 367, 371, 378, 379, 394
VINKELAU, **M**, 416
VITA FORM, **L/S**, 54
VIVA DECOR, **S**, 553
VOGELSANG, **L/S**, 58
VOGT & WOLF, **N/G**, 96
VOITH, **B**, 355
VOLKERT, **B**, 299
VOLKSTEDTER PORZELLAN, **G/K/P**, 368
VOLMER, **M**, 415
VORWERK, **T/B**, 485, 491

W

WACHTER, **N/G**, 158
WÄCHTERSBACHER KERAMIK, **G/K/P**, 377
WÄSCHEKRONE, **T/B**, 525
WAFFEL MEYER, **N/G**, 114
WAGENFELDER SPINNEREI, **T/B**, 499
WAGNER, **N/G**, 129
WAGNER & APEL, **G/K/P**, 406
WALBER, **L/S**, 47
WALDLÄUFER, **L/S**, 47
WALKER, **B**, 345
WALLENDORF PORZELLAN, **G/K/P**, 405
WALZ, **B**, 267
WASSENBERGER POLSTER, **M**, 414
WASTA, **N/G**, 163
WAWI, **N/G**, 129
WEBER, **B**, 357
WEBEREI MÜLSEN, **T/B**, 479
WECK, **G/K/P**, 382
WEGA, **B**, 315
WEGENER, **B**, 202
WEGNER, **B**, 365
WEHRLE, **S/U**, 452
WEIBLEN & RÜMMELIN, **B**, 287
WEIBLER, **N/G**, 101
WEIDEMANN, **B**, 220
WEIDNER, **B**, 339
WEIMAR PORZELLAN, **G/K/P**, 407
WEIMARER WURST, **N/G**, 171
WEINFURTNER, **G/K/P**, 386
WEINMANN, **L/S**, 42
WEINRICH, **N/G**, 94
WEIS, **B**, 235
WEISS, **B**, 226
WEISSBACH, **B**, 229
WEISSELLA, **N/G**, 153
WEISSMANN, **B**, 275
WELA, **N/G**, 78, 165
WELTBILD, **S**, 577
WENDEL, **L/S**, 38
WENDELN, **N/G**, 95
WENZEL & HOOS, **T/B**, 489
WERKMEISTER, **S**, 557
WERNDL, **M**, 423
WERRATAL STÖCKE, **S**, 557
WERTHEIM VILLAGE, **B**, 364, **F**, 587
WESER HOLZWAREN, **S**, 558
WIDAX, **B**, 210
WIEBOLD, **N/G**, 83, 84
WILENSKI, **B**, 233
WILGARTA, **L/S**, 47
WILKENS / BSF, **H**, 456
WILL, **B**, 255
WILTMANN, **N/G**, 99
WILVORST, **B**, 202
WINDROSE, **L/S**, 56
WINDSOR, **B**, 196
WINKLE, **M**, 418
WINKLHOFER, **B**, 344
WMF, **H**, 469
WÖSSNER, **M**, 419
WOLF, **N/G**, 64, 160, 168, 171
WÜRTZ, **B**, 307

Y

YUL, **S**, 552, 562

Firmenregister

Z

ZASPEL, **B**, 209
ZEKIWA, **S**, 550
ZELLER & GMELIN, **K/R**, 541
ZELLER KERAMIK, **G/K/P**, 381
ZELLNER, **T/B**, 531
ZENTIS, **N/G**, 118
ZERO, **B**, 186
ZETTI, **N/G**, 66
ZEWA, **S**, 549, 570
ZICOLI, **S**, 575
ZÖLLNER, **T/B**, 531
ZÖRBIGER, **N/G**, 67
ZOLLNER, **T/B**, 521
ZOTT, **N/G**, 148
ZUMBANSEN, **B**, 193
ZWEIBRÜCKEN OUTLET, **F**, 586
ZWILLING, **H**, 460

Ortsregister

Abkürzungen der Produktgruppen:
B = Bekleidung;   **F** = Fabrikverkaufszentren;   **G/K/P** = Glas, Keramik, Porzellan;
H = Haushaltswaren und -geräte;   **K/R** = Kosmetika, Reinigungsmittel;
L/S = Lederwaren, Schuhe;   **M** = Möbel;   **N/G** = Nahrungs- und Genussmittel;
S = Sonstiges;   **S/S** = Spielwaren, Sportartikel;   **S/U** = Schmuck, Uhren;
T/B = Textil- und Bettwaren

A

Aachen, BECKER, **T/B**, 500
Aachen, CAVALLO, **B**, 224
Aachen, LAMBERTZ, **N/G**, 119
Aachen, LINDT & SPRÜNGLI, **N/G**, 119
Aachen, MONTANUS, **B**, 223
Aachen, ZENTIS, **N/G**, 118
Aalen, BIHR, **B**, 297
Aalen, BRAUN, **T/B**, 513
Aalen, GUMMI-BÄREN-LAND, **N/G**, 138
Aalen, PELO, **B**, 296
Aalen, SCHOTT, **G/K/P**, 380
Aalen, TRIUMPH, **B**, 297
Adelebsen, INDONESIA, **N/G**, 100
Adelsdorf, EM-EUKAL, **N/G**, 159
Ahorn, LEIPOLD, **M**, 426
Aichtal, WEINMANN, **L/S**, 42
Aidenbach, STADLER, **B**, 347
Albstadt, CAT-STYLE, **B**, 273
Albstadt, COMAZO, **B**, 271
Albstadt, GEORGI, **B**, 271
Albstadt, GOLLE HAUG, **B**, 273
Albstadt, GONSO, **B**, 274
Albstadt, HUBERMASCHE, **B**, 272
Albstadt, MEDICO, **B**, 274
Albstadt, MEY, **B**, 272
Albstadt, NINA V. C., **B**, 275
Albstadt, WEISSMANN, **B**, 275
Alpirsbach, HARTER, **B**, 257
Alsfeld, ARABELLA, **B**, 201
Altenau, MAUZ, **B**, 205
Altendorf, FIFTY FIVE, **B**, 339
Altenkunstadt, BMF, **G/K/P**, 402
Altenstadt, ELBEO, **B**, 323

Altensteig, AUERHAHN, **H**, 468
Alzey, AHORN, **B**, 225
Alzey, GESKA, **T/B**, 501
Annaburg, ANNABURG PORZELLAN, **G/K/P**, 367
Ansbach, SCHAFFT, **N/G**, 159
Apen, GARDEUR, **B**, 184
Apolda, STRICKTEX, **B**, 364
Apolda, TOLOOP, **B**, 364
Apolda, WEGNER, **B**, 365
Arnbruck, WEINFURTNER, **G/K/P**, 386
Arnsberg, BERNDES, **H**, 467
Arnstadt, WOLF, **N/G**, 171
Arzberg, SKV-ARZBERG, **G/K/P**, 397
Aschaffenburg, DE KALB, **B**, 234
Aschaffenburg, FUCHS & SCHMITT, **B**, 235
Aschaffenburg, WEIS, **B**, 235
Aschheim, SALEWA, **B**, 320
Attenkirchen, KÖHLER, **B**, 319
Auerbach, MALITEX, **T/B**, 480
Auetal, S. OLIVER, **L/S**, 21
Augsburg, FLEURESSE, **T/B**, 522
Augsburg, LEMBERT, **B**, 321
Augsburg, WELTBILD, **S**, 577

B

Bad Abbach, PALM BEACH, **B**, 341
Bad Bentheim, LOUIS, **B**, 218
Bad Essen, HOFFMANN, **L/S**, 28
Bad Honnef, BIRKENSTOCK, **L/S**, 29
Bad Kissingen, LAY, **N/G**, 169
Bad Kösen, KÖSEN / SILKE, **S/S**, 427
Bad Kreuznach, GLÄSER, **B**, 225
Bad Kreuznach, MEFFERT, **S**, 564
Bad Laer, HEIMSATH, **T/B**, 499

Ortsregister

Bad Marienberg, LEBEK, **B**, 228
Bad Rodach, JAKO-O, **S/S**, 444
Bad Salzuflen, VIVA DECOR, **S**, 553
Bad Soden-Salmünster, ATELIER JEANNETTE, **L/S**, 34
Bad Staffelstein, KAISER, **G/K/P**, 401
Bad Staffelstein, LEKRA, **B**, 356
Bad Steben, SINGER, **B**, 349
Bad Urach, CHRISTL, **B**, 287
Bad Urach, KEMPEL, **B**, 288
Bad Urach, MINIMAX, **S**, 573
Bad Wörishofen, SCHWERMER, **N/G**, 149
Baierbrunn, TIMBERLAND, **B**, 313
Balingen, BITZER, **B**, 257
Balingen, CECEBA, **B**, 258
Balingen, DORIS STREICH, **B**, 258
Balingen, KONTEX, **S**, 572
Balingen, STAUTZ, **B**, 258
Bamberg, GREIFF, **B**, 355
Bamberg, KARLSBADER, **B**, 356
Bamberg, MANZ, **L/S**, 60
Bammental, GEFI, **T/B**, 504
Barsinghausen, BAHLSEN, **N/G**, 92
Bassenheim, BORGELT, **B**, 226
Bayreuth, ARENA, **B**, 352
Beckum, MODEKA, **B**, 230
Benningen, BRECKLE, **T/B**, 506
Benningen, WINKLE, **M**, 418
Bensheim, EULER, **S**, 568
Berg, INA, **B**, 349
Berlin, ASELI, **N/G**, 72
Berlin, BAHLSEN, **N/G**, 70
Berlin, BECON, **B**, 178
Berlin, BERLIN COSMETICS, **K/R**, 534
Berlin, DICKMANN'S, **N/G**, 73
Berlin, KPM, **G/K/P**, 370
Berlin, KÜHNE, **N/G**, 73
Berlin, LEMKE, **N/G**, 72
Berlin, MARC CAIN, **B**, 179
Berlin, MARC O'POLO, **B**, 180
Berlin, RAUSCH, **N/G**, 71
Berlin, SAWADE, **N/G**, 71
Berlin, STOLLWERCK, **N/G**, 71
Berlin, UMLAUF & KLEIN, **B**, 179
Bernau, SLG, **S/S**, 433
Beverungen, WESER HOLZWAREN, **S**, 558
Biberach, GERSTER, **T/B**, 524
Biburg, LOTTIES, **S**, 580

Bielefeld, BOTTHOF, **B**, 194
Bielefeld, DELIUS, **T/B**, 487
Bielefeld, KAUFELD, **M**, 412
Bielefeld, LUFTHANSA, **S**, 555
Bielefeld, SEIDENSTICKER, **B**, 195
Bielefeld, VERSE, **B**, 195
Bielefeld, WINDSOR, **B**, 196
Binau, LEVIOR, **S**, 575
Bindlach, SOLAR, **B**, 352
Bisingen, BODYART, **B**, 266
Bisingen, DRETEX, **B**, 266
Bisingen, POMPADUR, **B**, 267
Bisingen, WALZ, **B**, 267
Bitz, MEY, **B**, 278
Blankenhain, WEIMAR PORZELLAN, **G/K/P**, 407
Bobingen, LANGER, **B**, 322
Bocholt, GINA B, **B**, 213
Bocholt, HERDING, **T/B**, 494
Bocholt, IBENA, **T/B**, 494
Bocholt, VIKTORIA, **T/B**, 495
Bochum, STEILMANN, **B**, 211
Bockelwitz, ZEWA, **S**, 549
Bodelshausen, GUCKY'S, **B**, 268
Bodelshausen, MARC CAIN, **B**, 268
Bodelshausen, RIEKER, **B**, 269
Bodelshausen, SPEIDEL, **B**, 269
Bodenmais, HUTSCHENREUTHER, **G/K/P**, 389
Bodenmais, JOSKA, **G/K/P**, 390
Bodenmais, MAUZ, **B**, 345
Bodenmais, ROSENTHAL, **G/K/P**, 390
Böhmenkirch, LANG, **B**, 331
Bösel, FM-BÜROMÖBEL, **M**, 408
Bösingen, GERBI, **B**, 309
Boizenburg, GUMMI BEAR FACTORY, **N/G**, 76
Bonn, HARIBO, **N/G**, 121
Bonndorf, ADLER, **N/G**, 146
Bopfingen, LUHNS, **K/R**, 543
Borken, BIERBAUM, **T/B**, 492
Borken, DORMISETTE, **T/B**, 493
Borken, DRAGEES AUS WESEKE, **N/G**, 106
Borken, ROHDE, **L/S**, 22
Borken, ROTTERDAM, **N/G**, 106
Bornheim, DANIELS, **B**, 224
Brachttal, WÄCHTERSBACHER KERAMIK, **G/K/P**, 377
Braunichswalde, PALM BEACH, **B**, 173

Braunschweig, SIGNUM, **B**, 203
Brehna, MUSTANG, **B**, 172
Bremen, KLEINE WOLKE, **T/B**, 483
Bremen, KOCH & BERGFELD, **G/K/P**, 372
Bremen, PADDOCK'S, **B**, 185
Bremen, WILKENS / BSF, **H**, 456
Bremen, ZERO, **B**, 186
Brensbach, BAWO, **T/B**, 502
Bretnig-Hauswalde, SEMPER, **B**, 172
Bünde, MÜNCHOW, **M**, 409
Bürstadt, KIDCAP, **B**, 248
Burgau, PETRA, **H**, 473
Burgau, SILIT, **H**, 473
Burghaslach, BIG, **S/S**, 441
Burghaslach, JE-KÜ, **N/G**, 165
Burladingen, BOGI, **B**, 261
Burladingen, HEIM CHIC, **B**, 261
Burladingen, KÄSTLE, **L/S**, 40
Burladingen, KELLER, **B**, 262
Burladingen, MAUZ, **B**, 262
Burladingen, MAYER F., **B**, 263
Burladingen, RITTER, **B**, 263
Burladingen, TRIGEMA, **B**, 263
Burladingen, TROCADERO, **B**, 265

C

Cadolzburg, RIEGELEIN, **N/G**, 158
Calw, NICKEL, **B**, 306
Cappeln, MEYER, **S**, 562
Castrop-Rauxel, REINEX, **K/R**, 535
Celle, STREET ONE, **B**, 188
Chemnitz, BRUNO BANANI, **B**, 176
Coburg, DEHLER, **T/B**, 532
Coburg, FEYLER, **N/G**, 166
Crailsheim, HOHENSTEIN, **B**, 304
Crailsheim, PLASTIFLOR, **S**, 573
Cremlingen, WEIBLER, **N/G**, 101
Crimmitschau, FERUS, **B**, 175

D

Dachau, EURAS, **H**, 472
Dahn, DÄUMLING, **L/S**, 38
Darmstadt, GLUMANN, **B**, 243
Deggingen, ELSIWA, **B**, 296
Deizisau, JCC, **L/S**, 43
Delbrück, HANNA, **N/G**, 95
Delitzsch, VAN NETTEN, **N/G**, 63
Delmenhorst, DELMOD, **B**, 185
Denkendorf, ROMMEL, **B**, 301
Derenburg, HARZ-KRISTALL, **G/K/P**, 374
Dessau, PAULY, **N/G**, 67
Dettingen, RK-SCHOKO, **N/G**, 137
Diedorf, ROGO, **B**, 365
Dietenheim, RELI, **B**, 330
Dietmannsried, TÖPFER, **K/R**, 545
Dietzenbach, CHICCO, **S**, 567
Diez, DITTMANN, **N/G**, 128
Dingelstädt, MB-MODE, **B**, 203
Dinkelsbühl, RSL, **L/S**, 58
Dinkelsbühl, VOGELSANG, **L/S**, 58
Döbeln, GÖTZ, **N/G**, 65
Döbern, DRESDEN CRYSTAL, **G/K/P**, 366
Döschwitz, ZEKIWA, **S**, 550
Donaueschingen, DOTEX, **T/B**, 516
Donaueschingen, RICOSTA, **L/S**, 48
Donauwörth, EDEL, **N/G**, 148
Donauwörth, KÄTHE KRUSE, **B**, 322
Dornburg, STERNTALER, **B**, 245
Dortmund, POTTENDORFER, **T/B**, 492
Drensteinfurt, KOCHSTAR, **H**, 463
Dresden, DRESDNER SPITZEN, **T/B**, 477
Dresden, REIMANN, **N/G**, 62
Düsseldorf, DIESEL, **B**, 205
Duisburg, DIESEL, **B**, 214
Duisburg, HARK, **S**, 560
Durach, SINZ, **N/G**, 150
Durchhausen, DUKAL, **T/B**, 517
Durlangen, FRANKE, **B**, 299

E

Ebersbach, EUROFOAM, **T/B**, 511
Ebersdorf, ROBA, **S/S**, 441
Ebsdorfergrund, PAULY, **N/G**, 100
Edewecht, MEICA, **N/G**, 86
Effelder, SPIELKO, **S/S**, 447
Eggolsheim, FAHRHANS, **B**, 336
Ehingen, GESSLER, **B**, 331
Eibenstock, FUNKE, **T/B**, 481
Eichstätt, HACO, **L/S**, 51
Eilenburg, HENRI, **N/G**, 65
Eislingen, SCHELLER, **K/R**, 541
Eislingen, SCHLAFGUT / WOHNGUT, **T/B**, 510

Eislingen, ZELLER & GMELIN, **K/R**, 541
Ellerau, JIL SANDER, **B**, 183
Elmshorn, DÖLLING HAREICO, **N/G**, 83
Elmshorn, WIEBOLD, **N/G**, 83
Elsdorf, BETTINA, **T/B**, 499
Elzach, SCHÄFER, **T/B**, 517
Elze, ELZER BACKWAREN, **N/G**, 92
Emmerich, KATJES, **N/G**, 107
Empfingen, BRÄNDLE, **N/G**, 135
Engelskirchen, KARIN GLASMACHER, **B**, 223
Enger, PUHLMANN, **M**, 409
Eppelborn, JUMI, **N/G**, 128
Eppendorf, PFEILER, **T/B**, 482
Eppendorf, RÜLKE, **S/S**, 428
Eppstein, KLARMÖBEL, **M**, 417
Erbach, ERBACHER, **S/S**, 434
Erbendorf, SELTMANN, **G/K/P**, 385
Erdmannhausen, HUOBER, **N/G**, 134
Erkelenz, STATZ, **B**, 209
Erlangen, VIA APPIA, **B**, 332
Eschenbach, KOCH, **S/S**, 438
Eschweiler, BAWAG, **N/G**, 120
Essen, COLSMAN, **T/B**, 492
Euskirchen, METSÄ, **S**, 563

F

Falkenstein, PALM BEACH, **B**, 342
Falkenstein, STICKPERLE, **T/B**, 480
Faulbach, VEELMANN, **N/G**, 170
Fellen, SPESSARTTRAUM, **T/B**, 533
Fichtelberg, MÜLLER, **B**, 354
Fischach, MÜLLER MILCH, **N/G**, 149
Fischbach, BAF, **H**, 457
Flensburg, AGILUS DRAGEES, **N/G**, 82
Floh-Seligenthal, VIBA, **N/G**, 170
Forchheim, TONI DRESS, **B**, 336
Forchtenberg, HENKEL, **M**, 422
Frankenberg/Eder, THONET, **M**, 412
Frankenthal, SCOUT, **S**, 570
Frankfurt, HÖCHSTER PORZELLAN, **G/K/P**, 378
Frankfurt, PERLEN & SCHMUCK-CENTER, **S/U**, 450
Frauenau, EISCH, **G/K/P**, 391
Frauenau, POSCHINGER, **G/K/P**, 391
Frauenau, SPIEGELAU KRISTALL, **G/K/P**, 392
Freudenstadt, HAGNER, **K/R**, 539
Freyung, ANOLICK, **B**, 344
Fritzlar, LEMMI FASHION, **B**, 198
Fürstenberg, FÜRSTENBERG PORZELLAN, **G/K/P**, 373
Fürth, BIG, **S/S**, 436
Fürth, SIMBA TOYS, **S/S**, 437
Fürth, TROLLI, **N/G**, 159
Fürthen, HAPA, **T/B**, 501
Fuldatal, EDSCH, **N/G**, 99
Furtwangen, WEHRLE, **S/U**, 452

G

Garching, BOGNER, **B**, 317
Geeste, COPPENRATH & WIESE, **N/G**, 117
Geislingen, BIHLER, **K/R**, 542
Geislingen, WMF, **H**, 469
Geithain, GEITHAINER, **H**, 455
Gelsenkirchen, ALDENHOVEN, **N/G**, 105
Gelsenkirchen, MARCONA, **B**, 212
Gelsenkirchen, STEILMANN, **B**, 212
Gemünden, GEKA, **H**, 457
Georgenthal, STEINER, **S/S**, 448
Georgsmarienhütte, BERNING, **N/G**, 113
Geretsried, LORENZ, **S/S**, 433
Gerolzhofen, HIESTAND, **N/G**, 169
Gerstetten, LECO, **S**, 579
Gersthofen, DEUTER, **L/S**, 52
Gerzen, ERLMEIER, **B**, 316
Gescher, WEIDEMANN, **B**, 220
Gevelsberg, SILBERDISTEL, **G/K/P**, 377
Giengen, STEIFF, **S/S**, 435
Gingen, BUCHSTEINER, **H**, 469
Glinde, GIES, **S**, 551
Gochsheim, EISEND, **B**, 362
Goldbach, BASLER, **B**, 238
Goldbach, DESCH FOR MEN, **B**, 238
Goldbach, KASTELL, **B**, 239
Goldenstedt, BAHLSEN, **N/G**, 115
Gommersheim, APART, **T/B**, 503
Goslar, ODERMARK, **B**, 204
Gotha, JEKA, **S**, 584
Grabow, GRABOWER, **N/G**, 76

Greding, REEBOK, **B**, 334
Grefrath, SCHÄFER, **B**, 216
Gremsdorf, MANZ, **L/S**, 57
Gronau, STENAU, **B**, 219
Groß-Gerau, ERLENBACHER, **N/G**, 126
Groß-Umstadt, RAETZ, **B**, 244
Großheubach, KREMER, **B**, 242
Großostheim, DRESSLER, **B**, 236
Großostheim, PESÖ, **B**, 236
Großostheim, SAN SIRO, **B**, 237
Großostheim, SCHULER, **B**, 237
Großschönau, DAMINO, **T/B**, 477
Großschönau, FROTTANA, **T/B**, 478
Großwallstadt, GEIS, **B**, 241
Grüna, DRETEX, **B**, 176
Günzburg, KÜCHLE, **N/G**, 154
Günzburg, LUTZ, **N/G**, 155
Gütersloh, DINOMODA, **B**, 192
Gütersloh, MARC AUREL, **B**, 193
Gütersloh, VOGT & WOLF, **N/G**, 96
Gütersloh, ZUMBANSEN, **B**, 193
Gundelfingen, SCHWARZ, **N/G**, 155
Gundelsheim, GUNDELSHEIM KONSERVEN, **N/G**, 140

H

Hafenlohr, PAIDI, **M**, 426
Hagen, BRANDT, **N/G**, 123
Hagen, WEISSBACH, **B**, 229
Hagenow, GUMMI BEAR FACTORY, **N/G**, 75
Hagenow, KÜHNE, **N/G**, 75
Haiger, HAILO, **S**, 556
Haigor, PFEIFFER, **M**, 413
Haigerloch, AMMANN, **B**, 265
Haigerloch, DORIS MEYER, **T/B**, 507
Haigerloch, REICO, **B**, 266
Haigerloch, VERA COSMETIC, **K/R**, 540
Hainburg, KÖHLER, **N/G**, 125
Halbs, MISS ULRIKE, **B**, 227
Haldensleben, KERAMISCHE WERKE, **G/K/P**, 374
Halle, HALLOREN, **N/G**, 66
Halle/Saale, TEXTILMANUFAKTUR, **T/B**, 478
Hallenberg, WILENSKI, **B**, 233
Halstenbek, WIEBOLD, **N/G**, 84
Halver, FLORA, **S**, 565
Hamburg, HWF, **T/B**, 482
Hamburg, OPPERMANN, **N/G**, 78
Hamburg, ROTH, **B**, 182
Hamburg, SALAMANDER, **L/S**, 19
Hamburg, TOM TAILOR, **B**, 181
Hamburg, WELA, **N/G**, 78
Hameln, VORWERK, **T/B**, 485
Hamm, BENVENUTO, **B**, 230
Hamminkeln, BONITA / NICOLAS SCHOLZ, **B**, 213
Hanau, PHILIPP, **B**, 234
Hankensbüttel, BAHLSEN, **N/G**, 88
Hannover, BAHLSEN, **N/G**, 91
Hannover, HARRY, **N/G**, 90
Hannover, PARADIES, **T/B**, 484
Hannover, PELIKAN, **S**, 552
Hannover, SPRENGEL, **N/G**, 89
Hasbergen, HEIN, **N/G**, 114
Hauenstein, BERKEMANN, **L/S**, 44
Hauenstein, DER KLEINE MUCK, **L/S**, 45
Hauenstein, MOKIMO, **L/S**, 45
Hauenstein, NATEVO, **L/S**, 45
Hauenstein, SEIBEL, **L/S**, 46
Hechingen, BEST, **M**, 420
Hechingen, EFIXELLE, **B**, 259
Hechingen, JOCKEY, **B**, 260
Hechingen, RUFF, **B**, 260
Hechingen, SCHLAFGUT / WOHN-GUT, **T/B**, 506
Heidelberg, ART-TO-BE, **B**, 249
Heilbronn, GUMMI-BÄREN-LAND, **N/G**, 139
Heinsberg, BALTES, **L/S**, 28
Helmbrechts, FRAAS, **B**, 351
Helmbrechts, RAUSCH, **T/B**, 529
Helmstadt-Bargen, MWH, **M**, 422
Heppenheim, HANNINGER, **B**, 244
Heppenheim, LANGNESE-IGLO, **N/G**, 127
Herbolzheim, SÜSSE WERBUNG, **N/G**, 145
Herford, AHLERS, **B**, 191
Herford, BRAX, **B**, 190
Herford, BUGATTI, **B**, 189
Herford, VABOND, **B**, 190
Herford, WEINRICH, **N/G**, 94
Herne, HERNER LEUCHTEN, **S**, 559
Herne, REMBERT, **S**, 560

Ortsregister

Herne, STEILMANN, **B**, 210
Herrenberg, KNOLL, **M**, 418
Herrieden, CARLO COLUCCI, **B**, 337
Hersbruck, CREATION GROSS, **B**, 334
Hersbruck, FACKELMANN, **H**, 474
Herten, HERTA, **N/G**, 104
Herten, VERHOLT, **M**, 414
Herxheim, TRAUTH, **N/G**, 143
Herzlake, HERZLAKER, **B**, 222
Herzogenaurach, ADIDAS, **S/S**, 437
Herzogenaurach, MAHR, **L/S**, 57
Herzogenaurach, NIKE, **B**, 333
Herzogenaurach, PUMA, **S/S**, 438
Hessisch Lichtenau, SCHUBERT, **T/B**, 490
Hessisch Lichtenau, STÜSS, **N/G**, 101
Hessisch Oldendorf, MARC, **L/S**, 22
Heubach, SUSA, **B**, 298
Heubach, TRIUMPH, **B**, 298
Heusenstamm, AUGENTHALER & HEBERER, **L/S**, 32
Heusenstamm, LEVI'S, **B**, 233
Hilden, HESCO, **N/G**, 103
Hildesheim, RINGELLA, **B**, 188
Hilter, HANSA, **N/G**, 113
Hirschaid, TEDDY, **S/S**, 440
Höchheim, HORSY, **B**, 362
Höhfröschen, HEPCO & BECKER, **S**, 569
Höhr-Grenzhausen, MERKELBACH, **G/K/P**, 375
Höhr-Grenzhausen, RASTAL, **G/K/P**, 376
Hörstel, BODET & HORST, **T/B**, 497
Hösbach, DÖRHÖFER, **S**, 567
Hof, EAGLE PRODUCTS, **T/B**, 528
Hof, LE-GO, **B**, 348
Hof/Saale, FASHION OUTLET, **B**, 347
Hohenberg, FEILER, **T/B**, 530
Hohenberg, HUTSCHENREUTHER, **G/K/P**, 399
Holzgerlingen, MAC KEE-JEANS, **B**, 250
Hopfgarten, SIEBER, **B**, 178
Hoppstädten-Weiersbach, FISSLER, **H**, 464
Hornberg, BERTONE, **B**, 308
Hückelhoven, WIDAX, **B**, 210
Hülben, BECK, **S/S**, 431

I

Idar-Oberstein, FISSLER, **H**, 464
Idar-Oberstein, GOTTLIEB, **S/U**, 449
Illertissen, LANWEHR, **N/G**, 154
Ilsfeld, JOKER, **B**, 303
Immenstadt, HUDSON KUNERT, **B**, 324
Ingersheim, OLYMP, **B**, 303
Ingolstadt, BÄUMLER, **B**, 318
Ingolstadt, ROSNER, **B**, 319
Isernhagen, BREE, **L/S**, 21
Isny, VEITH, **B**, 328
Issum, FRONHOFFS, **N/G**, 108

J

Jena, JENAER GLAS, **G/K/P**, 368
Jettingen-Scheppach, GÜNTHER, **L/S**, 55

K

Kahla, GRIESSON-DE BEUKELAER, **N/G**, 69
Kahla, KAHLA PORZELLAN, **G/K/P**, 369
Kammlach, MANG, **N/G**, 151
Kandel, WALBER, **L/S**, 47
Karlsruhe, RIES, **S/U**, 451
Kasendorf, MAJA, **M**, 425
Kaufbeuren, MIKOLASCH, **S/U**, 453
Kellmünz, STEGMANN, **L/S**, 55
Kemnath, FISCHER, **N/G**, 164
Kemnath, PONNATH, **N/G**, 164
Kempen, BERND LÜBBENJANS, **B**, 215
Kempen, GRIESSON-DE BEUKELAER, **N/G**, 110
Kempen, HELLESIA, **N/G**, 110
Kempen, VELO-SPORT, **S**, 561
Kerken, LUTZE & NAGELS, **T/B**, 496
Kevelaer, BERGMANN, **L/S**, 27
Kevelaer, DOLHAIN & GOLDKUHLE, **N/G**, 107
Kirchardt, CLEMENS, **S/S**, 432
Kirchberg, SOLIDWEAR, **B**, 174
Kirchhain, KIRCHHAINER BLUSEN, **B**, 199
Kirchheim, AIGNER, **L/S**, 52

Kirchheim, BOGNER, **B**, 320
Kirchheim-Teck, HERRMANN, **N/G**, 137
Kirchheimbolanden, GRISLY, **S/S**, 430
Kirn, BRAUN BÜFFEL, **L/S**, 30
Kißlegg, ALLGÄULAND, **N/G**, 153
Kißlegg, SPEIDEL, **B**, 328
Kitzingen, ECKERT, **S/S**, 447
Kleinwallstadt, ST. EMILE, **B**, 240
Kleve, BAUSE, **L/S**, 25
Kleve, ELEFANTEN, **L/S**, 26
Kleve, JELA, **L/S**, 26
Kleve, KLEVER SCHUHE, **L/S**, 27
Koblenz, STIEFFENHOFER, **N/G**, 122
Köln, REPLAY, **B**, 222
Köln, STOLLWERCK, **N/G**, 118
Konradsreuth, MEIKO, **T/B**, 528
Kornwestheim, SALAMANDER, **L/S**, 40
Kornwestheim, SCHWABEN-FLEISCH, **N/G**, 132
Krefeld, FELD, **B**, 214
Krefeld, GRUYTERS, **N/G**, 109
Krefeld, KEMPER, **B**, 215
Krefeld, NAPPO, **N/G**, 109
Kronach, ROSENTHAL, **G/K/P**, 402
Kronach, WEBER, **B**, 357
Krumbach, STEINHART, **S**, 577
Krummennaab, WEIDNER, **B**, 339
Kuchen, ASTA, **M**, 421
Künzell, SCHNEIDER, **B**, 200
Künzelsau, MUSTANG, **B**, 305
Küps, BÜTTNER, **B**, 358
Küps, LINDNER, **G/K/P**, 403
Küps, SEIDEL, **B**, 358
Küps, ZÖLLNER, **T/B**, 531
Kusterdingen, DELFINA, **B**, 255
Kusterdingen, WILL, **B**, 255

L

Laaber, SEIDL, **N/G**, 161
Ladbergen, HEEMANN, **N/G**, 116
Ladenburg, CALGON, **K/R**, 537
Lage, BERGMANN, **M**, 410
Lage, ECHTERHÖLTER, **S**, 554
Lahr, BONACELLI, **B**, 307
Laichingen, AFS, **L/S**, 53
Laichingen, EDELMANN, **T/B**, 525
Laichingen, VITA FORM, **L/S**, 54

Laichingen, WÄSCHEKRONE, **T/B**, 525
Lam, HEROS, **S/S**, 439
Landau, BEER, **B**, 346
Landshut, BRANDT, **N/G**, 147
Landshut, BUCHNER, **N/G**, 147
Landshut, SCHOTT, **G/K/P**, 382
Langenhagen, BAHLSEN, **N/G**, 91
Langenhagen, GÖSCHEL, **T/B**, 485
Langerwehe, DAUNILA, **T/B**, 500
Lappersdorf, CBS, **L/S**, 59
Lauben, CHAMPIGNON, **N/G**, 150
Lauenburg, BALZEN, **K/R**, 535
Lauenförde, KETTLER-HERLAG, **M**, 413
Laufenburg, MARYAN, **B**, 311
Lauffen, BUECKLE, **B**, 302
Lauingen, BI, **B**, 330
Lauter, SCHWERTER EMAIL, **H**, 456
Lauterbach, WEGENER, **B**, 202
Lauterbach, WENZEL & HOOS, **T/B**, 489
Legden, VINKELAU, **M**, 416
Leinach, ULLA, **B**, 360
Leinfelden-Echterdingen, SPEICK, **K/R**, 538
Lemgo, PAHNA, **N/G**, 94
Leutershausen, TVU, **T/B**, 527
Lichte, LICHTE PORZELLAN, **G/K/P**, 405
Lichte, WALLENDORF PORZELLAN, **G/K/P**, 405
Lichtenau, SIEGER, **M**, 423
Lichtenfels, EICHHORN, **S**, 582
Lichtenstein, TUTTI PALETTI, **B**, 294
Limbach, ZICOLI, **S**, 575
Linau, SUWAJ, **B**, 182
Lindau, BAHLSEN, **N/G**, 152
Lindenberg, ACHBERGER, **S**, 578
Lindenberg, MAYSER, **B**, 327
Lippelsdorf, WAGNER & APEL, **G/K/P**, 406
Lippstadt, FALKE, **B**, 231
Lobenstein, TURM-SCHUH, **L/S**, 18
Löffingen, FORMESSE, **T/B**, 520
Löhne, BIKE-PLANTAGE, **S**, 553
Löhne, MKM, **T/B**, 486
Lörrach, LAUFFENMÜHLE, **T/B**, 518
Lörrach, NORTHERN GOOSE, **T/B**, 518

Ortsregister

Lorch, VOLKERT, **B**, 299
Ludwigsburg, LUDWIGSBURG PORZELLAN, **G/K/P**, 379
Ludwigshafen, KAMPS, **N/G**, 130
Ludwigsstadt, LAUENSTEIN CONFISERIE, **N/G**, 165
Ludwigsstadt, WELA, **N/G**, 165
Ludwigswinkel, ROTT, **L/S**, 39
Lübbecke, HUCKE, **B**, 192
Lübeck, ERASCO, **N/G**, 80
Lübeck, HAWESTA, **N/G**, 81
Lübeck, LEU, **N/G**, 79
Lübeck, LUBS, **N/G**, 82
Lübeck, MEST, **N/G**, 80
Lübeck, NIEDEREGGER, **N/G**, 81
Lübeck, VILLEROY & BOCH, **G/K/P**, 371
Lüneburg, LUCIA, **B**, 180
Lüneburg, ROY ROBSON, **B**, 181
Lünen, ARA, **L/S**, 24
Lug, WALDLÄUFER, **L/S**, 47
Lustadt, HUMBERT, **B**, 247

M

Maasmechelen (B), MAASMECHELEN VILLAGE, **F**, 587
Mainaschaff, ASCAFA, **B**, 239
Mainaschaff, F.A.N., **T/B**, 502
Mainbernheim, BÄREN SCHMIDT, **N/G**, 167
Mainburg, BOGNER, **B**, 316
Mainz, SCHOTT ZWIESEL, **G/K/P**, 375
Mammendorf, ARIELLA, **B**, 314
Mamming, MAMMINGER, **N/G**, 163
Mannheim, FELINA, **B**, 248
Mannheim, ZEWA, **S**, 570
March, RUN GUSS, **H**, 471
Marktleuthen, HEINRICH WINTERLING, **G/K/P**, 395
Marktoberdorf, MOMM, **T/B**, 523
Marktrodach, HUMARO, **L/S**, 61
Marpingen, DEAS, **M**, 418
Massenbachhausen, FISCHER, **B**, 302
Maulburg, BERGER, **T/B**, 520
Maulburg, SÜD BETTFEDERN, **T/B**, 520
Maxsain, WEISS, **B**, 226
Meckenheim, GRAFSCHAFTER, **N/G**, 121

Medebach, EWERS, **B**, 232
Medebach, GOLDEN LADY, **B**, 232
Medebach, STUHLMANN, **B**, 232
Mehrstetten, HOLZSCHUH, **B**, 280
Meinerzhagen, NOWA, **H**, 465
Meinhard, FRIEDOLA, **S**, 556
Melsungen, SONNTEX, **S**, 555
Mengen, FEURER, **B**, 329
Mertingen, ZOTT, **N/G**, 148
Merzenich, SPIRELLA, **H**, 463
Meschede, BLOMUS, **S**, 566
Meßstetten, GÖLA, **B**, 275
Meßstetten, LOTOS, **B**, 276
Meßstetten, SANETTA, **B**, 276
Metelen, SULA, **N/G**, 111
Mettingen, COPPENRATH & WIESE, **N/G**, 116
Mettlach, LAND'S END, **B**, 247
Mettlach, VILLEROY & BOCH, **G/K/P**, 378
Metzingen, ARAMI & RAMIM, **B**, 280
Metzingen, BALLY, **L/S**, 41
Metzingen, BAZLEN, **L/S**, 41
Metzingen, BOSS, **B**, 281
Metzingen, ENZIAN, **K/R**, 540
Metzingen, ESCADA, **B**, 281
Metzingen, ESPRIT, **B**, 282
Metzingen, GAENSLEN & VÖLTER, **T/B**, 507
Metzingen, JIL SANDER, **B**, 282
Metzingen, JOOP, **B**, 283
Metzingen, LEVI'S, **B**, 283
Metzingen, NIKE, **B**, 284
Metzingen, PRINCESS, **S**, 572
Metzingen, RALPH LAUREN, **B**, 284
Metzingen, REUSCH, **B**, 284
Metzingen, SAMTFABRIK, **B**, 285
Metzingen, STRENESSE, **B**, 285
Metzingen, TOMMY HILFIGER, **B**, 286
Metzingen, TWEANS, **B**, 286
Metzingen, WEIBLEN & RÜMMELIN, **B**, 287
Michelau, KNORR, **S**, 583
Michelau, ZELLNER, **T/B**, 531
Michelstadt, KOZIOL, **S**, 569
Mielsdorf, HOLSTEIN FLACHS, **B**, 183
Miltach, BEIER, **N/G**, 162
Miltach, NEMMER, **S/S**, 439
Miltenberg, DANIEL HECHTER, **B**, 242
Miltenberg, FRIPA, **S**, 568

Mindelheim, KUNERT, **B**, 326
Mistelbach, SIGIKID, **B**, 353
Mitterteich, MITTERTEICH PORZEL-
LAN, **G/K/P**, 398
Mitterteich, SCHOTT, **G/K/P**, 398
Mömlingen, KLOTZ, **B**, 241
Mönchengladbach, BEINES, **B**, 208
Mönchengladbach, CINQUE, **B**, 206
Mönchengladbach, MEXX, **B**, 207
Mönchengladbach, PRIESS, **B**, 207
Mönchengladbach, SCHULTE, **N/G**, 103
Mönchengladbach, VAN LAACK, **B**, 207
Mörfelden-Walldorf, FASHION OUTLET, **B**, 243
Mössingen, MERK, **B**, 253
Mössingen, VIANIA, **B**, 254
Monheim, HAMA, **S**, 578
Montabaur, BRAUN, **B**, 227
Mühlacker, BÖHRINGER, **S/U**, 450
Mühlheim, TRAVELLER, **L/S**, 33
Mülheim, EICHHOLZ, **L/S**, 25
Müllheim, GUBOR, **N/G**, 145
Mülsen, WEBEREI MÜLSEN, **T/B**, 479
Münchberg, HAMMER, **B**, 350
München, SCHNELL, **K/R**, 545
München, TRIUMPH, **B**, 312
Münchweiler, MEGA GAGA, **L/S**, 38
Münnerstadt, MÜNNERSTADT BEKLEIDUNG, **B**, 363
Münsingen, HARSCH, **B**, 279
Münster, MARKTEX, **M**, 415
Münster, PRIMERA, **B**, 216
Münstermaifeld, ADRIAN, **M**, 416
Münstertal, GUBOR, **N/G**, 144
Münzenberg, ERNESTO TOYS, **S/S**, 429

N

Nagold, DIGEL, **B**, 255
Nagold, ROLF BENZ, **M**, 419
Nahetal-Waldau, KERALOCK, **K/R**, 548
Nassau, LEIFHEIT, **H**, 465
Neckarzimmern, KASPAR, **G/K/P**, 380
Nehren, KLETT, **N/G**, 135
Nettetal, EM-ES-TE, **T/B**, 491
Neu-Isenburg, BAHLSEN, **N/G**, 124

Neu-Ulm, LEPLAT, **L/S**, 54
Neu-Ulm, WEISSELLA, **N/G**, 153
Neuburg, TRIXI SCHOBER, **B**, 344
Neuenkirchen, HECKING, **T/B**, 497
Neuenrade, PUS-GUSS, **H**, 466
Neuenrade, VATERLAND, **S**, 565
Neuensalz, TEGELER, **T/B**, 481
Neuffen, PALO, **B**, 289
Neukirchen-Vluyn, PARADIES, **T/B**, 495
Neunburg, BAHLSEN, **N/G**, 160
Neunburg, EFRUTI, **N/G**, 161
Neunkirchen, BAUERFEIND, **T/B**, 526
Neunkirchen, NABER, **B**, 333
Neuruppin, DREISTERN, **N/G**, 74
Neuss, VANILIA, **B**, 208
Neustadt, ALTHANS, **S/S**, 442
Neustadt, ELATEX, **B**, 200
Neustadt, FISCHER, **M**, 425
Neustadt, LISSI BÄTZ, **S/S**, 443
Neustadt, NACHTMANN, **G/K/P**, 384
Neustadt, ROLLY TOYS, **S/S**, 443
Neustadt, SIEMER, **B**, 189
Neustadt/Aisch, ESTELLA, **T/B**, 526
Neutraubling, THE BEST, **B**, 340
Neuwied, EURESS, **B**, 228
Niebüll, NORDFRIESLAND FLEISCH, **N/G**, 85
Niedernberg, S. OLIVER, **B**, 240
Niederoderwitz, KATHLEEN, **N/G**, 63
Nördlingen, STRENESSE, **B**, 323
Nohra, WEIMARER WURST, **N/G**, 171
Nonnweiler, WAGNER, **N/G**, 129
Norderstedt, VAN HOUTEN, **N/G**, 79
Nordhorn, ERFO, **B**, 219
Northeim, NAUNDORF, **T/B**, 489
Northeim, WILVORST, **B**, 202
Nortrup, KEMPER, **N/G**, 117
Nottuln, FORMAT, **B**, 217
Nürnberg, FORSTER, **N/G**, 156
Nürnberg, MEICO, **B**, 332
Nürnberg, PFANN, **N/G**, 157
Nürnberg, PUMA, **S/S**, 435
Nürnberg, SCHÖLLER, **N/G**, 156
Nürnberg, SCHUHMANN, **N/G**, 157
Nürnberg, WINDROSE, **L/S**, 56
Nürtingen, HAUBER, **B**, 288
Nürtingen, LUXORETTE, **T/B**, 509
Nürtingen, TRICOSI, **B**, 289
Nußloch, BETTY BARCLAY, **B**, 249

Ortsregister

O

Oberderdingen, HIRSCH, **N/G**, 141
Oberkirch, APELT, **T/B**, 516
Oberschönegg, EHRMANN, **N/G**, 151
Obersimten, DIETZ, **L/S**, 37
Obertshausen, COMTESSE, **L/S**, 33
Oberviechtach, MÜLLER, **T/B**, 527
Obrigheim, GO-GARDINEN, **T/B**, 515
Ochsenfurt, KNEIPP, **K/R**, 547
Ochtrup, SPORTIVO, **B**, 220
Oelde, SPRICK, **S**, 566
Oelsnitz, FORMAT, **B**, 175
Oer-Erkenschwick, BARFUSS, **N/G**, 105
Öhringen, RATHGEBER, **B**, 304
Offenbach, BARTH & BAUER, **L/S**, 32
Offenbach, BOGNER, **L/S**, 31
Offenbach, GOLDPFEIL, **L/S**, 31
Offenbach, KAPPUS, **K/R**, 536
Offenburg, LUXORETTE, **T/B**, 515
Ohmden/Teck, ELO, **T/B**, 512
Olbernhau, HESS, **S/S**, 428
Olbernhau, KWO, **S**, 550
Oldenburg, BAHLSEN, **N/G**, 85
Osnabrück, COPPENRATH & WIESE, **N/G**, 112
Osnabrück, DK BERUFSMODEN, **B**, 221
Osnabrück, RONCADIN, **N/G**, 112
Ostercappeln, WAFFEL MEYER, **N/G**, 114
Ottensoos, JOY, **B**, 335
Ovelgönne, BOTTERBLOOM, **N/G**, 87

P

Pappenheim, MONDI, **B**, 337
Passau, ETERNA, **B**, 343
Passau, KEUPP, **N/G**, 162
Pausa, PAUSAER BETTWÄSCHE, **T/B**, 479
Pegnitz, PAMPOLINA, **B**, 335
Peine, RAUSCH, **N/G**, 93
Pfaffschwende, EITECH, **S/S**, 430
Pforzheim, GUMMI-BÄREN-LAND, **N/G**, 142
Pforzheim, LUTZ & WEISS, **H**, 471
Pfreimd, MAC JEANS, **B**, 338
Pfullendorf, ALNO, **M**, 424
Pfullingen, ERIMA, **B**, 293
Pfungstadt, KAMPS, **N/G**, 125
Pirmasens, HUMMEL, **L/S**, 35
Pirmasens, K + S SHOES, **L/S**, 36
Pirmasens, SCHAPURO, **L/S**, 36
Pirmasens, TOPSTAR, **L/S**, 36
Pirmasens, WAWI, **N/G**, 129
Planegg, BASSETTI, **T/B**, 521
Planegg, MARC O'POLO, **B**, 313
Plaue, SCHIERHOLZ, **G/K/P**, 407
Pleidelsheim, FEMIRA, **T/B**, 514
Pliezhausen, BRAVOUR, **B**, 254
Plochingen, PLOCHINA, **K/R**, 542
Plüderhausen, KÜBLER, **B**, 301
Pocking, CHARMOR, **B**, 343
Pocking, WINKLHOFER, **B**, 344
Pößneck, BERGGOLD, **N/G**, 69
Polch, GRIESSON-DE BEUKELAER, **N/G**, 122
Presseck, BODENSCHATZ, **L/S**, 60
Prichsenstadt, WOLF, **N/G**, 168
Pulsnitz, PULSNITZER LEBKUCHEN, **N/G**, 62

R

Radolfzell, HÜGLI, **N/G**, 143
Radolfzell, SCHIESSER, **B**, 308
Rangendingen, CON-TA, **B**, 270
Rangendingen, MAUZ, **B**, 270
Ransbach-Baumbach, JOPEKO, **G/K/P**, 376
Ratingen, ESPRIT, **B**, 206
Ravensburg, TEKRUM, **N/G**, 152
Recklinghausen, PERO, **B**, 211
Recklinghausen, TURF, **B**, 211
Regensburg, KLINGER, **K/R**, 546
Regensburg, PIERRE CARDIN, **B**, 340
Regenstauf, COLLECTION PHÖNIX, **B**, 341
Rehau, RIO, **B**, 348
Reichelsheim, EBERHARDT, **N/G**, 126
Reken, LANGNESE-IGLO, **N/G**, 111
Remagen, SCHAUFF, **S**, 563
Reutlingen, BAUER, **B**, 291
Reutlingen, ENGEL, **B**, 290
Reutlingen, GROSANA, **T/B**, 509
Reutlingen, GUMMI-BÄREN-LAND, **N/G**, 136
Reutlingen, HÄMMERLE, **B**, 291

Reutlingen, LES CORPS, **B**, 292
Reutlingen, REIFF, **B**, 292
Reutlingen, SCHNIZLER, **B**, 290
Reutlingen, STARLINE, **T/B**, 509
Reutlingen, STURM, **B**, 293
Rheda-Wiedenbrück, BAUMHÜTER, **B**, 193
Rheda-Wiedenbrück, DAUT, **N/G**, 96
Rheda-Wiedenbrück, INTERLÜBKE, **M**, 410
Rheda-Wiedenbrück, PROPHETE, **S**, 554
Rhede, SCHOKO DRAGEES, **N/G**, 106
Rheinbach, YUL, **S**, 562
Rheine, NUR DIE, **B**, 217
Rheine, RZ DYCKHOFF, **T/B**, 496
Riedelberg, SCHUHWERK, **L/S**, 35
Riederich, BALDAUF, **T/B**, 508
Riedlingen, GÖNNER, **B**, 329
Riedlingen, SILIT, **H**, 472
Rietberg, SCHULTE, **N/G**, 97
Rietberg, SUDBROCK, **M**, 411
Rietberg, TRAUMWELT, **T/B**, 487
Rietheim-Weilheim, HERMKO, **B**, 309
Ritterhude, JANETZKY, **T/B**, 483
Rodalben, SERVAS, **L/S**, 37
Rödental, ENGEL, **S/S**, 443
Rödental, GOEBEL, **G/K/P**, 404
Roermond (NL), DESIGNER OUTLET ROERMOND, **F**, 588
Rohrdorf, HARRO, **B**, 256
Rohrdorf, WEGA, **B**, 315
Rosendahl, PRÜMER, **B**, 221
Rosengarten, REUTTER, **N/G**, 139
Rosenheim, GABOR, **L/S**, 51
Rosenheim, MAIER, **B**, 314
Rosenheim, TRU, **B**, 315
Rosenheim, WERNDL, **M**, 423
Roßbach, WASTA, **N/G**, 163
Rotenburg, BRÜHL, **B**, 201
Rottenburg, KUMPF, **B**, 253
Rottendorf, PROPHETE, **S**, 584
Rottendorf, S. OLIVER, **B**, 359
Rotthalmünster, STERA, **S**, 580
Rudolstadt, VOLKSTEDTER PORZELLAN, **G/K/P**, 368

S

Saalfeld, STOLLWERCK, **N/G**, 68
Saarbrücken, SAINT JOHN, **B**, 246
Saarbrücken, TAILOR HOFF, **B**, 246
Salzkotten, WENDELN, **N/G**, 95
Salzwedel, YUL, **S**, 552
Sandberg, SANDBERG, **B**, 363
Sangerhausen, MIFA, **S**, 549
Schalksmühle, AMT, **H**, 466
Schauenstein, FROHN, **T/B**, 529
Schirnding, SKV-ARZBERG, **G/K/P**, 400
Schliengen, MAYKA, **N/G**, 146
Schlierbach, AUWÄRTER, **B**, 295
Schlierbach, DIMA, **M**, 420
Schlitz, KERAMA, **G/K/P**, 372
Schlitz, LANGHEINRICH, **T/B**, 488
Schloß Holte-Stukenbrock, SYLBO, **B**, 197
Schlüsselfeld, F.A.N., **T/B**, 530
Schlüsselfeld, PUMA, **S/S**, 440
Schmallenberg, FALKE, **B**, 229
Schmölln, WOLF, **N/G**, 64
Schneverdingen, FISCHER, **L/S**, 20
Schneverdingen, GOTTENA, **N/G**, 89
Schömberg, STRIEBLING, **B**, 259
Schönaich, VERA COSMETIC, **K/R**, 539
Schönbach, JOLLY, **L/S**, 17
Schopfheim, BURLINGTON, **B**, 310
Schramberg, JUNGHANS, **S/U**, 453
Schrozberg, DREWS, **T/B**, 514
Schrozberg, SIOUX, **L/S**, 44
Schwäbisch Gmünd, GRAU AROMATICS, **K/R**, 543
Schwäbisch Gmünd, SCHIPS, **M**, 421
Schwaig, WACHTER, **N/G**, 158
Schwalmstadt, AZ MODELL, **B**, 198
Schwalmstadt, ROHDE, **L/S**, 23
Schwandorf, WOLF, **N/G**, 160
Schwanstetten, CHAMP, **L/S**, 56
Schwarzach, MINX, **B**, 360
Schwarzach, RENE LEZARD, **B**, 361
Schwarzach, S. OLIVER, **B**, 361
Schwarzenbek, LEMBCKE, **N/G**, 77
Seckach, MUSTANG, **B**, 305
Seesen, HEINZ-KETCHUP, **N/G**, 102
Selb, HUTSCHENREUTHER, **G/K/P**, 393

Ortsregister

Selb, ROSENTHAL, **G/K/P**, 394
Selb, VILLEROY & BOCH, **G/K/P**, 394
Selbitz, HELIX, **L/S**, 59
Selm, ERTELT, **B**, 231
Siegelsbach, MANN & SCHRÖDER, **K/R**, 544
Sigmaringendorf, STRÖBELE, **B**, 279
Simmern, ACTIVLINE, **S**, 564
Sindelfingen, LEIBFRIED, **T/B**, 505
Sinsheim, EXCELLENT, **N/G**, 141
Soest, KUCHENMEISTER, **N/G**, 124
Solingen, BURGVOGEL, **H**, 461
Solingen, DIOGENES, **H**, 461
Solingen, DORKO, **H**, 462
Solingen, EICKER, **H**, 459
Solingen, GEHRING, **H**, 459
Solingen, GIESEN & FORSTHOFF, **H**, 458
Solingen, HARIBO, **N/G**, 104
Solingen, HERDER, **H**, 460
Solingen, KNIRPS, **S**, 559
Solingen, KRUPS, **H**, 462
Solingen, ZWILLING, **H**, 460
Sonneberg, DICKIE, **S/S**, 445
Sonneberg, EIO, **H**, 475
Sonneberg, PLÜTI NOVA, **S/S**, 445
Sonnefeld, HARTAN, **S**, 582
Sonnefeld, HAUCK, **S**, 582
Sonnefeld, HAUCK-KINDERWAGEN, **S**, 583
Sonthofen, ERGEE, **B**, 324
Sonthofen, KLEIN, **B**, 325
Sonthofen, SEIDENSTICKER, **B**, 325
Spaichingen, HOGRI, **S**, 576
Sparnek, PESCHKE, **B**, 351
Speichersdorf, ROSENTHAL, **G/K/P**, 396
Spenge, DELIUS, **T/B**, 485
Speyer, KEIM, **N/G**, 130
Spiegelau, SPIEGELAU KRISTALL, **G/K/P**, 392
St. Georgen, STAIGER, **S/U**, 451
St. Katharinen, BETULA, **L/S**, 29
St. Oswald, NACHTMANN, **G/K/P**, 393
Stadtlengsfeld, GILITZER, **G/K/P**, 373
Steinach, MAROLIN, **S/S**, 446
Steinach, PLAHO, **S/S**, 446
Steinau, JOLLY, **L/S**, 23
Steinen, STRÖBER, **L/S**, 50
Steinenbronn, SIRIUS, **H**, 468
Steinfurt, KOCK, **T/B**, 497
Steinfurt, SEESTERN FROTTIER, **T/B**, 498
Steinhagen, GERRY WEBER, **B**, 197
Steinhagen, S. OLIVER, **B**, 197
Stetten a. k. M., SCHÜTZ, **B**, 278
Stimpfach, HOSTA, **N/G**, 140
Stockheim, ALGI, **K/R**, 546
Stockheim, TRABERT, **L/S**, 61
Stockstadt, KAMPS, **N/G**, 127
Stolberg, DALLI, **K/R**, 536
Straelen, KÜHNE, **N/G**, 108
Straelen, MÜLLER, **S**, 561
Straubing, WALKER, **B**, 345
Strullendorf, STEBA, **H**, 475
Stuhr, ADIDAS, **S/S**, 429
Stuhr, FASHION OUTLET, **B**, 186
Stuhr, MARC O'POLO, **B**, 187
Stuhr, NIKE, **B**, 187
Stutensee, MEIER BALLON, **S**, 576
Stutensee, MELL, **B**, 306
Stuttgart, CENTA-STAR, **T/B**, 504
Stuttgart, GIN TONIC, **B**, 250
Stuttgart, GUMMI-BÄREN-LAND, **N/G**, 131
Südlohn, SÜDLOHNER FROTTIER, **T/B**, 493
Süßen, SCHOELLER + STAHL, **T/B**, 511
Sulingen, LLOYD, **L/S**, 20
Sulz, WÖSSNER, **M**, 419
Sulzbach (Taunus), FABRIKVERKAUF SULZBACH, **B**, 245
Sulzbach-Rosenberg, HILTL, **B**, 338
Sundern, SEVERIN, **H**, 467

T

Tann, LEUBECHER, **B**, 201
Taufkirchen, HIMOLLA, **M**, 424
Tettau, KÖNIGLICH TETTAU, **G/K/P**, 403
Tettau, RÖSLER, **G/K/P**, 404
Tettnang, VAUDE, **S/S**, 434
Thaleischweiler-Fröschen, WENDEL, **L/S**, 38
Thalheim, ESDA, **B**, 177
Thiersheim, KÖNIG, **G/K/P**, 400
Thiersheim, VOITH, **B**, 355
Tirschenreuth, HATICO, **B**, 354

Tirschenreuth, HUTSCHENREUTHER, **G/K/P**, 397
Tirschenreuth, NK-ZINN, **S**, 581
Titisee-Neustadt, NOVILA, **B**, 312
Töpen, FABER, **B**, 350
Torgau, VILLEROY & BOCH, **G/K/P**, 367
Triberg, HERR, **S/U**, 451
Trier, ROMIKA, **L/S**, 30
Triptis, TRIPTIS PORZELLAN, **G/K/P**, 369
Tübingen, ACKEL, **B**, 252
Tübingen, RAITH, **B**, 251
Tübingen, RÖSCH, **B**, 252
Türkheim, SALAMANDER, **L/S**, 53
Tuttlingen, RIEKER, **L/S**, 49
Tuttlingen, SOLIDUS, **L/S**, 49
Tuttlingen, STORZ, **N/G**, 144

U

Uffenheim, REICHART, **B**, 359
Uhingen, BOSCH CONFISERIE, **N/G**, 136
Uhingen, L & U, **L/S**, 42
Unteregg, FAUSTMANN, **B**, 326
Unterkirnach, MOSER, **H**, 471
Unterschleißheim, MORE & MORE, **B**, 321
Unterschneidheim, BALBACH, **B**, 298
Unterweißbach, UNTERWEISS-BACHER PORZELLAN, **G/K/P**, 406
Urbach, IRISETTE, **T/B**, 513

V

Vahldorf, BÖRDE, **N/G**, 102
Vaihingen, HARDY, **B**, 251
Vaihingen/Enz, GUMMI-BÄREN-LAND, **N/G**, 133
Varel, BAHLSEN, **N/G**, 86
Varel, FRIESLAND, **G/K/P**, 371
Veitshöchheim, FRANKONIA, **N/G**, 166
Verden, FREITAG, **N/G**, 87
Verl, ASTRO, **N/G**, 97
Verl, KLEINEMAS, **N/G**, 98
Verl, MARC AUREL, **B**, 194
Versmold, NÖLKE, **N/G**, 98
Versmold, WILTMANN, **N/G**, 99
Viersen, JÄGER, **H**, 458
Viersen, ZASPEL, **B**, 209
Villingen-Schwenningen, TIPP-KICK, **S/S**, 432
Vilsbiburg, ZOLLNER, **T/B**, 521
Vilshofen, TONI DRESS, **B**, 346
Visbek, HASKAMP, **N/G**, 115
Vohenstrauß, SKV-ARZBERG, **G/K/P**, 383
Vreden, BIERBAUM, **T/B**, 498

W

Wadgassen, VILLEROY & BOCH, **G/K/P**, 379
Wagenfeld, WAGENFELDER SPINNEREI, **T/B**, 499
Wahlhausen, WERRATAL STÖCKE, **S**, 557
Wahlstedt, PELZ, **S**, 551
Waiblingen, LENHART, **K/R**, 539
Wald, MAC JEANS, **B**, 342
Wald-Michelbach, CORONET, **S**, 571
Waldenbuch, RITTER SPORT, **N/G**, 132
Waldershof, ROSENTHAL, **G/K/P**, 399
Waldkirch, GANTER, **L/S**, 50
Waldkraiburg, TRU, **B**, 317
Waldsee, STEIN, **T/B**, 503
Walheim, SIOUX, **L/S**, 43
Walldürn, BOLSIUS, **S**, 574
Walldürn, JAKOB & PETTERS, **K/R**, 544
Wanfried, WERKMEISTER, **S**, 557
Wangen, LUXORETTE, **T/B**, 523
Wannweil, HIPP, **B**, 294
Warburg, VAL FRUTTA, **N/G**, 99
Warendorf, VOLMER, **M**, 415
Wassenberg, WASSENBERGER POLSTER, **M**, 414
Wehingen, HEGEDÜS, **S/U**, 452
Wehr, BRENNET, **T/B**, 519
Wehr, WECK, **G/K/P**, 382
Weiden, SELTMANN, **G/K/P**, 383
Weidhausen, KNAUER, **B**, 357
Weiherhammer, BAYERN ZINN, **G/K/P**, 386
Weil am Rhein, BIG STAR, **B**, 310
Weil am Rhein, CARHARTT, **B**, 310
Weiler-Simmerberg, BIRITA, **B**, 327
Weimar, HOWANA, **B**, 199

Ortsregister

Weinheim, FREUDENBERG, **L/S**, 39
Weinheim, KLINGOL, **K/R**, 538
Weissach im Tal, ROMBOLD, **S**, 571
Weißbach, HORNSCHUCH, **S**, 574
Wendlingen, LUXORETTE, **T/B**, 512
Werl, DREIMEISTER, **N/G**, 123
Werl, KETTLER, **M**, 416
Wermelskirchen, ARA, **L/S**, 24
Wernau, PERRY, **B**, 295
Wernberg-Köblitz, STÖHR, **B**, 338
Werneck, EICHETTI, **N/G**, 168
Wertheim, ALFI, **H**, 475
Wertheim, BELLMIRA, **K/R**, 548
Wertheim, WERTHEIM VILLAGE, **B**, 364, **F**, 587
Westerheim, KNEER, **T/B**, 508
Wettringen, CRUSE, **B**, 218
Wieslautern, MUCK, **L/S**, 48
Wildeshausen, STÖVER, **N/G**, 88
Wilgartswiesen, WILGARTA, **L/S**, 47
Wilhelmshaven, MASTERHAND, **B**, 184
Wilkau-Haßlau, HARIBO, **N/G**, 70
Wilthen, SÄCHSISCHE LEDERWAREN, **L/S**, 17
Windischeschenbach, ESCHENBACH, **G/K/P**, 385
Winnenden, PARADIES, **T/B**, 505
Winnenden, SADEX, **N/G**, 133
Winsen, MASSA, **N/G**, 77
Winterbach, HAHN, **B**, 300
Winterlingen, ATHLET SPORT, **B**, 277
Winterlingen, LORCH, **B**, 277
Wittgensdorf, SCHIESSER, **B**, 177
Wörnitz, LANGHAMMER & GASDA, **S**, 579
Wolfach, DOROTHEENHÜTTE CRYSTAL, **G/K/P**, 381
Wolfach, WÜRTZ, **B**, 307
Wolfenbüttel, BRAUNSCHWEIGER BETTFEDERN, **T/B**, 490
Wolfhagen, BÄRENSCHLAF, **T/B**, 488
Wolfsburg, KAMEI, **S**, 558
Würselen, KINKARTZ, **N/G**, 120
Würzburg, FRANKONIA, **B**, 358
Wunsiedel, HÖFER, **B**, 353
Wunsiedel, RETSCH, **G/K/P**, 396
Wunstorf, KETTLER, **M**, 408
Wunstorf, RANCH MASTER, **N/G**, 93
Wuppertal, VORWERK, **T/B**, 491
Wustermark, B 5 DESIGNER OUTLET CENTER, **F**, 586

Z

Zeestow, TREBES & HENNING, **L/S**, 19
Zeil, ERBELLE, **T/B**, 532
Zeitz, ZETTI, **N/G**, 66
Zell, IRISETTE, **T/B**, 519
Zell, OSTHEIMER, **S/S**, 431
Zell, ZELLER KERAMIK, **G/K/P**, 381
Zeulenroda, EXCELLENT, **B**, 173
Zirndorf, PLAYMOBIL, **S/S**, 436
Zörbig, ZÖRBIGER, **N/G**, 67
Zorneding, APART, **T/B**, 522
Zuzenhausen, LEIFHEIT, **H**, 470
Zweibrücken, DORNDORF, **L/S**, 34
Zweibrücken, ZWEIBRÜCKEN OUTLET, **F**, 586
Zwiesel, AMBIENTE KRISTALL, **G/K/P**, 387
Zwiesel, HUTSCHENREUTHER, **G/K/P**, 387
Zwiesel, NACHTMANN, **G/K/P**, 388
Zwiesel, RIMPLER, **G/K/P**, 388
Zwiesel, SCHOTT ZWIESEL, **G/K/P**, 389

Postleitzahlenregister

Abkürzungen der Produktgruppen:
B = Bekleidung; **F** = Fabrikverkaufszentren; **G/K/P** = Glas, Keramik, Porzellan;
H = Haushaltswaren und -geräte; **K/R** = Kosmetika, Reinigungsmittel;
L/S = Lederwaren, Schuhe; **M** = Möbel; **N/G** = Nahrungs- und Genussmittel;
S = Sonstiges; **S /S** = Spielwaren, Sportartikel; **S/U** = Schmuck, Uhren;
T/B = Textil- und Bettwaren

0

01139 Dresden, REIMANN, **N/G**, 62
01237 Dresden, DRESDNER SPITZEN, **T/B**, 477
01896 Pulsnitz, PULSNITZER LEBKUCHEN, **N/G**, 62
01900 Bretnig-Hauswalde, SEMPER, **B**, 172
02681 Wilthen, SÄCHSISCHE LEDERWAREN, **L/S**, 17
02708 Schönbach, JOLLY, **L/S**, 17
02779 Großschönau, DAMINO, **T/B**, 477
02779 Großschönau, FROTTANA, **T/B**, 478
02791 Niederoderwitz, KATHLEEN, **N/G**, 63
03159 Döbern, DRESDEN CRYSTAL, **G/K/P**, 366
04509 Delitzsch, VAN NETTEN, **N/G**, 63
04626 Schmölln, WOLF, **N/G**, 64
04643 Geithain, GEITHAINER, **H**, 455
04703 Bockelwitz, ZEWA, **S**, 549
04720 Döbeln, GÖTZ, **N/G**, 65
04838 Eilenburg, HENRI, **N/G**, 65
04860 Torgau, VILLEROY & BOCH, **G/K/P**, 367
06108 Halle/Saale, TEXTILMANU-FAKTUR, **T/B**, 478
06112 Halle, HALLOREN, **N/G**, 66
06526 Sangerhausen, MIFA, **S**, 549
06628 Bad Kösen, KÖSEN / SILKE, **S/S**, 427
06712 Döschwitz, ZEKIWA, **S**, 550
06712 Zeitz, ZETTI, **N/G**, 66
06780 Zörbig, ZÖRBIGER, **N/G**, 67
06796 Brehna, MUSTANG, **B**, 172
06847 Dessau, PAULY, **N/G**, 67
06925 Annaburg, ANNABURG PORZELLAN, **G/K/P**, 367
07318 Saalfeld, STOLLWERCK, **N/G**, 68
07356 Lobenstein, TURM-SCHUH, **L/S**, 18
07381 Pößneck, BERGGOLD, **N/G**, 69
07407 Rudolstadt, VOLKSTEDTER PORZELLAN, **G/K/P**, 368
07580 Braunichswalde, PALM BEACH, **B**, 173
07745 Jena, JENAER GLAS, **G/K/P**, 368
07768 Kahla, GRIESSON-DE BEUKELAER, **N/G**, 69
07768 Kahla, KAHLA PORZELLAN, **G/K/P**, 369
07819 Triptis, TRIPTIS PORZELLAN, **G/K/P**, 369
07937 Zeulenroda, EXCELLENT, **B**, 173
07952 Pausa, PAUSAER BETT-WÄSCHE, **T/B**, 479
08107 Kirchberg, SOLIDWEAR, **B**, 174
08112 Wilkau-Haßlau, HARIBO, **N/G**, 70
08132 Mülsen, WEBEREI MÜLSEN, **T/B**, 479
08209 Auerbach, MALITEX, **T/B**, 480
08223 Falkenstein, STICKPERLE, **T/B**, 480
08309 Eibenstock, FUNKE, **T/B**, 481
08312 Lauter, SCHWERTER EMAIL, **H**, 456

Postleitzahlenregister

08451 Crimmitschau, FERUS, **B**, 175
08541 Neuensalz, TEGELER, **T/B**, 481
08606 Oelsnitz, FORMAT, **B**, 175
09111 Chemnitz, BRUNO BANANI, **B**, 176
09224 Grüna, DRETEX, **B**, 176
09228 Wittgensdorf, SCHIESSER, **B**, 177
09380 Thalheim, ESDA, **B**, 177
09429 Hopfgarten, SIEBER, **B**, 178
09526 Olbernhau, HESS, **S/S**, 428
09526 Olbernhau, KWO, **S**, 550
09575 Eppendorf, PFEILER, **T/B**, 482
09575 Eppendorf, RÜLKE, **S/S**, 428

1

10367 Berlin, BECON, **B**, 178
10709 Berlin, UMLAUF & KLEIN, **B**, 179
10785 Berlin, KPM, **G/K/P**, 370
12099 Berlin, BAHLSEN, **N/G**, 70
12105 Berlin, RAUSCH, **N/G**, 71
12277 Berlin, STOLLWERCK, **N/G**, 71
12359 Berlin, LEMKE, **N/G**, 72
12681 Berlin, BERLIN COSMETICS, **K/R**, 534
13347 Berlin, MARC CAIN, **B**, 179
13409 Berlin, ASELI, **N/G**, 72
13409 Berlin, KÜHNE, **N/G**, 73
13507 Berlin, DICKMANN'S, **N/G**, 73
13509 Berlin, SAWADE, **N/G**, 74
14057 Berlin, MARC O'POLO, **B**, 180
14641 Wustermark, B 5 DESIGNER OUTLET CENTER, **F**, 586
14641 Zeestow, TREBES & HENNING, **L/S**, 19
16816 Neuruppin, DREISTERN, **N/G**, 74
19230 Hagenow, GUMMI BEAR FACTORY, **N/G**, 75
19230 Hagenow, KUHNE, **N/G**, 75
19258 Boizenburg, GUMMI BEAR FACTORY, **N/G**, 76
19300 Grabow, GRABOWER, **N/G**, 76

2

20539 Hamburg, HWF, **T/B**, 482
21337 Lüneburg, LUCIA, **B**, 180
21337 Lüneburg, ROY ROBSON, **B**, 181
21423 Winsen, MASSA, **N/G**, 77
21481 Lauenburg, BALZEN, **K/R**, 535
21493 Schwarzenbek, LEMBCKE, **N/G**, 77
21509 Glinde, GIES, **S**, 551
22041 Hamburg, SALAMANDER, **L/S**, 19
22459 Hamburg, WELA, **N/G**, 78
22525 Hamburg, OPPERMANN, **N/G**, 78
22525 Hamburg, TOM TAILOR, **B**, 181
22527 Hamburg, ROTH, **B**, 182
22844 Norderstedt, VAN HOUTEN, **N/G**, 79
22959 Linau, SUWAJ, **B**, 182
23356 Lübeck, LEU, **N/G**, 79
23556 Lübeck, MEST, **N/G**, 80
23560 Lübeck, ERASCO, **N/G**, 80
23560 Lübeck, NIEDEREGGER, **N/G**, 81
23568 Lübeck, HAWESTA, **N/G**, 81
23568 Lübeck, LUBS, **N/G**, 82
23569 Lübeck, VILLEROY & BOCH, **G/K/P**, 371
23795 Mielsdorf, HOLSTEIN FLACHS, **B**, 183
23812 Wahlstedt, PELZ, **S**, 551
24937 Flensburg, AGILUS DRAGEES, **N/G**, 82
25335 Elmshorn, DÖLLING HAREICO, **N/G**, 83
25337 Elmshorn, WIEBOLD, **N/G**, 83
25469 Halstenbek, WIEBOLD, **N/G**, 84
25479 Ellerau, JIL SANDER, **B**, 183
25899 Niebüll, NORDFRIESLAND FLEISCH, **N/G**, 85
26135 Oldenburg, BAHLSEN, **N/G**, 85
26188 Edewecht, MEICA, **N/G**, 86
26219 Bösel, FM-BÜROMÖBEL, **M**, 408
26316 Varel, BAHLSEN, **N/G**, 86
26316 Varel, FRIESLAND, **G/K/P**, 371
26382 Wilhelmshaven, MASTER-HAND, **B**, 184
26689 Apen, GARDEUR, **B**, 184
26939 Ovelgönne, BOTTERBLOOM, **N/G**, 87
27232 Sulingen, LLOYD, **L/S**, 20

27283 Verden, FREITAG, **N/G**, 87
27721 Ritterhude, JANETZKY, **T/B**, 483
27753 Delmenhorst, DELMOD, **B**, 185
27793 Wildeshausen, STÖVER, **N/G**, 88
28199 Bremen, KOCH & BERGFELD, **G/K/P**, 372
28279 Bremen, PADDOCK'S, **B**, 185
28279 Bremen, ZERO, **B**, 186
28309 Bremen, WILKENS / BSF, **H**, 456
28759 Bremen, KLEINE WOLKE, **T/B**, 483
28816 Stuhr, ADIDAS, **S/S**, 429
28816 Stuhr, FASHION OUTLET, **B**, 186
28816 Stuhr, MARC O'POLO, **B**, 187
28816 Stuhr, NIKE, **B**, 187
29227 Celle, STREET ONE, **B**, 188
29386 Hankensbüttel, BAHLSEN, **N/G**, 88
29410 Salzwedel, YUL, **S**, 552
29640 Schneverdingen, FISCHER, **L/S**, 20
29640 Schneverdingen, GOTTENA, **N/G**, 89

3

30163 Hannover, PELIKAN, **S**, 552
30419 Hannover, PARADIES, **T/B**, 484
30419 Hannover, SPRENGEL, **N/G**, 89
30453 Hannover, HARRY, **N/G**, 90
30659 Hannover, BAHLSEN, **N/G**, 91
30851 Langenhagen, GÖSCHEL, **T/B**, 485
30853 Langenhagen, BAHLSEN, **N/G**, 91
30890 Barsinghausen, BAHLSEN, **N/G**, 92
30916 Isernhagen, BREE, **L/S**, 21
31008 Elze, ELZER BACKWAREN, **N/G**, 92
31135 Hildesheim, RINGELLA, **B**, 188
31228 Peine, RAUSCH, **N/G**, 93
31515 Wunstorf, KETTLER, **M**, 408
31515 Wunstorf, RANCH MASTER, **N/G**, 93
31535 Neustadt, SIEMER, **B**, 189
31749 Auetal, S. OLIVER, **L/S**, 21
31785 Hameln, VORWERK, **T/B**, 485
31840 Hessisch Oldendorf, MARC, **L/S**, 22
32049 Herford, BUGATTI, **B**, 189
32051 Herford, BRAX, **B**, 190
32051 Herford, VABOND, **B**, 190
32051 Herford, WEINRICH, **N/G**, 94
32052 Herford, AHLERS, **B**, 191
32108 Bad Salzuflen, VIVA DECOR, **S**, 553
32130 Enger, PUHLMANN, **M**, 409
32139 Spenge, DELIUS, **T/B**, 485
32257 Bünde, MÜNCHOW, **M**, 409
32312 Lübbecke, HUCKE, **B**, 192
32584 Löhne, BIKE-PLANTAGE, **S**, 553
32584 Löhne, MKM, **T/B**, 486
32657 Lemgo, PAHNA, **N/G**, 94
32791 Lage, BERGMANN, **M**, 410
32791 Lage, ECHTERHÖLTER, **S**, 554
33129 Delbrück, HANNA, **N/G**, 95
33154 Salzkotten, WENDELN, **N/G**, 95
33330 Gütersloh, DINOMODA, **B**, 192
33330 Gütersloh, VOGT & WOLF, **N/G**, 96
33332 Gütersloh, MARC AUREL, **B**, 193
33332 Gütersloh, ZUMBANSEN, **B**, 193
33378 Rheda-Wiedenbrück, BAUMHÜTER, **B**, 193
33378 Rheda-Wiedenbrück, DAUT, **N/G**, 96
33378 Rheda-Wiedenbrück, INTERLÜBKE, **M**, 410
33378 Rheda-Wiedenbrück, PROPHETE, **S**, 554
33397 Rietberg, SCHULTE, **N/G**, 97
33397 Rietberg, SUDBROCK, **M**, 411
33397 Rietberg, TRAUMWELT, **T/B**, 487
33415 Verl, ASTRO, **N/G**, 97
33415 Verl, KLEINEMAS, **N/G**, 98
33415 Verl, MARC AUREL, **B**, 194
33602 Bielefeld, DELIUS, **T/B**, 487
33609 Bielefeld, BOTTHOF, **B**, 194
33609 Bielefeld, SEIDENSTICKER, **B**, 195
33611 Bielefeld, VERSE, **B**, 195
33649 Bielefeld, WINDSOR, **B**, 196
33689 Bielefeld, LUFTHANSA, **S**, 555

33729 Bielefeld, KAUFELD, **M**, 412
33758 Schloß Holte-Stukenbrock, SYLBO, **B**, 197
33775 Versmold, NÖLKE, **N/G**, 98
33775 Versmold, WILTMANN, **N/G**, 99
33803 Steinhagen, GERRY WEBER, **B**, 197
33803 Steinhagen, S. OLIVER, **B**, 197
34212 Melsungen, SONNTEX, **S**, 555
34233 Fuldatal, EDSCH, **N/G**, 99
34414 Warburg, VALFRUTTA, **N/G**, 99
34466 Wolfhagen, BÄRENSCHLAF, **T/B**, 488
34560 Fritzlar, LEMMI FASHION, **B**, 198
34582 Borken, ROHDE, **L/S**, 22
34613 Schwalmstadt, AZ MODELL, **B**, 198
34613 Schwalmstadt, ROHDE, **L/S**, 23
35066 Frankenberg/Eder, THONET, **M**, 412
35085 Ebsdorfergrund, PAULY, **N/G**, 100
35096 Weimar, HOWANA, **B**, 199
35274 Kirchhain, KIRCHHAINER BLUSEN, **B**, 199
35279 Neustadt, ELATEX, **B**, 200
35285 Gemünden, GEKA, **H**, 457
35516 Münzenberg, ERNESTO TOYS, **S/S**, 429
35708 Haiger, HAILO, **S**, 556
35708 Haiger, PFEIFFER, **M**, 413
36093 Künzell, SCHNEIDER, **B**, 200
36110 Schlitz, KERAMA, **G/K/P**, 372
36110 Schlitz, LANGHEINRICH, **T/B**, 488
36142 Tann, LEUBECHER, **B**, 201
36199 Rotenburg, BRÜHL, **B**, 201
36304 Alsfeld, ARABELLA, **B**, 201
36341 Lauterbach, WEGENER, **B**, 202
36341 Lauterbach, WENZEL & HOOS, **T/B**, 489
36396 Steinau, JOLLY, **L/S**, 23
36452 Fischbach, BAF, **H**, 457
36457 Stadtlengsfeld, GILITZER, **G/K/P**, 373
37139 Adelebsen, INDONESIA, **N/G**, 100
37154 Northeim, NAUNDORF, **T/B**, 489
37154 Northeim, WILVORST, **B**, 202
37235 Hessisch Lichtenau, SCHUBERT, **T/B**, 490
37235 Hessisch Lichtenau, STÜSS, **N/G**, 101
37276 Meinhard, FRIEDOLA, **S**, 556
37281 Wanfried, WERKMEISTER, **S**, 557
37308 Pfaffschwende, EITECH, **S/S**, 430
37318 Wahlhausen, WERRATAL STÖCKE, **S**, 557
37351 Dingelstädt, MB-MODE, **B**, 203
37688 Beverungen, WESER HOLZWAREN, **S**, 558
37697 Lauenförde, KETTLER-HERLAG, **M**, 413
37699 Fürstenberg, FÜRSTENBERG PORZELLAN, **G/K/P**, 373
38112 Braunschweig, SIGNUM, **B**, 203
38162 Cremlingen, WEIBLER, **N/G**, 101
38300 Wolfenbüttel, BRAUNSCHWEIGER BETTFEDERN, **T/B**, 490
38448 Wolfsburg, KAMEI, **S**, 558
38640 Goslar, ODERMARK, **B**, 204
38707 Altenau, MAUZ, **B**, 205
38723 Seesen, HEINZ-KETCHUP, **N/G**, 102
38895 Derenburg, HARZ-KRISTALL, **G/K/P**, 374
39340 Haldensleben, KERAMISCHE WERKE, **G/K/P**, 374
39345 Vahldorf, BÖRDE, **N/G**, 102

4

40472 Düsseldorf, DIESEL, **B**, 205
40721 Hilden, HESCO, **N/G**, 103
40880 Ratingen, ESPRIT, **B**, 206
41061 Mönchengladbach, CINQUE, **B**, 206
41061 Mönchengladbach, PRIESS, **B**, 207
41061 Mönchengladbach, VAN LAACK, **B**, 207
41065 Mönchengladbach, MEXX, **B**, 207
41199 Mönchengladbach, SCHULTE, **N/G**, 103

41239 Mönchengladbach, BEINES, **B**, 208
41334 Nettetal, EM-ES-TE, **T/B**, 491
41468 Neuss, VANILIA, **B**, 208
41748 Viersen, JÄGER, **H**, 458
41748 Viersen, ZASPEL, **B**, 209
41812 Erkelenz, STATZ, **B**, 209
41836 Hückelhoven, WIDAX, **B**, 210
41849 Wassenberg, WASSEN-BERGER POLSTER, **M**, 414
42277 Wuppertal, VORWERK, **T/B**, 491
42651 Solingen, GIESEN & FORSTHOFF, **H**, 458
42651 Solingen, KNIRPS, **S**, 559
42653 Solingen, EICKER, **H**, 459
42653 Solingen, GEHRING, **H**, 459
42653 Solingen, HARIBO, **N/G**, 104
42655 Solingen, HERDER, **H**, 460
42657 Solingen, ZWILLING, **H**, 460
42659 Solingen, BURGVOGEL, **H**, 461
42697 Solingen, DIOGENES, **H**, 461
42699 Solingen, DORKO, **H**, 462
42719 Solingen, KRUPS, **H**, 462
42929 Wermelskirchen, ARA, **L/S**, 24
44329 Dortmund, POTTENDORFER, **T/B**, 492
44534 Lünen, ARA, **L/S**, 24
44575 Castrop-Rauxel, REINEX, **K/R**, 535
44628 Herne, HERNER LEUCHTEN, **S**, 559
44628 Herne, REMBERT, **S**, 560
44628 Herne, STEILMANN, **B**, 210
44867 Bochum, STEILMANN, **B**, 211
45257 Essen, COLSMAN, **T/B**, 492
45478 Mülheim, EICHHOLZ, **L/S**, 25
45659 Recklinghausen, PERO, **B**, 211
45659 Recklinghausen, TURF, **B**, 211
45699 Herten, VERHOLT, **M**, 414
45701 Herten, HERTA, **N/G**, 104
45739 Oer-Erkenschwick, BARFUSS, **N/G**, 105
45879 Gelsenkirchen, MARCONA, **B**, 212
45883 Gelsenkirchen, ALDENHOVEN, **N/G**, 105
45891 Gelsenkirchen, STEILMANN, **B**, 212
46325 Borken, BIERBAUM, **T/B**, 492
46325 Borken, DORMISETTE, **T/B**, 493
46325 Borken, DRAGEES AUS WESEKE, **N/G**, 106
46325 Borken, ROTTERDAM, **N/G**, 106
46354 Südlohn, SÜDLOHNER FROTTIER, **T/B**, 493
46395 Bocholt, GINA B, **B**, 213
46395 Bocholt, HERDING, **T/B**, 494
46395 Bocholt, IBENA, **T/B**, 494
46395 Bocholt, VIKTORIA, **T/B**, 495
46414 Rhede, SCHOKO DRAGEES, **N/G**, 106
46446 Emmerich, KATJES, **N/G**, 107
46499 Hamminkeln, BONITA / NICOLAS SCHOLZ, **B**, 213
47057 Duisburg, DIESEL, **B**, 214
47228 Duisburg, HARK, **S**, 560
47506 Neukirchen-Vluyn, PARADIES, **T/B**, 495
47533 Kleve, BAUSE, **L/S**, 25
47533 Kleve, ELEFANTEN, **L/S**, 26
47533 Kleve, JELA, **L/S**, 26
47533 Kleve, KLEVER SCHUHE, **L/S**, 27
47623 Kevelaer, DOLHAIN & GOLDKUHLE, **N/G**, 107
47626 Kevelaer, BERGMANN, **L/S**, 27
47638 Straelen, KÜHNE, **N/G**, 108
47638 Straelen, MÜLLER, **S**, 561
47647 Kerken, LUTZE & NAGELS, **T/B**, 495
47661 Issum, FRONHOFFS, **N/G**, 108
47798 Krefeld, GRUYTERS, **N/G**, 109
47799 Krefeld, NAPPO, **N/G**, 109
47802 Krefeld, FELD, **B**, 214
47805 Krefeld, KEMPER, **B**, 215
47906 Kempen, BERND LÜBBENJANS, **B**, 215
47906 Kempen, GRIESSON-DE BEUKELAER, **N/G**, 110
47906 Kempen, HELLESIA, **N/G**, 110
47906 Kempen, VELO-SPORT, **S**, 561
47929 Grefrath, SCHÄFER, **B**, 216
48157 Münster, MARKTEX, **M**, 415
48163 Münster, PRIMERA, **B**, 216
48231 Warendorf, VOLMER, **M**, 415
48301 Nottuln, FORMAT, **B**, 217
48317 Drensteinfurt, KOCHSTAR, **H**, 463
48429 Rheine, NUR DIE, **B**, 217

Postleitzahlenregister

48431 Rheine, RZ DYCKHOFF, **T/B**, 496
48455 Bad Bentheim, LOUIS, **B**, 218
48477 Hörstel, BODET & HORST, **T/B**, 497
48485 Neuenkirchen, HECKING, **T/B**, 497
48493 Wettringen, CRUSE, **B**, 218
48529 Nordhorn, ERFO, **B**, 219
48565 Steinfurt, KOCK, **T/B**, 497
48565 Steinfurt, SEESTERN FROTTIER, **T/B**, 498
48599 Gronau, STENAU, **B**, 219
48607 Ochtrup, SPORTIVO, **B**, 220
48629 Metelen, SULA, **N/G**, 111
48691 Vreden, BIERBAUM, **T/B**, 498
48712 Gescher, WEIDEMANN, **B**, 220
48720 Rosendahl, PRÜMER, **B**, 221
48734 Reken, LANGNESE-IGLO, **N/G**, 111
48739 Legden, VINKELAU, **M**, 416
49076 Osnabrück, COPPENRATH & WIESE, **N/G**, 112
49078 Osnabrück, DK BERUFS-MODEN, **B**, 221
49080 Osnabrück, RONCADIN, **N/G**, 112
49124 Georgsmarienhütte, BERNING, **N/G**, 113
49152 Bad Essen, HOFFMANN, **L/S**, 28
49176 Hilter, HANSA, **N/G**, 113
49179 Ostercappeln, WAFFEL MEYER, **N/G**, 114
49196 Bad Laer, HEIMSATH, **T/B**, 499
49205 Hasbergen, HEIN, **N/G**, 114
49419 Wagenfeld, WAGENFELDER SPINNEREI, **T/B**, 499
49424 Goldenstedt, BAHLSEN, **N/G**, 115
49429 Visbek, HASKAMP, **N/G**, 115
49497 Mettingen, COPPENRATH & WIESE, **N/G**, 116
49549 Ladbergen, HEEMANN, **N/G**, 116
49638 Nortrup, KEMPER, **N/G**, 117
49692 Cappeln, MEYER, **S**, 562
49744 Geeste, COPPENRATH & WIESE, **N/G**, 117
49770 Herzlake, HERZLAKER, **B**, 222

5

50189 Elsdorf, BETTINA, **T/B**, 499
51063 Köln, REPLAY, **B**, 222
51149 Köln, STOLLWERCK, **N/G**, 118
51766 Engelskirchen, KARIN GLASMACHER, **B**, 223
52066 Aachen, MONTANUS, **B**, 223
52070 Aachen, ZENTIS, **N/G**, 118
52072 Aachen, CAVALLO, **B**, 224
52072 Aachen, LAMBERTZ, **N/G**, 119
52072 Aachen, LINDT & SPRÜNGLI, **N/G**, 119
52078 Aachen, BECKER, **T/B**, 500
52146 Würselen, KINKARTZ, **N/G**, 120
52220 Stolberg, DALLI, **K/R**, 536
52249 Eschweiler, BAWAG, **N/G**, 120
52379 Langerwehe, DAUNILA, **T/B**, 500
52399 Merzenich, SPIRELLA, **H**, 463
52525 Heinsberg, BALTES, **L/S**, 28
53175 Bonn, HARIBO, **N/G**, 121
53332 Bornheim, DANIELS, **B**, 224
53340 Meckenheim, GRAFSCHAFTER, **N/G**, 121
53359 Rheinbach, YUL, **S**, 562
53424 Remagen, SCHAUFF, **S**, 563
53562 St. Katharinen, BETULA, **L/S**, 29
53604 Bad Honnef, BIRKENSTOCK, **L/S**, 29
53881 Euskirchen, METSÄ, **S**, 563
54292 Trier, ROMIKA, **L/S**, 30
55122 Mainz, SCHOTT ZWIESEL, **G/K/P**, 375
55232 Alzey, AHORN, **B**, 225
55232 Alzey, GESKA, **T/B**, 501
55469 Simmern, ACTIVLINE, **S**, 564
55543 Bad Kreuznach, GLÄSER, **B**, 225
55543 Bad Kreuznach, MEFFERT, **S**, 564
55606 Kirn, BRAUN BÜFFEL, **L/S**, 30
55743 Idar-Oberstein, FISSLER, **H**, 464
55743 Idar-Oberstein, GOTTLIEB, **S/U**, 449
55768 Hoppstädten-Weiersbach, FISSLER, **H**, 464
56072 Koblenz, STIEFFENHOFER, **N/G**, 122

56203 Höhr-Grenzhausen, MERKEL-BACH, **G/K/P**, 375
56203 Höhr-Grenzhausen, RASTAL, **G/K/P**, 376
56220 Bassenheim, BORGELT, **B**, 226
56235 Ransbach-Baumbach, JOPEKO, **G/K/P**, 376
56244 Maxsain, WEISS, **B**, 226
56294 Münstermaifeld, ADRIAN, **M**, 416
56377 Nassau, LEIFHEIT, **H**, 465
56410 Montabaur, BRAUN, **B**, 227
56457 Halbs, MISS ULRIKE, **B**, 227
56470 Bad Marienberg, LEBEK, **B**, 228
56566 Neuwied, EURESS, **B**, 228
56751 Polch, GRIESSON-DE BEUKELAER, **N/G**, 122
57392 Schmallenberg, FALKE, **B**, 229
57539 Fürthen, HAPA, **T/B**, 501
58135 Hagen, BRANDT, **N/G**, 123
58135 Hagen, WEISSBACH, **B**, 229
58285 Gevelsberg, SILBERDISTEL, **G/K/P**, 377
58540 Meinerzhagen, NOWA, **H**, 465
58553 Halver, FLORA, **S**, 565
58579 Schalksmühle, AMT, **H**, 466
58809 Neuenrade, PUS-GUSS, **H**, 466
58809 Neuenrade, VATERLAND, **S**, 565
59065 Hamm, BENVENUTO, **B**, 230
59269 Beckum, MODEKA, **B**, 230
59302 Oelde, SPRICK, **S**, 566
59379 Selm, ERTELT, **B**, 231
59457 Werl, DREIMEISTER, **N/G**, 123
59457 Werl, KETTLER, **M**, 416
59494 Soest, KUCHENMEISTER, **N/G**, 124
59555 Lippstadt, FALKE, **B**, 231
59757 Arnsberg, BERNDES, **H**, 467
59846 Sundorn, SEVERIN, **H**, 467
59872 Meschede, BLOMUS, **S**, 566
59964 Medebach, EWERS, **B**, 232
59964 Medebach, GOLDEN LADY, **B**, 232
59964 Medebach, STUHLMANN, **B**, 232
59969 Hallenberg, WILENSKI, **B**, 233

6

60323 Frankfurt, PERLEN & SCHMUCKCENTER, **S/U**, 450
63065 Offenbach, GOLDPFEIL, **L/S**, 31
63067 Offenbach, BOGNER, **L/S**, 31
63067 Offenbach, KAPPUS, **K/R**, 536
63073 Offenbach, BARTH & BAUER, **L/S**, 32
63128 Dietzenbach, CHICCO, **S**, 567
63150 Heusenstamm, AUGENTHALER & HEBERER, **L/S**, 32
63150 Heusenstamm, LEVI'S, **B**, 233
63165 Mühlheim, TRAVELLER, **L/S**, 33
63179 Obertshausen, COMTESSE, **L/S**, 33
63263 Neu-Isenburg, BAHLSEN, **N/G**, 124
63454 Hanau, PHILIPP, **B**, 234
63512 Hainburg, KÖHLER, **N/G**, 125
63628 Bad Soden-Salmünster, ATELIER JEANNETTE, **L/S**, 34
63636 Brachttal, WÄCHTERSBACHER KERAMIK, **G/K/P**, 377
63741 Aschaffenburg, DE KALB, **B**, 234
63741 Aschaffenburg, FUCHS & SCHMITT, **B**, 235
63741 Aschaffenburg, WEIS, **B**, 235
63762 Großostheim, DRESSLER, **B**, 236
63762 Großostheim, PESÖ, **B**, 236
63762 Großostheim, SAN SIRO, **B**, 237
63762 Großostheim, SCHULER, **B**, 237
63768 Hösbach, DÖRHÖFER, **S**, 567
63773 Goldbach, BASLER, **B**, 238
63773 Goldbach, DESCH FOR MEN, **B**, 238
63773 Goldbach, KASTELL, **B**, 239
63814 Mainaschaff, ASCAFA, **B**, 239
63814 Mainaschaff, F.A.N., **T/B**, 502
63839 Kleinwallstadt, ST. EMILE, **B**, 240
63843 Niedernberg, S. OLIVER, **B**, 240
63853 Mömlingen, KLOTZ, **B**, 241
63868 Großwallstadt, GEIS, **B**, 241
63897 Miltenberg, DANIEL HECHTER, **B**, 242
63897 Miltenberg, FRIPA, **S**, 568
63920 Großheubach, KREMER, **B**, 242
64295 Darmstadt, GLUMANN, **B**, 243

Postleitzahlenregister

64319 Pfungstadt, KAMPS, **N/G**, 125
64358 Reichelsheim, EBERHARDT, **N/G**, 126
64395 Brensbach, BAWO, **T/B**, 502
64521 Groß-Gerau, ERLENBACHER, **N/G**, 126
64546 Mörfelden-Walldorf, FASHION OUTLET, **B**, 243
64589 Stockstadt, KAMPS, **N/G**, 127
64625 Bensheim, EULER, **S**, 568
64646 Heppenheim, HANNINGER, **B**, 244
64646 Heppenheim, LANGNESE-IGLO, **N/G**, 127
64720 Michelstadt, KOZIOL, **S**, 569
64823 Groß-Umstadt, RAETZ, **B**, 244
65582 Diez, DITTMANN, **N/G**, 128
65599 Dornburg, STERNTALER, **B**, 245
65817 Eppstein, KLARMÖBEL, **M**, 417
65843 Sulzbach (Taunus), FABRIK-VERKAUF SULZBACH, **B**, 245
65929 Frankfurt, HÖCHSTER PORZELLAN, **G/K/P**, 378
66119 Saarbrücken, TAILOR HOFF, **B**, 246
66130 Saarbrücken, SAINT JOHN, **B**, 246
66482 Zweibrücken, DORNDORF, **L/S**, 34
66482 Zweibrücken, ZWEIBRÜCKEN OUTLET, **F**, 586
66484 Riedelberg, SCHUHWERK, **L/S**, 35
66571 Eppelborn, JUMI, **N/G**, 128
66620 Nonnweiler, WAGNER, **N/G**, 129
66646 Marpingen, DEAS, **M**, 418
66693 Mettlach, LAND'S END, **B**, 247
66693 Mettlach, VILLEROY & BOCH, **G/K/P**, 378
66787 Wadgassen, VILLEROY & BOCH, **G/K/P**, 379
66953 Pirmasens, WAWI, **N/G**, 129
66955 Pirmasens, HUMMEL, **L/S**, 35
66955 Pirmasens, K + S SHOES, **L/S**, 36
66955 Pirmasens, SCHAPURO, **L/S**, 36
66955 Pirmasens, TOPSTAR, **L/S**, 36
66957 Obersimten, DIETZ, **L/S**, 37
66976 Rodalben, SERVAS, **L/S**, 37
66981 Münchweiler, MEGA GAGA, **L/S**, 38
66987 Thaleischweiler-Fröschen, WENDEL, **L/S**, 38
66989 Höhfröschen, HEPCO & BECKER, **S**, 569
66994 Dahn, DÄUMLING, **L/S**, 38
66996 Ludwigswinkel, ROTT, **L/S**, 39
67069 Ludwigshafen, KAMPS, **N/G**, 130
67165 Waldsee, STEIN, **T/B**, 503
67227 Frankenthal, SCOUT, **S**, 570
67292 Kirchheimbolanden, GRISLY, **S/S**, 430
67346 Speyer, KEIM, **N/G**, 130
67363 Lustadt, HUMBERT, **B**, 247
67377 Gommersheim, APART, **T/B**, 503
68167 Mannheim, FELINA, **B**, 248
68305 Mannheim, ZEWA, **S**, 570
68526 Ladenburg, CALGON, **K/R**, 537
68642 Bürstadt, KIDCAP, **B**, 248
69123 Heidelberg, ART-TO-BE, **B**, 249
69226 Nußloch, BETTY BARCLAY, **B**, 249
69245 Bammental, GEFI, **T/B**, 504
69469 Weinheim, FREUDENBERG, **L/S**, 39
69469 Weinheim, KLINGOL, **K/R**, 538
69483 Wald-Michelbach, CORONET, **S**, 571

7

70327 Stuttgart, CENTA-STAR, **T/B**, 504
70469 Stuttgart, GUMMI-BÄREN-LAND, **N/G**, 131
70565 Stuttgart, GIN TONIC, **B**, 250
70771 Leinfelden-Echterdingen, SPEICK, **K/R**, 538
70806 Kornwestheim, SALAMANDER, **L/S**, 40
70806 Kornwestheim, SCHWABEN-FLEISCH, **N/G**, 132
71063 Sindelfingen, LEIBFRIED, **T/B**, 505
71083 Herrenberg, KNOLL, **M**, 418
71088 Holzgerlingen, MAC KEE-JEANS, **B**, 250

Postleitzahlenregister

71101 Schönaich, VERA COSMETIC, **K/R**, 539
71111 Waldenbuch, RITTER SPORT, **N/G**, 132
71144 Steinenbronn, SIRIUS, **H**, 468
71336 Waiblingen, LENHART, **K/R**, 539
71364 Winnenden, PARADIES, **T/B**, 505
71364 Winnenden, SADEX, **N/G**, 133
71554 Weissach im Tal, ROMBOLD, **S**, 571
71634 Ludwigsburg, LUDWIGSBURG PORZELLAN, **G/K/P**, 379
71665 Vaihingen/Enz, GUMMI-BÄREN-LAND, **N/G**, 133
71665 Vaihingen, HARDY, **B**, 251
71726 Benningen, BRECKLE, **T/B**, 506
71726 Benningen, WINKLE, **M**, 418
71729 Erdmannhausen, HUOBER, **N/G**, 134
72070 Tübingen, RAITH, **B**, 251
72072 Tübingen, ACKEL, **B**, 252
72072 Tübingen, RÖSCH, **B**, 252
72108 Rottenburg, KUMPF, **B**, 253
72116 Mössingen, MERK, **B**, 253
72116 Mössingen, VIANIA, **B**, 254
72124 Pliezhausen, BRAVOUR, **B**, 254
72127 Kusterdingen, DELFINA, **B**, 255
72127 Kusterdingen, WILL, **B**, 255
72147 Nehren, KLETT, **N/G**, 135
72172 Sulz, WÖSSNER, **M**, 419
72186 Empfingen, BRÄNDLE, **N/G**, 135
72202 Nagold, DIGEL, **B**, 255
72202 Nagold, ROLF BENZ, **M**, 419
72213 Altensteig, AUERHAHN, **H**, 468
72229 Rohrdorf, HARRO, **B**, 256
72250 Freudenstadt, HAGNER, **K/R**, 539
72275 Alpirsbach, HARTER, **B**, 257
72336 Balingen, BITZER, **B**, 257
72336 Balingen, CECEBA, **B**, 258
72336 Balingen, DORIS STREICH, **B**, 258
72336 Balingen, KONTEX, **S**, 572
72336 Balingen, STAUTZ, **B**, 258
72355 Schömberg, STRIEBLING, **B**, 259
72379 Hechingen, BEST, **M**, 420
72379 Hechingen, EFIXELLE, **B**, 259
72379 Hechingen, JOCKEY, **B**, 260
72379 Hechingen, RUFF, **B**, 260
72379 Hechingen, SCHLAFGUT / WOHNGUT, **T/B**, 506
72393 Burladingen, BOGI, **B**, 261
72393 Burladingen, HEIM CHIC, **B**, 261
72393 Burladingen, KÄSTLE, **L/S**, 40
72393 Burladingen, KELLER, **B**, 262
72393 Burladingen, MAUZ, **B**, 262
72393 Burladingen, MAYER F., **B**, 263
72393 Burladingen, RITTER, **B**, 263
72393 Burladingen, TRIGEMA, **B**, 263
72393 Burladingen, TROCADERO, **B**, 265
72401 Haigerloch, AMMANN, **B**, 265
72401 Haigerloch, DORIS MEYER, **T/B**, 507
72401 Haigerloch, REICO, **B**, 266
72401 Haigerloch, VERA COSMETIC, **K/R**, 540
72406 Bisingen, BODYART, **B**, 266
72406 Bisingen, DRETEX, **B**, 266
72406 Bisingen, POMPADUR, **B**, 267
72406 Bisingen, WALZ, **B**, 267
72411 Bodelshausen, GUCKY'S, **B**, 268
72411 Bodelshausen, MARC CAIN, **B**, 268
72411 Bodelshausen, RIEKER, **B**, 269
72411 Bodelshausen, SPEIDEL, **B**, 269
72414 Rangendingen, CON-TA, **B**, 270
72414 Rangendingen, MAUZ, **B**, 270
72458 Albstadt, COMAZO, **B**, 271
72458 Albstadt, GEORGI, **B**, 271
72459 Albstadt, HUBERMASCHE, **B**, 272
72459 Albstadt, MEY, **B**, 272
72461 Albstadt, CAT-STYLE, **B**, 273
72461 Albstadt, GOLLE HAUG, **B**, 273
72461 Albstadt, GONSO, **B**, 274
72461 Albstadt, MEDICO, **B**, 274
72461 Albstadt, NINA V. C., **B**, 275
72461 Albstadt, WEISSMANN, **B**, 275
72469 Meßstetten, GÖLA, **B**, 275
72469 Meßstetten, LOTOS, **B**, 276
72469 Meßstetten, SANETTA, **B**, 276
72474 Winterlingen, ATHLET SPORT, **B**, 277
72474 Winterlingen, LORCH, **B**, 277
72475 Bitz, MEY, **B**, 278

Postleitzahlenregister

72510 Stetten a. k. M., SCHÜTZ, **B**, 278
72517 Sigmaringendorf, STRÖBELE, **B**, 279
72525 Münsingen, HARSCH, **B**, 279
72537 Mehrstetten, HOLZSCHUH, **B**, 280
72555 Metzingen, ARAMI & RAMIM, **B**, 280
72555 Metzingen, BALLY, **L/S**, 41
72555 Metzingen, BAZLEN, **L/S**, 41
72555 Metzingen, BOSS, **B**, 281
72555 Metzingen, ENZIAN, **K/R**, 540
72555 Metzingen, ESCADA, **B**, 281
72555 Metzingen, ESPRIT, **B**, 282
72555 Metzingen, GAENSLEN & VÖLTER, **T/B**, 507
72555 Metzingen, JIL SANDER, **B**, 282
72555 Metzingen, JOOP, **B**, 283
72555 Metzingen, LEVI'S, **B**, 283
72555 Metzingen, NIKE, **B**, 284
72555 Metzingen, PRINCESS, **S**, 572
72555 Metzingen, RALPH LAUREN, **B**, 284
72555 Metzingen, REUSCH, **B**, 284
72555 Metzingen, SAMTFABRIK, **B**, 285
72555 Metzingen, STRENESSE, **B**, 285
72555 Metzingen, TOMMY HILFIGER, **B**, 286
72555 Metzingen, TWEANS, **B**, 286
72555 Metzingen, WEIBLEN & RÜMMELIN, **B**, 287
72574 Bad Urach, CHRISTL, **B**, 287
72574 Bad Urach, KEMPEL, **B**, 288
72574 Bad Urach, MINIMAX, **S**, 573
72584 Hülben, BECK, **S/S**, 431
72585 Riederich, BALDAUF, **T/B**, 508
72589 Westerheim, KNEER, **T/B**, 508
72622 Nürtingen, HAUBER, **B**, 288
72622 Nürtingen, LUXORETTE, **T/B**, 509
72622 Nürtingen, TRICOSI, **B**, 289
72631 Aichtal, WEINMANN, **L/S**, 42
72639 Neuffen, PALO, **B**, 289
72762 Reutlingen, SCHNIZLER, **B**, 290
72764 Reutlingen, ENGEL, **B**, 290
72764 Reutlingen, GUMMI-BÄRENLAND, **N/G**, 136
72766 Reutlingen, GROSANA, **T/B**, 509
72766 Reutlingen, STARLINE, **T/B**, 509
72768 Reutlingen, BAUER, **B**, 291
72770 Reutlingen, HÄMMERLE, **B**, 291
72770 Reutlingen, LES CORPS, **B**, 292
72770 Reutlingen, REIFF, **B**, 292
72770 Reutlingen, STURM, **B**, 293
72793 Pfullingen, ERIMA, **B**, 293
72805 Lichtenstein, TUTTI PALETTI, **B**, 294
72827 Wannweil, HIPP, **B**, 294
73054 Eislingen, SCHELLER, **K/R**, 541
73054 Eislingen, SCHLAFGUT / WOHNGUT, **T/B**, 510
73054 Eislingen, ZELLER & GMELIN, **K/R**, 541
73061 Ebersbach, EUROFOAM, **T/B**, 511
73066 Uhingen, BOSCH CONFISERIE, **N/G**, 136
73066 Uhingen, L & U, **L/S**, 42
73079 Süßen, SCHOELLER + STAHL, **T/B**, 511
73119 Zell, OSTHEIMER, **S/S**, 431
73207 Plochingen, PLOCHINA, **K/R**, 542
73230 Kirchheim-Teck, HERRMANN, **N/G**, 137
73240 Wendlingen, LUXORETTE, **T/B**, 512
73249 Wernau, PERRY, **B**, 295
73265 Dettingen, RK-SCHOKO, **N/G**, 137
73275 Ohmden/Teck, ELO, **T/B**, 512
73278 Schlierbach, AUWÄRTER, **B**, 295
73278 Schlierbach, DIMA, **M**, 420
73312 Geislingen, BIHLER, **K/R**, 542
73312 Geislingen, WMF, **H**, 469
73326 Deggingen, ELSIWA, **B**, 296
73329 Kuchen, ASTA, **M**, 421
73333 Gingen, BUCHSTEINER, **H**, 469
73430 Aalen, PELO, **B**, 296
73430 Aalen, SCHOTT, **G/K/P**, 380
73431 Aalen, TRIUMPH, **B**, 297
73433 Aalen, BIHR, **B**, 297
73433 Aalen, BRAUN, **T/B**, 513

73433 Aalen, GUMMI-BÄREN-LAND, **N/G**, 138
73441 Bopfingen, LUHNS, **K/R**, 543
73485 Unterschneidheim, BALBACH, **B**, 298
73525 Schwäbisch Gmünd, GRAU AROMATICS, **K/R**, 543
73525 Schwäbisch Gmünd, SCHIPS, **M**, 421
73540 Heubach, SUSA, **B**, 298
73540 Heubach, TRIUMPH, **B**, 298
73547 Lorch, VOLKERT, **B**, 299
73568 Durlangen, FRANKE, **B**, 299
73650 Winterbach, HAHN, **B**, 300
73655 Plüderhausen, KÜBLER, **B**, 301
73660 Urbach, IRISETTE, **T/B**, 513
73770 Denkendorf, ROMMEL, **B**, 301
73779 Deizisau, JCC, **L/S**, 43
74078 Heilbronn, GUMMI-BÄREN-LAND, **N/G**, 139
74252 Massenbachhausen, FISCHER, **B**, 302
74348 Lauffen, BUECKLE, **B**, 302
74360 Ilsfeld, JOKER, **B**, 303
74379 Ingersheim, OLYMP, **B**, 303
74385 Pleidelsheim, FEMIRA, **T/B**, 514
74399 Walheim, SIOUX, **L/S**, 43
74538 Rosengarten, REUTTER, **N/G**, 139
74564 Crailsheim, HOHENSTEIN, **B**, 304
74564 Crailsheim, PLASTIFLOR, **S**, 573
74575 Schrozberg, DREWS, **T/B**, 514
74575 Schrozberg, SIOUX, **L/S**, 44
74597 Stimpfach, HOSTA, **N/G**, 140
74613 Öhringen, RATHGEBER, **B**, 304
74653 Künzelsau, MUSTANG, **B**, 305
74670 Forchtenberg, HENKEL, **M**, 422
74679 Weißbach, HORNSCHUCH, **S**, 574
74731 Walldürn, BOLSIUS, **S**, 574
74731 Walldürn, JAKOB & PETTERS, **K/R**, 544
74743 Seckach, MUSTANG, **B**, 305
74831 Gundelsheim, GUNDELSHEIM KONSERVEN, **N/G**, 140
74838 Limbach, ZICOLI, **S**, 575
74847 Obrigheim, GO-GARDINEN, **T/B**, 515
74862 Binau, LEVIOR, **S**, 575
74865 Neckarzimmern, KASPAR, **G/K/P**, 380
74889 Sinsheim, EXCELLENT, **N/G**, 141
74912 Kirchardt, CLEMENS, **S/S**, 432
74921 Helmstadt-Bargen, MWH, **M**, 422
74936 Siegelsbach, MANN & SCHRÖDER, **K/R**, 544
74939 Zuzenhausen, LEIFHEIT, **H**, 470
75038 Oberderdingen, HIRSCH, **N/G**, 141
75172 Pforzheim, LUTZ & WEISS, **H**, 471
75179 Pforzheim, GUMMI-BÄREN-LAND, **N/G**, 142
75365 Calw, NICKEL, **B**, 306
75417 Mühlacker, BÖHRINGER, **S/U**, 450
76185 Karlsruhe, RIES, **S/U**, 451
76297 Stutensee, MEIER BALLON, **S**, 576
76297 Stutensee, MELL, **B**, 306
76846 Hauenstein, BERKEMANN, **L/S**, 44
76846 Hauenstein, DER KLEINE MUCK, **L/S**, 45
76846 Hauenstein, MOKIMO, **L/S**, 45
76846 Hauenstein, NATEVO, **L/S**, 45
76846 Hauenstein, SEIBEL, **L/S**, 46
76848 Lug, WALDLÄUFER, **L/S**, 47
76848 Wilgartswiesen, WILGARTA, **L/S**, 47
76863 Herxheim, TRAUTH, **N/G**, 143
76870 Kandel, WALBER, **L/S**, 47
76891 Wieslautern, MUCK, **L/S**, 48
77652 Offenburg, LUXORETTE, **T/B**, 515
77704 Oberkirch, APELT, **T/B**, 516
77709 Wolfach, DOROTHEENHÜTTE CRYSTAL, **G/K/P**, 381
77709 Wolfach, WÜRTZ, **B**, 307
77736 Zell, ZELLER KERAMIK, **G/K/P**, 381
77839 Lichtenau, SIEGER, **M**, 423
77933 Lahr, BONACELLI, **B**, 307
78054 Villingen-Schwenningen, TIPP-KICK, **S/S**, 432
78089 Unterkirnach, MOSER, **H**, 471

78098 Triberg, HERR, **S/U**, 451
78112 St. Georgen, STAIGER, **S/U**, 451
78120 Furtwangen, WEHRLE, **S/U**, 452
78132 Hornberg, BERTONE, **B**, 308
78166 Donaueschingen, DOTEX, **T/B**, 516
78166 Donaueschingen, RICOSTA, **L/S**, 48
78315 Radolfzell, HÜGLI, **N/G**, 143
78315 Radolfzell, SCHIESSER, **B**, 308
78532 Tuttlingen, RIEKER, **L/S**, 49
78532 Tuttlingen, SOLIDUS, **L/S**, 49
78532 Tuttlingen, STORZ, **N/G**, 144
78549 Spaichingen, HOGRI, **S**, 576
78564 Wehingen, HEGEDÜS, **S/U**, 452
78591 Durchhausen, DUKAL, **T/B**, 517
78604 Rietheim-Weilheim, HERMKO, **B**, 309
78662 Bösingen, GERBI, **B**, 309
78713 Schramberg, JUNGHANS, **S/U**, 453
79183 Waldkirch, GANTER, **L/S**, 50
79215 Elzach, SCHÄFER, **T/B**, 517
79232 March, RUN GUSS, **H**, 471
79244 Münstertal, GUBOR, **N/G**, 144
79336 Herbolzheim, SÜSSE WERBUNG, **N/G**, 145
79379 Müllheim, GUBOR, **N/G**, 145
79418 Schliengen, MAYKA, **N/G**, 146
79539 Lörrach, NORTHERN GOOSE, **T/B**, 518
79541 Lörrach, LAUFFENMÜHLE, **T/B**, 518
79576 Weil am Rhein, BIG STAR, **B**, 310
79576 Weil am Rhein, CARHARTT, **B**, 310
79585 Steinen, STRÖBER, **L/S**, 50
79650 Schopfheim, BURLINGTON, **B**, 310
79664 Wehr, BRENNET, **T/B**, 519
79664 Wehr, WECK, **G/K/P**, 382
79669 Zell, IRISETTE, **T/B**, 519
79689 Maulburg, BERGER, **T/B**, 520
79689 Maulburg, SÜD BETTFEDERN, **T/B**, 520
79725 Laufenburg, MARYAN, **B**, 311
79822 Titisee-Neustadt, NOVILA, **B**, 312
79843 Löffingen, FORMESSE, **T/B**, 520
79848 Bonndorf, ADLER, **N/G**, 146
79872 Bernau, SLG, **S/S**, 433

8

80335 München, TRIUMPH, **B**, 312
80807 München, SCHNELL, **K/R**, 545
82065 Baierbrunn, TIMBERLAND, **B**, 313
82152 Planegg, BASSETTI, **T/B**, 521
82152 Planegg, MARC O'POLO, **B**, 313
82291 Mammendorf, ARIELLA, **B**, 314
82538 Geretsried, LORENZ, **S/S**, 433
83022 Rosenheim, MAIER, **B**, 314
83024 Rosenheim, GABOR, **L/S**, 51
83026 Rosenheim, TRU, **B**, 315
83026 Rosenheim, WERNDL, **M**, 423
83101 Rohrdorf, WEGA, **B**, 315
84028 Landshut, SCHOTT, **G/K/P**, 382
84030 Landshut, BRANDT, **N/G**, 147
84030 Landshut, BUCHNER, **N/G**, 147
84048 Mainburg, BOGNER, **B**, 316
84137 Vilsbiburg, ZOLLNER, **T/B**, 521
84175 Gerzen, ERLMEIER, **B**, 316
84416 Taufkirchen, HIMOLLA, **M**, 424
84478 Waldkraiburg, TRU, **B**, 317
84518 Garching, BOGNER, **B**, 317
85055 Ingolstadt, BÄUMLER, **B**, 318
85055 Ingolstadt, ROSNER, **B**, 319
85072 Eichstätt, HACO, **L/S**, 51
85221 Dachau, EURAS, **H**, 472
85395 Attenkirchen, KÖHLER, **B**, 319
85551 Kirchheim, AIGNER, **L/S**, 52
85551 Kirchheim, BOGNER, **B**, 320
85604 Zorneding, APART, **T/B**, 522
85609 Aschheim, SALEWA, **B**, 320
85716 Unterschleißheim, MORE & MORE, **B**, 321
86157 Augsburg, FLEURESSE, **T/B**, 522
86161 Augsburg, LEMBERT, **B**, 321
86167 Augsburg, WELTBILD, **S**, 577
86368 Gersthofen, DEUTER, **L/S**, 52
86381 Krumbach, STEINHART, **S**, 577
86399 Bobingen, LANGER, **B**, 322
86609 Donauwörth, EDEL, **N/G**, 148
86609 Donauwörth, KÄTHE KRUSE, **B**, 322

86653 Monheim, HAMA, **S**, 578
86690 Mertingen, ZOTT, **N/G**, 148
86720 Nördlingen, STRENESSE, **B**, 323
86825 Bad Wörishofen, SCHWERMER, **N/G**, 149
86842 Türkheim, SALAMANDER, **L/S**, 53
86850 Fischach, MÜLLER MILCH, **N/G**, 149
86972 Altenstadt, ELBEO, **B**, 323
87463 Dietmannsried, TÖPFER, **K/R**, 545
87471 Durach, SINZ, **N/G**, 150
87493 Lauben, CHAMPIGNON, **N/G**, 150
87509 Immenstadt, HUDSON KUNERT, **B**, 324
87527 Sonthofen, ERGEE, **B**, 324
87527 Sonthofen, KLEIN, **B**, 325
87527 Sonthofen, SEIDENSTICKER, **B**, 325
87600 Kaufbeuren, MIKOLASCH, **S/U**, 453
87616 Marktoberdorf, MOMM, **T/B**, 523
87719 Mindelheim, KUNERT, **B**, 326
87754 Kammlach, MANG, **N/G**, 151
87770 Oberschönegg, EHRMANN, **N/G**, 151
87782 Unteregg, FAUSTMANN, **B**, 326
88069 Tettnang, VAUDE, **S/S**, 434
88131 Lindau, BAHLSEN, **N/G**, 152
88161 Lindenberg, ACHBERGER, **S**, 578
88161 Lindenberg, MAYSER, **B**, 327
88171 Weiler-Simmerberg, BIRITA, **B**, 327
88214 Ravensburg, TEKRUM, **N/G**, 152
88239 Wangen, LUXORETTE, **T/B**, 523
88316 Isny, VEITH, **B**, 328
88353 Kißlegg, ALLGÄULAND, **N/G**, 153
88353 Kißlegg, SPEIDEL, **B**, 328
88400 Biberach, GERSTER, **T/B**, 524
88499 Riedlingen, GÖNNER, **B**, 329
88499 Riedlingen, SILIT, **H**, 472
88512 Mengen, FEURER, **B**, 329
88630 Pfullendorf, ALNO, **M**, 424
89150 Laichingen, AFS, **L/S**, 53
89150 Laichingen, EDELMANN, **T/B**, 525
89150 Laichingen, VITA FORM, **L/S**, 54
89150 Laichingen, WÄSCHEKRONE, **T/B**, 525
89155 Erbach, ERBACHER, **S/S**, 434
89165 Dietenheim, RELI, **B**, 330
89231 Neu-Ulm, LEPLAT, **L/S**, 54
89231 Neu-Ulm, WEISSELLA, **N/G**, 153
89257 Illertissen, LANWEHR, **N/G**, 154
89293 Kellmünz, STEGMANN, **L/S**, 55
89312 Günzburg, KÜCHLE, **N/G**, 154
89312 Günzburg, LUTZ, **N/G**, 155
89331 Burgau, PETRA, **H**, 473
89331 Burgau, SILIT, **H**, 473
89343 Jettingen-Scheppach, GÜNTHER, **L/S**, 55
89415 Lauingen, BI, **B**, 330
89423 Gundelfingen, SCHWARZ, **N/G**, 155
89537 Giengen, STEIFF, **S/S**, 435
89547 Gerstetten, LECO, **S**, 579
89558 Böhmenkirch, LANG, **B**, 331
89584 Ehingen, GESSLER, **B**, 331

9

90411 Nürnberg, FORSTER, **N/G**, 156
90411 Nürnberg, PUMA, **S/S**, 435
90419 Nürnberg, SCHÖLLER, **N/G**, 156
90427 Nürnberg, PFANN, **N/G**, 157
90453 Nürnberg, MEICO, **B**, 332
90471 Nürnberg, SCHUHMANN, **N/G**, 157
90475 Nürnberg, WINDROSE, **L/S**, 56
90513 Zirndorf, PLAYMOBIL, **S/S**, 436
90556 Cadolzburg, RIEGELEIN, **N/G**, 150
90571 Schwaig, WACHTER, **N/G**, 158
90596 Schwanstetten, CHAMP, **L/S**, 56
90703 Fürth, TROLLI, **N/G**, 159
90765 Fürth, BIG, **S/S**, 436
90765 Fürth, SIMBA TOYS, **S/S**, 437
91052 Erlangen, VIA APPIA, **B**, 332
91074 Herzogenaurach, ADIDAS, **S/S**, 437
91074 Herzogenaurach, MAHR, **L/S**, 57

Postleitzahlenregister

91074 Herzogenaurach, NIKE, **B**, 333
91074 Herzogenaurach, PUMA, **S/S**, 438
91077 Neunkirchen, BAUERFEIND, **T/B**, 526
91077 Neunkirchen, NABER, **B**, 333
91171 Greding, REEBOK, **B**, 334
91217 Hersbruck, CREATION GROSS, **B**, 334
91217 Hersbruck, FACKELMANN, **H**, 474
91242 Ottensoos, JOY, **B**, 335
91257 Pegnitz, PAMPOLINA, **B**, 335
91301 Forchheim, TONI DRESS, **B**, 336
91310 Gremsdorf, MANZ, **L/S**, 57
91325 Adelsdorf, EM-EUKAL, **N/G**, 159
91330 Eggolsheim, FAHRHANS, **B**, 336
91413 Neustadt/Aisch, ESTELLA, **T/B**, 526
91522 Ansbach, SCHAFFT, **N/G**, 159
91550 Dinkelsbühl, RSL, **L/S**, 58
91550 Dinkelsbühl, VOGELSANG, **L/S**, 58
91567 Herrieden, CARLO COLUCCI, **B**, 337
91578 Leutershausen, TVU, **T/B**, 527
91637 Wörnitz, LANGHAMMER & GASDA, **S**, 579
91788 Pappenheim, MONDI, **B**, 337
92237 Sulzbach-Rosenberg, HILTL, **B**, 338
92421 Schwandorf, WOLF, **N/G**, 160
92431 Neunburg, BAHLSEN, **N/G**, 160
92431 Neunburg, EFRUTI, **N/G**, 161
92526 Oberviechtach, MÜLLER, **T/B**, 527
92533 Wernberg-Köblitz, STÖHR, **B**, 338
92536 Pfreimd, MAC JEANS, **B**, 338
92540 Altendorf, FIFTY FIVE, **B**, 339
92637 Weiden, SELTMANN, **G/K/P**, 383
92648 Vohenstrauß, SKV-ARZBERG, **G/K/P**, 383
92660 Neustadt, NACHTMANN, **G/K/P**, 384
92670 Windischeschenbach, ESCHENBACH, **G/K/P**, 385
92676 Eschenbach, KOCH, **S/S**, 438
92681 Erbendorf, SELTMANN, **G/K/P**, 385
92703 Krummennaab, WEIDNER, **B**, 339
92729 Weiherhammer, BAYERN ZINN, **G/K/P**, 386
93049 Regensburg, PIERRE CARDIN, **B**, 340
93055 Regensburg, KLINGER, **K/R**, 546
93073 Neutraubling, THE BEST, **B**, 340
93077 Bad Abbach, PALM BEACH, **B**, 341
93128 Regenstauf, COLLECTION PHÖNIX, **B**, 341
93138 Lappersdorf, CBS, **L/S**, 59
93164 Laaber, SEIDL, **N/G**, 161
93167 Falkenstein, PALM BEACH, **B**, 342
93192 Wald, MAC JEANS, **B**, 342
93354 Biburg, LOTTIES, **S**, 580
93462 Lam, HEROS, **S/S**, 439
93468 Miltach, BEIER, **N/G**, 162
93468 Miltach, NEMMER, **S/S**, 439
93471 Arnbruck, WEINFURTNER, **G/K/P**, 386
94032 Passau, KEUPP, **N/G**, 162
94036 Passau, ETERNA, **B**, 343
94060 Pocking, CHARMOR, **B**, 343
94060 Pocking, WINKLHOFER, **B**, 344
94078 Freyung, ANOLICK, **B**, 344
94094 Rotthalmünster, STERA, **S**, 580
94127 Neuburg, TRIXI SCHOBER, **B**, 344
94227 Zwiesel, AMBIENTE KRISTALL, **G/K/P**, 387
94227 Zwiesel, HUTSCHENREUTHER, **G/K/P**, 387
94227 Zwiesel, NACHTMANN, **G/K/P**, 388
94227 Zwiesel, RIMPLER, **G/K/P**, 388
94227 Zwiesel, SCHOTT ZWIESEL, **G/K/P**, 389
94249 Bodenmais, HUTSCHENREUTHER, **G/K/P**, 389
94249 Bodenmais, JOSKA, **G/K/P**, 390
94249 Bodenmais, MAUZ, **B**, 345
94249 Bodenmais, ROSENTHAL, **G/K/P**, 390

94258 Frauenau, EISCH, **G/K/P**, 391
94258 Frauenau, POSCHINGER, **G/K/P**, 391
94258 Frauenau, SPIEGELAU KRISTALL, **G/K/P**, 392
94315 Straubing, WALKER, **B**, 345
94405 Landau, BEER, **B**, 346
94437 Mamming, MAMMINGER, **N/G**, 163
94439 Roßbach, WASTA, **N/G**, 163
94474 Vilshofen, TONI DRESS, **B**, 346
94501 Aidenbach, STADLER, **B**, 347
94518 Spiegelau, SPIEGELAU KRISTALL, **G/K/P**, 392
94568 St. Oswald, NACHTMANN, **G/K/P**, 393
95028 Hof, EAGLE PRODUCTS, **T/B**, 528
95028 Hof/Saale, FASHION OUTLET, **B**, 347
95032 Hof, LE-GO, **B**, 348
95100 Selb, HUTSCHENREUTHER, **G/K/P**, 393
95100 Selb, ROSENTHAL, **G/K/P**, 394
95100 Selb, VILLEROY & BOCH, **G/K/P**, 394
95111 Rehau, RIO, **B**, 348
95138 Bad Steben, SINGER, **B**, 349
95152 Selbitz, HELIX, **L/S**, 59
95168 Marktleuthen, HEINRICH WINTERLING, **G/K/P**, 395
95176 Konradsreuth, MEIKO, **T/B**, 528
95180 Berg, INA, **B**, 349
95183 Töpen, FABER, **B**, 350
95197 Schauenstein, FROHN, **T/B**, 529
95213 Münchberg, HAMMER, **B**, 350
95233 Helmbrechts, FRAAS, **B**, 351
95233 Helmbrechts, RAUSCH, **T/B**, 529
95234 Sparnek, PESCHKE, **B**, 351
95355 Presseck, BODENSCHATZ, **L/S**, 60
95359 Kasendorf, MAJA, **M**, 425
95448 Bayreuth, ARENA, **B**, 352
95463 Bindlach, SOLAR, **B**, 352
95469 Speichersdorf, ROSENTHAL, **G/K/P**, 396
95478 Kemnath, FISCHER, **N/G**, 164
95478 Kemnath, PONNATH, **N/G**, 164
95511 Mistelbach, SIGIKID, **B**, 353
95632 Wunsiedel, HÖFER, **B**, 353
95632 Wunsiedel, RETSCH, **G/K/P**, 396
95643 Tirschenreuth, HATICO, **B**, 354
95643 Tirschenreuth, HUTSCHENREUTHER, **G/K/P**, 397
95643 Tirschenreuth, NK-ZINN, **S**, 581
95659 Arzberg, SKV-ARZBERG, **G/K/P**, 397
95666 Mitterteich, MITTERTEICH PORZELLAN, **G/K/P**, 398
95666 Mitterteich, SCHOTT, **G/K/P**, 398
95679 Waldershof, ROSENTHAL, **G/K/P**, 399
95686 Fichtelberg, MÜLLER, **B**, 354
95691 Hohenberg, FEILER, **T/B**, 530
95691 Hohenberg, HUTSCHENREUTHER, **G/K/P**, 399
95706 Schirnding, SKV-ARZBERG, **G/K/P**, 400
95707 Thiersheim, KÖNIG, **G/K/P**, 400
95707 Thiersheim, VOITH, **B**, 355
96052 Bamberg, GREIFF, **B**, 355
96052 Bamberg, KARLSBADER, **B**, 356
96052 Bamberg, MANZ, **L/S**, 60
96114 Hirschaid, TEDDY, **S/S**, 440
96129 Strullendorf, STEBA, **H**, 475
96132 Schlüsselfeld, F.A.N., **T/B**, 530
96132 Schlüsselfeld, PUMA, **S/S**, 440
96152 Burghaslach, BIG, **S/S**, 441
96152 Burghaslach, JE-KÜ, **N/G**, 165
96215 Lichtenfels, EICHHORN, **S**, 582
96231 Bad Staffelstein, KAISER, **G/K/P**, 401
96231 Bad Staffelstein, LEKRA, **B**, 356
96237 Ebersdorf, ROBA, **S/S**, 441
96242 Sonnefeld, HARTAN, **S**, 582
96242 Sonnefeld, HAUCK, **S**, 582
96242 Sonnefeld, HAUCK-KINDERWAGEN, **S**, 583
96247 Michelau, KNORR, **S**, 583
96247 Michelau, ZELLNER, **T/B**, 531
96264 Altenkunstadt, BMF, **G/K/P**, 402
96279 Weidhausen, KNAUER, **B**, 357
96317 Kronach, ROSENTHAL, **G/K/P**, 402
96317 Kronach, WEBER, **B**, 357
96328 Küps, BÜTTNER, **B**, 358

Postleitzahlenregister

96328 Küps, LINDNER, **G/K/P**, 403
96328 Küps, SEIDEL, **B**, 358
96328 Küps, ZÖLLNER, **T/B**, 531
96337 Ludwigsstadt, LAUENSTEIN CONFISERIE, **N/G**, 165
96337 Ludwigsstadt, WELA, **N/G**, 165
96342 Stockheim, ALGI, **K/R**, 546
96355 Tettau, KÖNIGLICH TETTAU, **G/K/P**, 403
96355 Tettau, RÖSLER, **G/K/P**, 404
96364 Marktrodach, HUMARO, **L/S**, 61
96450 Coburg, DEHLER, **T/B**, 532
96450 Coburg, FEYLER, **N/G**, 166
96465 Neustadt, ALTHANS, **S/S**, 442
96465 Neustadt, FISCHER, **M**, 425
96465 Neustadt, LISSI BÄTZ, **S/S**, 443
96465 Neustadt, ROLLY TOYS, **S/S**, 443
96472 Rödental, ENGEL, **S/S**, 443
96472 Rödental, GOEBEL, **G/K/P**, 404
96476 Bad Rodach, JAKO-O, **S/S**, 444
96482 Ahorn, LEIPOLD, **M**, 426
96515 Sonneberg, DICKIE, **S/S**, 445
96515 Sonneberg, EIO, **H**, 475
96515 Sonneberg, PLÜTI NOVA, **S/S**, 445
96523 Steinach, MAROLIN, **S/S**, 446
96523 Steinach, PLAHO, **S/S**, 446
96528 Effelder, SPIELKO, **S/S**, 447
97076 Würzburg, FRANKONIA, **B**, 358
97199 Ochsenfurt, KNEIPP, **K/R**, 547
97209 Veitshöchheim, FRANKONIA, **N/G**, 166
97215 Uffenheim, REICHART, **B**, 359
97228 Rottendorf, PROPHETE, **S**, 584
97228 Rottendorf, S. OLIVER, **B**, 359
97274 Leinach, ULLA, **B**, 360
97318 Kitzingen, ECKERT, **S/S**, 447
97350 Mainbernheim, BÄREN SCHMIDT, **N/G**, 167
97357 Prichsenstadt, WOLF, **N/G**, 168
97359 Schwarzach, MINX, **B**, 360
97359 Schwarzach, RENE LEZARD, **B**, 361
97359 Schwarzach, S. OLIVER, **B**, 361
97440 Werneck, EICHETTI, **N/G**, 168
97447 Gerolzhofen, HIESTAND, **N/G**, 169
97469 Gochsheim, EISEND, **B**, 362
97475 Zeil, ERBELLE, **T/B**, 532
97633 Höchheim, HORSY, **B**, 362
97640 Stockheim, TRABERT, **L/S**, 61
97657 Sandberg, SANDBERG, **B**, 363
97688 Bad Kissingen, LAY, **N/G**, 169
97702 Münnerstadt, MÜNNERSTADT BEKLEIDUNG, **B**, 363
97778 Fellen, SPESSARTTRAUM, **T/B**, 533
97840 Hafenlohr, PAIDI, **M**, 426
97877 Wertheim, ALFI, **H**, 475
97877 Wertheim, BELLMIRA, **K/R**, 548
97877 Wertheim, WERTHEIM VILLAGE, **B**, 364, **F**, 587
97906 Faulbach, VEELMANN, **N/G**, 170
98553 Nahetal-Waldau, KERALOCK, **K/R**, 548
98593 Floh-Seligenthal, VIBA, **N/G**, 170
98739 Lichte, LICHTE PORZELLAN, **G/K/P**, 405
98739 Lichte, WALLENDORF PORZELLAN, **G/K/P**, 405
98743 Lippelsdorf, WAGNER & APEL, **G/K/P**, 406
98744 Unterweißbach, UNTERWEISSBACHER PORZELLAN, **G/K/P**, 406
99310 Arnstadt, WOLF, **N/G**, 171
99338 Plaue, SCHIERHOLZ, **G/K/P**, 407
99428 Nohra, WEIMARER WURST, **N/G**, 171
99444 Blankenhain, WEIMAR PORZELLAN, **G/K/P**, 407
99510 Apolda, STRICKTEX, **B**, 364
99510 Apolda, TOLOOP, **B**, 364
99510 Apolda, WEGNER, **B**, 365
99867 Gotha, JEKA, **S**, 584
99887 Georgenthal, STEINER, **S/S**, 448
99988 Diedorf, ROGO, **B**, 365

B

B-3630 Maasmechelen, MAASMECHELEN VILLAGE, **F**, 587

N

NL-6041 TD Roermond, DESIGNER OUTLET ROERMOND, **F**, 588

Bitte nach jedem Einkauf ausfüllen und abschicken - Danke!

FIRMENTESTBOGEN

<u>Noten:</u> 1 = sehr gut 2 = gut 3 = befriedigend 4 = ausreichend 5 = mangelhaft 6 = ungenügend

besuchte
Firma ....

☐ bereits im Buch
☐ noch nicht im Buch

Straße ....

Ort ....   Besuchsdatum ....

Menge/Vielfalt **AUSWAHL**   Note: ....

Situation/Menge **PARKPLÄTZE**   Note: ....

Preis/Leistung **ERSPARNIS**   Note: ....

durchschnittlich ca. .... % billiger

Warenangebot
(möglichst detailliert)

....

....

....

....

Es gibt: ☐ 1.Wahl   ☐ 2.Wahl   ☐ Auslaufmodelle   ☐ ....

WIE WAR'S?

☐	☐	☐	☐	☐	☐
Super, ich war absolut begeistert...	Gut, hier findet jeder was...	Hin, wenn man in der Nähe ist...	Na ja, im Großen und Ganzen akzeptabel...	Schade, meine Erwartungen wurden nicht erfüllt...	Nein, diese Firma gehört nicht in dieses Buch...

...weil (Kommentar)

→

weitere Eindrücke und Besonderheiten

Ihre Anschrift

Bitte schicken an: Zeppelin Verlag, Postfach 800145, 70501 Stuttgart

Bitte nach jedem Einkauf ausfüllen und abschicken - Danke!

FIRMENTESTBOGEN

Noten: 1 = sehr gut   2 = gut   3 = befriedigend   4 = ausreichend   5 = mangelhaft   6 = ungenügend

besuchte
Firma

☐ bereits im Buch
☐ noch nicht im Buch

Straße

Ort

Besuchsdatum

| Menge/Vielfalt | **AUSWAHL** | Note: | Situation/Menge | **PARKPLÄTZE** | Note: |

| Preis/Leistung | **ERSPARNIS** | Note: |

durchschnittlich ca. ____ % billiger

Warenangebot
(möglichst detailliert)

Es gibt: ☐ 1.Wahl   ☐ 2.Wahl   ☐ Auslaufmodelle ☐

WIE WAR'S?

☐ Super, ich war absolut begeistert...

☐ Gut, hier findet jeder was...

☐ Hin, wenn man in der Nähe ist...

☐ Na ja, im Großen und Ganzen akzeptabel..

☐ Schade, meine Erwartungen wurden nicht erfüllt...

☐ Nein, diese Firma gehört nicht in dieses Buch...

...weil (Kommentar)

→

weitere Eindrücke und Besonderheiten

Ihre Anschrift

Bitte schicken an: Zeppelin Verlag, Postfach 800145, 70501 Stuttgart

Bitte nach jedem Einkauf ausfüllen und abschicken - Danke!

FIRMENTESTBOGEN

Noten: 1 = sehr gut 2 = gut 3 = befriedigend 4 = ausreichend 5 = mangelhaft 6 = ungenügend

besuchte
Firma

☐ bereits im Buch
☐ noch nicht im Buch

Straße

Ort

Besuchsdatum

Menge/Vielfalt **AUSWAHL** Note: ____

Situation/Menge **PARKPLÄTZE** Note: ____

Preis/Leistung **ERSPARNIS** Note: ____ durchschnittlich ca. ____ % billiger

Warenangebot
(möglichst detailliert)

Es gibt: ☐ 1.Wahl ☐ 2.Wahl ☐ Auslaufmodelle ☐ ____

WIE WAR'S?

☐	☐	☐	☐	☐	☐
Super, ich war absolut begeistert...	Gut, hier findet jeder was...	Hm, wenn man in der Nähe ist...	Na ja, im Großen und Ganzen akzeptabel...	Schade, meine Erwartungen wurden nicht erfüllt...	Nein, diese Firma gehört nicht in dieses Buch...

...weil (Kommentar)

→

weitere Eindrücke und Besonderheiten

Ihre Anschrift

Bitte schicken an: Zeppelin Verlag, Postfach 800145, 70501 Stuttgart

Bitte nach jedem Einkauf ausfüllen und abschicken - Danke!

FIRMENTESTBOGEN

<u>Noten:</u> 1 = sehr gut 2 = gut 3 = befriedigend 4 = ausreichend 5 = mangelhaft 6 = ungenügend

besuchte Firma ....
- [ ] bereits im Buch
- [ ] noch nicht im Buch

Straße ....

Ort .... Besuchsdatum ....

Menge/Vielfalt **AUSWAHL** Note: ____

Situation/Menge **PARKPLÄTZE** Note: ____

Preis/Leistung **ERSPARNIS** Note: ____   durchschnittlich ca. ____ % billiger

Warenangebot (möglichst detailliert)

....
....
....
....

Es gibt: ☐ 1.Wahl ☐ 2.Wahl ☐ Auslaufmodelle ☐ ....

WIE WAR'S?

☐	☐	☐	☐	☐	☐
Super, ich war absolut begeistert...	Gut, hier findet jeder was...	Hin, wenn man in der Nähe ist...	Na ja, im Großen und Ganzen akzeptabel...	Schade, meine Erwartungen wurden nicht erfüllt...	Nein, diese Firma gehört nicht in dieses Buch...

...weil (Kommentar)

....
....

weitere Eindrücke und Besonderheiten

Ihre Anschrift

Bitte schicken an: Zeppelin Verlag, Postfach 800145, 70501 Stuttgart

Alle Einkaufsführer dieser Reihe:

Fabrikverkauf in Deutschland - 2005/2006
*Der Klassiker - komplett überarbeitet, aktualisiert
und um zahlreiche neue Geheimtipps ergänzt*
ISBN 3-933411-34-3

Fabrikläden in der Schweiz - 2005/2006
*Schweizer Qualität direkt ab Fabrik -
der große Einkaufsführer mit allen Geheimtipps*
ISBN 3-933411-36-X

Fabriksverkauf in Österreich - 2005/2006
Das Gesamtverzeichnis für Österreich
ISBN 3-933411-35-1

Fabrikverkauf für Heimwerker, Haus & Garten - 2005/2006
Die Spezialausgabe für alle "Do-it-yourselfer"
ISBN 3-933411-38-6

Fabrikverkauf für Baby & Kind - 2005/2006
Der große Einkaufsführer für 0-14 Jahre
ISBN 3-933411-37-8

Fabrikverkauf für Wohnen & Einrichten - 2005/2006
*Schöner Wohnen direkt ab Fabrik: Möbel, Leuchten,
Stoffe, Gardinen, Accessoires u.v.m.*
ISBN 3-933411-30-4

Je 9,95 € - Überall, wo's Bücher gibt!

Postleitzahlen – Übersichtskarte der Regionen

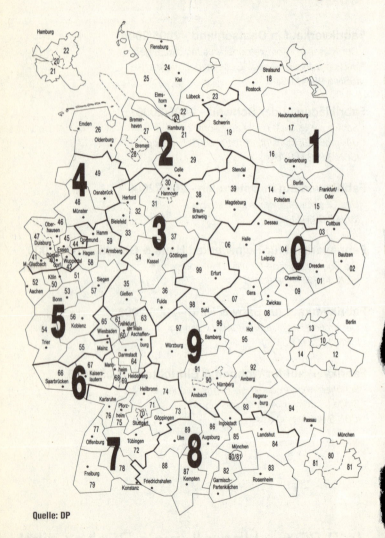

Quelle: DP